INNOVATION AND PRACTICE OF
KEY CONSTRUCTION TECHNOLOGIES
FOR LARGE-SCALE IMMERSED TUNNELS ACROSS INLAND RIVERS

大型内河沉管隧道
关键建造技术创新与实践

孙晓伟　冯先导　主　编

人民交通出版社
北　京

内 容 提 要

本书以襄阳汉江鱼梁洲隧道工程为依托，系统论述了内河大型沉管隧道关键建造技术的创新与应用。全书内容分为三部分：第一部分是概述篇，包括沉管隧道技术发展综述、鱼梁洲隧道工程概况；第二部分是关键技术创新与实施篇，包括临江深厚砂卵石地层千米级双轴线干坞关键建造技术、移动工厂法整体式钢筋混凝土沉管全断面预制关键技术、内河沉管隧道新型舾装件设计与施工关键技术、内河沉管隧道先铺法卵石基床设计与整平关键技术、沉管隧道摩擦止推型陆域最终接头关键建造技术、大型内河沉管隧道浮运与安装关键技术；第三部分是工程成果篇，包括本书编写团队完成的科技创新成果及项目所获荣誉。

本书可作为沉管隧道工程设计、施工和科研相关人员的参考书。

图书在版编目(CIP)数据

大型内河沉管隧道关键建造技术创新与实践 / 孙晓伟，冯先导主编 . — 北京 ：人民交通出版社股份有限公司，2025. 8. — ISBN 978-7-114-20394-7

Ⅰ. U459.9

中国国家版本馆 CIP 数据核字第 2025L5X399 号

Daxing Neihe Chenguan Suidao Guanjian Jianzao Jishu Chuangxin yu Shijian

书　　名：大型内河沉管隧道关键建造技术创新与实践
著 作 者：孙晓伟　冯先导
责任编辑：姚　旭　钟　伟
责任校对：赵媛媛　刘　璇
责任印制：张　凯
出版发行：人民交通出版社
地　　址：(100011)北京市朝阳区安定门外外馆斜街3号
网　　址：http://www.ccpcl.com.cn
销售电话：(010)85285857
总 经 销：人民交通出版社发行部
经　　销：各地新华书店
印　　刷：北京建宏印刷有限公司
开　　本：787×1092　1/16
印　　张：24.5
字　　数：547千
版　　次：2025年8月　第1版
印　　次：2025年8月　第1次印刷
书　　号：ISBN 978-7-114-20394-7
定　　价：268.00元

《大型内河沉管隧道关键建造技术创新与实践》编委会

主　编

孙晓伟　冯先导

副主编

王　勇　曾波存　周兴涛　仇正中

编　委

（按姓氏笔画排序）

王金绪　王　聪　方　杰　朱志刚　任耀谱
许　昱　孙晓强　李冠宇　李　涛　闵　智
宋新辉　范　哲　林红星　胡　涛　郭　强
黄睿奕　穆清君

序　一

20世纪90年代中期，我国第一条沉管隧道——广州珠江隧道建成。之后，在上海、天津、舟山、南昌等地建设了二十几条内河沉管隧道。直到2018年，我国首条外海沉管隧道——港珠澳大桥沉管隧道建成通车，形成了一套具有我国自主知识产权的外海沉管隧道建造成套技术体系，其成功经验为后续类似项目如外海的深中通道钢壳沉管隧道、内河的襄阳鱼梁洲隧道等工程建设提供了有益借鉴，引领了沉管隧道技术不断向前发展。

然而，应用沉管法修建水下隧道有一个关键问题，即如何保证相邻管节接头的水密性，这个关键问题的核心则是一种橡胶密水材料——GINA橡胶止水带。沉管管节在水下首尾相连，是靠橡胶的高弹性和压缩变形来实现管节接头的“滴水不漏”，这个止水带无法更换，且必须保证百年以上的使用寿命。在襄阳鱼梁洲隧道工程之前，国内沉管隧道建设均采用国外厂商生产的GINA止水带，这也是唯一没有实现自主可控的环节。

为了打通最后一个环节，项目团队基于襄阳鱼梁洲隧道建设需要，组织中交第二航务工程局有限公司、中交公路规划设计院有限公司、株洲时代新材料科技股份有限公司以及北京化工大学等单位的科研人员成立了GINA止水带科研攻关团队，在港珠澳大桥沉管隧道工程前期研究的基础上，夜以继日地开展材料配方、足尺物理模型试验、数值模型、疲劳及应力松弛试验、寿命预测等关键技术攻关，经过科学试验与论证，终于在2018年底成功研发了GINA止水带产品的设计及生产制造技术，形成了具有我国自主知识产权可批量生产的成套技术，实现了沉管隧道建设关键核心部件的国产化。国产GINA止水带在襄阳鱼梁洲隧道首次应用，经过现场实践、科学监测和客观论证，国产化GINA止水带的密封性、止水性、稳定性等性能全部达到国际标准，部分指标优于国外同类产品指标。这一关键环节的打通，打破了国外技术垄断，解决了“卡脖子”问题，促进了我国沉管隧道建造技术全过程自主可控。

在本书即将出版之际，我谨以此序向该书的作者团队表示祝贺，希望研发团队对GINA的使用过程进行长期的性能监测，积累宝贵的实践应用基础数据，为该产品的质量提升提供技术支撑；同时希望作者团队继续努力，勇于担当，敢于创新与攻坚，为祖国掌握更多自主可控的技术与产品作出更大的贡献。

中国工程院院士 张立群

2025年5月

序　二

沉管法作为水下隧道建设的主要方法之一，以其地基适应能力强、埋深浅、长度短、断面灵活多样、防水性能好、工法安全环保等优点，在水下隧道工程中得到越来越广泛的应用。虽然欧美及日本已经有较多成功应用沉管法的工程案例，然而，目前世界各国有关沉管隧道的设计与施工规范或参考资料仍然较少，世界各地的跨海、跨江重大通道工程建设均有采用沉管法建造的意愿。随着我国港珠澳大桥沉管隧道、深中通道沉管隧道等水下通道的建设与运营，我国在跨海沉管隧道技术理论、设计方法、管节制作、浮运沉放、定位对接和地基处理等方面取得了一系列成果，积累了诸多宝贵的工程建设经验，形成了一套具有我国自主知识产权的外海沉管成套设计施工技术体系。

然而，与外海沉管隧道建设相比，内河沉管隧道在水文、地质、通航、船机设备条件、施工组织等方面与外海沉管隧道存在较大差别。随着科技人员的不断探索，工程建造技术的不断进步，内河沉管隧道在干坞建设、沉管预制、基础整平、泥沙应对、止水材料研发等方面有了长足的进步。襄阳鱼梁洲隧道是我国华中地区建设的首条沉管隧道，是穿越汉江的第一条沉管隧道，具备内河沉管隧道的典型特征。项目建设团队从关键技术、核心装备、特殊材料、智能建造等多个领域入手，在国内外沉管隧道建设经验的基础上，实现了内河沉管隧道建造关键技术的重大创新。尤其是在三年“疫情”背景下攻坚克难，实现了GINA止水带产品设计与生产的国产化，突破了沉管隧道水下密封防水的“卡脖子”问题，形成了自主知识产权，为后续外海沉管隧道建设中的关键材料积累了宝贵的基础数据和技术支撑。

在本书即将出版之际，我谨以此序向本书的作者团队表示祝贺！本书在沉管隧道建造工法上创新发展了沉管预制顺序浇筑法、浮式整平技术与装备、新型舾装设施、橡胶止水带材料等，可为行业建设者提供参考和借鉴，望作者团队继续努力，紧跟国内外先进技术潮流，为该领域技术进步贡献新的力量。

中国工程院院士

2025年5月

目　录

第1篇　概　述　篇

第2篇　关键技术创新与实施篇

第3篇 工程成果篇

<<< 第1篇 >>>

概 述 篇

第1章　沉管隧道技术发展综述

1.1　沉管隧道结构与接头构造演化

随着社会发展水平和全球化程度的日益提高，国家和地区之间的交流日益加强，极大地促进了交通运输业发展，由此带来了跨越江河及海峡的交通需求。跨江越海通道常采用桥梁、隧道两种跨越方式。但随着人们对生态环境保护要求的提高以及海上运输船舶吨位的迅速增加，桥梁的建设条件越来越苛刻，水下隧道常成为最优建设方案。目前，水下隧道的修建工法有矿山法、盾构法、围堰明挖法和沉管法。其中，沉管法(图1-1)具备埋深浅、纵坡较大、对地基适应性强、使用功能多、可有效缩短路线长度并与两岸地面道路快速衔接、主要工序可平行作业、施工工期较短等突出的技术优势及相对较优的经济性能，已成为水下隧道的主流施工方法之一。如图1-2所示，沉管法隧道建造的关键工序包括干坞建设、管节单元预制、基槽开挖、基床铺设、浮运安装和回填防护。

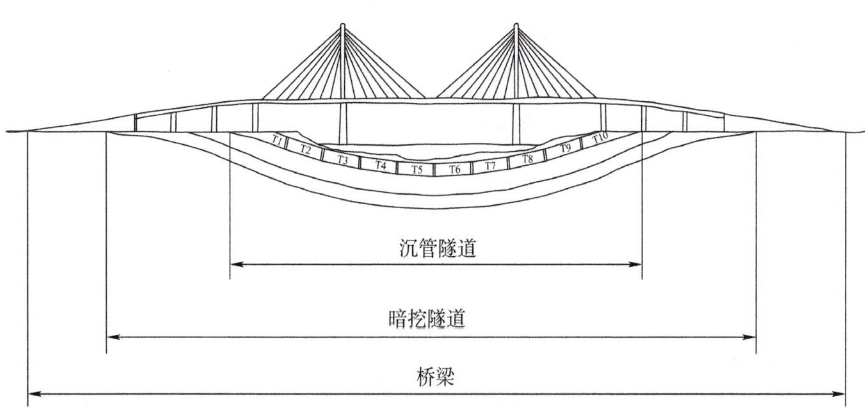

图1-1　沉管法隧道与桥梁、暗挖隧道长度对比

沉管隧道的结构经历了从单层钢壳混凝土结构，到钢筋混凝土结构，再到双层钢壳混凝土复合结构的发展历程。沉管隧道选择何种结构形式，主要取决于地区习惯及经验、施工设备、材料供给、工程地质条件、水深条件、作用荷载等因素。相比于双层钢壳混凝土复合结构，钢筋混凝土壳体作为承载构件，具有较高的纵向和横向抗弯刚度，在造价方面更占优势。大体积钢筋混凝土浇注裂缝的控制、混凝土抗渗能力的提高推动了钢筋混凝土沉管隧道修建技术的高速发展。钢筋混凝土结构已成为内河沉管隧道的主流结构形式。

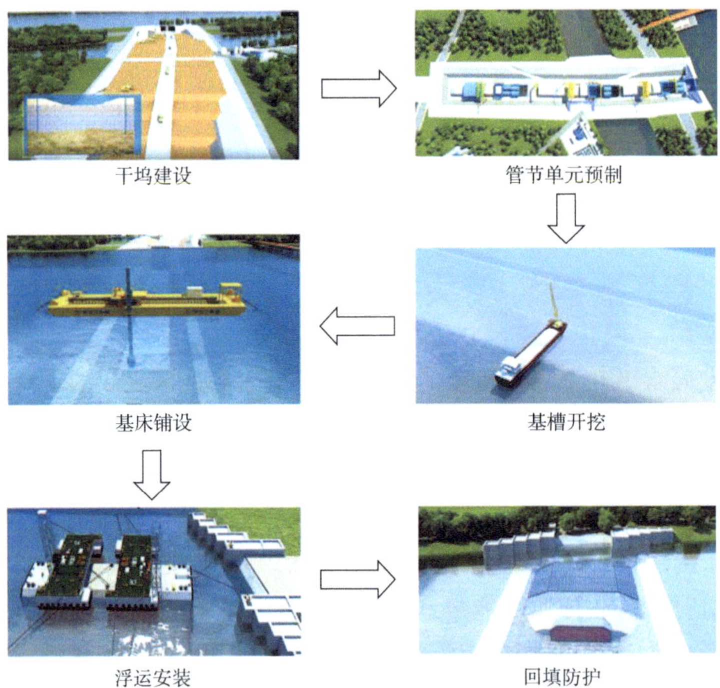

图1-2　沉管隧道建造工序

钢筋混凝土沉管隧道的单个管节单元通常由若干节段组合浇筑而成,相邻节段的连接形式有刚性连接和柔性连接两种。将各个相邻节段刚性连接成整体的管节为整体式管节,而在相邻节段之间设置接缝以实现相邻节段柔性连接的管节为节段式管节。如图1-3所示,整体式管节的纵向钢筋贯通,结构刚性强、构造形式相对简单,但在地基差异沉降及回淤荷载作用下,混凝土结构所受内力较大,易产生张拉裂缝,从而导致漏水、结构破坏等问题,降低隧道结构的耐久性。

图1-3　整体式管节

如图1-4所示，节段式管节在相邻节段之间设置变形缝，管节节段间通过匹配的榫凸结构及跨缝中埋式止水带连接。遇外荷载作用时，沉管结构主要呈现柔性特性，管节节段接头发生张开和转动，通过变形释放管节弯矩。结构纵向受力较小，纵向配筋较少，以吸收由温度、混凝土收缩以及施工误差所引起的变形，并且对于沉管抗震具有良好的效果。但是，管节节段之间为抗剪及防水的薄弱环节，管节节段间止水存在风险。

图1-4　港珠澳大桥沉管隧道钢筋混凝土节段式管节

沉管隧道接头作为相邻两管节或节段间的关键衔接构造，是沉管隧道的受力薄弱位置。根据受力特点与构造功能，沉管隧道接头可分为管节接头和节段接头。管节接头是指相邻管节在施工对接过程中所形成的接头，目前普遍采用柔性接头的构造形式。

沉管隧道管节接头须具备两大基本功能：一是能吸收各管节单元间相对位移所产生的变形能，二是能确保隧道的整体密封性能。现有的沉管隧道主要采用柔性接头对相邻管节进行连接，柔性管节接头容许沉管管节在接头处有一定的相对转动与位移，以减小由于地震或地基不均匀沉降而造成的不利影响。如图1-5所示，柔性管节接头主要构件有GINA止水带、OMEGA止水带、端钢壳、竖向与横向剪力键、预应力钢拉索等。柔性管节接头最外侧为第一道防水设施——GINA止水带，在GINA止水带内侧是第二道防水措施——OMEGA止水带。

如图1-6所示，大断面、长距离沉管隧道常采用节段式管节结构，即管节内部相邻节段之间采用节段接头进行连接，节段接头相当于管节单元内部的纵向施工缝。节段接头的主要止水部件主要包括OMEGA止水带和可注浆钢边止水带，并采用剪力键传递节段接头剪力。管节单元内部单个节段的长度一般控制在22~25m之间，以便于工厂化预制及混凝土施工裂缝的控制。

剪力键是设置在沉管隧道管节接头和节段接头处的重要衔接构造，可保证对接管节或节段在不同荷载下具备抵抗变形的能力。根据抗剪方向，剪力键主要有竖向剪力键和水平剪力键之分。竖向剪力键主要用来抵抗地基差异沉降、上覆附加荷载、竖向地震等工况下接头所受竖向剪力。水平剪力键主要承担地震作用力下的水平剪力。过大的内力和变形均会使剪力键产生结构性破坏,从而引起沉管管壁或接头渗水现象。如图1-7所示,剪力键一般由钢筋混凝土或组合钢板构成。竖向钢剪力键主要布置于侧墙与中墙;水平剪力键一般为混凝土剪力键,通常布置于行车道的下部及管节顶部。

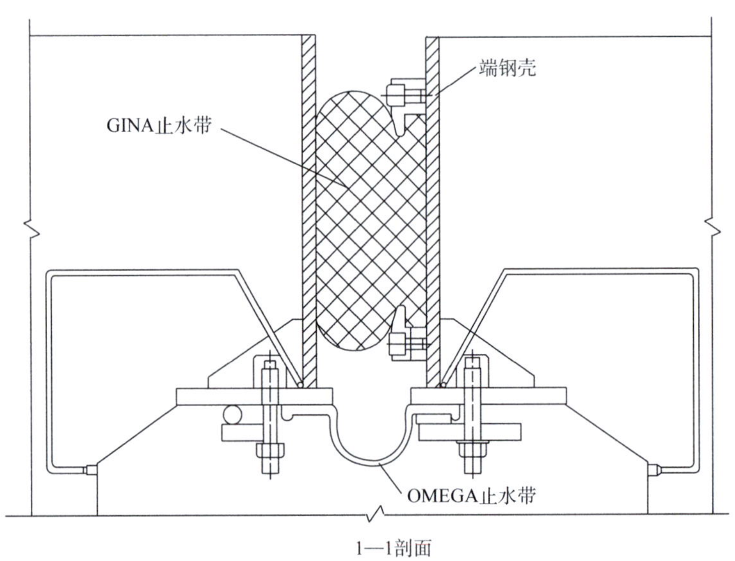

图1-5　港珠澳大桥沉管隧道柔性管节接头构造

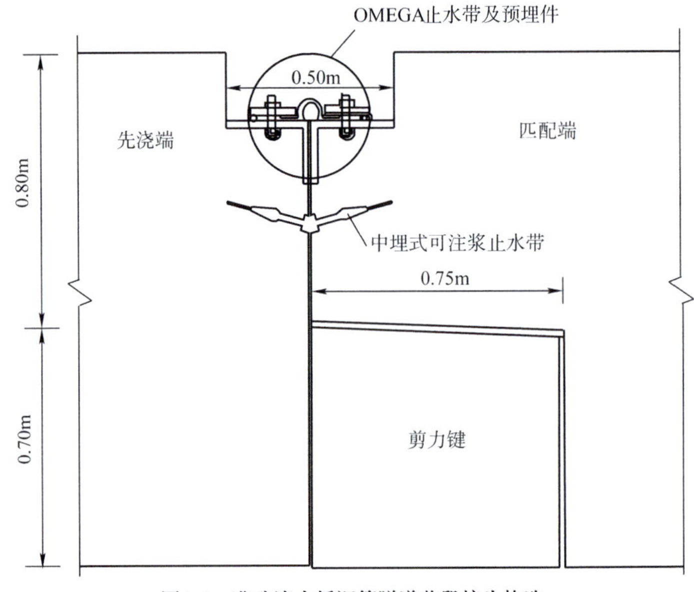

图1-6　港珠澳大桥沉管隧道节段接头构造

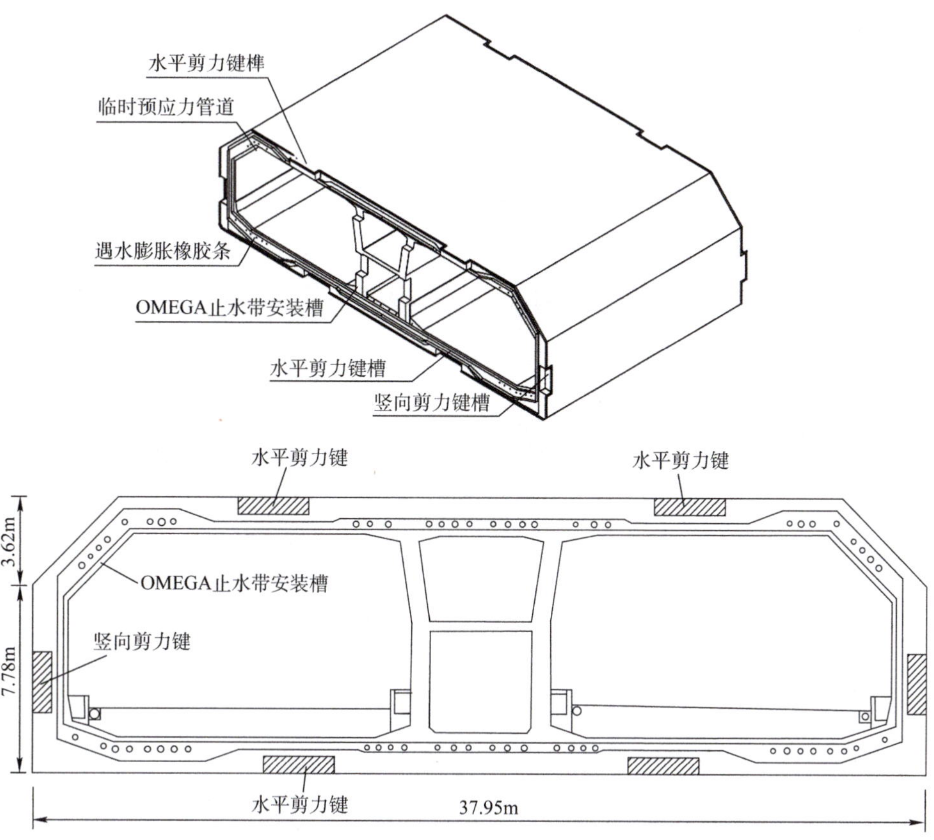

图 1-7　港珠澳大桥沉管隧道节段接头剪力键构造

1.2　沉管隧道干坞技术发展

干坞是沉管隧道管节单元预制及起浮试验的场地，干坞的选址、规模、布局和结构对整个沉管隧道的工期、造价、工程质量均有着重大影响。根据构造形式，沉管隧道干坞一般分为固定干坞和移动干坞两类。根据与隧道位置的关系，固定干坞又可分为轴线干坞、旁建干坞、异地干坞。

1）固定干坞法

如图 1-8 所示，固定干坞法即在固定地点建设低于海平面（或江河平面）的干坞，管节在干坞内进行预制和一次舾装，然后起浮拖运至现场。固定干坞必须具备止水的特性，可采用地下连续墙、防渗墙等工艺形成闭合止水帷幕结构，也可选择在具备止水特性的地质条件下进行干坞建设。为降低工程造价，须根据管节尺寸和总体工期要求来确定干坞的尺寸和管节预制位置。由于沉管隧道的管节质量较大，固定干坞预制区域的地基承载力有特殊要求。须根据基底承载力要求，正确选择干坞内模板、布料机及起重运输机等大型设备的摆放位置，并进行必要的地基处理。

a）干坞内管节单元预制

b）干坞内管节单元试浮

图1-8　固定干坞法

如图1-9所示，轴线干坞法是将干坞设置在隧道轴线陆上段主体结构位置处，沉管隧道管节预制完成后，将干坞内沉管管节从干坞内拖出，直接沿隧道轴线纵向浮运。轴线干坞法的拖运距离和航道疏浚工作量较小，但是干坞位置处的陆上段隧道主体结构在预制沉管管节浮运出坞后方可施工。当沉管管节数量较多时，管节浮运可能影响干坞段陆上隧道结构的施工工期。

图 1-9　轴线干坞法(广东顺德潭洲沉管隧道双轴线干坞)

旁建干坞法是将干坞布置在隧道轴线陆上段主体结构的旁边,干坞与陆上主体结构共用一套止水体系,如图 1-10 所示。相较于轴线干坞法,旁建干坞法的优点是管节预制与出坞均不沿着隧道轴线,因此管节预制与陆上段主体结构可平行作业,工期相对更加可控;但该工艺占地面积大,对陆上段及附近的地质条件要求较高。

图 1-10　旁建干坞法(广东佛山东平沉管隧道旁建干坞)

异地干坞法,又叫独立干坞法,是在远离隧道轴线位置选择合适的场地独立建造干坞,其最大的优点是陆上段结构、管节预制以及基槽开挖等工序可以平行作业,同时可以根据隧道地址周边的场地及地质特点灵活选择干坞位置。如图 1-11 所示,独立干坞多应用于管节数量多、工期要求高的隧道工程建设。然而,独立干坞需要通过河道或者航道拖运至沉管安装位置,须在沉管拖运前疏浚航道。

图1-11 独立干坞法(南昌红谷隧道)

2)移动干坞法

如图1-12所示,移动干坞法是将大型半潜驳或浮船作为移动干坞,在半潜驳或浮船坞上完成隧道管节预制,然后利用拖轮将半潜驳或浮船拖运到隧道附近已建好的港池内寄放,实现隧道管节与半潜驳或浮船的分离,再将管节浮运到隧址,并完成沉放安装作业。移动干坞法省去了固定干坞本身的建造时间,项目开工就可以直接进行隧道管节预制,有利于节省工期,可避免巨大固定干坞开挖对环境的影响。另外,在半潜驳或浮船上进行隧道管节预制,可节省岸上施工场地,尤其当施工场地紧张时更具有优势。通常,由于半潜驳或浮船的吃水深度比直接浮运管节的吃水深度小,可节省航道疏浚费用,有利于降低工程造价。

a)广州仑头—生物岛沉管隧道

b)广州金光东沉管隧道

图1-12 移动干坞法

1.3 沉管隧道基床铺设工艺发展

沉管隧道基床通常位于隧道管节和下卧地层之间,为沉管隧道着陆提供有效支撑。沉管隧道所承受的行车荷载、管节自重、上覆土层水土压力等荷载通过基床向下卧地层扩散,以减小地层不均匀所诱发的差异沉降。基床铺设是沉管隧道施工中最重要的环节之一,沉管隧道基床铺设成功与否，直接关系到沉管隧道的服役与安全，一旦出现超过允许值的沉降或不均匀沉降，无论规模大小，后续的处理将非常困难，甚至是不可处理的。目前，按照施工先后顺序，沉管隧道基床铺设方法主要有先铺法和后填法两大类。

先铺法，又称刮铺法，根据基床所选用的材料不同，细分为刮砂法和刮石法。国内外沉管隧道先铺基床多采用碎石作为材料，先铺法碎石基床施工工艺较为先进。先铺法以其可控可检性好、工效高、抗液化等诸多优点，在越来越多的长大沉管隧道工程中得到应用，如港珠澳大桥沉管隧道（图1-13）、深中通道沉管隧道、大连湾海底沉管隧道等，均采用含V形槽的条带垄沟状先铺碎石基床垫层，平面呈S形铺设，其主要起着传递隧道结构自重及其上覆回填荷载、为结构底板提供均匀可靠刚度支撑、控制隧道总沉降与不均匀沉降、改善结构受力的重要作用。先铺法施工需要特制的专用刮铺设备，可实现大规模机械化施工。

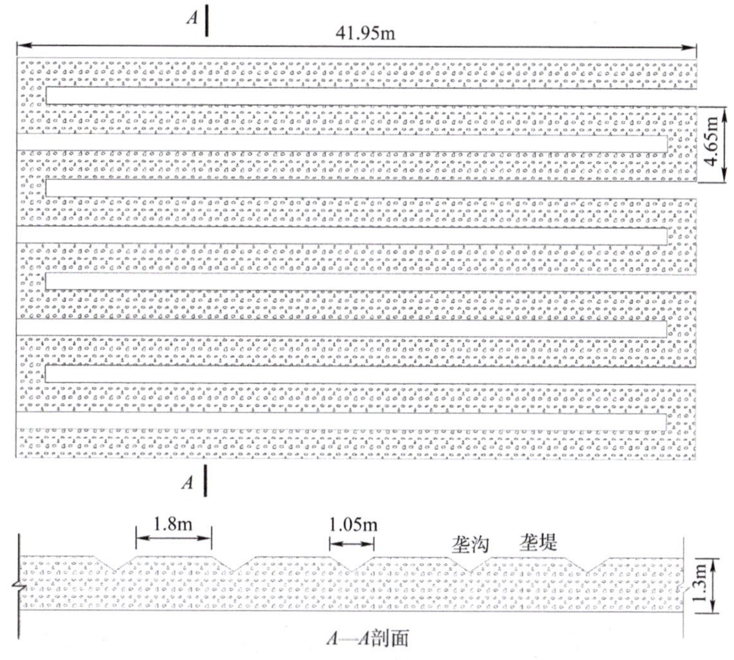

图1-13　港珠澳大桥沉管隧道垄沟状先铺碎石基床

后填法又称后铺法，是将隧道管节先沉放于用以临时支承的钢筋混凝土垫块上，再在管节底部与地基基槽之间喷入相应材料形成基床，主要方法有喷砂法、砂流法、灌囊法和压浆法等。喷砂法通过管道将砂水混合物喷入沉管管节底部和基槽之间的空隙，并通过设在喷砂管两侧的回吸管，使水在基槽内形成稳定的流场，从而携带砂至基槽内相应位置并沉积下来，但其具有干扰通航航道、喷砂台架费用高等缺点。砂流法是在1975年修建荷兰Vlake沉管隧道时发明的，可有效克服喷砂法施工的缺陷。如图1-14所示，砂流法在管段底板上预先设置压砂孔，管节沉放就位后，通过压砂孔向隧道底板下部压注砂水混合物，以填满基槽空隙，形成砂盘基床。压砂法可省去河面上的喷砂台，不影响航运，且对砂粒粒径要求比喷砂法低，无须特大机械设备和船舶，价格便宜，不受水深、流速、潮汐等水文条件影响，可任意地适应管节底部的形状，成较为均匀的基础。但是，砂流法存在施工压力过大易使管节上抬、砂流喷入压力须经试验确定、饱和砂基床易于地震液化等明显缺陷。

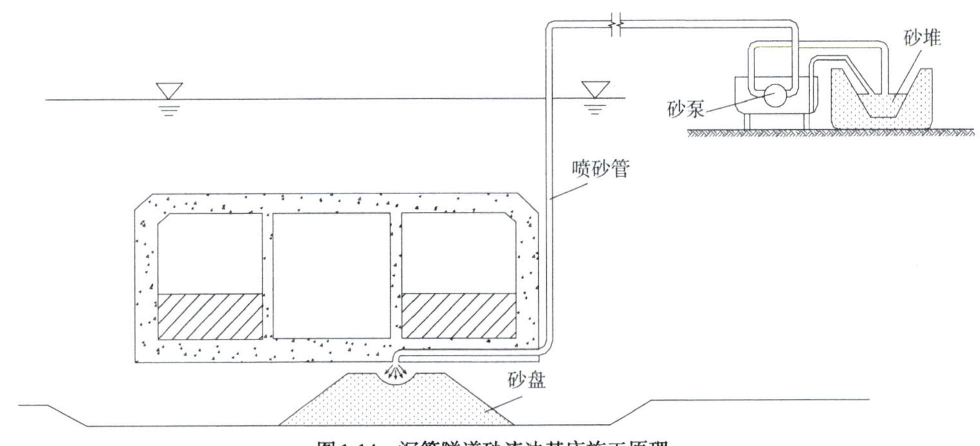

图1-14　沉管隧道砂流法基床施工原理

1.4　沉管管节浮运安装技术发展

管节浮运与沉放对接技术是实现沉管隧道水下精准安装的前提。当隧道管节在干坞内预制完成后，须向干坞内灌水，以实现管节在坞内起浮，并安装布置好拖运的缆绳等设备，然后将管节拖运出坞至系泊区内。沉管管节的浮运方式须考虑航道条件、浮运距离、水文和气象等多种因素，目前主要有两种：拖轮浮运、绞车托运。如图1-15所示，由于海域沉管隧道管节数目多、水域宽广、管节浮运距离较远，海域沉管隧道主要采用拖轮进行管节浮运；如图1-16所示，内河沉管隧道常采用岸上绞车进行管节拖运。

管节的水下沉放是沉管隧道施工中最为关键且危险的环节，沉管水下沉放过程可以分为管节沉放前的系泊等待阶段和管节沉放阶段。在系泊等待阶段，合理的系泊方式和水流窗口是保证在沉管系泊安全的重要前提。在管节沉放阶段，管节水下姿态控制是核心，涉及系泊和沉放缆绳张力控制、沉放动力窗口、负浮力、沉放速度选择等一系列关键技术问题。

目前，沉管隧道管节的沉放方法主要有起重机吊沉法、平台沉放法、浮箱沉放法和驳船沉放法等。起重机吊沉法使用水上起重设备将隧道管节沉放于水下指定位置，适用于规模较小的管节。平台沉放法主要依靠自升式升降平台，对沉管管节进行沉放，沉放就位时，移动升降平台至沉放等待区，将四条钢腿插入海底，水上作业平台骑在管节上方，将其慢慢吊放下沉，移动升降平台通常造价较高。浮箱沉放法属于早期工法，主要利用水上浮箱进行隧道管节沉放，由于浮箱自身的水动力稳定性不足，导致管节沉放精度有限。如图1-17所示，驳船沉放法亦称方驳抬吊法或杠吊法，由浮箱沉放法演变而来，主要为双驳船抬吊法。

图1-15 大连湾海底隧道采用拖轮进行管节浮运

图1-16 鱼梁洲隧道采用岸上绞车拖运管节

根据驳船与沉管管节的相对位置关系，双驳船抬吊法可分为横向与纵向两种形式。横向双驳船抬吊法由四艘方驳组成，即采用钢板将分布于隧道管节左、右两侧的同排两艘方驳拼装成一艘驳船，四艘方驳共形成前、后两艘驳船，驳船轴向均与沉管管节垂直。纵向双驳船抬吊法将位于隧道管节同一侧的两艘方驳由一艘尺寸较大的方驳船代替，左、右两艘驳船间仍采用刚性连接，驳船轴向均与沉管管节平行，通过钢板梁承受吊缆的吊力。如图1-18所示，由于良好的水动力稳定性能及施工操控机动性等诸多优点，双驳船抬吊法已成为当今沉管隧道管节沉放的主流方法。

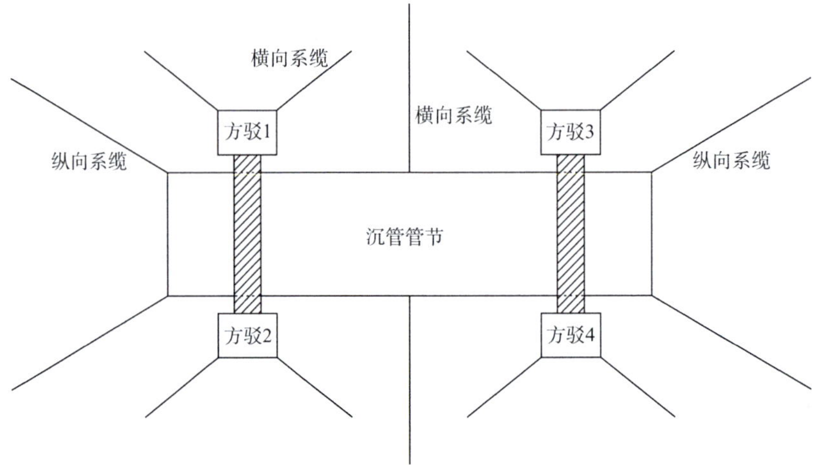

a) 横向双驳船抬吊法

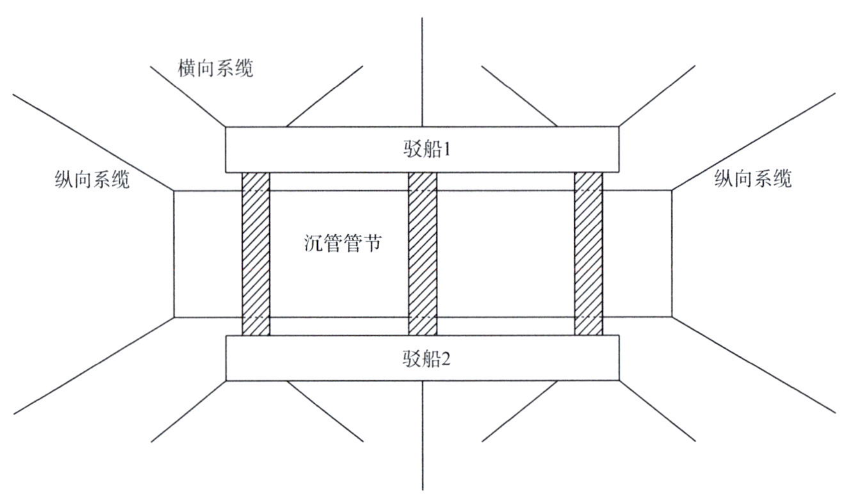

b) 纵向双驳船抬吊法

图1-17　沉管隧道管节驳船沉放法

图1-18　鱼梁洲隧道W4管节横向双驳船抬吊法沉放

第2章　鱼梁洲隧道工程概况

2.1　隧道地理位置

如图2-1所示，鱼梁洲隧道是襄阳市东西轴线道路工程重要组成部分，是襄阳市“一心四城”中樊城商业区与东津新城区联系的关键交通纽带，是实现襄阳市“一心四城”城市空间结构体系形成的关键举措。开展鱼梁洲隧道建设，有利于优化襄阳城市交通格局，拓展城市发展空间，改善投资环境，实现樊城与东津新区之间的功能转移。采用过江沉管隧道方案穿越鱼梁洲岛，可最大限度保护鱼梁洲岛“水青洲绿”的生态景观，在完善对外交通、拓展城市空间的同时，实现城市交通与生态保持和谐发展。

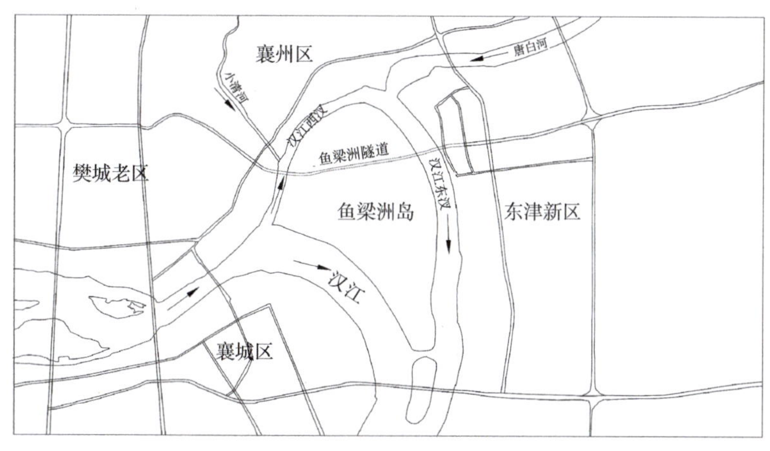

图2-1　鱼梁洲隧道地理位置

鱼梁洲隧道是集两处过江沉管隧道段、长距离陆域明挖暗埋隧道段、大型轴线干坞于一体的复杂隧道工程。如图2-2所示，从空间上，可将鱼梁洲隧道划分为樊城明挖隧道段(314m)、西汊沉管段(351m)、鱼梁洲明挖隧道段(3580m)、东汊沉管段(660m)、东津明挖隧道段(495m)。鱼梁洲隧道起点位于樊城区规划旭东路东侧，向东沿规划清河路铺设，设置明挖暗埋隧道下穿沿江大道和汉江大堤，设置351m长沉管隧道下穿汉江西汊，设置3580m长明挖暗埋隧道下穿鱼梁洲后，继续向东设置660m沉管隧道下穿汉江东汊和汉江大堤，设置明挖暗埋隧道下穿东津规划纵二路，接入东津规划横七路，止于东津纵四路西侧，起讫点桩号范围为K9+080~K14+480，隧道路线总长为5400m，其中沉管隧道段总长1011m，明挖暗埋隧道段总长4389m。

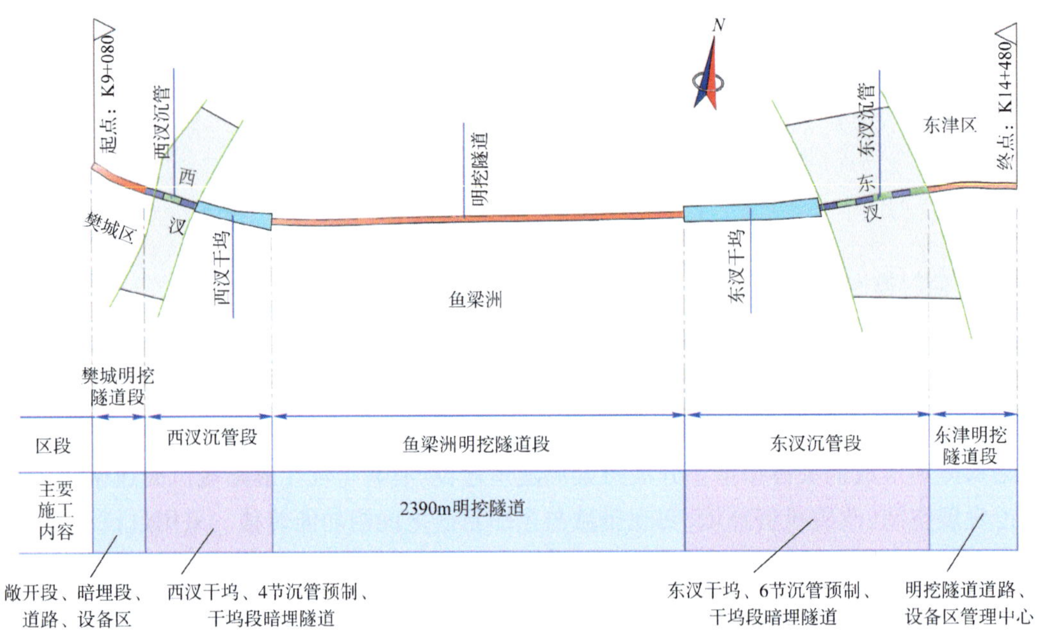

图2-2　鱼梁洲隧道空间分段

如图2-3所示，隧址区总体地势起伏较小。樊城区属于襄阳市老城区，地貌为汉江Ⅰ级阶地。鱼梁洲是汉江第一大岛，其面积为26.5km²，地貌单元为高漫滩，洲面开阔、平缓。汉江西汉水面宽约280m，河流形态稳定，河床呈舒缓U形，最大水深约10m。汉江东汉河道平直，河床宽阔，水面宽度约640m，水深为6.0~8.9m。东津段为汉江Ⅱ级阶地，属于襄阳新城区，周边新建有襄阳大剧院、科技馆、图书馆、规划展示馆、美术馆、中心医院等大型公共服务设施。

a) 樊城明挖隧道段

b) 鱼梁洲明挖隧道段

c) 西汉干坞

d) 东汉干坞

图　2-3

e) 东津明挖隧道段

f) 东津段出入口

图2-3　鱼梁洲隧道各区段

2.2　工程与水文地质条件

2.2.1　工程地质条件

隧址区位于南襄盆地的南缘，无活动断裂通过。隧址处地层从上至下依次为：填土、淤泥、粉细砂、中粗砂、粉质黏土、砾砂、圆砾、卵石、强风化泥岩和中风化泥岩。如图2-4、图2-5所示，根据区域地质勘探资料，场地主要分布第四系全新统(Q_4)、上更新统(Q_3)及中更新统(Q_2)地层。①、②、③大层为全新统地层，其中①层主要为杂填土，②层主要为软塑~流塑淤泥、松散~稍密粉细砂，③层为河漫滩沉积的中密~密实状卵石、圆砾；④、⑤大层为上更新统地层，其中④大层为东津陆域二级阶地发育的地层，主要为可塑~硬塑状粉质黏土及密实状圆砾，局部发育有密实状砂土，⑤大层为勘区中部普遍发育的卵石、圆砾等，混有少许黏性土，局部有黏性土及细砂夹层；⑥、⑦大层为中更新统(Q_2)地层，其中⑥层为可塑~硬塑黏土及粉质黏土层，⑦层为中更新统(Q_2)密实状圆砾、细砂层。

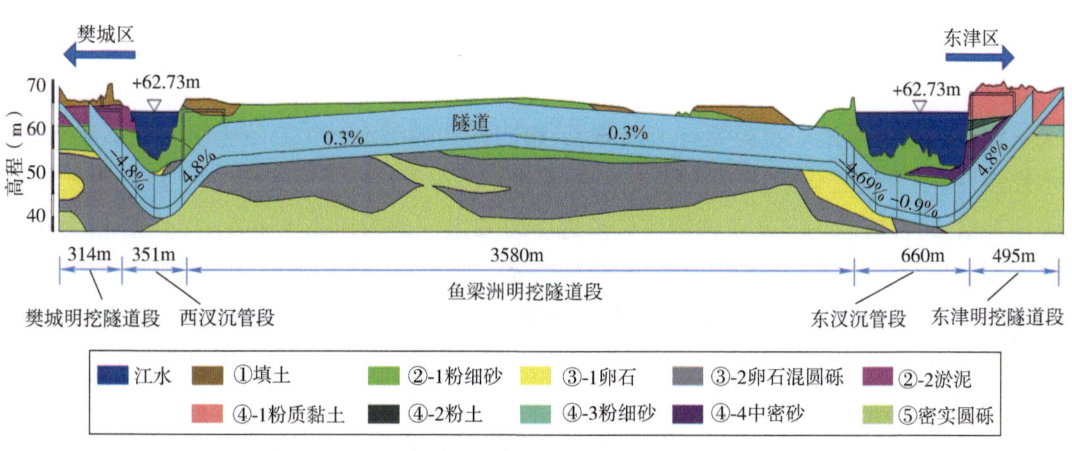

图2-4　隧道纵向工程地质剖面

2.2.2　水文地质条件

隧址区地表水系主要为汉江及汉江支流小清河、唐白河。汉江为长江中游最大支流，水深10~12m。2010年崔家营水库建成后，工程区域江面径流平缓，水库常年蓄水水位62.73m，最低水位62.23m，水位变化较小。唐白河地处鄂西北平原地带，是汉江中游最大支流，在鱼梁洲北侧注入汉江，汇入点距隧址区1.8km，小清河在隧址区汉江西汊北部300m处汇入汉江。

a) ③-2卵石混圆砾

b) ②-1 粉细砂

c) ④-1东津对接端深基坑粉质黏土

d) ②-2樊城对接端深基坑粉质黏土

图2-5　隧道不同位置处地层

隧址场地主要地下水类型有上层滞水、第四系孔隙潜水。①杂填土中含上层滞水，透水性较好，季节性变化大，下雨时有一定的水量，干旱时无水，主要靠地表生活废水及大气降雨补给，排泄方式为蒸发及向低洼处渗透。②-2淤泥质粉质黏土不含水、不透水，为相对隔水层；②-1粉细砂层透水性较好，水量较丰富，与汉江水体相通，主要为潜水。③、⑤卵石、圆砾层，透水性好，水量较丰富，与汉江水体相通，主要为潜水，勘察期间，各钻孔中均见有地下水，稳定水位埋深0.1~6.8m，潜水水位高程61.51~62.98m。④、④-1层粉质黏土为相对隔水层，含水少，表层有少许上层滞水；④-3粉细砂、④-4中砂及⑤大层卵石、圆砾等与汉江水体连通，透水性强，含水率大，为承压水层，承压水接受Ⅱ级阶地地下水补给，并与汉江有密切水力联系及明显互补关系，地下水量丰富。

2.3　通航条件及河床演化

如表 2-1 所示，隧址区河段航道规划等级为Ⅲ级，航道尺度为 2.4m×90m×500m（水深×双线航宽×弯曲半径）。目前，隧址区河段通航船型主要是 500 吨级普通货船，船舶交通流量平均每天 5~10 艘。隧道线位处设计最低通航水位高程 62.38m（1985 国家高程基准，下同），设计航底高程为 59.98m，隧道顶板高程须小于 57.98m，隧道纵断设置可满足上述通航要求。

隧址区汉江航道尺寸要求（单位：m）　　表 2-1

汉江航道等级	净高	单向通航孔			双向通航孔		
		净宽	上底宽	侧高	净宽	上底宽	侧高
三级航道	10	100	75	6	200	175	6

隧址下游 12 km 处为已建的崔家营航电枢纽大坝。崔家营枢纽建成后，隧址区所处河段已成为常年库区。崔家营航电枢纽正常蓄水位高程 62.73m，死水位高程 62.23m。如图 2-6 所示，根据崔家营建库前的 2004 年河道地形以及建库后的 2013 年 5 月河道地形进行桥位河段近期的河床演变分析可知，随着水库蓄水位抬高，水面宽度相应变宽，又因库区内存在大量采砂活动，从而使得河床发生下降。库区的泥沙主要淤积于河床主槽内，边滩淤积较少；同时，由于水库蓄水坝上水位壅高，隧址河段水域扩宽，航道条件得到很大的改善和提高，水流流速减小，对河床的冲刷塑造作用也明显减弱。在库区河道两岸堤防工程的控制下，河道总体河势基本稳定，河床深泓平面变化较小，河床横向变形也较小，在无人为改变河床的前提条件下，河床演变将以纵向的缓慢淤积为主。

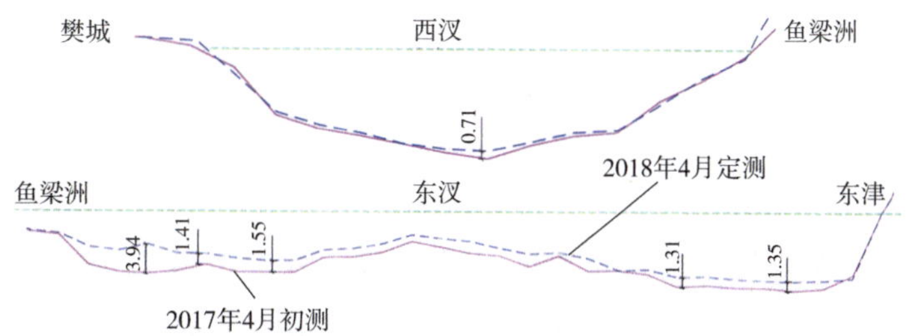

图 2-6　河床形态横剖面（高程单位：m）

2.4　鱼梁洲隧道设计

2.4.1　隧道工法比选

鱼梁洲隧道分水域和陆域两部分。陆域隧道建设条件简单，考虑采用较为经济的明挖暗埋方案；过汉江段水下隧道工法的选定是项目的核心。根据工程地质、水文地质、隧道埋深、功能需求等条件的不同，选择科学、合理的施工方法是成功修建水底隧道的基本前提。

如图2-7所示，目前用于修建隧道的施工方法主要有钻爆法、盾构法、沉管法、全断面隧道掘进机(Tunnel Boring Machine，TBM)法和堰筑法5种。钻爆法和TBM法主要适用于中等强度以上、微风化岩层隧道爆破/机械开挖，考虑到隧址区基岩埋藏较深，且为强度较低的风化泥岩，透水性大，故不考虑。堰筑法主要用于水深较浅、下穿非通航河道或湖泊的隧道修筑。鱼梁洲隧道下穿汉江，最大水深达12m，水域存在通航需求，堰筑法对航运影响大、时间长，且防洪问题严峻，因此不考虑。盾构法对隧道埋深有要求，隧道出入口接线较长，大直径盾构须穿越砂卵石地层，对刀具磨损大，水下换刀风险高。因而，鱼梁洲隧道过江段采用沉管法进行施工较为可行。

a) 围堰法

b) 矿山法

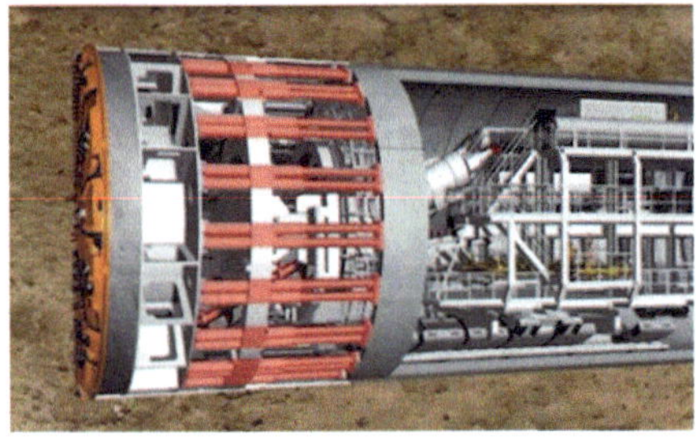

c) 盾构法

d) 沉管法

图2-7　不同隧道工法

2.4.2　隧道纵、横断面设计

如图2-8所示，鱼梁洲隧道全长5.4km，采用双向六车道城市快速路标准建设，主线设计速度为60km/h，采用沉管隧道两次跨越汉江，采用明挖暗埋隧道穿越鱼梁洲岛。通过纵向线位方案比选，鱼梁洲隧道采用中线穿岛方案。设计隧道纵断面时，在满足汉江三级通航要求的前提下，隧道过江段尽量减少水下开挖量，沉管段覆土结合河床演变和及防洪要求确定，鱼梁洲岛段隧道覆土结合市政管线要求确定。纵断面线形总体呈W形布置，隧道主线以-4.8%纵坡下穿沿江大道、汉江西汊，以4.8%纵坡爬上鱼梁洲，鱼梁洲段隧道纵坡为0.3%、-0.3%和-4.8%，以-0.9%和4.8%纵坡下穿汉江东汊后接入横七路，止于纵四路西侧。

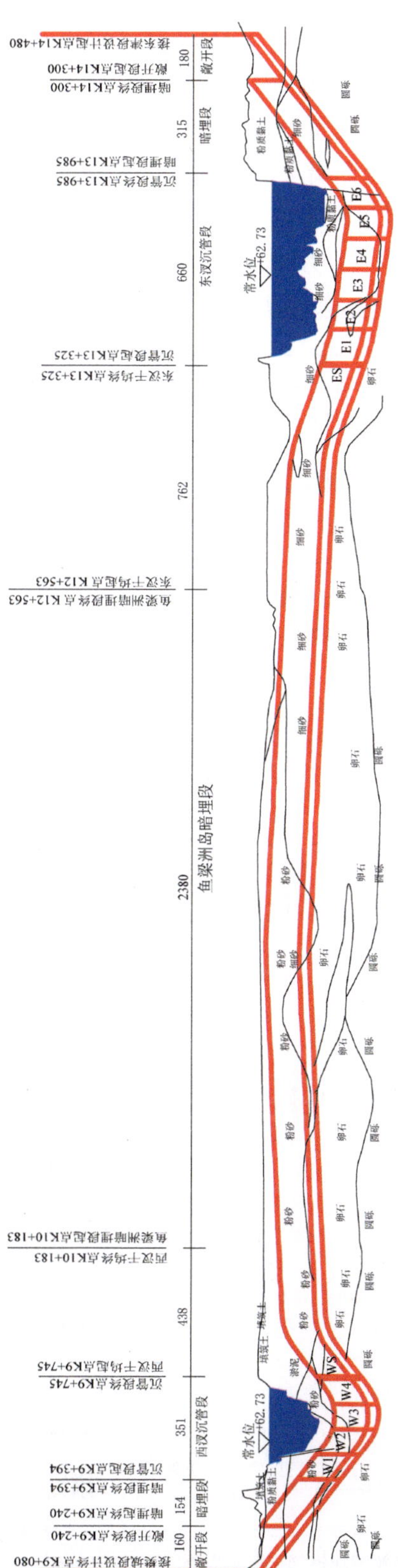

图 2-8　鱼梁洲隧道纵断面布置(尺寸单位:m;高程单位:m)

如图2-9所示，沉管隧道横截面采用两孔一管廊整体式钢筋混凝土管节结构形式，中间管廊上部为电缆通道，中部为紧急逃生通道兼日常检修通道，下部为管线通道，中隔板采用预制后铺结构，根据人行横通道布置，在每个管节中部中墙位置设置一对人行横通道，左右侧行车孔可互为逃生通道。管节结构侧墙及顶底板厚度为1.25m，中隔墙厚度为0.6m，管节横截面宽31.2m、高9.2m。鱼梁洲隧道管节接头采用国产GINA止水带和OMEGA止水带进行双重密封止水。竖向剪力键采用钢剪力键，在侧墙及中墙上布置；水平剪力键采用混凝土剪力键，仅布置在底板，设置在底板压舱混凝土中，管节接头构造如图2-10所示。

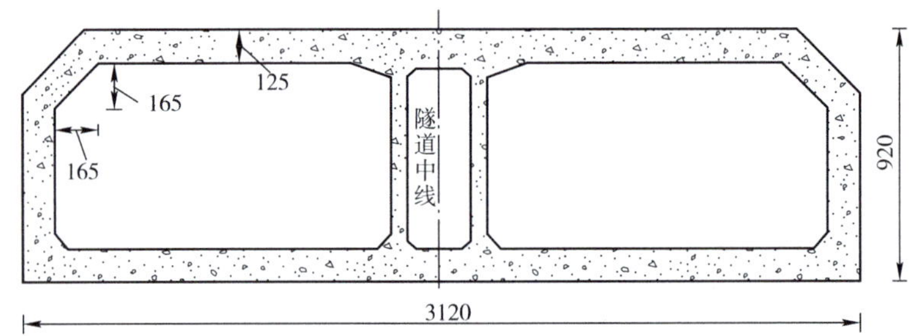

图2-9　鱼梁洲隧道横断面(尺寸单位:cm)

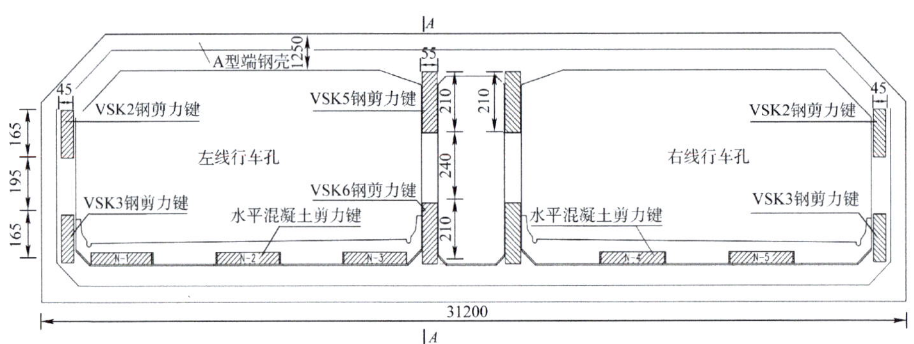

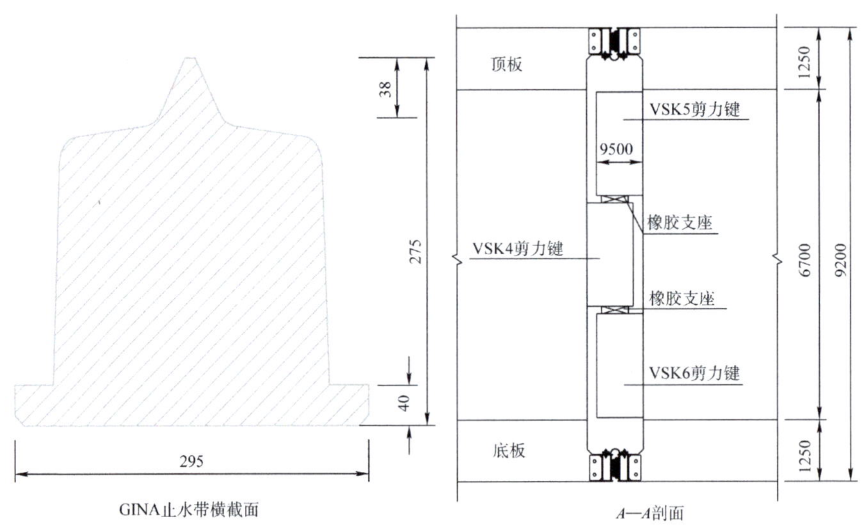

图2-10　鱼梁洲隧道管节接头构造(尺寸单位:mm)

2.4.3　隧道双轴线干坞及管节布置

如图2-11所示，鱼梁洲隧道管节单元采用双轴线干坞法进行预制，在隧道轴线鱼梁洲岛临汉江侧分别设置东汊、西汊两个大型轴线干坞。单个轴线干坞呈纵向长条形布置，沉管管节在干坞内一次预制完成，进行坞内检漏舾装及试浮试验，再依次浮运出坞进行管节水下沉放安装，最后进行岸上最终接头施工。

a）东汊干坞

b）西汊干坞

图2-11　鱼梁洲隧道双轴线干坞

如图2-12所示，东汊沉管段起讫桩号范围为K13+325~K13+985，总长660m。东汊沉管段共设置6个标准管节加1个短管节，标准管节E1~E6分别采用4×120.5m+2×86.5m的长度组合，短管节ES长度为5m，采用陆上干法现浇施工最终接头。如图2-13所示，西汊沉管段起讫桩号为K9+394~K9+745，总长351m。西汊沉管共设置4个标准管节加1个短管节，标准管节W1~W4采用86.5m×4的长度组合，短管节WS长度为5m，同样采用陆上干法现浇施工最终接头。

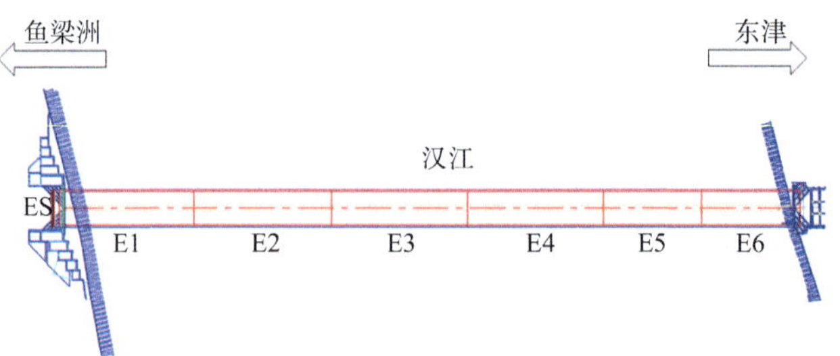

图2-12　东汉沉管预制与平面布置

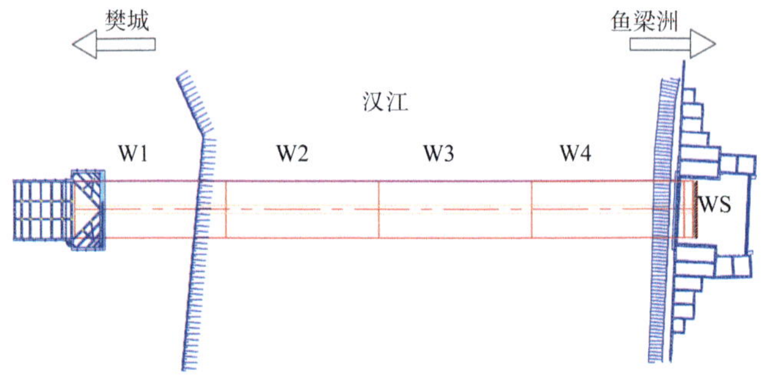

图2-13　西汉沉管预制与平面布置

2.5 工程重难点与创新技术

鱼梁洲隧道为跨汉江第一条公路隧道、华中地区首条沉管隧道、襄阳城市建设的标志性工程，为国内整体建设规模最大的内河沉管隧道。鱼梁洲隧道两次穿越汉江，并且明挖暗埋下穿鱼梁洲岛，施工区域面临航道等级低、地质水文条件复杂、施工船舶小、沉管调位精度要求高、管节浮运安装及沉降预测难度大、关键线路较长、施工工期短、工效要求高等特点和难点，导致隧道建设在深厚砂卵石地层双轴线干坞地下水控制(图2-14a)、整体式管节全断面顺序浇筑及大体积混凝土裂缝控制（图2-14b)、内河狭窄水域沉管基槽开挖及管段浮运(图2-14c)、摩擦止推型陆域最终接头设计与施工(图2-14d)等方面面临诸多技术难题。

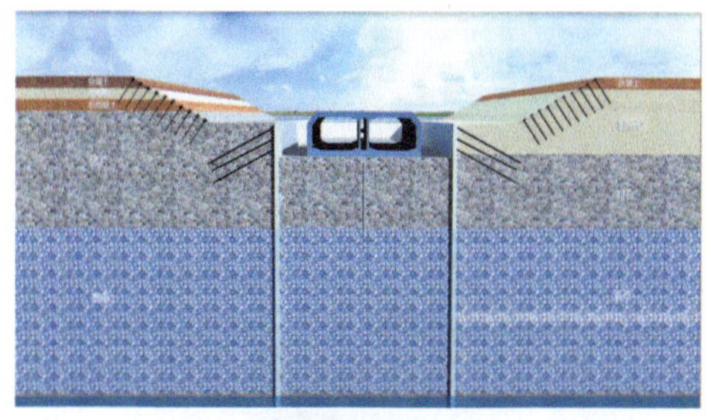

a) 深厚砂卵石地层

b) 整体式管节全断面顺序浇筑

c) 狭窄水域管节浮运

d) 陆域最终接头

图2-14　鱼梁洲隧道施工重难点

如图2-15所示，鱼梁洲隧道实现了沉管隧道建造工艺的全产业链国产化，具备世界最大规模千米双轴线沉管预制干坞、国内最大规模临江超厚砂卵石强透水地层超深超大基坑、国内最大规模超深格型地下连续墙岸堤防护结构等技术特色，并实现了“7个技术首创”：国内首次采用移动工厂法整体式沉管全断面顺序浇筑工艺、世界首次采用无焊接装配式端封门结构、首次采用国产GINA止水带、世界首次采用先铺卵石基础工艺、国内首次采用全漂浮式整平船进行水下基床铺设、世界首次采用柔性压载水袋进行管节压载、国内首条陆域最终接头不设止推构造的沉管隧道。这些技术创新对推动内河沉管隧道技术的发展具有重要意义。

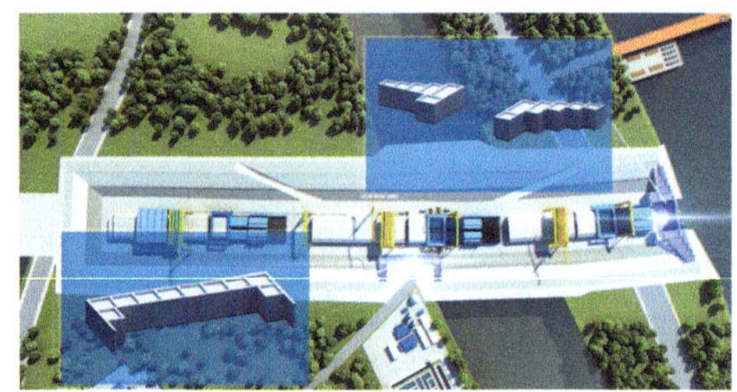

a) 超深格型地下连续墙岸堤防护

b) 移动工厂法整体式沉管全断面顺序浇筑

c) 柔性压载水系统

d) 先铺卵石基础

e) 装配式钢封门

f) 国产GINA止水带安装

图2-15　鱼梁洲隧道创新技术

<<< 第2篇 >>>

关键技术创新与实施篇

第3章 临江深厚砂卵石地层千米级双轴线干坞关键建造技术

3.1 概述

干坞是沉管隧道工程的重要组成部分,虽是临时工程,但常由于规模庞大、工程费用高,导致干坞建设对沉管隧道工期的影响明显。受场地、通航等条件制约,干坞的类型与位置选取、围护结构设计、地下水控制等直接相关,预制干坞在沉管隧道设计与施工中具有举足轻重的作用。由于管节预制的需要,干坞主体部分常须采用无内撑的围护结构形式,合理的干坞围护结构是沉管隧道建造经济性、安全性的重要保证。

干坞在建设及使用过程中会经历开挖、充水、再排水等一系列复杂工况,引起周围土体扰动、浸润并受静水压力、渗流力、孔隙水压力等复杂荷载作用。干坞支护结构选型及设计须考虑这些复杂工况。另外,在干坞基坑开挖、管节预制、二次开挖施工全过程中,须持续进行地下水控制。在干坞地层降水设计中,要充分预计各种不利因素,以防患于未然。由于干坞开挖面积较大、深度较深,且暴露时间较长,在沉管管节预制阶段,须确保干坞边坡的抗倾覆稳定性、抗滑移稳定性等安全要求,同时还须将基底的隆起和变形控制在规定范围内,以满足管节预制和舾装精度要求。

本章针对临江深厚强渗透砂卵石地层条件,在大型干坞布置方案比选、干坞围护结构比选、超深塑性混凝土防渗围护墙材料设计及施工、坞门岸堤防护结构施工、干坞运营期地下水控制等方面开展研究,以形成内河沉管隧道千米级双轴线干坞建造关键技术。

3.2 干坞布置方案比选

干坞对沉管隧道的造价、工期及工程质量均有重要影响。干坞设计是沉管隧道设计的重点、难点,须综合考虑通航要求、狭窄浅水航道浮运条件、地质条件、工期要求、综合造价控制等诸多因素,对多项指标进行综合平衡,以确定最合理的干坞位置和干坞形式。移动干坞需要半潜驳等大型船机设备、须长时间占用航道,对多管节隧道须设置系泊区,鱼梁洲隧道隧址区不具备这些条件,故不考虑移动干坞法,主要对固定干坞法进行比选。基于干坞与隧道轴线位置关系,固定干坞须综合比选双旁建干坞、单旁建干坞、双轴线干坞三种布置方案。

3.2.1 双旁建干坞

如图3-1所示，双旁建干坞是在鱼梁洲西汊和东汊各建一个干坞，西汊干坞位于隧道路线北侧100m，坞口距离岸堤50m。西汊干坞布置3个预制管节，干坞预制台座按单排布置，2个台座之间间隔20m。干坞底部平面尺寸为225m×127m，干坞顶部平面尺寸为297m×199m，占地面积为59103m^2，开挖方量约4.8×10^{5}m^3。

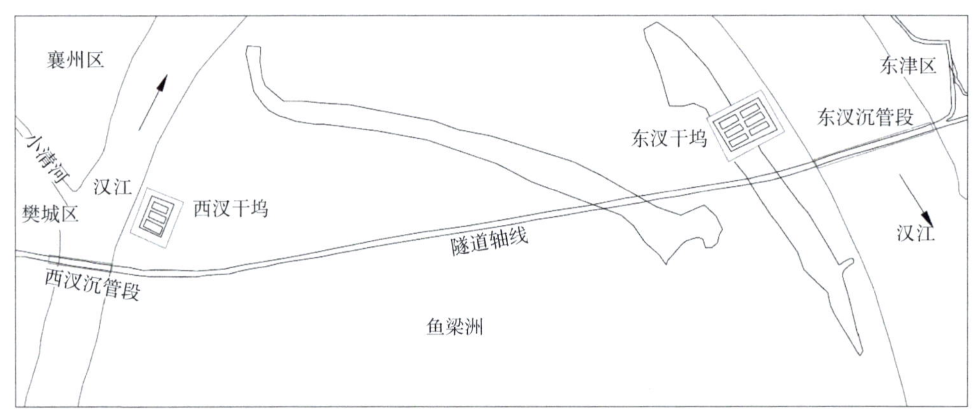

图3-1 双旁建干坞方案

西汊干坞基坑均位于强透水砂卵石地层，隔水层厚度在大部分区段约为100m，干坞紧邻汉江，水力联系较强。为降低降水风险及代价，对西汊干坞上部7m采用放坡开挖方案，并进行全过程坑外降水（至+56m高程），对基坑下部5m采用锚索地下连续墙支护方案。干坞止水采用素混凝土地下连续墙悬挂止水形式，素混凝土地下连续墙伸入下部⑤-1粉质黏土层。

如图3-1所示，东汊干坞选址位于路线北侧100m，坞口距离岸堤50m。东汊干坞布置6个预制管节，干坞预制台座分2排布置，台座间隔为20m。干坞底平面尺寸为174m×267m。东汊干坞段在55~72m高程处存在稳定连续的黏土隔水层。因隧道临江汉江，上部土层均为强透水性砂卵石层，且基坑使用周期长，为避免大面积长时期降水，基坑止水采用落底式止水墙形式，采用放坡开挖方式。东汊干坞顶部平面尺寸为254m×347m，占地面积为88138m^2，开挖方量约8.1×10^{5}m^3。因汉江河道水深较浅，东汊干坞坞口至隧道轴线须进行航道和回旋区疏浚，航道疏浚长度约400m，西汊回旋区面积约5873m^2，东汊回旋区面积约11398m^2。

3.2.2 单旁建干坞

如图3-2所示，单旁建干坞是在鱼梁洲岛上选择一处场地修建一个大型干坞，在干坞内一次预制9个管节。单旁建干坞占地面积较小，约105200m^2，干坞支护采用“放坡开挖+落底式止水墙”形式。

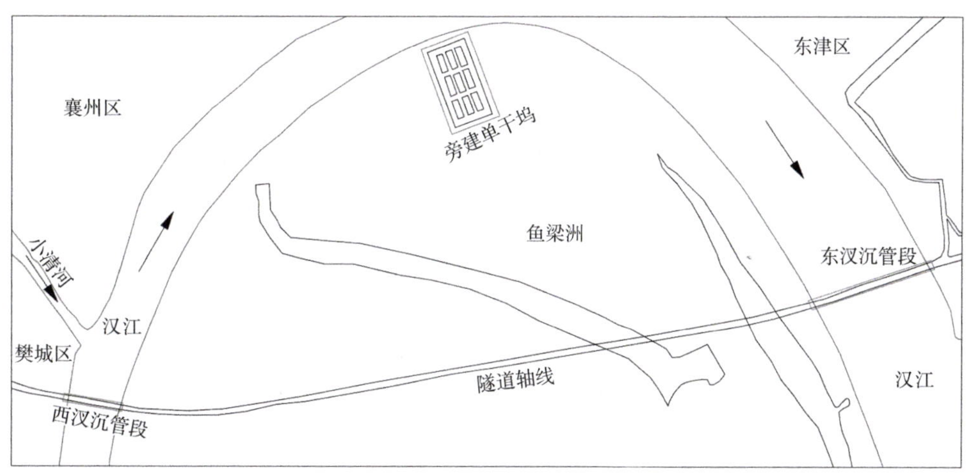

图3-2 单旁建干坞方案

3.2.3 双轴线干坞

如图3-3所示，采用双轴线干坞方案，西汉干坞在隧道轴线处、靠近鱼梁洲西汉岸堤处布置，沉管预制台座沿隧道轴线一字排列，干坞底平面尺寸为436m×44.2m。西汉干坞支护同样采用上部放坡开挖+下部锚索地下连续墙悬挂止水的形式。西汉干坞顶部平面尺寸为467m×107m，占地面积为49969m²，考虑部分占地面积为干坞与轴线暗埋段共用，实际新增占地面积为27645m²，开挖方量约$2.0×10^5m^3$。

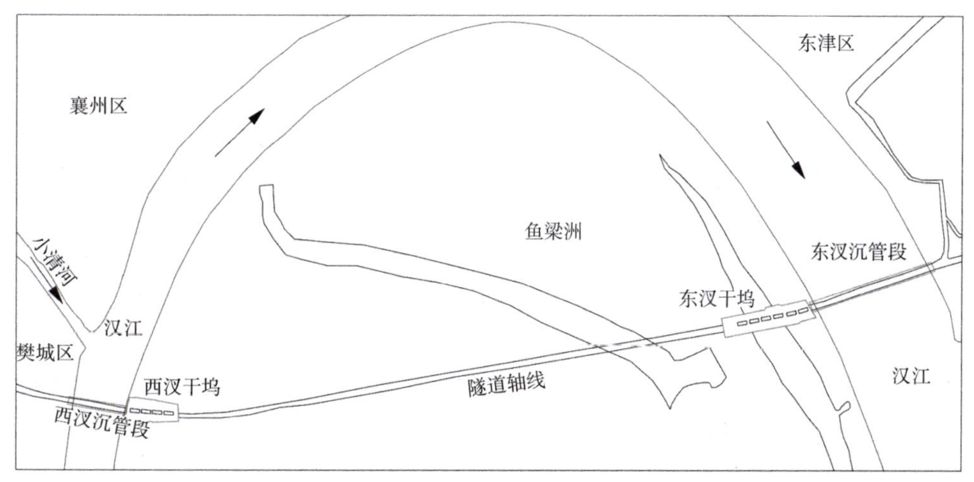

图3-3 双轴线干坞方案

东汉干坞在隧道轴线处、靠近鱼梁洲东汉岸堤处布置。沉管预制台座沿隧道轴线一字排列。东汉干坞支护采用“放坡开挖+落底式止水墙”的形式，沉管预制台座沿隧道轴线一字排列，干坞底平面尺寸为770m×42.2m，干坞顶部平面尺寸为805m×133m，占地面积为107065m²。考虑部分占地面积为干坞与轴线暗埋段共用，实际新增占地面积为67641m²，开

挖方量为 $6.7\times10^5m^3$。

3.2.4 干坞布置方案对比

如表3-1所示,针对以上三种方案进行比选:

(1)双旁建干坞/单旁建干坞方案缺点:管节浮运运距和浮运航道疏浚量大幅增加,施工安全风险的不确定因素增多,轴线处仍需进行大方量土方开挖,施工成本增加;优点:施工不占用隧道暗埋段区域,可节省工期。

(2)双轴线干坞方案缺点:轴线干坞处须进行二次开挖,工期长,有工期延误的风险;优点:轴线干坞所在区域多为农田和未开发土地,拆迁成本低,浮运距离短,基本不需要航道疏浚,轴线干坞段开挖量小,节省成本。

(3)鱼梁洲隧道所在汉江河道为三级航道,船机设备受限,汉江河道东、西汊江面狭窄,尤其是西汊江面宽度仅为280m,导致管节浮运运距增加及管节掉头等操作风险大且操作时间较长。

经综合比选,双轴线干坞可结合明挖隧道基坑联合进行强透水层的地下水处理,浮运距离短,航道疏浚量最小,综合造价最优,同时可满足项目工期需求。因此,推荐采用双轴线干坞方案。西汊沉管段和东汊沉管段轴线干坞分建,均位于鱼梁洲上,轴线干坞的布置方式采用沿隧道轴线一字排列方案。

干坞方案比选　　表3-1

项目	双旁建干坞	单旁建干坞	双轴线干坞
管节预制	西汊3管节,东汊6管节	一次预制9个管节	西汊4管节,东汊6管节
占地面积(万 m^2)	左侧4.8+右侧7.7	10.5	左侧4.0+右侧7.2
对航道影响	稍大	最大	较小
场地适应性	占地面积较大,场地适应性强,拆迁难度小	占地面积较小,场地适应性强,拆迁难度小	占地面积偏大,对暗埋段影响较大,拆迁难度不大
管节浮运距离	较短	长	最短
工程风险	较低	大	有工程延误风险
工期	短	适中	较长
工程造价	稍高	较低	一般

3.3 东汊干坞支护结构优选

针对东汊干坞的工程地质条件,确定了“双地下连续墙+锚拉结构”“落底式止水帷幕+放坡开挖+地下连续墙”“落底式止水帷幕+放坡开挖+挡土墙”“悬挂式止水帷幕+封底混凝土”“落底式止水帷幕+二级放坡开挖”5种无内撑基坑围护结构系统。下面分析不同围护结构内力及变形,比选确定东汊干坞的支护结构形式。

3.3.1 “双地下连续墙+锚拉结构”方案

如图3-4所示，东汉干坞基坑采用120cm厚地下连续墙（前墙）+ 80cm厚地下连续墙（后墙），两墙相距40m，两墙之间采用直径为90mm的钢拉杆连接，连接点位于土体以下2m处，纵向间距1.5m。在土体开挖阶段，为保证基坑稳定性，须在距坑顶5m处施加一道钢支撑。当封底素混凝土施工完成后，拆除钢支撑，以实现东汉干坞内沉管结构的浇筑与浮运。

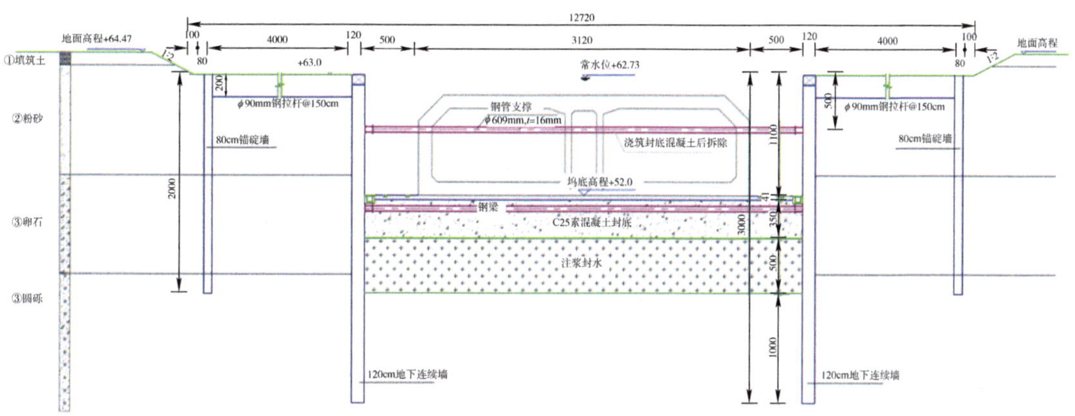

图3-4 双地下连续墙+锚拉结构（尺寸单位：cm；高程单位：m）

如图3-5所示，基于岩土有限元数值分析软件PLAXIS 2D，开展“双地下连续墙+锚拉结构”方案干坞基坑开挖过程数值模拟。“双地下连续墙+锚拉结构”方案的土体最终水平位移、前墙及后墙的位移、结构内力如图3-6所示。

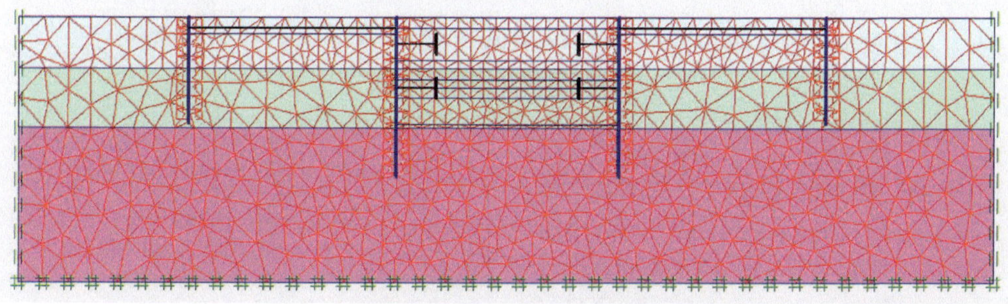

图3-5 “双地下连续墙+锚拉结构”方案数值模型

由图3-6可知，在“双地下连续墙+锚拉结构”方案下，前地下连续墙最大水平位移为65.53mm，位于其顶面处，最大弯矩为1910kN·m，位于封底混凝土顶面附近。后墙最大水平位移59.35mm，位于其顶面处，最大弯矩1040kN·m，位于基坑底部开挖面附近。根据《建筑基坑工程监测技术规范》（GB 50497—2009）❶，当基坑工程环境保护等级为二级，须保证基坑围护结构的最大水平位移不超过0.3%的基坑开挖深度。在“双地下连续墙+锚拉结构”方案下，前、后地下连续墙的水平位移均满足设计要求。

---

❶ 设计时为GB 50497—2009，现已更新为GB 50497—2019，后同。

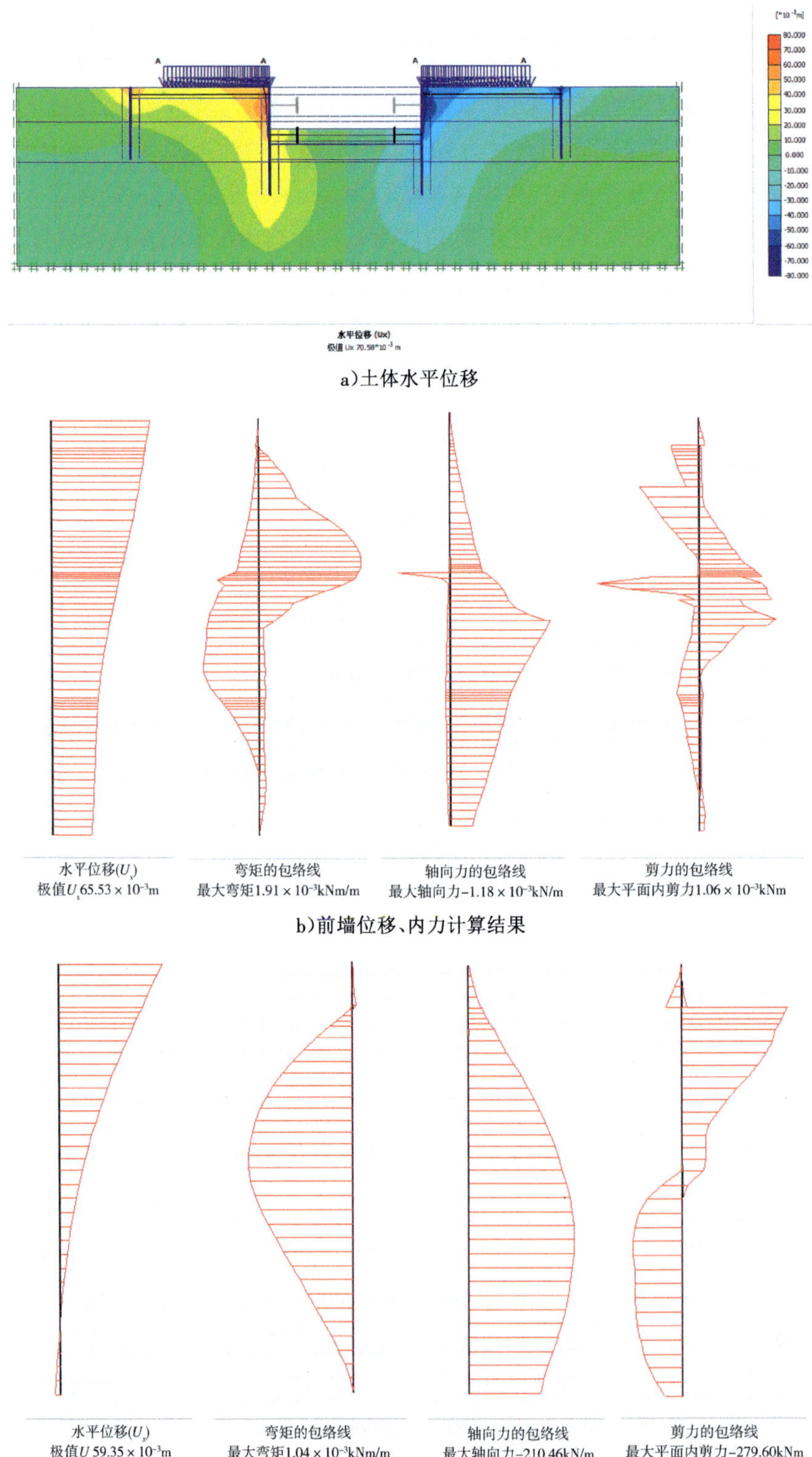

a)土体水平位移

b)前墙位移、内力计算结果

c)后墙位移、内力计算结果

图3-6 “双地下连续墙+锚拉结构”方案位移及内力(PLAXIS 2D软件截图)

3.3.2　“落底式止水帷幕+放坡开挖+地下连续墙”方案

根据勘测数据，东汉干坞区域在55~72m高程处存在稳定连续的黏土隔水层，东汉干坞四周可采用落底式止水帷幕，止水帷幕伸入黏土隔水层，以形成封闭的止水体系。如图3-7所示，干坞上部6m采用放坡开挖，坡率为1∶3，采用锚杆框架梁对坡面进行防护。干坞基坑下部采用1.2m厚T形地下连续墙进行支护，T形地下连续墙入土深度17m，悬臂高度6m。在干坞开挖与运行期，进行全过程地下水控制。

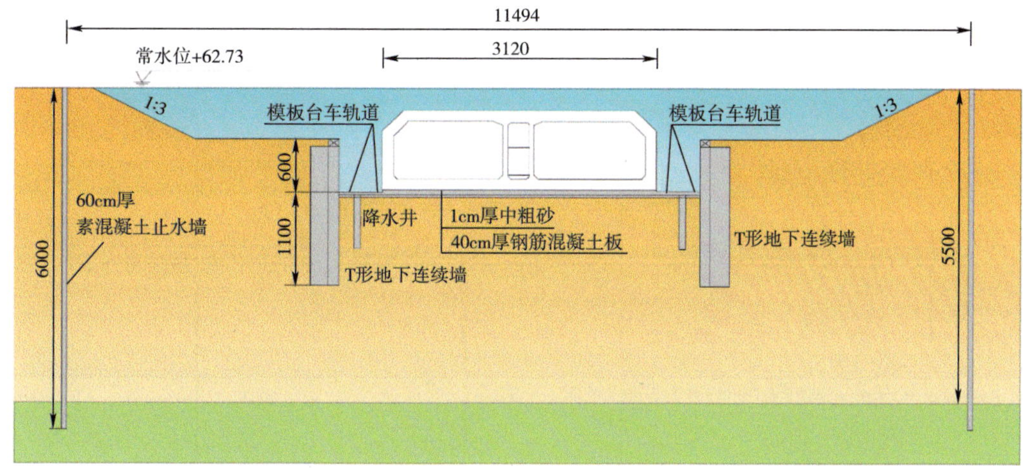

图3-7　“落底式止水帷幕+放坡开挖+地下连续墙”方案（尺寸单位：cm；高程单位：m）

基于岩土有限元数值分析软件PLAXIS 2D，开展“落底式止水帷幕+放坡开挖+地下连续墙”方案下干坞基坑开挖过程数值模拟，“落底式止水帷幕+放坡开挖+地下连续墙”方案的土体最终水平位移、地下连续墙的位移与内力如图3-8所示。由图3-8可知，“落底式止水帷幕+放坡开挖+地下连续墙”方案的地下连续墙最大水平位移50.73mm，位于其顶面处，最大弯矩为944.9kN·m。根据《建筑基坑工程监测技术规范》（GB 50497—2009），当基坑工程环境保护等级为二级，需保证基坑围护结构的最大水平位移不超过0.3%的基坑开挖深度，即计算为51mm，则“落底式止水帷幕+放坡开挖+地下连续墙”方案基本满足设计要求。

3.3.3　“落底式止水帷幕+放坡开挖+挡土墙”方案

东汉干坞区域在55~72m高程处存在稳定连续的黏土隔水层根，则东汉干坞外侧采用落底式止水帷幕，止水帷幕伸入黏土隔水层形成封闭的止水体系。如图3-9所示，在东汉干坞上部6m范围内采用放坡开挖，坡率为1∶3，并采用锚杆框架梁对坡面进行防护。在东汉干坞下部采用8m高挡土墙进行支护，在干坞开挖与沉管预制阶段，进行全过程地下水控制。当东汉干坞进行二次开挖施工时，在二次开挖深度超过2m区段，采用地下连续墙+内支撑方案与挡土墙段顺接。该方案与“落底式止水帷幕+放坡开挖+地下连续墙”方案类似，只是将T形地下连续墙变更为挡土墙，即在挡土墙能满足挡土要求的情况下，该方案满足设计要求。

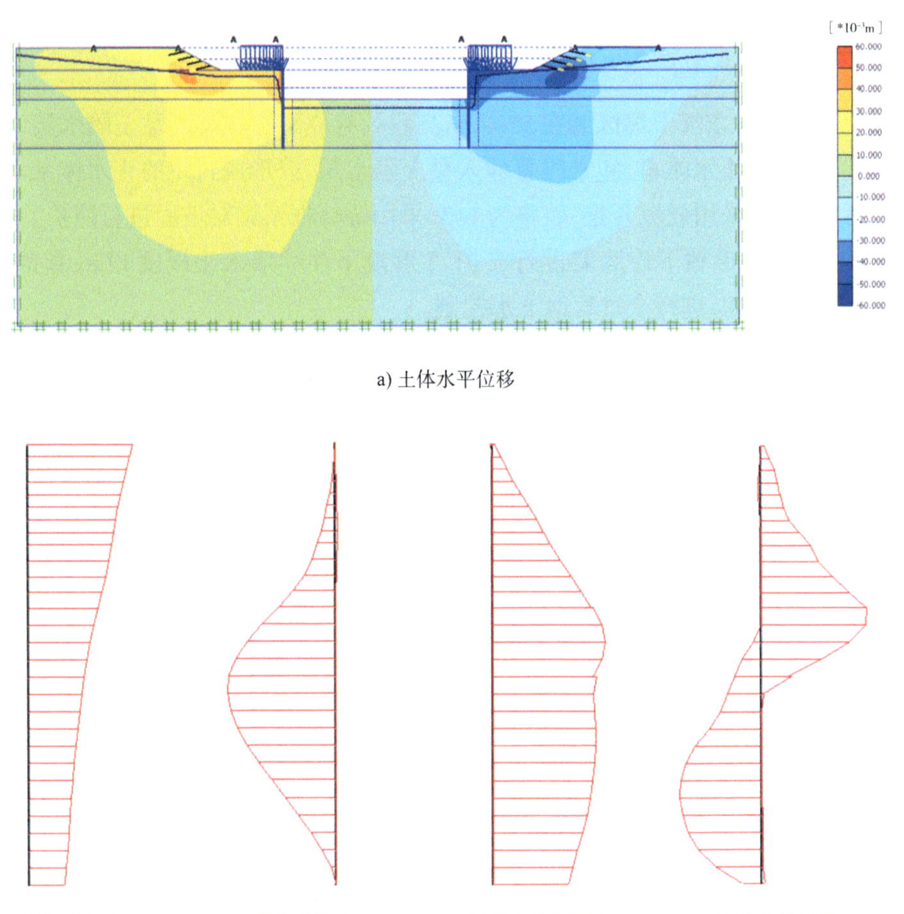

a) 土体水平位移

b) 地下连续墙位移、内力计算结果

图3-8 “落底式止水帷幕+放坡开挖+地下连续墙”方案位移与内力(PLAXIS 2D软件截图)

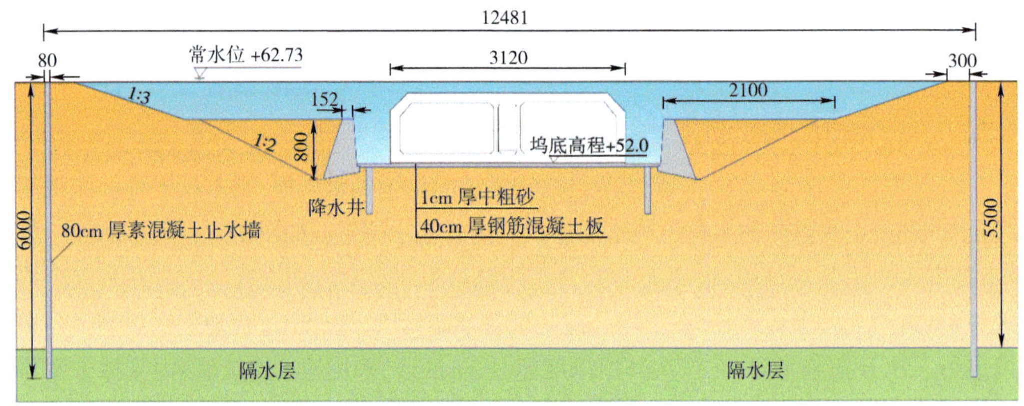

图3-9 “落底式止水帷幕+放坡开挖+挡土墙”方案(尺寸单位:cm;高程单位:m)

3.3.4　“悬挂式止水帷幕+封底混凝土”方案

如图 3-10 所示，东汉干坞围护结构采用 30~35m 深、120cm 厚地下连续墙，干坞底部采用厚 3.5m 的封底混凝土配合抗弯钢梁，通过地下连续墙和封底混凝土，以形成封闭止水体系。东汉干坞采用垂直开挖，其内使用格构柱钢支撑或锚索进行支护，开挖前只需使用降水井对基坑内部进行疏干降水。

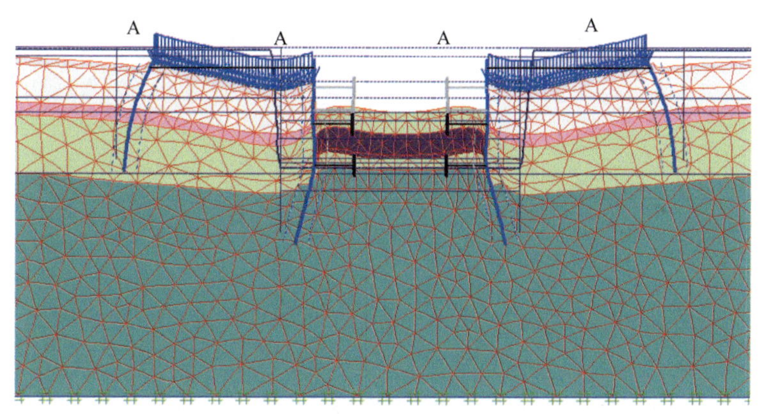

a) 格构柱钢支撑支护

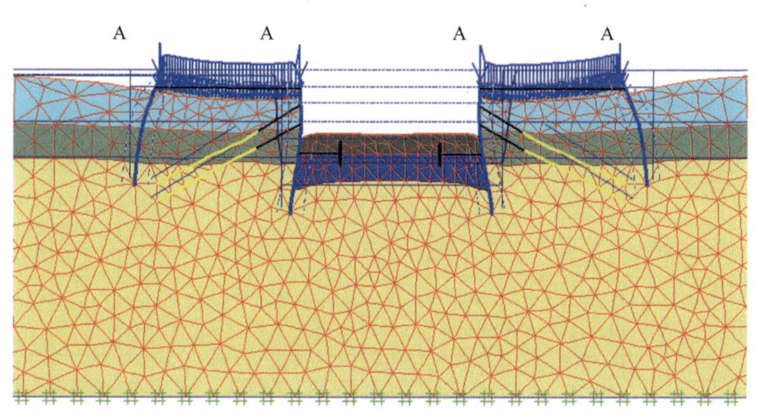

b) 锚索地下连续墙支护

图 3-10　“悬挂式止水帷幕+封底混凝土”方案

针对锚索地下连续墙支护结构进行有限元计算，计算模型如图 3-11 所示。“悬挂式止水帷幕+封底混凝土”方案的地下连续墙最终位移、内力计算如图 3-12 所示。由图 3-12 可知，“悬挂式止水帷幕+封底混凝土”方案的地下连续墙最大水平位移为 34mm，位于其顶面处，最大弯矩为 2127.3kN·m。当基坑工程环境保护等级为二级，须保证基坑围护结构的最大水平位移不超过 0.3% 的基坑开挖深度，经计算为 90mm，则“悬挂式止水帷幕+封底混凝土”方案满足设计要求。

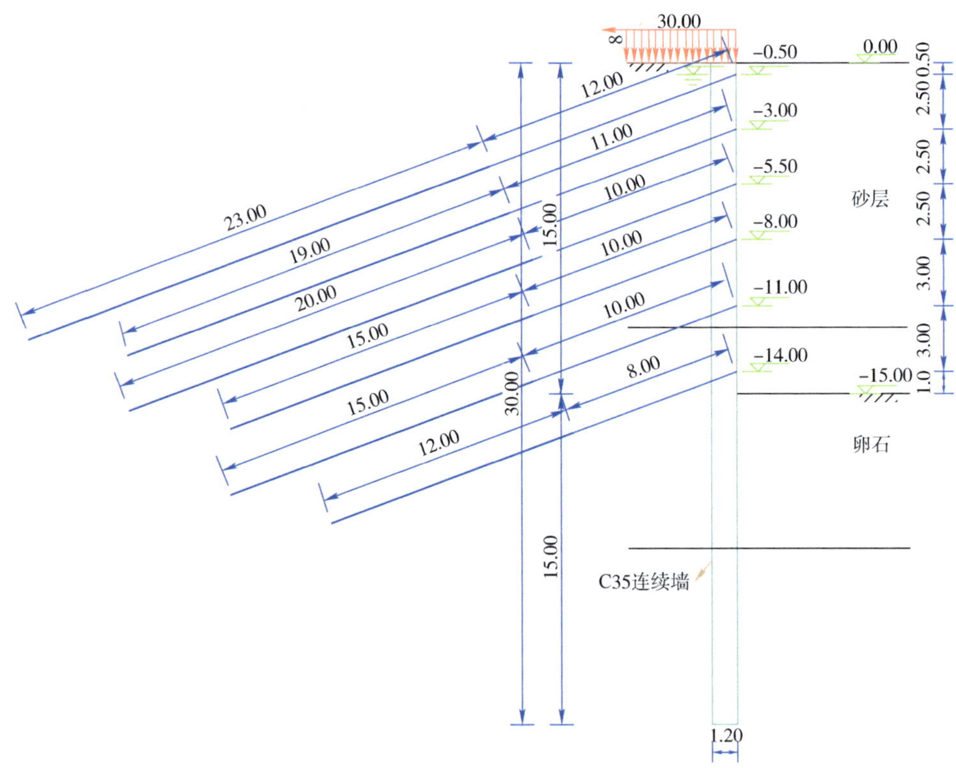

图3-11 锚索地下连续墙结构计算模型(尺寸单位:m;高程单位:m)

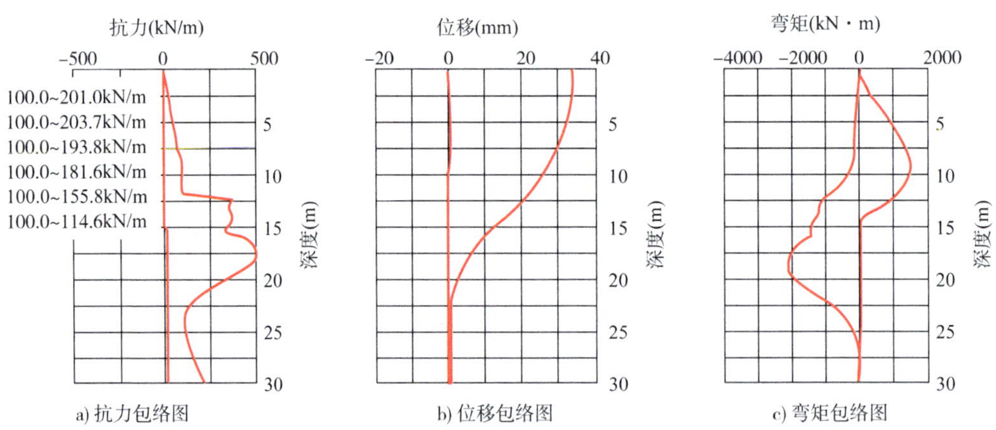

图3-12 "悬挂式止水帷幕+封底混凝土"方案地下连续墙位移与内力

3.3.5 "落底式止水帷幕+二级放坡开挖"方案

如图3-13所示,东汉干坞区域在55~72m高程处存在稳定连续的黏土隔水层,东汉干坞外侧采用落底式止水帷幕,止水墙深度为65~79m,深入下部黏土层。东汉干坞分两级放坡,坡率均为1∶3。干坞基坑深度为12m,干坞基底主要位于粉细砂层,局部底部位于卵石层,采用锚杆框架梁对坡面进行防护。

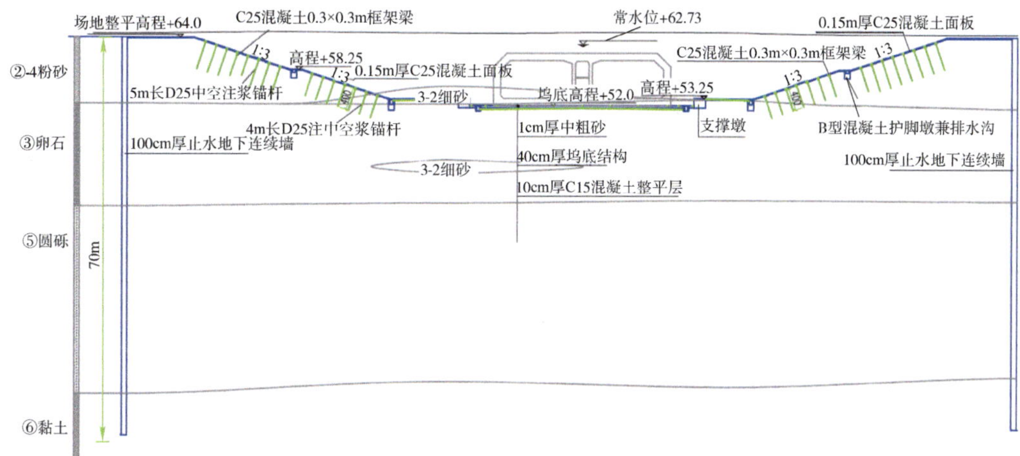

图3-13 “落底式止水帷幕+二级放坡”开挖方案(高程单位:m)

采用边坡稳定分析软件GeoSlope,针对不同工况下“落底式止水帷幕+二级放坡开挖”方案边坡安全系数进行计算,计算结果如图3-14所示。由图3-14可知,“落底式止水帷幕+二级放坡开挖”方案的开挖阶段、回水阶段(内外水头差5m)、回水阶段(内外无水头差)边坡安全系数分别为1.384、1.430、1.317。根据《建筑边坡工程技术规范》(GB 50330—2013),边坡工程安全等级二级,永久边坡稳定安全系数$K \geqslant 1.3$,临时边坡稳定安全系数$K \geqslant 1.2$,边坡稳定,均符合设计要求。

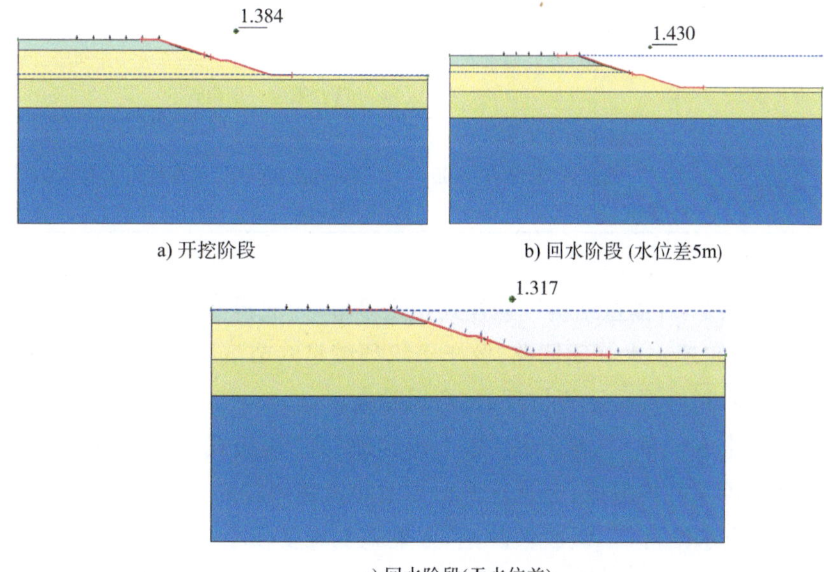

图3-14 不同排水阶段干坞基坑边坡安全系数

3.3.6 支护结构比选

基坑支护结构的设计需要满足:边坡和支护结构稳定,不产生倾覆、滑移、局部失稳及支撑体系失稳,支护结构构件受荷后不发生强度破坏;降水引起的地基沉降不影响邻近建筑物或重要管线的正常使用；止水设计应控制渗漏引起的水土流失造成的地面下降；支护结构变形不应超过周边环境保护要求的允许值等。干坞基坑围护形式的选择必须根据基坑开挖深度、地质情况、场地条件、环境条件、施工条件以及施工组织，通过多方案比选确定，所采用的围护结构应安全可靠，技术可行、施工方便、经济合理。东汉干坞支护结构比选见表3-2。

东汉干坞支护结构比选　　表3-2

序号	支护方案	优点	不足
1	“双地下连续墙+锚拉结构”	干坞开挖土方量较少	1.施工工艺复杂； 2.质量控制难度较大； 3.建设费用相对偏高； 4.降水费用高
2	“落底式止水帷幕+放坡开挖+地下连续墙”	1.干坞开挖土方量大为减少； 2.二次开挖时无须进行支护结构施工	1.当前地层条件下，大深度止水地下连续墙实施的可行性、有效性须研究验证； 2.建设费用相对偏高
3	“落底止水帷幕+放坡开挖+挡土墙”	干坞土方开挖量大为减少	1.当前地层条件下，大深度止水地下连续墙实施的可行性、有效性须研究验证； 2.干坞二次开挖后须施作排桩或地下连续墙支护，耽误工期
4	“悬挂式止水帷幕+封底混凝土”	1.隔水可靠性好； 2.对地层条件要求低	1.封底施工工艺工序复杂； 2.大面积基坑封底混凝土分区实施难度大； 3.封底混凝土抗浮、抗弯存在一定风险，须深入研究； 4.经济性须进一步调研
5	“落底式止水帷幕+二级放坡开挖”	1.技术难度不大； 2.隔水可靠性有一定保障	1.土方开挖量过大； 2.当前地层条件下，大深度止水墙实施的可行性、有效性须研究验证

由表3-2可知：

(1)“双地下连续墙+锚拉结构”“悬挂式止水帷幕+封底混凝土”方案采用基底注浆或者封底混凝土等方法实现止水封闭回路，鉴于干坞须满足六节沉管管节预制，场地较大，基底注浆效果可控性差，封底混凝土板抗浮、抗弯风险大。

(2)“落底式止水帷幕+放坡开挖+地下连续墙”和“落底式止水帷幕+放坡开挖+挡土墙”两种方案施工可靠性均较好，但是这两种方案建设费用较高，且对工期有一定影响。

(3)“落底式止水帷幕+二级放坡开挖”方案施工难度较小，虽然土方开挖量大，但是施工区域土质以砂卵石为主，开挖出的废料可以经处理后用于临时结构、止水帷幕等混凝土浇筑中。

综上，选择“落底式止水帷幕+二级放坡开挖”方案作为东汉干坞支护结构设计方案，针对该方案进行干坞开挖与运行期全过程地下水控制设计。

3.4 东汉干坞支护结构设计

3.4.1 总体布置

如图3-15所示，东汉干坞总长770m，其顶部宽度为132.8m，底部宽度为64.2m，管节预制台座沿隧道轴线一字排列，自坞口段往洲内方向按E6管节→E1管节设置预制台座。东汉干坞基坑采用“落底式止水帷幕+二级放坡开挖”方案，塑性混凝土止水帷幕厚度为1.0m。坡顶高程为场地整平高程+64.0m，坞底台座处高程为+52.0m，坞内施工设备及道路处高程为+53.25m，边坡高10.75m。在坞口处预留长度35m坞口段，为E1管节沉放对接、最终接头施工提供空间。在干坞北侧设置两条8.7m宽、107.5m长的出入坞道路。塑性混凝土止水墙顶部高程为+64.0m，止水墙底部伸入黏土层不小于5m，其深度在65~76m之间。

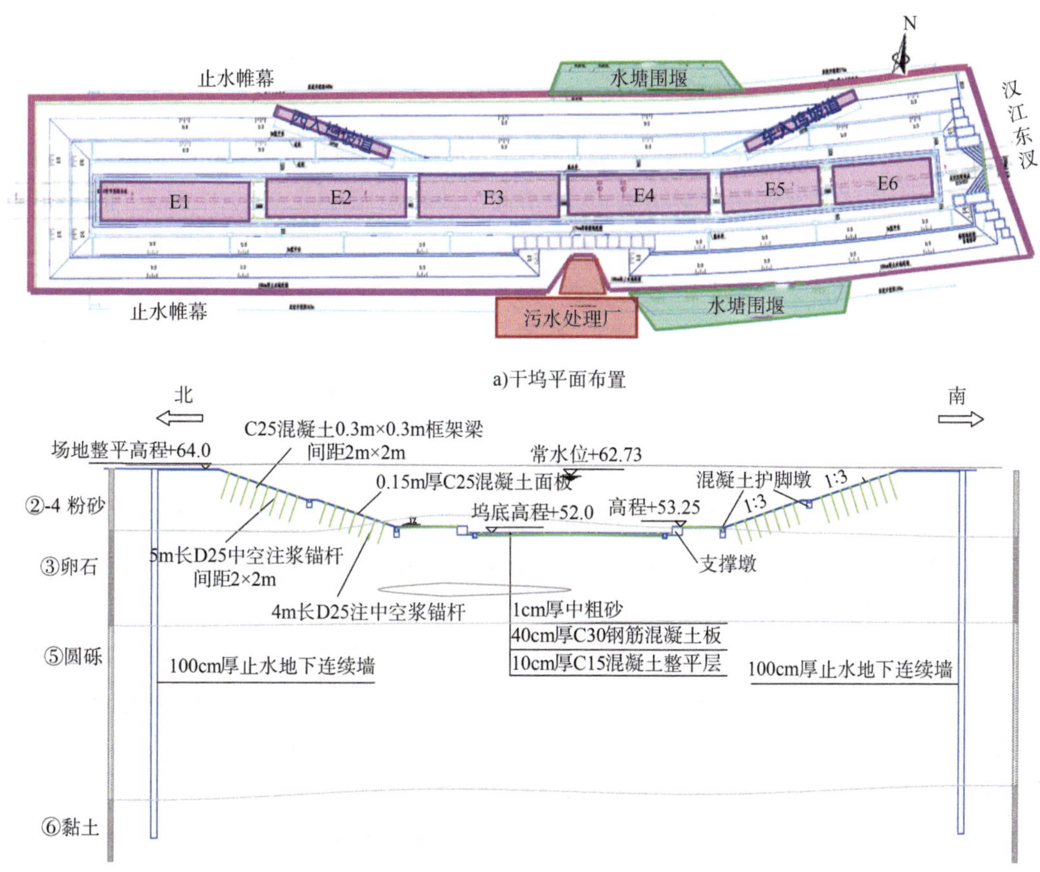

a)干坞平面布置

b)东汉干坞标准段断面图 (高程单位：m)

图 3-15

c）东汉干坞照片

图3-15 东汉干坞布置

3.4.2 东汉坞门对接端及岸堤防护

如图3-16所示，坞门对接端采用ϕ1190mm×30mm锁口钢管桩+外侧1200mm厚止水地下连续墙方案作为临江侧的围护结构，支护结构桩顶高程+66.3m，桩长37.5m。坞口临江侧采用ϕ1190mm×30mm锁口钢管桩，钢管桩间距1.48m，非临江侧均采用1200mm厚地下连续墙。对接端支撑体系采用钢筋混凝土支撑+钢支撑形式。第一道钢筋混凝土支撑截面尺寸为900mm×800mm，钢筋混凝土支撑间水平间距为6m，冠梁横截面尺寸为1500mm×1200mm；第二、三、五道支撑采用ϕ800mm×20mm钢斜撑，与坞门挡水结构成45°布置，水平间距为3m；第四道支撑采用钢筋混凝土支撑，其截面尺寸为1200mm×1000mm，水平间距为6m，钢筋混凝土围檩截面尺寸为1000mm×1000mm。

如图3-16、图3-17所示，东汉干坞岸堤防护采用格型地下连续墙保护方案，坞口两侧采用120cm厚钢筋混凝土格型地下连续墙，各分设两格，横向宽9m，纵向临江侧长20m，干坞侧长10m，墙深37.5m；第二格采用100cm厚格型墙，横向宽8m，纵向长16m，墙深31m；第三格采用100cm厚格型墙，横向宽8m，纵向长12m，墙深26m；第四格采用100cm厚格型墙，横向宽8m，纵向长9m，墙深21m；第五格采用100cm厚格型墙，横向宽8m，北侧纵向长9m，南侧纵向长7m，墙深17m；格型墙外侧各设16m长、100cm厚一字墙，墙深7.5m。在格型墙内基槽浚挖面以下3m至以上2m范围内采用旋喷桩进行加固。格型地下连续墙接头采用H型钢+开孔钢板接头，地下连续墙格型墙内顶部及7.0m深处各设置1m厚钢筋混凝土板与地下连续墙刚性连接，最后在格型墙内用砂土回填至地面。

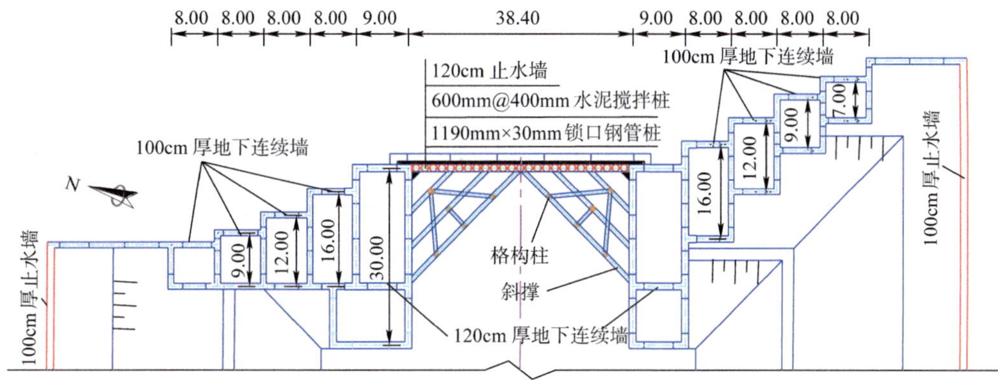

a) 坞门对接端支护平面（尺寸单位：m）

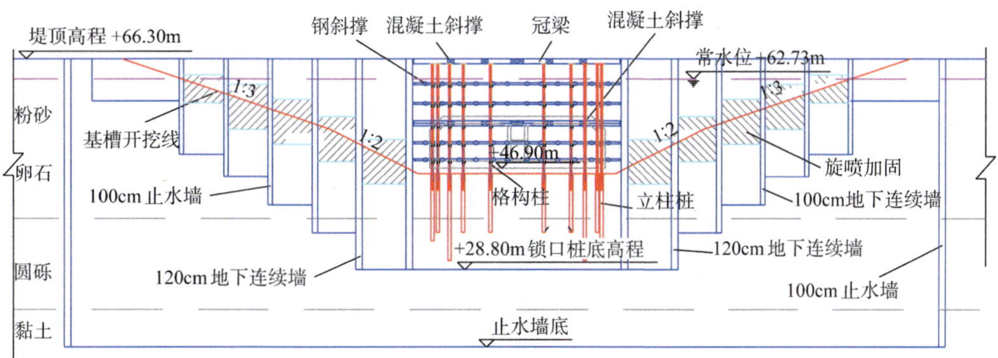

b) 坞门对接端支护横断面

c) 坞门对接端支护照片

图3-16　东汉坞门对接端支护结构

图3-17 东汉干坞岸堤防护

3.5 西汉干坞支护结构优选

西汉轴线干坞位于汉江西汊的东岸，为确定合理的西汊干坞深基坑支护设计方案，选取“放坡开挖+锚索地下连续墙+落底式素混凝土止水墙”“锚拉双地下连续墙+封底混凝土”“锚索地下连续墙+封底混凝土”三种支护方案，采用数值模拟法对比分析不同支护方案的围护结构内力及变形特性，并考虑现场地质条件与施工技术，探讨各支护结构方案的优点与缺点，系统开展干坞围护结构设计方案的比选研究。

3.5.1 放坡开挖+锚索地下连续墙+落底式素混凝土止水墙方案

如图3-18所示，西汊干坞基坑上部采用放坡开挖，中部存在一施工平台(高程+57m)，下部采用锚索地下连续墙进行垂直开挖支护；下部垂直开挖段，在锚索地下连续墙下侧施作素混凝土止水墙，以封堵垂直开挖区外侧的地下水，在管节预制与浮运阶段，内侧垂直开挖段坑底高程为+52m，管节浮运安装完成后进行二次开挖，以满足陆域隧道主体结构底板高程要求。

西汊干坞基坑周边场坪高程+64m，坑内二次开挖后基坑深度为19.65~15m。上部7m采用1:3坡度放坡开挖，坡面防护采用钢筋混凝土框架梁+现浇钢筋混凝土面层+中空注浆锚杆组合的方式，框架梁断面形式为 30cm×30cm，纵横间距为 2m×2m，框架内为 15cm 厚 C20 现浇混凝土面层，内设 ϕ8mm@20×20cm 钢筋网。在框架梁相交处沿坡面垂直方向设置 5m 长 D25 中空注浆锚杆；下部采用 1m 厚锚索地下连续墙支护，上部钢筋混凝土地下连续墙深度为 18~22m，下部素混凝土止水墙段深度为 38~42m，止水墙段深入下部粉质黏土层。在干坞使用阶段，设置两道锚索，锚索竖向间距为 2.5m，纵向间距为 1.5m；每根锚索采用 3 根 1×7-ϕ_s15.2 钢绞线，长度 15~20m，预加拉力 100kN；在二次开挖阶段，根据二次开挖深度，增加 1 道锚索、1~2 道钢管内支撑。

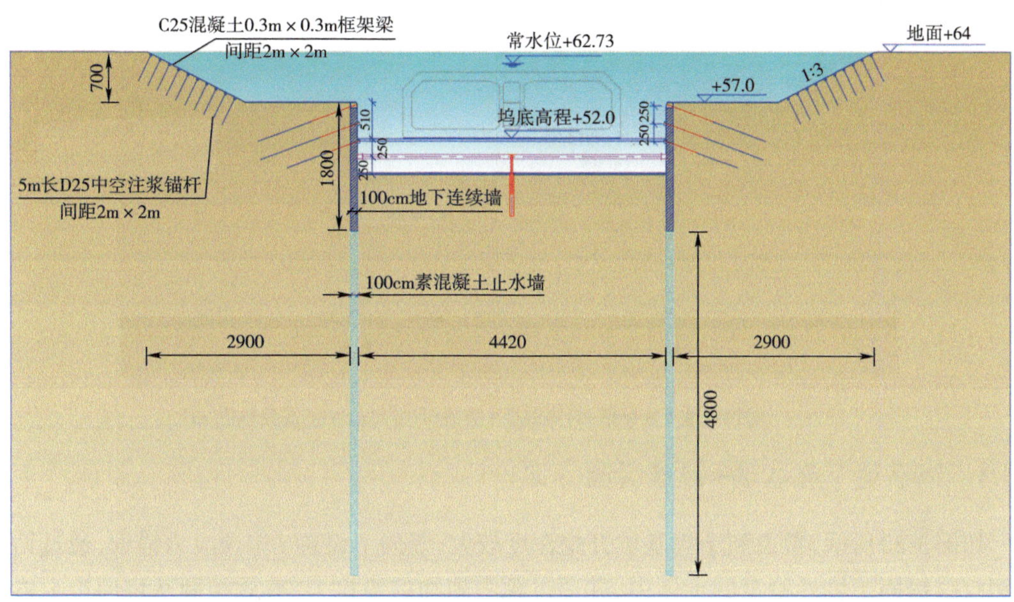

图 3-18　放坡开挖+锚索地下连续墙+落底式素混凝土止水墙方案(尺寸单位:cm;高程单位:m)

3.5.2　锚拉双地下连续墙+封底混凝土方案

如图 3-19 所示，考虑到管节预制与浮运阶段坑内不能存在内支撑，同时为了有效控制干坞深基坑周边地层变形，采用锚拉双地下连续墙作为围护结构。该支护结构体系与双排桩支护结构类似，由上下双排钢拉杆与前、后两排地下连续墙组成一个井式超静定结构，在受力时结构能产生与主动土压力反向作用的力偶，使双地下连续墙的位移与变形明显减小，而且受力条件和整体稳定性好。前墙厚度为 1.2m，深度为 43m；后墙厚度为 0.8m，深度为 21m；前后墙间距为 40m，钢拉杆直径 90mm；上排钢拉杆连接点位于地面以下 2m 处，上下两排钢拉杆竖向间隔 6.8m，纵向间距为 1.5m。

在管节预制与浮运阶段，坑底高程为+52m。浮运完成后，进行二次开挖，使得坑底高程满足陆域隧道主体结构底板高程要求。初次开挖与二次开挖阶段，分别在坑底设置 2m 厚钢筋混凝土板以截断地下水，与地下连续墙通过预埋钢筋连接。初次开挖封底混凝土处基坑时，在坑深 8.6m 处架设一道临时钢支撑，浇筑封底混凝土后拆除钢支撑，进行沉管预制。在管节浮运完成且基坑二次开挖前，凿除已浇筑的封底混凝土，进行二次开挖，到达陆域隧道主体结构底板设计高程后，再次浇筑2m厚钢筋混凝土板以隔断地下水，且由于基坑开挖深度较大，为了保证基坑稳定性，在最终坑底上部2.5m设置一道钢支撑，进行陆域隧道主体结构浇筑。基坑底板抗浮由抗拔桩承担，横向设置7排抗拔桩，其中2根兼作内支撑立柱桩。在坑底混凝土底板封闭前，采用管井法以降低坑内地下水位，该方案可明显减少土方开挖量。

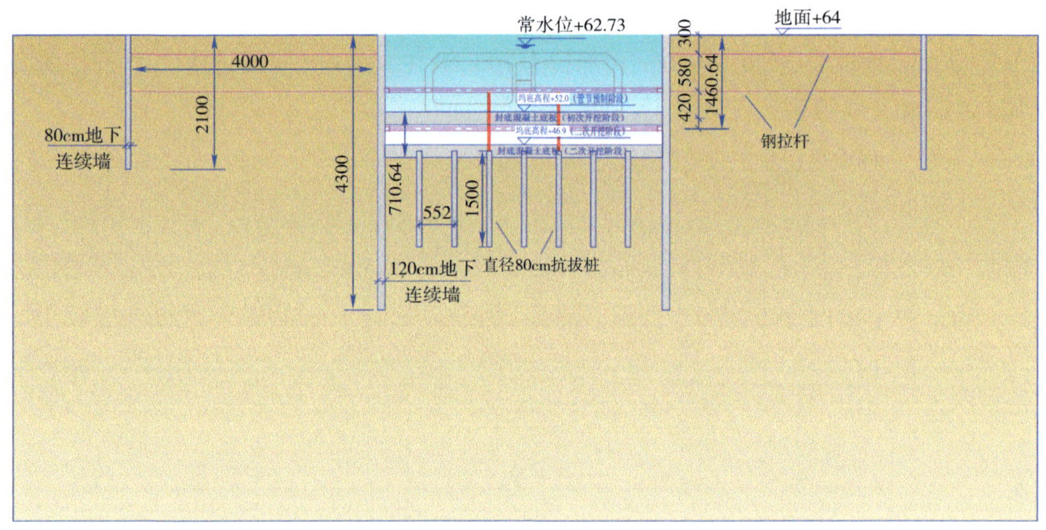

图3-19　锚拉双地下连续墙+封底混凝土方案(尺寸单位:cm;高程单位:m)

3.5.3　锚索地下连续墙+封底混凝方案

如图3-20所示，考虑到干坞基坑开挖深度较大，竖向上设置7排预应力锚索，通过钻孔将钢绞线锚固于坑外稳定的土体中，并通过预先施加的锚拉力，有效控制基坑周边土体的沉降和地下连续墙的水平变形。地下连续墙体厚度取1.2m，锚索竖向间距为2.5m，水平纵向间距为1.5m；第一排锚索锚固段长23m，自由段长12m；第二排锚索锚固段长19m，自由段长11m；第三排锚索锚固段长20m，自由段长10m；第四排锚索锚固段长15m，自由段长10m；第五排锚索锚固段长12m，自由段长8m；第六排锚索锚固段长9m，自由段长6m；第七排锚索锚固段长6m，自由段长5m。

在管节预制与浮运阶段，坑底高程为+52m，浮运完成后，进行二次开挖，使得坑底高程满足陆域隧道主体结构底板高程要求；初次开挖与二次开挖阶段，分别在坑底设置2m厚钢筋混凝土板以截断地下水，与地下连续墙通过预埋钢筋连接；在管节浮运完成且基坑二次开挖前，凿除已浇筑的封底混凝土，进行二次开挖，到达陆域隧道主体结构底板设计高程后，再次浇筑2m厚钢筋混凝土板以隔断地下水。在坑底混凝土底板封闭前，采用管井法以降低坑内地下水位。该方案可明显减少土方开挖量。

3.5.4　西汉干坞基坑支护方案数值模拟

如图3-21所示，采用岩土有限差分数值模拟软件Flac3D 7.0，考虑对称性，对上述所提出的3种开挖支护方案建立数值分析模型，进行西汉干坞深基坑开挖模拟。各数值模型顶部为自由地表，左侧施加水平向位移固定约束边界条件，右侧为对称边界，施加水平位移固定约束边界条件，模型底部同时施加水平与竖向位移约束边界条件。基于现场岩土工程勘察报告，将土体单元从上至下划分为粉细砂层、卵石混圆砾层、圆砾层，各土层本构模型均采用基坑工程分析中广泛应用的硬化土模型（PH模型）。

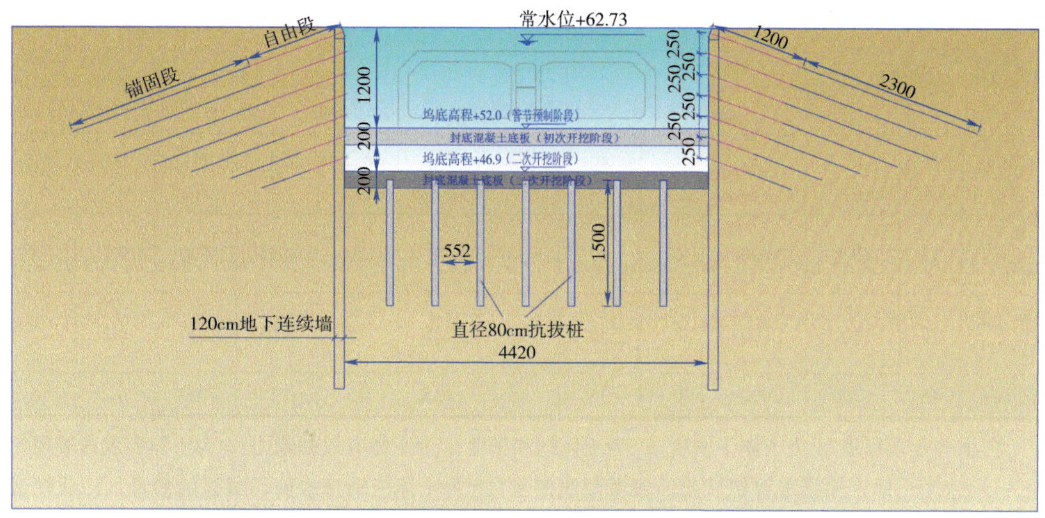

图3-20　锚索地下连续墙+封底混凝土方案（尺寸单位：cm；高程单位：m）

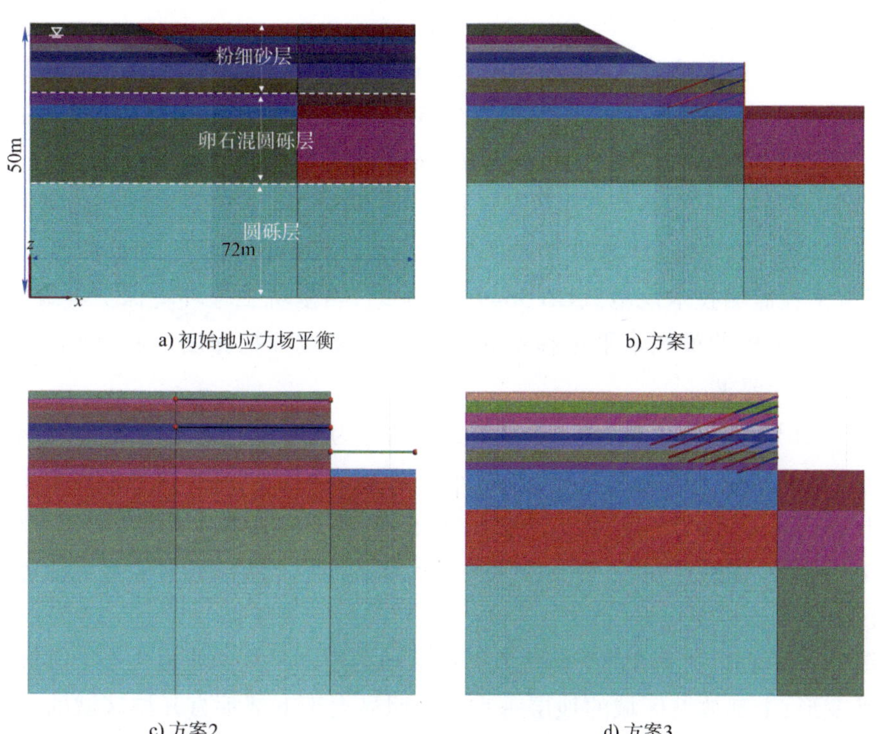

图3-21　各支护结构设计方案数值模型

各土层PH模型的物理力学参数取值如表3-3所列。数值计算时，初始地下水位高程取实际观测值（+62.73m），最终降水后的地下水位高程低于基坑坑底2m。地下连续墙围护结构采用Liner结构单元模拟，锚索采用Cable单元模拟，钢管支撑采用Beam单元模拟。方案2中的钢拉杆同样采用Cable单元模拟，但是不考虑锚固段，以体现其受力特性，钢拉杆直径为90mm，弹性模量为200GPa，泊松比为0.3。为确保数值计算过程收敛及稳定性，各支护方案土体开挖采用分层开挖法模拟，每层厚度不超过4m，上一层开挖计算收敛后再开挖下一层。

各土层PH模型物理力学参数取值 表3-3

土层名称	H (m)	ρ_d (kg/m³)	ρ_{sat} (kg/m³)	c' (kPa)	φ' (°)	E_{50}^{ref} (MPa)	E_{ur}^{ref} (MPa)	E_{oed}^{ref} (MPa)	m	p^{ref} (kPa)	ν	ψ (°)
粉细砂层	12	1500	1800	0	30	30	90	30	0.55	100	0.2	5
卵石混圆砾层	17	1800	2100	0	38	75	225	75	0.55	100	0.2	7
圆砾层	46	1700	2000	0	35	45	135	45	0.55	100	0.2	6

注：H为土层厚度；ρ_d为土体干密度；ρ_{sat}为土体饱和密度；c'为土体有效黏聚力；φ'为土体有效内摩擦角；E_{50}^{ref}为土体三轴排水剪切试验的参考割线模量；E_{ur}^{ref}为土体三轴排水剪切试验的参考加卸载模量；E_{oed}^{ref}为土体固结试验中的参考切线模量；m为刚度应力水平相关幂指数；p^{ref}为参考应力；ν为土体加卸载泊松比；ψ为土体剪胀角。

由图3-22a）可知，方案1的地下连续墙最大水平变形为0.012m，位于距地表13.4m处；方案2的地下连续墙最大水平变形为0.057m，位于距地表10m处；方案3的地下连续墙最大水平变形为0.027m，位于距地表16.5m处。由于放坡开挖的卸荷效应，方案1的地下连续墙水平变形明显小于方案2与方案3。同时，由于锚索及拉杆的加固效应，三种支护结构设计方案的地下连续墙水平变形最大值都出现在垂直开挖顶面以下。根据《建筑基坑工程监测技术规范》（GB 50497—2009），当基坑工程环境保护等级为二级，须保证基坑围护结构的最大水平位移不超过0.3%的基坑开挖深度，则三种支护结构设计方案均满足设计要求。

由图3-22b）可知，方案1的地下连续墙最大弯矩为520.5kN·m，位于距地表14.1m处；方案2的地下连续墙最大弯矩为716.7kN·m，位于距地表11.2m处；方案3的地下连续墙最大弯矩为1093.7kN·m，位于距地表17.9m处。方案1的地下连续墙弯矩最大值明显小于方案2与方案3。同时由该图可知，三种支护结构设计方案的地下连续墙弯矩最大值都出现在垂直开挖顶面以下。

由图3-23a）可知，方案1的下部垂直开挖区域地层水平变形明显大于上部放坡区域的地层水平变形；上部放坡区域的地层垂直变形明显大于下部垂直开挖区域的地层垂直变形，整个开挖面的垂直变形最大值位于上部斜坡坡肩处；由图3-23b）、c）对比分析可知，方案2的坑周地层水平变形最大值出现于坑顶面以下中部区域，而方案3的坑周地层水平变形最大值出现于坑底附近，方案2的地层变形控制效果差于方案3。

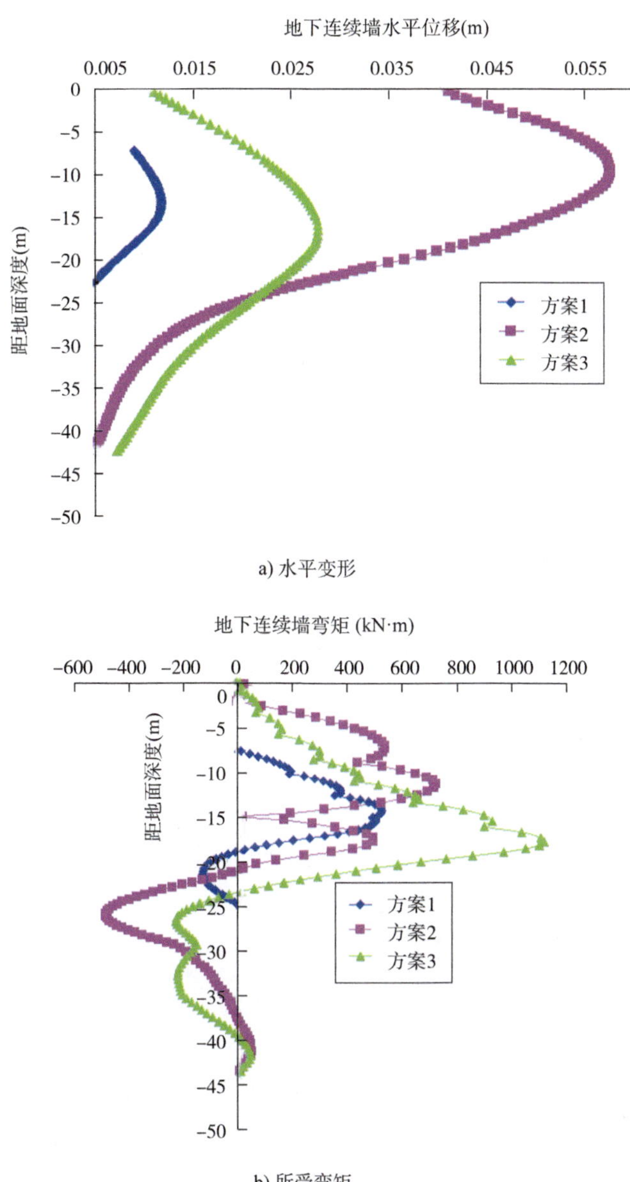

图3-22　不同支护方案下地下连续墙内力与变形

3.5.5　西汉干坞基坑支护结构设计比选

由表3-4可知，“放坡开挖+锚索地下连续墙+落底式素混凝土止水墙”组合方案虽然土方开挖量大、降水代价较高，但是该方案施工方便，整体可靠性较高、综合造价较低、施工可行性较高，施工区域土质以砂卵石为主，开挖出的废料可以经处理后用于临时结构、止水帷幕等混凝土浇筑中。“锚拉双地下连续墙+封底混凝土结构”方案可靠性较高、工期较短，但工序复杂、造价较高。“锚索地下连续墙+封底混凝土结构”方案构造简单、施工工序简单，但锚索数量较多，砂卵石地层锚索长期使用可靠性较低。

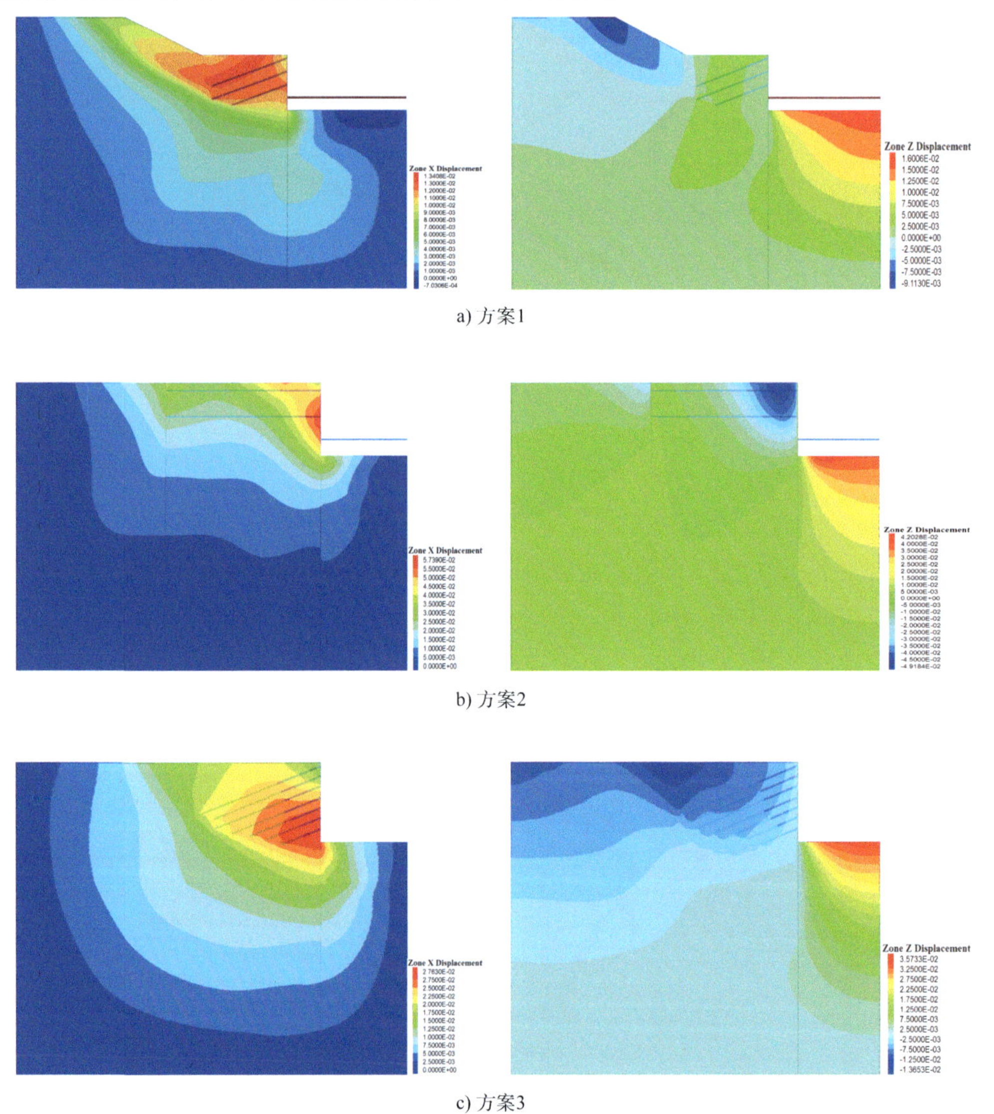

a) 方案1

b) 方案2

c) 方案3

图3-23　不同支护方案下土体水平与垂直位移(Flac 3D软件截图，单位：m)

综合第3.5.4节数值模拟结果及以上造价、施工难易程度、安全性等方面比选评价，认为当干坞基坑地层下部存在稳定连续的相对隔水层时，“放坡开挖+锚索地下连续墙+落底式素混凝土止水墙”组合方案为最优方案；当干坞基坑地层下部为深厚强渗透砂卵石地层时，可选择“放坡开挖+锚索地下连续墙+封底混凝土”组合方案作为最优方案。

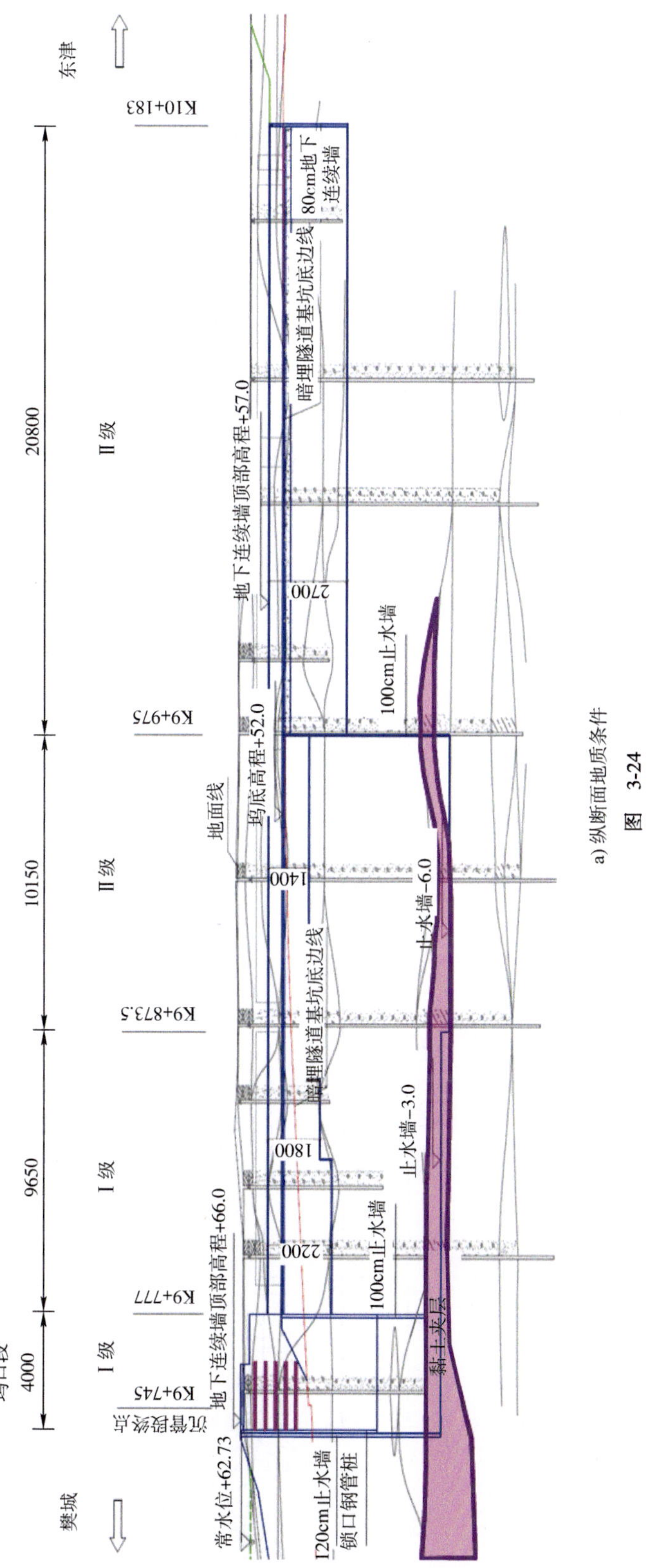

a) 纵断面地质条件

图 3-24

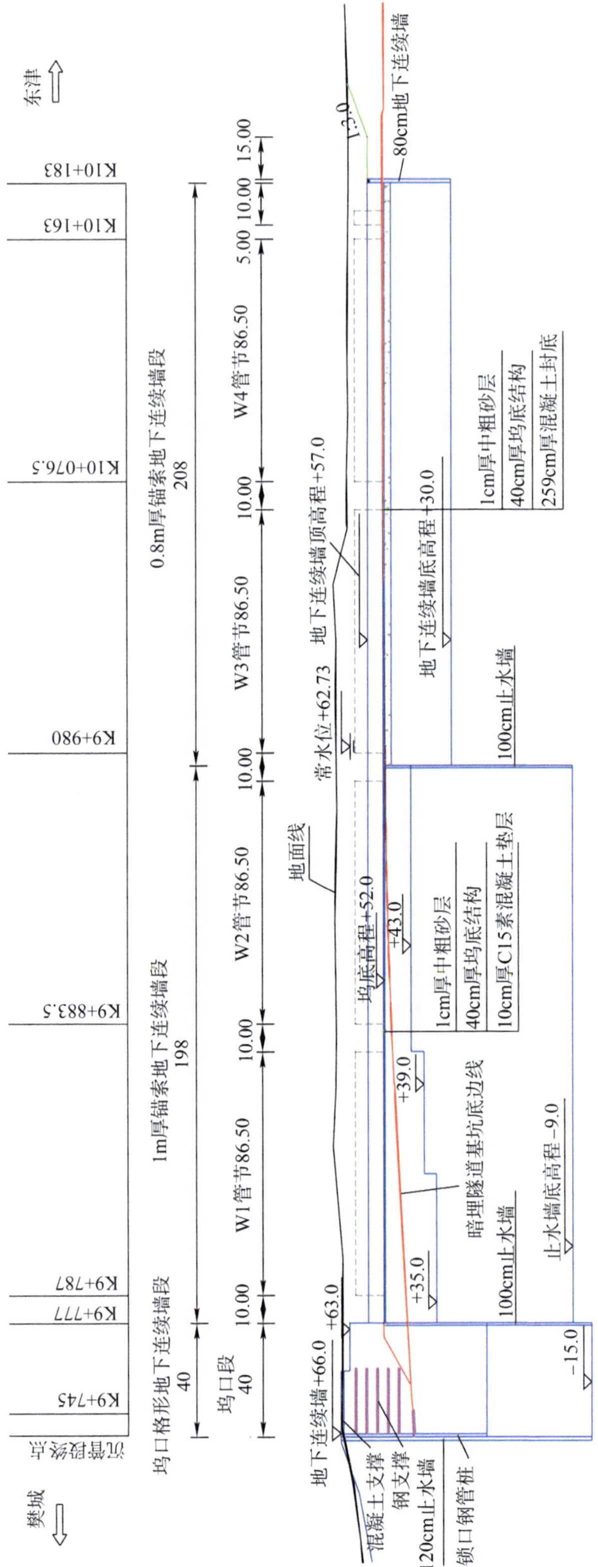

b) 纵断面分区

图3-24　西汉干坞纵断面分区设计(尺寸单位:m;高程单位:m)

西汉干坞不同支护结构方案比选 表3-4

方案	优点	缺点
"放坡开挖+锚索地下连续墙+落底式素混凝土止水墙"	1.构造简单,施工工序简单; 2.工程造价较低	1.降水范围大,降水周期长; 2.锚索数量较多,砂卵石地层锚索长期使用可靠性较低; 3.锚索处易形成基坑渗漏通道
"锚拉双地下连续墙+封底混凝土"	1.降水范围及占地面积小; 2.工效高、工期短; 3.干坞基坑土方开挖量少	1.砂卵石地层内封底混凝土施工难度较大; 2.钢拉杆须锚固于前、后地下连续墙上,施工工艺复杂; 3.管节预制场地受限,施工作业空间协调性差; 4.工程造价高
"锚索地下连续墙+封底混凝土"	1.干坞基坑土方开挖量少; 2.降水范围及占地面积小; 3.工程造价略高	1.砂卵石地层内封底混凝土施工难度较大; 2.锚索数量较多,砂卵石地层锚索长期使用可靠性较低; 3.锚索处易形成基坑渗漏通道

如图3-24a)所示,地质钻探显示西汉干坞西侧半区隔水黏土层埋深为60~65m,东侧半区隔水黏土层埋深超过100m,地下连续墙成槽难度较大。基于以上情况,确定采用西汉干坞深基坑支护结构东西侧分区设计的思路(图3-24b),即在K9+975处设置1000mm厚、64m深的素混凝土止水墙,将西汉干坞基坑分割成东西两半区。西半区采用"放坡开挖+锚索地下连续墙+落底式素混凝土止水墙"方案,东半区采用"放坡开挖+锚索地下连续墙+封底混凝土"方案。

3.6 西汉干坞支护结构设计

3.6.1 总体布置

如图3-25所示,西汉干坞长度为446m,预制台座沿隧道轴线一字排列,自坞口段往洲内方向按W1管节→WS管节设置预制台座。沉管预制台座间距10m,在西侧坞口处预留长40m的坞口段,为WS管节沉放对接施工提供作业空间。干坞东侧坞尾设置两处出入坞坡道,在K9+902南侧设置一处出入坞坡道。考虑管节预制模板布置、管节起浮曲线出坞、施工人员作业等需求,干坞标准段宽度设置为44.2m,预留匝道段最宽处为53m;根据水域平均水位62.73m,并考虑1m浮运富余量、0.2m起浮干舷,确定西汉干坞坞底高程为+52m,坞底高程高于暗埋隧道结构基坑底高程。

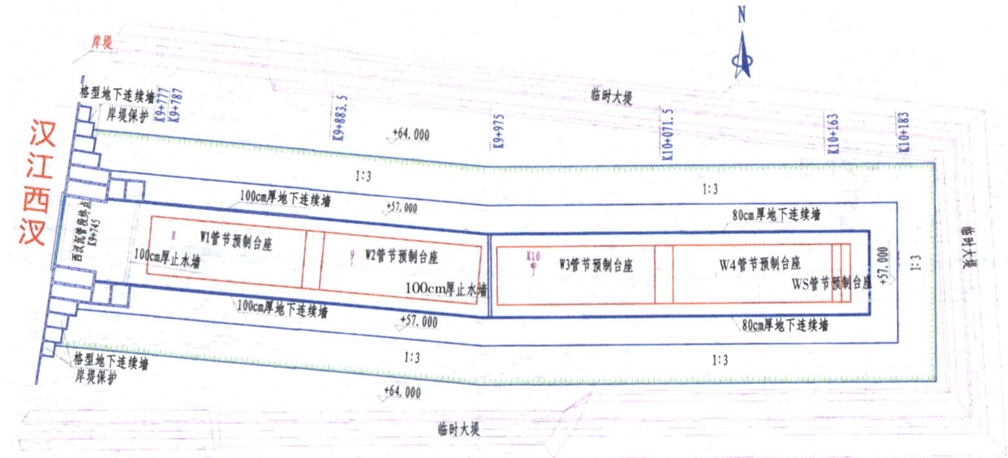

图3-25 西汊干坞总体布置(高程单位:m)

由第3.5.5节可知,西汊干坞所在区域地层存在隔水黏土层深埋且不连续的特点,西侧半区隔水黏土层埋深约为70m,东侧半区隔水黏土层埋深超过100m,在K9+975处设置1000mm厚、64m长的素混凝土止水墙,将西汊干坞基坑分割成东西两半区,西半区采用"放坡开挖+锚索地下连续墙+落底式素混凝土止水墙"组合方案(图3-26a),东半区采用"放坡开挖+锚索地下连续墙+封底混凝土"组合方案(图3-26b)。

干坞基坑采用"放坡开挖+锚索地下连续墙"方案,干坞区基坑分两期开挖,第一期开挖至坞底高程满足沉管管节预制需求,第二期局部开挖至暗埋段结构底高程满足隧道结构施工需求。干坞开挖、沉管预制与舾装以及二次开挖整个期间,基坑分阶段持续降水。

西汊干坞整平高程+64.0m,第一期开挖中基坑放坡段按1:3坡率开挖7m至+57.0m,坡面采用钢筋混凝土框架梁+现浇钢筋混凝土面层+中空注浆锚杆组合的方式进行防护。边坡坡脚至锚索地下连续墙15m范围内施工便道采用20cm厚C20混凝土硬化。基坑垂直段开挖沿锚索地下连续墙内侧进行，边开挖边施工支护锚索，根据坞底结构形式开挖至相应高程，预制区坞底结构顶高程为+52.0m。

待西汉干坞沉管浮运安装完毕以后，基坑进行第二期开挖。在桩号K9+975之前，依据开挖深度依次设置1道锚索或1~2道内支撑。

根据支护形式、基坑深度、地质条件等方面的不同，将西汉干坞划分为3个区段，各区段起讫桩号分别为K9+737~K9+777、K9+777~K9+975和K9+975~K10+183。每个区段之间均由1m厚塑性混凝土止水地下连续墙分隔开，止水地下连续墙入⑤-1粉质黏土层深度不小于5m。西汉干坞坡面防护如图3-26c)所示。

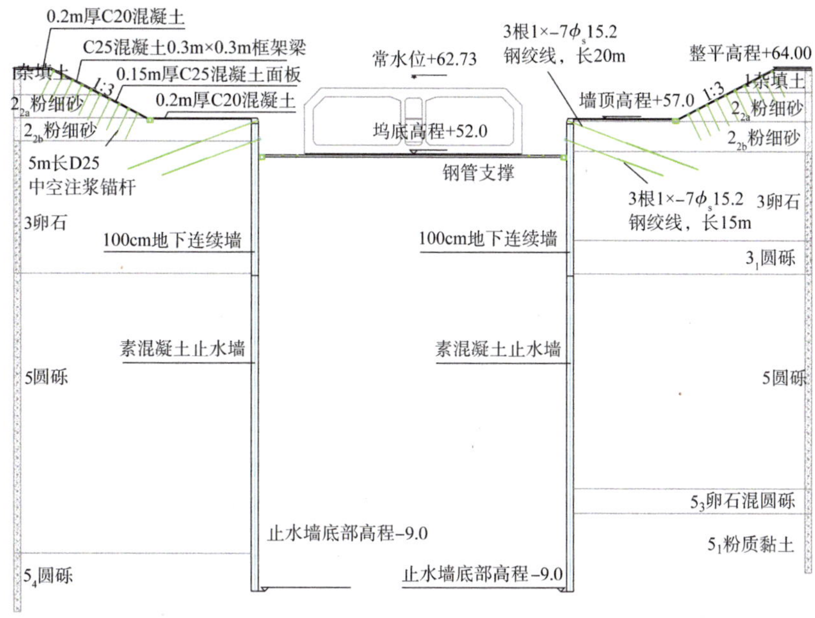

a) 西半区横断面（高程单位：m）

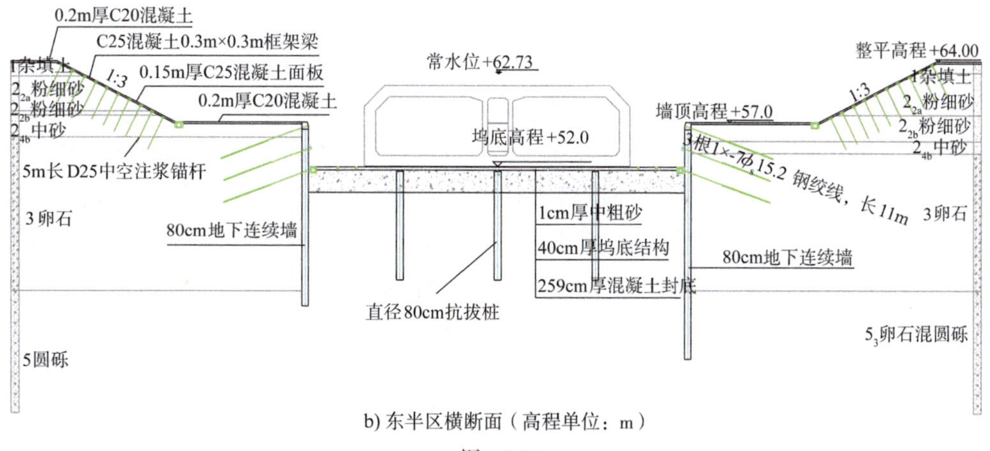

b) 东半区横断面（高程单位：m）

图　3-26

c) 坡面防护

图3-26 西汉干坞典型横断面与坡面防护

3.6.2 西汉坞门对接端及岸堤防护

如图3-27所示，西汉坞门对接端采用ϕ1190mm×30mm锁口钢管桩+外侧1.2m厚止水地下连续墙方案作为临江侧的围护结构，桩顶高程为+66.0m，桩长42.5m。K9+737~K9+777区段40m范围为0.8~1.2m厚格型地下连续墙岸堤保护结构，墙顶高程为+66m，尺寸为平面宽8.0m、长7.0~23.0m，厚0.8m、1m、1.2m，深度为11~43.5m。格型地下连续墙墙体上部为钢筋混凝土段，下部为素混凝土止水墙段，止水墙段深入粉质黏土层。格型地下连续墙槽段之间采用十字钢板接头，在格构式重力墙内基槽浚挖面以上2m至以下3m范围内利用高压旋喷桩进行加固，在格构式挡土墙顶板及内侧6m深处设置1m厚的钢筋混凝土板。

3.7 超深防渗墙塑性混凝土制备及应用

鱼梁洲隧道东、西汉干坞基坑采用塑性混凝土防渗墙作为竖向止水帷幕，超深塑性混凝土防渗墙厚度为1m，深度为65~76m，总长达4200m，属于超深止水帷幕结构。超深防渗墙具有成槽深度大、施工时间长、环境富水且地层复杂等特点，对塑性混凝土原材料选择、制备、施工等技术提出了巨大挑战。考虑施工场地有大量的粉细砂和黏土，若能因地制宜，就地取材，利用丰富的砂土资源生产防渗墙实体工程，既可以节约造价，又能减少对天然砂的消耗，达到节省投资、缩短工期、保护环境的目的。

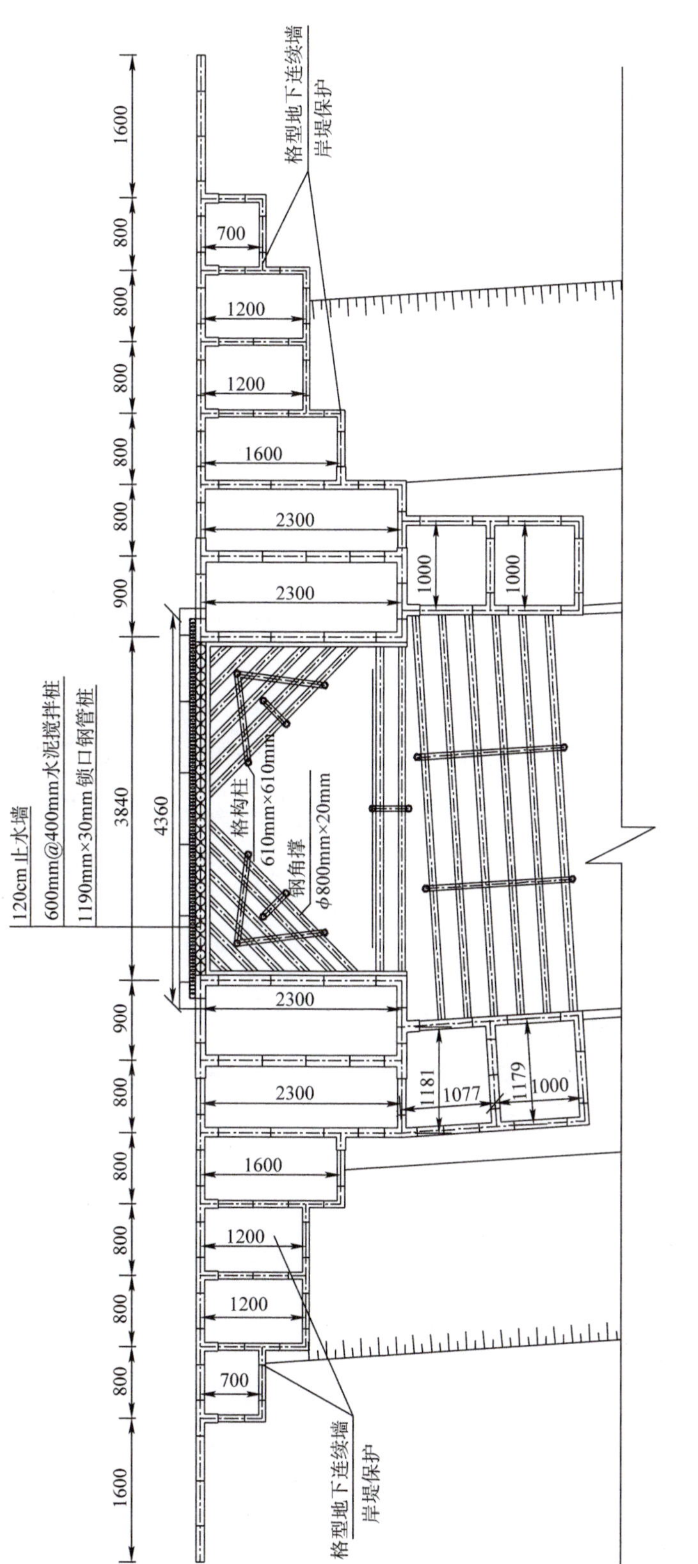

a) 坞门结构平面布置图（尺寸单位：cm）

图 3-27

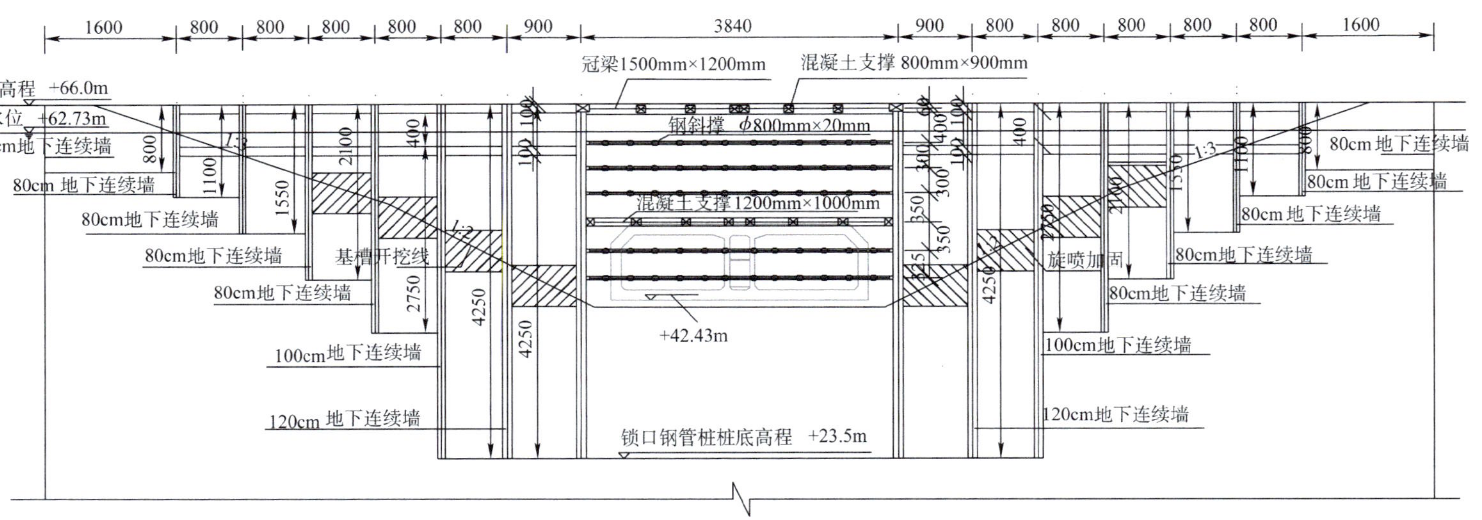

b) 坞门结构横断面（尺寸单位：cm）

c) 西汉坞门照片

图3-27　西汉坞门对接端坞口支护结构

3.7.1　原材料选择及技术指标

塑性混凝土防渗墙体试验所用的水泥为湖北三峡葛洲坝水泥厂生产的P042.5水泥，初凝时间为185min，终凝时间为245min，比表面积为330m²/kg，烧失量为4.28%，密度为3.02g/cm³，28d抗压强度为48.5MPa，其他性能指标见表3-5。粉煤灰为湖北华电襄阳发电有限公司生产的二级粉煤灰，根据《水工混凝土掺用粉煤灰技术规范》(DL/T 5055—2007)对粉煤灰细度、需水量比、烧失量、含水率进行试验，试验结果表明，粉煤灰符合Ⅱ级粉煤灰标准要求，其他性能指标见表3-6。填充料选用鱼梁洲地表粉砂及粉质黏土。外加剂选用中交二航武汉港湾材料有限公司塑性混凝土专用外加剂。试验水采用鱼梁洲地下水，质量符合拌制混凝土用水标准。

水泥性能指标　　表3-5

项目	烧失量(%)	三氧化硫(%)	氧化镁(%)	氯离子(%)	游离氧化钙(%)	碱含量(%)
标准	≤5.0	≤3.5	≤5.0	≤0.06	—	—
检测	4.26	2.41	3.18	0.02	0.33	0.53

粉煤灰性能指标　　表3-6

项目	细度(%)	需水量比(%)	烧失量(%)	含水率(%)	SO_3含量(%)	游离CaO(%)	碱含量(%)	活性指数(%)	CaO含量(%)
Ⅱ级标准	≤25.0	≤105	≤8.0	≤1.0	≤3.0	≤1.0	—	≥70	—
检测结果	21.3	101	3.65	0.2	1.44	0	2.09	73	4.43

根据《襄阳东西轴线项目招标文件》、《水工混凝土试验规程》(SL/T 352—2020)及《水利水电工程混凝土防渗墙施工技术规范》(SL 174—2014)，塑性混凝土性能要求见表3-7。

塑性混凝土性能要求　　表3-7

项目	性能指标	项目	性能指标
抗压强度(MPa)	1~5	初凝时间(h)	≥6
渗透系数(cm/s)	$\leq 1\times10^{-6}$	终凝时间(h)	≤24
流动度(s)	>30	密度(g/cm³)	≥1.8

根据国内外塑性混凝土调研结果，针对塑性混凝土选取10组不同的配合比进行试验研究，初步设计工况及试验结果见表3-8。通过塑性混凝土初步设计结果分析可知，制备的塑性混凝土抗压强度及密度虽基本满足塑性混凝土性能指标要求，但工作性能较差，主要表现在混凝土流动度超过设计标准要求、黏度较大、无法满足现场灌注施工工艺要求。必须引入部分改善材料，以提高和改进混凝土的工作性能。原材料比选设计中，选用三峡牌与华新牌水泥，并掺入专用外加剂对混凝土性能进行改良。

塑性混凝土配合比　　表3-8

序号	材料用量(kg)			水泥厂家	砂土比(%)	流动度(s)	密度(g/cm³)	3d强度(MPa)	7d强度(MPa)	28d强度(MPa)
	水	水泥	砂土							
1	518	235	1059	三峡	37:63	53	1.85	1.1	1.8	2.7
2	518	235	1059	三峡	40:60	49	1.84	1.2	1.8	2.7
3	518	235	1059	三峡	43:57	48	1.83	1.1	1.7	2.4
4	518	235	1059	三峡	48:52	52	1.84	1.7	1.8	3.3
5	518	235	1059	三峡	55:45	47	1.81	1.2	1.7	3.1
6	517	216	1078	三峡	8:92	65	1.83	1.9	2.5	3.5
7	517	216	1078	三峡	10:90	62	1.84	1.7	2.4	3.7
8	517	216	1078	三峡	15:85	58	1.85	1.4	2.1	3.6
9	517	216	1078	三峡	20:80	55	1.82	1.2	1.7	3.0
10	517	216	1078	三峡	23:77	51	1.82	1.2	1.7	2.8

3.7.2　塑性混凝土综合性能比选优化设计

由前述塑性混凝土试验结果分析可知，塑性混凝土的水泥用量及砂土比例关系对其强度、流动度、渗透系数等力学性能的影响明显。为了改良塑性混凝土的强度和工作性能，提高其抗渗能力，塑性混凝土的砂土比例控制在20%~70%之间，并掺适量的专用外加剂，以调整其工作性能，满足现场施工工艺要求。

表3-9为掺减水剂塑性混凝土配合比，图3-28为减水剂掺量对塑性混凝土性能的影响。由图3-28a)可知，随着外加剂掺量增加，塑性混凝土流动性逐渐增强，而密度表现出先增大后降低的趋势，如外加剂掺量分别为11%和12%时，塑性混凝土密度均超过1.8g/cm²。当减水剂掺量为13%时，塑性混凝土流动性最强，此时塑性混凝土密度却低于1.8g/cm²。因此，减水剂掺量不宜过大。由图3-28b)可看出，随着减水剂掺量增加，塑性混凝土28d强度表现出一定的降低，此时，塑性混凝土28d强度范围在2.8~3.7MPa之间，均能满足设计要求。同时，由图3-28c)可知，塑性混凝土抗渗系数随着减水剂掺量增加而增大。综合分析，外加剂适宜掺量为11%。

掺减水剂塑性混凝土配合比　　表3-9

序号	材料用量				砂土比例(%)
	水(kg)	水泥(kg)	砂土(kg)	外加剂(%)	
PC-1	518	235	1059	9	73
PC-2	518	235	1059	10	68
PC-3	518	235	1059	11	55
PC-4	518	235	1059	12	37
PC-5	518	235	1059	13	20

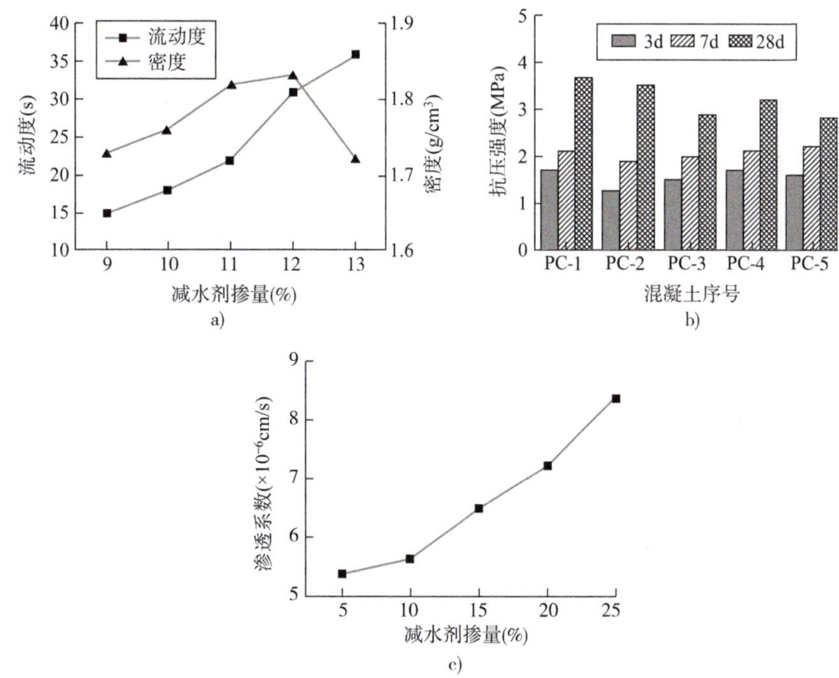

图3-28 减水剂掺量对塑性混凝土性能的影响

表3-10列出了粉煤灰塑性混凝土配合比，图3-29为粉煤灰掺量对塑性混凝土性能的影响。由图可知，粉煤灰掺量在5%~30%的范围内变化时，塑性混凝土拌合物的流动性先增强后减弱，塑性混凝土密度表现出一定的波动性。除了30%掺量粉煤灰外，各组塑性混凝土密度均在1.77~1.81g/cm²之间。另外，随着粉煤灰掺量逐渐增大，塑性混凝土抗渗系数表现出先降低后增大的趋势，塑性混凝土的抗压强度逐渐降低。虽然混凝土后期强度满足要求，但强度保证率无法达到设计要求。综合分析，塑性混凝土中粉煤灰掺量不宜过高，具体掺量应根据实际生产情况进一步研究。

煤灰塑性混凝土配合比　　表3-10

序号	材料用量				砂土比例(%)
	水(kg)	水泥(kg)	砂土(kg)	粉煤灰(%)	
PC-6	518	223	1059	12	73
PC-7	518	212	1059	23	68
PC-8	518	200	1059	35	55
PC-9	518	188	1059	47	37
PC-10	518	165	1059	70	20

3.7.3 塑性混凝土配合比确定

经过多次的配合比试验可知，掺入粉煤灰虽然能改善塑性混凝土拌合物的流动性，但塑性混凝土密度小，28d抗压强度低，难以保证塑性混凝土施工质量。根据塑性混凝土综合性能比选优化设计结果，结合混凝土性能设计指标要求，塑性混凝土中不加入粉煤灰。最终确定的塑性混凝土配合比见表3-11。

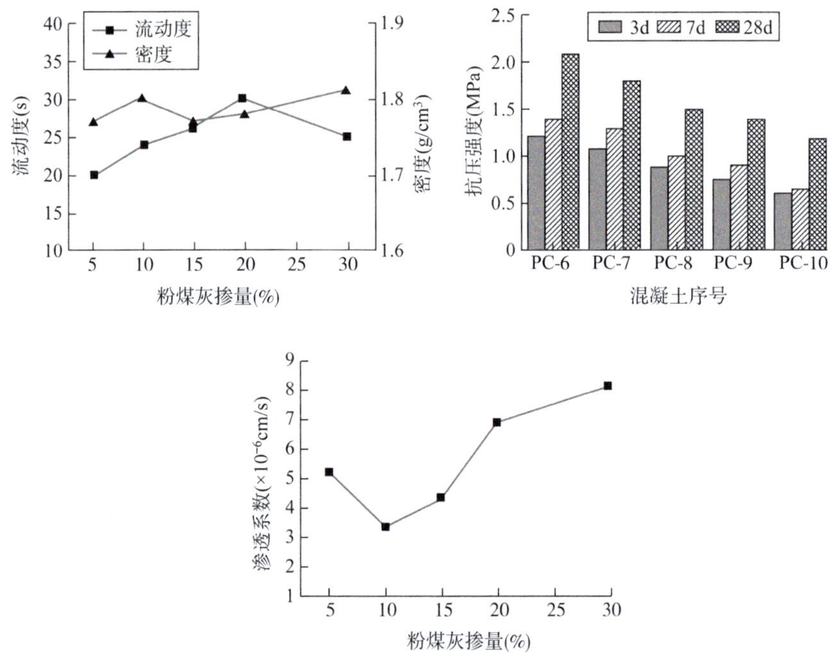

图3-29　粉煤灰掺量对塑性混凝土性能的影响

塑性混凝土不同配合比结果　　表3-11

序号	水(kg)	水泥(kg)	砂土(kg)	砂土比	外加剂(%)	流动度(s)	密度(g/cm^3)	渗透系数($\times10^{-6}$cm/s)	3d强度(MPa)	7d强度(MPa)	28d强度(MPa)
1	445	235	1060	73:27	9	28	1.76	5.68	1.4	2.2	4.1
2	550	235	1000	55:45	11	31	1.79	5.53	1.5	2.5	4.4
3	590	235	960	20:80	13	34	1.83	6.27	1.7	2.7	4.8

为了保证塑性混凝土施工质量，在正式施工过程中须控制以下环节：①砂土比例控制在20%~70%范围内；②混凝土密度控制在1.75~1.85g/cm³之间；③混凝土流动度控制在(30±5)s；④塑性混凝土在开盘施工前，应准确检测砂土比例及含水率，严格控制混凝土配合比各种原材料用量，根据砂土比例检测结果选取合理的理论配合比指导现场施工。

经过多次的配合比比对试验及综合性能验证可知，止水地下连续墙塑性混凝土1号配合比抗渗系数较小，抗渗系数保证率偏低；3号配合比强度较小，且外加剂掺量较高，经济性不理想；2号配合比所有性能满足塑性混凝土设计性能指标要求，故选用2号配合比作为理论配合比指导现场施工。

在大量室内试验的基础上，东汉干坞选定了首段槽段DCZSQ-S52为试验槽段，进行塑性混凝土浇筑，以验证该工艺的可行性。如图3-30所示，在施工龄期满足设计及规范要求后，在该槽段不同深度处进行了钻芯取样分析，并进行了降水渗透性试验检测(表3-12)。施工过程取样或制备试件及成槽后的钻芯取样试验验证表明，在2号配合比情况下，墙体材料于各深度处均匀良好，芯样完整且连续，各项检测指标均满足设计及施工要求。

图3-30 槽段现场钻芯验证及芯样破型与渗透试验

首槽段塑性混凝土检测数据统计 表3-12

序号	取样深度(m)	渗透系数($\times10^{-6}$cm/s)	钻芯取样7d强度(MPa)	钻芯取样28d强度(MPa)	现场取样28d强度(MPa)
1	8	5.34	2.5	3.1	4.2
2	15	4.77	2.9	3.7	4.6
3	23	5.04	3.5	4.3	5.3
4	30	5.36	3.3	4.0	5.1
5	38	6.02	2.9	3.8	4.7
6	45	5.03	3.0	3.7	4.9

在首段槽段施工完成并经相关试验检测，初步验证该塑性混凝土满足施工工艺及设计要求的基础上，开展了东汉干坞地下连续墙的正式施工。为进一步验证所制备的塑性混凝土材料的稳定性，对部分已施工且龄期满足设计要求的槽段进行了钻芯取样分析，并在施工过程中随机抽取样品进行室内试验和数据对比，结果见表3-13。

正常施工槽段塑性混凝土检测数据统计　　表3-13

序号	槽段编号	渗透系数($\times10^{-6}$cm/s)	钻芯取样7d强度(MPa)	钻芯取样28d强度(MPa)	现场取样28d强度(MPa)
1	DSZSQ-S52	3.28	2.7	4.8	5.4
2	DSZSQ-S53	5.34	3.3	5.1	5.7
3	DSZSQ-N30	2.67	2.1	4.4	5.0
4	DSZSQ-W11	4.77	2.6	4.6	5.1
5	DSZSQ-N8	3.78	2.2	4.3	4.9
6	DSZSQ-N60	5.04	2.8	4.8	5.3

由表3-13可知，在正常大规模施工阶段，所制备的塑性混凝土性状稳定，与前期首节槽段施工时所检测参数结果相符，进一步验证了所制备的塑性混凝土对现场干坞超深防渗墙工程的适用性。试验结论对于类似相关项目的施工有参考与借鉴意义。

3.8　坞门与岸堤防护结构施工关键技术

3.8.1　干坞对接端格型地下连续墙施工技术

格型地下连续墙由内纵墙、外纵墙、中间隔墙组成，每一个格子内充填原状土体，主要靠其自身重量抵抗坑外侧水土压力，是一种半重力式结构。格型地下连续墙整体刚度较大，整体稳定性好，可以更好地限制基坑的变形，无须内支撑体系，并且可以作为永久结构承担上部结构的竖向荷载，防渗性较好，无须止水帷幕，兼具挡土和挡水的双重功能，较多地应用在各种干坞的支护结构中。

鱼梁洲隧道东、西汉干坞对接端采用超深格型地下连续墙结构作为岸堤防护，安全可靠的格型地下连续墙施工技术对干坞正常运营至关重要。格型地下连续墙施工采用液压抓斗开挖成槽工艺，由履带起重机吊放钢筋笼，采用导管法浇筑水下混凝土。坞门止水墙与格型地下连续墙相接位置采用同步成槽、整体施工方法，防止江水从施工缝渗入；若出现渗漏，则采取注浆加固处理措施。格型地下连续墙施工工艺流程如图3-31所示。

槽段划分是否科学合理直接关系到格型地下连续墙施工质量的好坏、施工进度的快慢以及经济效益的高低，是格型地下连续墙施工成败的关键。考虑槽段尺寸划分原则，最大单位槽段长度选为6m。格型地下连续墙槽段采用三抓间隔成槽方式，施工时从首开幅开始进行第1个槽段施工，然后施工第3个槽段，之后施工第2个槽段，依此类推。格型地下连续墙成槽施工顺序如图3-32所示。

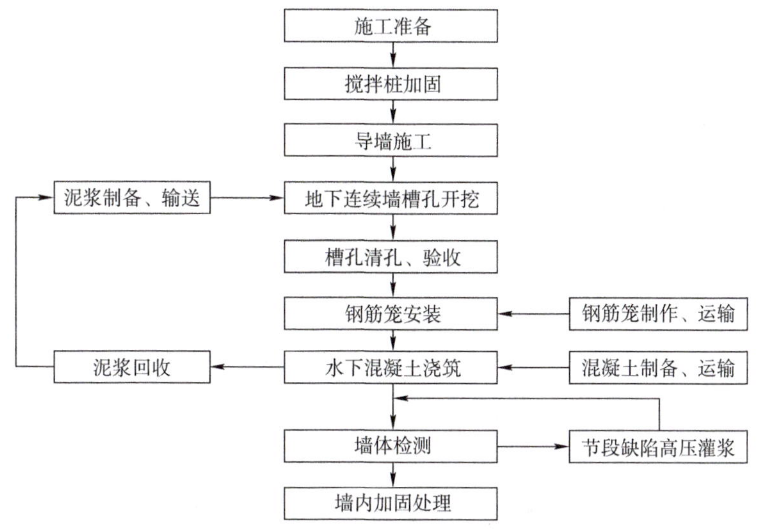

图3-31　格型地下连续墙施工工艺流程

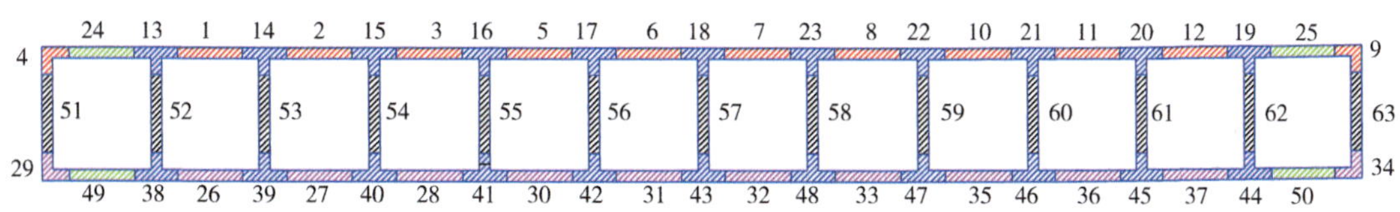

a) 污水处理厂处格型地下连续墙施工顺序

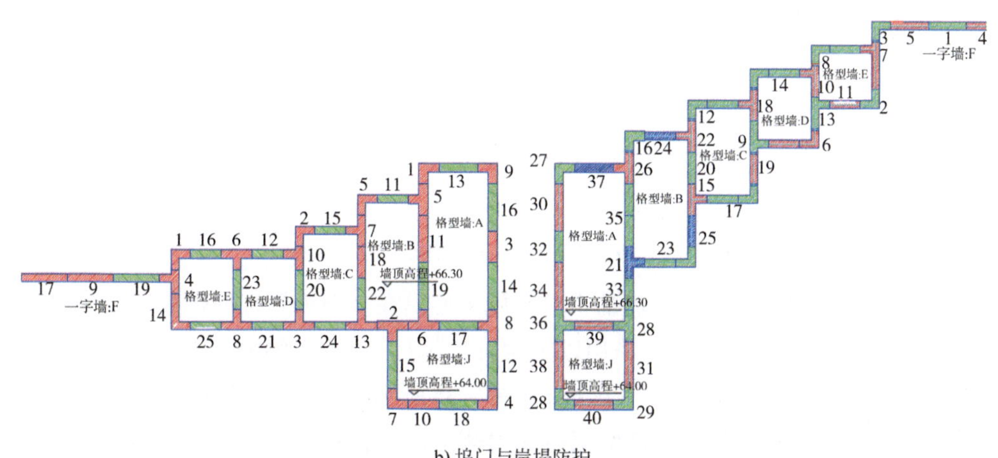

b) 坞门与岸堤防护

图3-32　东汉干坞格型地下连续墙槽段划分及施工顺序(高程单位:m)

如图3-33所示,格型地下连续墙单元槽段依靠接头连接,接头通常需要满足受力和防渗要求,同时须便于施工。按使用的接头工具,可分为接头管(锁口管)、接头箱、隔板、H型钢、十字钢板等。H型钢接头管虽然用钢量大、成本高且施工难度较大,但是其渗水路径长,防渗漏性能高,整体性好,接头质量易保证。研发H型钢接头专用防绕流技术,可减小混凝土绕流概率,提高地下连续墙接头连接质量。

图3-33　东汉干坞格型地下连续墙H型钢接头

如图3-34所示，地下连续墙是分段连接而成的，段与段之间通过接头连接，在地下连续墙混凝土浇筑过程中，接头部位经常会出现混凝土绕流现象。地下连续墙H型钢接头处绕流的混凝土会凝结形成混凝土硬块，致使相邻两槽段的钢筋笼之间出现钢筋空白区，继而导致槽段之间出现素混凝土区，影响下一幅地下连续墙钢筋笼安装，影响结构整体刚度和防水性能。

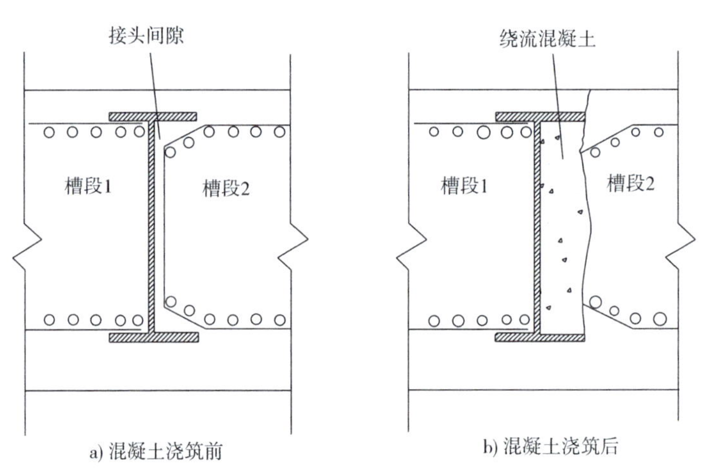

图3-34　格型地下连续墙H型钢接头混凝土绕流

地下连续墙H型钢接头防绕流的常见措施主要是在H型钢侧板外焊接止浆铁皮或在H型钢接头外侧回填沙袋。但是在采用以上两种措施后，仍然有混凝土绕流现象发生，尤其是在槽段侧壁出现垮塌的情况下。因此，如图3-35所示，提出在地下连续墙接头H型钢腹部填充泡沫，使用泡沫完全填充H型钢接头内侧空间，可有效防止绕流混凝土侵入H型钢接头内侧造成的影响，且成本低廉，更易使用和处理，节约工期。

3.8.2　坞门锁扣钢管桩施工关键技术

如图3-36所示，东、西汉坞门对接端采用“锁扣钢管桩+止水墙”结构。止水墙采用120cm厚塑性混凝土止水墙，其抗压强度为5~10MPa。锁扣钢管桩规格均为直径1.19m、壁厚30mm，材质为Q345B钢。锁口钢管桩总体施工工艺与地下连续墙类似，采用先成槽后安装的施工工艺，施工顺序为由两侧向中间推进。锁扣钢管桩采用1.2m抓槽机成槽，抓槽期间采用泥浆护壁。锁扣钢管桩在加工厂场分节加工，运输至现场，采用内法兰连接成型。成槽后，采用双机抬吊安装锁口钢管桩，混凝土采用导管法两次浇筑成型，桩间填充碎石并通过注浆固化，管内采用细砂回填。

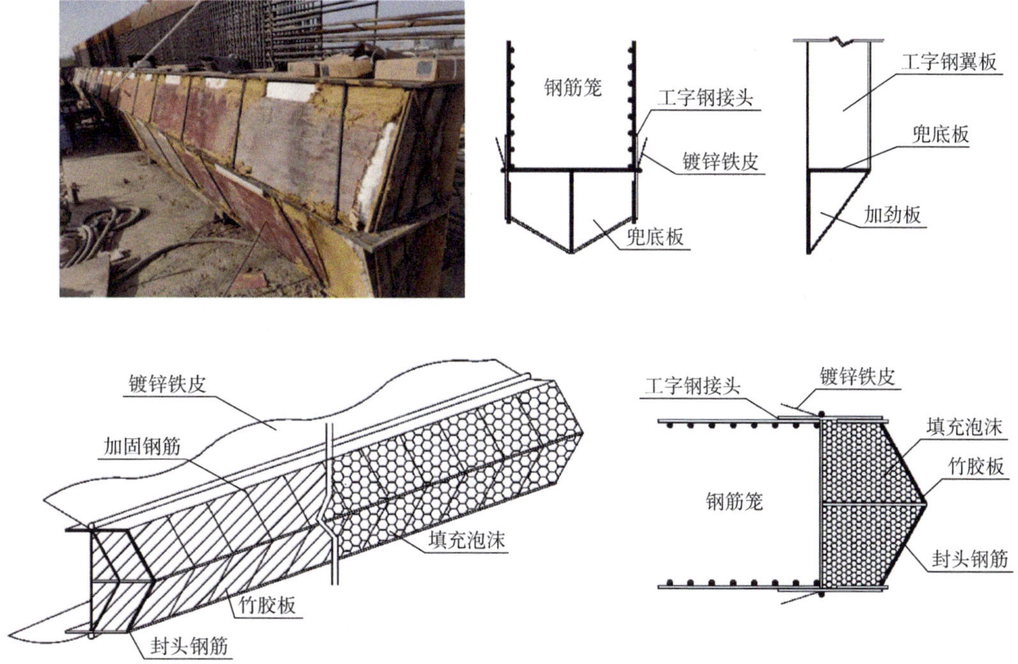

图3-35　“泡沫填充法”防止H型钢接头混凝土绕流

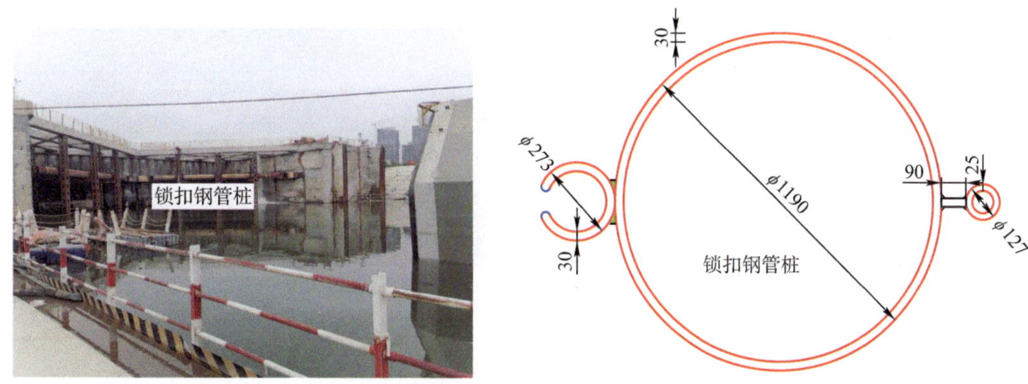

图3-36　锁口钢管桩(尺寸单位:mm)

每个槽段内的锁扣钢管桩下放完成后，灌注槽内混凝土。灌注分两次，第一次灌注塑性混凝土至锁扣钢管桩底部，待塑性混凝土初凝后，进行二次灌注，二次灌注水下C35混凝土至基坑底切割线，灌注方法为导管法。混凝土灌注完成并达到一定强度后，向桩内回填砂。待桩内混凝土初凝后，桩间采用碎石回填(图3-37)。碎石回填前预埋注浆管，坞门破除切割线以下采用花管，注浆管焊接于钢管上。在每根注浆管上设单向阀，通过注浆机灌入水泥浆，注浆压力为0.2~0.5MPa，水泥浆采用PO42.5水泥。

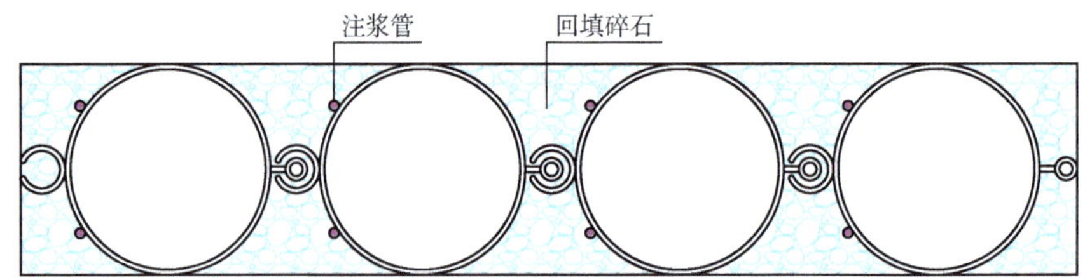

图3-37 锁扣钢管桩桩间回填

由于锁扣钢管桩入土深度较大且地下水丰富，混凝土绕流问题突出。若外溢的混凝土堵塞锁扣钢管桩的凹槽接口，将极大增加锁扣钢管桩的连接难度。因此，必须采取有效措施减小混凝土绕流对锁扣钢管桩的影响。根据东汉干坞现场实际特殊地质条件，对锁扣钢管桩之间接头处凹槽及格型地下连续墙与锁扣钢管桩连接处凹槽采取以下措施控制混凝土绕流问题：

①在凹槽内放置一根与锁扣钢管桩等长直径为160mm的聚氯乙烯(PVC)管，PVC管底部封闭。

②PVC管底部与锁扣钢管桩凹槽的间隙使用泡沫胶填充。

③接头处凹槽底部焊接一块钢板，防止地下水从底部渗入。

④凹槽外侧包裹一层镀锌铁皮，形成二次防渗结构。

所形成的防绕流结构如图3-38所示。经现场施工验证，锁扣钢管桩接头处无阻塞，均能顺利完成连接，水下浇筑的混凝土没有绕流至连接处的凹槽口，防绕流效果显著。

图3-38 锁扣钢管桩接头处凹槽防绕流结构

3.8.3 对接端深基坑支撑拆除技术

沉管预制完成后、浮运出坞前，拆除东、汉坞门及其内支撑，为沉管浮运安装提供条件。为了实现沉管管节与陆域隧道精准对接，拆除东津与樊城对接端深基坑临江侧的围护结构和内支撑，以便管节可进入对接端内部。对接端须拆除的支护结构包括钢/混凝土支撑与围檩、塑性混凝土止水墙、格构式角钢立柱和锁扣钢管桩。须设计有效的支护结构拆除方案，保证对接端深基坑工程安全，减小拆除过程对未拆除结构的扰动及周围环境的影响。如图3-39所示，考虑到东津对接端基坑开挖深度最大、支护体系最为复杂，以东津对接端深基坑支撑拆除为例进行探讨。

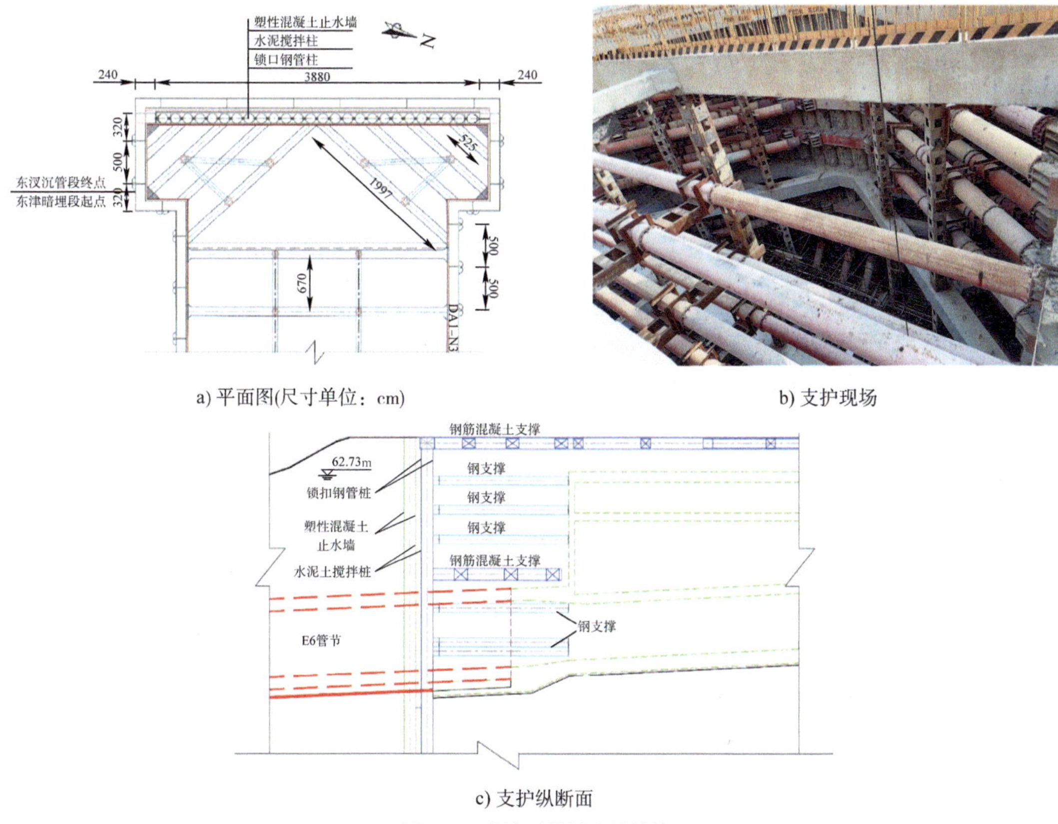

a) 平面图(尺寸单位：cm)　　b) 支护现场

c) 支护纵断面

图3-39　东津对接端支护结构

如图3-39所示，东津对接端内共8道内支撑，其中有2道混凝土支撑，基坑内部空间狭窄，支撑层间距最小不超过3m，水平距离最小不超过2m，导致内支撑拆除较难、风险较大。如图3-40所示，支撑拆除的施工方法主要有3种：①水下切割法，即对接端内回水至基坑内外水位平齐，潜水员水下切割支撑；②逐层回填饱和砂土法，即对接端内回填饱和砂至须拆除的支撑下部，起重机进入，在干施工环境下拆除支撑；③逐层回水法，即对接端内回水至须拆除的支撑下部，通过浮箱平台拆除支撑。

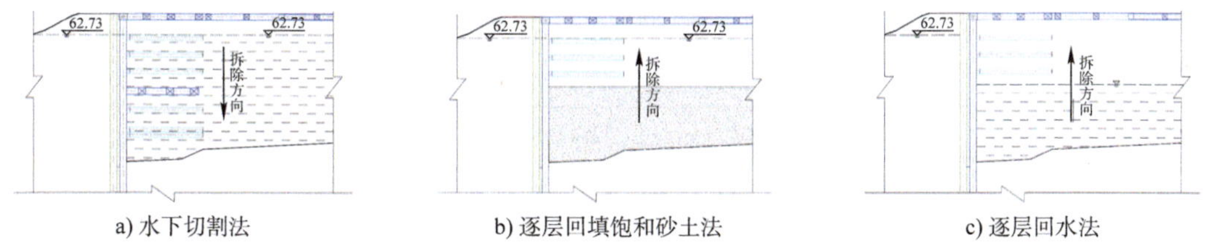

a) 水下切割法　　b) 逐层回填饱和砂土法　　c) 逐层回水法

图3-40　对接端内支撑拆除法(高程单位：m)

采用水下切割法时，对接端围护结构受力清晰，拆除过程中结构较安全，但是潜水作业受水深、水温及装备限制，施工工期较长，且水下风险可控性较差；采用逐层回填饱和砂土法时，利用坑内回填饱和砂土的侧压力，补偿基坑四周地下连续墙的侧向土压力，施工工艺较简单，可利用沉管基槽开挖出来的饱和砂直接注入对接端基坑；采用逐层回水法时，虽然可利用坑内回水压力补偿基坑四周地下连续墙的侧向土压力，但是坑内回水水压力小于回填饱和砂土的侧压力，导致临水作业时逐层回水法施工风险较逐层回填饱和砂土法高，且遇特殊情况还需潜水员辅助作业，成本较高。采用逐层回填饱和砂土法可实现资源就地利用，减少二次倒运费用和时间，节约工期与造价。并且，所回填的饱和砂土可提供支撑拆除作业平台，无须加工浮箱，施工更安全、可靠。无论是在安全风险或是工期方面，逐层回填饱和砂土法都比其他方法具有显著优势。因此，现场采用逐层回填饱和砂土法拆除东津对接端深基坑的内支撑。

在采用逐层回填饱和砂土法时，须先进行内支撑拆除过程中围护结构验算，以确保在拆除过程中其余支撑安全。通过有限元软件ABAQUS进行东津对接端深基坑内支撑拆除过程的数值模拟，建立图3-41所示的有限元数值仿真模型。为减小计算量，基坑长度方向选取40m进行计算，将基坑底部以上的钢管桩等效为1m厚的地下连续墙、基坑底部以下的钢管桩等效为1.2m的地下连续墙。地下连续墙、土层用实体单元模拟，钢支撑、混凝土支撑、混凝土系梁、钢支撑用杆单元模拟。土层四周为滚轴边界，底部固定3个方向的自由度。地下连续墙与土体之间设置库伦摩擦，切向摩擦系数为0.36，法向为硬接触。格构柱与支撑连接处、钢支撑与系梁连接处约束竖向自由度。混凝土系梁和混凝土支撑之间固接。计算工况见表3-14。

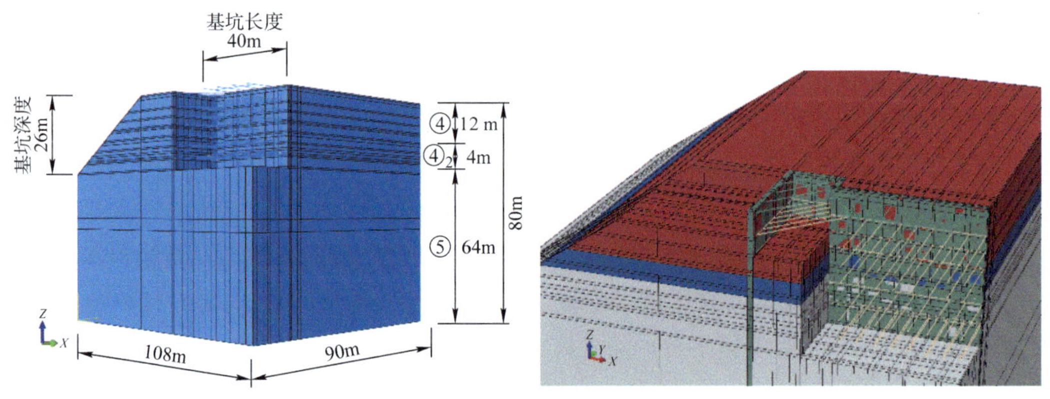

图3-41 东津对接端内支撑拆除数值模型

内支撑拆除计算工况　　表3-14

施工步骤	工况说明	施工步骤	工况说明
1	不回填砂，拆除第8层钢支撑	5	坑内回填饱和砂14.6m，拆除第4层支撑
2	不回填砂，拆除第7层换撑	6	坑内回填饱和砂17.1m，拆除第3层支撑
3	锁扣钢管桩外卸载2m，回填饱和砂7.6m，拆除第6层钢支撑	7	坑内回填饱和砂21.7m，拆除第1层支撑
4	坑内回填饱和砂11m，拆除第5层支撑	8	保持坑内回填饱和砂21.7m不变，拆除第2层支撑

注：汉江东汉常水位为62.73m。

东津对接端钢筋混凝土支撑(第1、5层)内部布置钢筋应力传感器,钢支撑(第2、3、4、6、7、8层)端部布置轴力传感器,沿锁口钢管桩深度方向布置测斜管。东津对接端深基坑开挖过程的支撑轴力、钢管桩深层水平位移的数值模拟结果与监测数据对比见图3-42。由图3-42可知,锁口钢管桩深层水平位移监测值和计算值变化趋势基本一致,计算值比监测值略大,在距离基坑顶部15m(第5层钢筋混凝土支撑附近)处,锁口钢管桩水平位移达到最大值(10.0 mm左右),此时监测值和计算值的误差为2.2 %;支撑轴力监测值和计算值拟合较好,误差基本在20 %内,支撑拆除前,第5道钢筋混凝土支撑轴力最大约2700 kN,此时监测值和计算值的误差为3.3 %。由以上分析可见,锁口钢管桩深层水平位移及支撑轴力监测值与计算值变化趋势较为一致,误差较小,故书中的模型假定合理,计算结果可靠。

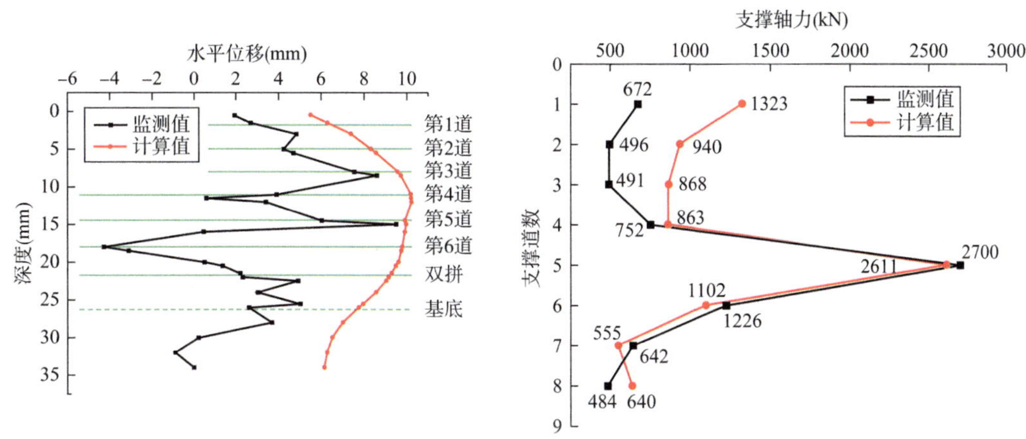

图3-42　东津对接端深基坑开挖数值模拟结果与监测数据对比

根据表3-14所列的施工步骤拆除内支撑,各层支撑轴力数值模拟计算值见表3-15。钢支撑轴力最大值为2407kN,出现在拆除第5层钢筋混凝土支撑后第4道钢支撑处,根据《水运工程钢结构设计规范》(JTS 152—2012),钢支撑的横截面所受最大压力小于其抗压强度。钢筋混凝土支撑轴力最大值为5328kN,出现于拆除第6层钢支撑后第5道钢筋混凝土处。根据《水运工程混凝土结构设计规范》(JTS 151—2011),钢筋混凝土轴向受压荷载小于其承载力设计值。因而,经计算得知,采用逐层回填饱和砂土法拆除东津对接端深基坑的内支撑满足要求。

各支撑轴力数值模拟结果(单位:kN)　　表3-15

支撑轴力	施工步骤						
	1	2	3	4	5	6	7
第1道	1380	1423	1417	1246	1055	1053	—
第2道	977	978	955	999	1280	2058	1567
第3道	892	895	870	1312	2207	—	—
第4道	938	971	1016	2407	—	—	—
第5道	3374	4025	5328	—	—	—	—

续上表

支撑轴力	施工步骤						
	1	2	3	4	5	6	7
第6道	1631	2126	—	—	—	—	—
第7道	1221	—	—	—	—	—	—

根据施工步骤拆除钢支撑，锁口钢管桩处不同深度处水平位移见图3-43。由图3-43可知，锁口钢管桩处深层水平位移最大值出现在拆除第5道钢筋混凝土支撑时，深度约16m（第5道钢筋混凝土支撑附近），最大水平位移为15.5 mm。根据《建筑地基基础工程施工质量验收标准》（GB 50202—2018），一级基坑围护结构深层水平位移预警值为55 mm，满足设计要求。因此，采用逐层回填饱和砂土法拆除东津对接端深基坑的内支撑是可行的，其具体施工工艺流程如图3-44所示，施工现场如图3-45所示。

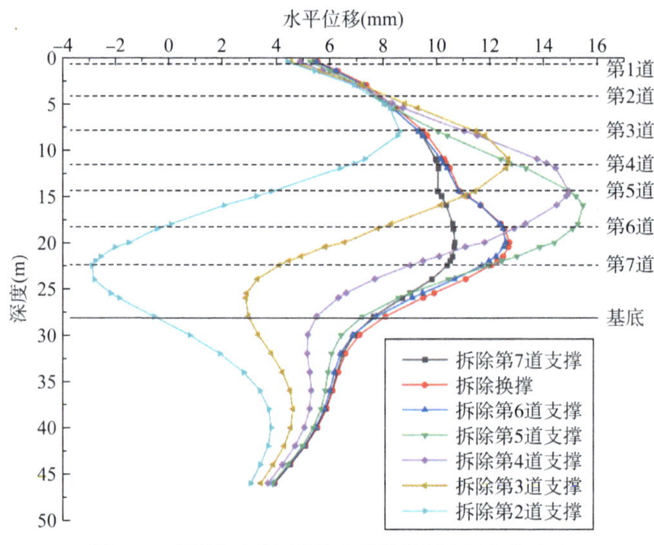

图3-43　拆除各支撑时锁扣钢管桩深层水平位移对比

3.8.4　对接端坞门塑混凝土止水墙爆破拆除

采用水下爆破法拆除各对接端坞门处的塑混凝土止水墙。如图3-46a）所示，东汉干坞坞门周边须着重考虑的建筑物为坞门两侧岸堤格型地下连续墙永久支护结构、距坞门直线距离45m的待浮运沉管、距坞门直线距离345m的污水处理厂球形罐体建筑物。西汉干坞坞门周边须着重考虑的建筑物为坞门两侧岸堤格型地下连续墙永久支护结构、距坞门直线距离47m的待浮运沉管。如图3-46b）所示，东津对接端周边须着重考虑的建筑物为：对接端两侧一字形地下连续墙永久支护结构、距对接端直线距离9m的暗埋段隧道主体结构、对接端北侧直线距离138m的城市景观河水闸、距对接端直线距离约220m的新建图书馆。

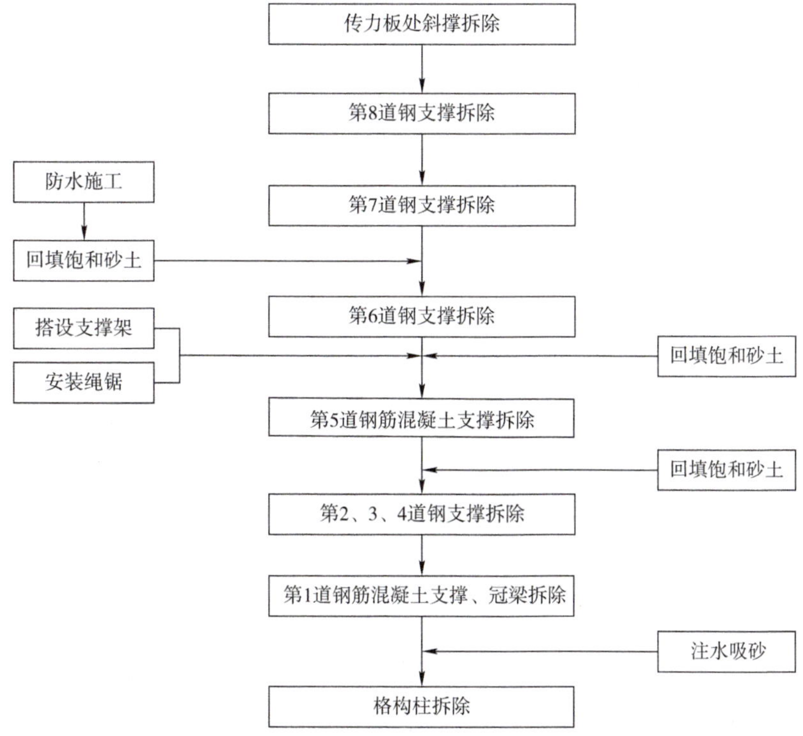

图3-44　逐层回填饱和砂土法施工工艺流程

a) 回填饱和砂土

b) 拆除设备吊装

c) 钢支撑拆除

d) 钢围檩填充凿除

图3-45　逐层回填饱和砂土法施工现场

a) 东汉干坞坞门周边环境

b) 东津对接端周边环境

图3-46 干坞坞门爆破影响区域

干坞坞门是典型的高耸薄墙结构，爆破布孔采用垂直钻孔方案。考虑到沉管对接端止水墙拆除时对锁扣钢管桩的影响，将炮孔布置在靠锁扣钢管桩一侧。为保证钻孔垂直精度，采用液压岩心钻机钻孔，钻孔孔径为75mm，钻孔孔深为19.6~28.0m。主爆孔主要采用连续装药结构，为了减弱水上部分的单耗，主爆孔底部采用ϕ60mm乳化炸药连续装药，上部4.5 m的范围采用ϕ32 mm乳化炸药连续装药，孔口堵塞1.5 m。如图3-47所示，东汉干坞对接端布置28个爆破孔（主爆孔）、2个空孔（减振孔）；东津明挖隧道对接端布置29个爆破孔（主爆孔）、6个空孔（减振孔）。主爆孔、减振孔分别以Z、J表示。采用电子雷管微差起爆网路时，两孔之间间隔17ms。为了严格控制爆破有害效应，选用高精度电子数码雷管微差顺序起爆网路。

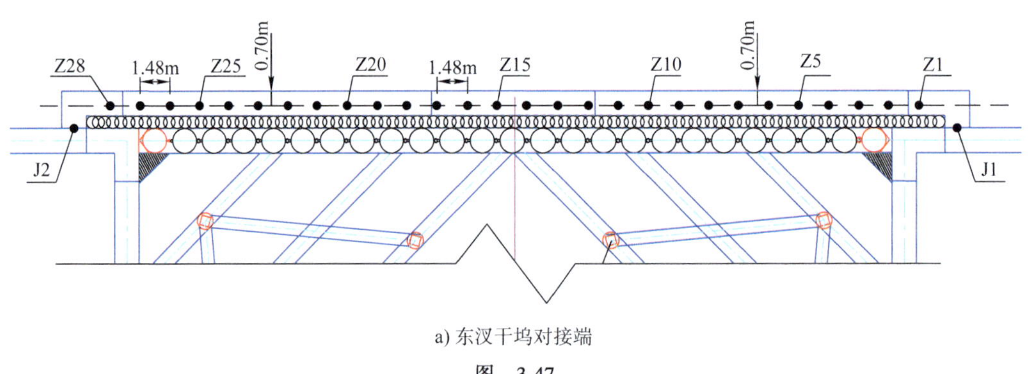

a) 东汉干坞对接端

图 3-47

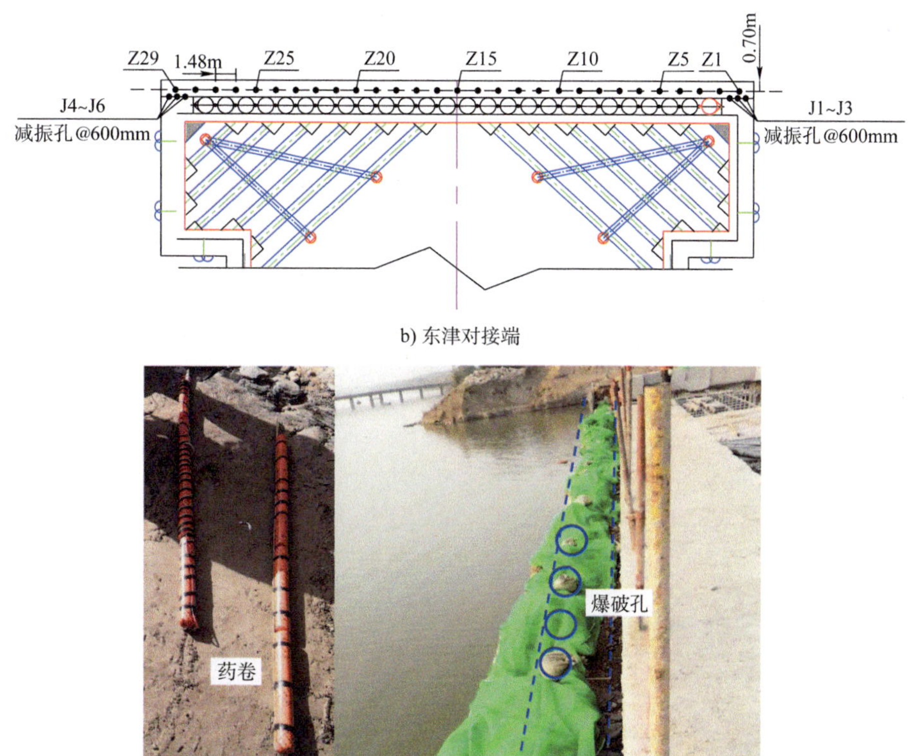

b) 东津对接端

c) 东汉坞门

图3-47　对接端炮孔布置

对东汉干坞坞门及东津对接端塑混凝土止水墙爆破拆除进行爆破安全监测，研究不同部位产生的有害效应对被保护对象可能造成的不利影响。爆破监测点布置见图3-48a)。如图3-48b)~d)所示，爆破振动监测采用Mini-Seis爆破测振系统，爆破水击波动水压力分别采用MiniMate Plus测试系统和Blast-Pro冲击测试系统进行监测。

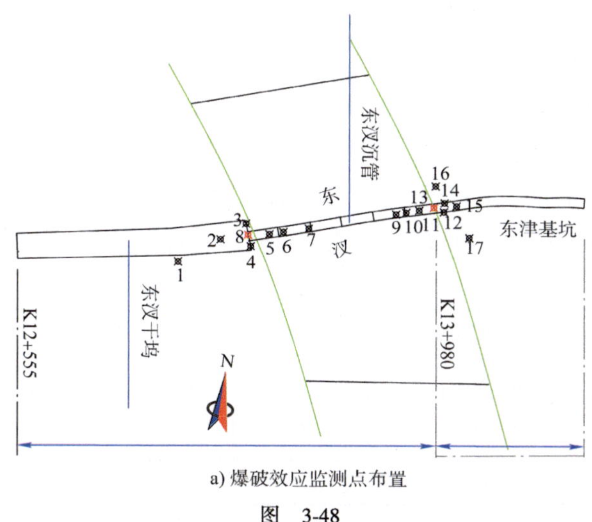

a) 爆破效应监测点布置

图　3-48

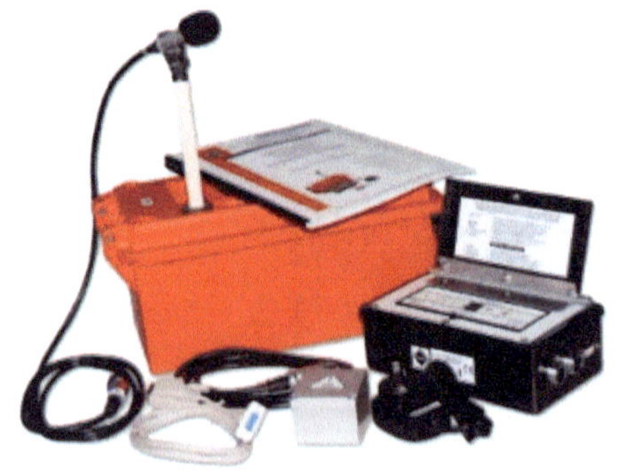

b) Mini-Seis测振仪

c) MiniMate Plus 测试系统

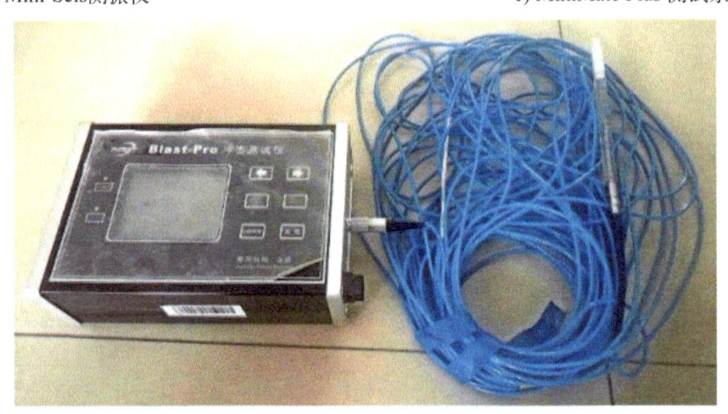

d) Blast-Pro 冲击测试系统

图3-48　所使用的监测测试系统

1-污水处理厂；2-待浮运沉管；3-北侧地下连续墙；4-南侧地下连续墙；5-水域监测点1；6-水域监测点2；7-水域监测点3；8-爆源1；9-东津水域监测点3；10-东津水域监测点2；11-东津水域监测点1；12-南侧地下连续墙；13-爆源2；14-北侧地下连续墙；15-暗埋隧道；16-城市景观河；17-新建图书馆

由表3-16可知，东汉干坞对接端的南侧地下连续墙顺轴向速度峰值达到8.16cm/s，小于支护结构爆破振动安全允许标准(10.0cm/s)；北侧地下连续墙的竖直向振动速度峰值达到8.07cm/s，小于支护结构爆破振动安全允许标准下限(10.0cm/s)；由于干坞内水体黏滞阻尼减振效应，东汉干坞对接端干坞基坑内待浮运沉管最大爆破振动速度峰值(竖直向)为3.70cm/s，明显小于预制沉管爆破振动速度安全允许标准下限(10.0cm/s)；对接端爆破对其附近干坞内待浮运沉管、远场区的污水处理厂球形罐体等重要结构影响较小，爆破振动速度峰值均在设计的安全允许值以内；对接端爆破对附近的地下连续墙等近场区内薄壁支护结构的影响较大，其爆破振动速度峰值可能超过安全允许值。

东汉干坞对接端爆破质点振动速度监测结果　　表3-16

测点位置	距爆心水平距离(m)	顺轴向		径向		竖直向		允许值(cm/s)
		振动速度(cm/s)	峰频(Hz)	振动速度(cm/s)	峰频(Hz)	振动速度(cm/s)	峰频(Hz)	
南侧地下连续墙	20	8.16	53.3	7.95	35.4	6.44	28.7	10.0

续上表

测点位置	距爆心水平距离(m)	顺轴向		径向		竖直向		允许值(cm/s)
		振动速度(cm/s)	峰频(Hz)	振动速度(cm/s)	峰频(Hz)	振动速度(cm/s)	峰频(Hz)	
北侧地下连续墙	20	7.96	83.7	7.91	51.7	8.07	80.9	10.0
待浮运沉管	45	1.35	102.0	1.12	228.0	3.70	76.0	10.0
污水处理厂球形罐体	345	0.20	4.0	0.29	3.5	0.15	3.1	3.5

由表3-17可知,东津明挖隧道对接端的南侧地下连续墙径向速度峰值达到7.20cm/s,接近支护结构爆破振动安全允许标准下限(8.0cm/s);北侧地下连续墙的径向振动速度峰值达到7.49cm/s,接近支护结构爆破振动安全允许标准下限(8.0cm/s);东津明挖隧道对接端附近城市景观河水闸结构最大爆破振动速度峰值(顺轴向)为1.30m/s,明显小于其爆破振动速度安全允许标准(8cm/s);东津明挖隧道对接端附近新建图书馆结构最大爆破振动速度峰值(竖直向)为0.18m/s,明显小于其爆破振动速度安全允许标准上限(3.5cm/s)。

东津明挖隧道对接端爆破质点振动速度监测结果　　表3-17

测点位置	距爆心水平距离(m)	顺轴向		径向		竖直向		允许值(cm/s)
		振动速度(cm/s)	峰频(Hz)	振动速度(cm/s)	峰频(Hz)	振动速度(cm/s)	峰频(Hz)	
南侧地下连续墙	32	6.52	11.8	7.20	19.1	3.81	64.0	8.0
北侧地下连续墙	32	4.20	8.6	7.49	17.1	4.26	50.0	8.0
暗埋段主体结构	32	3.48	12.8	5.03	7.7	3.87	22.0	10.0
城市景观河水闸	138	1.30	8.3	0.80	3.9	1.05	8.3	8.0
新建图书馆	220	0.09	7.6	0.05	6.1	0.18	5.4	3.5

3.9 强渗透深厚砂卵石地层干坞基坑地下水控制技术

隧址区地下含水层主要为强渗透性的砂卵石层,厚度为55~72m,地下水埋深浅,水量丰富,与汉江存在强水力联系。轴线干坞及两侧陆域对接端深基坑均位于汉江岸边,占地面积大,暴露时间长,基坑涌水量较大,基坑止水方案如选择不当,极易发生涌水、管涌等渗透变形破坏。合理有效地控制地下水以保证深基坑各部位在开挖和运营期的安全,对鱼梁洲隧道的安全建造至关重要。由于东汉干坞地下水控制难度更大,故以其为例进行探讨。

3.9.1 东汉干坞现场降水试验

开展深基坑降水方案设计与优化的前提是预测基坑总涌水量,获得有效的水文地质参数,并了解所涉及地层的地下水位降深与时间关系。如图3-49所示,选取东汉干坞西端长约100m区域为现场降水试验段,在无止水措施的条件进行抽降水试验。共布置36口降水井(包含6口备用井兼观测井),封闭成环布置,外侧纵向间距约15m、内侧纵向间距约25m。

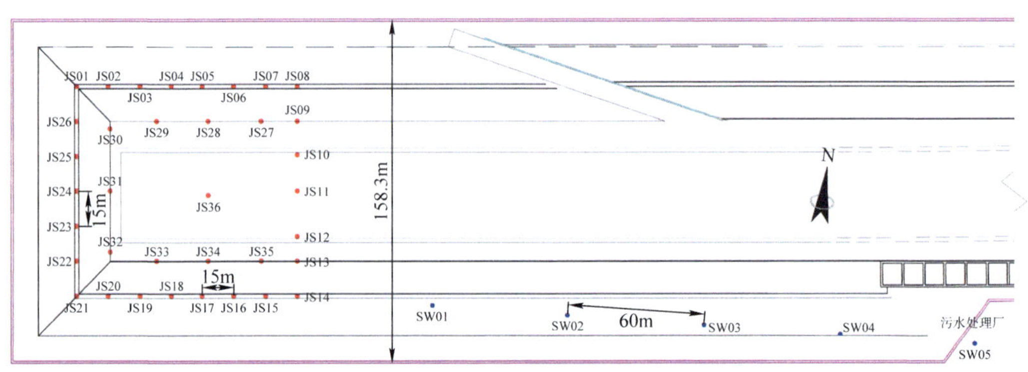

图3-49　试验井平面布置

注:SW01~SW05-水位观测孔;JS01~JS36-抽水井。

通常情况下,井管直径应根据含水层富水性及水泵性能选取,井管外径不宜小于200mm,井管内径应比水泵外径大50mm,成孔直径宜为400~800mm。如图3-50所示,本试验井孔径为600mm、井管直径为325mm;管材为壁厚3mm的钢管,滤管为同规格的钢质桥式滤水管,外包单层60目锦纶滤网,滤料为瓜子片,回填至滤管顶部,其上采用钻渣回填固井。

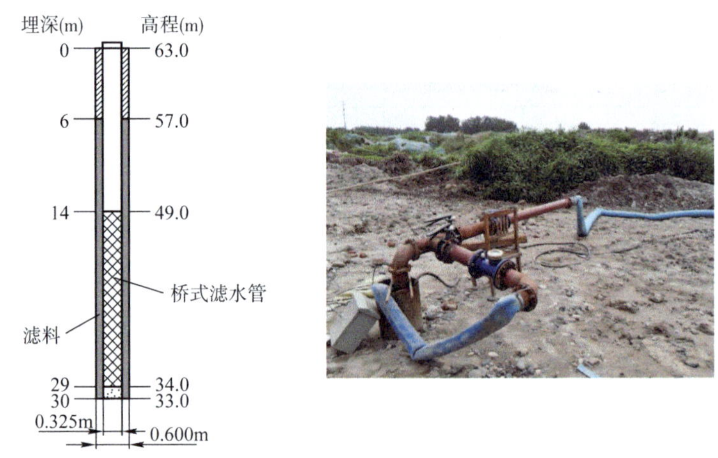

图3-50　试验井结构

如图3-51所示,分两个阶段抽水:

(1)第一阶段:单井抽水。拟选取JS17为抽水井,进行1次降深抽水,分别在平行、垂直河流方向进行水位下降观测,暂选取JS16、JS14、JS18、JS20、JS34、JS36为此阶段水位观测井。水位稳定24h以后停止抽水,进行水位恢复观测。

(2)第二阶段:群井抽水。分3个降深进行,第一次开启18口,为奇数号井,JS01、JS21、JS31兼作观测井,开启JS02、JS20、JS24口,直至水位稳定;第二次开启30口井进行抽水;第三次除JS36号作为观测井外,其余35口全部开启抽水。群井围合范围内水位降至要求水位后,维持抽水3~5d,继续对水位及地面沉降进行观测,当水位及沉降变化稳定后,停止抽水,观测水位恢复情况。

图3-51　现场抽水试验

在正式抽水前,观测地下水静止水位。每30min或1h观测1次,4 h内变幅不大于2cm,且无持续上升或下降趋势,即为静止水位。在第一阶段抽水时,涌水量和动水位宜在抽水开始后第1min、2min、3min、4min、6min、8min、10min、15min、20min、25min、30min、40min、50min、60min、80min、100min、120min各测一次,以后可隔30min测一次,直到水位稳定。抽水结束后,恢复水位也按此要求观测。在第二阶段群井抽水时,宜在抽水开始后的5min、10min、15min、20min、25min、30min各测一次,其后宜每隔30min或60min测一次;抽水停止后应进行恢复水位观测,观测时间间隔同抽水水位观测。

现场选取JS17作为主抽水井,进行单井单降深试验,分别对JS14、JS16、JS18、JS20、JS34、JS36进行水位观测,抽水历时30 h,现场实测平均抽水量约3210m³/d,观测井最大水位降深约0.70m。JS17的单井抽水试验曲线如图3-52所示,由其可以看出:

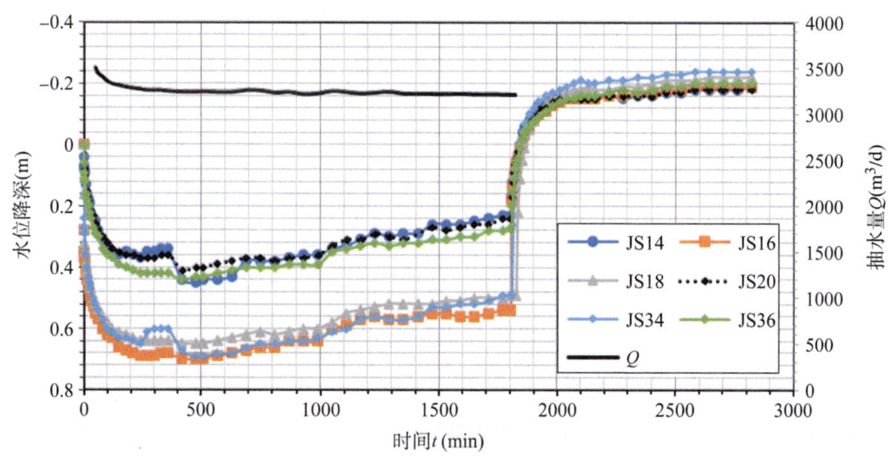

图3-52　JS17单井抽水试验曲线

（1）在抽水约3.5h后，观测井水位逐步趋于稳定，但抽水至6~8h后，开始下暴雨，观测井水位开始出现线性上涨，至停止抽水时，各观测井水位上涨约16~20cm，水位恢复结束后，较试验前上涨19~24cm，充分说明地层透水性好，雨水能及时渗入地层。

（2）在抽水过程中，水位、水量易稳定，水位恢复较快，恢复曲线拐点较为明显，反映含水层分布较广、透水性较好、水量补给较为充沛的特点。

群井抽水试验过程如下：依次分别开启18、30、35口降水井，观测井JS36的最终降深为9.02m，未达到要求水位。因主抽水井内动水位较高，还未完全达到单井最大出水能力，因此，将其中12台额定流量100m³/h的水泵更换为200m³/h的水泵，同时停止抽水进行水位恢复观测。更换水泵后抽水，水位仍未达到要求，井群中心水位较上一次下降约0.1m，外围观测孔水位下降0.5~0.6m，且仍保持缓慢下降趋势。更换水泵后，原有23口降水井出水量变小，平均约85m³/h，而其他12口也仅能达到140m³/h。群井降水试验曲线如图3-53~图3-56所示。

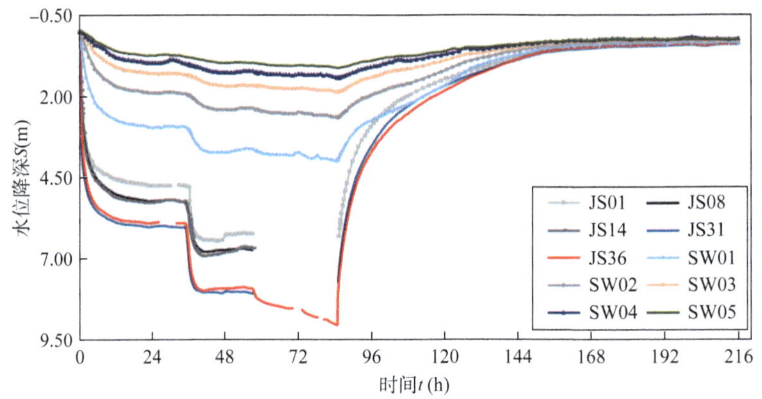

图3-53　群井抽水试验曲线

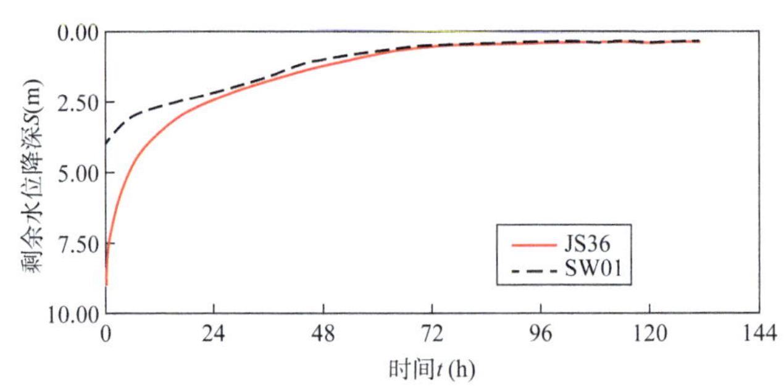

图3-54　JS36、SW01观测井水位恢复曲线

由图3-53~图3-56可得出如下结论：

（1）编号为JS系的井在抽水前期水位迅速下降，反映出地层透水性好；而编号为SW系的井在抽水一段时间后才出现水位下降，说明含水层给水度大，前期以消耗地层静储量为主。

（2）当开启30口井时，观测井水位降低到一定深度后出现上涨，离抽水井越近的观测井涨幅越明显，说明抽水过程中地下水获得新补给。同时，周边池塘水位明显下降，说明地层透水性好，地表水与地下水具有明显的水力联系，地下水位降深越大，地表水入渗越快。更

换水泵后，池塘水位下降进一步加快，至停止抽水时池塘底基本暴露。

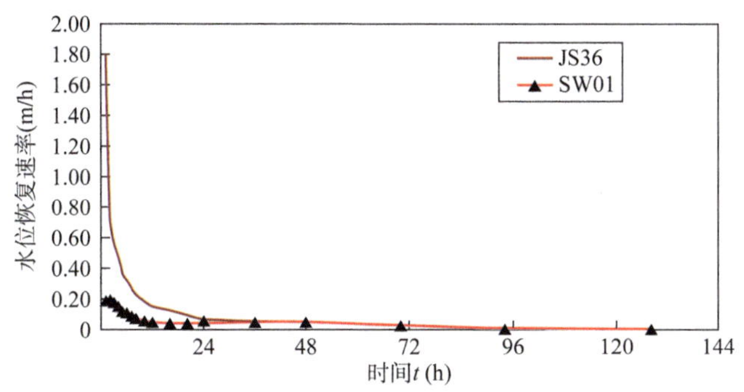

图 3-55　不同降深条件下的水位恢复速率

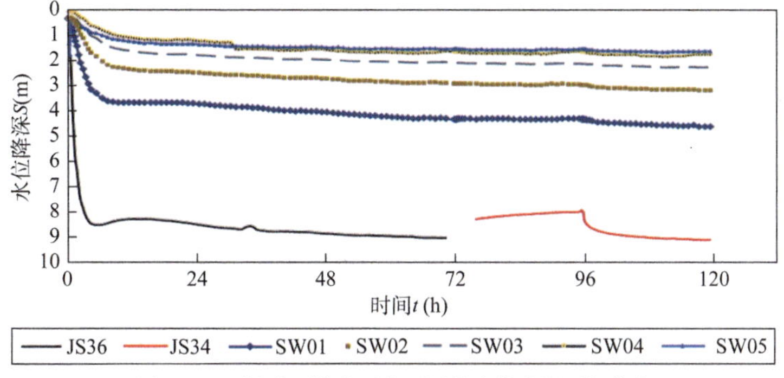

图 3-56　更换水泵抽水后各观测井水位降深时间曲线

(3)停止抽水后，前期水位恢复较快，后期恢复速率变慢，符合下层砂卵石透水性强、上层粉细砂透水性差的特点。水位降深越大，前期水位恢复速度越快，补给量越大。

3.9.2　基于非稳定流解析法的水文地质参数计算

水文地质参数的计算一般可采用解析法和数值模拟法。简单的稳定流解析法只能计算出整个含水层组的综合渗透系数，不能反映各地层的渗透差异性，且无法考虑地下水位降深的时间效应。非稳定流解析法可充分利用抽水试验的全部观测资料，避免个别资料的偶然误差，可考虑地下水位降深的时间效应，因此其在水文地质参数求解上更加符合实际情况。非稳定流解析法即根据现场抽水试验观测孔资料数据，利用相应的非稳定流公式，通过地下水位降深-时间关系的曲线拟合试算，以确定含水层的水文地质参数。基于非稳定流解析法的 Aquifer Test 软件是目前最流行的对抽水试验进行图形分析和报告的软件，具有使用灵活、界面友好的特点，能提供有效处理水文地质抽水试验结果所需的所有工具，并且能选择最符合现场实际水文地质条件的解析方法。计算时，将观测井现场采集到的降深-时间数据输入 Aquifer Test 软件，并与 Neuman 标准曲线进行匹配，即可得到相应水文地质参数。

根据场地水文地质条件，整个地层是一个复杂的含水系统，将其概化为巨厚的均质各向异性潜水含水层，选择符合潜水含水层非完整井条件的 Neuman 公式，借助 Aquifer Test 软件进行分析计算,计算时采用虚拟镜照法考虑汉江东汉河流补给边界条件。由于单井降水试验后期受到降雨及周边地表水体补给的影响,对水文地质参数计算影响较大,故利用抽水前期约6h的试验数据进行分析计算。单井降水试验各观测井实际降深-时间关系与Neuman拟合曲线的拟合结果见图3-57、表3-18。由图3-57可知,除前期2~3个数据点偏离Neuman拟合曲线外,其余点均接近拟合曲线。由表3-18可知,通过Aquifer Test软件计算得到的综合渗透系数为61.2~67.7m/d,平均值为64.5m/d,给水度为0.103~0.265,平均值为0.204。

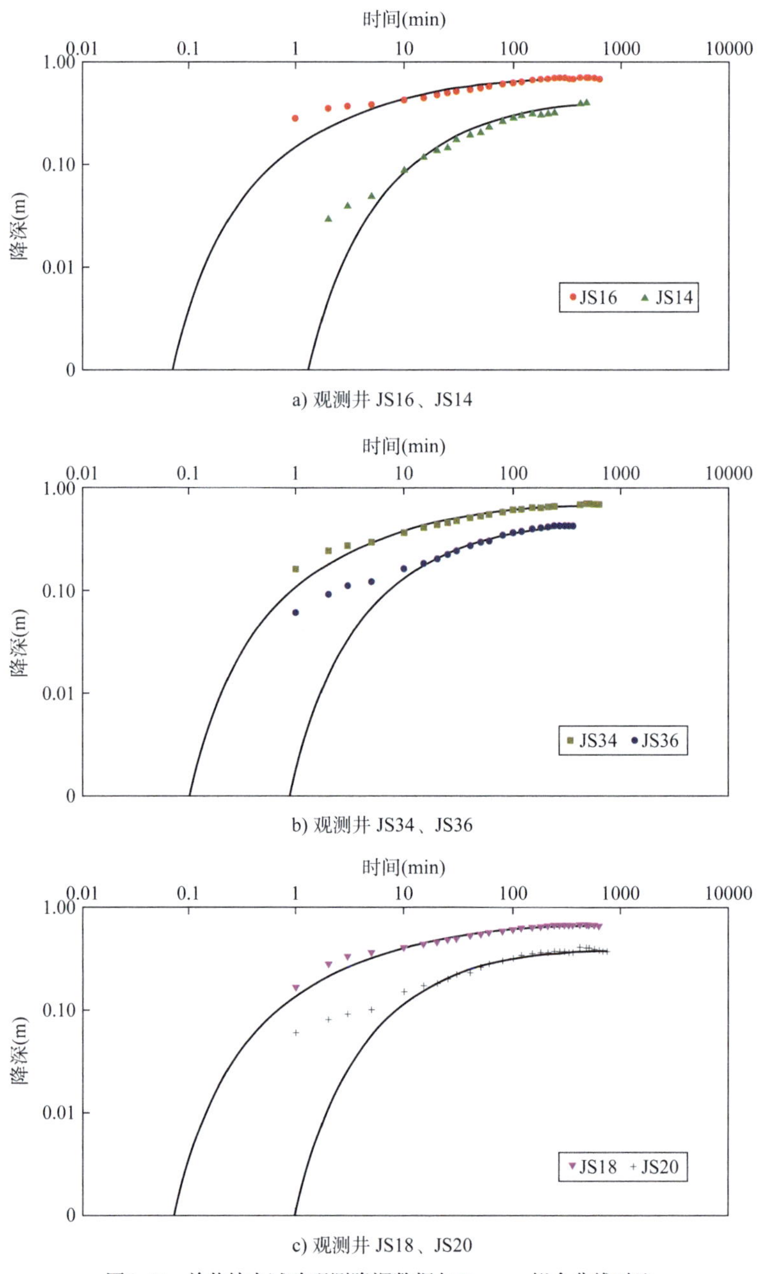

图3-57 单井抽水试验观测降深数据与Neuman拟合曲线对比

单井抽水试验Neuman公式拟合结果 表3-18

序号	观测井	导水系数T (m^2/d)	渗透系数K (m/d)	给水度S_y	距抽水井JS17距离 (m)
1	JS16	4.06×10^3	6.25×10^1	1.03×10^{-1}	15.18
2	JS14	4.20×10^3	6.46×10^1	2.74×10^{-1}	43.49
3	JS34	4.18×10^3	6.43×10^1	2.65×10^{-1}	15.79
4	JS36	4.40×10^3	6.77×10^1	1.98×10^{-1}	45.12
5	JS18	4.34×10^3	6.68×10^1	1.90×10^{-1}	14.15
6	JS20	3.98×10^3	6.12×10^1	1.92×10^{-1}	46.64
平均值		4.19×10^3	6.45×10^1	2.04×10^{-1}	30.06

3.9.3 基于数值模拟法的水文地质参数计算

隧址区含水层组较厚，各含水层之间相互补给联系较为密切，中部含水层的渗透系数较大，对上下层的参数计算影响较大，又有汉江的补给影响，水文地质边界条件极其复杂，采用解析公式只能计算出整个含水层组的综合渗透系数，不能反映各地层的渗透差异性。由于使用解析法处理群井抽水试验数据的难度较大，因此须借助三维数值模拟法对群井抽水试验资料进行分析，反演各地层的水文地质参数。如图3-58所示，数值模拟法通过程序化运算可模拟不同复杂条件下的地下水流状况，能有效减小边界条件等对地下水流动造成的影响。根据试验场地的水文地质条件，利用Visual MODFLOW软件，建立东汉干坞地下水三维非稳定渗流数值模拟模型，根据群井抽水试验资料，对模型进行参数反演和验证。

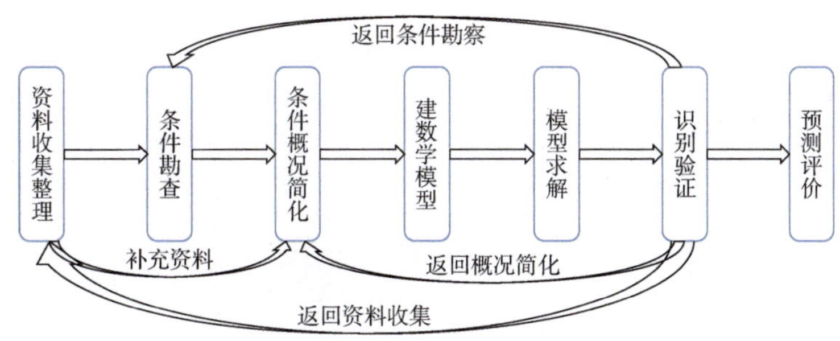

图3-58 应用水文地质数值模拟法求参数工作程序

根据岩土工程勘察报告，基于地下水数值模拟软件Visual MODFLOW建立如图3-59所示的东汉干坞三维水文地质数值模型。东侧汉江采用River边界条件，河宽600m，河水水面高程62.9m，河底高程53m；其他三侧采用定水头边界，水头高程设置为62.7m；降水井采用

Well单元模拟，单井流量与过滤器参数由实际情况设置。

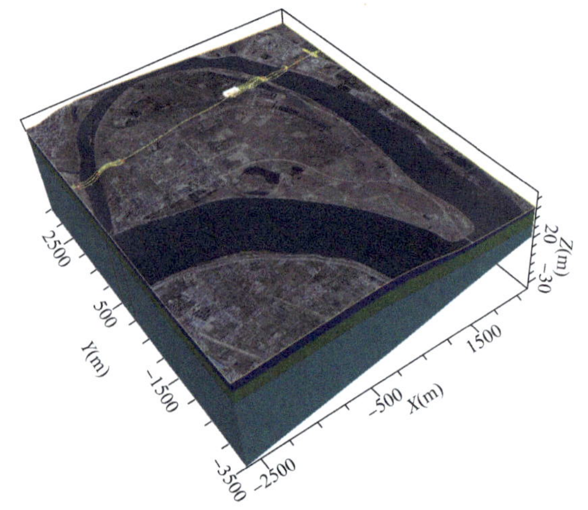

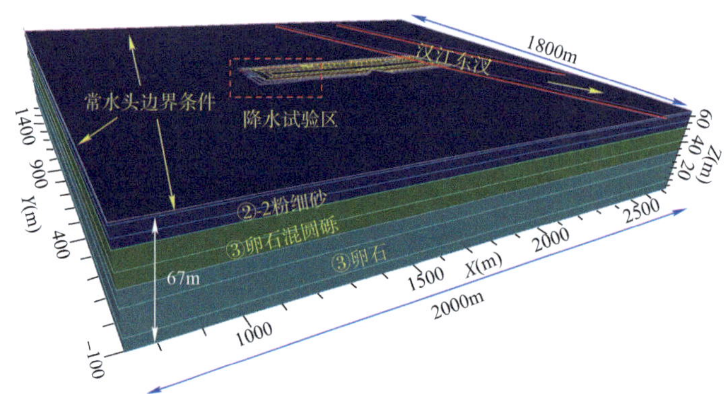

a) 三维数值模型立体概化图

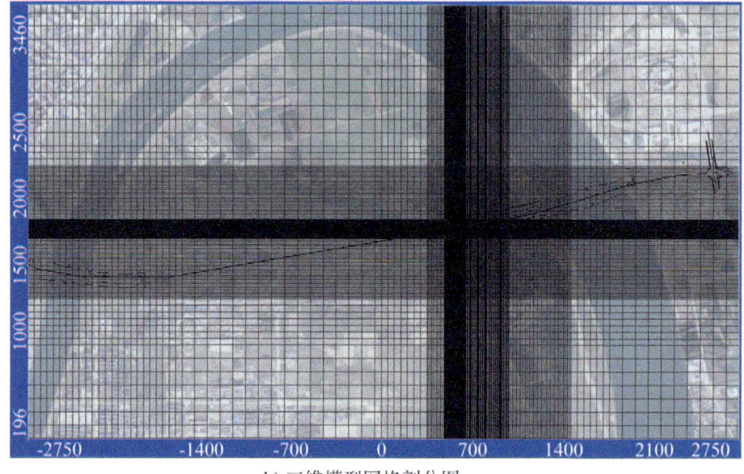

b) 三维模型网格剖分图

图3-59　东汊干坞水文地质三维数值模型

在Visual MODFLOW中，可设置抽水井及观测井，对于抽水井可设置过滤器长度、层位、抽水量等参数。根据抽水试验资料，模型中抽水井及观测井设置如图3-60所示。

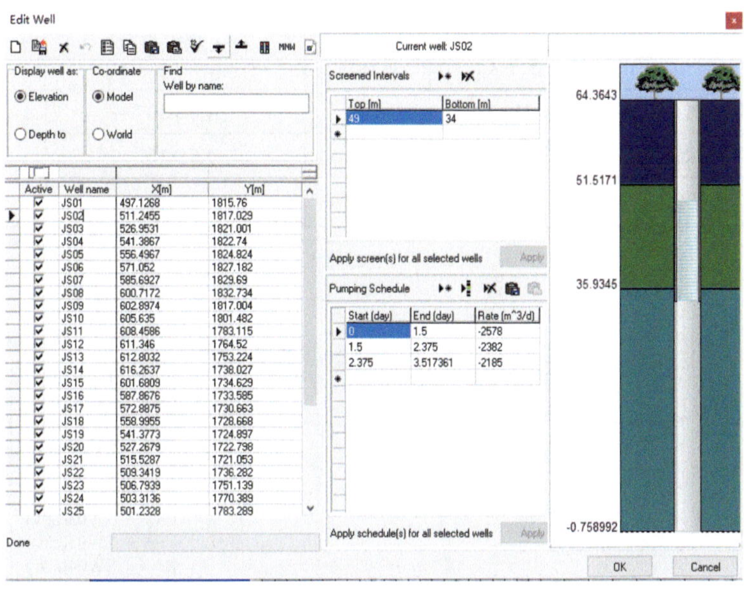

a) 模型中抽水井设置示意图

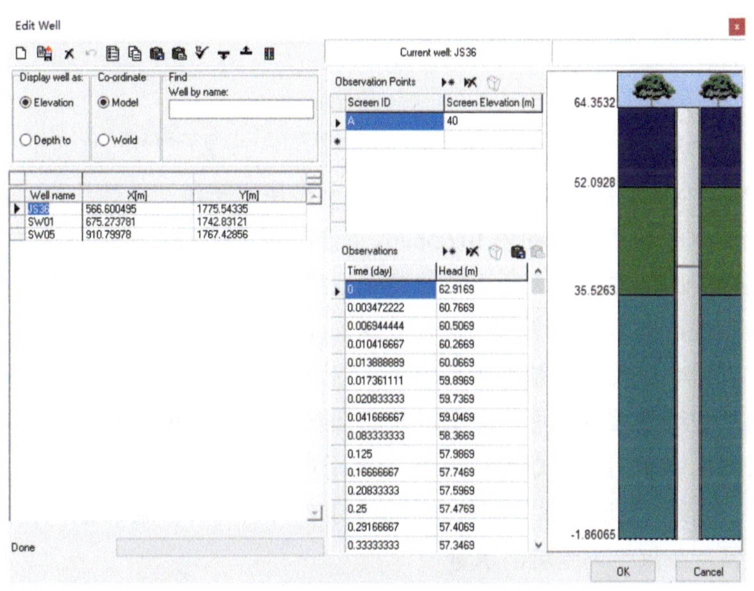

b) 模型中观测井设置示意图

图3-60 三维水文数值模型中降水井与观测井设置

根据抽水试验资料，对群井抽水试验资料进行整理，在三维模型中设置抽水井及观测井，将抽水井涌水量代入三维数值模型中，对群井抽水试验进行模拟计算，对比计算结果和实测的观测井水位变化，反复调整并反演相关的水文地质参数，使模型计算曲线与抽水试验曲线尽量相符，得到的水文地质参数见表3-19。群井抽水试验各水位观测井的实测曲线与数值模拟计算曲线对比情况见图3-61。

水文地质参数反演结果　　表3-19

序号	土层名称	渗透系数(m/d)		储水系数S_s(m^{-1})	给水度S_y
		水平K_H	垂直K_V		
1	粉细砂、中砂	11.82	8.42	1.01×10^{-6}	0.076
2	③卵石混圆砾	102.51	60.20	1.81×10^{-7}	0.115
3	⑤圆砾	25.40	12.78	1.92×10^{-6}	0.154

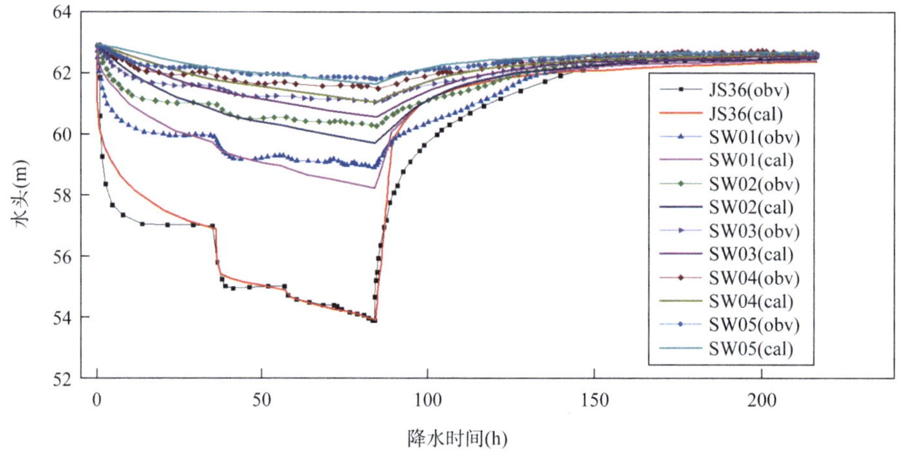

图3-61　基于数值模拟法的群井抽水试验计算降深(cal)与实测降深(obv)对比

如表3-19所示，通过数值模拟法反演得到上部砂层水平渗透系数约为12m/d、中间③层卵石混圆砾层的水平渗透系数约为102.5m/d、下部⑤层圆砾层水平渗透系数约为25.4m/d，中间卵石混圆砾层的渗透系数大于下部的圆砾地层，符合勘察报告描述的③层卵石混圆砾层粒径主要为2~6cm、⑤层圆砾粒径主要为0.2~2cm。

由第3.3节可知，东汉干坞基坑所采用止水墙为全封闭外侧落底式混凝土地下连续墙。考虑到存在地下连续墙接头处可能渗漏以及底部黏土层在地下空间可能不连续、不完整等不确定因素，因此，按照“敞开式降水”计算东汉干坞基坑涌水量及降水井数量。根据地层性质及《建筑与市政工程地下水控制技术规范》(JGJ 111—2016)附录B，可采用潜水含水层非完整井公式预测东汉干坞基坑涌水量：

$$Q = \frac{1.366k(H^2 - h^2)}{\lg[(R + r_0)/r_0] + \dfrac{\bar{h} - l}{l}\lg(1 + 0.2\bar{h}/r_0)} \tag{3-1}$$

式中，Q为基坑计算涌水量；k为渗透系数；H为潜水含水层厚度；h为基坑动水位至含水层底板的距离，$h=H-s$，s为设计水位降深；$\bar{h}$为平均动水位，$\bar{h} = (H + h)/2$；l为过滤管有效工作部分长度；R为降水影响半径，$R = 2s\sqrt{Hk}$；r_0为基坑等效半径，$r_0 = 0.565\sqrt{F}$，其中，F为井点系统的围合面积，等于区段长度×降水断面宽度。

根据《建筑与市政工程地下水控制技术规范》(JGJ 111—2016)附录C，单井出水能力可按下式计算：

$$q = 120\pi rl\sqrt[3]{k} \tag{3-2}$$

式中，q为管井单井出水能力；r为过滤器半径，取0.1625m；l为过滤管有效工作部分长度；k为渗透系数。

降水井的数量可根据基坑涌水量和设计单井出水量按下式计算：

$$n=\lambda Q/q \tag{3-3}$$

式中，n为降水井数量；λ为调整系数，一级安全等级取1.2，二级安全等级取1.1，三级安全等级取1.0，本次考虑备用井及观测井，按1.2考虑。各计算参数及计算结果见表3-20。

东汉干坞段降水计算参数及结果　　表3-20

参数	单位	取值
渗透系数k	m/d	64.5
潜水含水层厚度H	m	90.0
设计水位降深s	m	17.0
基坑动水位至含水层底板距离$h=H-s$	m	73.0
平均动水位$\bar{h}=(H+h)/2$	m	81.5
过滤管有效工作部分长度l	m	14.0
降水影响半径R	m	700.0
井点系统围合面积F	m^2	88800.0
基坑等效半径r_0	m	168.4
基坑计算涌水量Q	m^3/d	269491.9
管井单井出水能力q	m^3/d	2400
降水井数量n	口	90

由表3-20可知，东汉干坞段需要降水井90口。以上基坑计算涌水量为理论计算值。降水基坑为近似长条状，长宽比较大，且邻江开挖，汉江补给明显，边界条件复杂，地层渗透性强，对于降水参数的理论设计值须采用数值模拟方法开展进一步验证，以保证降水实际效果。采用Visual MODFLOW进行数值模拟计算复核，当满足降深要求时，需降水井n=97口，按安全系数1.1布井，共布置降水井107口、观测井5口（可兼作备用井），共设计112口井。数值模拟的东汉干坞群井降水的水位等值线如图3-62所示。

东汉干坞降水井深度为30.0~35.0m，降水井布置及降水井实物如图3-63所示。东汉干坞基坑降水以疏干降水为主，与止水墙共同组成止水系统，保证干坞内正常施工。降水井配套排水系统采用“降水井抽水管线横向接入布于坡顶的纵向主排水管线，基坑两侧分流排水入江”方案，降水井抽水管线为直径140mm、壁厚4mm的竖向钢管，主排水管线为直径1020mm、壁厚10mm的螺旋钢管压力管道。

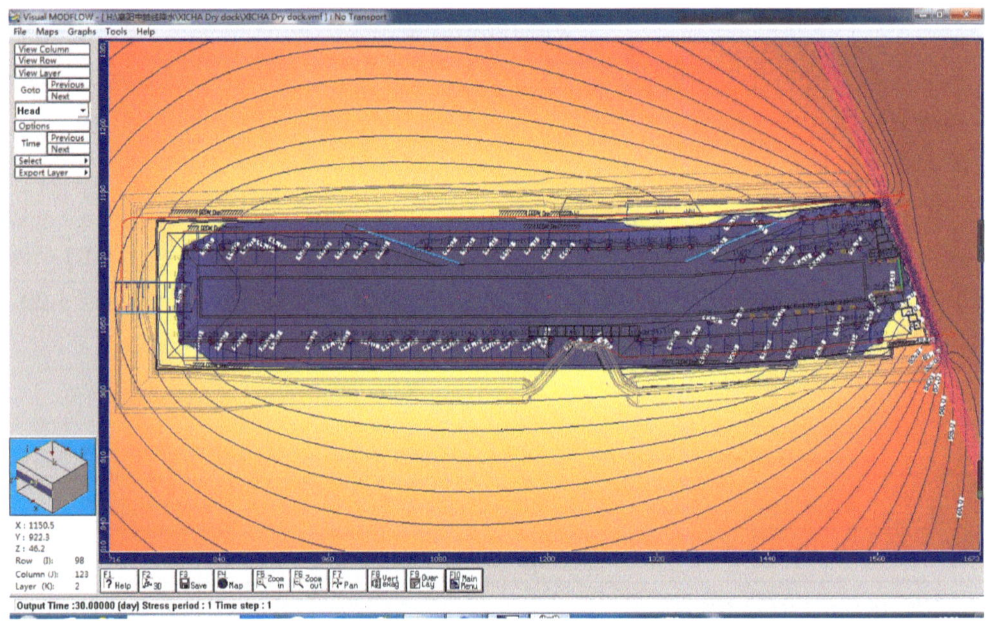

a) 降水整体等水位线(蓝区为水位高程46.0m以下)

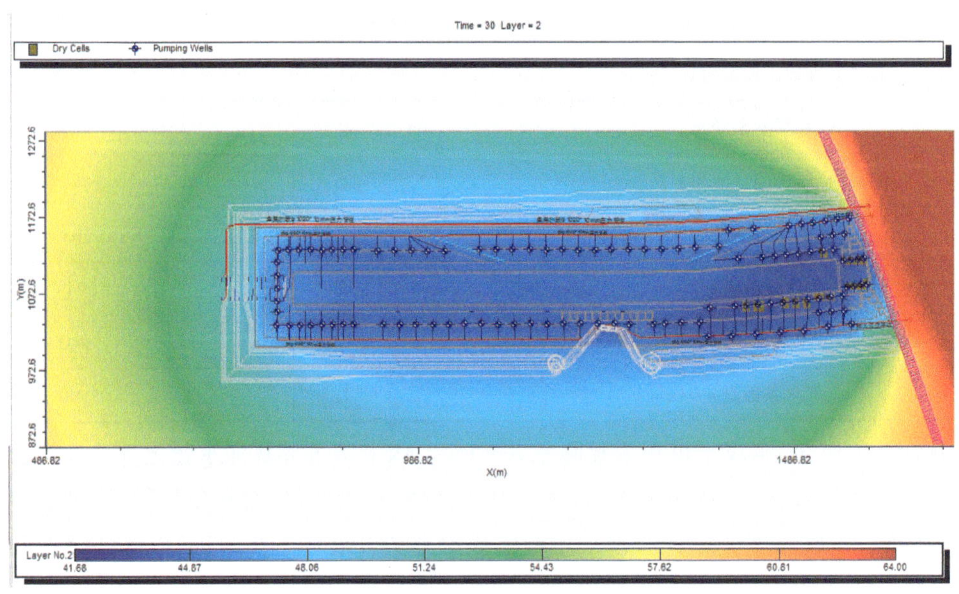

b) 东汉干坞段整体等水位线云图

图3-62 东汉干坞群井降水的水位等值线及云图

3.9.4 干坞基坑运营阶段地下水位自动化监测

由于干坞深基坑处于粉细砂层及砂卵石层等强渗透性地层内,深基坑开挖面临极大安全风险。为实现抽水的合理性和可控性,并有利于基坑施工和基坑周边环境的安全,需要对抽水施工期间基坑的地下水位进行自动化监测，以保证开挖施工不会因为降压降水施工不到位而形成结构安全隐患。当开挖达到预定开挖深度时，通过地下水位自动化监测可以实现安全水位的监测预警，一旦观测井内地下水位高程超过预警水位，可及时自动化预警响应，同时以短信通知相关项目管理人员及时调整运行中的深井泵流量，以实现对地下水水位的有效控制。

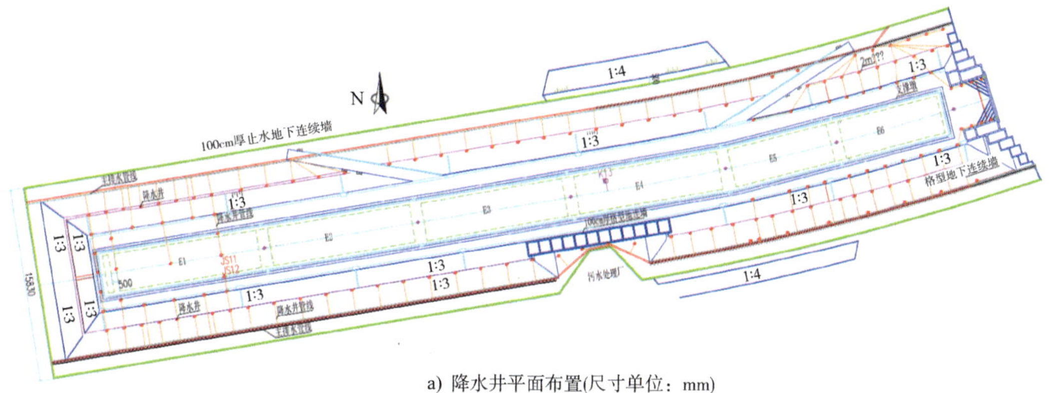

a) 降水井平面布置(尺寸单位：mm)

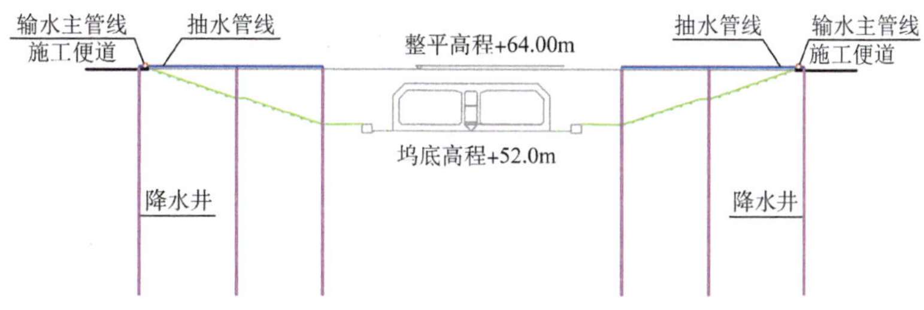

b) 降水井横断面

c) 降水井及主排水管道照片

图3-63　东汉干坞降水井布置

如图3-64所示，地下水位自动监测系统包括监测中心、通信网络、现场监测设备及传感器。由于东汉干坞对接端处基坑离汉江最近，开挖深度最大，地下水位控制要求高，实际降水监测位置选于此处。将水位监测传感器放置于对接端深基坑处观测井内，水位传感器型号为YTYL0303，测量精度为0.001m，使用前对水位传感器的进行气压校正，水位监测数据通过中国移动通用分组无线业务（GPRS）网络无线实时传输至监测中心，一旦实际地下水位超过安全允许值，安装于现场的报警器将自动报警，同时向地下水运行监测人员发送手机短信，要求其调控现场降水井的流量。图3-65为东汉干坞对接端深基坑地下水位长期监测曲线。由图3-65可知，在实际降水运行阶段，对接端深基坑地下水水位始终低于安全允许值，验证了深基坑降水设计方案的有效性。

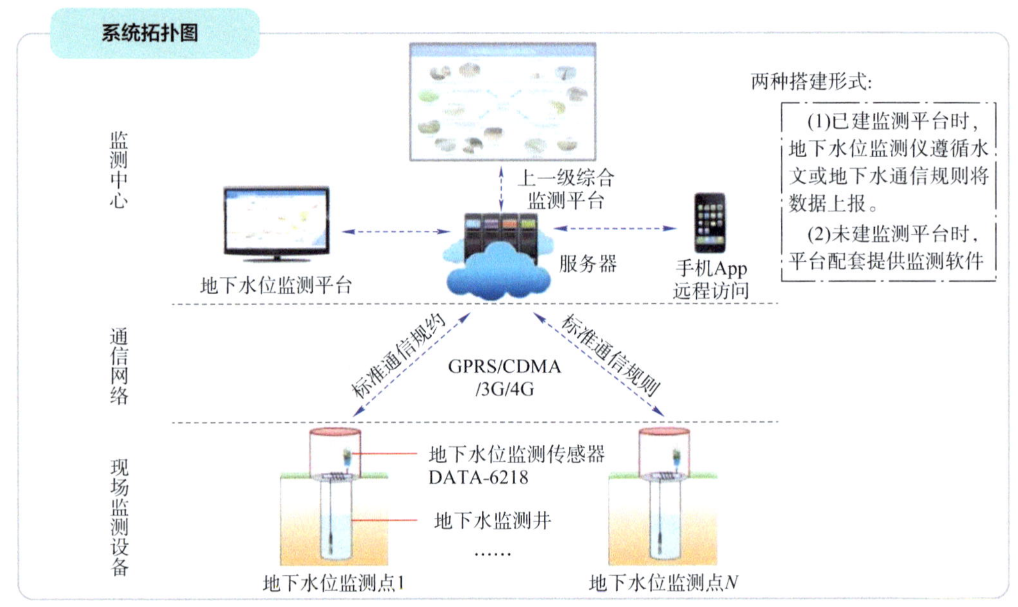

a) 地下水位自动化监测系统原理

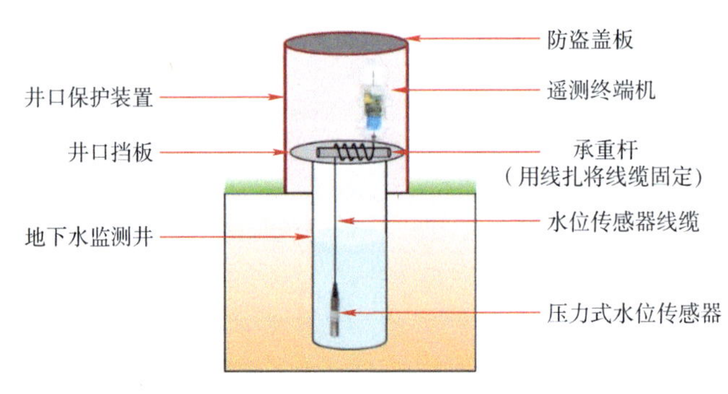

b) 地下水位监测传感器

图 3-64

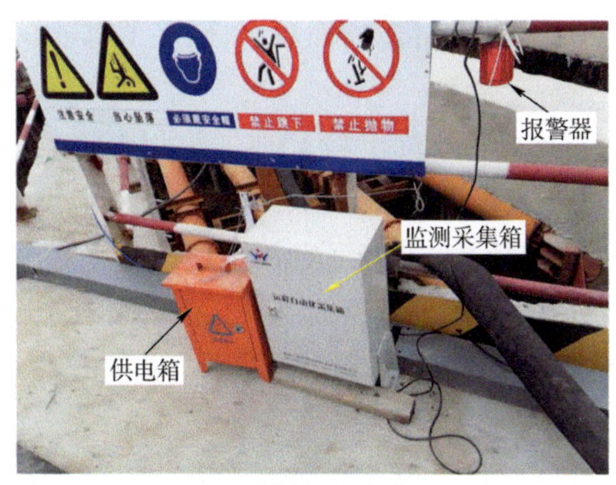

c) 采集箱现场安装

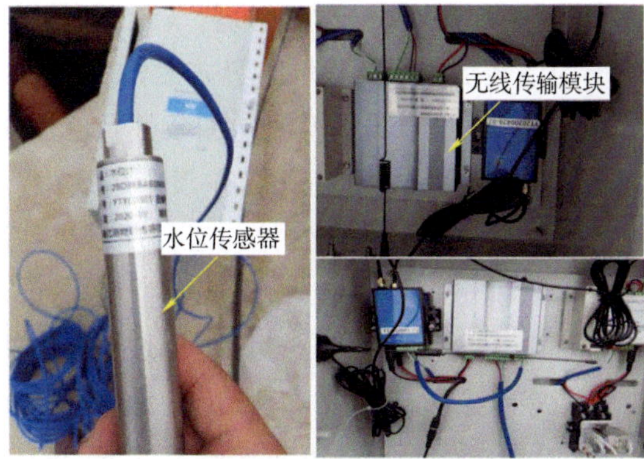

d) 采集箱内部结构

图3-64 地下水文自动化监测

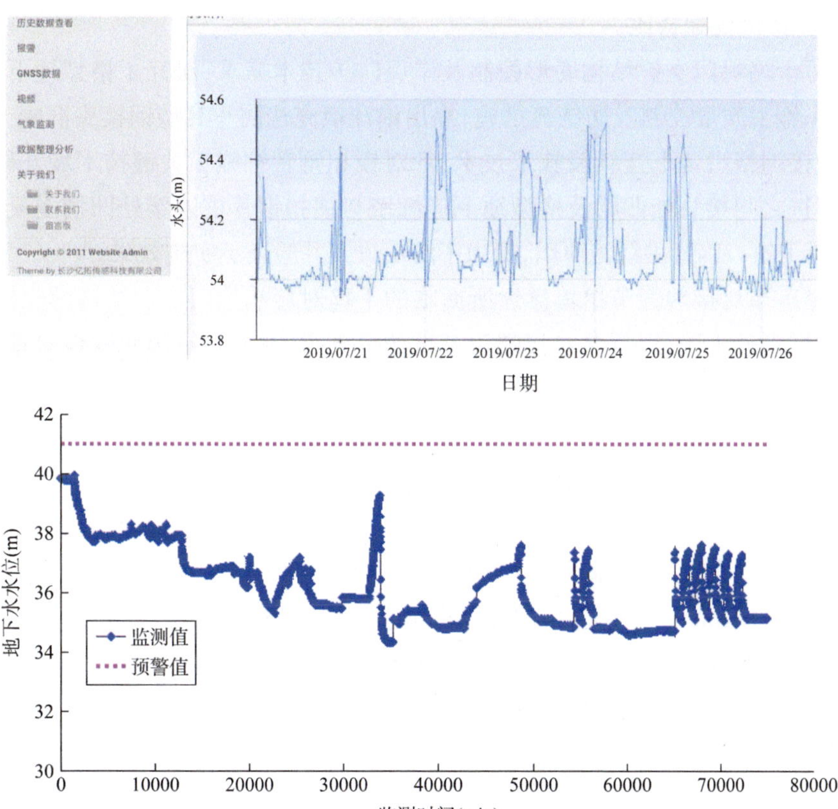

图3-65 东汉对接端处深基坑地下水位长期监测曲线

3.10 本章小结

本章的主要研究内容及结论如下：

(1)针对鱼梁洲隧道干坞设置需求，详细开展了双旁建干坞、单旁建干坞、双轴线干坞方案优缺点的比选探讨；通过管节预制、管节浮运、工程风险等多方面对比，确定了双轴线干坞为最经济合理的干坞布置方案。

(2)针对双轴线干坞的功能条件及施工工艺，对比分析不同干坞支护方案的围护结构内力及变形特征，比选确定了东汉干坞采用“落底式止水帷幕+二级放坡开挖”的支护方案，且针对该方案进行干坞开挖与运行期全过程地下水控制设计；提出了西汉干坞深基坑支护结构东西侧分区设计的思路，即西半区采用“放坡开挖+锚索地下连续墙+落底式素混凝土止水墙”支护方案，东半区采用“放坡开挖+锚索地下连续墙+封底混凝土底板”支护方案。开展了东/西汉干坞总体布置、坞门对接端及岸堤防护设计。

(3)针对强渗透砂卵石地层条件下，东汉干坞超深塑性混凝土止水帷幕施工所面临的成槽深度大、施工时间长、地层富水易塌陷等特点，开展了塑性混凝土防渗墙体材料制备工艺研究，分析了不同原材料掺量对其流动度、密度、抗压强度及抗渗性能的影响规律，确定了塑性混凝土的最优配合比。

(4)针对干坞坞门支护结构变形控制及岸堤防护技术需求，研究了格型地下连续墙槽段划分、接头施工质量控制及防绕流措施，提出泡沫填充法防止H型钢接头混凝土绕流，形成了干坞对接端格型地下连续墙施工技术；针对锁扣钢管桩施工关键技术展开研究，探讨了锁扣钢管桩之间接头处凹槽及格型地下连续墙与锁扣钢管桩连接处凹槽混凝土绕流控制问题，分析了锁口钢管桩绕流原因，提出了解决方案并验证了实施效果。

(5)针对东津对接端管节出坞浮运所面临的干坞对接端坞门支护结构拆除难题，提出了逐层回填饱和砂土法，以拆除对接端深基坑的内支撑，并通过有限元软件对东津对接端深基坑内支撑拆除过程开展了数值模拟，验证了逐层回填饱和砂土法的可靠性；提出采用水下爆破法拆除各对接端坞门处的塑性混凝土止水墙，开展了坞门处塑性混凝土止水墙水下爆破对邻近建(构)筑物和周围水域的影响研究。

(6)针对高水头强透水地层、隔水黏土层深埋且不连续的水文地质特点，通过现场降水试验和水文地质数值模拟，反演得到上部砂层渗透系数约为12m/d、中间③层卵石混圆砾层的渗透系数约为102.5m/d、下部⑤层圆砾层渗透系数约为25.4m/d，综合渗透系数为64.5m/d。根据土层渗透系数取值，计算了东汉干坞内降水井数量，并开展了东汉干坞降水井布置设计；为解决干坞深基坑降水阶段所面临的地下水水位不易控制难题，开发了地下水位自动化监测预警技术。

第4章 移动工厂法整体式钢筋混凝土沉管全断面预制关键技术

4.1 概述

管节结构作为整个沉管隧道的核心，是实现隧道服务功能、控制全生命周期成本的关键，但目前国内已建成的内河沉管隧道有出现结构开裂渗漏、地基不均匀沉降量大、隧道运营维护成本高等问题。如何结合诸多功能需求合理确定隧道横断面布置，基于建设运营综合成本和风险控制需求确定既结构安全又经济适用的管节结构纵向体系，形成满足于项目功能需求和适用于建设条件的最优管节预制施工方案，已成为内河沉管隧道建设中亟待解决的问题。

沉管隧道的施工工艺多且复杂，由于沉管隧道施工环境各不相同，相同的工艺如节段预制会采取不同的施工方法。沉管节段预制方法主要分为干坞法、工厂法，其中工厂法应用较少，目前仅应用于厄勒海峡沉管隧道、港珠澳大桥沉管隧道、深中通道沉管隧道等大型跨海沉管隧道工程，大部分沉管隧道均采用干坞法进行管节预制。在干坞法的大环境下，针对整体性管节浇筑方式大多数采用纵向分段竖向分层预制工艺，常规预制方法为后浇带法或跳仓法。该两种方法竖向分次间为纵向施工缝，且容易产生裂缝，渗水风险较大，预制工期较长。为了降低渗水风险、缩短预制工期，国内外部分工程开始采用工厂法沉管节段全断面浇筑、匹配拼装的工艺，该方法可以取消纵向施工缝，降低渗水风险，减少预制工期，保证预制质量。但该方法仅适用于节段式管节工厂化预制，例如厄勒海峡沉管隧道、港珠澳大桥沉管隧道，且节段间需设置防水措施、抗剪结构及连接钢绞线，施工成本较高。迄今为止，国内外尚未有无后浇段整体式管节移动工厂法全断面顺序浇筑的工程实例。

襄阳鱼梁洲隧道是汉江上的首座沉管隧道，沉管管节采用整体式刚性结构体系，在轴线干坞内进行沉管预制，创新采用移动工厂法整体式钢筋混凝土沉管全断面预制工艺。在此基础上，本章系统开展了移动工厂法整体式钢筋混凝土沉管全断面预制技术研究，以形成科学、可靠的移动工厂法整体式钢筋混凝土沉管全断面预制成套工艺和关键技术，提高施工工效，缩短预制工期，保证管节施工质量，推动实现内河沉管隧道建设技术的进步。

4.2 现有沉管管节预制工艺分析

4.2.1 后浇带法

后浇带是在结构施工中为减少现浇钢筋混凝土结构由于自身收缩不均或沉降不均可能产生的有害裂缝，按照设计或施工规范要求，在结构底板、墙、梁相应位置留设的后期混凝土浇筑带。后浇带将结构暂时划分为若干部分，经过先浇混凝土构件内部的收缩，在若干时间后再浇捣后浇带区域的混凝土，以将结构连成整体。设置施工后浇带是现阶段在结构施工期采取防裂措施比较有效的方法之一。

在目前已修建的沉管隧道中，主要采用分段分层管节浇筑工艺。如图4-1所示，分段分层浇筑工艺需在沉管隧道施工中，将管节纵向分为若干节段，节段与节段之间设置后浇带，竖向常分为2~3层进行浇筑。每个节段先施工底板，然后施工边墙和顶板，后浇带在规定的间隔期后再浇筑。

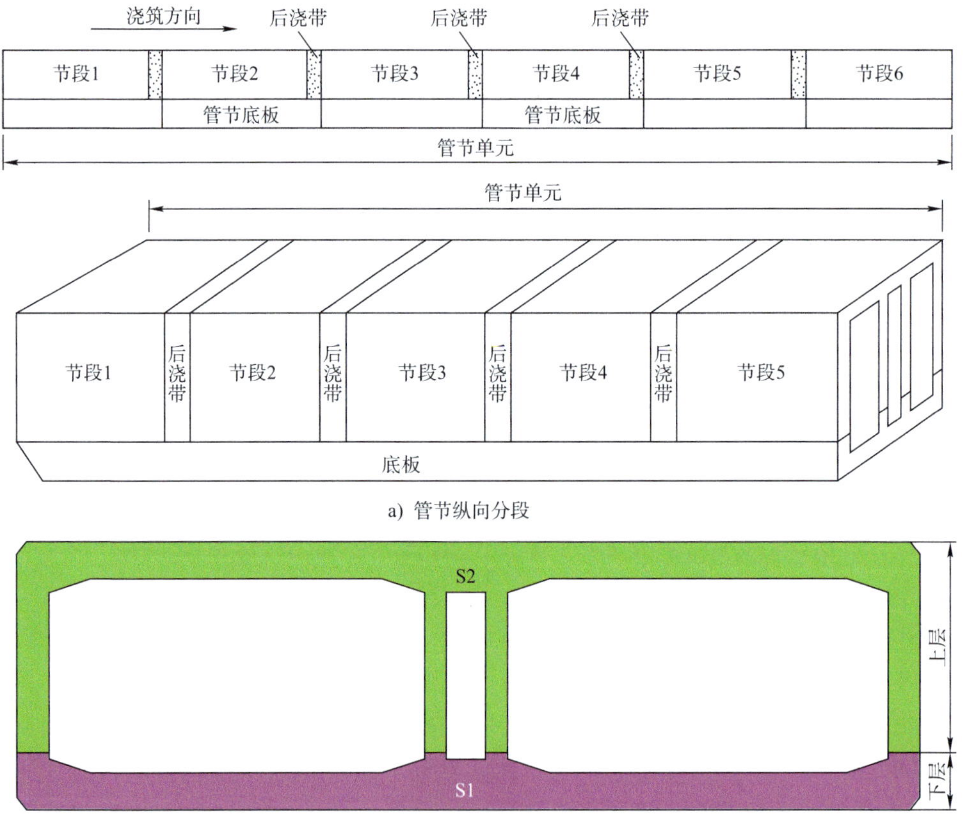

a) 管节纵向分段

b) 管节横向分层

图4-1 后浇带法沉管管节浇筑

后浇带设计所遵循的基本原理是“抗放兼施，先放后抗，以放为主”，即先释放后浇带未封闭前已浇筑的混凝土结构中温度收缩应力，当后浇带封闭后整个结构共同抵抗结构的剩余温度收缩应力，只要结构中剩余的温度收缩应力小于混凝土的极限抗拉强度，就达到了利用在结构中设置后浇带以控制施工期裂缝并取消伸缩缝的目的。

虽然采用后浇带技术可控制沉管结构浇筑期间由于水泥水化放热及收缩而产生的混凝土裂缝，但后浇带区域结构需在其两侧先浇筑的混凝土龄期达到42d后才能施工，导致总体施工工期较长，且后浇带常贯穿于沉管结构的侧墙与顶板，将弱化沉管管节的整体性，不利于沉管隧道的长期防渗。

4.2.2　跳仓法

如图4-2所示，跳仓法是将沉管混凝土超长结构划分为合理的跳仓间距，按照“分块规划、隔块施工、分层浇筑、整体成型”的原则施工，即隔一段浇一段，相邻仓混凝土间隔7~10d浇筑相连，可充分利用混凝土在5~10d期间性能尚未稳定和未彻底凝固的特性，以释放混凝土前期大部分温度变形与干燥收缩变形引起的约束应力，并将应变能通过松弛徐变、微裂纹耗能等释放。沉管管节预制分层跳仓法即基于跳仓法的工艺，将单个沉管管节结构纵向分段、竖向分层，每小节段分2次浇筑混凝土，先施工底板和部分侧墙，然后“跳仓”间隔施工剩余侧墙和顶板。

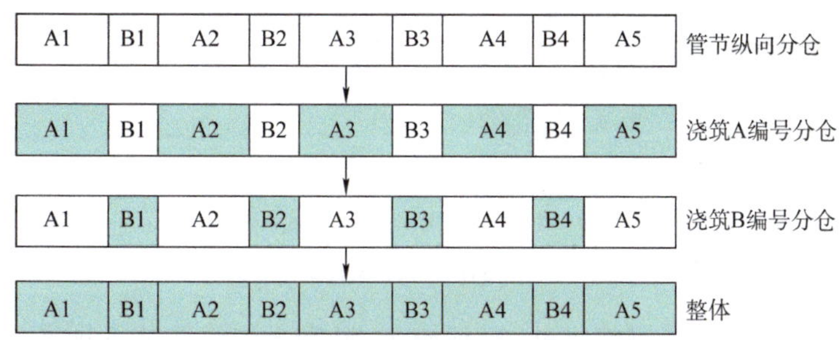

图4-2　跳仓法沉管管节浇筑

虽然跳仓法通过“抗放结合、先放后抗、最后以抗为主”的原则控制施工裂缝，但是跳仓间隔施工的时间需不小于7d，在单个管节节段浇筑间隔时间内，难以完成其他部分的施工作业，存在大量等待时间，整体施工效率较低，单个节段浇筑时间较长，难以满足部分施工工期相对紧张工程的需求。并且，间隔跳仓浇筑、钢筋绑扎平台及模板台车往复移动相互限制，钢筋绑扎台车不能使用移动式，需要反复安拆，导致施工工期较长。

4.2.3　全断面节段预制法

为克服沉管管节由纵向分段及横向分层浇筑而导致的混凝土结构施工缝多的问题，全断面节段预制法应运而生。如图4-3所示，全断面节段预制法是指将管节划分为若干节段，在隧道纵向上，各段之间设置一定宽度的后浇带，其浇筑顺序为从两端向中间全断面浇筑，采用一次浇筑成型施工工艺。全断面节段预制法适用于节段式管节，节段之间为半刚性或柔性接头。在预制干坞或工厂内,进行单个管体节段预制。单个节段预制采用整体一次浇筑成型,以减少纵向施工缝。单个节段预制完成后,在干坞内或工厂特定区域进行匹配,连接成整个管节。全断面一次浇筑成型工艺,单次浇筑混凝土需求方量大,控裂难度高,对技术人员和设备能力均有较高需求,但是成型结构整体强度高,可有效减少因多次浇筑产生的较多施工缝和减小较大的内应力,有利于提高管节防水性能和耐久性。

a) 厄勒海峡沉管预制工厂布置

b) 港珠澳大桥沉管隧道工厂法预制

图4-3 采用全断面节段预制法的沉管隧道

全断面节段预制法包括钢筋绑扎、模板施工、混凝土浇筑及节段顶推安装四大关键工序,其布置如图4-4所示,管节节段的底板、侧墙、顶板、混凝土浇筑区位置固定,而底板、侧墙、顶板钢筋笼顺序移动,钢筋笼通过滑轨移动至混凝土浇筑区,然后进行模板安装合模,且模板台车在混凝土浇筑区位置不变,外模台车左右横向移动,内模在其针梁上前后来回滑动,每次完成单个节段的预制,然后通过台座上的顶推滑移系统,将单个节段顶推至匹配拼装区域,多个节段间再通过钢绞线匹配连接成一个管节。这种预制方法适用于节段式管节的预制生产,仅能逐段生产、顶推,再连接成管节。混凝土由搅拌站集中生产完成,在出料口设缓存仓,经由混凝土搅拌运输车、皮带机输送方式将混凝土输送到浇筑区分料仓,再利用皮带布料机按照区域分布进行布料,完成浇筑。为保证混凝土控裂,采用冷却水+片冰的综合温度控制方案,新浇筑完成节段采用养护棚内全覆盖并喷水养护方案。

全断面节段预制法采用全断面一次浇筑成型理念,所预制的沉管结构整体强度高,可有效减少因多次浇筑产生的较多施工缝和减小较大混凝土温度收缩应力,有利于提高管节防水性能和耐久性,大大节约沉管隧道全生命周期的运维护和运营成本。但是,全断面节段预制法适用于节段式管节，节段之间采用柔性、半刚性接头连接，连接费用较高，在管节纵向的后浇段将弱化管节的整体性能。根据文献调研发现，目前尚未有无后浇段整体式管节移动工厂法全断面预制工程实例。因此，为了进一步发展沉管管节施工工艺，提高管节整体性能，开展无后浇段整体式管节移动工厂法全断面预制技术的研究有重要工程意义。

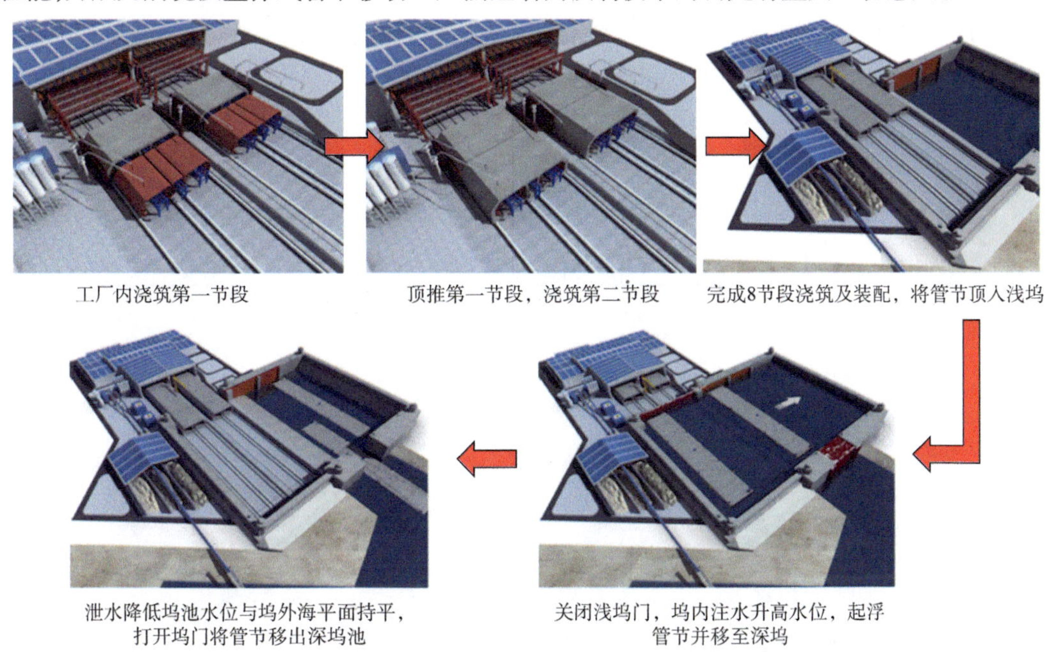

图 4-4　全断面节段预制法工艺流程

4.3　移动工厂法整体式钢筋混凝土沉管全断面预制施工

4.3.1　施工原理

移动工厂法整体式钢筋混凝土沉管全断面预制技术，即将整体式管节划为多个节段，每个节段作为一个移动工厂，每个移动工厂包括三大分厂：钢筋绑扎分厂、模板和浇筑分厂、混凝土养护分厂。其中，钢筋分厂包括一个底板钢筋绑扎工位、一个腹板钢筋绑扎工位、一个顶板钢筋绑扎工位。根据施工工序，五个分厂采用同步流水化施工，并采用全断面顺序移动浇筑方法，实现钢筋绑扎、模板安装、混凝土浇筑及养护流水工序移动工厂全断面预制。同时，将相邻节段浇筑时间间隔控制在14d以内，有效控制管节浇筑温度收缩裂缝的产生，大幅缩短预制工期。单个移动工厂布置如图4-5所示。

4.3.2　施工工艺

如图4-6所示，移动工厂法整体式钢筋混凝土沉管全断面预制技术集钢筋绑扎台车、模板台车、混凝土养护平台于一体，可实现相邻节段钢筋绑扎、混凝土浇筑与养护的流水工序移动工厂顺序浇筑施工。在干坞内根据每个管节节段数量分仓布置移动工厂，利用钢筋绑扎台车、模板台车及混凝土养护平台，管节节段内外模板依次安装就位后，进行沉管全断面大体积混凝土顺序浇筑施工。钢筋绑扎台车、模板台车及混凝土养护平台均可依托自行走机构，按工序需要自由移动或停留，实现相邻节段流水工序移动工厂全断面顺序浇筑施工。移动工厂法整体式钢筋混凝土沉管全断面预制工艺流程如图4-7所示。

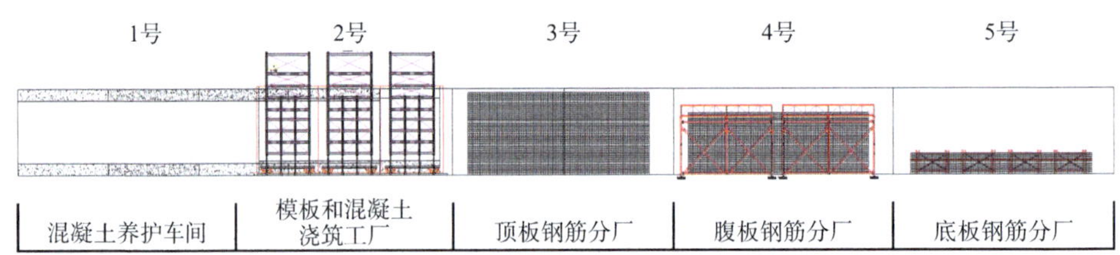

图4-5　移动工厂法整体式沉管全断面预制工艺原理

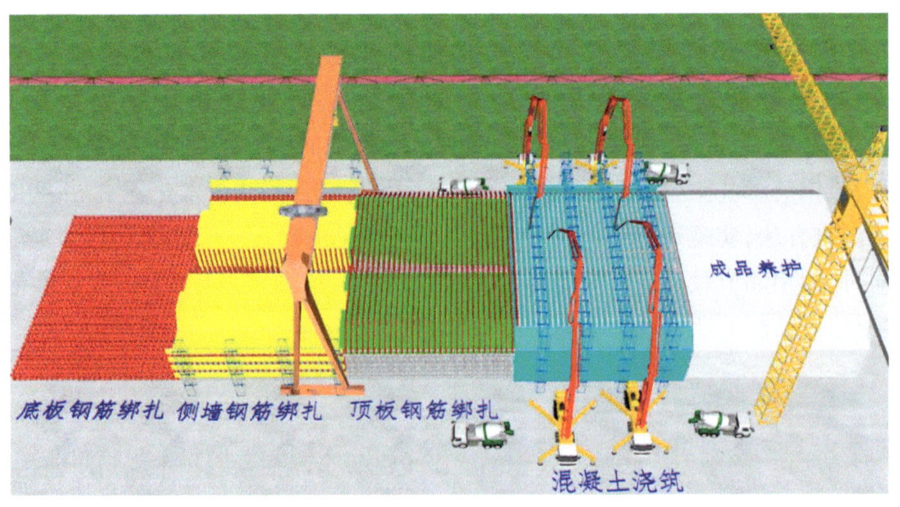

图　4-6

图4-6　移动工厂法整体式钢筋混凝土沉管全断面预制示意

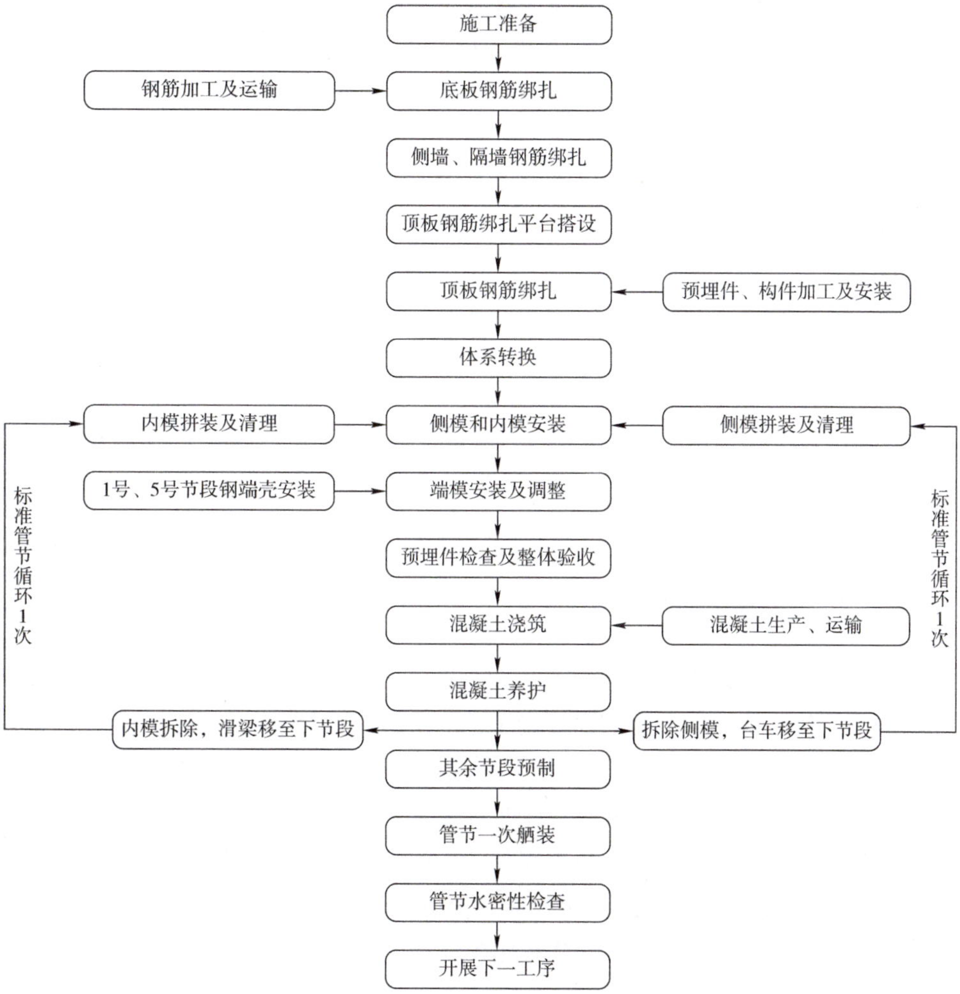

施工准备

钢筋加工及运输 → 底板钢筋绑扎

侧墙、隔墙钢筋绑扎

顶板钢筋绑扎平台搭设

顶板钢筋绑扎 ← 预埋件、构件加工及安装

体系转换

内模拼装及清理 → 侧模和内模安装 ← 侧模拼装及清理

1号、5号节段钢端壳安装 → 端模安装及调整

预埋件检查及整体验收

混凝土浇筑 ← 混凝土生产、运输

混凝土养护

内模拆除，滑梁移至下节段 ← → 拆除侧模，台车移至下节段

标准管节循环1次（内模拆除，滑梁移至下节段 → 内模拼装及清理）

标准管节循环1次（拆除侧模，台车移至下节段 → 侧模拼装及清理）

其余节段预制

管节一次舾装

管节水密性检查

开展下一工序

图4-7　移动工厂法整体式钢筋混凝土沉管全断面预制工艺流程

4.3.3 工艺优势

移动工厂法整体式钢筋混凝土沉管全断面预制技术采用全断面一次浇筑成型工艺，大幅降低了渗水风险；采用全断面液压自行走模板台车，模板移位容易控制，定位精度较高；流水工序移动工厂，实现了相邻节段流水工序分仓顺序浇筑施工，实现了标准化、智能化施工作业，大幅提高了整体施工效率，有效缩短了沉管预制工期；解决了相邻管节因龄期不同而产生裂缝的问题，提高了沉管预制质量。其主要工艺优势如下：

(1)台车移位速度快、定位精度高。钢筋绑扎台车、内外模板台车、移动养护棚均可依托自行走机构，可按工序需要快速自由移动或停留，分仓顺序移动无干涉，移动速度较快，定位精度较高。

(2)结构渗水风险低。采用节段全断面一次浇筑成型工艺，减少了施工缝数量；外模采用无拉杆斜支撑桁架结构，减少了渗水通道，两者共同大幅降低了结构渗水风险。

(3)施工周期短、施工成本低。研发了顶板钢筋台车和体系转换方法，将顶板钢筋绑扎优化为非关键线路，节约了施工工期；端模采用梳齿型组合钢模，提高了周转利用率，节约了施工成本；采用移动工厂法全断面顺序浇筑，实现了相邻节段钢筋绑扎、混凝土浇筑与养护流水工序移动工厂顺序浇筑施工，实现了标准化、智能化施工作业，极大提高了施工工效，大幅缩短了预制工期，有效节约了施工成本。

(4)质量安全、可靠性高、适应性广。解决了相邻节段因龄期不同而产生裂缝的问题，实现了大体积混凝土的有效控裂，结构质量安全可靠性高；干坞内采用移动工棚养护，将管节养护由露天施工转变为移动工棚内施工，减小了周围环境对管节混凝土硬化的影响，适用性较广。

4.4 移动工厂法整体式钢筋混凝土沉管全断面预制控裂数值仿真

4.4.1 数值仿真方法

管节预制是沉管隧道施工的重难点，温度应力是导致大体积混凝土开裂的主要诱因。为支撑移动工厂法整体式管节全断面预制工艺的实施，需对预制工艺进行混凝土裂缝控制数值模拟仿真分析。从有效控裂角度，研究混凝土控裂参数及节段间浇筑时间间隔对全断面浇筑混凝土内温度应力场发展的影响，进而提出控裂标准和控裂措施，以控制管节混凝土结构出现裂缝。控裂仿真研究总体思路如图4-8所示，根据沉管混凝土所处的环境条件、结构特点及混凝土水化反应性能，确定控裂数值仿真计算参数；通过有限元数值仿真分析，对不同工况下管节混凝土开裂进行计算和比较。

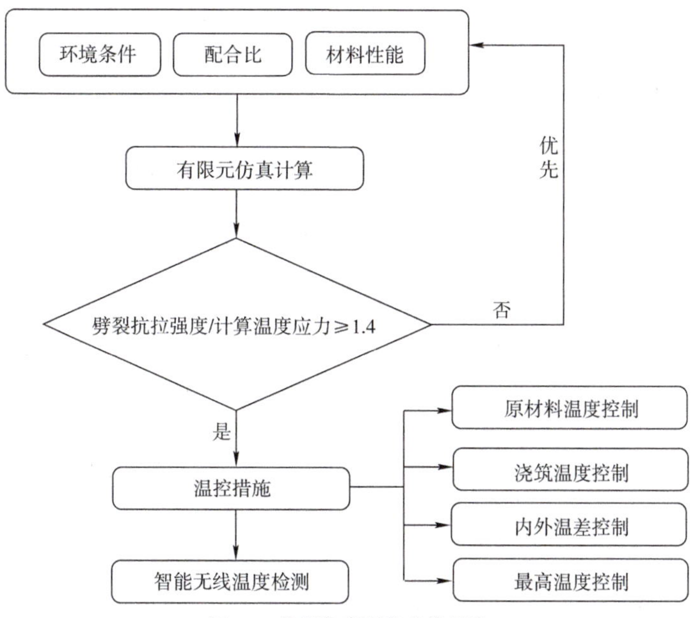

图 4-8　控裂仿真研究总体思路

4.4.2　数值仿真边界条件和关键计算参数

沉管结构预制所使用的 C50 混凝土 3d 龄期劈裂抗拉强度为 2.01MPa，7d 龄期劈裂抗拉强度为 3.05MPa，28d 龄期劈裂抗拉强度为 3.87MPa，60d 龄期劈裂抗拉强度为 4.24MPa，计算时混凝土的弹性模量取浇筑 28d 的实测值，约 42GPa，泊松比取 0.167，其热物理参数见表 4-1。

热物理参数　　表 4-1

强度等级	水泥 7d 水化热 (J/g)	热胀系数 (1/℃)	导热系数 [kJ/(m·d·℃)]	比热容 (kJ/kg·℃)	绝热温升 (℃)	90d 收缩 (με)	散热系数 [kJ/(m²·h·℃)]	
							有保温措施	无保温措施
C50	312	1×10^{-5}	228	0.98	48	280	25	58

采用抗裂安全系数来评价混凝土的开裂风险，综合《大体积混凝土施工规范》(GB 50496—2009)、《水运工程大体积混凝土温度裂缝控制技术规程》(JTS 202-1—2010)等的抗裂安全性规定，抗裂安全系数为沉管管段混凝土劈裂抗拉强度与计算温度应力之比须不小于 1.4。

隧址区属北亚热带季风气候区，年平均相对湿度 75%，夏季处于高湿季节，相对湿度达 80% RH；年平均气温 15~16℃，7 月最热，7 月平均气温为 27.9℃左右，1 月最冷，1 月平均气温为 2.6℃左右；极端最高气温为 42.5℃，极端最低气温为-14.8℃，3—6 月、9—11 月气候条件较为温和。通过对襄阳地区月平均气温的分析，并结合沉管预制的实际工况，将沉管预制的全年施工期分为高温季节[月均气温(28±4)℃，7—8 月]、常温季节(3—6 月、9—11 月)

和低温季节[月均气温(4±4)℃,1月、2月、12月]。

考虑采取水泥进场温度控制、粗集料遮阳等方式控制原材料温度:高温季节水泥温度控制低于55℃、粉煤灰温度控制低于45℃,低温季节水泥温度控制低于50℃、粉煤灰温度控制低于35℃。对高温季节和低温季节两个工况进行仿真分析,高温季节通过加冰等控温措施控制浇筑温度不高于26℃,低温季节浇筑温度取12℃。为降低混凝土入模温度,控制混凝土开裂风险,采用碎冰拌和降温措施,根据原材料温度变化及不同加冰量,运用经验公式计算混凝土出机温度,得出每使用10kg冰取代水参与混凝土拌和,可使混凝土出机温度下降约1.1℃的结论。

4.4.3 数值仿真分析模型和计算工况

如图4-9a)所示,沉管管节采用全断面顺序浇筑方法,以120.5m标准管节建立计算模型,分5次进行浇筑,每个浇筑段为24.1m。根据移动工厂法施工工艺、施工实际情况以及其他工程裂缝控制经验,浇筑时间间隔取10~14d。模型参数中,绝热温升、弹性模量、收缩、徐变取值为试验实测值,其他计算参数按经验取值或估算,包括比热、导热系数、泊松比、线膨胀系数、环境温度和散热系数等。如图4-9b)所示,取连续3次浇筑节段建立混凝土管段有限元仿真模型,分析混凝土浇筑过程中管节内部温度及应力变化规律。

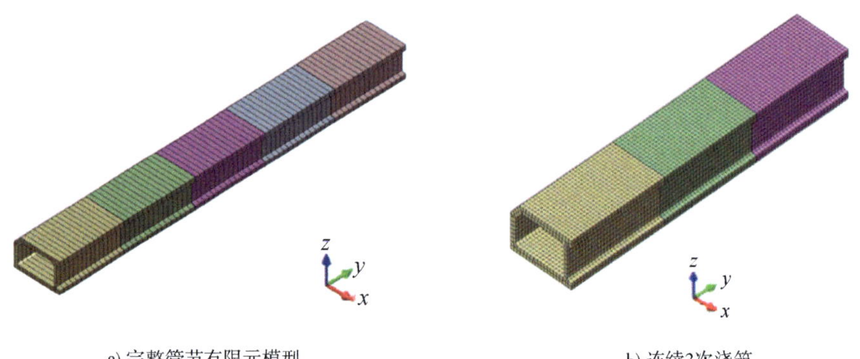

a) 完整管节有限元模型　　b) 连续3次浇筑

图4-9　沉管管节有限元仿真模型

管节混凝土浇筑数值仿真需考虑如下3种工况:①考虑不同月平均温度的影响:高温季节,月均温不低于28℃,7—8月;低温季节,月均温不高于10℃,1月、2月、12月;②考虑不同浇筑温度的影响,高温季节浇筑温度不高于26℃;低温季节浇筑温度不低于12℃;③考虑混凝土养护环境的影响,采用喷雾养护,湿度不小于85%。

4.4.4 温度场分布规律

典型温度发展曲线与冬季工况温度场分布如图4-10所示。仿真计算结果表明,高温季节,浇筑温度为26℃时,沉管混凝土内部最高温度为64.94℃;低温季节,浇筑温度为12℃时,混凝土内部最高温度为49.5℃。根据仿真计算温度场和应力场结果可知,温度场发展规律为：①温度发展规律为先升后降，顶底板中部和底板侧墙交界处中心温度最高；②中心约2d达到温度峰值；③随着内部温度升高，内表温差增大，中心部位温峰出现时，内表温差达到最大，之后逐渐降低。

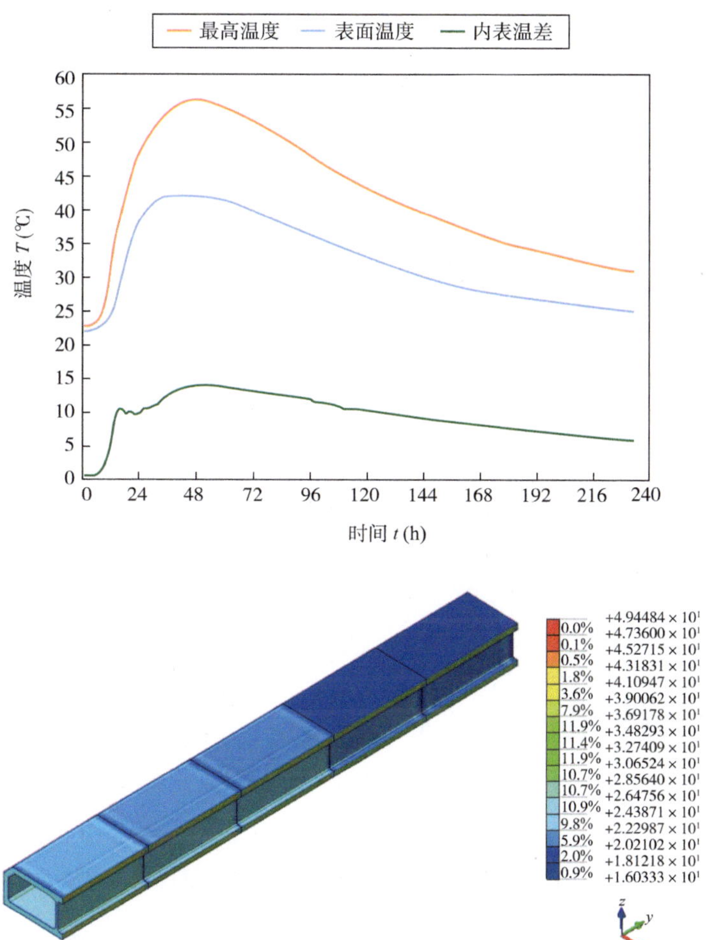

图4-10　典型温度发展曲线与冬季工况温度场分布(单位：℃)

4.4.5　应力场分布规律

1)首节段应力分布

首节段典型应力分布如图4-11所示，首节段应力计算结果如表4-2所示，首节段典型应力集中部位分布如图4-12所示。综合图4-11、图4-12及表4-2可得出首节段应力场发展规律为：

(1)早期应力集中于表面，主要由干缩和内表温差引起，早期需要注意保湿养护和对内表温差的控制，以及降低内部最高温度。

(2)中、后期应力集中于管段中心、管节连接施工缝处，由混凝土降温和干缩引起，随着龄期增长逐渐增大，后期需要注意养护，以减少干缩。

(3)抗裂安全系数在早期和后期均有低于1.4的风险,防裂措施除了早期的温度控制,更需要持续的养护,以充分利用徐变作用来缓慢释放内应力。

因此,对于首节段混凝土来说,降低内表温差和最高温度、加强养护是裂缝控制的关键措施。需有效控制原材料温度和使用加冰措施进行浇筑温度调控,并做好保温保湿养护,严格控制混凝土内表温差。针对端部施工缝处开裂风险区域,应采取抗裂剂、掺纤维混凝土等。

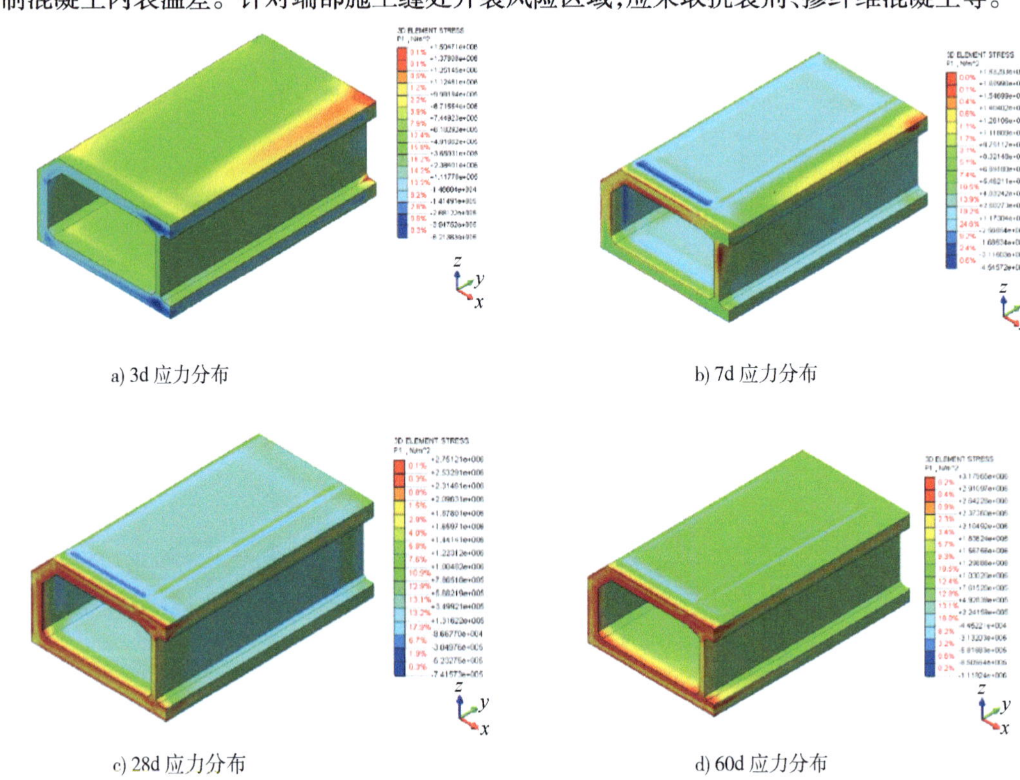

a) 3d应力分布

b) 7d应力分布

c) 28d应力分布

d) 60d应力分布

图4-11　首节段典型应力分布(Midas FEA有限元分析软件截图,单位:Pa)

首节段应力计算结果　表4-2

工况	结构部位	温度应力(MPa)				抗裂安全系数			
		3d	7d	28d	60d	3d	7d	28d	60d
高温季节	第一节	1.55	1.93	2.87	3.12	1.29	1.76	1.46	1.44
	第二节	1.56	2.16	2.79	2.95	1.28	1.57	1.51	1.53
	第三节	1.57	2.18	2.76	3.07	1.27	1.56	1.52	1.47
	第四节	1.60	2.28	2.84	3.12	1.25	1.53	1.49	1.43
	第五节	1.62	2.33	2.88	3.20	1.24	1.50	1.46	1.40
低温季节	第一节	1.45	1.90	2.47	3.00	1.38	1.68	1.70	1.50
	第二节	1.41	2.09	2.94	3.10	1.42	1.53	1.43	1.45
	第三节	1.54	1.98	2.90	3.03	1.30	1.62	1.45	1.49
	第四节	1.55	2.01	2.99	3.08	1.29	1.60	1.38	1.46
	第五节	1.57	2.12	3.01	3.12	1.27	1.53	1.37	1.44

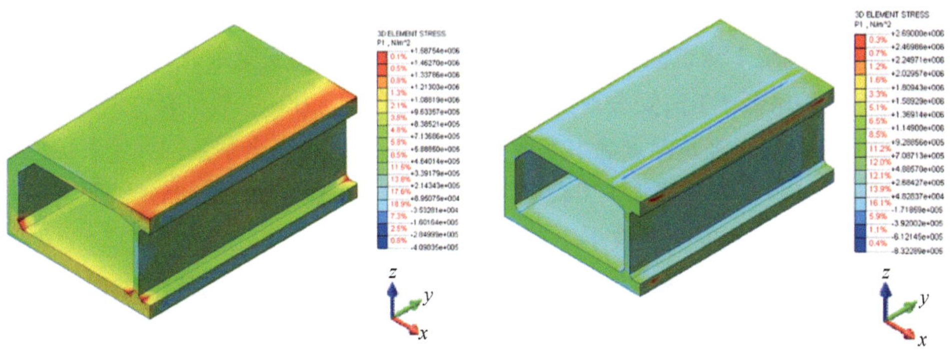

图4-12　首节沉管典型前、中后期应力分布(Midas有限元分析软件截图,单位:Pa)

2)后浇节段应力分布

后浇节段典型应力分布如图4-13所示,后浇节段应力计算结果如表4-3所示。综合图4-13及表4-3,可得出后浇节段应力场发展规律为:

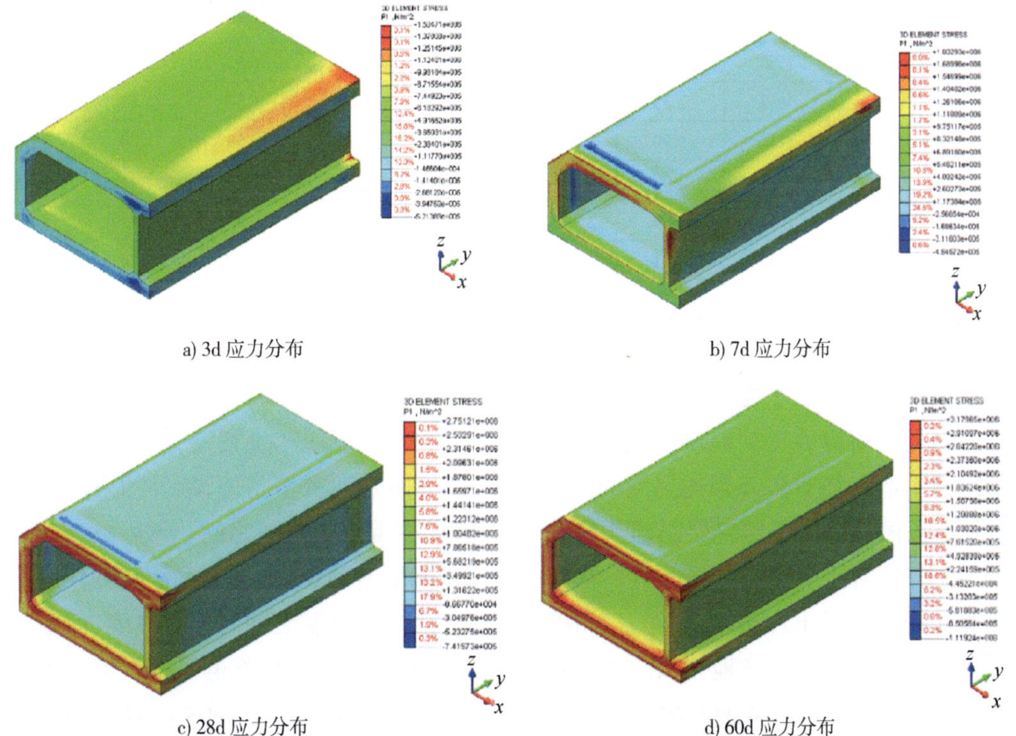

a) 3d应力分布　　b) 7d应力分布

c) 28d应力分布　　d) 60d应力分布

图4-13　后浇节段典型应力分布(Midas FEA有限元分析软件截图,单位:Pa)

(1)早期应力集中于表面,主要由干缩和内表温差引起,早期需要注意保湿养护和对内表温差的控制,以及降低内部最高温度。

(2)中、后期应力集中于管段中心、管节连接施工缝处,由约束和混凝土降温、干缩引起,随着龄期增长逐渐增大。

(3)混凝土表面应力集中随着龄期发展逐渐降低,管节连接处应力集中从低到高逐发展变大。

(4)高温季节混凝土浇筑温度为26℃时,7d、28d、60d抗裂安全系数均大于1.4,但混凝土3d的安全系数均略低于1.3,安全系数保证率低于85%,应力集中部位有一定开裂风险。

(5)低温季节混凝土浇筑温度为12℃时,7d、28d、60d抗裂安全系数均大于1.4,1、3、4、5节段沉管混凝土3d的安全系数小于1.4,但大于1.3,安全系数保证率在85%以上,有一定开裂风险。且中后期也存在安全系数小于1.4的情况。

(6)对比高温季节,低温季节总体开裂风险更大。其主要原因是施工所在地低温季节气候环境更为恶劣。

后浇节段应力计算结果　　表4-3

工况	结构部位	温度应力(MPa)				抗裂安全系数			
		3d	7d	28d	60d	3d	7d	28d	60d
高温季节	第一节	1.55	1.93	2.87	3.12	1.29	1.76	1.46	1.44
	第二节	1.56	2.16	2.79	2.95	1.28	1.57	1.51	1.53
	第三节	1.57	2.18	2.76	3.07	1.27	1.56	1.52	1.47
	第四节	1.60	2.28	2.84	3.12	1.25	1.53	1.49	1.43
	第五节	1.62	2.33	2.88	3.20	1.24	1.50	1.46	1.40
低温季节	第一节	1.45	1.90	2.47	3.00	1.38	1.68	1.70	1.50
	第二节	1.41	2.09	2.94	3.10	1.42	1.53	1.43	1.45
	第三节	1.54	1.98	2.90	3.03	1.30	1.62	1.45	1.49
	第四节	1.55	2.01	2.99	3.08	1.29	1.60	1.38	1.46
	第五节	1.57	2.12	3.01	3.12	1.27	1.53	1.37	1.44

3)相邻节段浇筑时间间隔

在沉管多节段顺序浇筑时,旧节段的约束作用将在新浇节段内引起额外的约束应力。当这种额外约束应力达到混凝土抗拉强度时,将引起新浇节段产生裂缝,这种由旧节段约束作用而引起新浇节段开裂的风险与新、旧节段的间隔龄期密切相关,额外约束应力主要由后浇节段的温缩与干缩变形引起。如图4-14所示,在混凝土降温之前,干缩占主导地位;在混凝土降温阶段,温缩占主导地位;相邻节段浇筑间隔时间越短,越有利于降低新旧管段界面连接处的混凝土开裂风险;虽然间隔时间过短会增大混凝土轴向开裂风险,但新旧管段界面连接处开裂占主导地位;在10~14d龄期,抗裂安全系数有较好的平衡。综合考虑新旧管段界面连接处和管节轴向的抗裂安全系数,将相邻节段浇筑时间间隔控制在14d以内,可有效降低新浇节段的混凝土开裂风险。

4.4.6　入模温度与保温养护水平影响仿真

1)入模温度的影响

以低温季节工况下2节沉管节段浇筑研究对象,其他模型参数不变,降低混凝土入模温度5℃,并考虑寒潮天气影响,管段温度场计算结果如图4-15a)所示,温峰从49.5℃降低到

45.3℃,降幅为4.2℃。管段内部最高温度曲线走势对比如图4-15b)所示,则入模温度越大,混凝土温峰越大,降温越快,降温幅度更明显,降温引起的混凝土温降收缩应力也越大。

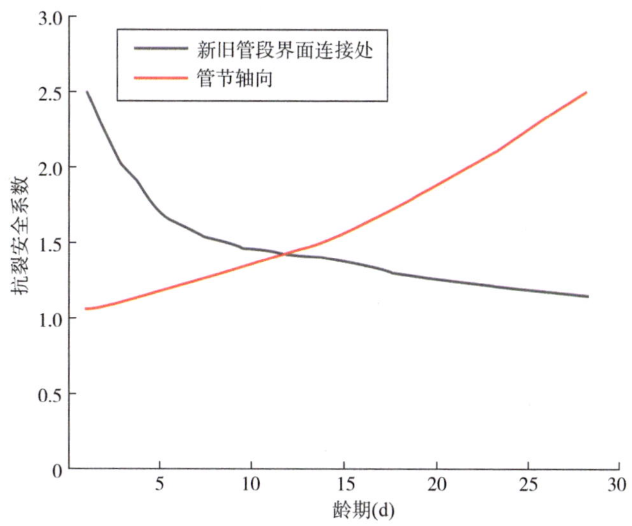

图4-14　新旧管段连接处与轴向抗裂安全系数曲线

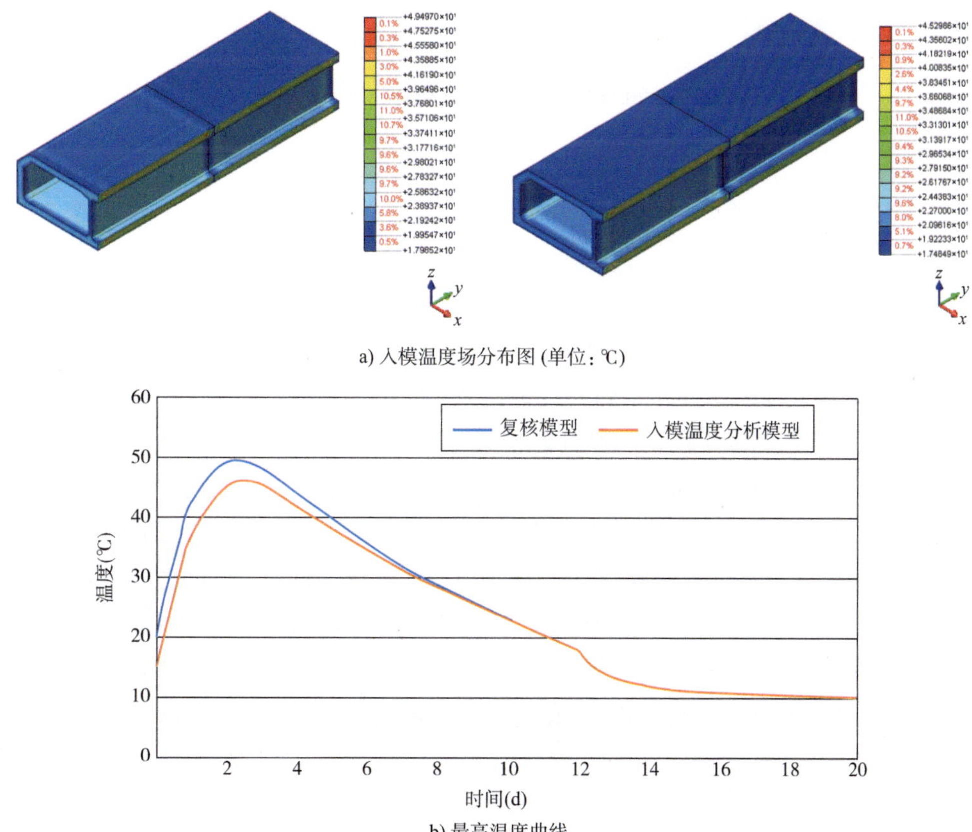

a) 入模温度场分布图 (单位: ℃)

b) 最高温度曲线

图4-15　入模温度对混凝土内部温度分布的影响

2)保温养护水平的影响

改变混凝土表面的对流参数，以模拟不同保温养护水平，得到管段混凝土的不同降温曲线，分析管段内降温速率变化。以已建立的低温季节工况下2节沉管节段浇筑模型为对象，分别降低管段混凝土温峰后隧道内、外表面的对流系数至15 kJ/(m²·h·℃)、40 kJ/(m²·h·℃)。管段混凝土内部温度变化曲线如图4-16所示，可以看出，在温峰过后，对流系数对管段内部温度下降曲线影响明显，对流系数越大，降温速率越大，降温幅度差值最大可达3.5℃，降至常温时间差约3d。

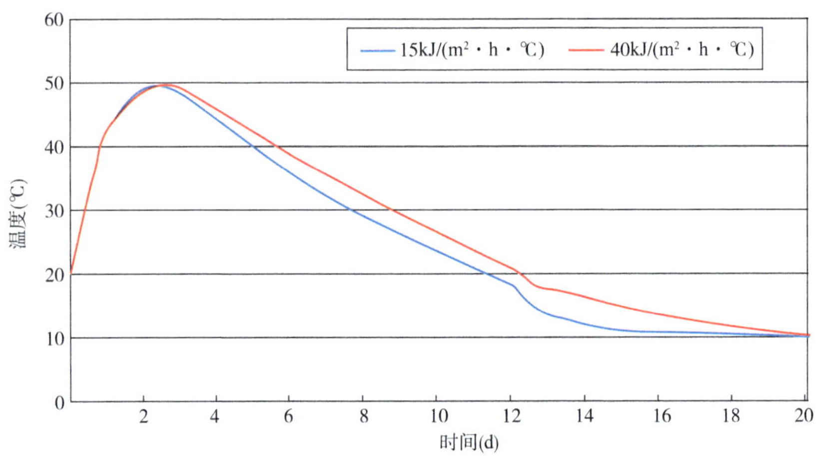

图4-16 保温养护水平对混凝土内部温度曲线的影响

4.5 沉管预制局部块体试验

4.5.1 试验目的

对于沉管大体积混凝土全断面整体式一次浇筑结构而言，引起混凝土早期应力、应变的因素较多，无法全部采用经典精确公式描述，许多无法定量的未知因素易造成混凝土早期开裂。需在沉管预制施工前，进行局部块体模型浇筑试验，以验证混凝土配合比、施工工艺以及裂缝控制措施的可行性及可靠性。

通过沉管预制的局部足尺模型试验，确定具有良好抗裂性能及施工性能的混凝土配合比；结合移动工厂法全断面预制施工特点，确定节段间端模及钢筋、预埋件安装施工工艺；结合数值仿真分析，验证混凝土加冰控温控裂技术；通过局部足尺模型试验全面检验原材料、配合比、混凝土重度、坍落度、抗压强度等重要参数，并对施工工艺、控裂措施、脱模材料、智能温控技术、混凝土养护措施进行再优化，形成一整套完整的高质量施工组织设计工艺流程。

4.5.2 数值仿真及总体试验方案

采用Midas FEA有限元软件，对沉管管节在设计工况下进行水化热有限元数值模拟，结合设计阶段的研究成果以及沉管预制施工工艺，以120.5m管节建立计算模型，分5次进行全断面顺序浇筑，每个浇筑段为24.1m，混凝土强度等级为C50。根据每节沉管结构对称性和相似性，取每节段的1/2建立实体混凝土管段有限元模型，边界条件根据现场实际情况简化模拟，底部采用垫层，空间约束按0.8m考虑，环境温度采用正弦曲线模拟。采用模型试验中的第4种混凝土配合比，进行温度应力仿真模拟计算，分析管节混凝土浇筑过程中混凝土内部温度及应力变化情况。

考虑到极端气候对沉管混凝土的影响，沉管混凝土浇筑仿真计算取高温季节和低温季节两种工况计算，高温季节按照7—8月考虑，日均气温取(28±4)℃；低温季节按照12月、1月、2月考虑，日均气温取(4±4)℃。数值仿真模拟计算结果如图4-17所示。

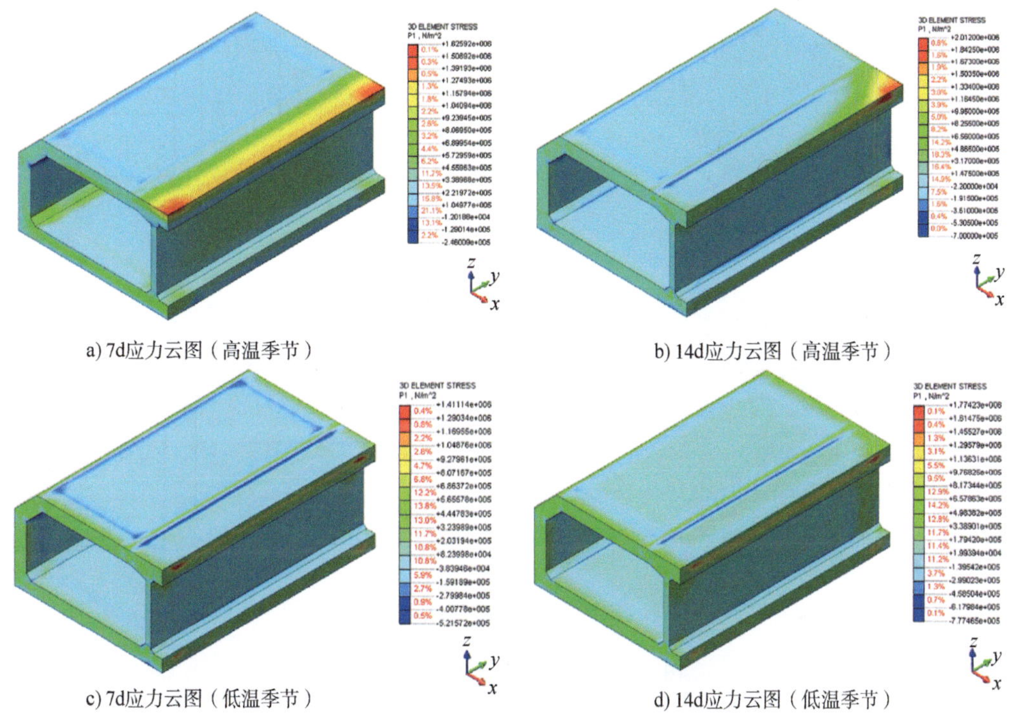

a) 7d应力云图（高温季节）　b) 14d应力云图（高温季节）

c) 7d应力云图（低温季节）　d) 14d应力云图（低温季节）

图4-17　沉管管节混凝土浇筑期温度变化(Midas FEA软件截图，单位：Pa)

从图4-17中可看出，抗裂安全系数较低的位置，即应力集中部位主要在管节连接处。侧墙与底板倒角处是绝热温升和内表温差最大的位置，即温控最不利、理论开裂风险最高位置；中隔墙与底板倒角处是绝热温升和内表温差较大的位置，但此处墙厚仅60cm，钢筋密集、振捣难度最大。

4.5.3　试验块选取

根据以上数值仿真结果，选取边墙倒角和中隔墙倒角位置作为模型试验的浇筑块，可在最大程度上模拟整个沉管管节的全断面性能。局部块体位置及尺寸如图4-18所示。

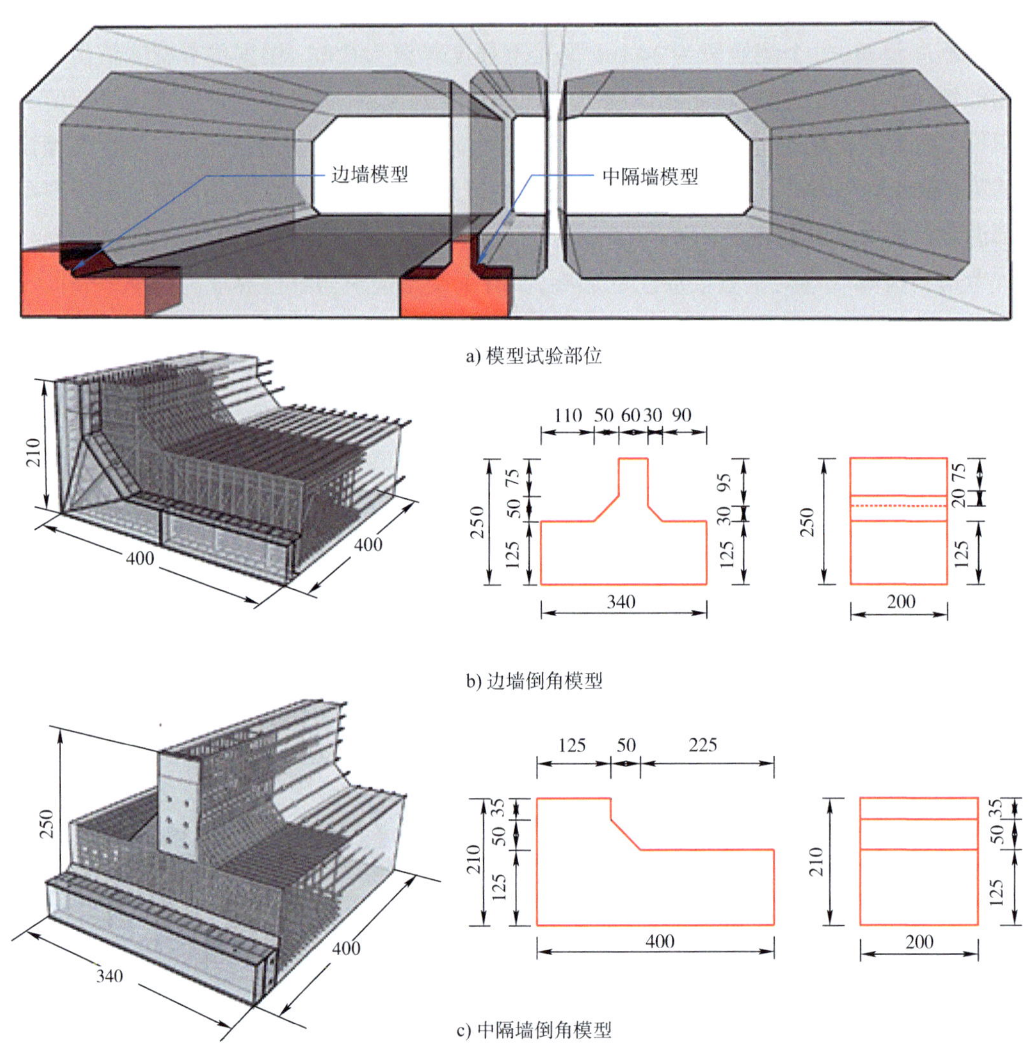

a) 模型试验部位

b) 边墙倒角模型

c) 中隔墙倒角模型

图4-18　局部块体位置(尺寸单位:cm)

4.5.4　试验方案

根据第4.5.2节的数值仿真结果,综合考虑断面尺寸、钢筋及预埋件安装工艺、混凝土材料及配合比、浇筑工艺以及控裂智能监控等因素,分别进行中隔墙倒角模型和边墙倒角模型试验,每个模型浇筑2个小节段。中隔墙倒角模型和边墙倒角模型试验布置分别如图4-19a)、b)所示。

局部块体试验总体流程采用如下步骤:①铺设底钢板、绑扎首次浇筑段钢筋、安装劲性骨架;②对首次浇筑段钢端壳预埋件、钢边止水带、钢剪力键预埋件等进行安装;③安装首次浇筑段侧模和端模;④首次浇筑段混凝土浇筑及养护,达到强度要求后拆除模板;⑤绑扎二次浇筑段钢筋、安装预埋件;⑥安装二次浇筑段侧模和端模;⑦首次浇筑完成间隔一定时间后,进行中隔墙/边墙倒角模型二次浇筑段混凝土浇筑、养护。

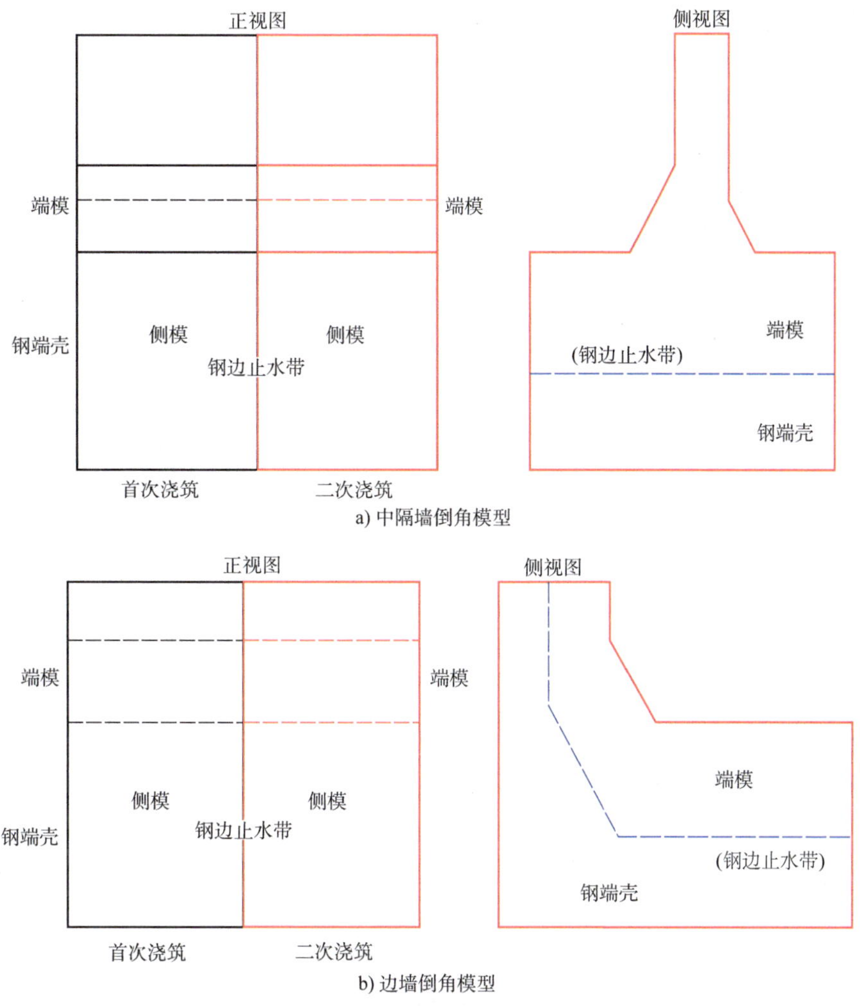

图4-19　局部块体模型试验总体布置

4.5.5　局部块体模型试验内容

根据数值仿真结果分析以及总体试验方案要求，进行局部块体试验，主要试验内容包括以下几个方面：①实际模拟钢筋及预埋件施工工序，发现存在的施工问题并进行优化设计；②全面检验原材料、配合比、混凝土施工性能等的可靠性，确定满足施工性能要求并具有良好抗裂性能的混凝土配合比；③通过温控监测数据分析，提出有针对性的管节预制温控及温度监测措施，形成沉管大体积混凝土的温度应力监测及预警技术，实现沉管混凝土的高效精准控裂。

1)钢筋及预埋件安装工序

为了实际验证钢筋绑扎及预埋件安装工序的施工可行性，主要模拟纵横向钢筋和预埋件安装。如图4-20所示，倒角模型钢筋安装工序为：底板箍筋下半肢—底板横向钢筋—纵向钢筋(中部分层绑扎)—安装劲性骨架—分层摆放顶层横向钢筋—纵向钢筋—顶层横向钢筋—箍筋上半肢和拉钩筋。

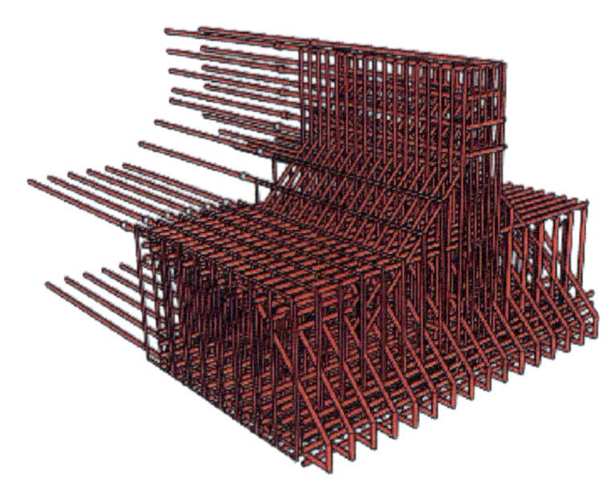

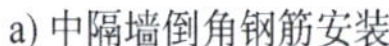

a) 中隔墙倒角钢筋安装

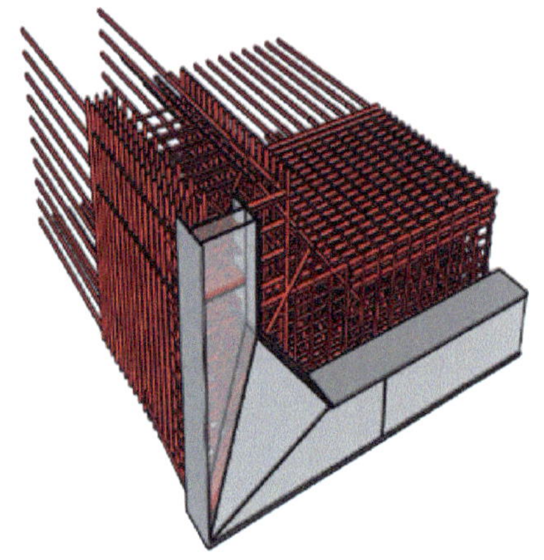

b) 倒角钢筋安装

图4-20　钢筋及预埋件安装工序

2)钢端壳预埋件

钢端壳预埋件锚筋较多,安装时容易与主筋发生干涉。为了验证安装难易程度,采用两种方式安装:①中隔墙倒角模型钢端壳预埋件采用后装的顺序,即钢筋绑扎完成后安装钢端壳预埋件;②边墙倒角模型钢端壳预埋件采用先装的顺序,即钢筋绑扎前先安装钢端壳预埋件。

3)混凝土配合比及浇筑

在前期调研和原材料适应性研究的基础上,选用水泥、粉煤灰、矿粉、碎石、河砂、外加剂等原材料进行室内配合比优化试验。其中水泥性能指标见表4-4;粉煤灰密度为2.9g/cm^3,比表面积为418m^2/kg;砂松散堆积密度为1570kg/m^3,表观密度为2670kg/m^3;碎石松散堆积密度为2740kg/m^3,表观密度为1560kg/m^3;针片状颗粒含量为5%,压碎指标为7%;减水剂减水率为27%。基于试验结果和设计指标要求,形成满足各项性能指标要求的沉管混凝土推荐配合比。模型试验采用优选出的2种配合比和2种水泥(表4-5)指导现场模型浇筑。每小节段混凝土采用起重机悬吊料斗或天泵泵送,并通过分层连续推移的方式进行浇筑。

水泥性能指标检测结果　　表4-4

初凝时间(min)	终凝时间(min)	安定性(mm)	胶砂强度(MPa)		比表面积(m^2/kg)	标准稠度用水量(mL)	密度(g/cm^3)
			3d	28d			
181	275	0.5	抗折6.0	抗折27.6	346	140	3.12
			抗压27.6	抗压53.9			

模型试验混凝土推荐配合比　　表4-5

编号	胶凝材料(kg/m³)			砂(kg/m³) (1:1)		石(kg/m³) (8:2)		水 (kg/m³)	外加剂 (kg/m³)	水胶比 *W/B*	砂率 (%)
	水泥	粉煤灰	矿粉	细砂 (青)	机制砂	10~20mm	5~10mm				
1-中隔墙 首节段 华新水泥	252 60%	126 30%	42 10%	384	383	848	212	143	5.04	0.34	42
	420			767		1060					
2-中隔墙 第二节段 三峡水泥	220 50%	154 35%	66 15%	369	369	850	212	150	4.84	0.34	41
	440			738		1062					
3-边墙 首节段 三峡水泥	210 50%	147 35%	63 15%	384	383	848	212	143	4.62	0.34	42
	420			767		1060					
4-边墙 第二节段 三峡水泥	220 50%	154 35%	66 15%	369	369	850	212	150	4.62	0.34	41
	440			738		1062					

模型试验采用优选出的两种配合比和两种水泥指导现场模型浇筑。如图4-21所示，每小节段混凝土采用起重机悬吊料斗或天泵泵送，并通过分层连续推移的方式进行浇筑。混凝土施工时，采用分层浇筑及振捣工艺。每层浇筑高度控制在30cm左右，然后进行振捣密实。浇筑时注意观测混凝土扩展度、入模温度、坍落度、环境温度。

a) 混凝土扩展度

b) 混凝土入模温度

c) 混凝土坍落度

d) 一次浇筑环境温度

图4-21　混凝土浇筑检测

4)温控及监测措施

水泥、矿粉、粉煤灰、集料等原材料的温度控制指标为:水泥≤55℃、矿粉≤45℃、粉煤灰≤45℃、砂≤30℃、石≤30℃、水≤5℃、外加剂≤30℃。降低混凝土的浇筑温度,可以有效控制混凝土开裂。如图4-22所示,每次浇筑前,将片冰温度控制在-5℃,可提前1d制冰并储存,冰库温度保持为-8℃,防止片冰局部融化结团。片冰厚度在2mm左右,便于搅拌时快速融化,片冰与集料混合搅拌,可提高冷却效率,且可明显降低集料温度。按照热平衡原理估算浇筑温度,根据不同环境温度计算出片冰拌和量要求,每使用10kg冰取代水参与混凝土拌和,混凝土温度约下降1.1℃。实际使用中水泥温度无法满足要求时,可通过增加加冰量进行调控。加冰量需要根据环境温度及浇筑温度要求调整,初步估算高温季节加冰量为40~60kg/m³,常温季节加冰量为10~40kg/m³,低温季节可不加冰。

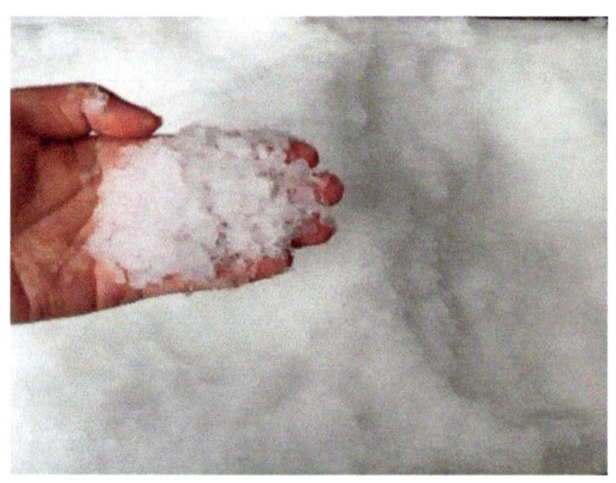

图4-22　片冰加入混凝土

采用集温度传感器、无线传输网络和温控智能监测软件为一体的无线温度监测系统,对混凝土浇筑温度、内部最高温度、环境温度等参数进行智能监测,实现温度信息的自动采集、实时显示、自动记录、自动报警等功能,同时监测的温度可以为仿真计算提供良好的参考。

如图4-23所示,测温点按照X、Y、Z三向布置,在中隔墙足尺模型首节段内部共布置8个温度测点,包括3个表面测点及5个内部测点,同时在现场装有1个环境温度测点,一共9个测点,全方面监控混凝土的温度及变化。在边墙足尺模型首节段内部共布置10个温度测点,包括3个表面测点及7个内部测点,同时在现场装有1个环境温度测点,一共11个测点,全方面监控混凝土的温度变化情况。中隔墙倒角温度测点共计8个,应变测点2个;边墙倒角温度测点共计29个,应变测点4个。

4.5.6　试验结果分析

1)钢筋及预埋件施工工艺

沉管钢筋种类较多,且绑扎密度较大,合理的安装顺序能够提高工效,避免返工。钢筋在绑扎过程中,要同时考虑预埋件加强筋、预留洞室加强筋及混凝土施工串筒安装位置。

局部模型试验需确定钢筋下料长度，验证钢筋下料设备可靠性，以及钢筋车丝、套筒连接合规性。沉管箍筋采用双U形，箍筋下半肢若直接铺放至防水底钢板，摆放速度快，存在二次摆放移位问题，采用临时点焊，有利于后续施工。如图4-24所示，沉管加强区钢筋较为密集，底板和顶板设置有多层横向钢筋，在绑扎时需设置纵向架立筋作为辅助安装钢筋，通过计算架立筋直径为22mm，横向间距取3m。

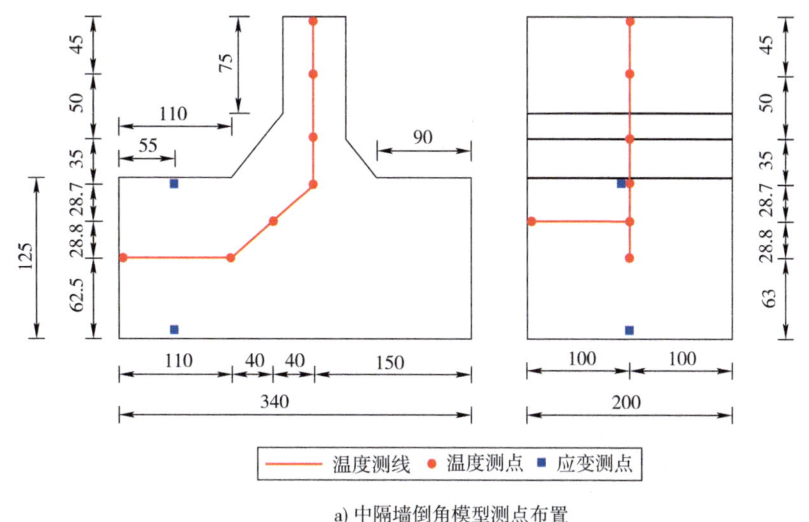

a) 中隔墙倒角模型测点布置

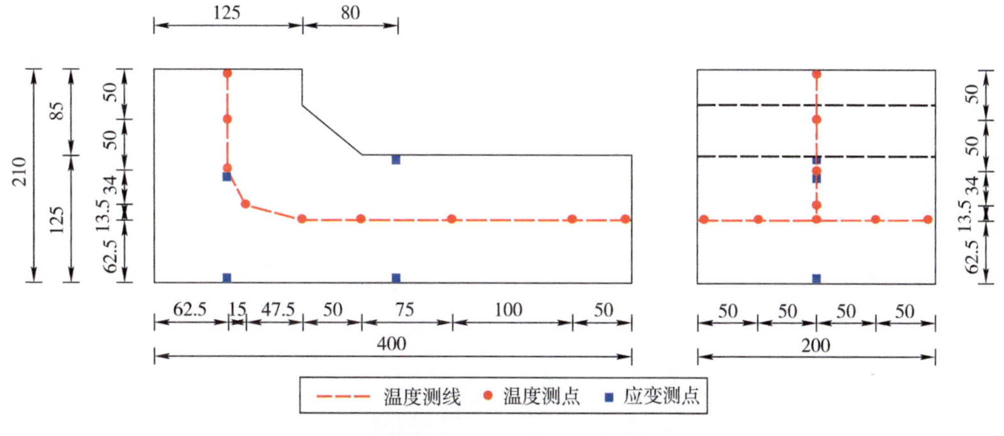

b) 边墙倒角模型测点布置

图4-23　中隔墙和边墙倒角模型温度测点布置(尺寸单位:cm)

中隔墙倒角模型钢端壳采用后装顺序，即钢筋绑扎完成后安装钢端壳。后装时，钢端壳锚筋与主体结构钢筋存在多处干涉，安装难度较大。因此，如图4-25所示，将弯钩型锚筋优化为直筋，以降低安装难度。

2)模板安装

由于沉管采用移动工厂法全断面管节预制工艺，故需研究沉管相邻节段间端模安装空间问题，以确定合理的预留长度；同时需验证端部梳齿板安装工艺，以解决纵向钢筋与端模干涉问题。如图4-26所示，经过现场安装试验，沉管施工相邻节段之间需预留长2m的端模安装空间，在其中内底板及侧墙钢筋需提前预留，顶板钢筋需最后安装。

a)箍筋下半肢临时点焊固定

b)底板横向钢筋施工

图4-24 沉管钢筋优化

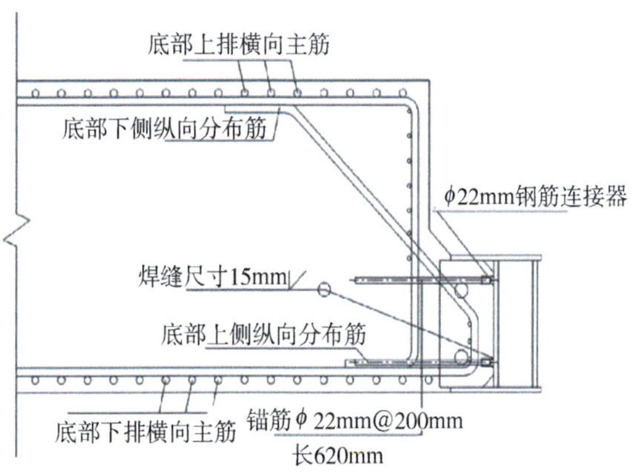

图4-25 端钢壳安装及锚筋优化

a)节段间端模安装预留区

b)节段钢模安装

图4-26 模板安装优化

3)混凝土施工性能

试验中采用4号搅拌站生产混凝土，通过搅拌机电流变化及摄像头监控控制混凝土工作性能。混凝土搅拌出机后，取样测试其坍落度直至混凝土坍落度基本稳定，测试混凝土的坍落度、含气量、密度及温度。混凝土工作性能指标见表4-6。

搅拌站新拌混凝土工作性能　　表4-6

序号	日期	出机坍落度(mm)	含气量(%)	新拌混凝土密度(kg/m^3)	出机温度(℃)	加冰数量(kg/m^3)
1	2019/04/17	225	1.6	2410	25.2	0
2	2019/04/30	230	1.8	2400	25.2	0
3	2019/05/23	220	1.8	2415	26.4	0
4	2019/06/23	220	2.0	2435	23.1	60

搅拌站出机新拌混凝土坍落度处于180~220mm范围内，对应的搅拌机工作电流在38~42A范围内。对于未加冰混凝土的出机温度，仅第3次模型试验的温度才高于26℃。根据环境温度的变化，加入60kg/m^3碎冰后，可控制混凝土出机温度低于24℃。加冰量低于60kg/m^3的混凝土，其含气量处于2.0%~3.0%之间，混凝土密度为2390~2435kg/m^3。加冰量为60kg/m^3的混凝土，由于加冰量的增大，片冰融化后体积收缩会在混凝土中产生一定数量的气泡，导致混凝土含气量明显增大，密度也明显增大。

在浇筑现场混凝土性能检测中，根据混凝土搅拌运输车对应的出机混凝土性能，检测现场混凝土性能的变化情况，具体见表4-7。综合比较4次局部块体模型试验浇筑过程中混凝土强度、工作性能等统计数据，选择第4次模型试验配合比，作为管节混凝土浇筑的优选配合比。

现场浇筑混凝土工作性能变化　　表4-7

序号	日期	坍落度(mm)	扩展度(mm)	混凝土密度(kg/m^3)	模板温度(℃)	环境温度(℃)	入模温度(℃)
1	2019/04/17	220	600	2400	27.5	27.0	25.3
2	2019/04/30	230	620	2395	30.0	33.0	24.2
3	2019/05/23	220	580	2410	29.0	35.0	29.0
4	2019/06/23	220	600	2425	46.1	38.6	25.0

4)混凝土温控监测技术

在预制沉管局部块体模型试验混凝土浇筑前，均从砂石料棚取样检测细砂、机制砂、碎石的含水率，同时检测细砂、机制砂、碎石、水的温度。按照实时监测的原材料含水率调整施工配合比，每次搅拌2m^3混凝土，搅拌时间为120s，第4局部块体次模型试验(表4-7)的混凝土现场浇筑温度较高，按照60kg/m^3的数量加入片冰以调节混凝土出机温度，控制混凝土浇筑温度低于26℃。

以边墙局部块体模型首节段测点布置及数据分析为例，边墙局部块体模型首节段温度变化曲线如图4-27所示。可以看出，混凝土最高温度出现在2019年5月24日18:00，为自浇筑开始后的第29h，最高温度值为55.0℃，混凝土内表温差历史最大值为22.5℃，满足相关规范的要求。

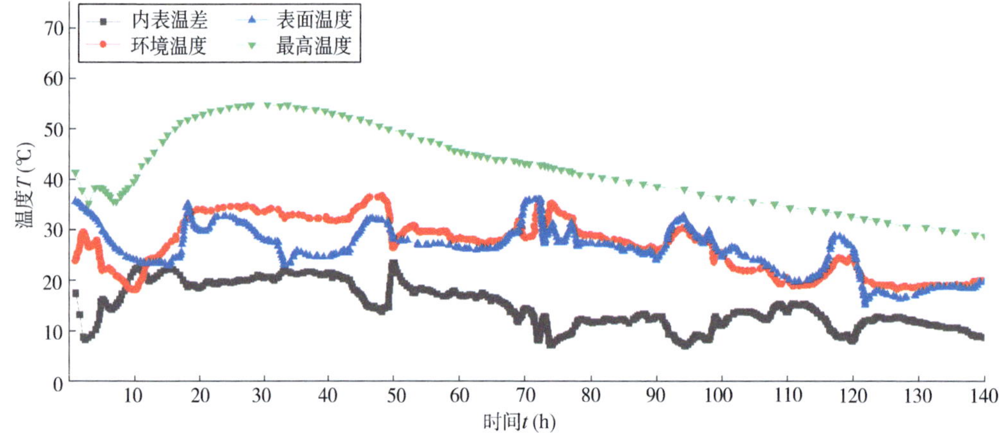

图4-27　边墙局部块体模型首节段温度变化曲线

边墙局部块体模型首节段2个测点布置在混凝土上下表面30cm处，选择混凝土浇筑后12h作为测量起始点，边墙应变散点图如图4-28所示。从图4-28中可看出，测点位置的混凝土一直处于受拉状态，受拉期间，应变量未超过±200με，基本无开裂风险。另外，共进行4次局部块体模型试验，时间跨度为4—7月，气温变化较大，预制沉管局部块体模型试验温控记录见表4-8。

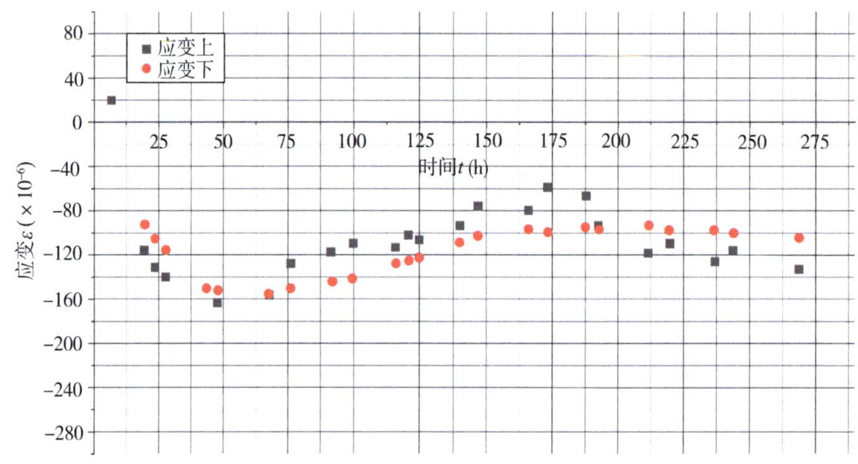

图4-28　边墙应变散点图

从表4-8中的温控结果来看，中隔墙首段及第2节段模型混凝土内部最高温度分别为51.3℃、53.6℃，浇筑温度分别为25.3℃、26.0℃，混凝土实际温升分别为26℃、27.6℃，远低于绝热温升，混凝土最大单日降温速率分别为8.8℃/d、7.2℃/d，远超规范要求，且混凝土降温速率长期处于超标状态。边墙模型首段混凝土最高温度为55℃,浇筑温度为29℃,实际温升26℃,最大单日降温速率为8.9℃/d;第2节段浇筑温度为26℃,最高温度为61.3℃,实际温升35.3℃,单日最大降温速率为9.6℃/d。其中,第二次边墙模型采用加冰降低混凝土浇筑温度,且外加剂掺有缓凝成分。4次模型试验未发现有明显有害裂缝,但模型混凝土都存在降温速率过快的问题,这对于利用混凝土徐变和松弛效应释放温度应力是非常不利的,增加了混凝土开裂风险。针对以上问题,在沉管预制开始前需专门研究养护方案,以保障预制沉管混凝土的质量。

模型试验温控记录　　表4-8

位置	浇筑日期	浇筑环境温度(℃)	入模温度(℃)	内部最高温度时刻	内部最高温度(℃)	最大温升(℃)	最大内表温差(℃)	最大降温速率(℃/d)	最大应变(με)
中隔墙首节段	2019/04/17 18:20	27	25.3	第35小时	51.3	26.0	17.3	8.79	130
中隔墙第2节段	2019/04/30 17:40	26	26.0	第37小时	53.6	27.6	21.0	7.20	-130
边墙首节段	2019/05/23 13:30	33	29.0	第29小时	55.0	26.0	22.5	8.90	-190
边墙第2节段	2019/06/23 10:25	30	26.0	第26小时	61.3	35.3	24.2	9.60	-250
规范要求			≤26		≤70	≤50	≤25	≤3.00	≤±200

通过沉管实体浇筑,以沉管E3-1节段为例,针对混凝土浇筑全过程进行温控监测分析。东汉预制沉管E3-1节段温控测点布置如图4-29a)所示,E3-1节段的温控数据汇总详情见图4-29b)。由图4-29可知,通过加冰等措施,控制混凝土入模温度为18.5~25.6℃。E3-1混凝土内部历史最高温度62.1℃,最高温度区域为底板中部位置,混凝土实际温升值约38.3℃,混凝土温峰时间约为测点覆盖后50h,内表温差历史最大值21.7℃。沉管属于薄壁结构,管节尺寸大、混凝土缓凝时间长,实际温升值符合预期,与局部足尺模型试验结果基本一致。

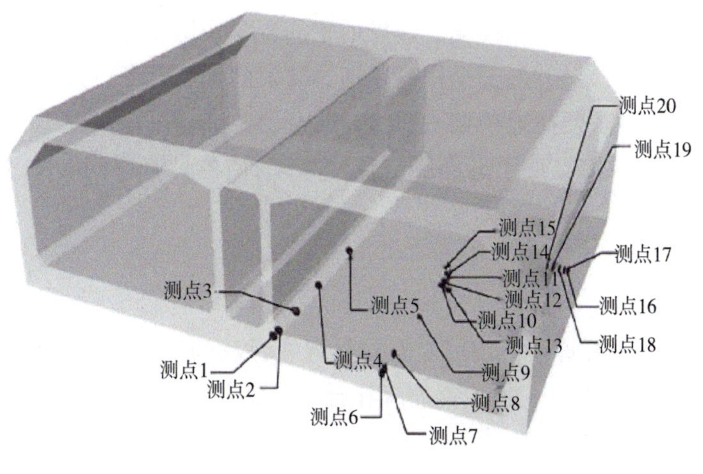

a) E3-1 节段温控测点布置

图　4-29

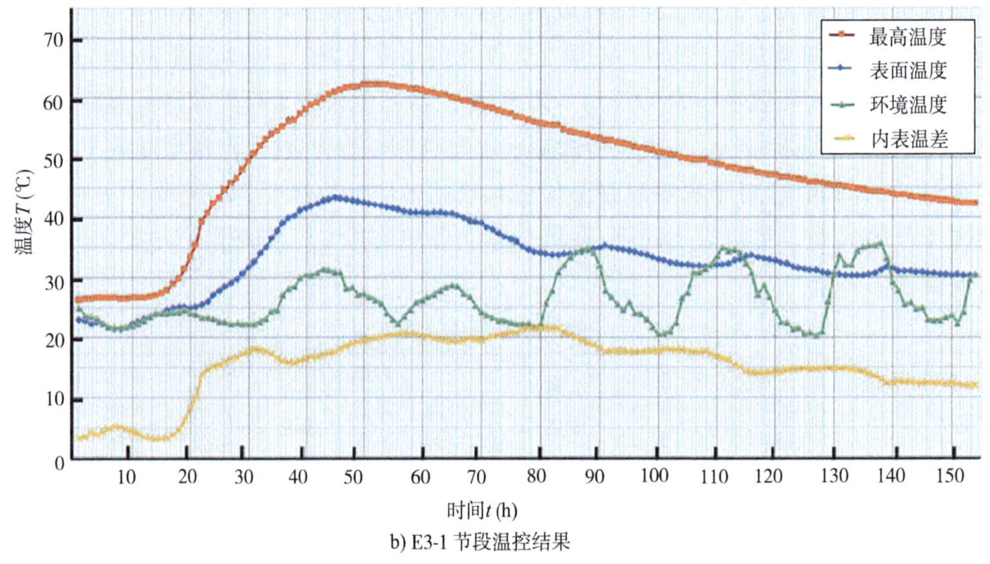

b) E3-1 节段温控结果

图4-29　E3-1节段的混凝土温控监测

4.6　沉管顶板钢筋台车设计与施工关键技术

4.6.1　钢筋台车研发目的

沉管钢筋绑扎按照部位可分为底板、侧墙及顶板钢筋绑扎。其中，顶板钢筋绑扎属于高空作业，安全风险较高，需要安全、稳定的作业平台。传统方式采用固定式支架或脚手架作为钢筋绑扎作业平台，安装和拆除效率低、移动困难，且需要较大场地。

为了有效解决传统钢筋绑扎作业平台的不足，研制了一种液压自行走装配式三脚架结构钢筋台车，其不仅能提供安全稳定的作业平台，且可通过此平台进行钢筋及预埋件的放样定位，同时绑扎平台可轴向快速移动。研发的钢筋台车采用装配式三脚架结构，拼装、拆除、回收简单快捷，使用效果较好，安全性高。通过研发的钢筋台车，可使钢筋绑扎、浇筑形成流水线施工，精准、快速、便捷地衔接，优化顶板钢筋绑扎流程，提高施工工效。将顶板钢筋绑扎优化为非关键线路，实现了五仓顺序流水施工，使各种工序同时施工，缩短了预制工期。

4.6.2　沉管顶板钢筋台车构造

如图4-30所示，由于沉管顶板钢筋左右对称绑扎，故钢筋台车在沉管内左右对称各布置1台，共计2台钢筋绑扎台车。顶板钢筋绑扎台车主要由主梁台车系统、平台架体和液压系统组成。

1)主梁台车系统

主梁台车系统是钢筋绑扎台车的主要支撑受力系统和行走系统，所以根据设计要求，必须保证其有足够的刚度和强度，以满足其附属平台和行走的使用要求。如图4-31所示，主梁台车系统由主梁、前后固定支腿、反力座、滑移支座、活动支架、支撑底座、行走油缸、顶升油缸、纠偏油缸、支撑丝杆等组成。

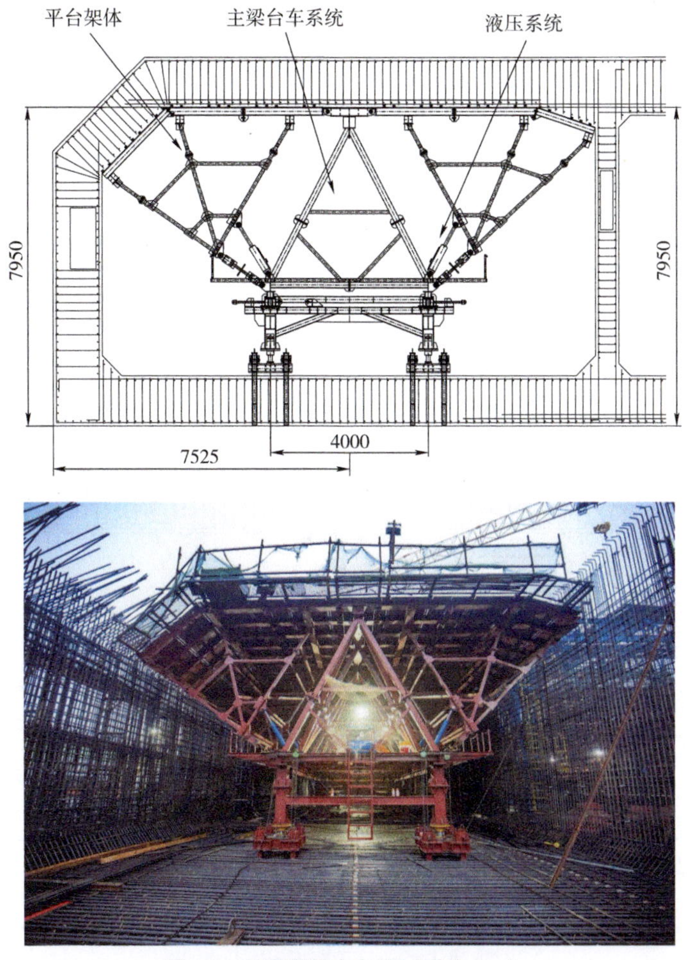

图4-30　顶板钢筋台车(尺寸单位:mm)

主梁采用三脚架结构，其他结构均附属在主梁上，三脚架全长25m，由9块小型三角结构体拼装而成；在施工时，可在场地内先将3个小型三角结构通过高强螺栓组装为一个大的模块，每个模块间也采用高强螺栓连接，以减少人员在高空作业的时间，提高安全保障，保证结构稳定，同时方便钢筋台车的现场安装与拆卸。

主梁下方的轨道与数个滑移支座和反力座相连，通过之间的行走油缸使绑扎台车相对管廊方向进行前后移动；滑移支座安装在主梁和活动支架之间，其上附属的滑槽能满足主梁前后的相对滑动，其下附属的滑槽能满足它相对于活动支架的左右滑动，故主梁部分能在支撑底座支腿固定的情况下，调整其在管廊内的前、后和左、右的空间位置，依靠顶升油缸也能调节其上、下空间位置；反力座是主梁部分前后运动或滑移支座部分前后运动的反力支撑点。

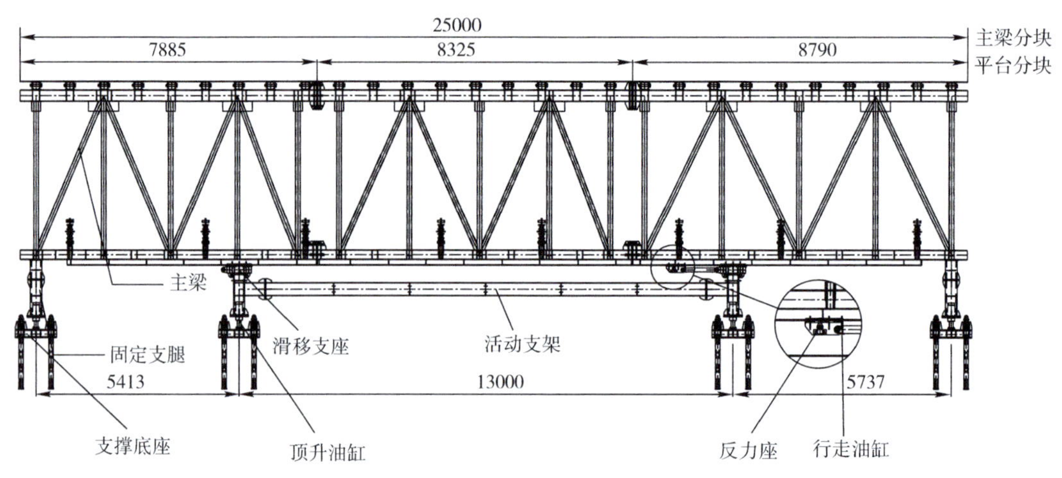

a) 侧视图

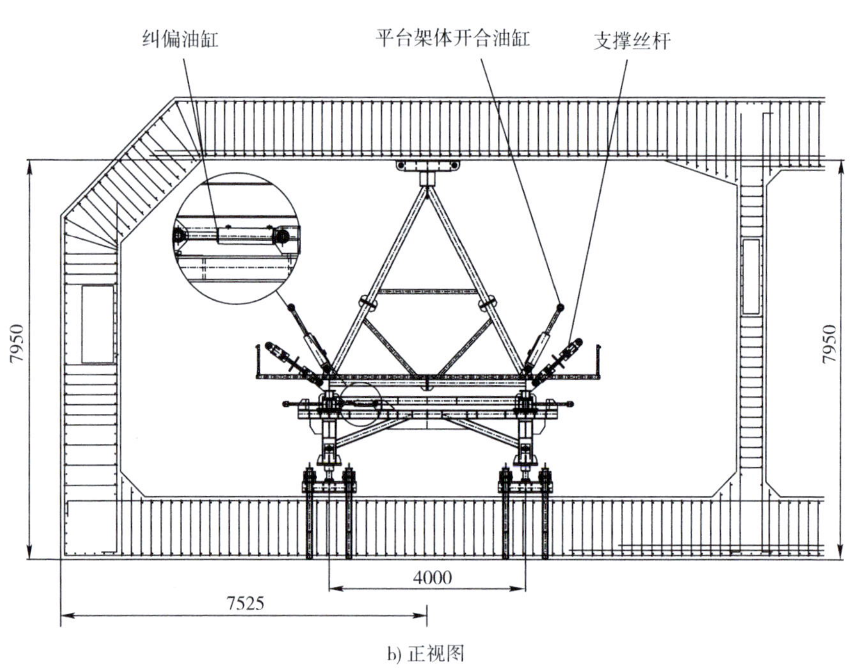

b) 正视图

图4-31 钢筋绑扎台车系统构成(尺寸单位:mm)

如图4-32所示,活动支架安装在滑移支座下部,是主梁部分运动工程中的承载支架;固定支腿安装在主梁上,是钢筋绑扎台车在钢筋过程中的受力支腿,也是活动支架部分运动运动过程中的受力支腿。支撑底座是钢筋绑扎台车的支撑系统,每个支撑底座由4条支腿和1个底座组拼而成,支腿可以在底座内上下滑移脱离地面便于台车和活动支架前后移动。

2)平台架体

如图4-32、图4-33所示,平台架体主要是杆件结构,采用装配式三脚架结构,平台顶部铺设钢面板和定位块,用于工人钢筋绑扎工作,平台架体铰接在主梁上。

图4-32　顶板钢筋台车照片

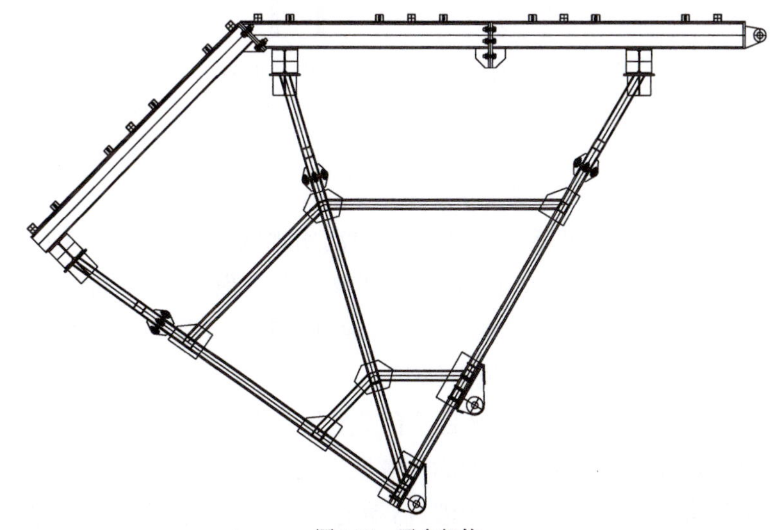

图4-33　平台架体

支撑丝杆安装在主梁和平台架体之间，当平台架体被开合油缸支撑到位后，连接支撑丝杆支撑平台架体。平台架体是由面板与支架组装的一个大模块,在施工时,为了提高效率,保障安全,减少风险,选择在场地内先将平台架体组装完成,再统一吊运安装在台车主梁上。

3)液压系统

如图4-34所示,液压系统主要配置有顶升油缸、开合油缸、行走油缸、纠偏油缸等。单套台车配置顶升油缸8只、开合油缸16只、行走油缸2只、纠偏油缸2只。顶升油缸安装在支撑底座上,能驱动顶升油缸,对整个台车部分进行高度方向上的升降;开合油缸安装在主梁和平台架体之间,能使平台架体绕顶部铰点进行开合;行走油缸安装在反力座和滑移支座之间,能驱动油缸使主梁部分和滑移支座部分,进行顺管廊方向上的相对前后运动;纠偏油缸安装在滑移支座和活动支架之间,能驱动纠偏油缸,调节主梁部分在垂直管廊方向上的水平左右位置。

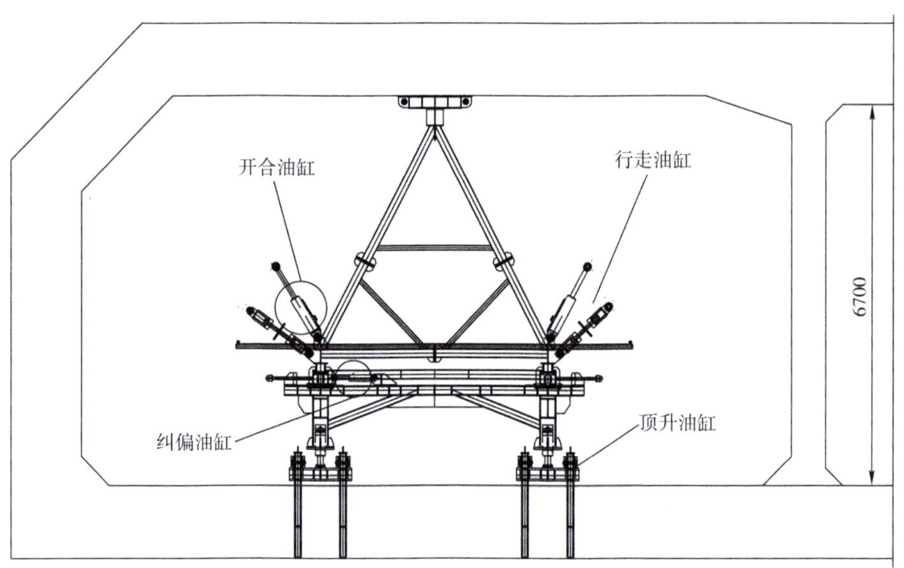

图4-34 主梁台车系统液压油缸配置(尺寸单位:mm)

4.6.3 顶板钢筋台车工作原理

1)台车行走

通过前、后固定支腿和中间活动支腿互为支撑,实现钢筋台车行走。即当前、后固定支腿支撑整个平台时,中间活动支腿可通过油缸滑移一个行程;然后中间活动支腿支撑滑移轨道时,前、后固定支腿可带动整个平台,通过油缸滑移一个行程,单个行程最大距离为8.1m。如图4-35所示,台车具体行走流程如下:

(1)将平台架体收回,并通过下降平台使台车呈行走初始状态。

(2)行走初始状态时,收起活动支架的支撑底座的支腿并临时固定,使活动支架的支撑底座支腿离开钢筋绑扎平面避免发生干涉,活动支架在行走油缸的驱动下行走至主梁台车最前端。

(3)下放活动支架支撑底座的支腿并用销轴固定,下放活动支腿进行地面支撑。收起固定支腿支撑底座的支腿并进行临时固定，驱动固定支腿处顶升油缸回缩至最小行程。驱动行走油缸使钢筋绑扎主梁台车系统往前行走。

(4)下放固定支腿的支撑底座支腿并用销轴固定，下放固定支腿支撑底座进行地面支撑。收起活动支架支撑底座的支腿并进行临时固定，驱动活动支架顶升油缸回缩至最小行程，使活动支架支撑座脱离钢筋绑扎面避免干涉，驱动行走油缸使活动支架往前行走。

(5)通过以上步骤，反复操作使台车到达指定地点。

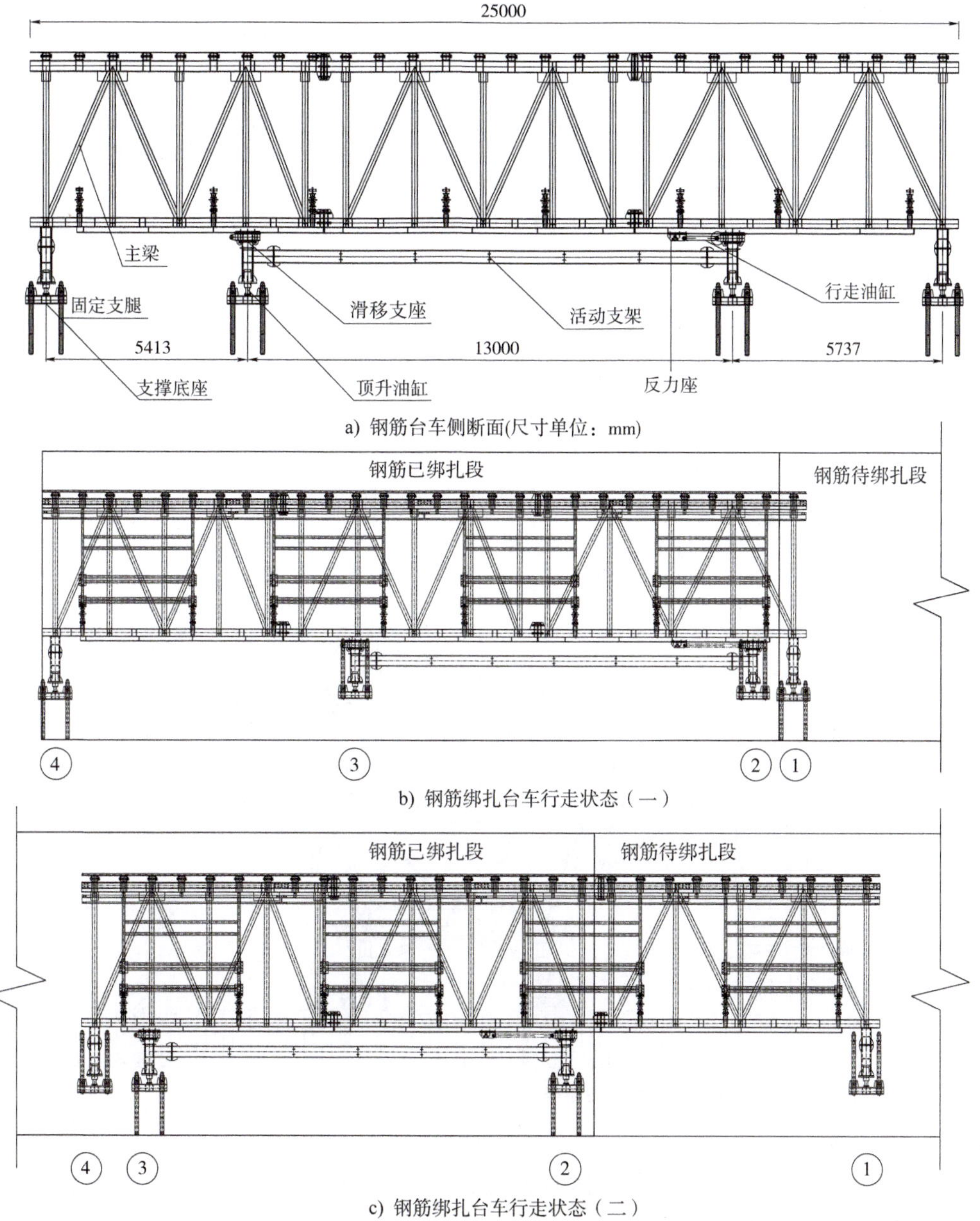

a) 钢筋台车侧断面(尺寸单位：mm)

b) 钢筋绑扎台车行走状态（一）

c) 钢筋绑扎台车行走状态（二）

图 4-35

d)钢筋台车整体效果

图4-35　钢筋台车行走

2)台车支立

钢筋绑扎台车运行到钢筋待绑扎位置后,需要进行撑开平台架体的操作,打开平台架体后的钢筋绑扎台车状态如图4-36所示,具体撑开流程如下:

(1)驱动固定支腿、活动支架的顶升油缸(1、2、3、4),顶升平台架体,使平台架体到达指定工作高度;

(2)驱动开合油缸,使平台架体绕铰点转动,平台架体顶面齐平;

(3)穿销轴固定支撑丝杆支撑平台架体。

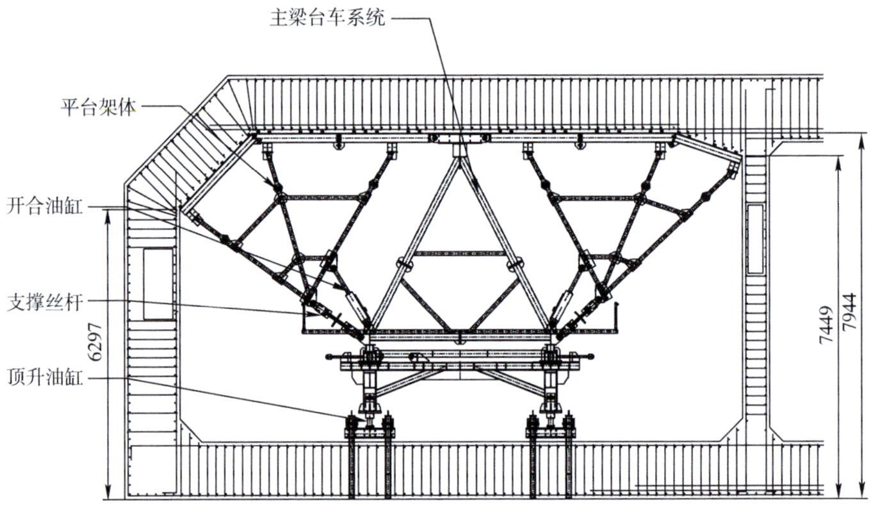

图4-36　钢筋绑扎台车撑开平台架体状态示意图(尺寸单位:mm)

3)台车收拢

钢筋绑扎完毕后,进行平台架体收拢操作,收拢平台架体后的钢筋绑扎台车状态如图4-37所示,具体收拢流程如下:

(1)驱动固定支腿、活动支架的8台顶升油缸,使平台架体下降10cm;

(2)驱动开合油缸,使平台架体油缸受力,便于拆卸支撑丝杆;

(3)拆除支撑丝杆连接平台架体处的销轴,将支撑丝杆放置于操作平台;

(4)驱动开合油缸,使平台左右开合间隙在100mm左右。

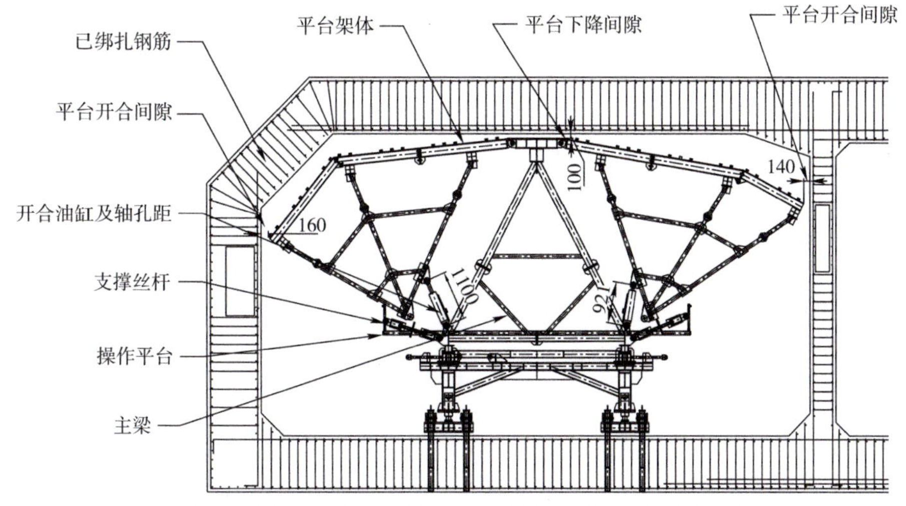

图4-37　钢筋绑扎台车收拢平台架体状态示意图(尺寸单位:mm)

4.6.4　沉管顶板钢筋台车施工关键技术

1)顶板钢筋台车拼装

顶板钢筋平台于厂内制作,需在厂内预拼装,并试行,确定状态稳定、验收合格后方可分块运输至现场拼装。台车拼装遵循先下后上、先中后边、对称安装、整体调试的原则。台车各分块之间根据图纸采用焊接、高强螺栓或销轴连接。钢筋台车拼装主要包括自行走结构拼装、平台架体拼装。

钢筋台车的自行走结构拼装如图4-38所示,其具体工序如下:

(1)安装固定支腿、底座及活动支腿、底座、顶升油缸。支撑底座是钢筋绑扎台车的支撑系统,每个支撑底座由4条支腿和1个底座组拼而成,固定支腿安装在主梁上,是钢筋台车的受力支腿,也是活动支架运动过程中的受力支腿。

(2)安装反力座及活动支腿联系梁。支腿可以在底座内上下滑移脱离地面,以便于台车和活动支架前后移动。顶升油缸安装在支撑底座上,能驱动顶升油缸,对整个台车部分进行高度方向上的升降。

(3)安装活动支架上的滑道(滑移支座)。滑移支座安装在主梁和活动支架之间,其上附属的滑槽能满足主梁前后的相对滑动,其下附属的滑槽能满足它相对于活动支架的左右滑动,故主梁部分能在支撑底座支腿固定的情况下,调整其在管廊内的前后和左右的空间位置。

(4)安装主桁架、滑靴(反力座)及顶层面板。主梁为桁架结构,其他结构均附属在主梁上;反力座是主梁部分前后运动或滑移支座部分前后运动的反力支撑点。安装主梁时,先将主梁下部两块三角梁拼装好后再吊装安装,待下部全部安装完成之后再安装上部三角梁,安装顺序为从左往右依次拼装。

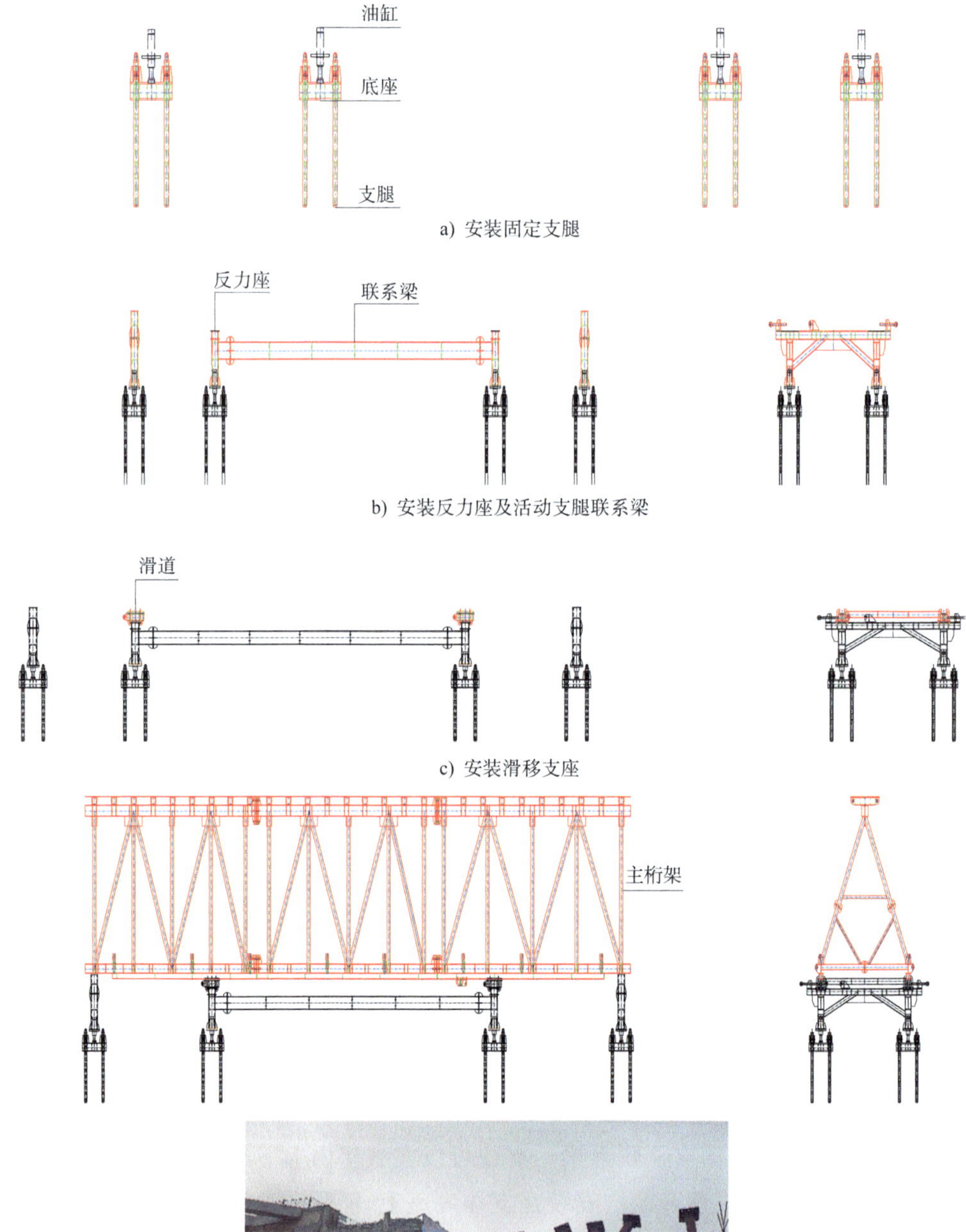

a) 安装固定支腿

b) 安装反力座及活动支腿联系梁

c) 安装滑移支座

d) 安装主桁架、滑靴(反力座)及顶层面板

图4-38　钢筋台车的自行走结构拼装

平台架体拼装如图4-39所示，其具体工序如下：

(1)安装支撑丝杆。支撑丝杆安装在主梁和平台架体之间，当平台架体被开合油缸支撑到位后连接支撑丝杆支撑平台架体。

(2)安装临时支撑、支撑架体及剩余钢面板和定位块。

(3)安装开合、行走及纠偏油缸。行走油缸安装在反力座和滑移支座之间，能驱动油缸使主梁部分和滑移支座部分进行顺管廊方向上的相对前后运动；纠偏油缸安装在滑移支座和活动支架之间，能驱动纠偏油缸，调节主梁部分在垂直管廊方向上的水平左右位置；开合油缸安装在主梁和平台架体之间，能使平台架体绕顶部铰点进行开合。

(4)解除临时支撑，并调试行走油缸，完成行走动作。

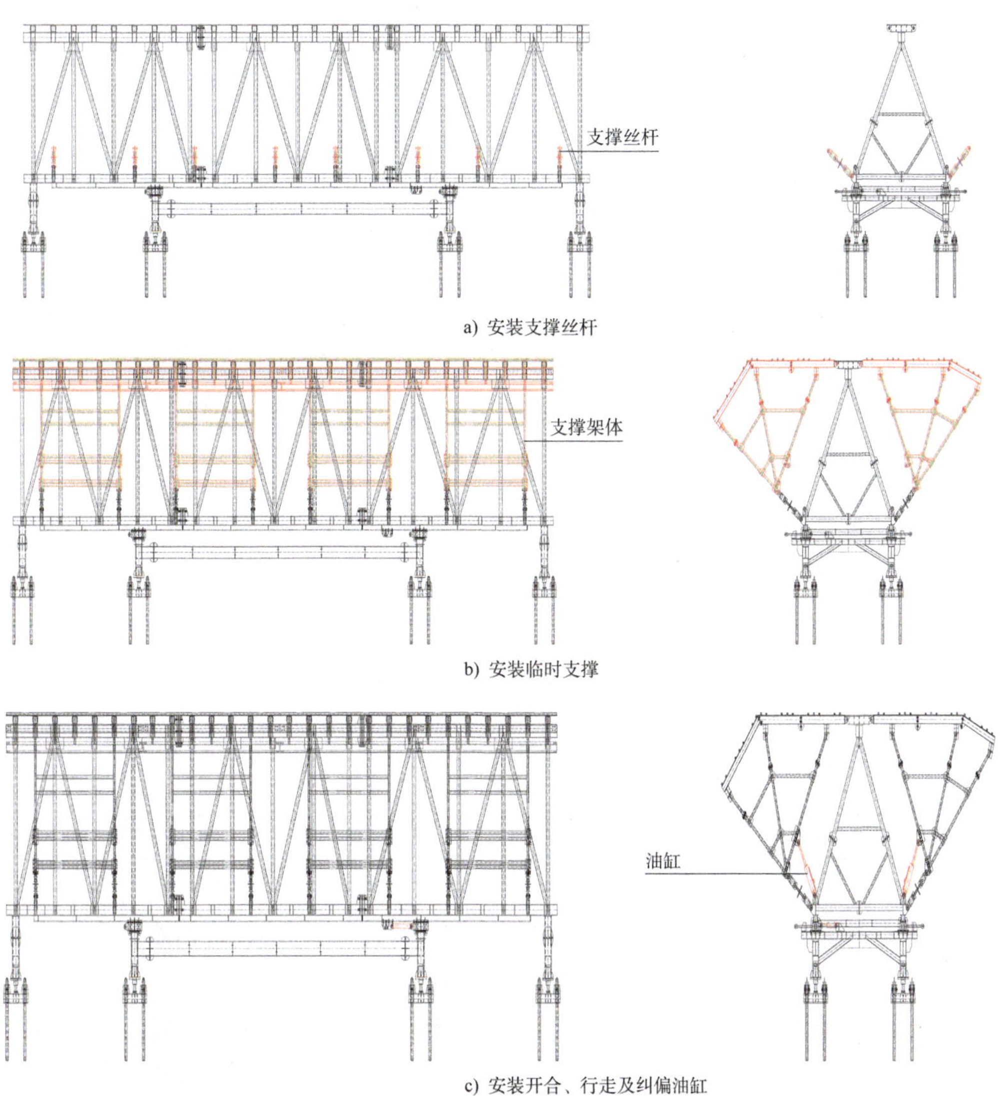

a) 安装支撑丝杆

b) 安装临时支撑

c) 安装开合、行走及纠偏油缸

图4-39　钢筋台车的平台架体拼装

2)顶板钢筋台车使用

如图4-40所示，根据总体施工工艺，当2号节段顶板钢筋绑扎完毕及1号节段混凝土强度达到要求时，进行2号节段顶板钢筋体系转换，模板外模由1号节段移动至2号节段，通过设置的手拉葫芦将2号节段顶板钢筋笼拉起，钢筋台车将平台架体收回，先将钢筋台车移动至3号节段，随后将平台架体支出，待测量定位后即可进行3号节段顶板钢筋绑扎；随后沉管内模及廊道台车从1号节段移动至2号节段，2号节段等待混凝土浇筑。

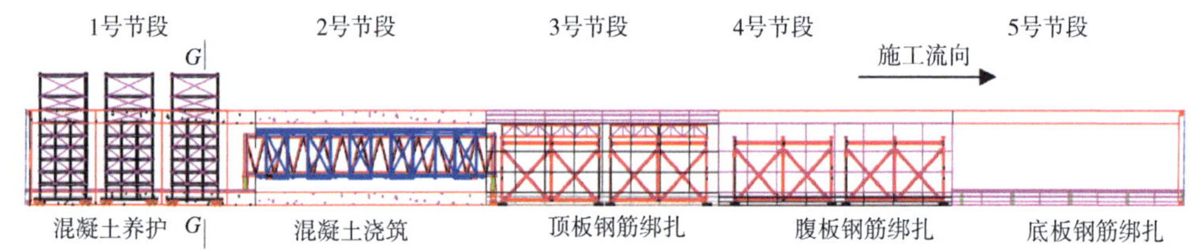

图4-40　钢筋台车使用布置

对顶板钢筋使用钢筋台车绑扎与使用脚手架绑扎的工效进行对比，见表4-9。由表4-9可知，使用钢筋绑扎平台后，绑扎工期至少节省了4d。

顶板钢筋绑扎工效对比表　　表4-9

项目	使用脚手架(d)	使用钢筋台车(d)
定位及移位	0.5	0.5
搭设时间	2.5	0
绑扎钢筋	5	5
拆除及移位	2	0.5
总计	10	6

如图4-41所示，鱼梁洲隧道东汉沉管管节预制共计投入了3套顶板钢筋台车，达到了预期使用效果：①钢筋台车采用液压自行走机构，实现了台车的快速顺序移位，一个工作日就可实现下道工序的开展，移动效率较高；②平台架体采用装配式三脚架结构，拼装、拆除、回收简单快捷，使用效果较好；③增加了一个工作面，将顶板钢筋绑扎优化为非关键线路，实现了分仓顺序流水施工，使各种工序同时施工，缩短了预制工期。

图4-41　顶板钢筋台车现场使用照片

3)顶板钢筋台车拆除

顶板钢筋台车拆除时,需从上往下依次拆除,遵循"先装后拆、后装先拆"的原则,即按与安装过程相反的工序逐步拆卸。为加快拆除速度及方便后续改造拼装,拆卸时尽量保留大块整体。顶板钢筋台车具体拆除步骤如下:

(1)拆除平台架体。先拆除台车顶升油缸外其他液压系统,随后将钢筋绑扎平台上的操作平台拆除。拆除平台架体时要注意拆除顺序,先拆两边再拆中间。

(2)拆除主桁架。等待平台架体拆除完毕后开始拆除主梁,随后再拆除两边的桁架,再拆除固定支座上的紧固件,然后将滑移支座下方扣板割掉并将滑移支座与桁架电点焊在一起,使滑移支座(反力座)与两边桁架一起吊运至指定存放区域。

(3)拆除活动支架及联系梁。将钢丝绳和卡扣与活动支架连接好,起重机微微上提使钢丝绳绷直,拆除活动支架与顶升油缸间的紧固件,将活动支座与活动支座联系梁整个吊运至指定存放区域。剩余的支腿底座、固定支座等直接吊运至指定存放区域。

4.7　顶板钢筋体系转换关键技术

4.7.1　研发目的

如图4-42所示,鱼梁州隧道采用纵向分节的移动工厂法全断面预制施工工艺,即分为底板钢筋绑扎、侧墙钢筋绑扎、顶板钢筋绑扎、混凝土浇筑养护五仓流水施工工序。若当前节段的底板钢筋、侧墙钢筋绑扎完成,则顶板钢筋台车需从前一节段进入当前节段,以进行当前节段的顶板钢筋绑扎。当前节段的顶板钢筋绑扎完成后,外模台车需行驶至当前节段钢筋笼,进行当前节段的顶板钢筋体系转换,即钢筋台车收缩驶出当前节段的钢筋笼,然后内模台车进入当前节段的钢筋笼。依次固定内模台车、外模台车和端模，进行当前节段的混凝土浇筑和养护。

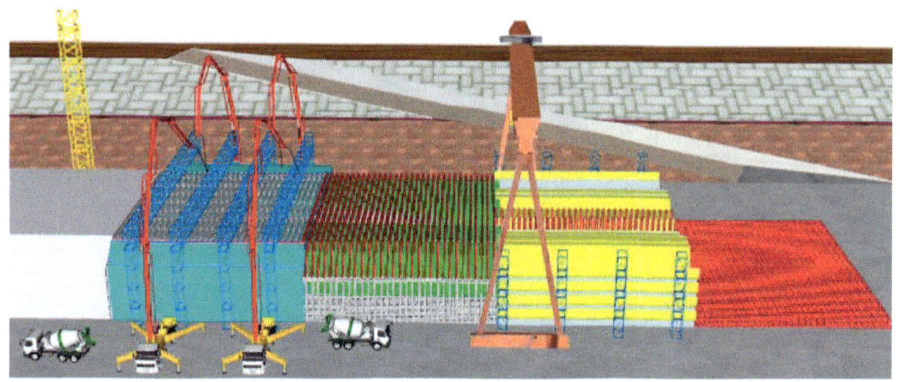

图4-42　五仓流水施工示意图

传统的沉管隧道管节预制大多采用干坞法，其特点是只移动预制模板而不移动沉管本身。若在管节节段预制过程中不引进钢筋台车进行体系转换，则后一节段的顶板钢筋绑扎必须要等到前一节段的混凝土浇筑完成且内模拆除后才可进行，导致施工工期变长。为了实现节段顺序分仓流水施工，研制了钢筋台车进行顶板钢筋绑扎。当顶板钢筋绑扎完成后，需悬吊顶板钢筋笼进行体系转换，然后顺序移出钢筋台车、移入内模台车。因顶板钢筋笼跨度较长及重量较大，为了保证体系转换顺利实施，设计了一种用于沉管预制顶板钢筋体系转换的施工方法，如图4-43所示。即顶板钢筋绑扎完成后，依托外模顶层桁架，采用手拉葫芦悬挂吊架，利用花篮螺栓及钢丝绳连接钢筋笼。

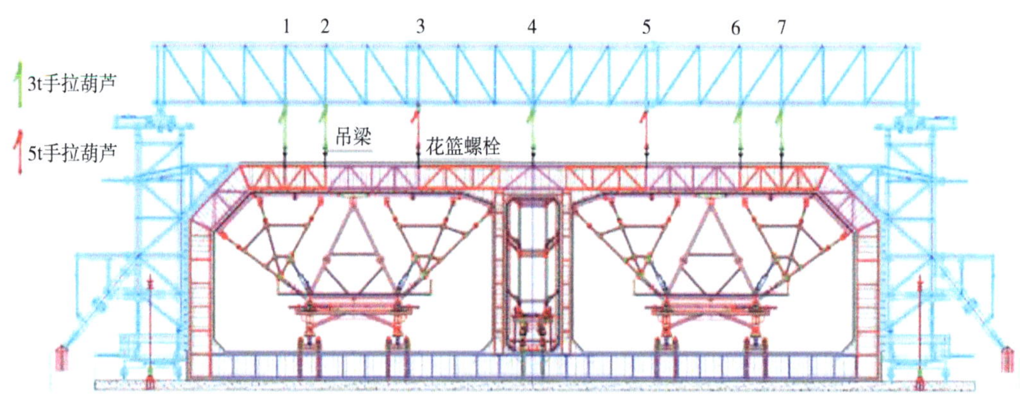

图4-43　顶板钢筋体系转换吊装

4.7.2　总体设计方案

如图4-44a)所示，外模顶层桁架沿横向布置，共5片桁架。桁架自身结构强度满足吊装要求，但桁架间距超过3m，分布不均匀，且只能在节点处吊装钢筋笼，无法有效控制顶板钢筋笼的变形。为保证顶板钢筋笼整体均匀受力，减小其变形，需设计顶板钢筋体系转换专用吊架。

在体系转换过程中，吊架的设计非常重要。根据现场实际情况，依托外模顶层桁架悬挂吊架。吊架结构采用双拼［25a，上部通过手拉葫芦与桁架连接，可以调节吊架高度，为工人操作提供便利；下部通过花篮螺栓及钢丝绳连接钢筋笼，花篮螺栓可以进行微调。吊架总体示意如图 4-44b）所示。吊架设计采用有限元分析软件 Midas Civil 进行数值计算，分析结构是否满足强度及刚度要求。

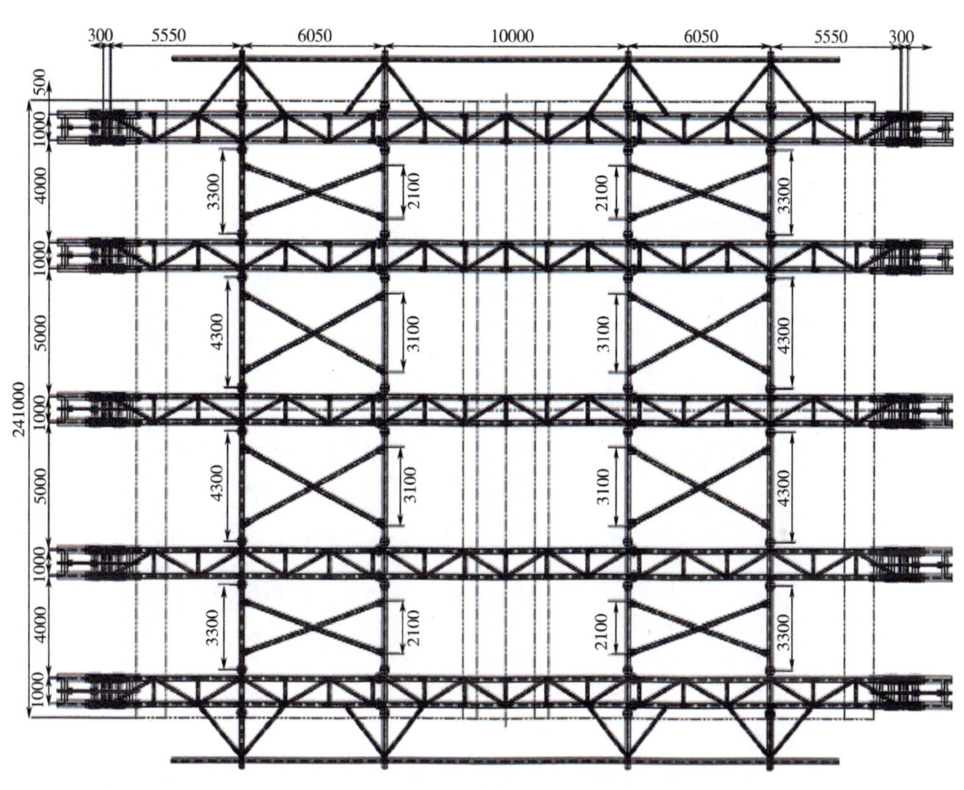

a) 外模顶层桁架布置图(平面图)

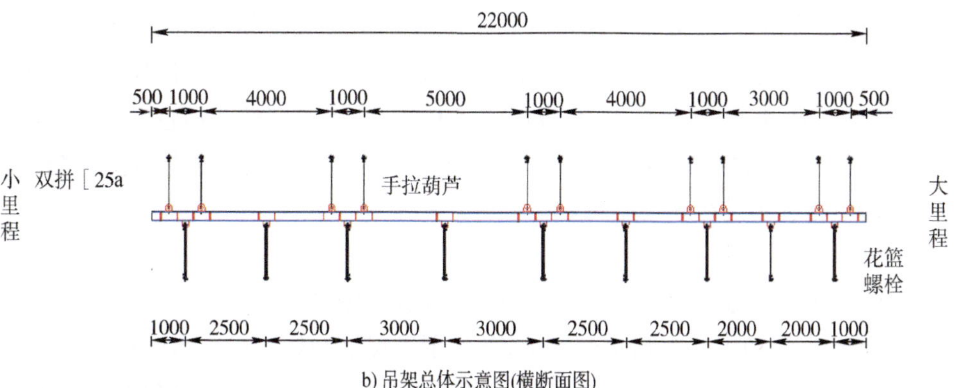

b) 吊架总体示意图(横断面图)

图 4-44　外模顶层桁架和吊架总体示意图（尺寸单位：mm）

4.7.3 顶板钢筋体系转换施工流程

1)吊装准备

考虑运输因素,在钢构厂将吊架分两节加工,长度分别为10m、12m,采用双拼槽钢加工,运输至现场后焊接成整体。吊架共7片,单片长度22m,顶部设置10个吊耳,底部设置9个吊耳。如图4-45所示,吊架加工完成后,吊至沉管顶板,按照设计图纸间距,通过手拉葫芦将吊架与外模台车桁架相连。其中,外模台车桁架第1、2、4、6、7列悬挂3t手拉葫芦,第3、5列悬挂5t手拉葫芦,手拉葫芦下部悬挂吊架。花篮螺栓上部悬挂在吊架上,花篮螺栓下部悬挂桁架节点。通过调节手拉葫芦,使吊架水平,每根吊架上布置10根ϕ14mm钢丝绳,底部兜于底层纵向主筋。

图4-45 现场吊具安装图

2)吊架悬吊控制关键点

进行顶板钢筋体系转换时,吊架悬吊控制关键点如下:①将钢筋笼底部主筋预抬高2cm,抵消钢筋笼的变形;②在顶板钢筋笼的纵、横向主筋交接处,进行点焊,并在劲性骨架与钢筋接触位置进行焊接,使整个顶板钢筋笼连成整体,增大整体刚度,减少体系转换过程中顶板钢筋笼变形量;③通过调节手拉葫芦,严格控制吊架保持水平,保证吊梁均匀受力;④通过调节花篮螺栓,使钢丝绳受力,此时需循环加载,所有钢丝绳绷直即可;⑤安排专人检查手拉葫芦、花篮螺栓、吊架、钢筋笼以及外模桁架是否发生变形或损坏;⑥严格控制吊架变形,安排测量人员进行现场监测。

3)顶板钢筋体系转换实施

如图4-46所示,当前节段的顶板钢筋绑扎完成后,中管廊内模台车进入当前节段的钢筋笼,使其活动支腿和固定支腿全部落地,丝杆紧固保证中管廊模板台车持力。调节手拉葫芦和花篮螺栓,使吊架均持力后,拆卸顶板钢筋台车支撑丝杠,开合油缸和支撑油缸缓慢回油,使得顶板钢筋台车顶面脱离顶板钢筋笼3cm,同步检查葫芦、花篮螺栓、吊架、钢筋笼以及外模桁架是否发生变形或损坏。然后，顶板钢筋台车支撑继续回油，使其完全脱离顶板钢筋笼，驶出当前节段。

在顶板钢筋台车驶出当前节段钢筋笼的同时，模板台车调整至收缩状态，进入当前节段的钢筋笼；模板台车到位后，通过油缸测量定位，依次调整模板里程位置、偏距、高程、平整度、垂直度等。调节水平支撑丝杆，采用激光测距仪检测并调整模板净宽。模板调整到位后，中隔墙安装对拉螺杆，锁紧所有丝杆，此时顶板钢筋体系转换完成。在顶板钢筋体系转换完成后，松开手拉葫芦，拆除花篮螺栓和钢丝绳，开始当前节段的顶板端模与外模施工。

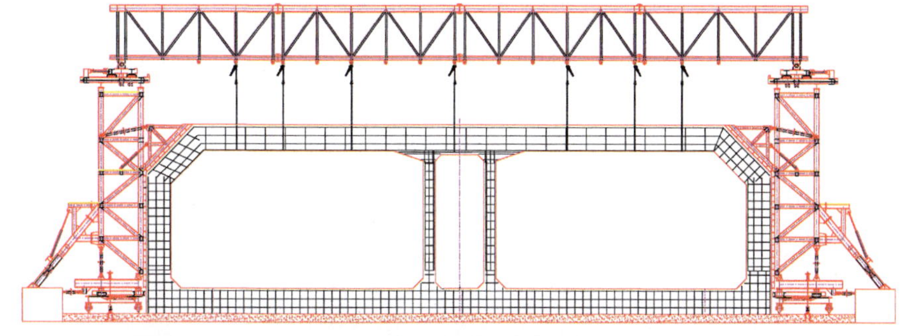

图4-46　体系装换现场应用

4)应用效果

在顶板钢筋体系转换过程中，对吊架进行变形监测，测得其最大变形为2.5mm，满足使用要求。顶板钢筋体系转换速度快，在人员配置充足的情况下，可同步进行顶板钢筋台车行走与内模台车行走。顶板钢筋体系转换保证了五仓顺序流水施工的顺利实施，使得顶板钢筋绑扎变为非关键线路，将单个节段预制工期缩短了3~4d。

4.8　沉管模板台车系统设计与施工关键技术

4.8.1　研发目的

沉管全断面管节预制工艺对模板的要求高。如图4-47a)所示，传统的沉管管节预制模板多采用钢木混合体系，内模支撑多采用门式桁架结构，廊道模板采用满堂支架结构，混凝土外观质量控制难度大、模板拆除时间长、施工效率低；外模通常采用对拉螺杆与内模板连接固定，增加了外墙的渗水通道，降低了沉管的防水性能。随着沉管隧道建造技术的发展，传统的散拼式模板难以满足全断面沉管管节的预制工艺要求。

如图4-47b)所示，港珠澳大桥沉管隧道采用工厂化管节预制工艺，采用了针型导梁液压模板台车，施工工艺先进，但其管体结构为节段式，各小节段独立预制，纵向钢筋断开，相邻节段通过临时预应力拉索连接在一起，施工时模板位置固定不动，当管节预制完成后，节段需整体移动，针型导梁较长且重量大，消耗施工空间。针型导梁液压模板台车无法满足干坞内整体式沉管管节的预制要求。韩国釜山沉管采用了干坞内全断面管节预制工艺，管节成品质量高，但实际上采用了跳仓法施工，节段采用柔性接头，预制场地利用效率较低，施工周期较长。

鱼梁洲隧道首次采用移动工厂法整体式管节全断面顺序浇筑工艺，消除了纵向施工缝，提高了管节的防水性能。管节预制期间共投入3套全断面液压模板台车，其刚度及稳定性良好，有效保证了管节的施工质量，工期和成本得到有效控制。

a)钢木混合体系

b)港珠澳大桥沉管隧道管节预制

图4-47　现有沉管隧道管节预制模板

4.8.2　模板台车系统构成

针对全断面沉管预制的施工工艺要求，研发设计全断面沉管预制模板系统，遵循如下设计原则：①预制管节固定不动，模板系统需整体移动；②混凝土全断面一次浇筑；③行车道台车和廊道台车使用过程中，行走支腿需过底板钢筋，同时行走和就位时可左右纠偏；④两侧外模间距较大，其行走时需确保同步性；⑤模板台车重量大，自身液压系统需完成脱模与合模；⑥单次浇筑混凝土方量大，模板刚度需满足规范要求；⑦施工缝端头钢筋伸出，并设有中埋式止水带，需考虑端模安装和拆除；⑧外模系统需提升顶板钢筋笼，以完成顶板钢筋体系转换。

如图4-48所示，全断面沉管管节预制模板台车系统，包括外模及台车系统、行车道内模及台车系统、廊道内模及台车系统、端模及支撑系统、液压和电气控制系统。单套台车重量为24.5t，外模台车高度为14.28m，外模台车净空为31.2~32.2m，行车道台车高度为7.88~7.95m，廊道台车高度为7.68~7.75m，120.5m管节配置两套模板，模板长度24.5m，其中一套需兼顾东汊5m管节预制；86.5m管节配置两套模板，模板长度22m，其中一套需兼顾西汊5m管节预制。

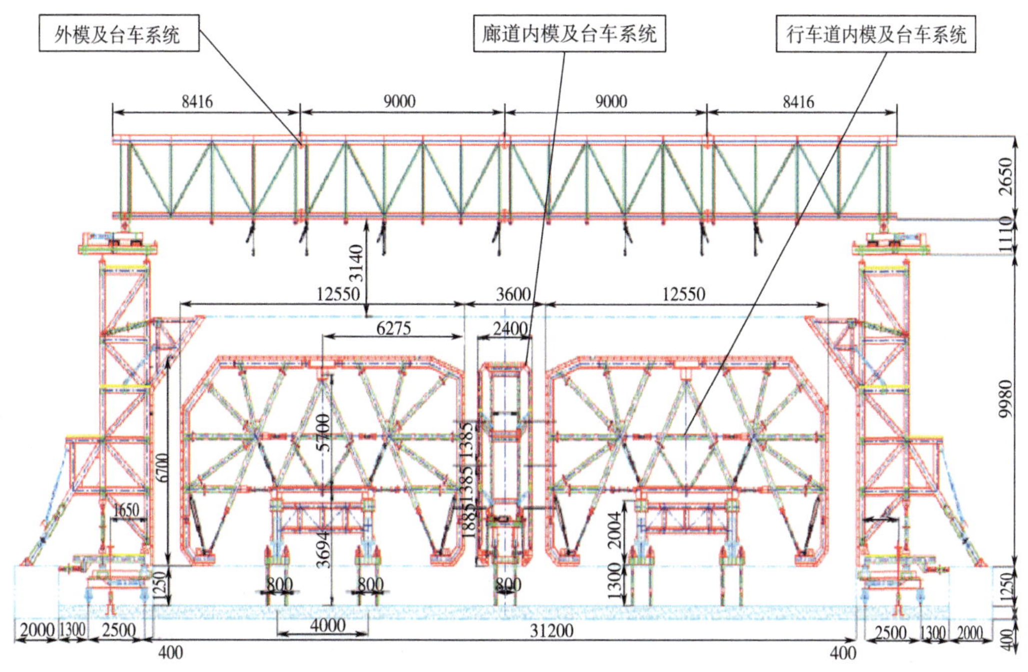

图4-48　模板台车系统总体布置(尺寸单位：mm)

4.8.3　外墙模板及台车系统设计

1)结构组成

如图4-49所示，外墙模板系统主要包括行走小车、承载底座、侧模桁架、侧模、角模、横移小车、顶层桁架、预埋轨道等。外墙模板不设拉杆，消除了渗水通道，降低了渗水风险，对提高墙体耐久性具有重要意义。

2)工作原理

如图4-50所示，外墙模板系统行走小车采用电机驱动，外墙模板系统启动行走小车的主动轮组，带动整个外墙模板系统移动至下一个浇筑段。外墙模板系统行走小车主要包含滑移平台、行走平台、主动轮车架、从动轮车架、主动轮组、从动轮组、轨道、顶升油缸和横移油缸等。主动轮组采用三合一电机链式驱动，实现行走小车在门式起重机轨道上行走；电机采用集中控制，保证两侧桁架行驶过程中的同步性。滑移平台和行走平台之间设置横移油缸，用于外墙模板系统的整体自动开合模；滑移平台顶部设置顶升油缸，实现整套系统的自动调平。

承载底座安装于行走小车顶部的顶升油缸上，横向设置顶升丝杆，可以保证整套外模系统的完整性，并实现自动调平功能；顶升丝杆支撑于外墙基础上，用于承受部分沉管浇筑时的混凝土侧压力。侧模桁架、侧模和角模共同组成沉管浇筑的外部腔体，角模通过可调丝杆与侧模桁架连接，通过翻转油缸实现自动开合模；侧模与侧模桁架锚固成整体，并安放于承载底座上；侧模桁架通过侧向撑腿支撑于外墙基础上，外墙基础对应侧向支腿位置设置可拆卸式支腿座，用于承受沉管浇筑时的混凝土侧压力；侧向撑腿可以通过翻转油缸实现自动翻转，配合行走小车实现外墙模板系统的快速移位。

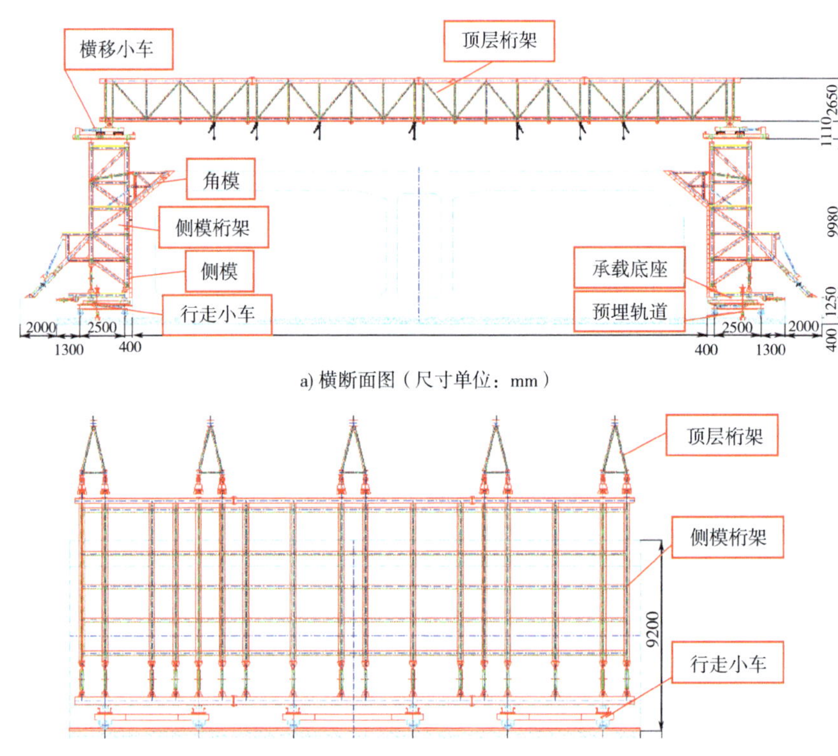

a) 横断面图（尺寸单位：mm）

b) 纵断面图

c) 现场照片

图4-49　沉管预制外模台车构造

横移小车位于侧模桁架上，包括横移平台、横移油缸、小车架和反滚轮。小车架通过横移油缸可以在横移平台上实现横向移动，并通过锁紧装置实现纵横向锁止。顶层桁架主要用于钢筋调平、端模吊装、混凝土养护及布料等。沉管顶部钢筋绑扎完成后由于自重原因会出现局部变形、塌陷等现象，通过顶层桁架下方设置多个吊点，与绑扎后的钢筋相连并提供适当预紧力，可保障预制构件的外形轮廓。顶层桁架顶部可铺设自动收缩顶棚和布料管，实现工厂化作业环境，保证混凝土的智能养护和自动布料。顶层桁架通过横移小车与侧模桁架形成一个整体，当脱模或合模时，一侧横移小车锁死，另一侧横移油缸伸出或收缩，可实现侧模桁架的横向移动，从而适应两侧桁架横向间距的无级变化。

图4-50　外墙模板系统工作照片

4.8.4　行车道内模及台车系统设计

1)结构组成

行车道模板由内模板、内模支撑系统和台车三个部分组成，内模板包括外侧腹板模板、内侧腹板模板、外侧上转角模板、内侧上转角模板和下转角模板；内模支撑系统包括背楞系统、联系梁系和支撑杆系；台车包括主梁、固定支腿、反力座、滑移支座、活动支架和支撑底座。

2)工作原理

如图4-51所示，内模板固定在内模支撑系统上，支撑系统固定在台车上，在混凝土浇筑前，台车支撑整个内模板和内模支撑系统的重量。在混凝土浇筑过程中，由于底部混凝土初凝产生强度，内模支撑系统的背楞系统可承受大部分顶部混凝土载荷。支撑杆系将背楞系统和台车主梁相互顶住，混凝土浇筑过程中，外侧模不需设置对拉杆，外侧模的侧压力通过台车的两侧支撑杆系承受。混凝土浇筑完成后，内模板进行脱模，将内模板和内模支撑系统落在台车主梁上，主梁通过滑移支座可在活动支架上纵向移动，滑移支座还可以进行横向调位，使整个行车道内模台车快速移动到下一节段预制位置。内模板形成沉管行车道内部轮廓，考虑运输及模板通用性，模板沿纵向分为2m、2.5m、3m三种规格，浇筑完一个标准节段后，模板需要进行拆模，拆卸的模板固定于内模台车上，随台车一起移动至下一个浇筑段。行车道内模脱模后，启动台车上的行走油缸，将整个模板移到下一节段待浇筑位置。行走过程中，可通过横向纠偏油缸对其进行纠偏调位。

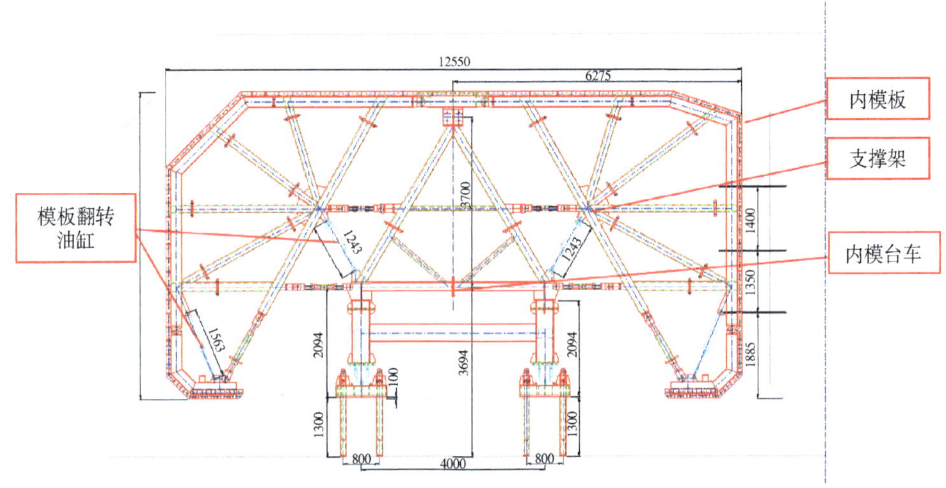

a) 横断面图

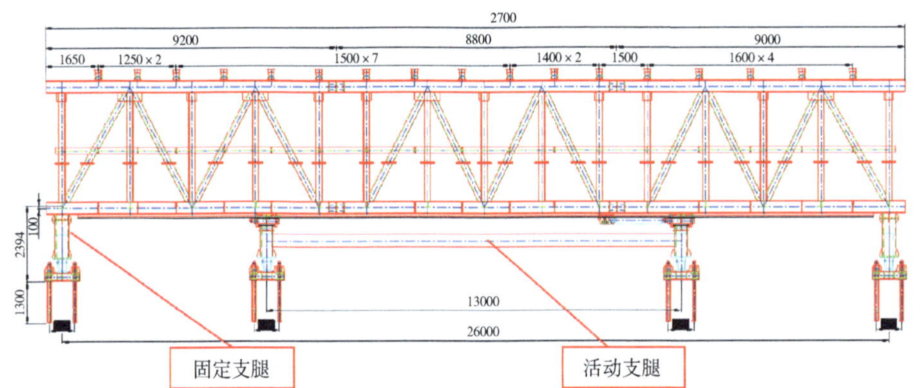

b) 纵断面图

c) 现场照片

图4-51　沉管预制行车道内模系统构造(尺寸单位:mm)

4.8.5　端模及支撑系统设计

1)结构组成

如图4-52所示，端模采用梳齿型组合钢模板，端模系统由端钢壳端模、节段端模以及端模支撑系统组成。端钢壳端模使用于沉管首节段及最后节段浇筑，此时沉管端面装有端钢壳。中间节段浇筑时使用节段端模，端模支撑系统对端钢壳端模和节段端模进行支撑和固定，并可通过调节螺杆对端模及端钢壳进行角度和位置进行微调。端钢壳端模与端钢壳间螺栓连接，通过支撑调节螺杆进行角度和位置微调适应端钢壳。节段端模由内圈端模、外圈端模和梳齿板组成。节段接头端模用钢围檩与拉杆将堵头模板连接在内模、外模与底模上。由于沉管采用连续预制工艺，为满足主筋外伸出端模要求，节段端模设置梳齿板；中埋式钢边止水带通过内外圈端模夹紧固定，内外圈端模上设置卡板，对梳齿板进行固定。

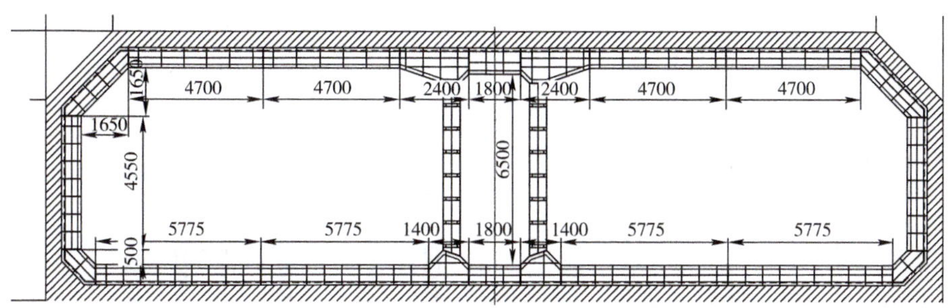

a) 端钢壳端模分块

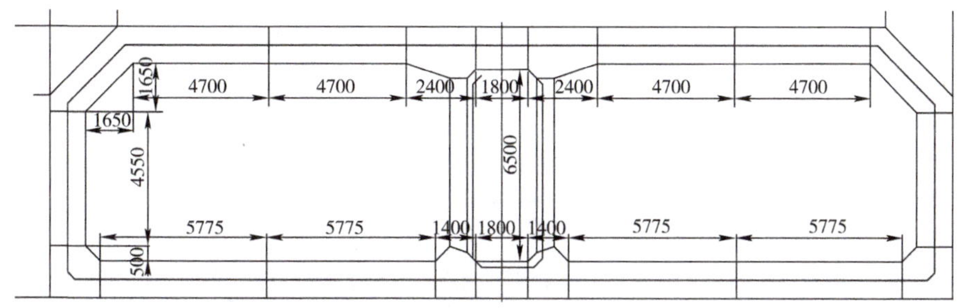

b) 节段端模分块

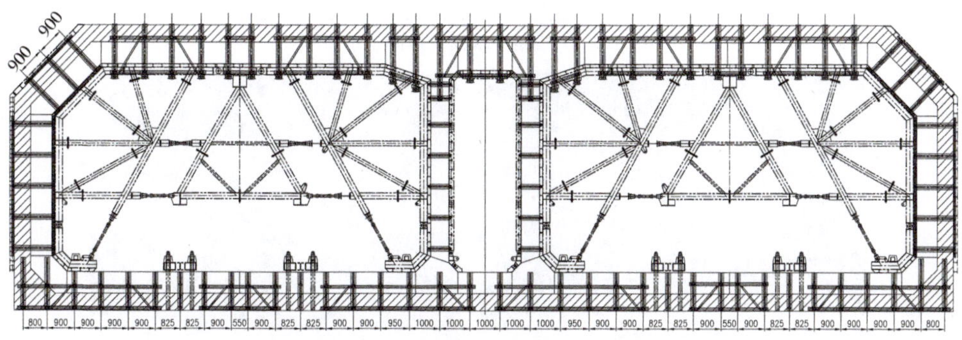

c) 端模支撑系统布置

图4-52　端模及支撑系统构造(尺寸单位:mm)

2)工作原理

如图4-53所示,节段端模板严格按照图纸编号,先拼一侧行车道节段端模板,然后拼装廊道节段端模板,最后拼装另一侧行车道节段端模板。外模、行车道内模、廊道内模与端模间采用侧包端形式,端模具体合模流程如下:①安装内外圈梳齿板并临时固定于钢筋上;②依次安装底板、腹板及顶板端模分块;③安装支撑系统;④通过调节螺杆对模板调节固定。底板钢筋绑扎完成后,将底部梳齿板卡入底部纵向主筋,下部"田"字板与梳齿板螺栓连接;然后装入中埋式钢边止水带,最后装入上部"田"字板和梳齿板,对止水带进行固定。底部端模采用槽钢作为竖向背楞,与纵向主筋焊接,并设斜向支撑,与防水底钢板焊接;竖墙端模采用丝杆支撑,固定于内模和外模背楞上;顶板端模与底板端模基本相同,设竖向背楞,与纵向主筋焊接固定。纵向钢筋与端头模板孔洞间隙采用土工布和泡沫胶封堵,混凝土初凝后,立即清除。

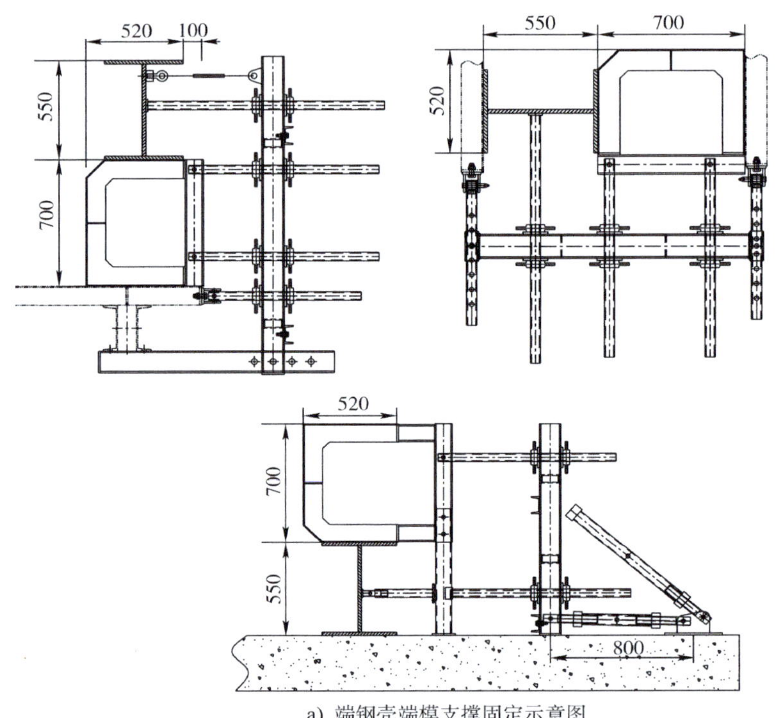

a) 端钢壳端模支撑固定示意图

b) 梳齿型节段钢端模安装现场

图4-53 端模支撑及现场安装(尺寸单位:mm)

4.8.6 液压和电气控制系统

1)液压系统

两侧行车道与廊道分别设置一套液压系统,外模两侧距离较远,各设置一套液压系统,统一控制。由于台车内部空间狭窄,故采用分离式泵站、油箱+分布式阀块,其中内模台车泵站安装于台车端部,外模台车泵站安装于台车中部。泵站采用三联的联轴泵,由单个电机控制,每块模板单独供油。每个阀块入口设置顺序阀,尽量减小油管长度的影响。采用液压锁进行油缸保压,同时以变频调速的方式调节不同规格油缸动作时的速度。

2)电气控制系统

如图4-54所示,控制系统核心采用西门子S7-1200型PLC,两侧行车道、廊道和外模单独控制,共4套控制系统。由于外模两侧间距较大,采用了分布式输入/输出(I/O)将两侧控制系统集成。操作面板采用工业级触摸一体机触摸屏控制。视频监控系统采用高清网络摄像头,可加装无线网桥与施工现场监控系统进行对接。系统搭配了智能远程控制终端,实现远程计算机端、手机端的实时监控,同时预留了RS232、RS485、RS422、TCP/IP、通用串行总线(USB)等多种数据接口,灵活整合施工现场各类数据。

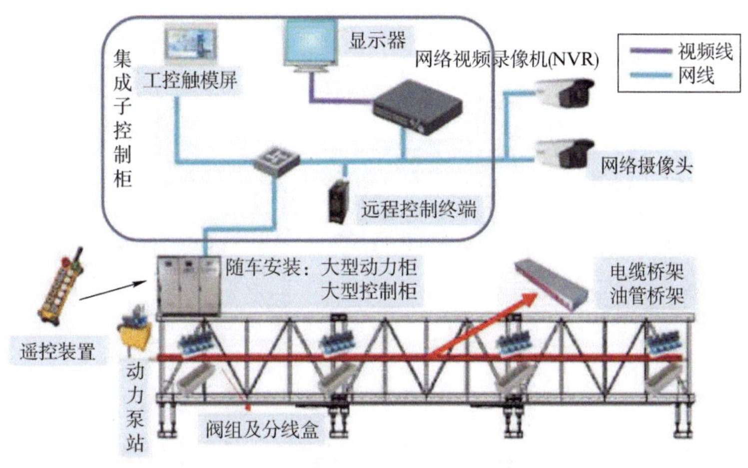

图4-54 液压和电气控制系统布置示意图

4.8.7 沉管模板台车系统施工关键技术

1)模板台车拼装

模板台车在工厂内分块加工并编号,按拼装顺序运输至现场。模板拼装遵循先下后上、先中后边、对称安装、整体调试的原则。沉管模板台车采用由中间向两边的拼装顺序,主要施工工艺流程为:先进行廊道系统拼装,再进行内模系统拼装,最后进行外模系统拼装。模板台车于厂内制作,验收合格后分块运输至现场拼装。模板台车各分块之间根据图纸采用焊接或高强螺栓连接。

如图4-55所示，外模台车拼装顺序如下：①安装底部行走小车，根据设计间距，吊装至轨道上；②安装承载底座；③安装桁架与承载底座之间的竖向支撑丝杆；④侧模桁架采用50t汽车起重机+25t汽车起重机抬吊依次吊装；⑤安装侧向撑腿和竖向撑杆，并紧贴于混凝土反力墩上；⑥依次安装侧模桁架平联；⑦安装顶部水平梁及走道梁；⑧依次安装侧模模板；⑨依次吊装角模；⑩在顶部水平梁上面安装横移小车；⑪每片三角主桁架拼装成整体，采用两台50t汽车起重机抬吊安装；⑫分片吊装三角主桁与顶部横移小车相连；⑬安装主桁之间的联系桁片；⑭安装平联；⑮安装前端吊架。

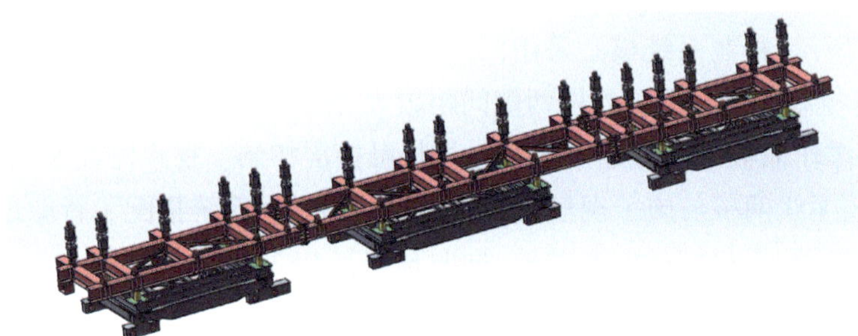

a）安装行走小车和承载底座

b）安装侧向撑腿和竖向撑杆

c）安装侧模桁架平联

图 4-55

d) 安装侧模和角模模板

图4-55　外模台车典型拼装工序

如图4-56所示，行车道内模台车拼装顺序如下：①安装固定支腿、反力座及活动支腿、反力座、活动支架；②吊装承重1号桁架分段，桁架下部滑移轨道穿过滑移支座上面的滑靴；③安装反力座后，吊装承重桁架2号分段；④吊装承重桁架3号分段；⑤从中间向两端依次安装顶部模板分段及中部连接支撑杆的纵梁；⑥安装连接承载桁架和模板支撑系统的支撑杆；⑦安装联系纵梁、固定支架；⑧安装模板支撑杆；⑨从中间向两边依次安装顶部模板；⑩从中间向两边依次吊装两侧上倒角模板；⑪从中间向两边依次吊装两侧腹板及下倒角模板；⑫安装下倒角模支撑杆，内模台车安装完毕。

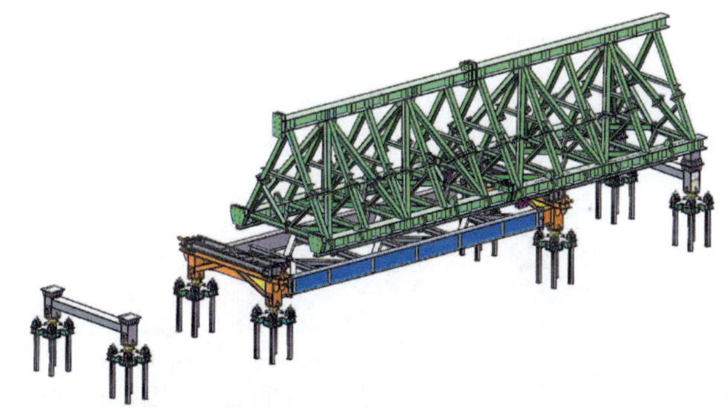

a)安装反力座后，吊装承重桁架1号、2号分段

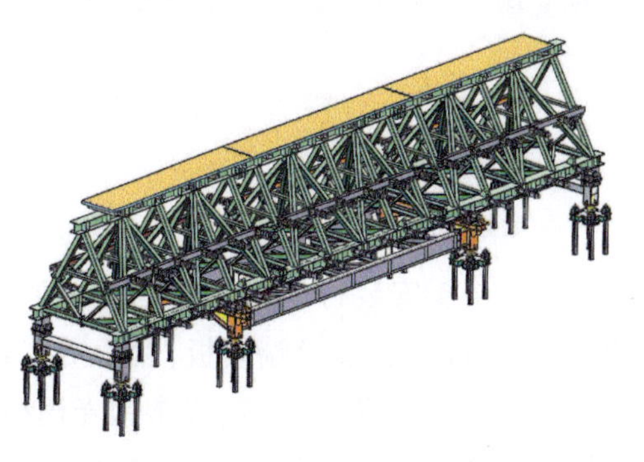

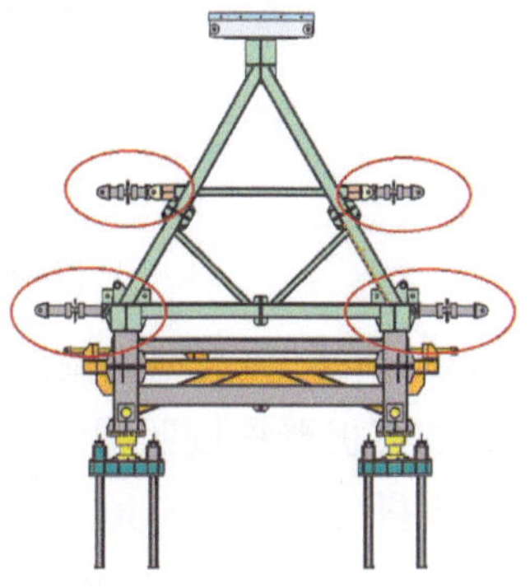

b)安装联系纵梁、固定支架

图　4-56

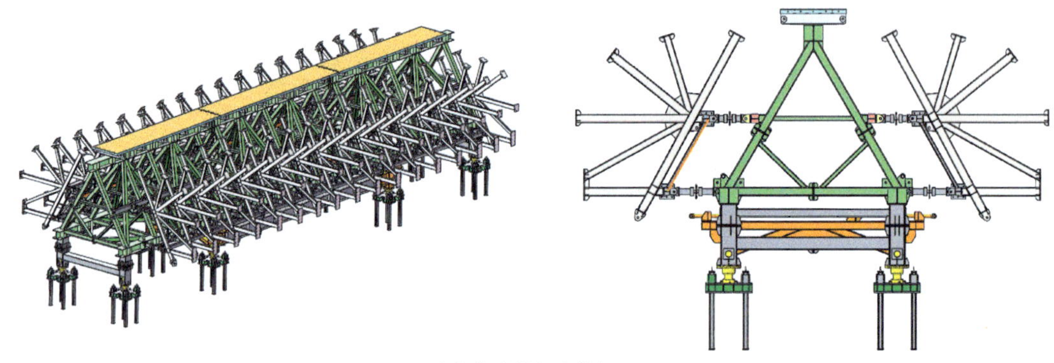

c)安装内模板支撑杆

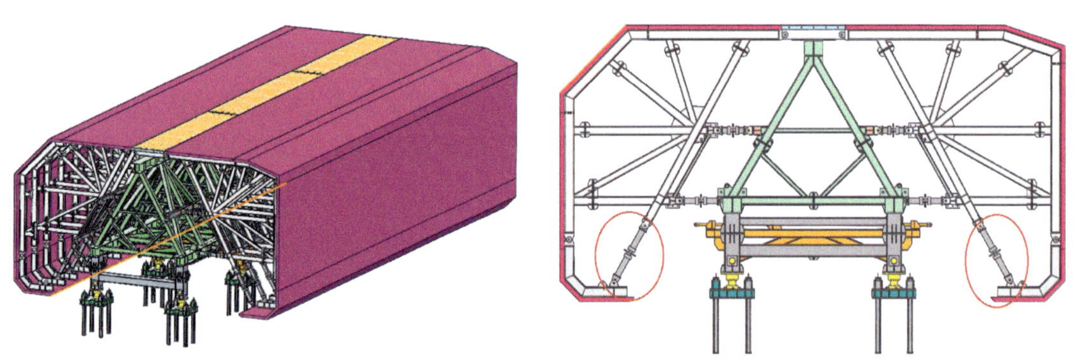

d)安装顶部模板、上倒角模板、两侧腹板及下倒角模板

e)安装完成

图4-56　行车道内模台车典型拼装工序

如图4-57所示,梳齿型钢端模拼装顺序如下:①安装行车道内模及廊道内模,并调试到位;②节段端模板严格按照图纸编号,先拼一侧行车道节段端模板,然后拼装廊道节段端模板,最后再拼另一侧行车道节段端模板;③安装下部钢壳系统,安装钢壳模板;④安装竖杆;⑤安装支座;⑥安装调节撑杆,调节各种丝杆,保证模板到位;⑦依次安装顶部和侧面端模。

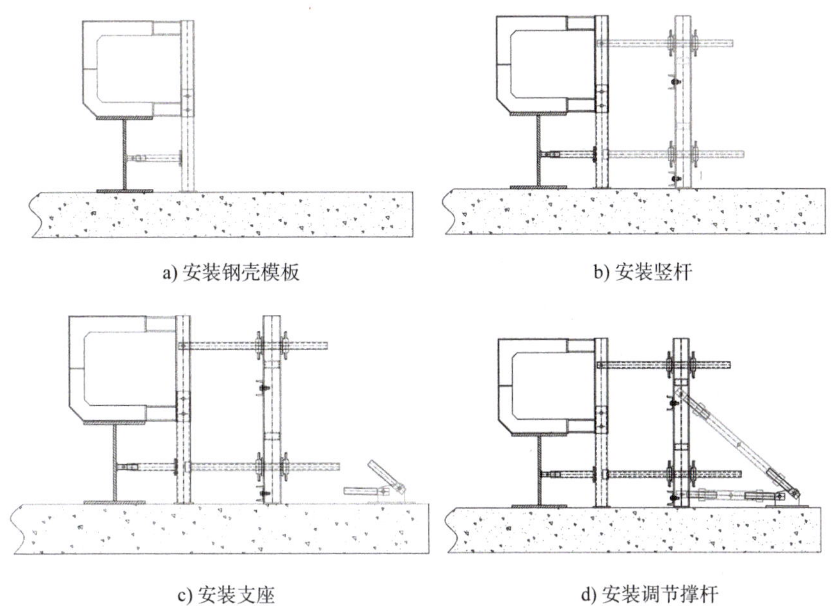

a) 安装钢壳模板　　b) 安装竖杆

c) 安装支座　　d) 安装调节撑杆

图4-57　梳齿型钢端模典型拼装工序

2)模板台车应用

如图4-58所示,在外模台车行走前,驱动液压油缸,翻转上倒角模,提升背部支撑丝杆,使得侧模脱离混凝土面。外模采用电机驱动,沿轨道行走,30min内就可完成行走。外模上倒角开设振捣孔和下料孔,其中振捣孔按1m/道布置,下料孔按3m/道布置,混凝土浇筑前,打开外模倒角的所有振捣孔和下料孔,浇筑至开孔位置,及时封闭孔洞。

图4-58　外模台车使用

如图4-59所示,在内模台车模板行走前,拆除行车道台车和廊道台车间的对拉杆,调节支撑丝杆,回收油缸至脱模状态。内模台车通过行走油缸驱动,采用步履式行走。内模台车就位后进行测量定位,采用液压油缸粗调,支撑丝杆精调。中管廊台车底板需满铺竹胶板作为压模,预留振捣孔,防止在中隔墙浇筑过程,发生翻浆;行车道台车顶板按3m/道设置下料孔。

3)模板台车监控

沉管预制模板台车监控系统是针对模板预制新工艺移动工厂概念设计开发而来的,其总体方案如图4-60所示。其中，一套主控系统对应5套台车系统，主控与台车之间采用5GHz频段的无线网桥通信，主控采集到5套台车系统的信息经由4G路由器上传至云服务器，管理人员可以通过开发的微信小程序登录系统查看现场信息。控制系统主要由主控系统、台车控制系统和云端监控系统组成。

图4-59　内模台车使用

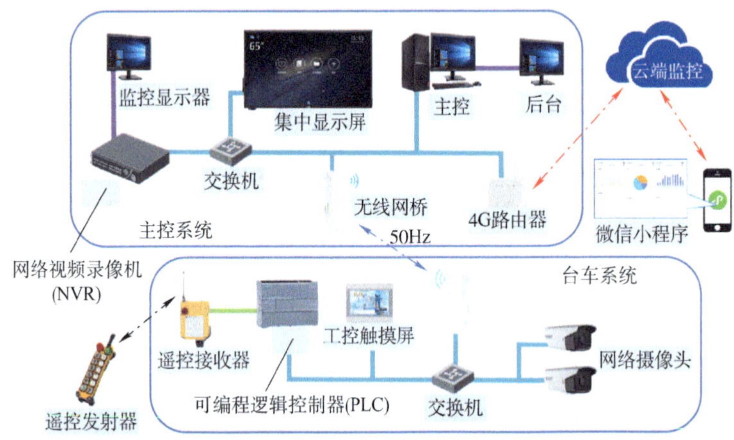

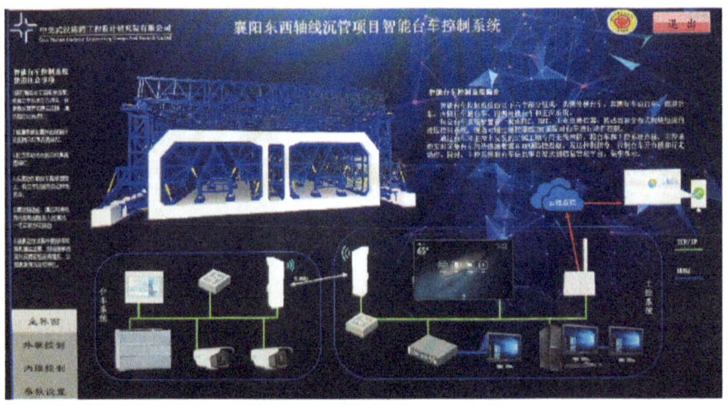

图4-60　沉管预制模板台车监控系统总体方案

主控系统采集沉管预制现场数据集中管理，将各类信息整合分类，直观地显示于主控室中的集中显示屏上，主控计算机监控台车控制系统关键位置数据，控制现场台车动作。台车控制系统接收主控指令控制台车各执行元件动作，同时采集台车数据上传至主控系统,也可以调至手动模式,在现场人机界面(HMI)上控制调整。云端监控系统可以通过微信小程序在远端查看现场信息,方便远程掌控现场进度。除上述主要组成部分外,控制系统预留多种数据接口,可灵活接入施工现场各类数据,例如现场作业人员信息、混凝土养护数据等,将这些信息整合至集中显示屏上直观显示。

4.9　移动工厂法沉管全断面预制混凝土施工关键技术

4.9.1　研发目的

沉管隧道结构属于大体积混凝土,大体积混凝土具有体积大、水化热高、热量难以释放的特点。大体积混凝土裂缝形成原因多种多样。实践经验证明,温度裂缝是工程中较为常见的裂缝,主要表现为在混凝土浇筑及成型的过程中,胶凝材料水化引起混凝土温度变化并出现收缩现象,导致有害裂缝产生。对于沉管隧道而言,裂缝会形成渗水通道,造成钢筋锈蚀、隧道渗水,影响隧道结构耐久性。

对于沉管隧道,水化热温差产生的外约束应力是产生贯穿性裂缝的主要原因。收缩当量温差引起自约束应力是产生表面裂缝的主要原因。常见的解决方法有设置后浇带或采用跳仓法施工,以分块释放温度应力,降低混凝土开裂风险。

鱼梁洲隧道管节采用C50混凝土,管节预制采用移动工厂全断面顺序浇筑法,混凝土强度高、浇筑方量大,沉管混凝土结构需满足表4-10所列的耐久性控制目标。为此,需开展大体积混凝土制备、浇筑养护、温度控制研究,为裂缝控制提供依据。

预制沉管混凝土结构耐久性控制目标　表4-10

序号	项目描述	控制目标
1	大断面、大体积结构,自防水设计	管节大体积混凝土不允许出现早期裂缝,容许的最大裂缝宽度≤0.2mm;抗渗等级≥P12
2	全断面浇筑,细部结构需采取防腐处理	混凝土质量实现标准化控制,细部结构防腐满足100年设计寿命要求
3	沉管自浮性,混凝土重度范围要求高	$(2420\pm20)\text{kN/m}^3$

4.9.2　沉管混凝土制备关键技术

1)混凝土原材料确定

鱼梁洲隧道管节混凝土所需的水泥物理性能检测结果见表4-11;粉煤灰物理性能检测结果见表4-12。矿粉物理性能检测结果见表4-13。河砂产于湖北襄阳(表4-14),石灰岩碎石产于湖北襄阳(表4-15),CP-J聚羧酸高效缓凝减水剂为自主研发,西卡高效缓凝减水剂由某公司生产。

水泥物理性能检测结果　　表4-11

厂家品牌	品种等级	比表面积(m^3/kg)	安定性(mm)	标稠用水量(mL)	初凝时间(min)	终凝时间(min)	3d强度(MPa)	
							抗折	抗压
规范要求		≥300	≤5	—	≥45	≤600	≥3.5	≥17
三峡	PO42.5	346	1.0	142	181	270	6.7	35.5

粉煤灰检测结果　　表4-12

项目	细度(%)	需水量比(%)	烧失量(%)	SO_3含量(%)	氯离子含量(%)	含水量(%)	游离CaO含量	安定性(mm)
湖北华电襄阳电厂	21.3	101	3.65	1.44	0.007	0.2	0.00	2.0

矿粉检测结果　　表4-13

指标	比表面积(m^3/kg)	密度(g/cm^3)	流动度比(%)	活性指数(%)		烧失量(%)	SO_3含量(%)	氯离子含量(%)
				7d	28d			
武钢豫航	420	2.91	102	77	97	0.37	0.40	0.005

河砂性能检测结果　　表4-14

名称	表观密度(kg/m^3)	堆积密度(kg/m^3)	细度模数	含泥量(%)	泥块含量(%)	氯离子含量(%)	云母含量(%)	吸水率(%)
河砂	2650	1570	2.7	2.4	0.5	0.009	0.2	1.0

石灰岩碎石性能检测结果　　表4-15

名称	针片状颗粒含量(%)	压碎值(%)	紧密堆积空隙率(%)	表观密度(kg/cm^3)	氯离子含量(%)	碱活性(%)
石灰岩碎石	5	9	1650	2710	0.007	0.06

2)混凝土配合比设计流程

根据不同水胶比、不同胶凝材料用量、不同掺合料比例、不同坍落度对混凝土性能影响规律的比较，在室内大量试验和模型试验验证的基础上优选出用于现场的推荐配合比。配合比设计以耐久性为核心、混凝土各项性能均衡发展为目标，遵循抗氯离子渗透性与抗裂性并重的原则。采用适中水胶比、大掺量矿物掺合料(粉煤灰和矿粉混掺)、性能优良的聚羧酸外加剂(减水剂)，尽量减少胶凝材料用量，配制低渗透、高抗裂的混凝土。沉管混凝土配合比设计流程见图4-61。

3)初步配合比设计

根据设计要求，设计密度与设计强度之间不匹配，主要体现在C50混凝土设计硬化混凝土密度为(2400±20)kg/m^3。根据原材料性质换算，含气量超过4%才能符合密度要求，但混凝土强度难以得到保证，且按照高性能混凝土控制标准，含气量应控制在3%以内。此外，推荐配合比在满足强度、工作性及耐久性的前提下，还应考虑水化热、经济性与稳定性。在上述分析之上，如表4-16所示，拟定几组初步配合比进行试拌，在工作性能符合要求的情况下再测定其力学性能、耐久性能及水化热等指标。

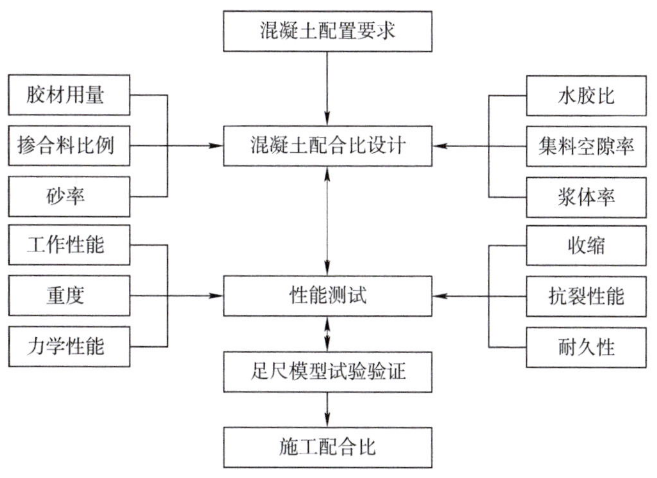

图4-61　沉管混凝土配合比设计流程

C50沉管隧道混凝土初步试配配合比(单位：kg/m³)　　表4-16

配合比编号	水泥	粉煤灰	矿粉	黄砂	水
B1	230	115	115	715	152
B2	230	138	92	715	152
B3	276	92	92	715	152
B4	276	115	69	715	152
B5	276	92	92	715	152
B6	276	115	69	715	152
B7	276	92	92	715	152
B8	276	115	69	715	152
B9	276	92	92	715	152
B10	276	115	69	715	152
B11	276	138	46	715	152

初步配合比混凝土工作性能及其抗压强度测试见表4-17，部分组混凝土状态见图4-62。

C50沉管隧道混凝土初步配合比工作状态及强度　　表4-17

配合比编号	坍落度(mm)	扩展度(mm)	混凝土状态	抗压强度(MPa)		
				7d	28d	60d
B1	200	470	不扒底、不泌水、包裹性不足、坍损大	40.8	58.3	56.4
B2	210	520		43.5	54.1	49.9
B3	215	515		46.4	57.5	49.3
B4	220	525		41.7	52.0	53

续上表

配合比编号	坍落度(mm)	扩展度(mm)	混凝土状态	抗压强度(MPa)		
				7d	28d	60d
B5	210	580	包裹性不足、坍损大、轻微扒底	51.5	61.2	62.1
B6	215	560		48.7	60.9	59.8
B7	220	580	和易性较好、稍黏、坍损小	47.2	56.2	55.5
B8	220	590		42.4	58.8	55.6
B9	220	620	流速慢、黏度适中、坍损小	51.9	65.0	62
B10	220	620		52.8	62.2	63
B11	210	610		43.6	61.8	62.3
B11	210	610		43.6	61.8	62.3

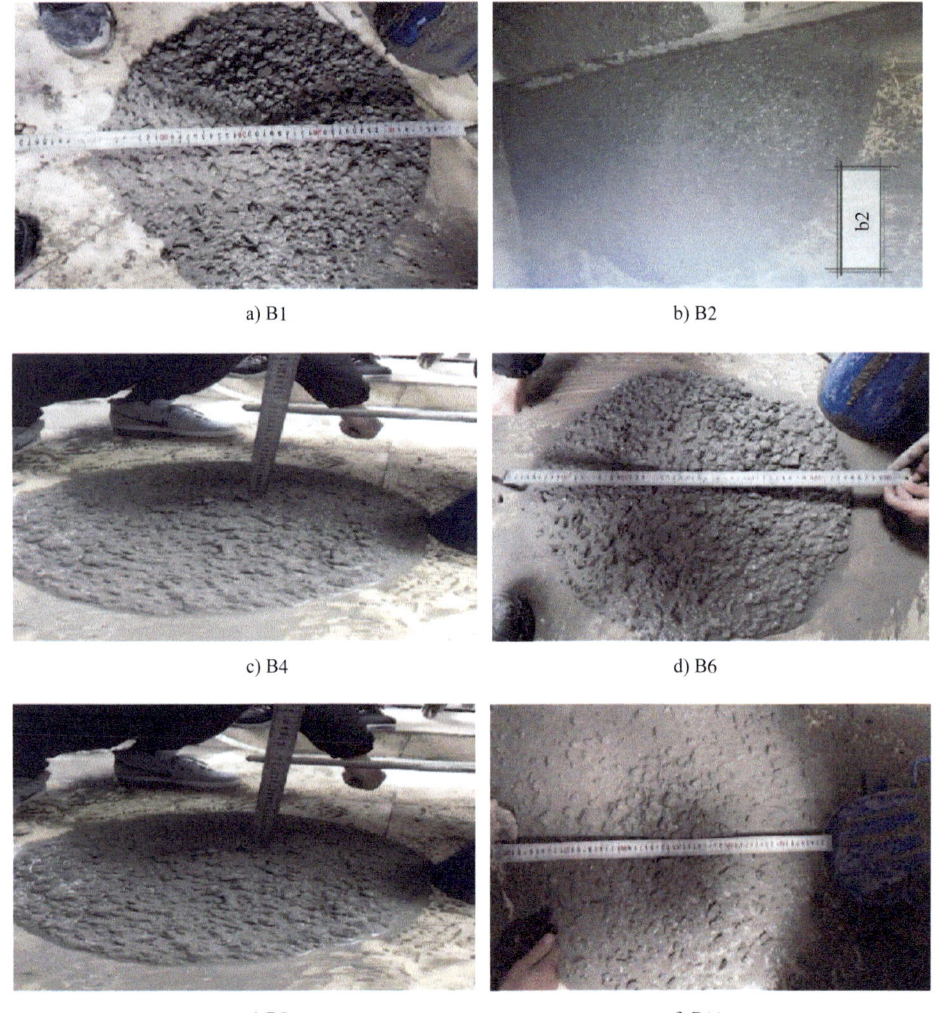

a) B1　b) B2　c) B4　d) B6　e) B7　f) B11

图4-62　各初始配合比下混凝土状态

由表4-16及图4-62，可得如下结论：①水泥坍损较为严重，在保证坍损的前提下，外加剂成本大约增加600元/t。②初始配合比影响水泥外加剂的适应性。③测试了38%~41%不同砂率下的混凝土状态，结果以40%与41%砂率较为适宜。④矿粉掺量15%较为适宜，当矿粉掺量为10%时，混凝土振捣容易泌水扒底，包裹性差；当矿粉掺量为20%时，混凝土黏稠，不利于泵送及振捣。⑤根据11组试配状态可知，配合比仍有改进提高空间，需改进外加剂。⑥掺级配混合砂的混凝土强度明显高于掺黄砂的混凝土，主要是因为黄砂中含有大量云母成分，且存在一些未知对水及外加剂吸附能力较强的物质，通过观察发现一些成团泥块，从而引起混凝土的强度降低。因此，选定级配混合砂为混凝土细集料，不建议使用黄砂。

4)配合比优化设计

根据前期试配及初步优化的试验结果，对C50沉管隧道混凝土进行优化。本次优化需考虑混凝土稠度状态、强度及耐久性，以满足设计要求。另外，由于沉管后期需通过水上浮运安装，对于密度的要求极高，混凝土密度过大或过小均无法满足浮运要求。综合考虑上述因素，通过对水泥品种、碎石比例、胶材用量、矿物掺和料掺量及比例等进行综合调整，优化配合比，以确定满足工程需要的混凝土配合比。优化配合比见表4-18。

C50沉管隧道混凝土优化配合比(单位：kg/m³)　　表4-18

配合比编号	水泥	粉煤灰	矿粉	级配混合砂	水
E1	230	161	69	714	156
E2	220	154	66	738	150
E3	210	147	63	767	143
E4	264	132	44	738	150
E5	252	126	42	767	143
E6	230	161	69	714	156
E7	220	154	66	738	150
E8	210	147	63	767	143
E9	276	138	46	714	156
E10	264	132	44	738	150
E11	252	126	42	767	143

按照表4-18中配合比进行试配，所得混凝土工作性能及抗压强度的试验结果见表4-19。

优化配合比混凝土状态及强度　　表4-19

配合比编号	坍落度(mm)	扩展度(mm)	状态	密度(kg/m³)	设计密度(kg/m³)	抗压强度(MPa)			
						3d	7d	28d	60d
E1	200	550	工作性良好	2390	2400	27.6	40.8	65.3	75.1
E2	210	500		2390	2390	33.8	44.9	63.9	65
E3	220	560		2400	2390	34.9	45.6	54.2	61.2

续上表

配合比编号	坍落度(mm)	扩展度(mm)	状态	密度(kg/m^3)	设计密度(kg/m^3)	抗压强度(MPa)			
						3d	7d	28d	60d
E4	220	550	工作性良好	2400	2390	36.4	47.8	62.6	71.7
E5	200	510	包裹性稍差	2380	2390	35.3	46.2	64.1	66.0
E6	225	570	工作性良好	2380	2400	29.8	40.3	62.9	66.8
E7	230	600		2380	2390	26.4	39.1	59.3	66.0
E8	210	530	轻微露石	2375	2390	26.1	37.8	56.5	60.6
E9	220	560	工作性良好	2380	2400	27.0	38.6	62.1	61.2
E10	220	540	包裹性一般	2370	2390	30.4	40.7	57.2	64.2
E11	240	620	工作性一般	2400	2390	31.2	43.6	55.2	60.4

由试验过程及表4-19试验结果，可得出结论如下：①三峡水泥C50混凝土7d强度均能达到设计强度的80%以上，大部分能到达设计强度的90%，预估60d强度均能满足设计要求；②C50新拌混凝土密度均控制在2400kg/m^3以下，最低组密度为2370 kg/m^3；③综合考虑混凝土工作性能、强度要求以及后期混凝土裂缝控制等要求，C50混凝土的粉煤灰掺量为35%，矿粉掺量为15%；④建议选用E2、E4两组配合比，其中E2为夏季配合比，E4为冬季配合比。通过上述试验结果，同时结合襄阳地区夏季和冬季气温变化情况，最终选用两组配合比分别作为C50预制沉管混凝土的夏季施工和冬季施工的最终配合比，具体配合比见表4-20。

C50预制沉管混凝土最终配合比（单位：kg/m^3）　表4-20

类型	水泥	粉煤灰	矿粉	粒径10~20mm碎石	粒径5~10mm碎石	级配混合砂	水	外加剂
夏季	220	154	66	956	106	738	150	4.62
冬季	264	110	66	956	106	738	150	4.40

4.9.3 沉管混凝土浇筑及养护关键技术

1)混凝土分区布料

如图4-63所示，管节节段截面共分5个区域，采用对称浇筑法，混凝土浇筑顺序为：底板中部①→底板两边部分和中隔板部分②→底板剩余部分和边隔板部分③→边中隔板中上部④→顶板⑤。总浇筑时间控制在32h左右，各区浇筑时间及强度见表4-21。

沉管底板混凝土浇筑采用4台天泵，其平面布置如图4-64所示。侧墙和中隔墙及顶板布料点纵向每3.5~4m设置一个，采用内径200~250mm的拆卸式串筒，串筒随着混凝土面上升而逐节拆除,确保混凝土的自由下落高度小于2m。其布料采用4台天泵布料。串筒施工时需要下穿顶板钢筋,由于钢筋间距过小无法满足施工要求,故需在钢筋绑扎时串筒安装处截断钢筋预留空间,待顶板浇筑前利用套筒将预留空间的钢筋补齐。底板混凝土浇筑时,腔内顶板串筒布料可全覆盖,将混凝土直接输送至浇筑位置,安排专门的布料工人引导布料即可。

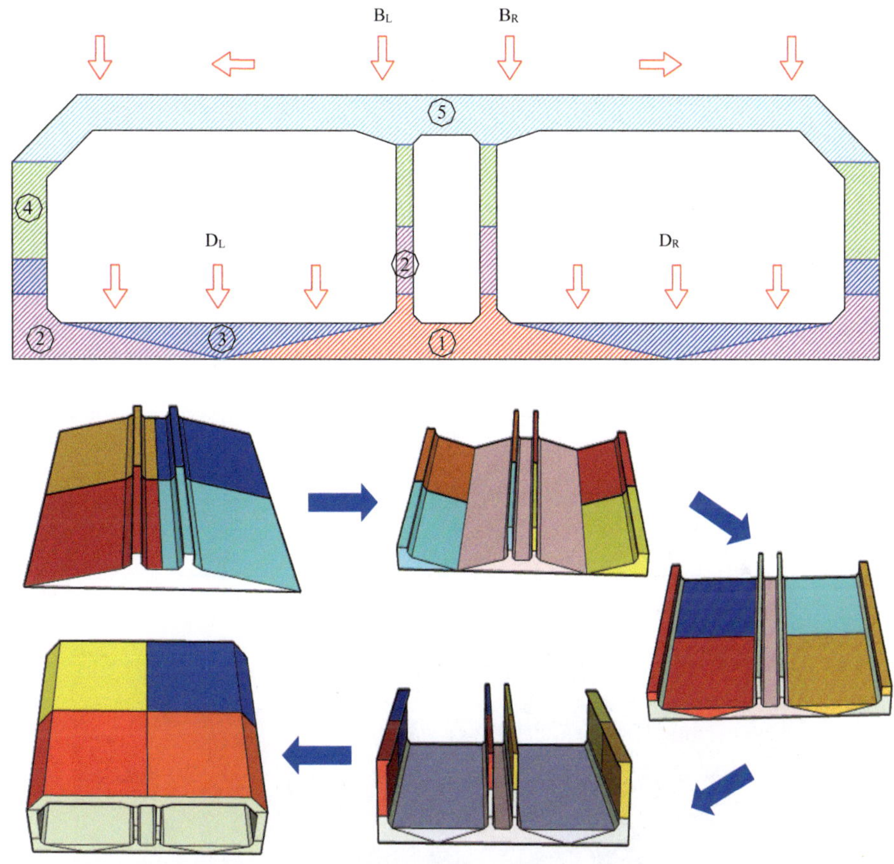

图4-63　管段混凝土分区浇筑

混凝土浇筑分区工效　　表4-21

分区号	区域及下料点描述	浇筑总量(m^3)	所需时间(h)	浇筑工效(m^3/h)
①	底板中部,从B_L、B_R下料	349.5	0~4	底板:100 隔墙:60
②	底板两边部分和中隔板部分,从B_L、B_R下料	414.5	4~11	底板:100 隔墙:60
③	底板剩余部分和边隔板部分,从D_L、D_R下料	419.3	11~17	底板:100 隔墙:60

续上表

分区号	区域及下料点描述	浇筑总量(m^3)	所需时间(h)	浇筑工效(m^3/h)
④	边中隔板中上部,从B_L、B_R下料	294.0	17~22	隔墙:60
⑤	顶板,从B_L、B_R直接下料	973.6	22~32	顶:100

注:1.最多4个点同时下料。

2.B_L-左侧行车道的两台天泵;B_R-右侧行车道的两台天泵;D_L-左侧行车道的两台天泵;D_R-右侧行车道的两台天泵。

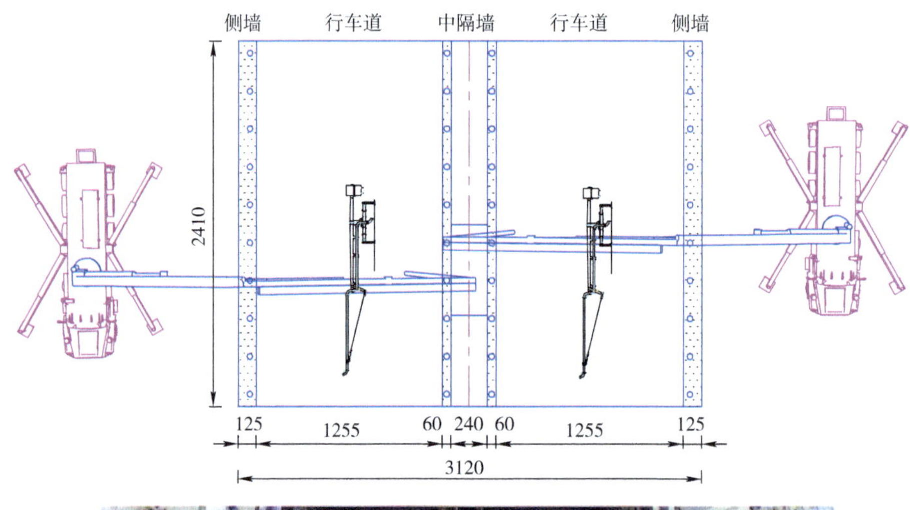

图4-64 沉管底板混凝土浇筑平面布置图(尺寸单位:cm)

2)混凝土浇筑

混凝土浇筑顺序遵循模板设计受力要求,即中隔墙混凝土先于侧墙布料浇筑,在断面上从中间向两侧布料浇筑。按照30cm的布料厚度,5个浇筑区共分为39个浇筑步骤。纵向按照由远端向近端逐层推进方法施工;断面横向按照表4-22、图4-65所示顺序进行布料浇筑。

混凝土浇筑流程　　表 4-22

浇筑区域	位置	图示	方法
①	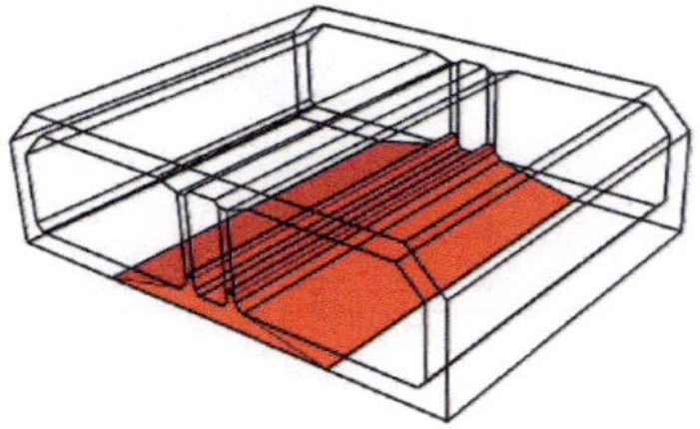	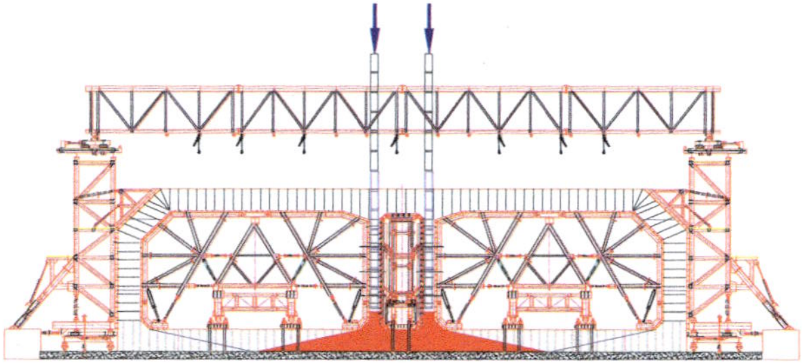	采用2台天泵：顶部2台(B_L和B_R)通过中隔墙的串筒向①区布料；从一端向另一端分层连续布料(层厚30cm)，从隔墙下料时设溜筒防混凝土离析。 浇筑步骤：底板→中部混凝土浇筑
②	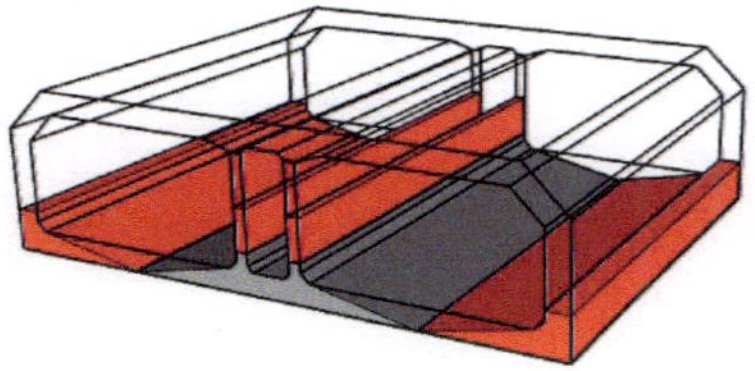	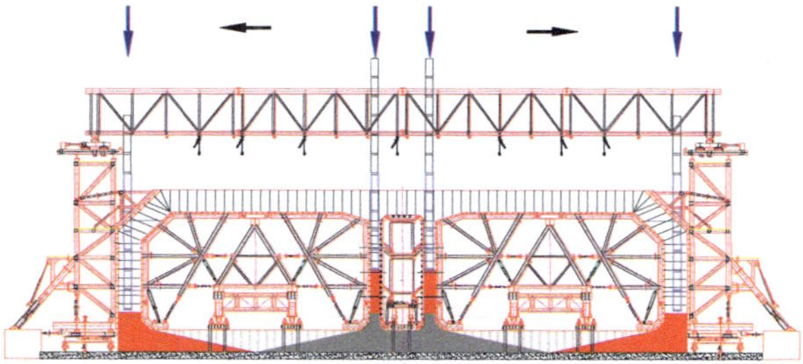	采用4台天泵布料：顶部4台(D_L和D_R)分别通过中隔墙和边隔墙的串筒向②区布料。 从一端向另一端分层连续布料(层厚30cm)，从隔墙下料时设溜筒，防止混凝土离析，保证中隔墙混凝土不出现假凝能现象

续上表

浇筑区域	位置	图示	方法
③	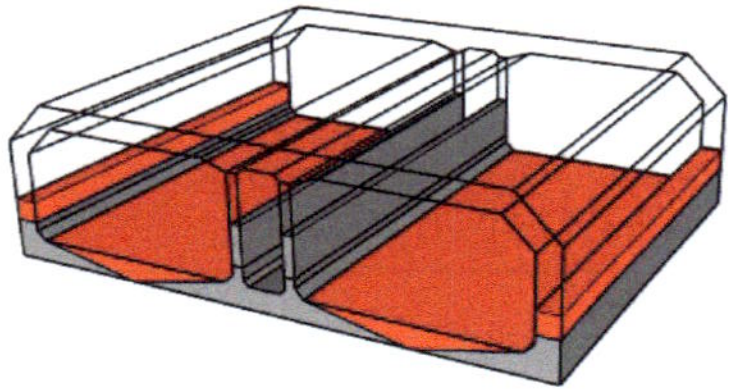	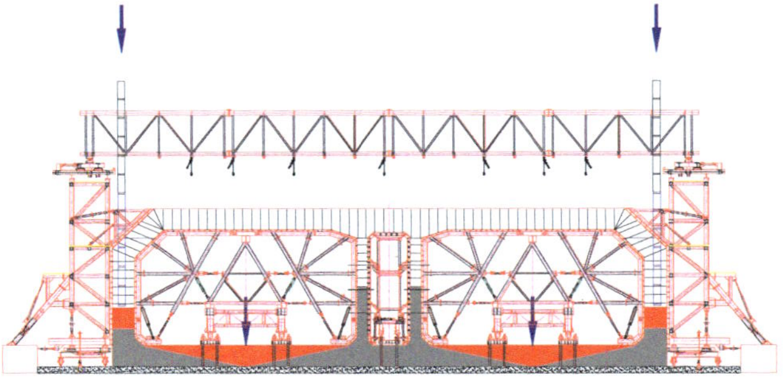	采用4台天泵和布料杆布料：顶部2台（D_L和D_R）通过中隔墙和边隔墙的串筒向③区布料；行车道顶部2台（D_L和D_R）则直接向③区布料。从一端向另一端分层连续布料（层厚30cm），从隔墙下料时设溜筒，防止混凝土离析。 浇筑步骤：先浇筑1层边隔墙，再浇筑1层边隔墙处底板，再浇筑底板中部处，确保中隔墙混凝土面高出边隔墙混凝土面，以方便混凝土侧压力的正常传递
④	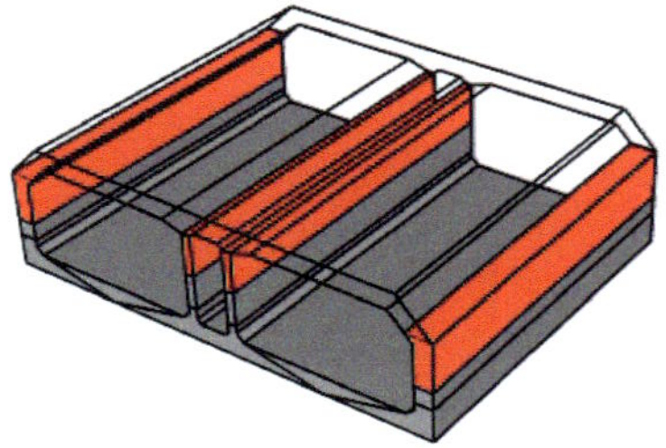	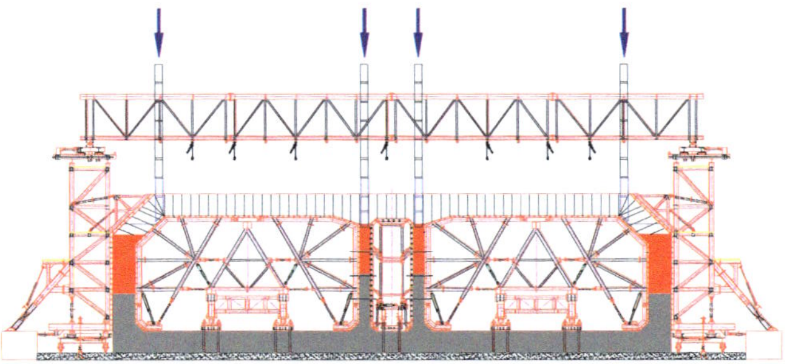	外侧模的上倒角就位，采用4台天泵：顶部4台（B_L和B_R）通过中隔墙和边隔墙的串筒向④区布料。 从一端向另一端分层连续布料（层厚30cm），从隔墙下料时设溜筒，防止混凝土离析

续上表

浇筑区域	位置	图示	方法
⑤	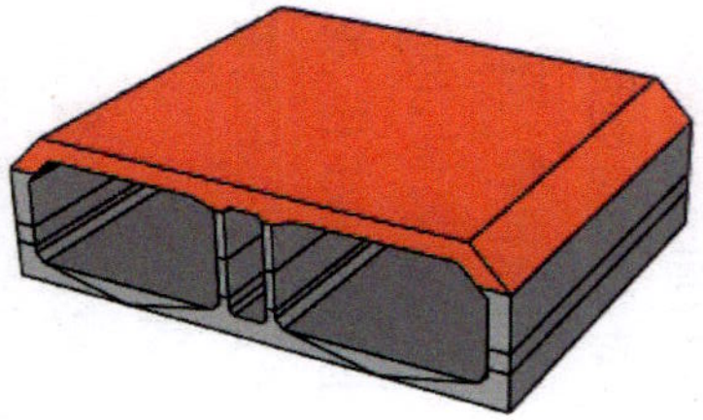	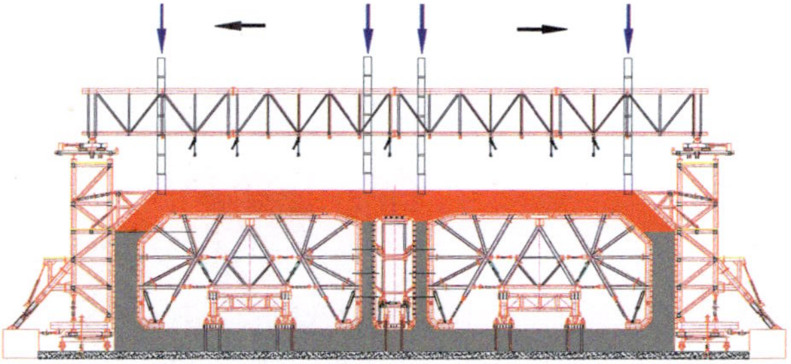	采用4台天泵。 混凝土浇筑需从一端向另一端分层连续布料(层厚30cm)

图4-65 混凝土浇筑

3)混凝土振捣与收面

如图4-66所示，浇筑混凝土时，主要采用50型插入式振捣器振捣；对于钢筋较密集特殊位置(如剪力键位置)，采用30型振捣棒振捣；对于倒角处混凝土，必要时辅以附着式振捣器。底板和顶板混凝土浇筑时，配置长4m左右的振捣棒，操作人员站在钢筋顶面进行混凝土振捣；在侧墙和中隔墙混凝土振捣时，需配置长振捣棒，电动机放在顶板钢筋上，振捣人员从顶板钢筋的预留孔道进入墙内进行混凝土的振捣工作，振捣人员站在事先布置的脚手板上，随着混凝土面的升高，更换脚手板的位置，以确保不出现漏振、欠振和过振的现象，并安排人员修复人孔位置的侧墙和中隔墙的拉钩钢筋。

对于内模倒角处混凝土，采用斜插导向管，使振捣棒覆盖全部位置；剪力键位置钢筋较密，采用30型振捣棒振捣，待混凝土浇筑振捣完成后，后安装剪力键顶部模板；钢端壳、预埋件、锚具及波纹管道等附近混凝土振捣时，应加密振捣间距，保证混凝土密实，同时，防止碰撞埋件或管道，造成埋件移位或管道破坏。

图4-66 管节混凝振捣

为了防止预应力管道连接不好或振捣造成管道变形(破裂),在混凝土浇筑前,需在管道内穿衬管,浇筑完成后及时取出衬管;在振捣过程中,应防止外力对管道造成破坏。混凝土分层浇筑和振捣,每个振捣点振捣时间为15~30s,快插慢拔。严格控制棒头插入混凝土的间距、深度,振动棒作用半径约为35cm,振捣棒移动距离不应超过振捣棒作用半径的1.5倍,如图4-67所示。上层混凝土的振捣要在下层混凝土初凝前进行,并且应插入下层5~10cm。对每一振捣部位,必须振动到该部混凝土密实位置。混凝土密实的标志是混凝土停止下沉,不再冒出气泡,表面呈现平坦、翻浆。在混凝土浇筑期间,应设专人检查模板、钢筋和预埋件等稳定情况,当发现有松动、变形和移位时,应及时处理。

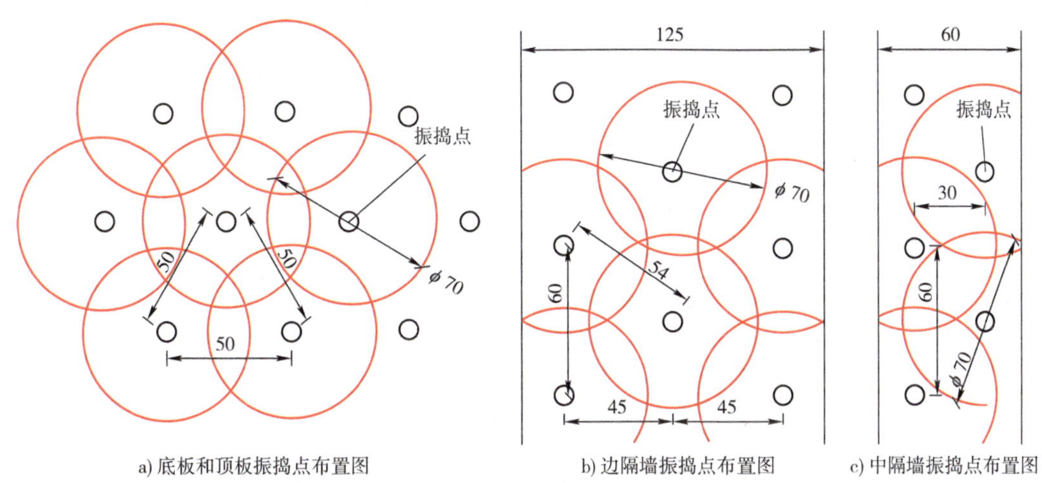

图4-67 振捣点布置图(尺寸单位:cm)

如图4-68所示,底板顶面和顶板顶面先进行粗平,振捣密实后,采取二次收面法进行收面。利用定位筋设立混凝土高程控制点,并经测量校正。节段底部顶面混凝土浇筑时,先人工用铲子进行粗平,然后参照高程控制点,人工用刮尺刮平顶面,最后进行人工收面工作。

4)混凝土养护

混凝土养护简单分为拆模前与拆模后两个阶段。混凝土初凝后到拆模前,采用覆盖土工布洒水养护方式；混凝土浇筑完成后，用土工布覆盖混凝土表面，人工用水管洒水，并24小时安排人员值班，保持土工布处于湿润状态。在混凝土强度未达到1.2MPa前，不得在混凝土上踩踏；强度达到2.5MPa前，不得使其承受行人、运输工具、模板和支架等荷载；养护人员只能在收面架上洒水，并防止混凝土遭受振动。待混凝土强度达2.5MPa后，养护人员方可在混凝土上行走。前期洒水养护如图4-69所示。

图4-68　管节混凝土收面

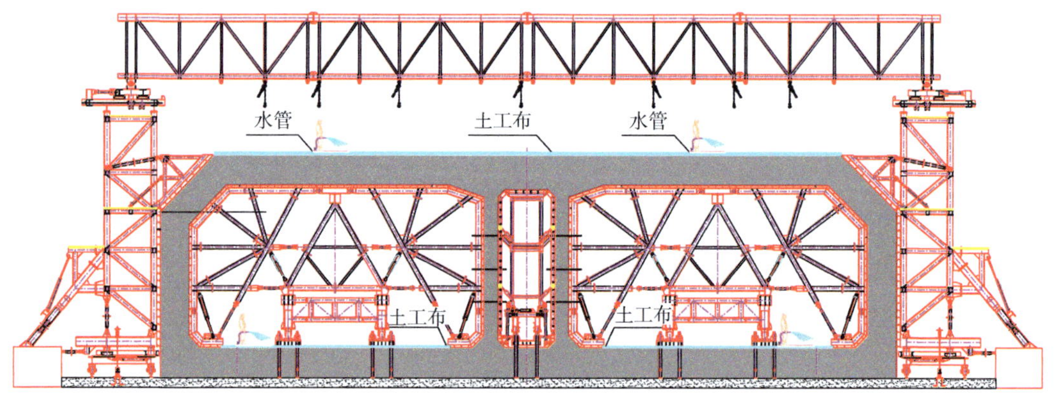

图4-69　前期洒水养护

承重底模拆模时，混凝土强度应满足规范要求，内模拆除标准为：同条件养护的混凝土立方体试件抗压强度达到30MPa以上。模板拆除前采用人工洒水养护。模板拆除移位后，采用专用的洒水设备进行喷水养护。混凝土养护由专人负责，养护时间不少于14d。当气温低于5℃时，应覆盖保温，不得向混凝土面上洒水。

混凝土表面采取保温养护方式，主要是为了控制混凝土内表温差，通过减少混凝土表面的散热，降低大体积混凝土内表温差，减小混凝土温度应力。混凝土养护包括湿度和温度两个方面。根据工程的现场实际情况采取不同保温和散热的综合措施，保证混凝土内表温差及气温与混凝土表面的温差在控制范围内。

如图4-70所示，智能超声雾化机保湿养护系统的功能主要包括混凝土内外温差控制、养护区域环境温湿度控制以及工况信息实时监控。该系统不仅可以自动监控温湿度变化，智能调节养护参数，使沉管混凝土养护工艺智能化，同时对提高混凝土早期强度并确保混凝土质量具有重要意义。

图4-70 混凝土智能超声雾化机养护和低温养护

4.9.4 沉管全断面预制混凝土温控监测技术

1)沉管预制混凝土温控标准和要求

综合开展的管节温度应力仿真分析和国内、外沉管控裂技术调研资料，并参考港珠澳大桥沉管温控标准，提出鱼梁洲隧道的温控标准，包括浇筑温度、最高温度、内表温差和降温速率4项技术指标：在高温季节，混凝土浇筑温度≤26℃；在低温季节，混凝土浇筑温度≥5℃；混凝土内部最高温度≤70℃；混凝土最大内表温差≤25℃；混凝土表面与环境温差≤15℃；养护水与混凝土表面温差≤15℃；拆模后降温速率≤2℃/d，早期降温速率≤3℃/d。

预制沉管采用干坞法预制，自动化程度高，研发全过程的可视化温度监测预警系统，对沉管管节混凝土浇筑阶段实施现场温度监控。温度监控系统具有如下特点：①采集数据并输出数字和图形化信息，直观反映沉管大体积混凝土的状态，发现异常及时发出预警信息和处理建议，提醒工程技术人员采取措施。②充分利用信息化手段，实现预制管节、原材料、搅拌站、预制厂房等相关温度、湿度信息的实时监测与预警。

结合现场施工的具体情况，在科学分析的基础上，确定现场温控参数。现场温控参数包括温度、湿度、凝结状态3类：

①温度控制参数：包括混凝土各种原材料温度、搅拌站混凝土出机温度、混凝土浇筑温度、沉管混凝土内部最高温度、厂区环境温度、养护温度等；

②湿度控制参数：预制区和养护区湿度；

③凝结状态参数：沉管混凝土侧压力和凝结时间，用以指导浇筑速度控制。

2)管节温控智能监测系统

如图4-71所示，管节温控智能监测采用自主研发的大体积混凝土智能监控系统进行，该系统具有优化设计、实时监控、用户管理及自动化装备控制等功能，系统构成包括监控设备及元件、数据传输设备及软件系统平台。通过对无线智能监测模块、智能管冷模块、智能养护模块的研发和集成,开发出具备数据分析、信息推送及预警、自动控制、远程监测等功能的一体化智能温控系统,实现混凝土温控智能化。

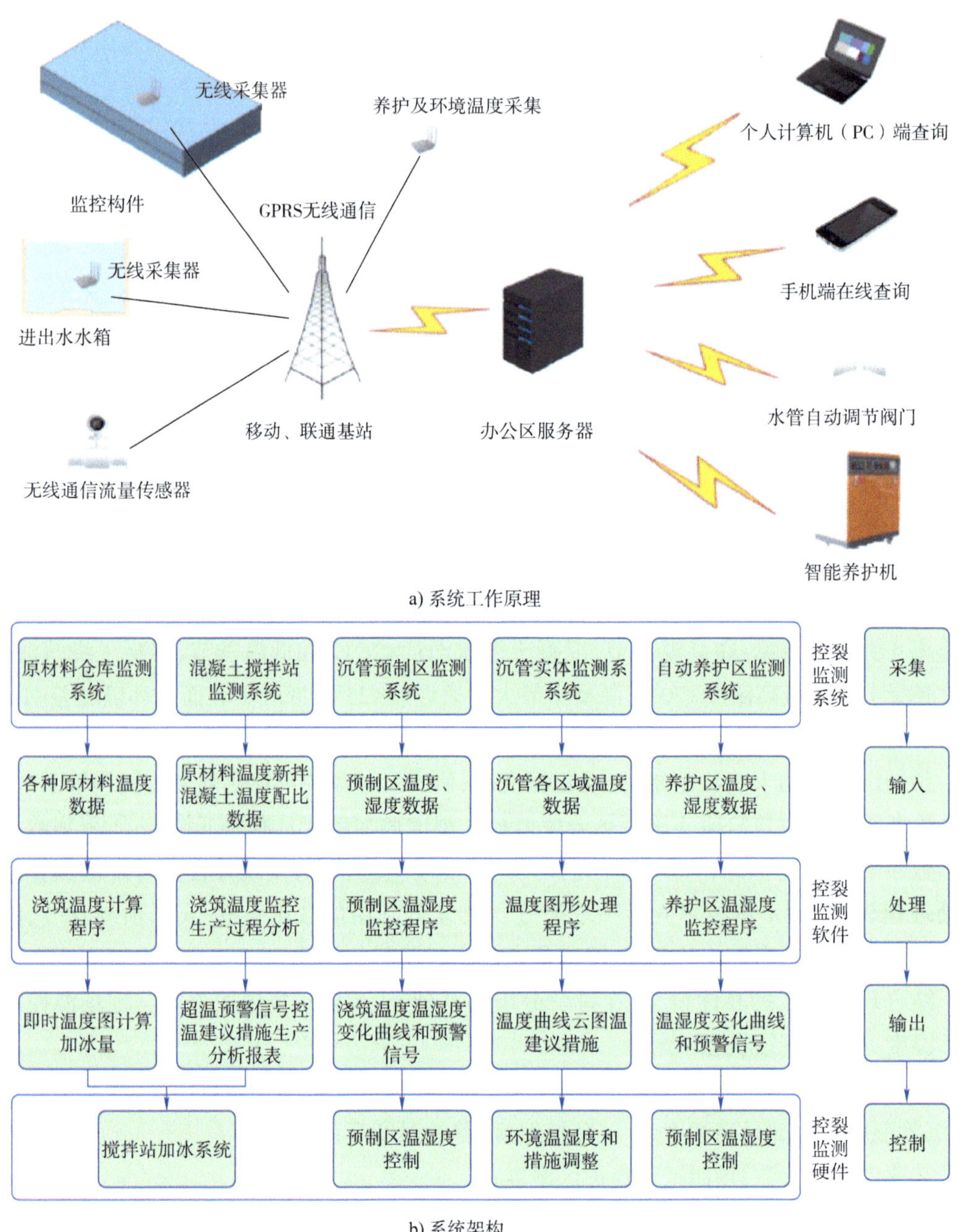

a) 系统工作原理

b) 系统架构

图4-71 管节温控智能监测系统

如图4-72所示,仪器选择依据使用可靠和经济的原则,在满足监测要求的前提下,选择操作方便、价格适宜的仪器。温度检测仪采用HWDAC无线数据采集仪,温度传感器为热敏电子传感器。

a) HWDAC无线数据采集仪

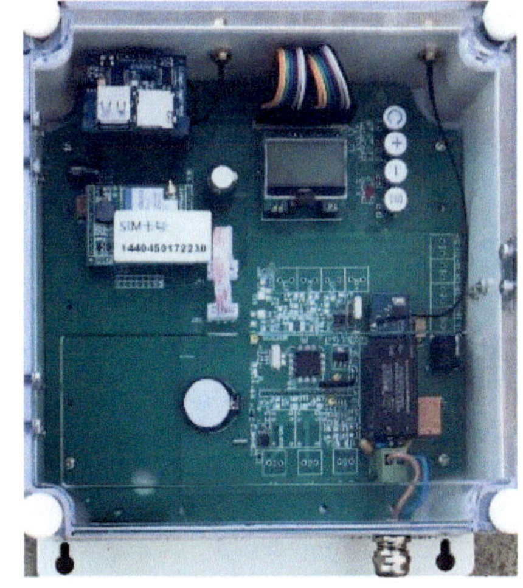

b) 一体化无线终端设备(DTU)

图 4-72　温度检测仪和传感器

监测元件埋设参照《混凝土大坝安全监测技术规范》(DL/T 5178—2016)执行,并根据桥梁大体积混凝土的特点加以改进,由具有埋设技术和经验的专业人员操作。为保护导线和测点不受混凝土振捣的影响,用等边角钢 36mm×4mm 进行保护,温度监测元件埋设如图 4-73 所示。

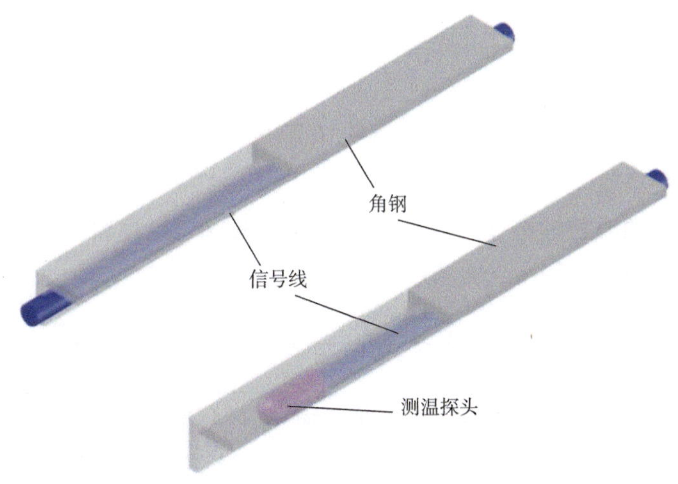

图 4-73　温度监测元件埋设示意图

温度测点布设包括表面温度测点(在构件中心部位短边长边中心线表面以下 5cm 布置)和内部测温点(布置在构件中心处)。根据对称性以及模型试验结果和其他工程经验,选取预制沉管混凝土 1/4 块的典型结构部位布置测点,温控测点布置如图 4-74 所示。

混凝土智能监控平台实时在线监控页面主要是在微信公众号及PC端网站进行展示。用户可通过微信公众号在线实时接收现场的监控数据。同时系统还设计了温差查询功能，可实时查询混凝土内表温差、最高温度的实时数据及变化曲线。

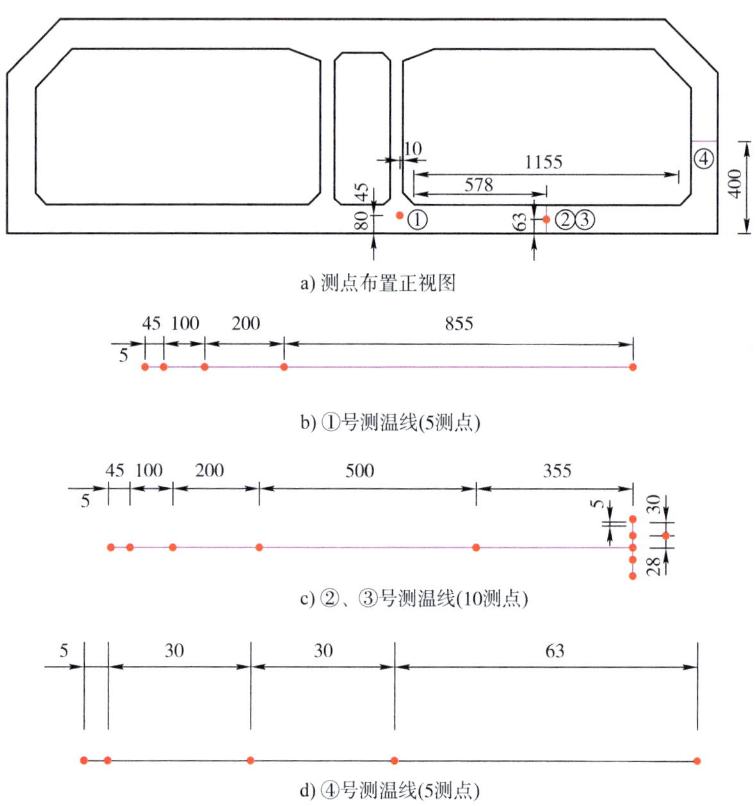

图4-74 沉管温控测点布置(尺寸单位:cm)

3)原材料温度控制

根据预制沉管的温控标准,研究提出水泥、粉煤灰、矿粉、集料等原材料的温度控制推荐指标和措施,如表4-23所示。

原材料推荐温度控制标准和措施　　表4-23

材料	温度控制指标	温度控制措施
水泥	≤55℃	水泥厂设置中间仓储降温,保证出厂水泥温度≤55℃
矿粉	≤45℃	出厂温度≤50℃,中间仓储存倒运,使用温度≤45℃
粉煤灰	≤45℃	出厂温度≤50℃,中间仓储存倒运,使用温度≤45℃
砂	≤30℃	材料提前进场、入库储存,料场搭棚遮阳
石	≤30℃	材料提前进场、入库储存,料场搭棚遮阳
水	≤5℃	2台5t/h的制冷机组制取冷水
外加剂	≤30℃	材料入库储存

对原材料仓库、混凝土搅拌生产、干坞预制区环境、预制区沉管实体、自动养护区五大区域传感系统布置要求如下：

(1)原材料仓库监测系统考虑粉料、砂、石、水等仓库内的温度监测，每个粉料仓布设一个测温点，砂石仓沿垂直方向不同高程布设不少于3个点，保证数据的代表性和延续性；

(2)混凝土搅拌站监测系统布置，考虑与搅拌站自身监控系统或控制平台数据库进行接驳，采集数据用于分析处理；

(3)干坞预制区温湿度监测布置要求覆盖浇筑区和养护区；

(4)现场监测采用全覆盖的模式，对原材料、混凝土生产和浇筑、浇筑区、养护区温度、湿度情况埋设固定测点给予24小时监控。

管节混凝土浇筑过程中，原材料温度监测情况如图4-75所示。

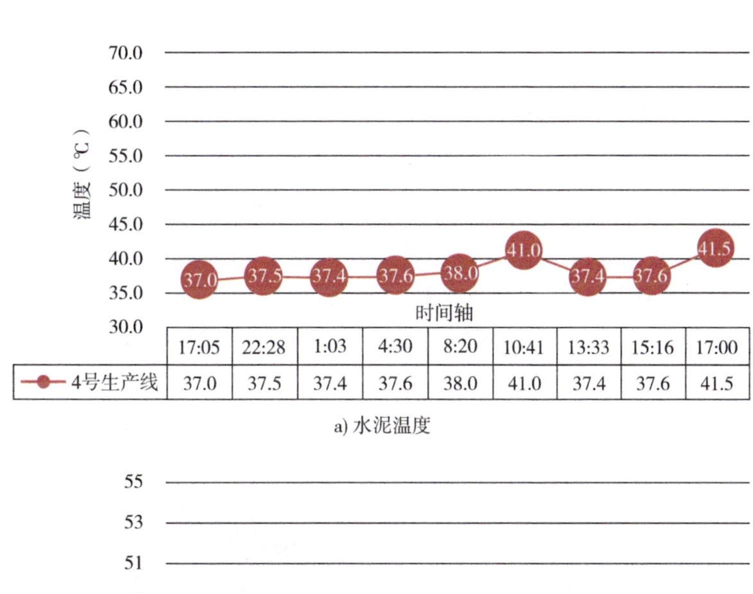

	17:05	22:28	1:03	4:30	8:20	10:41	13:33	15:16	17:00
4号生产线	37.0	37.5	37.4	37.6	38.0	41.0	37.4	37.6	41.5

a) 水泥温度

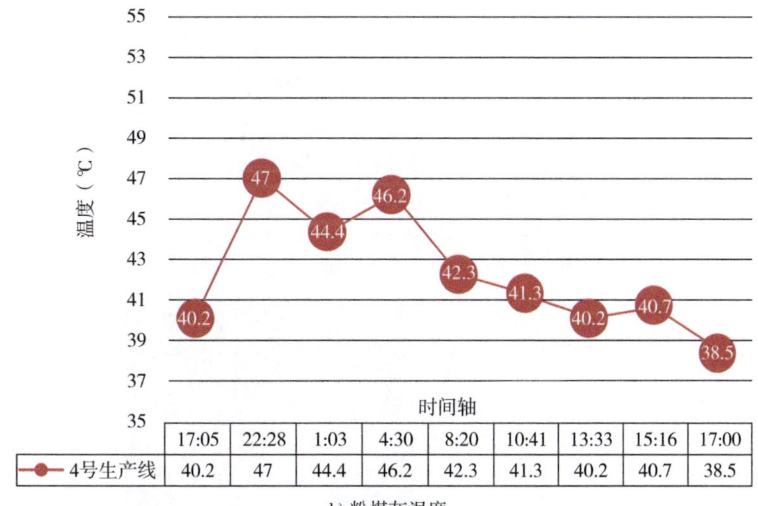

	17:05	22:28	1:03	4:30	8:20	10:41	13:33	15:16	17:00
4号生产线	40.2	47	44.4	46.2	42.3	41.3	40.2	40.7	38.5

b) 粉煤灰温度

图　4-75

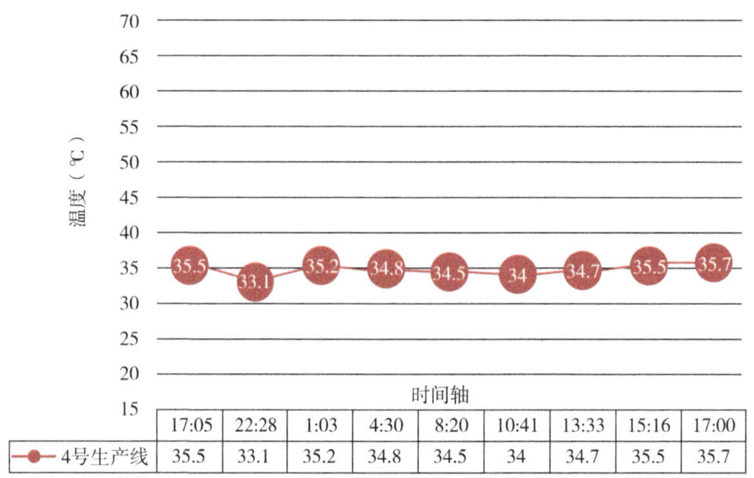

	17:05	22:28	1:03	4:30	8:20	10:41	13:33	15:16	17:00
4号生产线	35.5	33.1	35.2	34.8	34.5	34	34.7	35.5	35.7

c) 矿粉温度

图4-75 原材料温度变化曲线

4)浇筑温度控制

降低混凝土的浇筑温度对控制混凝土裂缝非常重要。相同的混凝土,浇筑温度高的温升值要比浇筑温度低的温升值大许多。如图4-76所示,根据热平衡原理,采用加冰降温措施控制浇筑温度,取消冷却水管降温措施。按照热平衡原理估算浇筑温度,反推片冰的需求。加冰量依据环境温度和浇筑温度要求变化,片冰温度控制在-5℃,提前1d制冰储存于冰库,冰库温度保持-8℃,防止局部融化结团,片冰厚度控制在2mm左右,使其能快速融化,提高冷却效率。

图4-76 制冰系统

高温季节，环境温度较高，根据环境温度的不同，可计算出拌和水需求温度及碎冰拌和的加冰量要求。1kg片冰融化为水，大约需要吸收335kJ热量，考虑到搅拌过程中的冷量损失，通过计算，每使用10kg冰取代水参与混凝土拌和，混凝土温度约下降1℃，具体计算结果见表4-24。水泥温度70℃比55℃拌和的混凝土温度高约1.1℃。实际使用中水泥温度无法满足要求时，可通过增加加冰量进行调控。因此，要满足26℃的出机温度，必须保证用冰量和设备完好，这是控制混凝土开裂的主要风险和关键因素。

高温季节加冰量估算结果 表4-24

时间	平均气温(℃)	水泥温度取值(℃)	掺合料温度取值(℃)	集料温度取值(℃)	拌和水温度取值(℃)	碎冰加冰量(kg)	预估C50混凝土浇筑温度(℃)
7—8月	28.5	55	45	30	10	60	24.2
7—8月	28.5	55	45	30	10	50	25.3
7—8月	28.5	55	45	30	10	40	26.4
7—8月	28.5	55	45	30	10	30	27.5
7—8月	28.5	70	45	30	10	60	25.3
7—8月	28.5	70	45	30	10	50	26.4
7—8月	28.5	70	45	30	10	40	27.5
7—8月	28.5	70	45	30	10	30	28.6

常温及低温季节，环境温度同步下降带动混凝土表面温度降低，内表温差不会像核心温度那样因为平均气温降低而有规律性地下降，控制内表温差是一项全年、全气候性控制重点指标。为保证混凝土内表温差在可控范围之内，常、低温季节同样需采用加冰降温的方式严格控制混凝土浇筑温度，估算常温季节加冰量为10~40kg/m³，低温季节加冰量为0~25kg/m³。具体加冰量参考表4-25。

全年加冰量估算参考 表4-25

月份	1月	2月	3月	4月	5月	6月
平均气温(℃)	4±4	6.5±4.5	12.5±4.5	19±5	23.5±4.5	27±4
加冰量(kg)	0	0~10	10~20	20~40	30~50	40~60
月份	7月	8月	9月	10月	11月	12月
平均气温(℃)	29.5±4.5	28.5±4.5	23.5±4.5	18.5±4.5	11.5±3.5	6±4
加冰量(kg)	40~60	40~60	30~50	20~40	10~20	0~10

5)水化热温升控制

混凝土水化热温升与胶凝材料总量和水化放热速度有关。因此，对水化热温升的控制需要注意以下几个方面：①严格控制混凝土配合比，加强对混凝土用水量和砂、石含水率的控制。②防止运输过程混凝土温度上升，在混凝土搅拌运输车的罐体外加吸水帆布，并在运输过程中淋水，以降低罐体阳光照射下的温升；控制运输过程中罐体转速。③控制施工环境温湿度，高温浇筑时段，利用高压雾炮来控制浇筑区环境温度，避免浇筑区温度过高。

6)温度监测结果与分析

在管节混凝土浇筑阶段，混凝土温度监测从测点覆盖后便开始，典型混凝土温度监测曲线如图4-77所示。由图4-77可知，早期混凝土处于缓凝阶段，温度监测结果显示温度走势小幅横盘上扬；在15h后，混凝土温度加速上升，在到达温度峰值之前升温速率逐渐降低；在温峰过后，混凝土温度平稳下降；在混凝土达到温峰附近混凝土内表温差达到峰值。

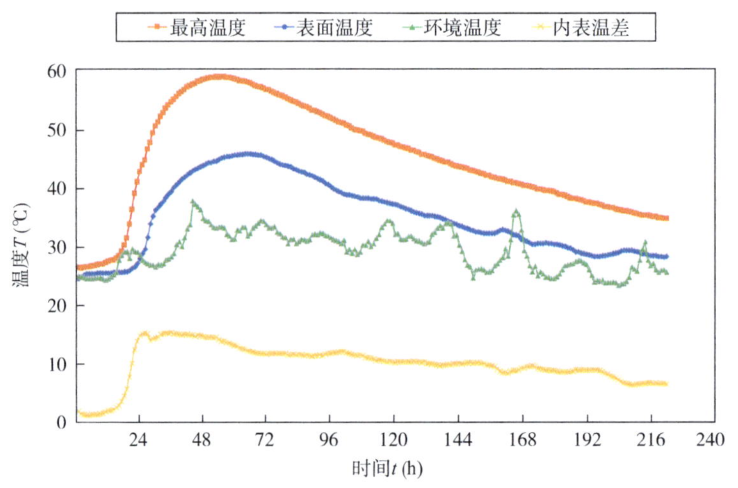

图4-77　典型混凝土温度监测曲线

东汉沉管各管节的混凝土浇筑温度监测结果见表4-26。从表4-26可看出，东汉沉管预制时间主要集中在秋冬季节，混凝土入模温度、内部最高温度随时间逐渐降低，所有沉管节段混凝土最高温度最大值为62.1℃，最小值为44.9℃。混凝土实际温升值同样随着时间逐渐下降，从35℃降至29℃。在内表温差方面，由于沉管结构壁厚1.25m，板体尺寸较大，属于薄壁大体积混凝土结构。监测结果显示，混凝土内表温差大部分情况低于20℃，少数情况大于20℃，满足低于25℃的标准要求。同样由于薄壁结构影响，混凝土浇筑温度受环境气温和气候变化影响明显，混凝土降温速率较快。

东汉沉管浇筑温度监测结果汇总　　表4-26

节段	入模温度(℃)	最高温度(℃)	内表温差(℃)	浇筑时间
ES	23.2~26.0	59.1	15.4	2019/08/03
E1-1	23.0~26.0	59.4	24.0	2019/09/10
E1-2	24.0~26.0	58.1	20.1	2019/09/23
E1-3	20.0~22.7	51.3	18.5	2019/10/07
E1-4	19.0~21.0	51.9	18.9	2019/10/19

续上表

节段	入模温度（℃）	最高温度（℃）	内表温差（℃）	浇筑时间
E1-5	17.0~19.0	49.5	15.2	2019/11/01
E2-1	18.0~22.7	50.1	21.3	2019/11/14
E2-2	17.6~20.6	48.8	19.9	2019/11/23
E2-3	17.5~21.0	47.1	21.1	2019/12/04
E2-4	16.0~18.0	45.0	19.6	2019/12/15
E2-5	15.9~17.8	46.9	19.9	2019/12/27
E3-1	18.6~27.6	62.1	21.7	2019/09/01
E3-2	23.0~26.0	58.1	20.3	2019/09/14
E3-3	24.0~27.0	58.8	18.6	2019/09/27
E3-4	19.0~21.0	51.2	19.8	2019/10/11
E3-5	20.1~23.8	51.5	18.2	2019/10/24
E4-1	18.0~23.3	49.5	19.2	2019/11/09
E4-2	17.4~19.9	49.1	17.6	2019/11/19
E4-3	15.1~17.3	47.5	18.1	2019/11/30
E4-4	18.2~19.2	47.9	19.8	2019/12/09
E4-5	16.3~18.1	48.5	20.1	2019/12/22
E5-1	18.0~23.0	52.7	14.8	2019/10/17
E5-2	20.1~22.3	50.8	15.5	2019/10/30
E5-3	22.5~25.2	53.6	20.1	2019/11/12
E5-4	17.0~19.2	48.1	19.1	2019/11/26
E6-1	16.0~20.0	47.9	18.0	2019/12/11
E6-2	14.0~16.0	48.8	17.8	2019/12/19
E6-3	14.9~19.6	46.6	17.6	2019/12/29
E6-4	15.1~16.2	44.9	19.9	2020/01/12

4.10　本章小结

本章的主要研究内容及结论如下：

(1)对现有的大体积混凝土浇筑后浇带法、跳仓法及固定工厂全断面管体节段预制法的施工原理、工艺优缺点进行了综合对比分析，综合借鉴跳仓法的工艺原理及全断面节段预制的优势，创造性提出了移动工厂法钢筋混凝土整体式管节全断面预制关键技术，即沉管混凝土结全断面一次浇筑成型，可最大程度降低渗水风险；采用移动工厂法顺序浇筑混凝土，可实现相邻节段流水工序分仓顺序浇筑施工，避免了工序等待时间，可大幅提高整体施工效率,缩短沉管预制工期。

(2)以120.5m标准管节浇筑为对象,建立管节混凝土浇筑有限元数值仿真模型,考虑连续3次节段浇筑的施工流程及混凝土配合比、热力学参数、外界环境温度边界条件的影响,对移动工厂法钢筋混凝土整体式管节全断面预制工艺过程进行了混凝土浇筑控裂数值仿真,研究了混凝土浇筑所诱发的温度场、应力场、应变场演化规律,计算了不同工况下管节混凝土抗裂安全系数,得出需将相邻节段浇筑时间间隔控制在14d以内,以有效降低混凝土开裂风险。

(3)选取边墙倒角和中隔墙倒角位置的浇筑块进行了局部块体浇筑模型试验,全面检验了原材料配合比、混凝土密度、坍落度、抗压强度等重要参数,并对施工工艺、混凝土施工性能、控裂措施、脱模材料、智能温控技术、混凝土养护措施进行了再优化;建议将纵向主筋调整设置为辅助架立筋,钢端壳预埋件锚筋优化为套筒直锚筋的结构形式,确定选用三峡水泥和第4种施工配合比;通过对原材料温度进行控制,调整加冰量控制入模温度;浇筑温度智能温度监测表明,内部最高温度、内外温差等关键指标均满足规范要求,为节段预制温控措施提供指导。

(4)针对常规采用固定式支架或脚手架平台绑扎顶板钢筋工效低、工序烦琐的问题,研发了具备自行走功能、装配式三角结构的沉管顶板钢筋台车,形成了自行走钢筋台车设计关键技术,将顶板钢筋优化为非关键线路,缩短了浇筑间隔时间;针对设计的自行走钢筋台车,研究了钢筋台车的拼装、使用及拆除施工工艺,经实际应用,钢筋台车拼装及拆卸简易快捷、移位快速高效,形成了自行走钢筋台车应用关键技术。

(5)针对顶板钢筋绑扎完成后无法顺序移出钢筋台车及移入内模台车的问题,研发了顶板钢筋体系转换方法及装置,设计了体系转换专用吊架,上部通过手拉葫芦与外模顶层桁架连接,下部通过花篮螺栓及钢丝绳连接钢筋笼,实现了施工空间上的可调可控;形成了顶板钢筋体系装换的施工工艺,外模拆模后移至顶板钢筋笼节段,吊架持力后,同步移出钢筋台车,移入内模台车。

(6)针对传统的模板及支架结构所面临的混凝土外观质量控制难度大、模板拆除时间长、施工效率低及降低管节的防水性能的问题,研发了步履支撑自行走全断面液压模板台车系统,内模台车采用三角型桁架结构及液压步履式自行走系统,实现了内模的快速移位且节约针型导梁占用空间;外模采用无拉杆斜支撑桁架结构,降低了结构的渗水风险;端模采用梳齿型组合钢模,拆除和安装方便,可重复利用,减少了资源的浪费,提高了周转利用率;形成了自行走全断面液压模板台车成套设计关键技术,实现了内模的快速移位和模板体系的集约化。

(7)针对管节大体积混凝土温度裂缝控制难的问题,开展大体积混凝土制备、浇筑养护、温度控制研究;采用混凝土配合比优化设计方法,实现了混凝土密度范围的有效控制,形成了高强大体积混凝土配合比设计及制备技术;分析了混凝土分区布料、分区浇筑施工工艺、内腔智能超声雾化机养护的可行性,形成了沉管大体积混凝土浇筑与养护工艺的施工关键技术;制定了大体积混凝土温控监测标准,研发了管节智能温控系统,提出了混凝土原材料及浇筑温度控制措施、温度监测监控措施;通过控制混凝土的入模温度、智能超声雾化机保湿养护等技术,实现了移动工厂法全断面预制有效控裂,保证了沉管预制质量。

第5章　内河沉管隧道新型舾装件设计与施工关键技术

5.1　概述

沉管管节安装过程可分为舾装、浮运、沉放与水下对接，其中舾装是沉管管节出坞、浮运、安装的必备环节，在整个沉管安装过程中起着较为重要的作用。管节舾装设备较多，主要分为干坞内进行的一次舾装以及安装前进行的二次舾装。一次舾装设备主要包括GINA橡胶止水带及保护装置、端封门、压载水系统、钢端壳面板等。二次舾装设备主要包括拉合千斤顶、沉放驳、测量控制塔、人孔等。舾装件的安装精度对沉管的浮运、安装影响重大，须在其安装过程中进行细致的精度控制，确保管节安装顺利实施。管节接头处的GINA橡胶止水带、管节两侧的端封门、管节内部压载水系统属于沉管关键舾装设备，将直接影响到沉管隧道的水密性及沉放安全性。

本章基于鱼梁洲隧道，针对沉管新型舾装件开展研究，研发了国产化GINA止水带，其密封性、稳定性及变形力学特性均达到欧洲标准，打破了国际垄断；首创了无焊接装配式钢端封门，实现了材料的循环使用，解决了传统混凝土结构端封门与焊接式钢端封门安装与拆除时作业效率低下、产生废气等问题；研发了基于柔性水袋的沉管隧道新型压载水系统，实现了压载水系统构件的多次重复使用，提高了压载水系统施工的效率。

5.2　国产化GINA橡胶止水带设计与安装工艺研究

5.2.1　沉管隧道GINA止水带工艺现状

如图5-1所示，目前在沉管隧道接头设计中通常采用GINA止水带和OMEGA止水带作为柔性管节接头的两道防水屏障。自从1968年GINA止水带成功应用以来，几乎所有的沉管隧道都采用该水下连接方式。荷兰TRELLEBORG是目前沉管隧道橡胶止水带的比较成熟的国外生产厂家之一，几乎垄断了国内外(除日本外)所有的沉管隧道柔性接头GINA止水带生产。随着国内基建的发展，GINA止水带的需求量越来越大，打破国外垄断，生产国产化GINA止水带具有重要意义。目前国内沉管隧道接头关键止水带装备仍然依靠进口，国外装备形成了很大的技术和价格垄断，对我国在该领域的自主技术创新和产品国产化形成了较大阻碍，国产关键止水带装备尚缺乏系统的研究和工程应用。

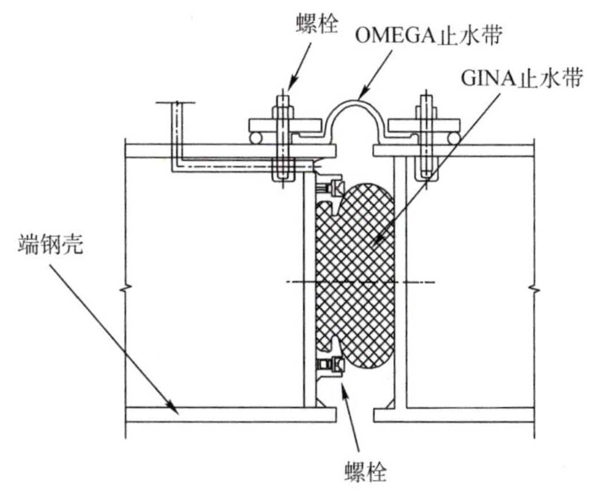

图 5-1　GINA+OMEGA 双道防水构造

5.2.2　GINA 止水带模型试验研究

鱼梁洲隧道共设置 12 处管节接头，每个沉管接头均设置端钢壳、剪力键、预应力混凝土(PC)拉索等构造，采用 GINA+OMEGA 止水带双道止水，GINA 橡胶止水带采用自主研发的国产化止水带产品，沉管隧道管节接头如图 5-2 所示。隧址区最高水位高程为+65.413m，平均水位高程为+62.73m，最低水位高程为+62.033m；各管节接头止水带水压条件见表 5-1。结合 GINA 止水带的功能和设计需求，采用国产材料和自主工艺加工制作 43、48、58 ShaA 三种硬度的止水带足尺模型，开展应力松弛、压缩性能和水密封性能三类试验。其中，压缩和水密封试验考虑了沉管在运营期因地震、地基不均匀沉降等因素可能引起的接头水平错动、竖向错动、偏转等特殊不利工况；每种工况设置不少于两个试验样品。

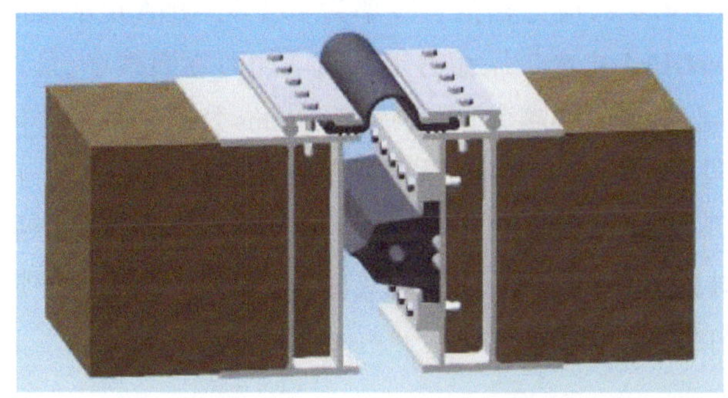

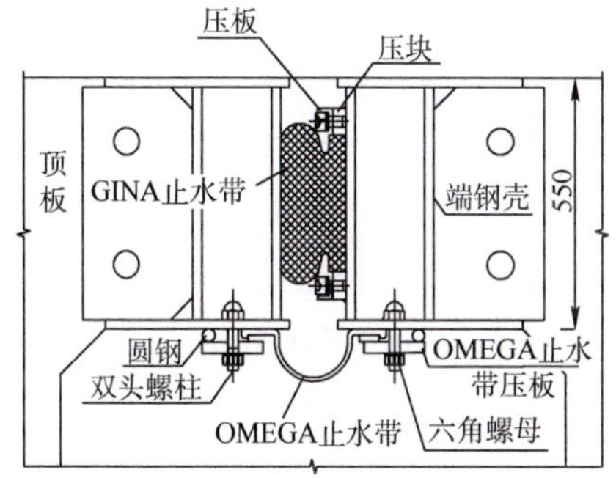

图 5-2　鱼梁洲隧道管节接头(尺寸单位：mm)

鱼梁洲隧道管节接头中心处水头高度　　表 5-1

接头位置	东汉沉管管节接头						
	ES~E1	E1~E2	E2~E3	E3~E4	E4~E5	E5~E6	E6~岸边
中心水头(m)	11.2	16.3	18.0	19.1	20.2	19.5	16.9

接头位置	西汉沉管管节接头				
	岸边~W1	W1~W2	W2~W3	W3~W4	W4~WS
中心水头(m)	10.2	14.3	17.9	18.4	15.7

1)应力松弛试验

GINA止水带应力松弛试验如图5-3所示，应力松弛试验样品采用等截面尺寸结构，结合考虑试验台空间范围，产品长度为0.2m，样品共4条，橡胶料硬度为48 ShaA。分部对其开展初始压缩量为50mm、70mm、110mm、125mm的四种工况应力松弛试验，获取应力松弛曲线。试验样品高×宽×长为27.5cm×29.5cm×20cm，通过加载压缩装置将止水带压缩至某一初始压缩量后，采用螺柱与螺母结构固定维持压缩量不变，通过上部应力传感器持续记录应力随时间松弛衰减情况。以压缩30min后相对稳定数值为初始压缩应力。

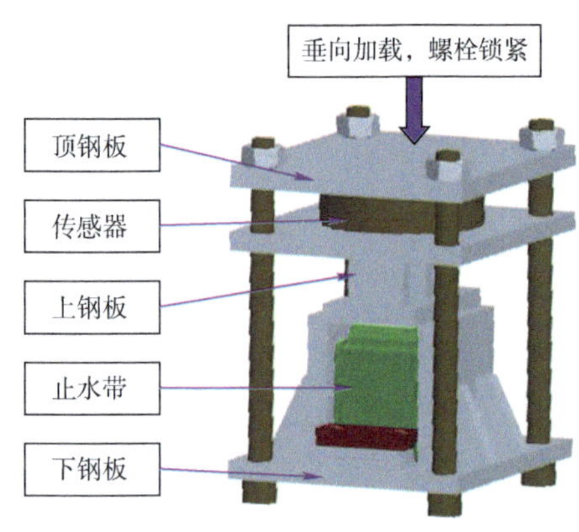

图5-3　GINA止水带应力松弛试验示意及装置

GINA止水带应力松弛试验曲线如图5-4所示。由图5-4可知，基于Arrhenius(阿累尼乌斯)公式，可推测在50mm初始压缩量条件下，压缩100年后对应的GINA止水带压力值为初始压力值的69.4%，应力松弛衰减率为30.6%；在125mm初始压缩量条件下，压缩100年后对应的GINA止水带压力值为初始压力值的56.9%，应力松弛衰减率为43.1%；GINA止水带的压缩力与时间对数之间呈线性衰减关系；GINA止水带压缩力随时间增加而逐渐减小，且逐渐趋于稳定收敛；初始压缩量越大，应力松弛衰减率越大；可利用Arrhenius公式来推算一定的预紧力下，止水带密封接触压力随服役时间的变化关系，从而判断在预定安装条件下，止水带在100年的使用期内能否满足密封不漏水要求。如图5-5所示，通过将国产止水带产品应力松弛数据与某国外进口产品进行对比分析，国产产品平均衰减率为35%，优于国外进口产品的平均衰减率(37.5%)，国产产品的耐久性能略优。

2)压缩试验

针对43、48、58 ShaA三种硬度的GINA止水带分别开展正压、接头偏转0.1°、接头偏转0.22°三种工况的压缩试验，模拟研究沉管接头在正常工况和沉放后产生偏转工况下的止水带压缩性能，获取止水带压缩变形曲线。试验样品高×宽×长为27.5cm×29.5cm×50cm，采用纵向等截面尺寸，样品长度确定为0.5m，且通过水密封试验样品6.2m产品进行复核对比。0.5m长止水带样品在43、48、58 ShaA硬度下各有2条；6.2m长止水带样品在43、48 ShaA硬度下各有1条。通过压缩止水带产品，获得止水带的力-压缩量关系曲线，并结合应力松弛试验数据，获得100年后压缩力与压缩量的关系曲线。长度0.5m产品在300t压力试验机上完成，长度 6.2m 产品在 2500t 压力试验机上完成。通过调节试验机顶钢板坡度，模拟接头偏转角度。GINA 止水带样品压缩试验如图 5-6 所示。

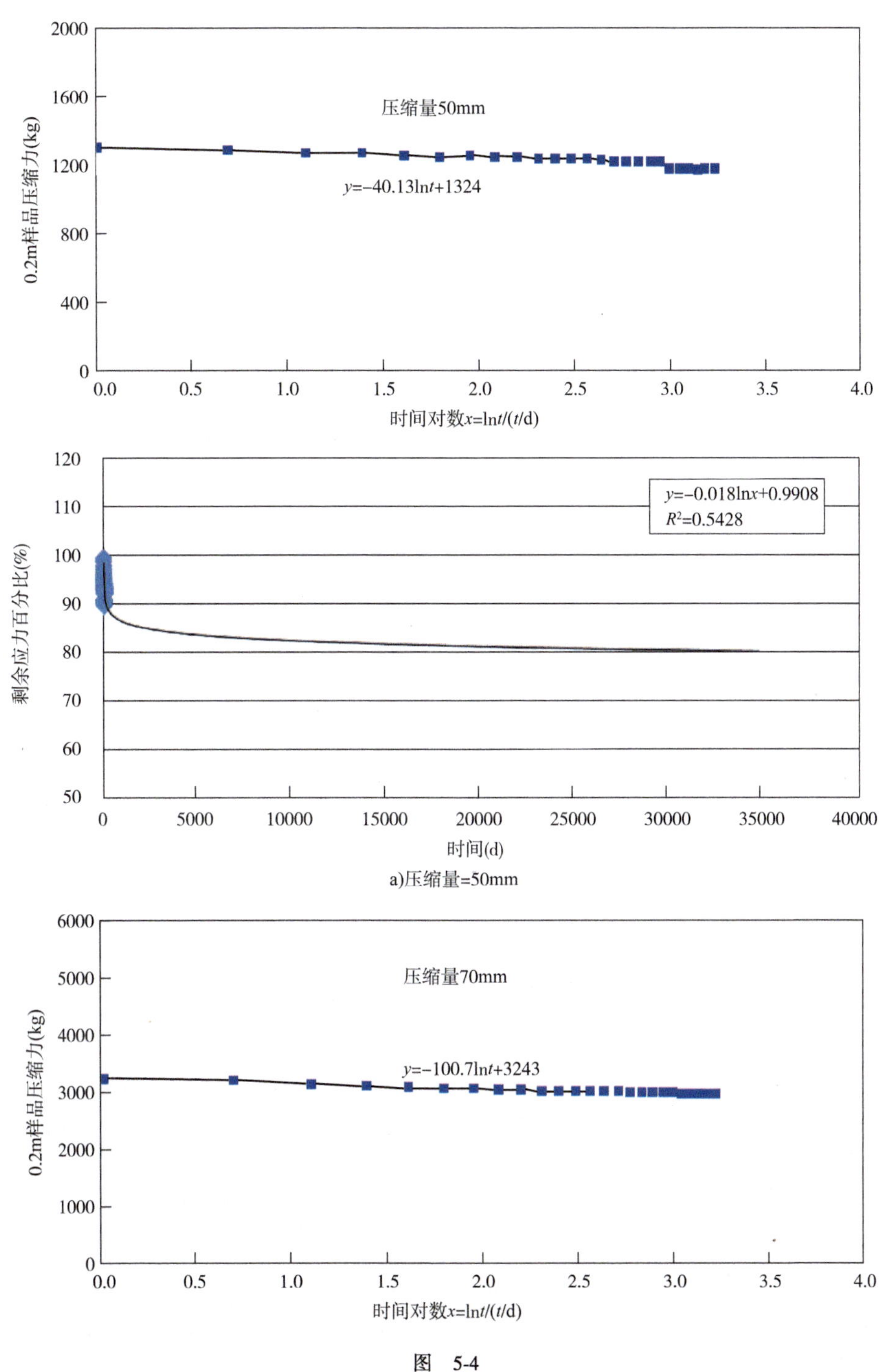

a)压缩量=50mm

图　5-4

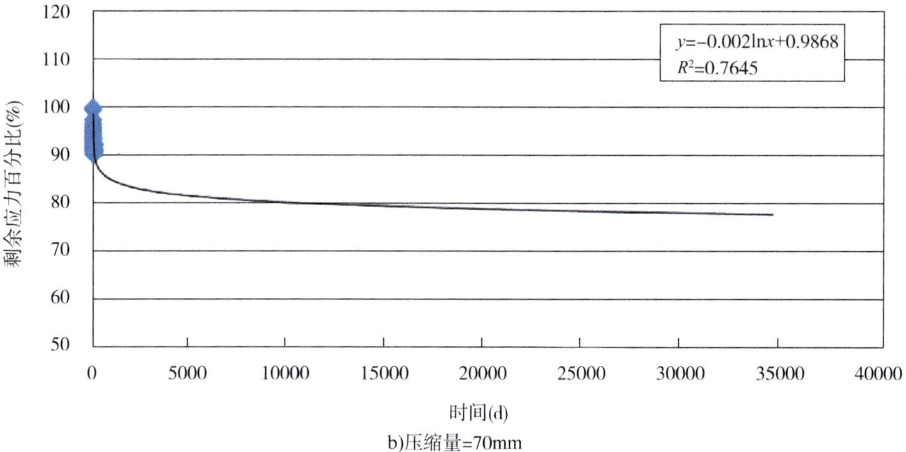

b)压缩量=70mm

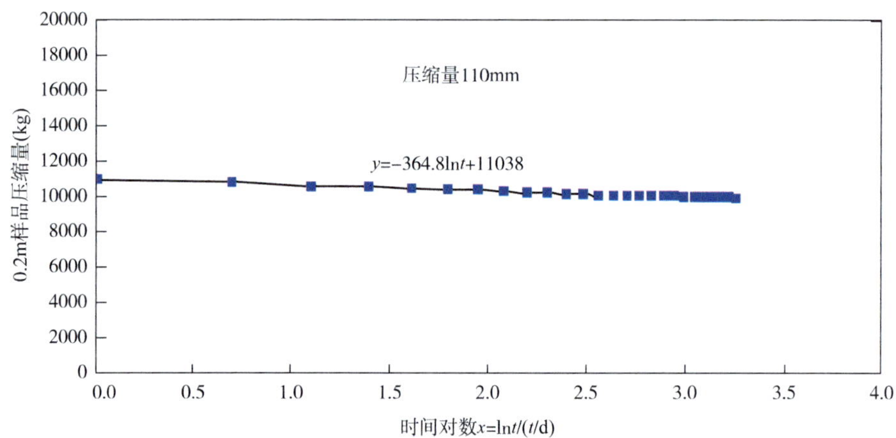

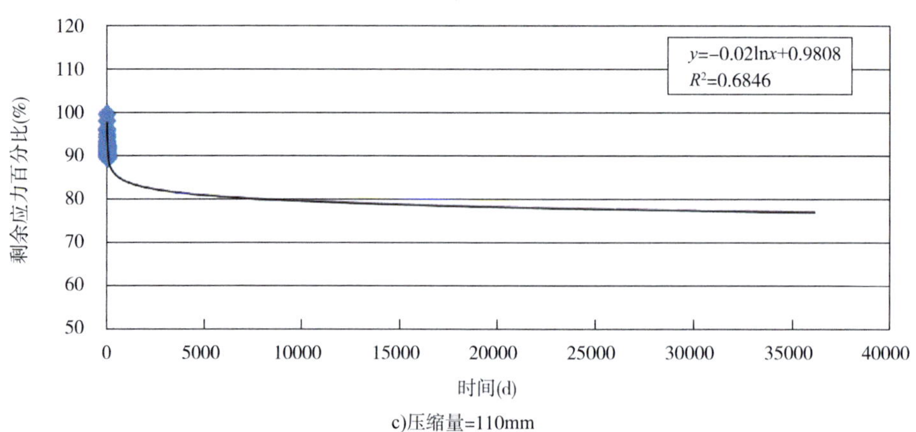

c)压缩量=110mm

图 5-4

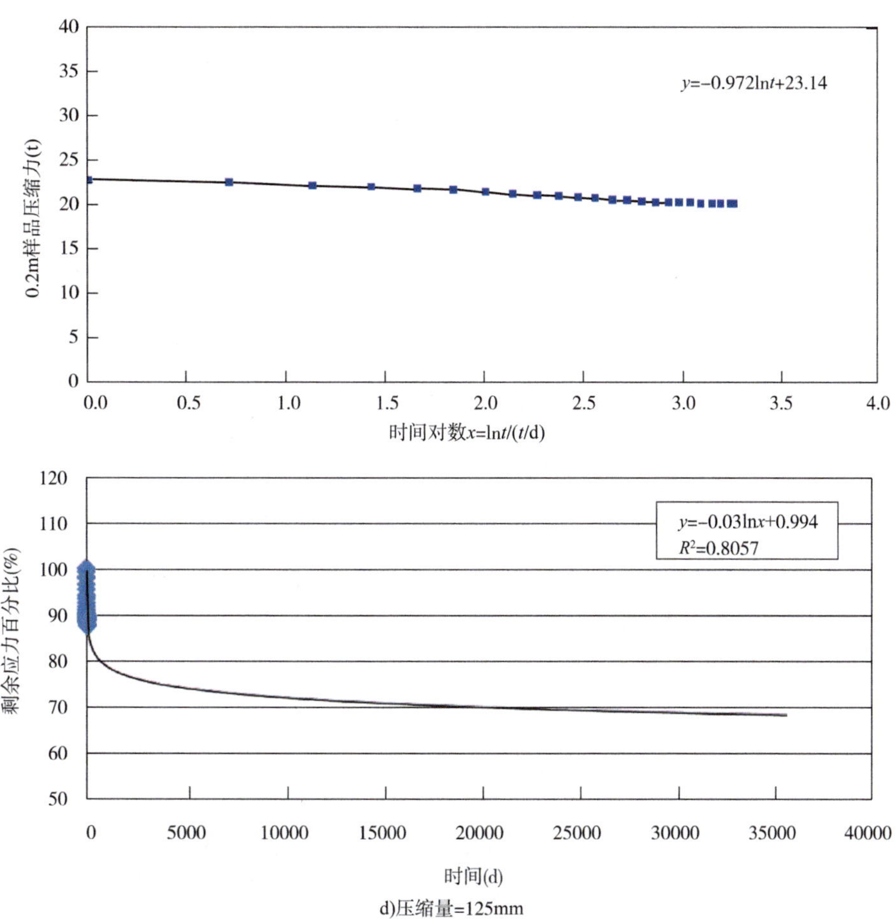

d)压缩量=125mm

图5-4 GINA止水带应力松弛试验曲线

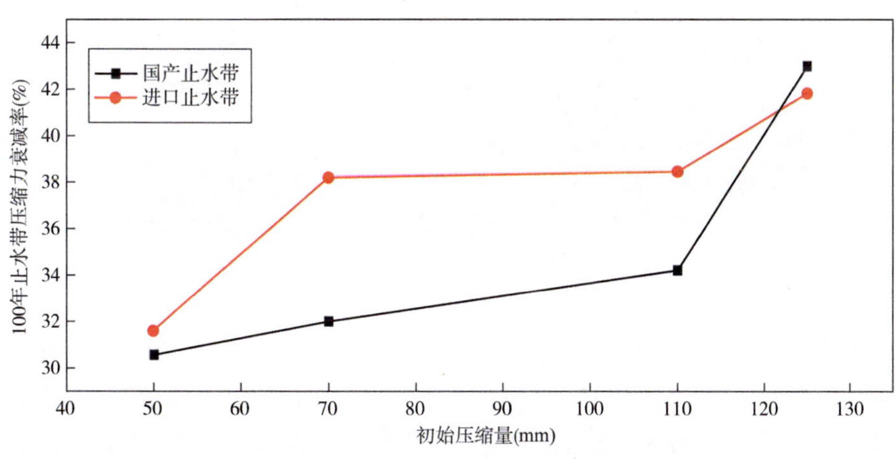

图5-5 国产GINA止水带与国外进口产品100年压缩力衰减率对比

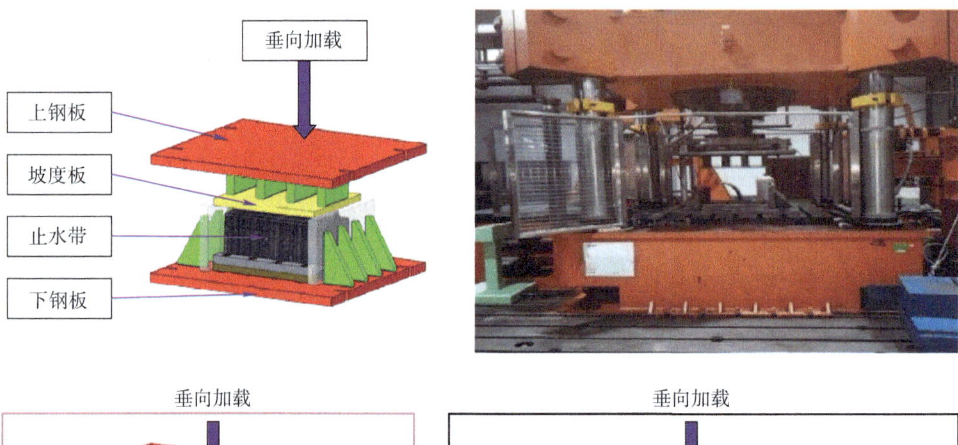

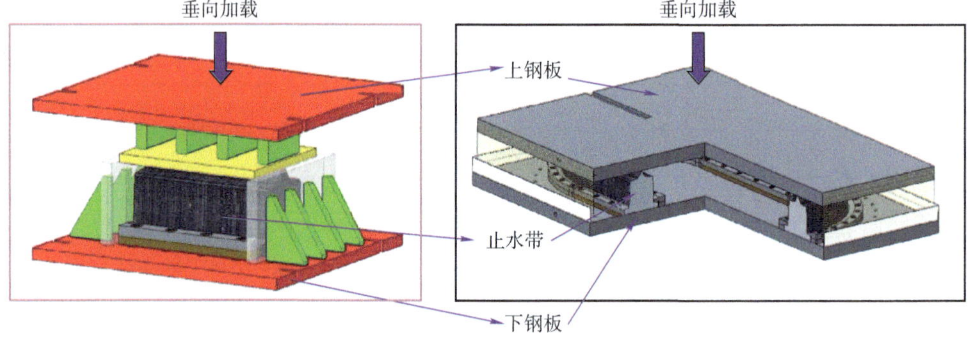

a) 压缩试验设备

b) GINA止水带样品

图5-6　GINA止水带压缩试验

结合压缩试验及应力松弛试验获取的不同压缩量100年衰减率，可得到正压工况下止水带压缩变形曲线及考虑100年应力松弛的压缩变形曲线，如图5-7所示。通过对正压工况压缩试验数据分析可知：GINA止水带的变形可明显划分为三个阶段，即线性压缩阶段、非线性压缩阶段、强化阶段；当压缩量小于70mm时，压缩力随压缩变形增加而线性增大，GINA止水带处于线性压缩阶段；当压缩量在70~120mm之间时，压缩力随压缩变形增加而非线性增大，GINA止水带处于非线性压缩阶段；当压缩量超过120mm，压缩力随压缩变形增加而迅速增大，GINA止水带处于强化阶段；随压缩力增大，止水带压缩量逐渐增大，且逐渐趋于某一极限值，正压工况下该极限值约为止水带初始高度的60%。

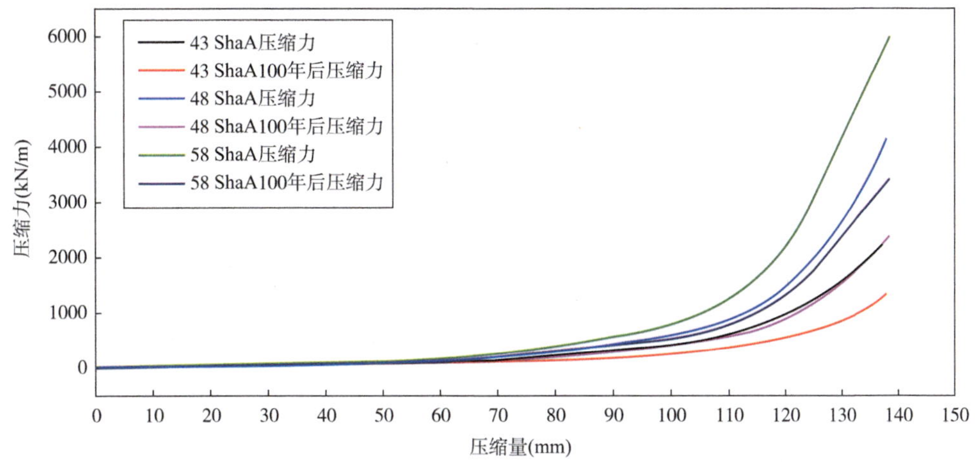

图5-7 正压工况GINA止水带压缩变形与压缩力关系曲线

通过分析偏转工况压缩试验数据，可得到该工况下GINA止水带压缩变形曲线如图5-8所示。由图5-8可知，随偏转角度增大，相同压缩量情况下止水带压应力减小，0.1°和0.22°偏转的压应力平均减幅为4.9%和8.6%，上述情况将对接头水密性形成一定不利影响。

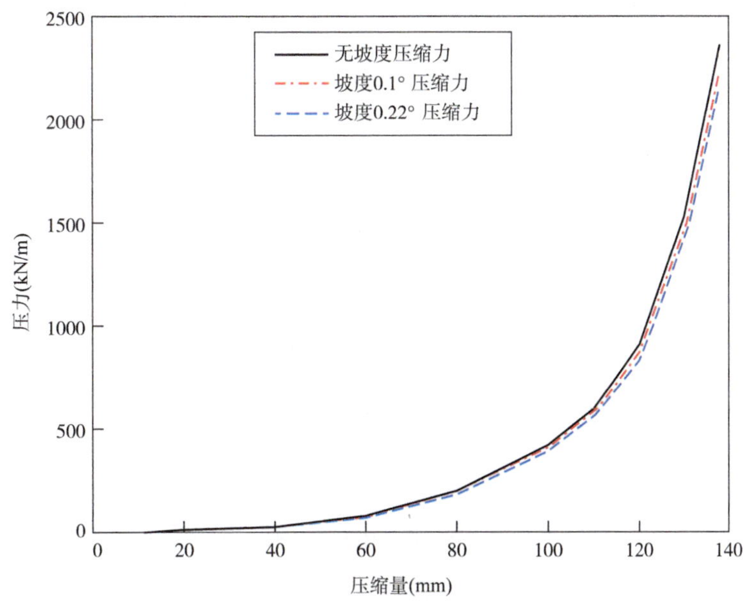

图5-8 偏转工况下GINA止水带压缩变形曲线(硬度:43 ShaA)

如图5-9所示，通过将国产GINA止水带数据与国外进口产品的压缩变形数据进行对比分析，可得出：①国产43 ShaA数据与国外进口40 ShaA数据在0~70mm之间数据高度吻合；②国产48 ShaA数据与国外进口50 ShaA数据在0~70mm之间数据高度吻合；③国产43

ShaA数据与国外进口50 ShaA数据高度吻合；④硬度范围是± 5 ShaA偏差，比较支持结论③。

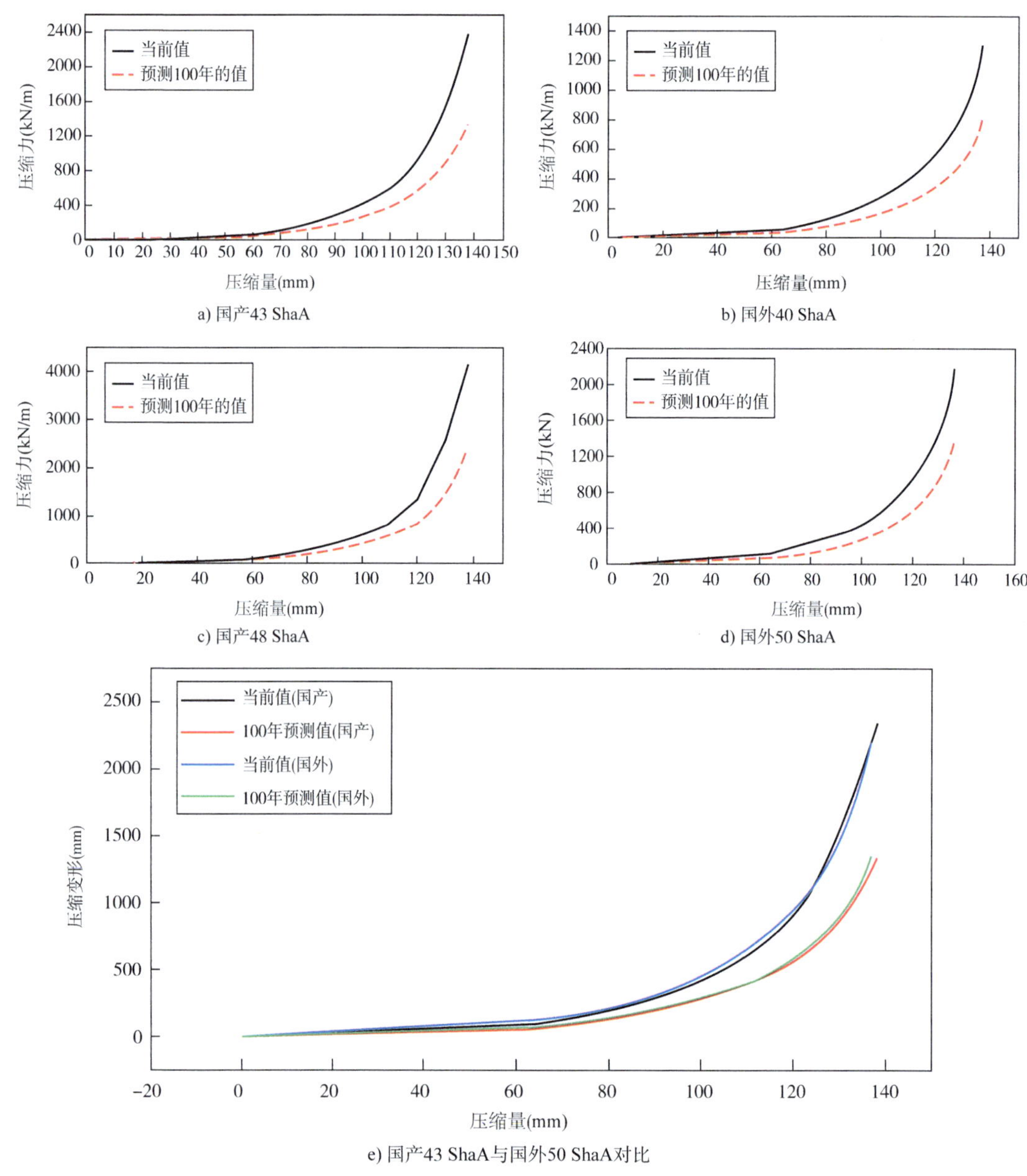

a) 国产43 ShaA

b) 国外40 ShaA

c) 国产48 ShaA

d) 国外50 ShaA

e) 国产43 ShaA与国外50 ShaA对比

图5-9　正压工况下国产GINA止水带与国外产品对比

3）水密封性能试验

通过水密封性能试验，检测沉管隧道接头在不同水压条件下的最小水密封压缩量以及在此压缩量下压缩式止水带可承受的最大水压值，并结合应力松弛试验数据，对100年后最小水密性压缩量进行拟合，得出100年后最小水密性压缩量曲线。试验样品为43、48、58 ShaA三种硬度止水带，采用等截面尺寸，弯圆角，总长度缩尺，高×宽×长为27.5cm×29.5cm×

620cm，弯曲封闭成环，在2500t加载试验机上开展试验。通过向上下加载钢板与整圈止水带产品形成的密闭空间充水加压，获取止水带在各工况不同压缩量下保持水密性所能承受的最大水压。

水压调节通过专门的水压泵控制水压，配备高精度的水压表，水压保证0.005MPa的缓慢递增速度。主要开展了接头常规正压、接头竖向错动、接头水平错动、接头偏转4种工况下国产止水带水密性能试验。接头常规正压GINA止水带水密性能试验如图5-10所示，通过挤压上、下钢板对整圈止水带产品进行压缩形成密闭空间，通过充水加压验证产品的水密性特性。

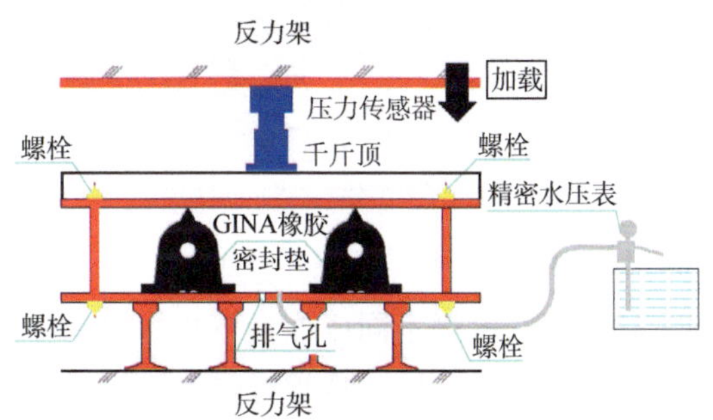

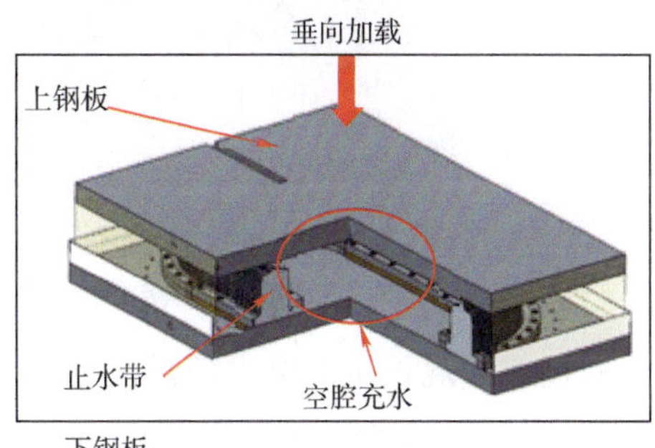

图5-10 正压工况下国产GINA止水带水密性能试验

图5-11为正压工况下国产GINA止水带与国外对应产品的水密封性能对比。由图5-11可知，止水带所能承受的不渗漏最大水压力随着压缩量的增加而非线性增加，100年服役期可导致不渗漏最大水压力明显衰减；由于橡胶的应力松弛效应，服役时间的延长会使得GINA止水带水密封性能下降。通过与国外产品的对应数据进行对比，正压工况下国产GINA止水带与国外产品水密封性能数据在25%偏差范围内，正压工况及100年使用下国产GINA止水带与国外产品水密封性能数据在15%偏差范围内，大致吻合。

如图5-12所示，为模拟管节接头的竖向错动对GINA止水带水密封性能的影响，可在常规水密封试验工装下部增设滑动面，通过水平装置将一定压缩量下的水密封试验工装垂直于长轴方向进行水平移动，以模拟实际情况下的接头竖向错动，水平移动距离分别为10mm、30mm、50mm。

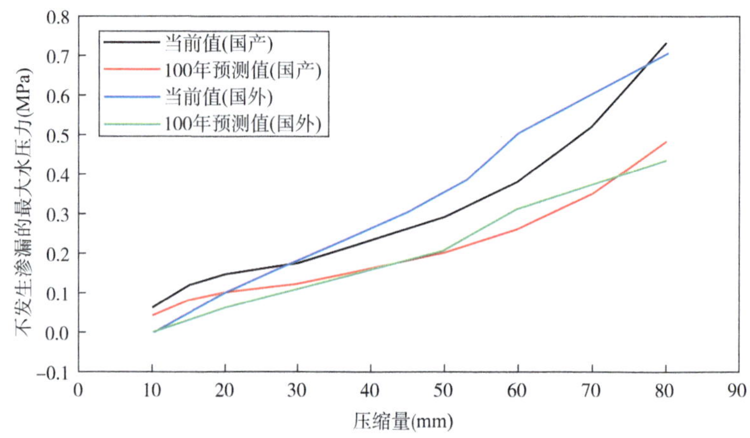

图5-11　国产与国外GINA止水带水密性能对比(橡胶硬度为43ShaA)

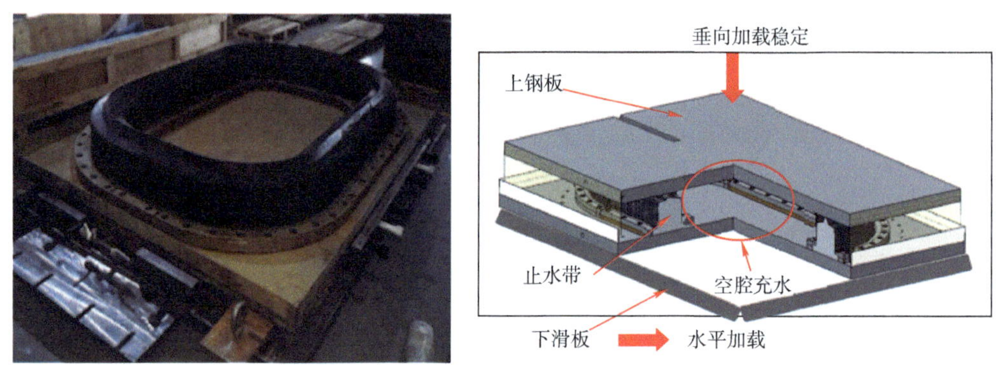

图5-12　模拟接头竖向错动下的国产GINA止水带水密性能试验

通过与常规正压工况水密封性能试验结果进行比照,检测不同压缩量下止水带的密封性能变化情况,试验结果见表5-2。由表5-2可知,在常规水密封试验所对应的压缩量与水压状态下,10mm、30mm、50mm的竖向错动距离对国产GINA止水带产品的水密封性能影响有限,均能很好地保证止水功效。

压缩式止水带竖向错动水密封试验结果　　表5-2

指标	压缩量(mm)	15	20	50	60
	水压(MPa)	0.117	0.145	0.29	0.38
密封状态	错动距离10mm	未漏水	未漏水	未漏水	未漏水
	错动距离30mm	未漏水	未漏水	未漏水	未漏水
	错动距离50mm	未漏水	未漏水	未漏水	未漏水

同理,可通过接头水平错动水密性试验模拟管节接头的横向水平错动对GINA止水带水密封性能的影响。如图5-13所示,在常规水密封试验工装下部增设滑动面,通过水平装置将一定压缩量下的水密封试验工装平行于长轴方向进行水平移动,移动距离为50mm。

通过与常规水密封性能试验结果进行对比(表5-3),检测不同压缩量下止水带的密封性能变化情况,最后得出在常规水密封试验所对应的压缩量与水压状态下,50mm横向水平错动对国产GINA止水带产品的水密封性能影响有限,均能很好地保证止水功效的结论。

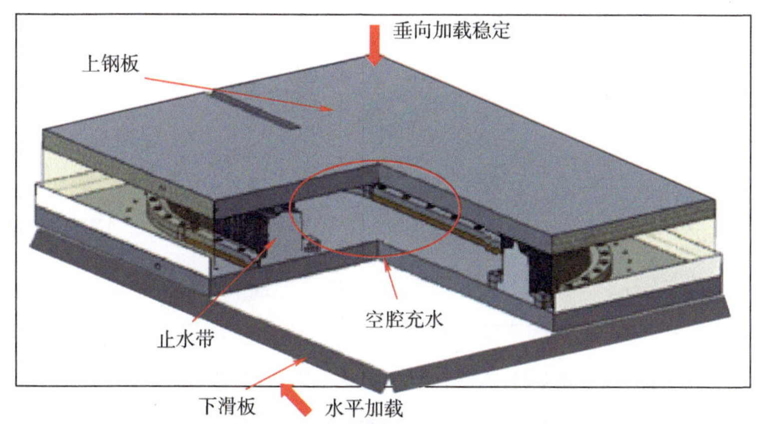

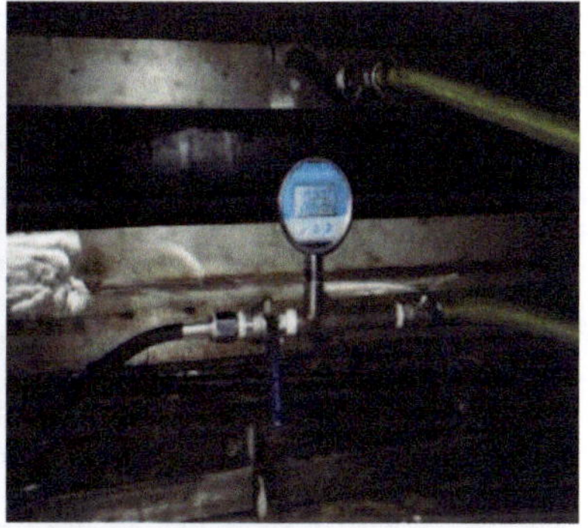

图5-13 GINA止水带水平错动水密封性能试验

压缩式止水带水平错动水密封试验结果 表5-3

指标	压缩量(mm)	15	20	50	60
	水压(MPa)	0.117	0.145	0.29	0.38
密封状态	水平横向错动距离50mm	未漏水	未漏水	未漏水	未漏水

如图5-14所示,在常规水密封试验工装下部增设坡度板,模拟相邻管节纵坡偏差或端钢壳安装偏差引起相邻管节接头偏转工况下的接头水密性能变化。坡度分别取为0.1°、0.22°。通过与常规水密封性能试验结果进行对比(表5-4),检测止水带水密封性能在坡度影响下的变化情况。由表5-4得出,在常规水密封试验所对应的压缩量与水压状态下,因相邻管节纵坡偏差或端钢壳安装偏差引起相邻管节接头偏转对国产GINA止水带水密封性能影响不明显。

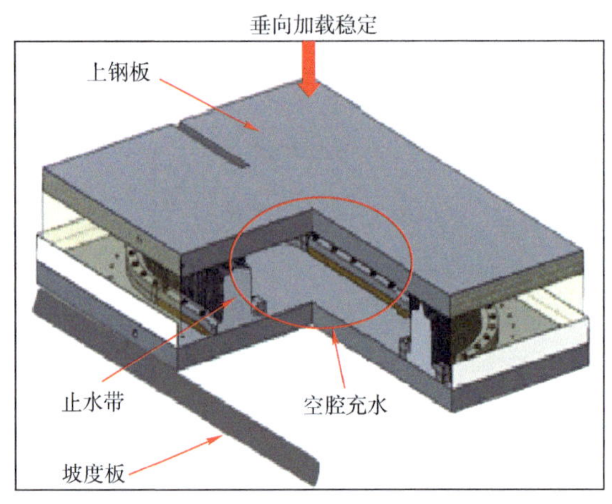

图 5-14 GINA 止水带接头偏转水密封试验

压缩式止水带接头偏转水密封试验结果 表 5-4

压缩量(mm)	无坡度水压(MPa)	0.1°坡度下水压(MPa)	0.22°坡度下水压(MPa)	最大偏差(%)
10	0.06	0.058	0.057	5.0
15	0.117	0.117	0.115	1.7
20	0.145	0.145	0.142	2.1
30	0.175	0.174	0.172	1.7
50	0.29	0.290	0.288	0.7
70	0.52	0.52	0.518	0.4

5.2.3 国产化 GINA 止水带设计与选型

GINA 止水带主要原材料为橡胶,通过特定配方设计然后加工而成。按照不同的使用条件,目前已有止水带产品所用橡胶材料主要有天然橡胶、丁苯橡胶、氯丁橡胶、三元乙丙橡胶等。根据鱼梁洲隧道用止水带产品的使用环境条件以及提出的技术要求,结合现有的止水带行业相关标准,确立了所开发的 GINA 止水带橡胶材料的技术指标,见表 5-5,主要包括拉伸强度、扯断伸长率、撕裂强度、压缩永久变形、热老化性、抗水性等性能指标。

国产 GINA 止水带橡胶材料力学性能指标 表 5-5

序号	项目	检验方法	指标	
1	材质	ISO1629	天然橡胶	
2	硬度(ShaA)	ISO7619-1:2010	43±5	51±5
3	扯断伸长率(%)	ISO37(type2)	≥550	≥500
4	拉伸强度(MPa)		≥17	≥16

续上表

序号	项目		检验方法	指标	
5	撕裂强度(N)		ISO34-2(Delft)	≥35	≥70
6	压缩永久变形(%)(70℃,24h)		ISO815:2008	≤30	≤35
7	耐老化(70℃,168h)	硬度变化值(邵尔 A)	ISO7619	-6~+6	-6~+6
8		拉伸强度变化率(%)	ISO37(type2)	≤15	≤20
9		扯断伸长率变化率(%)	ISO37(type2)	≤30	≤35
10	抗水性(体积%)(23℃×168h)		ISO1817	≤5	≤5

鱼梁洲隧道GINA止水带需在水深5~16m(管顶水深)的范围内保持水密性,因此,需研制可满足0.3MPa外水压条件下保持水密性的沉管接头GINA止水带国产化产品。所研制的国产GINA止水带水密性的安全系数在正常使用极限状态(SLS)工况应不小于1.75,在承载能力极限状态(ALS)工况下应不小于1.25,安全系数的计算应通过对GINA止水带水密性能的试验确定。基于5.2.2节的试验成果,结合材料特性和水密压缩量需求,对鱼梁洲隧道沉管接头GINA止水带进行构造设计并确定止水带截面尺寸,如图5-15所示。止水带材料采用天然橡胶,根据各接头实际位置的不同水压和止水需求,选取40 ShaA、43 ShaA、45 ShaA的三种硬度的止水带现场使用。

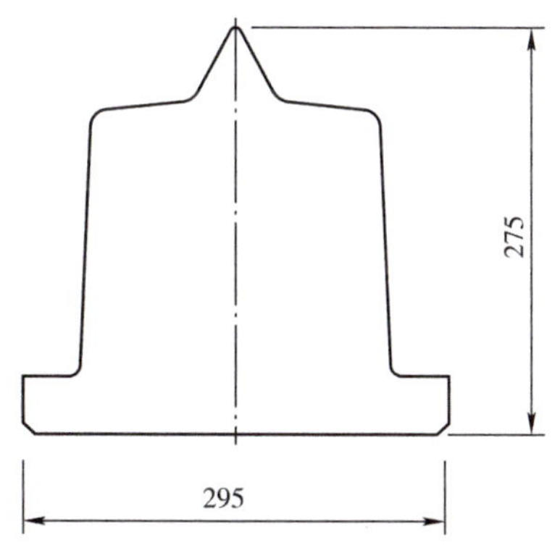

图5-15　国产GINA止水带(尺寸单位:mm)

在GINA止水带选型计算前,需先通过沉管结构及基础计算确定各管节接头正常使用极限状态(SLS)和承载能力极限状态(ULS)下,由管节温差变化、混凝土干缩徐变、基础不均匀沉降、地震等引起的接头张合量,在SLS和ALS工况下的计算安全系数分别不小于1.75和1.25。同时,需考虑端钢壳安装角度容许偏差等因素。GINA止水带最小水密封压缩量采用考虑100年设计使用期应力松弛的曲线;止水带选型校核采用最小压缩量(保证水密封性)和最大压缩量(GINA止水带极限压缩)双控指标。鱼梁洲隧道各管节接头处GINA止水带计算及校核结果见表5-6、图5-16。根据计算校核可知,在各不利组合工况下,国产GINA止水带压缩量均能满足鱼梁洲隧道防水性能需求,并有一定富余量。

各管节接头GINA止水带计算及校核（SLS工况）　　表5-6

管节接头止水带		初始压缩量(mm)	接头偏差(mm)		水密封性需求最小压缩量(mm)	张合余量校核(mm)	
位置	硬度(ShaA)		张开	压缩		最小水密	最大压缩
ES~E1	40	104.6	36.3	27.3	66.6	1.7	28.1
E1~E2	45	116.4	39.8	33.3	74.7	1.9	10.3
E2~E3	43	122.2	44.1	36	76.9	1.2	1.8
E3~E4	45	119.5	38.7	31.8	77.7	3.1	8.7
E4~E5	45	120.4	37.6	30.6	79.2	3.6	9.0
E5~E6	43	123.4	43.2	35.5	78.5	1.7	1.1
E6~岸边	45	116.9	34.4	25.7	73.9	8.6	17.4
岸边~W1	40	101.7	35.9	24.5	64.5	1.3	33.8
W1~W2	45	113.5	41	32.8	71.5	1.0	13.7
W2~W3	45	118.2	38.6	31.6	76.2	3.4	10.2
W3~W4	45	118.8	40.9	33	76.9	1.0	8.2
W4~WS	45	115.7	36	28.2	73.9	5.8	16.1

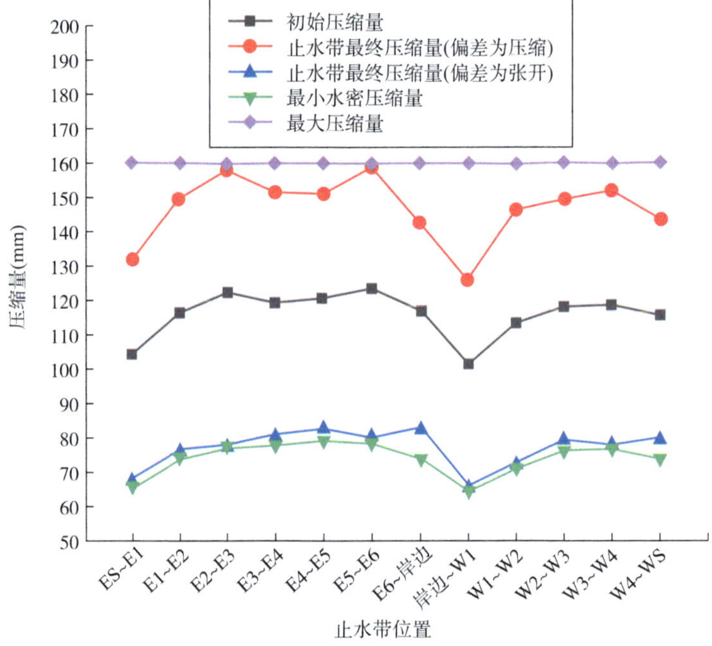

图5-16　止水带校核曲线图(SLS工况)

5.2.4　GINA止水带安装工艺与现场监测

单根国产GINA止水带长75m、重4650kg，安装在管节端面的端钢壳上，采用螺栓压板夹紧其两侧翼缘加固。GINA止水带采用中分的方法进行固定，其总体安装顺序为底板—侧墙—倒角—顶板。GINA止水带安装方法及工艺要点如下：

(1)摊铺:如图5-17所示,GINA止水带开箱验收合格后,采用平板拖车转运到安装现场,在安装前,先对其进行摊铺,便于确定吊点挂钩,防止止水带重叠影响整体吊装。GINA摊铺好后复核止水带各边尺寸,最后按分中原则用粉笔划分出1/2、1/4、1/8的标记,同时在端钢壳上也划出对应的标记。

图5-17　GINA止水带摊铺

(2)吊装:如图5-18所示,在平地上将GINA止水带摊铺后,利用尼龙绳将止水带与吊具多点连接,调整尼龙绳长度使止水带处于自然下垂状态,利用移动塔式起重机将止水带吊起。将GINA止水带吊至端钢壳附近,向端钢壳缓慢靠拢进行对位。

图5-18　GINA止水带吊装

(3)螺栓压板安装:如图5-19所示,在GINA止水带吊装前,先在其底板下部安装1块压板,采用调节螺栓将GINA止水带固定于定位压板后,将GINA止水带向端钢壳方向移动,当人工移动止水带困难时,通过手拉葫芦拉扯GINA止水带到位。然后安装压板上的其他内六角螺钉,使压板固定GINA止水带。

(4)将GINA止水带的底部1/2标记对准端钢壳上的相应标记后,用压板将GINA止水带固定,同时将左右两端对准标记固定,将GINA止水带底部分为左右两部分。继续以中分的方法,将GINA止水带对准端钢壳的标记后,用压板固定,完成底部GINA止水带的安装。

(5)底板处GINA止水带固定完成后,将侧墙GINA止水带1/2位置标记对准端钢壳对应标记,用压板固定,然后用中分的方法按顺序固定侧墙GINA止水带。

(6)同样采用中分的方法,用压板固定上倒角和顶板处的GINA止水带。GINA止水带压板安装顺序如图5-20所示。

图5-19　螺栓压板安装

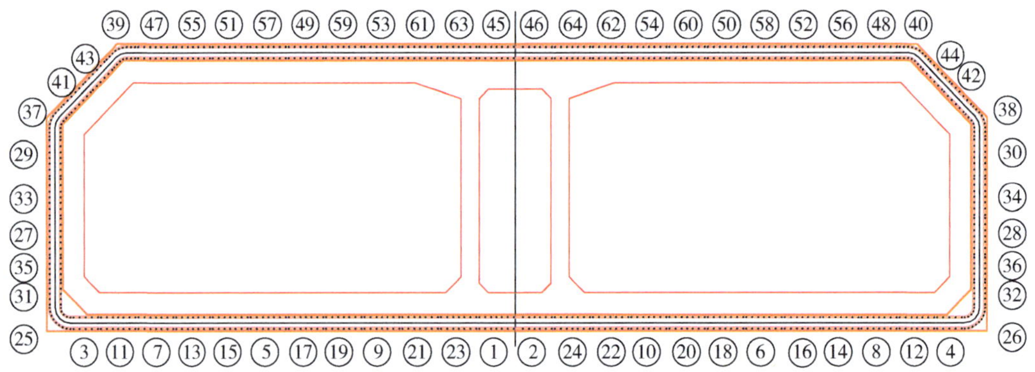

图5-20　GINA止水带压板安装顺序图(从小编号到大编号安装)

5.3　水压紧密型全装配式钢端封门设计与安装工艺研究

5.3.1　沉管隧道端封门技术发展现状

沉管管节单元在干坞内预制完成后,需对其两端进行封闭,运送至安装水域进行水下连接施工。沉管端封门是实现沉管浮运安装挡水的临时设施,是安装在沉管两端,用于封闭沉管的关键密封构件,在沉管未水下对接前,它可保证管节的密封性;在沉管管节水下对接后,需及时拆除,以使沉管各管节贯通成隧道。沉管端封门对结构的抗压及抗渗性能要求极高,目前沉管端封门一般采用现浇钢筋混凝土结构或整体焊接式钢结构。

如图5-21所示,韩国Busan-Geoje沉管隧道端封门采用钢结构形式,先安装竖向钢梁,然后安装钢面板,局部通过螺栓预压橡胶进行止水。港珠澳大桥沉管隧道封门采用钢结构形式,主要部件包括面板、钢梁、钢梁牛腿、外侧牛腿、密封圆弧板等,通过密封贴板将钢封门之间及钢封门与预埋件之间间隙焊接水密,其中钢封门与外侧牛腿预埋件之间为L形圆弧板。深中通道沉管隧道采用分片焊接式钢端封门,通过钢板间以及钢板与钢梁间的焊接,实现端封门的水密性功能。仑头-生物岛沉管隧道、金光东沉管隧道端封门采用钢梁加混凝土面板的组合形式结构，其中仓头-生物岛沉管隧道在管节预制阶段预埋止水钢板后浇筑端封门混凝土，以实现止水；金光东沉管隧道将端封门与管节主体结构一起浇筑，以达到止水目标。

a) 韩国Busan-Geoje沉管隧道

b) 港珠澳大桥沉管隧道

c) 深中通道沉管隧道

d) 金光东沉管隧道

图5-21　沉管隧道端封门案例

整体焊接式钢端封门采用钢面板、支撑钢梁、预埋牛腿等部件，在钢结构加工厂加工后，运送至现场组装，现场焊接作业量大、安装工序复杂、构件尺寸较大，安装、拆除作业困难。虽然整体焊接式钢端封门可实现部分构件重复利用，但安装构件较多且焊接量较大，安拆工程量大。现场焊接质量是保证端封门水密性的关键，然而焊接质量的控制与检测较难。由大量焊接作业所引起的局部升温可导致沉管混凝土产生裂缝。

在钢筋混凝土结构端封门浇筑时，需现场安装脚手架与模板，模板安装及现场浇筑难度较大，所形成的端封门笨重，爆破拆除后无法循环使用。尽管钢筋混凝土端封门施工成本较低，但相比钢端封门而言，其拆除作业时间较长，且在封闭的隧道内易产生较多废气，对管节内部的通风要求较高。基于现浇钢筋混凝土结构或整体焊接式钢结构的端封门虽然解决了沉管施工过程防水问题，但同时也造成了大量人力、物力的浪费。随着沉管法在修建水下隧道施工中的大量应用，端封门的设计形式和施工工艺需要改进。因此，亟须一种新型端封门结构形式和安装工艺来解决以上问题，而预制装配式钢端封门具有结构简单、安拆方便、使用重复率高的优点，但是国内外还尚未有专项的研究。

5.3.2 全装配式钢端封门设计原理与构造

所研发的全装配式钢端封门设计的关键点在于接缝的止水，一定水压条件下拼装接缝的有效止水功能是实现沉管隧道管节单元成功浮运安装的充分必要条件。如图5-22所示，基于日常生活中“楔形瓶塞”止水原理，将钢端封门拼装子块的四周钢边设计成具有1:3~1:5角度的楔形向内的斜面。同时，也将沉管隧道管节与端封门拼装子块相接触的面设计成具有1:3~1:5角度的楔形向内的斜面，在相邻两个端封门拼装块之间的接缝及端封门拼装块与沉管结构间的接缝内充填楔形止水橡胶条。一旦所拼装的端封门受垂直于门面的水压力作用后，端封门拼装块将相对于隧道结构向内错动，使得楔形橡胶条挤压变形，产生密封止水功能。因此，端封门楔形分块设计使得其整体在静水压力作用下具有良好的止水性。

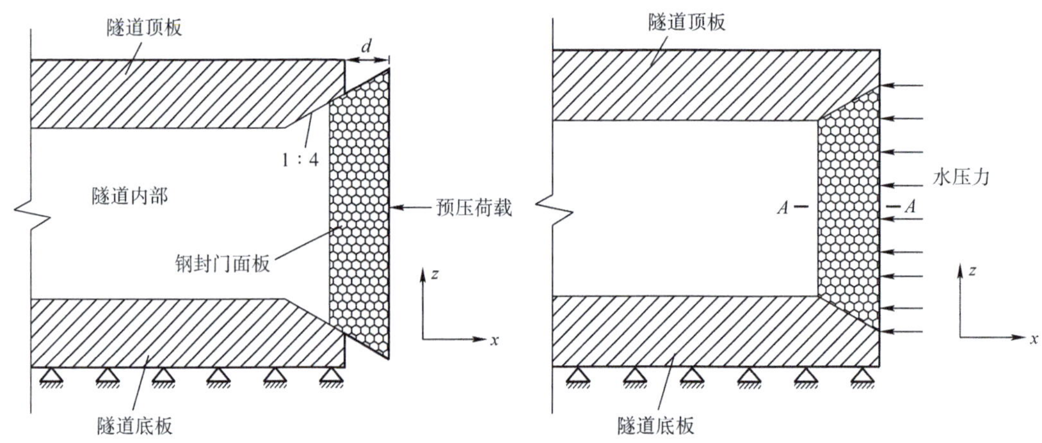

图5-22 装配式钢端封门设计原理

如图5-23所示，钢端封门为分块装配式楔形结构，每个行车道需安装5块钢端封门子块，中管廊需安装1块钢端封门子块，整个管节端面共需安装11块钢端封子门。根据钢端封门子块分幅大小，其宽度为2.34~2.56m，单块钢端封门子块的重量在7~9.2t之间。

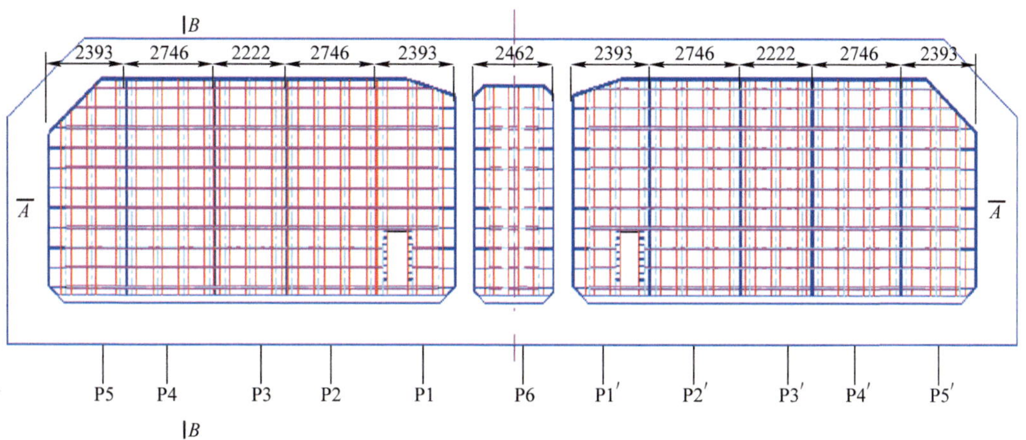

a) 装配式钢端封门立面图

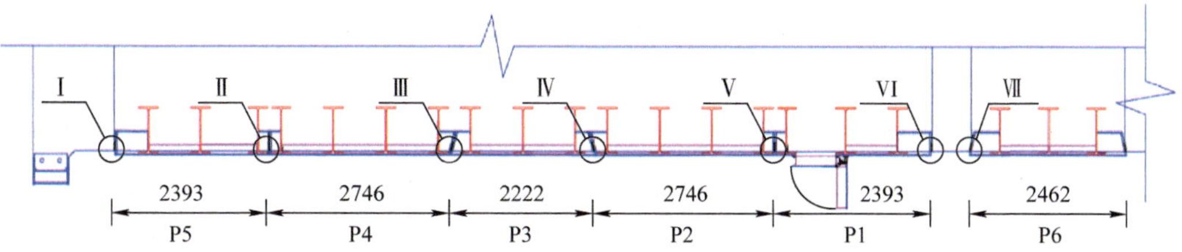

b) 装配式钢封门A—A剖面图

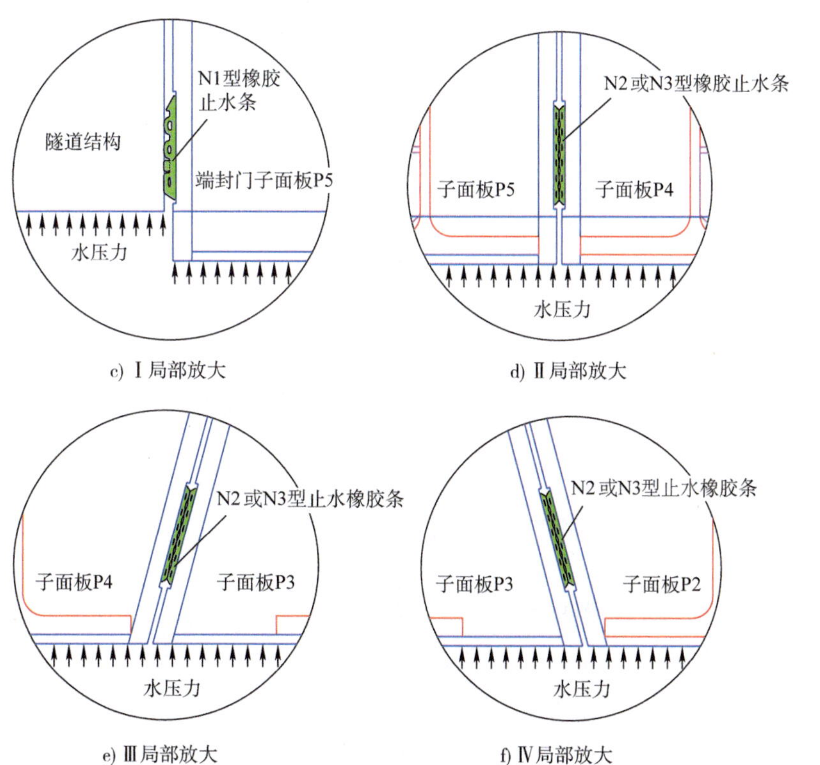

c) Ⅰ局部放大

d) Ⅱ局部放大

e) Ⅲ局部放大

f) Ⅳ局部放大

图 5-23

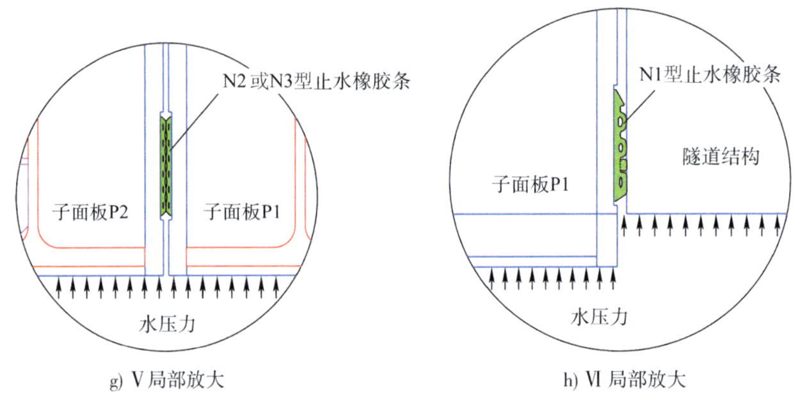

g) Ⅴ局部放大　　　h) Ⅵ局部放大

图5-23　装配式钢端封门细部构造(尺寸单位:mm)

如图5-24所示,装配式钢端封门结构主要包括钢封门子面板、隧道顶板和钢支座。基于楔形瓶塞止水原理,将端封门子块四周钢封边设置为具有1:3~1:5角度的楔形向内斜面。钢封门子面板采用钢面板、横肋、槽钢、H型钢竖梁组合加工而成。钢封门子面板为10mm厚钢板,横肋为槽钢结构,竖梁为H型钢结构。钢支座通过预埋螺栓固定于沉管顶板和沉管底部枕梁上,并通过连接螺栓与钢封端门子块的竖梁固定。每块端封门子块四周采用钢板封边,封边钢板上形成有向内凹陷的开槽。从受力角度而言,钢端封门子块所受荷载是通过竖梁传递给隧道顶部和底部两个斜面支撑面。钢端封门子块安装时,需从隧道两边向中间逐块拼装,采用连接螺栓将其初步固定于隧道端面的钢支座上。

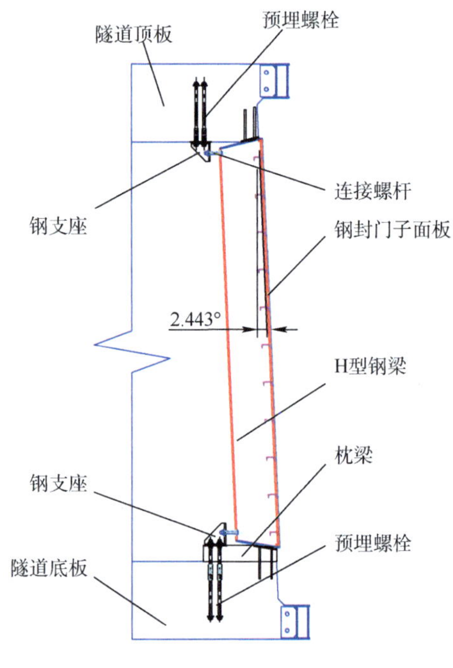

图　5-24

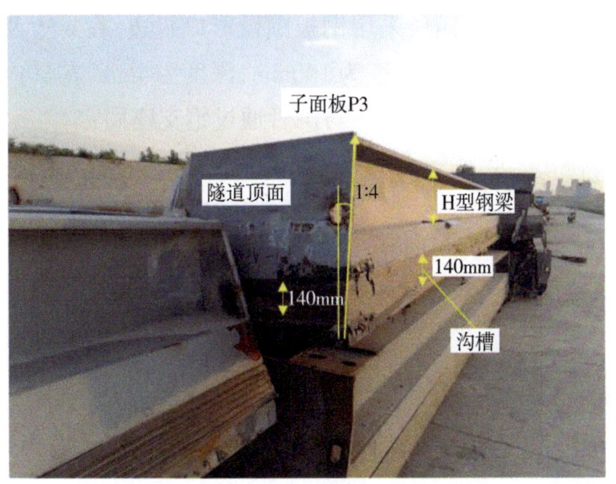

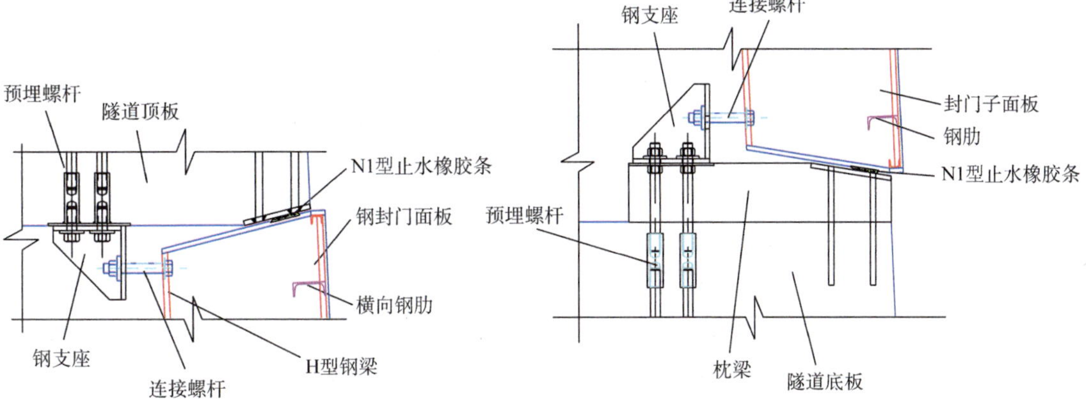

图5-24　装配式钢端封门子块

如图5-25所示，钢端封门子块的四周采用钢板围设形成封边，在封边及沉管壁面相对的面上，均形成有向内凹陷的开槽，凹槽宽度为140mm，深度为4mm，在其内安装止水橡胶条，凹槽和橡胶带通过胶层固定，钢端封门子块与沉管通过钢支座固定。

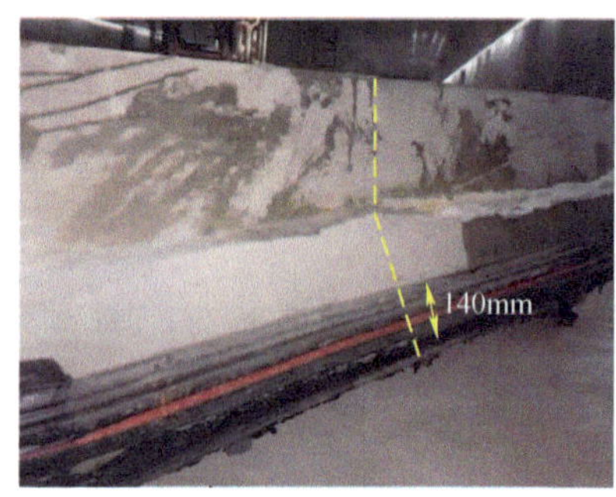

图5-25　止水橡胶条在端封门子块周边凹槽内安装情况

如图5-26所示，止水橡胶条是特制一体成型的框型橡胶带，安装于每块钢端封门子块的四周封边开槽内，用于受压止水。基于端封门子块与沉管混凝土结构及端封门子块之间的接触类型，可将止水橡胶条划分为两种类型：①N1型，充填于端封门子块与沉管混凝土结构之间；②N2型或N3型，充填于相邻两个端封门子块之间。如图5-26a)所示，端封门板块顶部和底部的封边上的N1型止水橡胶条为楔形多孔渐变结构，该橡胶条的楔形面上具有交错设置的凸起和凹槽，所述凹槽处设置有遇水膨胀橡胶块，遇水膨胀橡胶块遇水膨胀倍率约为3倍，其高度不高于所述橡胶条的凸起部分，封端门板块的封边与沉管间隙为(15±5)mm。如图5-26b)、c)所示，钢端封门子块两个侧面封边上的N2或N3型止水橡胶条为带孔凸起结构，两个相邻封端门板块的封边之间的间隙为(15±5)mm。

如图5-27所示，N2型止水橡胶条的所有内孔直径为6mm，N3型止水橡胶条的较大内孔的直径为8mm，较小内孔的直径为5mm。与N2型止水橡胶条相比，N3型止水橡胶条的柔性更强，在压缩和位错作用下会产生更大的变形，所设计的这些多孔结构可节省止水橡胶条的制造材料。N1、N2、N3型止水密封橡胶条的高度分别为30mm、15mm、16mm，所有止水密封橡胶条底部长度均为130mm。

a) N1型止水橡胶条

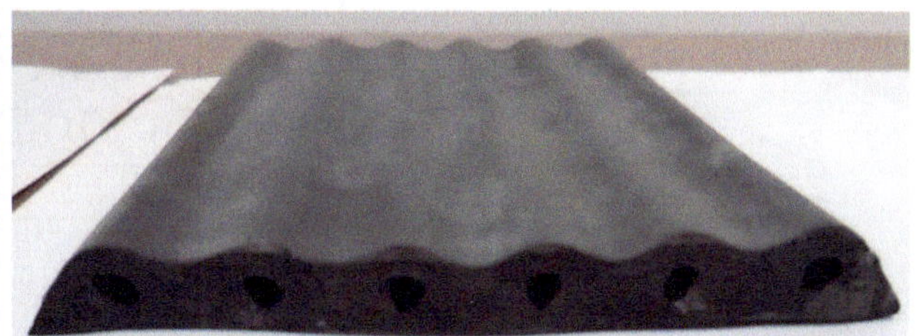

b) N2型止水橡胶条

c) N3型止水橡胶条

图5-26 接缝止水橡胶条类型与照片

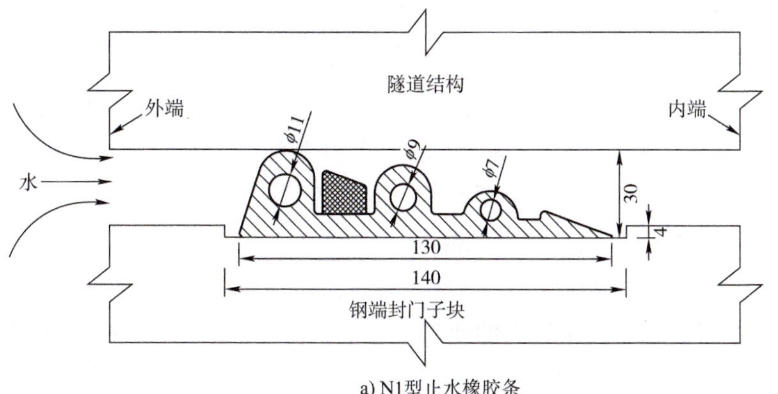

a) N1型止水橡胶条

图 5-27

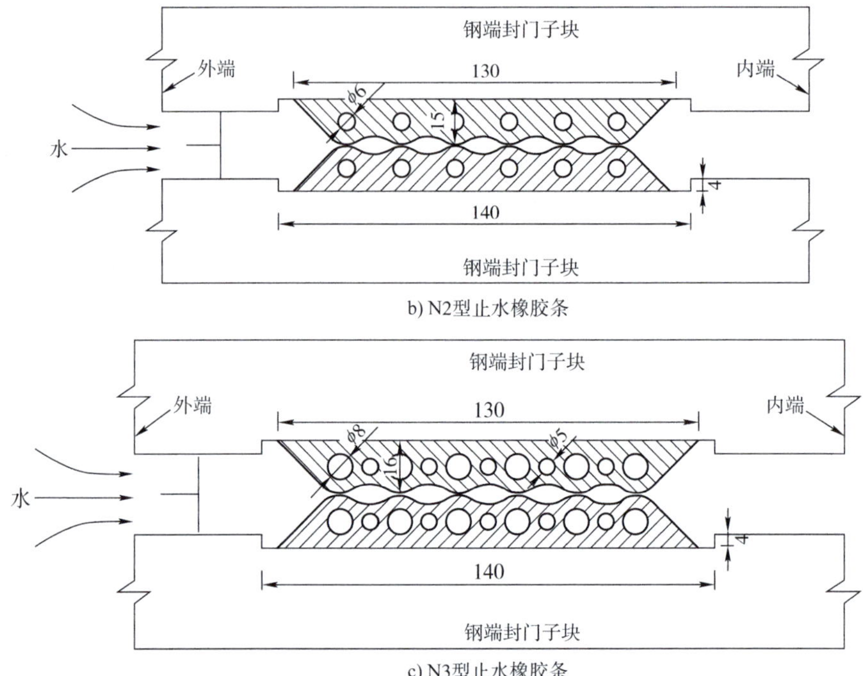

图5-27 接缝止水橡胶条横剖面(尺寸单位:mm)

5.3.3 接缝止水橡胶条防水性能数值模拟研究

全装配式钢端封门子块之间及其与隧道结构之间存在装配接缝,需在装配接缝内安装止水橡胶条,以进行密封止水。端封门子块安装精度误差及操作不当将导致装配接缝内止水橡胶条产生较大压缩和错动变形,引起装配接缝漏水。因此,装配接缝内止水橡胶条的防水性能对管节单元的水密性至关重要,其直接影响到沉管浮运、沉放和水下对接的施工安全性。因此,采用有限元数值模拟软件ABAQUS,研究变形模式对止水橡胶条防水性能的作用规律。通过探讨接触面平均接触应力($P_{c,ave}$)与设计不渗漏水压($P_{w,d}$)的关系,来阐明装配接缝的压缩与错动变形对止水橡胶条防水性能的影响规律。

如图5-28所示,采用ABAQUS/Explicit模块,建立装配接缝-止水橡胶条渗漏数值模型。由于止水橡胶条的纵向长度远大于其横截面几何尺寸,数值计算时采用平面应变假定。考虑到钢封门子块面板和隧道结构的刚度远大于止水橡胶条的刚度,为降低计算成本,将其简化为二维解析刚性部件。并且,为每个刚性部件分配一个参考节点,以便在这些节点上施加压缩和错动位移边界条件。采用平面应变四边形折减积分单元CPE4R对止水橡胶条进行网格划分,网格单元平均尺寸为0.5mm。

止水橡胶条由三元乙丙橡胶EPDM材料制成,三元乙丙橡胶是一种典型的超弹性材料,在压缩和错位作用下能够发生较大的变形。一般认为,EPDM橡胶在弹性阶段力学特性是各向同性的,且体积几乎不可压缩。采用ABAQUS/Explicit内置的双参数Mooney-Rivlin本构模型,模拟止水橡胶条的非线性变形力学性。如图5-29所示,分别对N1、N2和N3型止水橡胶条开展室内压缩变形力学试验，通过比较止水橡胶条的室内压缩试验数据和对应的有限元数值模拟结果来标定Mooney-Rivlin本构模型的参数 C_{10} 与 C_{01}。

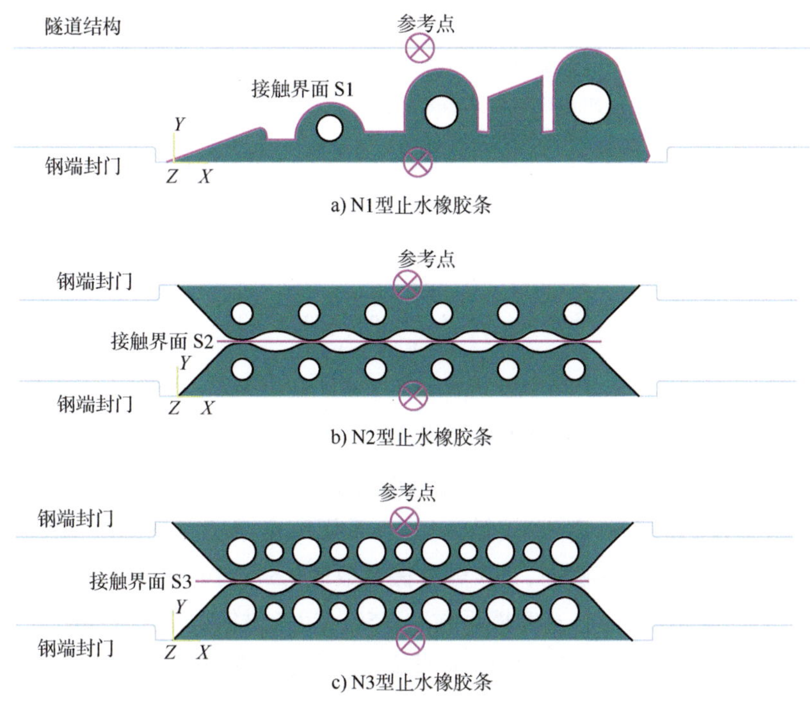

图5-28　止水橡胶条有限元数值模型

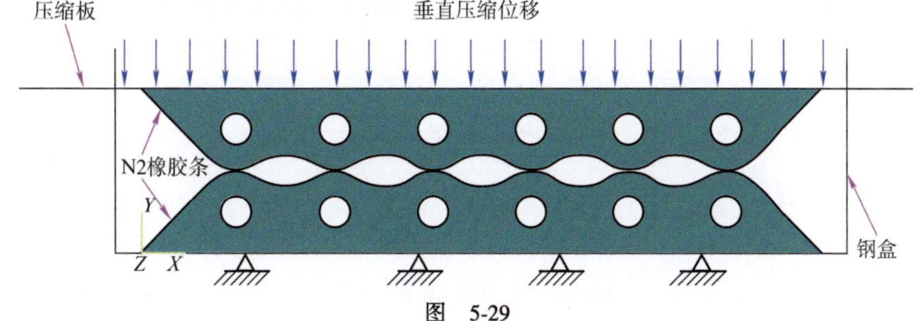

图　5-29

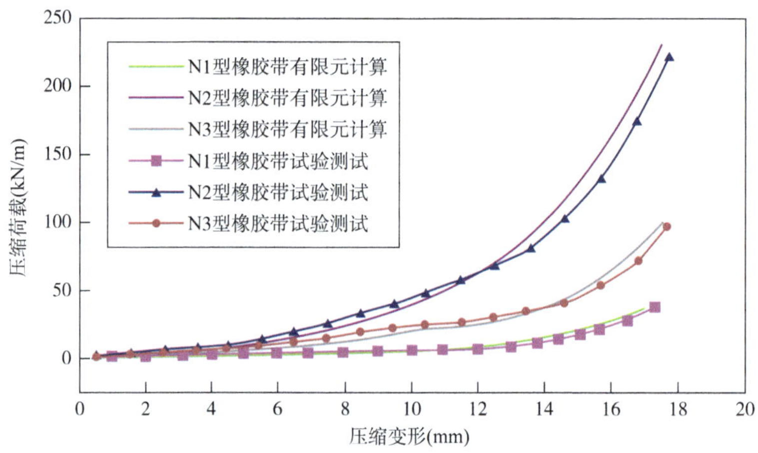

图5-29 止水密封橡胶带的压缩试验及本构参数反演

使用有限滑动面面接触模型模拟橡胶条-橡胶条、橡胶条-隧道结构、橡胶条-钢封门子面板之间的接触界面，使用自接触算法模拟橡胶条的自接触。在接触面法向采用"硬接触"模型，以考虑接触体的潜在分离；在接触面切向，采用库仑摩擦滑动理论，考虑接触体的相互滑动；对于橡胶条-橡胶条接触面，其接触摩擦系数取0.57；对于橡胶条-隧道结构、橡胶条-钢封门子面板之间的接触界面，其摩擦系数取0.50。为考虑钢封门子块装配所引起的接缝压缩和错动变形对止水橡胶条防水性能的影响，在有限元模型中，对刚体部件参考节点施加位移控制边界条件。

如图5-30所示，通过参考节点，对上部钢条部件施加连续向下的垂直位移和连续向右的水平错动位移，上部刚体部件转动被约束，下部刚体部件被完全固定。采用逐步加载法进行压缩与错动位移的施加。对N2和N3型止水密封橡胶条而言，创建三个载荷分析步，以施加装配压缩和错动位移。在初始加载步中，不考虑初始装配误差，创建有限元网格、材料模型和接触特性；在偏置荷载步中，上部止水条相对于下部止水橡胶条错动Δs变形，以考虑装配接缝的错动效应；在压缩荷载步中，上部止水橡胶条相对于下部止水橡胶条压缩Δv变形，以考虑装配接缝的压缩效应。

对于N1型止水密封带而言，由于装配缝的一侧为隧道结构，另外一侧为止水橡胶条，未考虑装配接缝的错动效应，仅创建了两个载荷分析步，即初始加载步和压缩加载步，这两个荷载步与N2和N3型止水橡胶条模型中的加载步相同。最大压缩位移Δv_{m}取15mm，最大错动位移Δs_{m}取40mm。

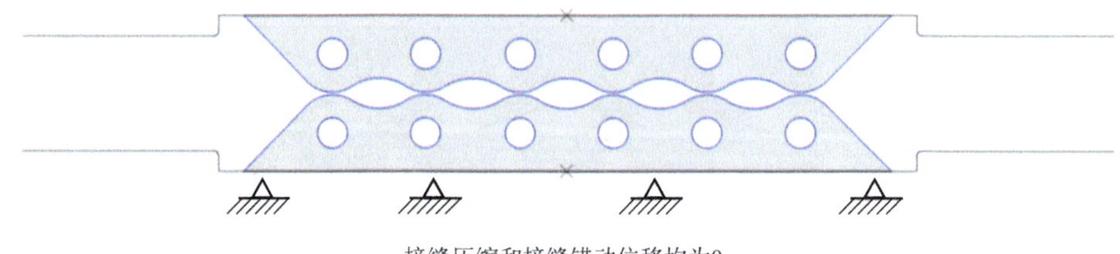

接缝压缩和接缝错动位移均为0

图 5-30

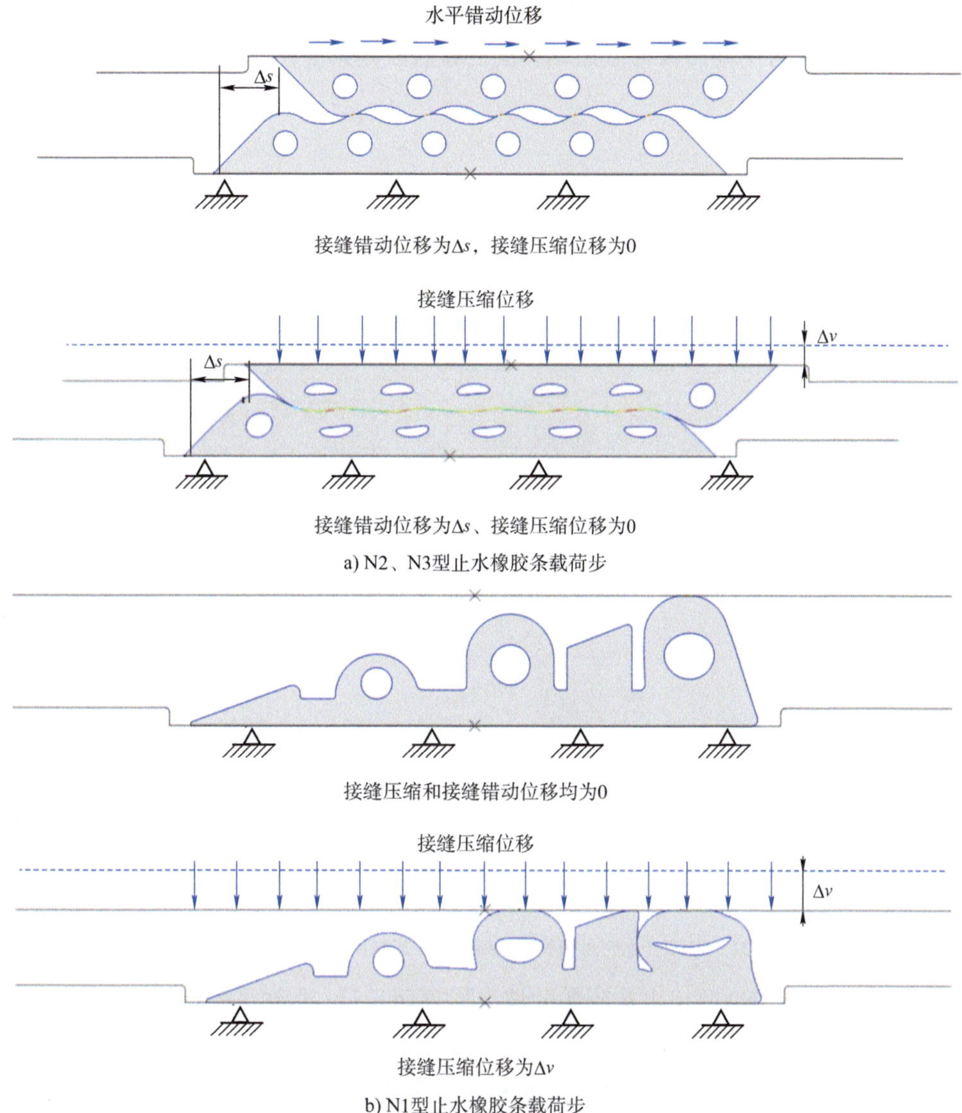

图5-30　止水橡胶条载荷步施加

如图5-31所示，随着压缩变形逐渐增大，N1型止水橡胶条的高凸头首先被压缩，然后中间凸头被压缩，且位于高凸头和中间凸头之间的遇水膨胀橡胶条也被压缩，位于内侧的矮凸头最后被压缩。随着垂直压缩位移增加，最外侧凸头发生横向膨胀变形，挤压遇水膨胀橡胶条。由于N1型止水橡胶条几何形状不对称，其与隧道结构的接触界面S1接触力分布不均。最大的结点接触力发生于最外侧的高凸头和隧道结构之间，表明该位置对N1型止水橡胶条的整体密封性能起主导作用。当垂直压缩位移Δv超过12mm时，中间凸头与隧道结构间、遇水膨胀橡胶条与隧道结构间的接触界面S1上节点接触力达到较大值(大于162.4N/m)，表明这些地方对N1型止水橡胶条防水性能有明显影响。总体而言，止水橡胶条和隧道结构间的接触界面S1，是N1型止水橡胶带的唯一潜在渗漏路径；最外侧的高凸头与隧道结构壁之间的接触段是第一道防水屏障，遇水膨胀橡胶条与隧道结构间的接触段是第二道防水屏障，中间凸头与隧道结构间的接触段是第三防水屏障。

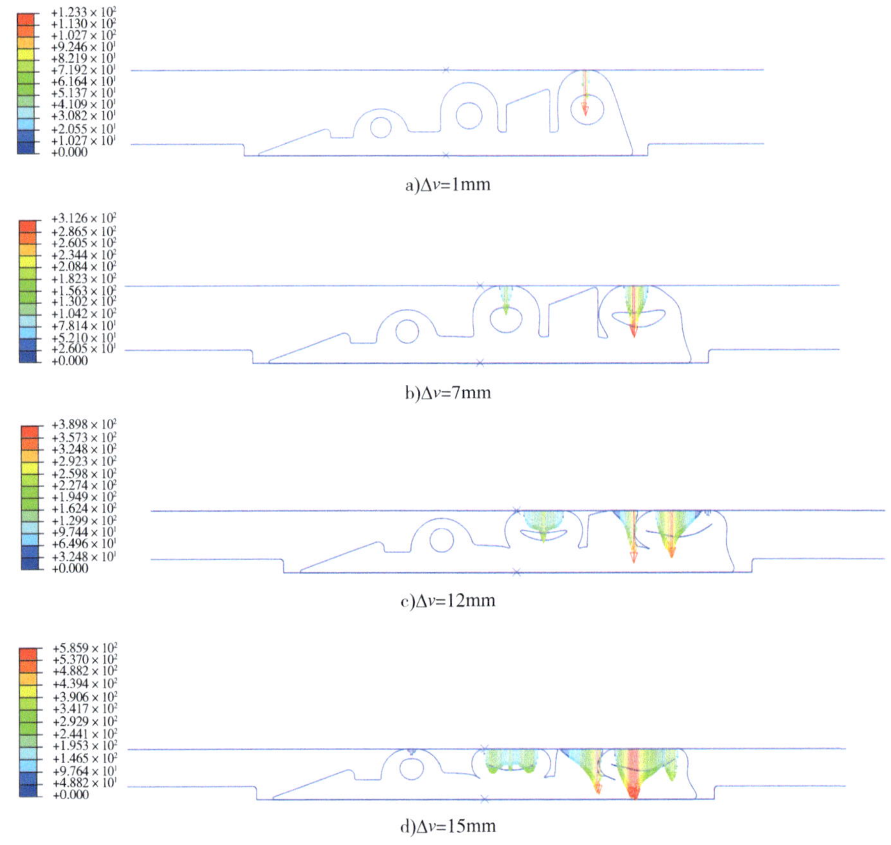

a)Δv=1mm

b)Δv=7mm

c)Δv=12mm

d)Δv=15mm

图5-31　N1型止水密封橡胶带压缩过程及接触面接触力分布(单位:N/m)

如图5-32所示，N2型止水橡胶条的波浪形顶面设计，导致在橡胶条相互接触位置处形成新孔，即当上部橡胶条和下部橡胶条彼此接触时，在上橡胶条与下橡胶条间形成带间孔。当装配接缝错动位移增加时，带间孔的长短轴比和初始面积逐渐减小。在装配接缝错动位移Δs为0mm的条件下，下部橡胶条的顶面波峰先接触下部橡胶条的顶面波峰，此时带间孔的长短轴比和初始面积最大。在装配接缝错动变形Δs为10mm的条件下，下部橡胶条的顶面波峰先接触上部橡胶条的顶面波谷，此时带间孔的长短轴比和初始面积最小。与Δs=0时的情况相比，上部橡胶条需移动更长距离来接触下部橡胶条，以获得相同的初始接触间隙。因而，不同的装配接缝错动变形可导致上部橡胶条与下部橡胶条的初始接触状态发生变化，将影响其压缩变形及接触面上接触力的分布。当垂直压缩变形Δv从1mm增加到7mm时，带间孔和带内孔均逐渐闭合。

一旦垂直压缩变形Δv达到7mm(图5-32a)、c)，带间孔完全闭合，而带内孔仍处于张开状态。此外，对于10~40mm范围内的所有错动变形Δs，位于橡胶条-橡胶条接触面附近的带内孔完全闭合，并且带间孔在12mm接缝压缩变形下完全闭合。总体而言，由于波浪形顶面和带内孔使得防水橡胶条遭受不均匀的挤压变形，节点接触力沿接触界面S2的分布极不均匀，尤其是在较小的压缩位移下（Δv不超过7mm）。在较大压缩位移下（即Δv大于12mm），接触界面上所有的节点接触力均大于零，接触力的波动效应有所减缓。这表明，在较大接缝压缩位移作用下，止水橡胶条的防水性能相对稳定。尽管装配接缝的错动位移会影响橡胶条-橡胶条接触面的有效接触长度和初始接触状态，但装配接缝的压缩位移对橡胶条-橡胶条接触面上接触力的分布影响更为显著。

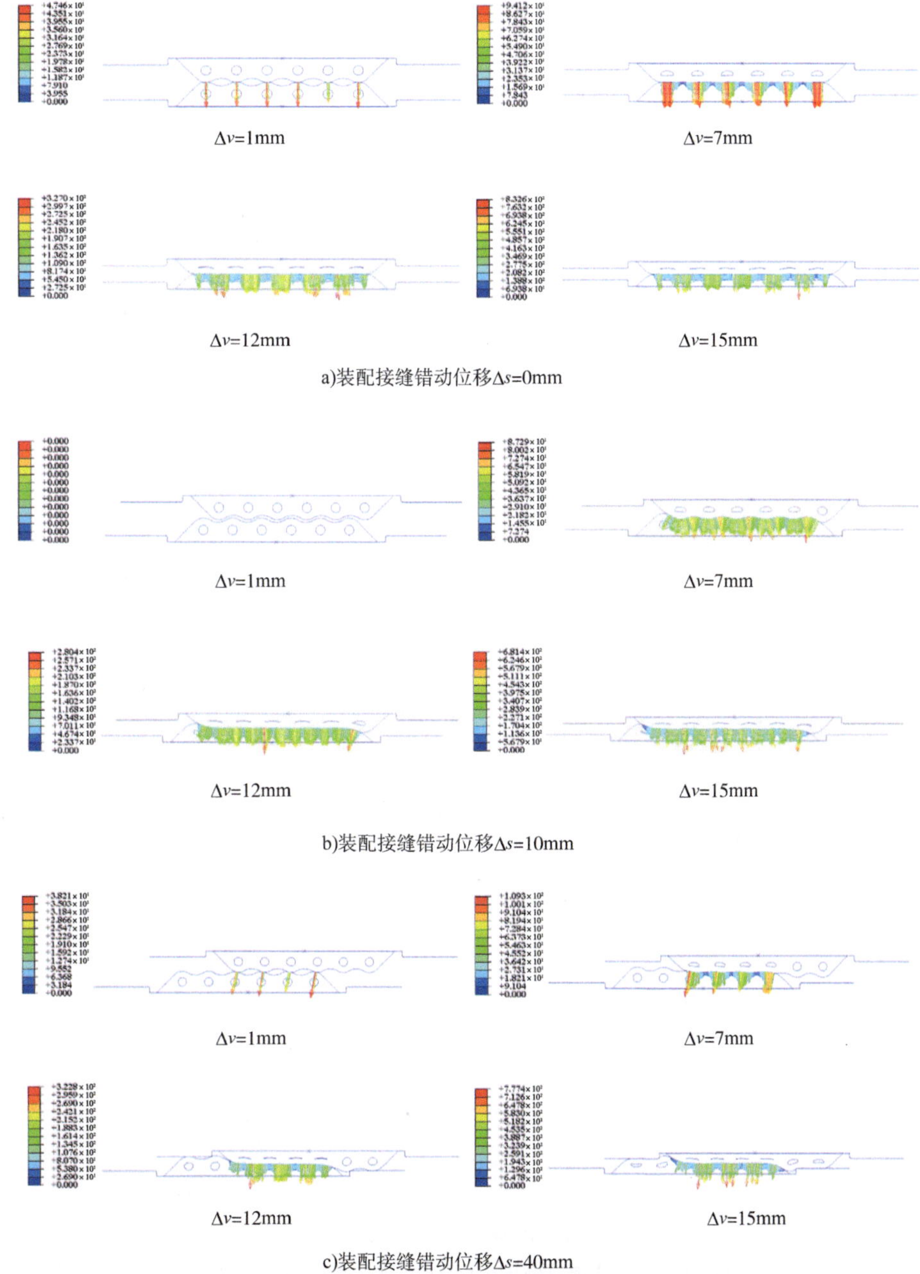

a)装配接缝错动位移Δs=0mm

b)装配接缝错动位移Δs=10mm

c)装配接缝错动位移Δs=40mm

图5-32　N2型止水橡胶条压缩过程及接触面接触力分布（单位：N/m）

图5-33表征了在装配接缝的压缩与错动位移联合作用下，N3型止水橡胶条的渐进压缩过程和接触界面S3上节点接触力矢量的变化情况。接触力矢量沿接触界面S3的分布和止水橡胶条的变形特性，与N2型止水橡胶条相似；然而，在相同接缝压缩和错动位移条件下，N3型止水橡胶条的多内孔结构，使得S3接触界面上的接触力显著小于N2型止水橡胶条的接触力。此外，通过图5-32与图5-33的对比可发现，N3型止水橡胶条的结点接触力分布波动性强于N2型止水橡胶条，这表明N2型止水橡胶条的密封性能优于N3型止水橡胶条。

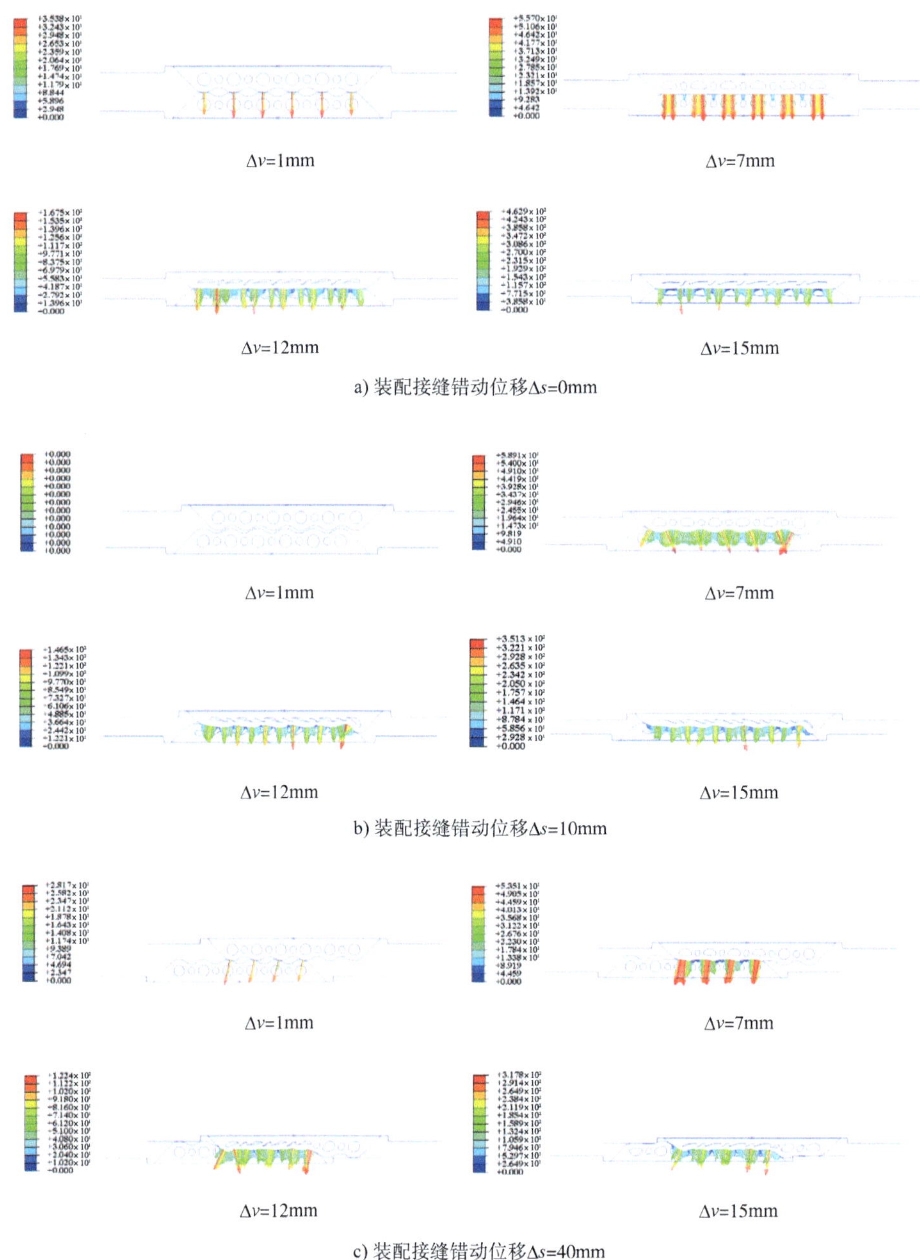

图5-33　N3型止水橡胶条压缩过程及接触面接触力分布（单位：N/m）

图5-34a)、b)描述了橡胶条-橡胶条接触界面的平均接触应力随装配接缝压缩位移的变化规律。平均接触应力$P_{c,ave}$通过积分应力面积除以有效接触长度获得。当橡胶条-橡胶条接触界面的平均接触应力接近或超过设计水压时，将发生渗漏。根据图5-34a)、b)中平均接触应力与装配接缝压缩位移的关系曲线所表达特征，可将止水橡胶条的渐进压缩过程分为以下两个阶段：带间接触孔闭合阶段和带内孔闭合阶段。图5-34a)、b)的对比表明，在相同的接缝压缩位移和初始错动位移下，N3型止水橡胶条的带-带平均接触应力显著低于N2型止水橡胶条的对应值，表明N2型止水橡胶条的密封性能优于N3型。更重要的是，如图5-34a)、b)所示，当装配接缝压缩位移达到15mm时，平均接触应力$P_{c,ave}$远大于设计水压$P_{w,d}$，这表明对于最大沉放水深为25m的鱼梁洲隧道而言，N2型和N3型止水密封橡胶带均可安装于钢封门的装配接缝内。

图5-34c)为N1型止水橡胶条的橡胶条-隧道结构平均接触应力与装配接缝压缩位移之间关系曲线。如图5-30b)、图5-34c)所示，橡胶条-隧道结构接触界面可分为三段：第一段为最外侧凸头与隧道结构间的接触面，第二段为遇水膨胀胶条与隧道结构间的接触面，第三段为中间凸头与隧道结构间的接触面。当装配接缝压缩位移从1mm增加到9mm时，接触段1的平均接触应力大于接触段2和3的对应值。当装配接缝压缩位移位于1~7mm之间时，虽然接触段1上的平均接触应力$P_{c,ave}$超过设计水压$P_{w,d}$，但此时橡胶条-隧道结构的接触长度非常短(见图5-31中Δv=1mm、7mm的子图)，此时橡胶条-隧道结构间接缝存在渗漏风险。随着装配接缝压缩位移从9mm增加到12mm，接触段1的平均接触应力略低于接触段2，但仍大于接触段3。当装配接缝压缩位移超过12mm时，接触段1的平均接触应力迅速增大，并再次大于接触段2和接触段3。综合来看，最外侧凸头与隧道结构的接触段1对N1型止水橡胶条的密封性能起主导作用。

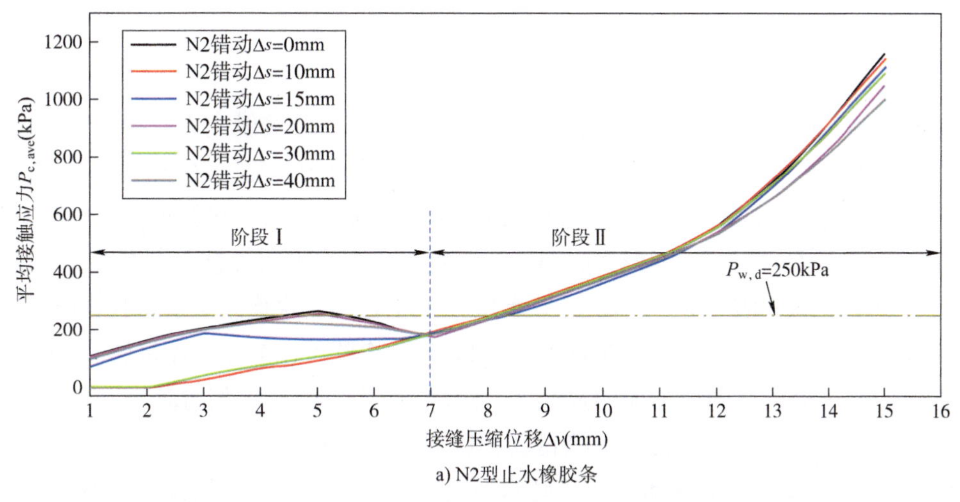

a) N2型止水橡胶条

图　5-34

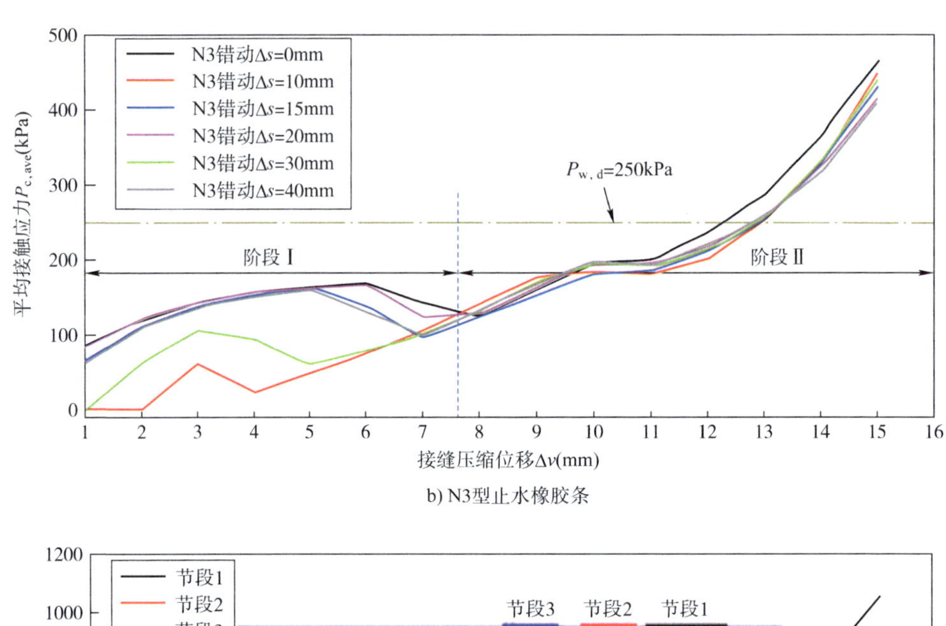

b) N3型止水橡胶条

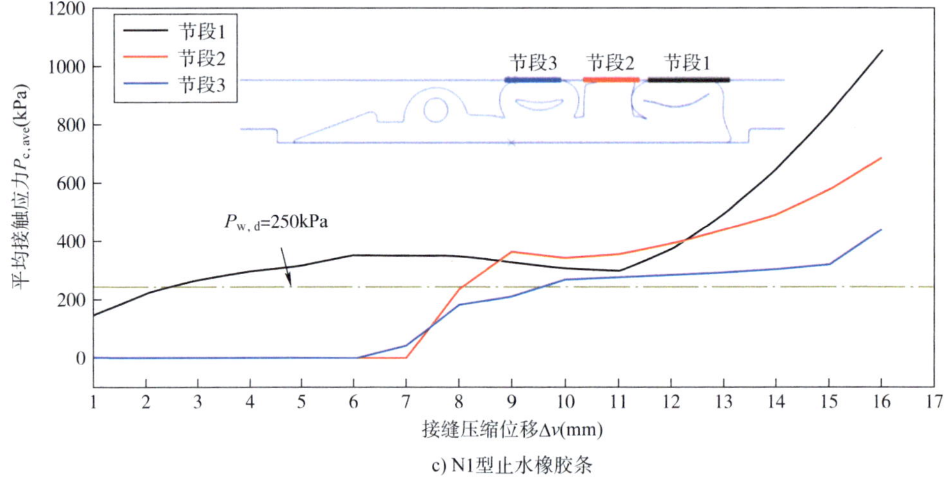

c) N1型止水橡胶条

图5-34　平均接触应力与装配接缝压缩位移关系

图5-35为不同初始装配接缝压缩位移作用下接触面平均接触应力与接缝错动位移的关系曲线。将图5-35与图5-34a)、b)进行对比可看出，相对于装配接缝压缩位移，错动位移对止水橡胶条的防水性能影响更为复杂。在初始装配接缝压缩位移较小(不大于7mm)的情况下，由于橡胶条-橡胶条的接触面积较小，沿接触界面的平均接触应力随接缝错动位移的变化波动较大，平均接触应力小于设计水压，N2和N3型止水橡胶条的密封性能不稳定。然而，当装配接缝压缩位移大于9mm时，由于橡胶条-橡胶条接触的长度足够大，平均接触应力不随接缝错动位移的增加而明显减小，平均接触应力的变化相对较小。以上分析表明，随着装配接缝压缩位移增大，接缝错动位移对止水橡胶条防水性能的影响逐渐减小。总体而言，接缝错动位移对止水橡胶条防水性能的影响小于接缝压缩位移。另外，当初始接缝压缩位移为15mm时，N2和N3型止水橡胶条的平均接触应力远大于设计水压。因此，综合考虑数值模拟和钢封门子面板的装配技术要求，需将能满足250kPa设计水压作用下不

漏水要求的接缝错动位移控制阈值取为40mm。

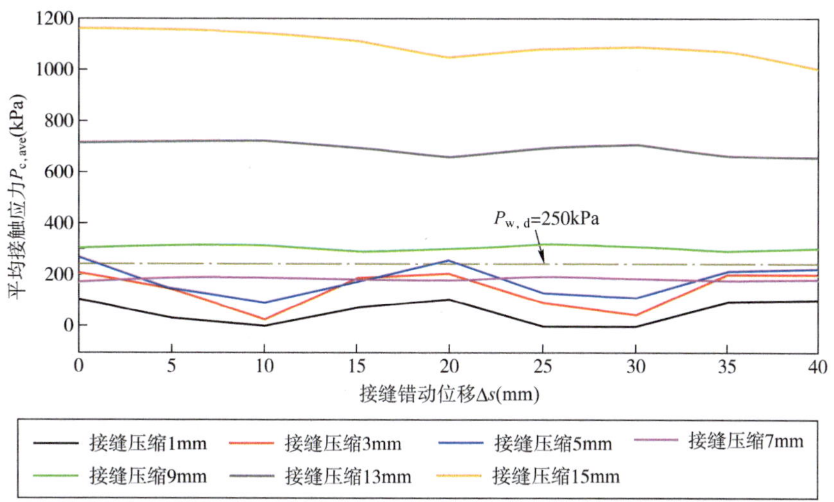

a) N1型止水橡胶条

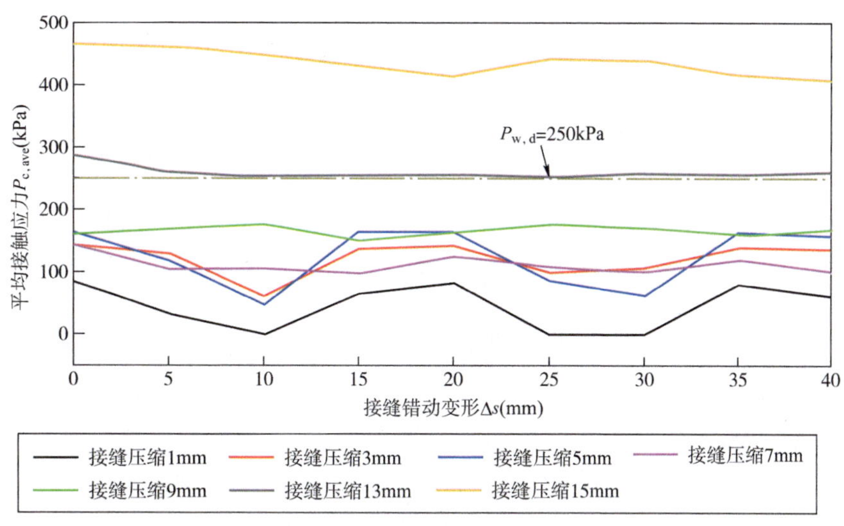

b) N2型止水橡胶条

图5-35　平均接触应力与装配接缝错动位移关系

5.3.4　全装配式钢端封门安装与拆除工艺

通过第5.3.3节的数值模拟研究可知，为保证新型装配式钢封门的水密性，装配接缝的位移需满足以下标准：①装配接缝的压缩位移不得小于15mm；②装配接缝的错动位移不得超过40mm。由于单个钢封门子块尺寸较大，且重量可达9.3t，无法仅通过人工实现安装。为实现单个钢封门子块的快速准确定位，研发了可自动调整钢封门子块空间姿态的自动安装台车。

如图5-36所示，新型装配式钢封门的安装策略如下：在单个行车道内，端封门子面板从两侧向中间对称同步安装；先在隧道顶板和底板上安装钢支座，在钢支座上安装H型钢梁和连接螺杆，通过垂直H型钢梁与连接螺栓的作用，可将端封门子面板初步安置于隧道横截面的端部。具体而言，首先对称安装端封门子面板P1和P5，其次是子面板P2和P4。然后用液压千斤顶横向推动子面板P2和P4，以为P3子面板的安装提供足够空间。当P2和P4子面板之间净宽达2.237m时，拆除液压千斤顶，通过临时设施固定已安装的子面板，即P1、P2、P4和P5，以便将P3子面板安装在P2和P4子面板之间。

a) 安装钢支座

b) 安装止水橡胶条

c) 安装钢封门子面板

d) P2与P4子面板被横向顶压

e) P3 面板被安装

f) 所有子面板装配完成

图5-36　新型装配式钢封门子面板安装工序

端封门拆除时，需保证已沉放的所有管节迎水方向共有不少于3道端封门及沉管抗浮安全系数不小于1.05。单个行车道内端封门子块的拆除顺序与安装顺序相反,先拆除3号子面板,然后对称拆除2号、4号子面板,最后拆除1号、5号子面板。由于端封子面板均为楔形结构,子面板与子面板间及子块与隧道侧墙间均有挤压力,正式拆除钢端封门前,需通过千斤顶纵向顶推松动各子面板。如图5-37所示,端封门拆除起吊装置为两个10t电动葫芦,悬挂于顶部固定支座及对面端封门上,并拉住端封门子面板,底部采用10t装卸叉车配合放倒已拆除的子面板,实现整个过程无切割拆除。

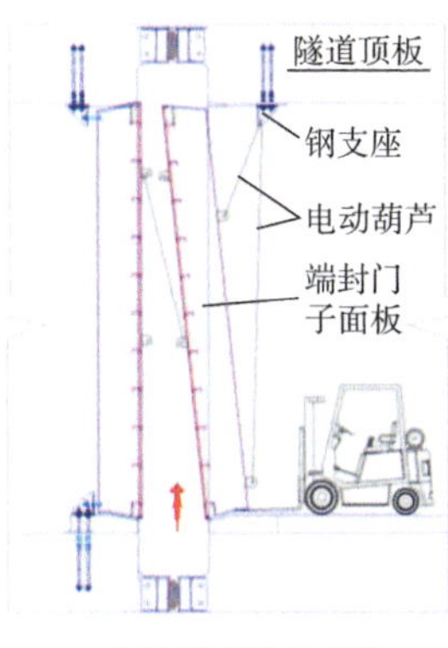

a)子面板拆除示意图

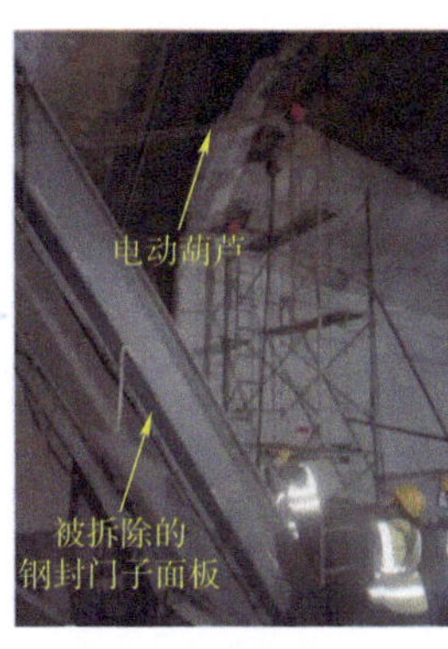

b)用电动葫芦放倒子面板

c)转移已拆下的子面板

图5-37　新型装配式钢封门子面板的拆除工序

5.3.5　全装配式钢封门水密性监测

为实时监测新型钢封门在沉管下沉过程中受力变化及位移情况,在一侧行车道5块钢封门子面板及中管廊钢封门子面板上布置位移监测点。考虑到传感器布置方便,且管节单元E5的安装水深最大(即25m),以管节单元E5为例进行测试。在管节单元E5进行起浮试验时,测量了钢端封门各装配接缝的压缩和错动位移。起浮试验的沉放水深设置为12m,小于安装水深(25m)。钢封门子面板与隧道结构之间的接缝压缩位移测量为13 ~ 19mm,相邻钢封门子面板间的接缝压缩位移测量为13~16mm。相邻钢封门子面板间的接缝错动位移测量为10~30mm。由于装配误差,现场最小接缝压缩位移略低于水密性设计控制阈值(15mm)。但是,可以推断,当沉放水深超过12m时,在沉管下沉过程中,施加在钢封门面板上的静水压力将不断增大,从而进一步压缩止水橡胶条。当管节单元放置于水下沟槽时,止水橡胶条的最终压缩变形将大于15mm,尤其是底部装配缝内的N4型止水橡胶条。因此,根据数值模拟研究,以及管节水密性起浮试验和管节单元E5沉放施工所中观察到的钢封门面板接缝未发生漏水,仍可推断止水橡胶条的防水性能满足要求。

鉴于新型装配式钢封门对管节单元浮运、系泊、下沉作业以及水下连接的重要性,对新型装配式钢封门在管节单元E5沉放过程中的应力和变形特性进行了现场监测。弯曲变形和弯曲应力监测点布置图如图5-38a)所示。H型钢梁弯曲应力与沉放水深关系曲线如图5-38b)所示,H型钢梁弯曲变形与沉放水深关系曲线如图5-38c)所示。从图5-38b)、c)可看出，随着隧道单元浸放深度的增加，H型钢梁的弯曲应力和弯曲变形呈线性增加趋势。而且，实测的弯曲应力和弯曲变形均小于相应的理论计算值，这表明钢封门处于线弹性变形状态。所监测的H型钢梁最大弯曲应力和弯曲变形均未超过设计最大应力（Q345钢屈服强度为295MPa）和最大挠度［《钢筋混凝土结构设计规范》（GB 50010—2010）规定，$L/400=6700\text{mm}/400=16.75\text{mm}$，其中$L$为结构构件长度］，表明新型装配式钢封门结构安全可靠。

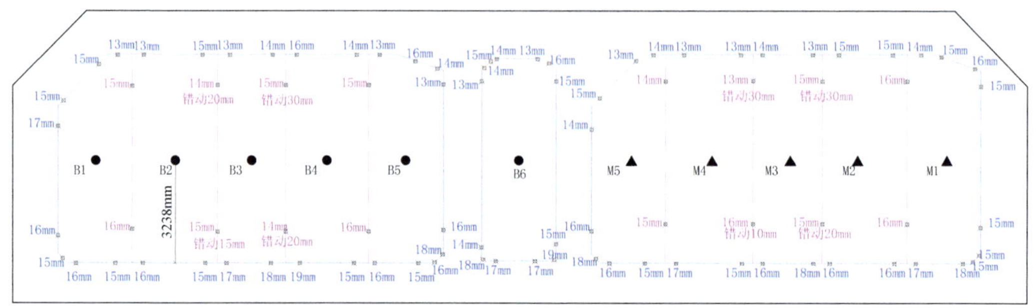

⊠ 接缝压缩位移监测点 ● 钢封门面板弹性变形监测点 ▲ 钢封门面板弯曲应力监测点

a) 管节单元E5试浮阶段所测量的装配接缝压缩与错动位移

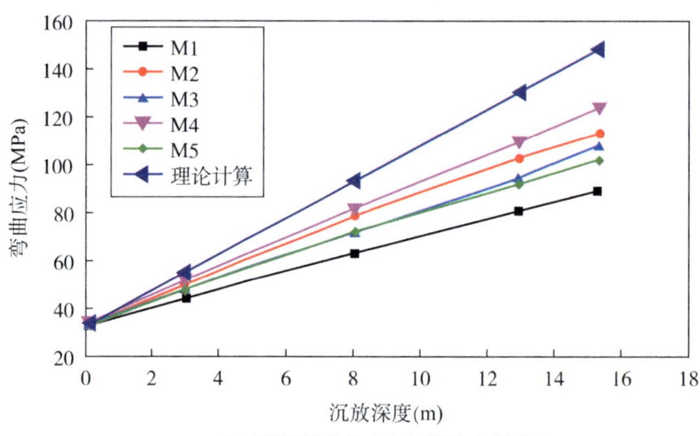

b) H型钢梁弯曲应力与沉放水深关系

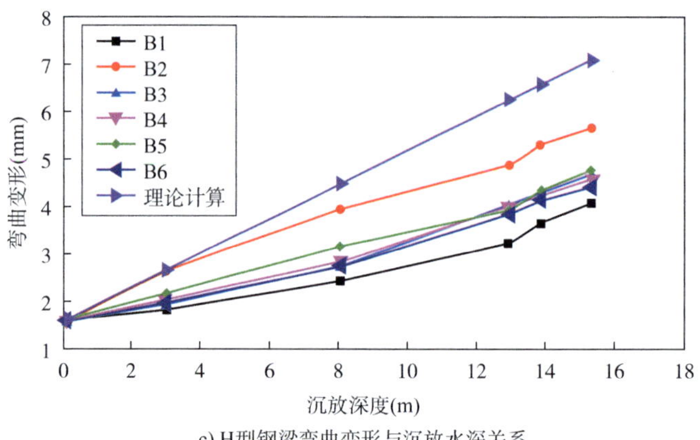

c) H型钢梁弯曲变形与沉放水深关系

图5-38 管节单元E5沉放阶段所测钢端封门及装配接缝变形

5.4 新型柔性水袋压载水系统设计与安装关键技术研究

5.4.1 沉管压载水系统发展现状

如图5-39所示,压载水系统是沉管隧道施工中广泛应用的一种浮力调整系统,是管节沉放安装系统中不可或缺的一部分。压载水系统对保证管体在沉放阶段的稳定性和施工安全性至关重要,可通过向管节内部储水结构加水或排水,为待沉放管节提正、负浮力,实现管节的下沉与上浮,同时还能为管节提供适当的干舷高度。压载水系统主要应用于管节的起浮、沉放、水力压接以及后续拆除工序这几个阶段。在沉放阶段及沉放后期,管节内压载水系统起到增加或减轻管节在水中的重量、稳定管节的作用。

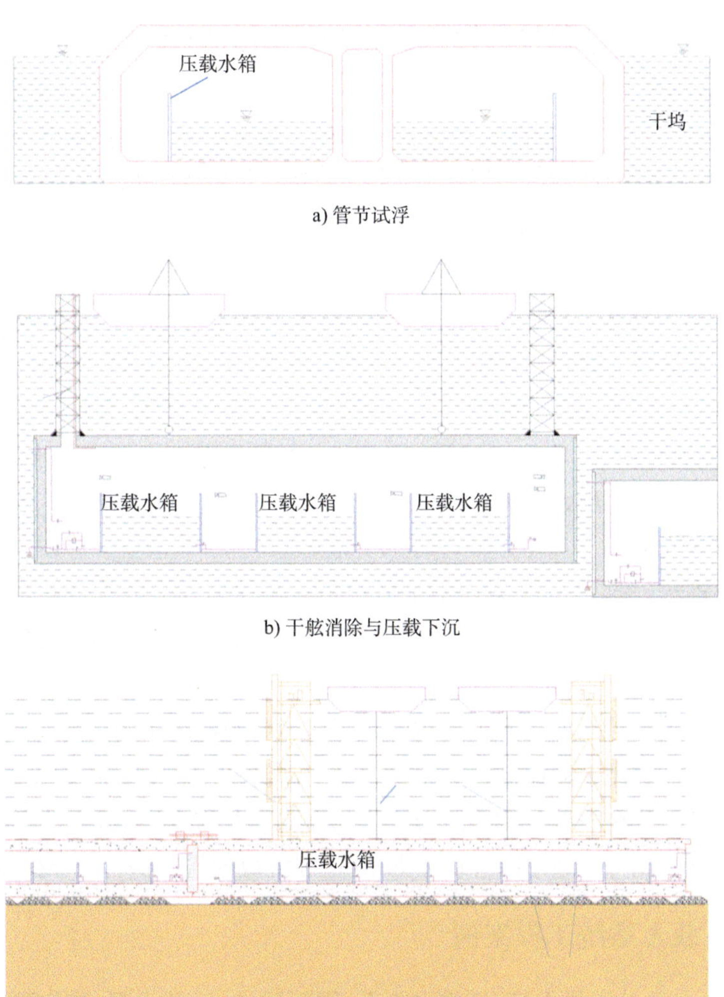

a) 管节试浮

b) 干舷消除与压载下沉

c) 接合腔排水与最终压载

图5-39 压载水系统在沉管浮运沉放施工中应用

目前沉管隧道压载水系统普遍采用刚度较大的压载水箱来进行压载，如东京湾临海公路隧道、釜山巨济沉管海底隧道、港珠澳大桥岛隧工程等，这些基于刚性压载水箱的压载水系统存在如下特点：①采用水箱装水，水箱由钢或钢木结构制作；②所用的水箱个数是偶数，并且水箱沿沉管两侧对称布置；③水箱内水量由压力传感器检测；④水箱顶部开口。

虽然这种水箱压载水系统技术发展较成熟，但压载水箱是由钢或钢木结构制作，采用PVC防水布作为防水层，需在沉管底板水箱安装位置处安装大量预埋件，水箱安装与拆卸施工工艺复杂、效率低、成本高，在管节倾斜及外力扰动条件下，水体易溢出，且在安装与拆除水箱钢板过程中，焊接工程量大，动火作业多，致隧道内烟尘大，造成作业环境恶劣，对人体伤害大。因此，这种基于水箱的传统压载水系统已无法满足沉管隧道现场沉放施工进度与安全环保的要求，迫切需要一种新型的压载水系统来解决上述问题。

5.4.2 沉管隧道压载水系统功能

压载水系统在沉管沉放过程中起着关键作用，用于管节在起浮、系泊和沉放时进行压重控制，其由储水容器、压载管路和控制系统组成。储水容器和压载管路分布在管节内部，通过向箱内注水或者排水控制管节的负浮力。控制系统的终端设在沉放驳中控室内，实施远程给排水控制。管节压载水系统功能及主要作业工况如下：

（1）管节试浮（图5-39a）。为检查管节水密性及压载水系统的功能，一次舾装作业完成之后，向压舱水箱内加水，并对干坞灌水，待坞内水位高出管节顶面一定高度后，再将压载水箱逐渐排水，开展管节的起浮试验。

（2）干舷消除与压载下沉（图5-39b）。在沉放开始前，先对压载水箱加水，达到消除干舷的目的。干舷消除阶段，为防止沉管发生倾斜，要尽量保证水箱组进水的同步性。待干舷消除，沉管稳定后，为了使漂浮状态的沉管管节下沉，向压载水箱进一步灌水，增加沉管负浮力，使管节下沉。

（3）接合腔排水（图5-39c）。新沉放的管节单元与先前安装的管节在初始拉合后，两者间的GINA止水带被压缩，管节接头处形成接合腔。需通过压载水系统的管路排出接合腔中封闭的水体。

（4）最终压载（图5-39c）。当新沉放管节与已沉放管节间的水力压接完成后，为保持已沉放管节在波浪或水流作用下的稳定性，压载水系统仍需供水，使得已沉放管节获得足够负浮力。

（5）应急上浮。若在安装过程中管节姿态出现异常情况，会造成管节无法继续安装，需要将压载水箱内水排出，以减小沉管负浮力，对正在沉放的管节进行起浮作业。

5.4.3 沉管压载水系统工程案例

压载水系统主要由压载水箱、给排水管系、阀门遥控、压载水泵、液位遥测、测控柜及控制终端组成，用于管节起浮、系泊和沉放安装时进行压重控制，调节压载水箱的水量，以实现管节浮运时干舷调节、管节助沉、管节压载等功能。

1)日本东京湾临海公路隧道

日本东京湾临海公路隧道沉管安装水深为8m，沉管尺寸为115m×37.4m×8.95m，沉管重量为40000 t。如图5-40所示，日本东京湾临海公路隧道压载水系统按南侧、北侧分为两套结构相同但相互独立的系统。压载水箱布置在沉管两侧的通风廊道中，两条主水管线及压舱水泵布置在行车廊道内。水箱长度20m，每侧5个，共10个。压载水箱利用通风道侧壁和隔板作为水箱壁，水箱内为满铺的防水布。

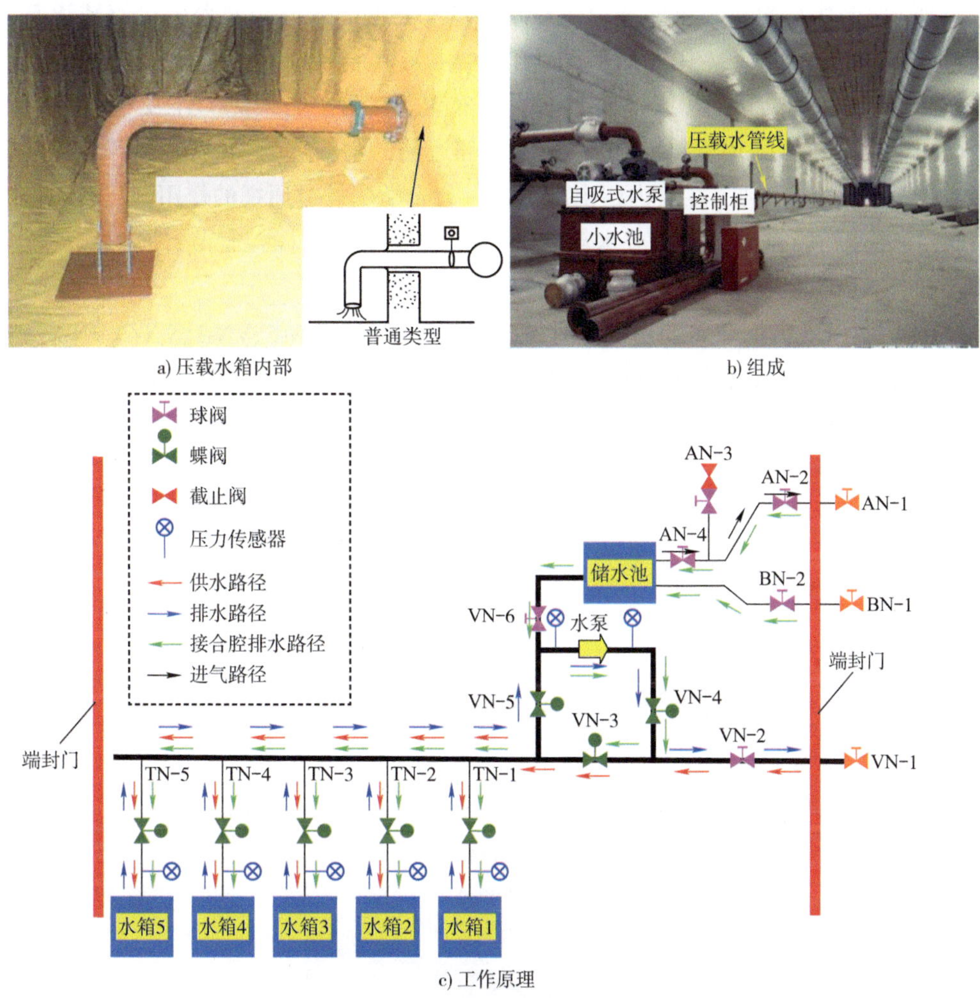

图5-40　日本东京湾临海公路隧道压载水系统

东京湾临海公路隧道压载水系统控制流程如下：

(1)压载下沉。管节沉放期间注压载水时，远程操作开启蝶阀(VN-3)，通过水头差使海水自动流入管路内，远程控制阀门驱动器，有选择开启部分或全部分支管路上的蝶阀(TN-1~TN-5)，实现水箱内加水。

(2)应急上浮。当沉放过程中需沉管排水起浮，可通过远程操作自吸式排水泵排出压载水(TN-1~TN-5,VN-4、VN-5)。

(3)接合腔排水。对接后,通过舱门进入已沉管节,打开单向进气阀(AN-3),空气进入端封门,小部分水流入小蓄水池。打开球阀(BN-2),使海水进入小水池。当小水池快满时,关闭球阀,打开球阀(VN-6)将小水池中的水泵入压载水箱。重复该过程,将端封门间的水排入压载水箱。

2)土耳其博斯普鲁斯隧道压载水系统

沉管最大安装水深为61m,沉管尺寸为135m×15.3m×8.75m,沉管重量为19000t。如图5-41所示,土耳其博斯普鲁斯隧道压载水系统布置与日本东京湾临海公路隧道基本相同,因为其最大安装水深为61m,如果仅采用1个水泵,会造成水泵体积太大,因此采用了2个水泵。压载水箱长15m,宽度3.85m,高3.2m,布置于沉管左右两侧的外墙附近,管节两侧各5个,共10个水箱,采用钢结构形式,主水管邻近侧的水箱壁为钢结构,而并非利用管节的侧墙作为水箱壁,起到了在管内留出施工通道和光学测量时通视的作用。压载水经管路流进阀门,通过精确控制每个压载水箱的进出水量,便可精准操控管节,使之上升或下沉。博斯普鲁斯隧道压载水系统控制流程如下:

(1)压载下沉。向压载水箱内加水时,需打开阀门TN-1~TN-5、VN-1、VN-2、VN-5。

(2)应急上浮。压载水箱排水时,需打开阀门TN-1~TN-5、VN-1、VN-3、VN-5。

(3)接合腔排水。接合腔排水时,需打开阀门TN-1~TN-5、AN-1~AN-3、VN-1~VN-4、BN-5。

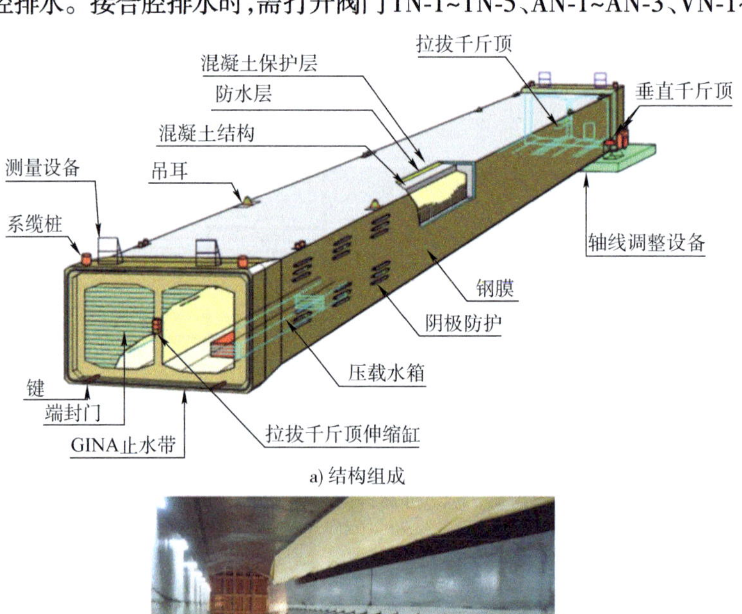

a) 结构组成

b) 防水布安装后

图 5-41

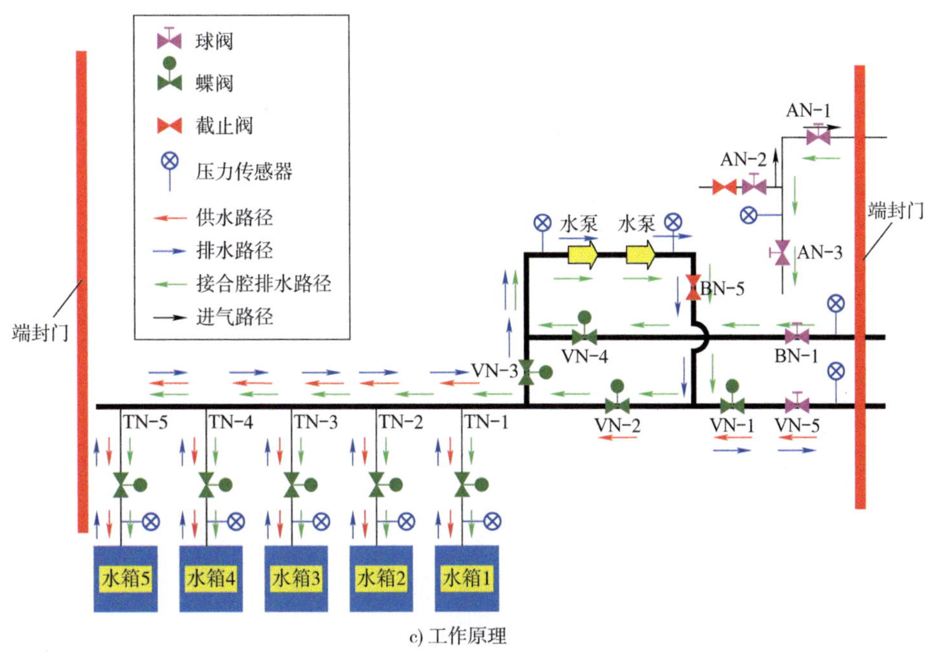

c)工作原理

图 5-41 土耳其博斯普鲁斯隧道压载水系统

3)中国港珠澳大桥沉管隧道工程压载水系统

如图5-42所示,压载水箱是港珠澳大桥沉管隧道重要的舾装结构,每个标准管节内布置6个水箱,对称置于两侧的行车道中,利用通道两边的隧道墙体作为水箱壁,用于调节沉管在坞内横移、出运及沉放安装过程中的负浮力及姿态。该工程压载水箱为钢木结构,由两道挡土墙、沉管侧墙及中墙围成,平面尺寸为14.55m×20m,水箱内侧铺设整体式PVC防水布作为防水层。

压载水箱布置于两侧的行车道内,主水管布置于中间廊道,主水管的两端穿过端封门与外界接通。支水管的一端通过三通管连接于主水管,另一端穿过沉管管节的中墙接入压载水箱内部。为保证对新安装的管节在中间管廊能够进行贯通测量,主水管的位置偏向了一侧。在正常工作情况下,压载水系统排水采用2个水泵。港珠澳大桥沉管隧道的压载水系统控制流程如下:

(1)压载下沉。压载水箱加水时,需打开阀门T-1~T-6、V-1、V-2。

(2)应急上浮。压载水箱排水时,需打开阀门T-1~T-6、V-1、V-5~V-8。

(3)接合腔排水。接合腔排水时,需打开AN-1~AN-4。

5.4.4 沉管压载水系统问题总结

压载水箱对称布置于沉管管节内部两外侧的行车道中,水箱挡土墙为钢结构或钢桁架木板结构,且利用管节的侧墙作为水箱外壁,需在沉管底板及侧墙水箱安装位置处安装大量预埋件,水箱安装与拆卸施工工艺复杂、效率低、成本高;在管节倾斜及外力扰动条件下,压载水体易溢出,且在安装与拆除水箱钢板过程中,焊接工程量大,动火作业多,导致隧道内烟尘大，施工作业环境恶劣，对人体伤害大。

a) 外部

b) 内部

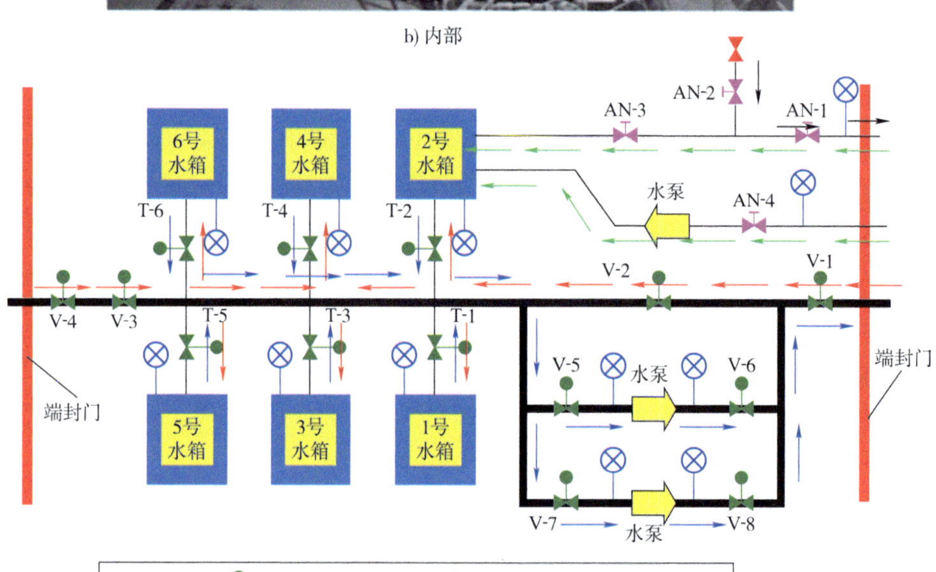

c) 工作原理

图5-42　中国港珠澳大桥沉管隧道压载水系统

若管节规模较大，采用节段式结构，压载水箱较多，部分水箱可能跨越节段接头。跨越节段接头的刚性压载水箱在压载条件下将对管节节段接头产生额外不利影响。当采用一套排水管路系统时，应考虑如何安装穿过中墙的分支排水管。

5.4.5 基于柔性水袋的新型压载水系统设计

如图5-43所示，针对传统钢木结构压载水箱的固有缺陷，首次研发了基于柔性水袋的沉管压载水系统，采用柔性水袋作为储水容器，柔性水袋具有质量轻、适应性强、机动灵活、成本低、安装与拆卸方便、不易破损、可回收循环利用、无须焊接、不存在隧道内空气污染的优点。其工作过程为通过进排水管路向柔压载水袋内注入满足设计要求的压载水，并通过编织拉带将其固定在沉管底板上，使得管段系泊、浮运和沉放时调整管段的纵横向平衡，并调节干舷高度；在管段沉放、基础处理和水袋置换时，向其注入足够水量，以提供足够大的管节抗浮安全系数。然而，相比于传统钢木结构的压载水箱，柔性压载水袋的弹性模量较小，橡胶水袋固定困难，变形大，沉放过程可能出现晃动、偏载，最终压水量仅能通过试验估算，工艺相对不成熟。

图5-43 基于柔性水袋的沉管隧道新型压载水系统

柔性压载水袋具内囊、外网和涂层三种构造，内囊材料采用PVC进行储水，厚度为2mm；外网采用加筋编织布作为加筋带，加筋带宽度为10cm、厚度为3mm；涂层主要是增加水袋的摩擦力、防刺穿能力和防污能力。PVC内囊采用热合的方式制作，并在接缝处加压补强条，以保证热合强度和密封性。柔性水袋的外部加强层采用双头缝纫机制作，共走两次四道缝合，保证其缝合强度能达到设计要求。在组装方面，PVC内囊和外部加强层按要求加工完成后，通过一些特定的设备和工艺组合，完成最后的加工制作。柔性压载水袋制作如图5-44所示。

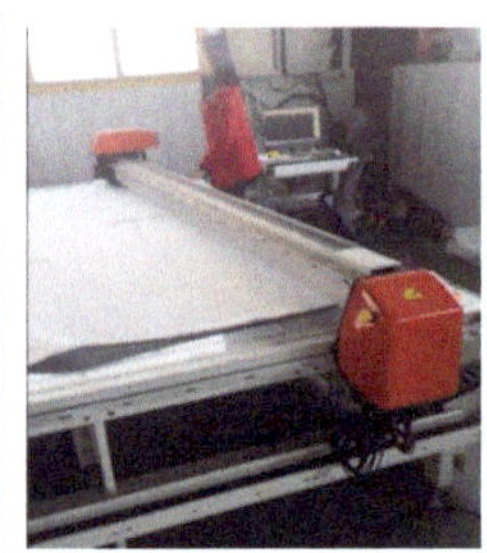

a)水袋现场下料

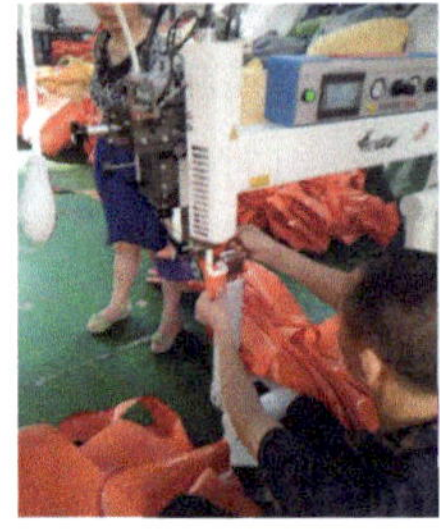

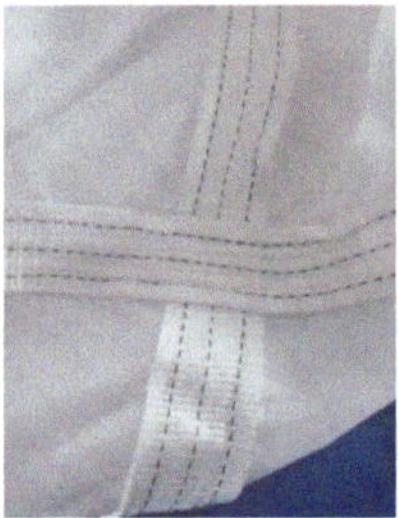
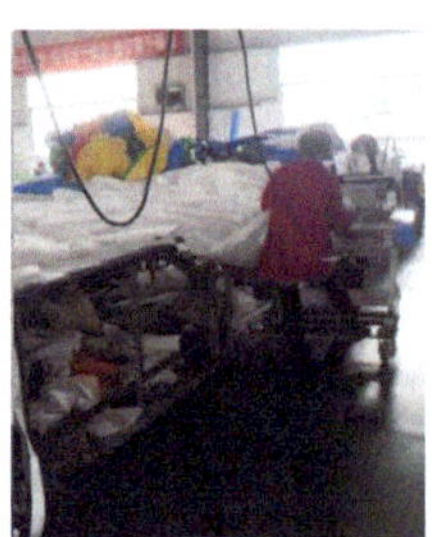

b)水袋现场制作

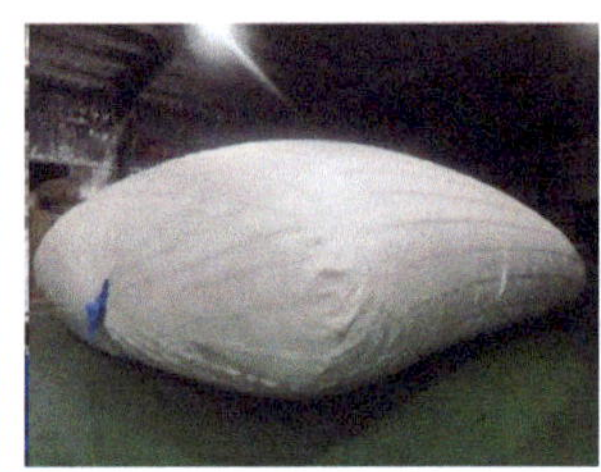

c)水袋现场组装过程

图5-44　柔性压载水袋制作

柔性压载水袋的作用是通过装水增大管节的重量，使管节下沉到基槽指定位置，管节沉放主要分为干舷消除、管节加载下沉、稳定压载和应急上浮四个工况。在干舷消除阶段，往水袋内加的水量正好使管节淹没在水中；在管节加载下沉阶段，往水袋内加的水量使管节的抗浮系数达到1.01~1.02；在稳定压载阶段，管节沉放到位后继续往水袋内加水，使管节的抗浮系数达到1.05，直至压仓混凝土浇筑及管节回填完成，从而稳定管节，当管节沉放过程中出现紧急情况需要应急上浮时，需将柔性压载水带内的水排出，以减小沉管负浮力。因此，压载水袋的大小与数量由其最终所装的水量决定，需根据管节沉放时不同工况下的抗浮与起浮要求，计算不同类型管节所需的压载水量、压载水袋的数量和几何尺寸，并对其结构与空间布置开展设计。

鱼梁洲隧道共包含10节沉管单元，西汊沉管共4节单元，东汊沉管共6节单元，管节单元长度总共有4种类型，分别为86.5m、(86.5+5)m、120.5m、(120.5+5)m。管节沉放前的干舷设计为15cm，沉放时的抗浮系数为1.02，最终抗浮系数为1.05。如图5-45所示，沉管管节横断面宽为31.2m、高为9.2m，顶部外侧倒角三角形尺寸为2.35m×2.35m，则沉管横断面外包面积为：

$$S_{tol}=31.2\times9.2-2.35\times2.35=281.5175\text{m}^2$$

根据沉管的结构形式，沉管在两端处有一外伸凸起。由此可知，管节突出部分高0.55m，长0.52m。考虑到沉管有两端突出，于是有沉管端部突出部分的总体积为：

$$V_{end}=\left\{(31.2\times9.2-2.35\times2.35)-\begin{bmatrix}(31.2-0.55\times2)\times\\(9.2-0.55\times2)-2.03\times2.03\end{bmatrix}\right\}\times2\times0.52=43.5015\text{m}^3$$

由于管节浮运阶段的最小干舷值取15~30cm，若取最小值15cm，则在柔性水袋没加水时，沉管两端端部的排水体积为：

$$V_{dw}=43.5015-2\times0.52\times\begin{bmatrix}(31.2-2.35\times2)\times\\0.15+0.15\times0.15\end{bmatrix}=39.3441\text{m}^3$$

取水的密度为1000 kg/m³，重力加速度为10m/s²，当沉管长度为120.5m时，在浮运阶段，管节所受浮力为：

$$F_{w1}=\left[\left(31.2\times(9.2-0.15)-(2.35-0.15)^2\right)\times(120.5-2\times0.52)+39.3441\right]\times10\times1000=3.3192\times10^8\text{N}$$

由于浮运阶段管节重力与正浮力平衡可知，管节的实际重量为：

$$G_{tun}=F_{w1}=3.3192\times10^8\text{N}$$

消除干舷后、管节压载下沉，管节完全潜入水中，此时排开水的重量为：

$$F_{w2}=[(31.2\times9.2-2.35\times2.35)\times(120.5-2\times0.52)+43.5015]\times10\times1000=3.3674\times10^8\text{N}$$

取沉管的稳定压载阶段的最终抗浮系数α由下式计算：

$$\alpha=\frac{G_{tun}+V_{bw1}\rho_w g}{F_{w2}}=1.05$$

式中，ρ_w为水室温密度。于是，可得稳定压载阶段管节内部所需的压载水体积V_{bw1}为：

$$V_{bw1}=(\alpha F_{w2}-G_{tun})/(\rho_w g)=(1.05\times3.3674\times10^8-3.3192\times10^8)/(10\times10^3)=2165.7\text{m}^3$$

目前现有沉管隧道工程的压载水容器一般在沉管两侧对称布置，数目为6个左右，故鱼梁洲隧道120.5m长管节中设置6组压载水袋，在沉管两侧对称布置，每侧3组。由于压载水袋柔性强，装水后体积不易计算，故将每个柔性压载水袋等效为水箱形式，考虑管节的断面尺寸，现取每个压载水箱的等效宽度为8m，高度2m，按6个压载水箱计算，可得压载水箱的长度L_1为：

$$L_1=V_{bw1}/(8\times2\times6)=2165.7/(8\times2\times6)=22.56\text{m}$$

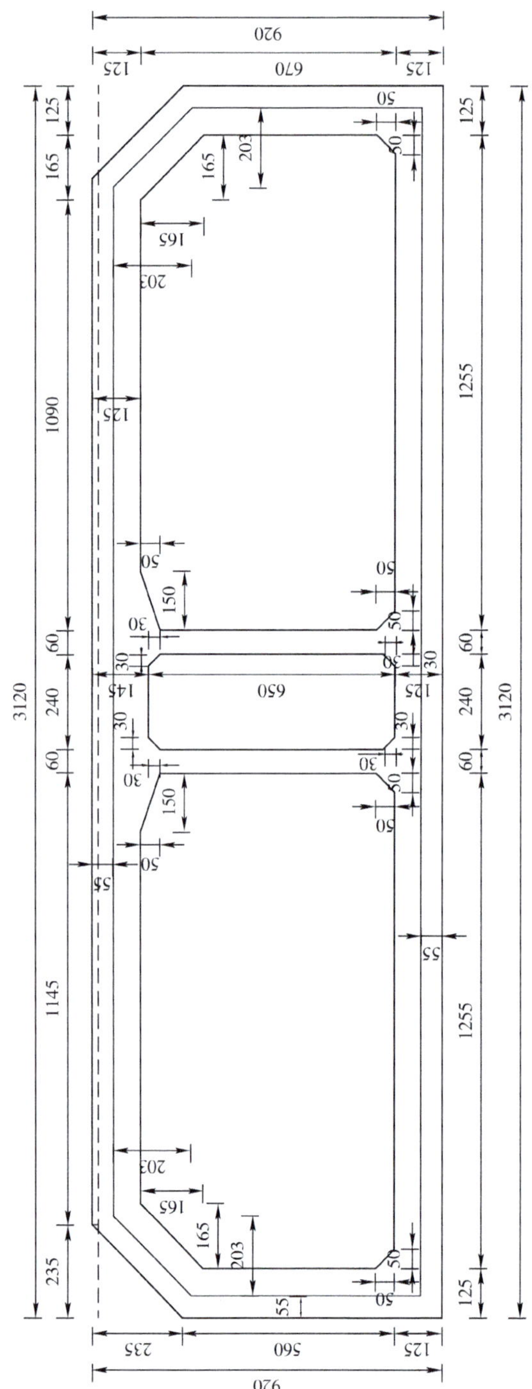

图5-45 鱼梁洲隧道横截面及现场施工(尺寸单位:cm)

同理，对于长度为86.5m的标准管节，可计算出满足稳定压载阶段的最终抗浮系数α为1.05的所需压载总水量为V_{bw2} = 1551.1m^3。由于其长度较短，由工程类比法可知，86.5m长度的管节中设置4组压载水袋，在沉管两侧对称布置，每侧2组。如果将每个柔性压载水袋等效为水箱形式，考虑管节的断面尺寸，现取每个压载水箱的等效宽度为8m，高度为2m，按4个压载水箱计算，可得压载水箱的长度L_2为：

$$L_2 = V_{bw2}/(8 \times 2 \times 4) = 1551.1/(8 \times 2 \times 4) = 24.24\text{m}$$

同理，对于长度为(120.5+5)m的标准管节+小管节，可计算出满足稳定压载阶段的最终抗浮系数α为1.05的所需压载总水量为V_{bw3} = 2256.1m^3。由于其长度较长，由工程类比法可知，(120.5+5)m长度的管节中设置6组压载水袋，在沉管两侧对称布置，每侧3组，如果将每个柔性压载水袋等效为水箱形式，考虑管节的断面尺寸，现取每个压载水箱的等效宽度为8m，高度为2m，按6个压载水箱计算，可得压载水箱的长度为$L_3 = V_{bw3}/(8 \times 2 \times 6) = 2256.1/(8 \times 2 \times 6) = 23.5$m。

同理，对于长度为(86.5+5)m的标准管节+小管节，可计算出满足稳定压载阶段的最终抗浮系数α为1.05的所需压载总水量为V_{bw4} = 1641.7m^3。由于其长度较长，由工程类比法可知，(86.5+5)m长度的管节中设置4组压载水袋，在沉管两侧对称布置，每侧3组，如果将每个柔性压载水袋等效为水箱形式，考虑管节的断面尺寸，现取每个压载水箱的等效宽度为8m，高度为2m，按4个压载水箱计算，可得压载水箱的长度为$L_4 = V_{bw4}/(8 \times 2 \times 4) = 1641.7/(8 \times 2 \times 4) = 25.65$mm。

以上是按等效压载水箱开展计算。实际上，由于用柔性水袋装水，水袋形状不规则，实际装水量小于水箱水量，且为了保证水袋的稳定性，水袋使用时不宜装太满。因此，考虑到余量问题，并结合水袋厂家的实际情况和现场的使用情况，最终决定将120.5m和125.5m的管节采用的6组水袋、86.5m和91.5m的管节采用的4组水袋再次进行拆分，即将1个大水袋分为2个小水袋。120.5m和125.5m的管节采用12个小水袋，每2个小水袋组成1个水袋组，即为6水袋组管节。同理，86.5m和91.5m的管节采用8个小水袋，每2个小水袋组成1个水袋组，即为4水袋组管节。所有小水袋尺寸定为15m×6.5m×3m。

如图5-46所示，为防止在沉放时管节的倾斜导致水袋滑动，需要安装固定预埋件，对水袋进行固定。每个小水袋上分布外网，沿管节长度方向，在每个小水袋组两端各安装两个预埋件，通过拉带将水袋外网与固定预埋件连接，同一组的两个小水袋之间用拉带相连。两个预埋件距最近管节侧壁的直线距离分别为2m和5m。

5.4.6　新型压载水袋性能试验

如图5-47所示，为充分保证管节沉放的安全性，需对柔性压载水袋的装水性能进行现场试验研究，试验场地选择在东津敞开段4.8%的斜坡上进行。由于试验水源距离试验场地较远，为防止水流入水袋的流速过慢造成流量传感器检测误差较大，在试验斜坡场地上放一钢水箱，钢水箱内放置一台潜水泵。试验时将水源处水引入水箱内，然后通过水箱内潜水泵将水抽入压载水袋内。试验时压载水袋装水量从0至220m³，在注水过程中，通过流量传感器观察注水流速以及注水量，采用压力传感器监测水袋内部水压力变化。

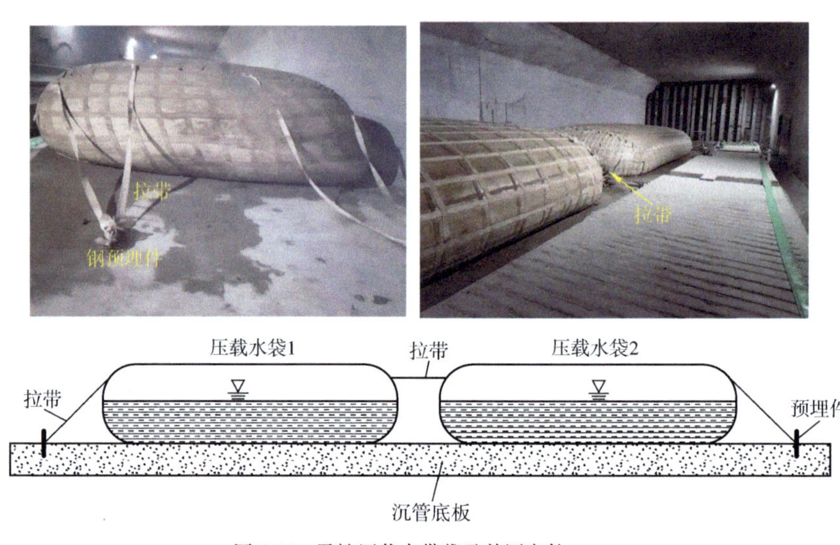

图5-46 柔性压载水带袋及其固定件

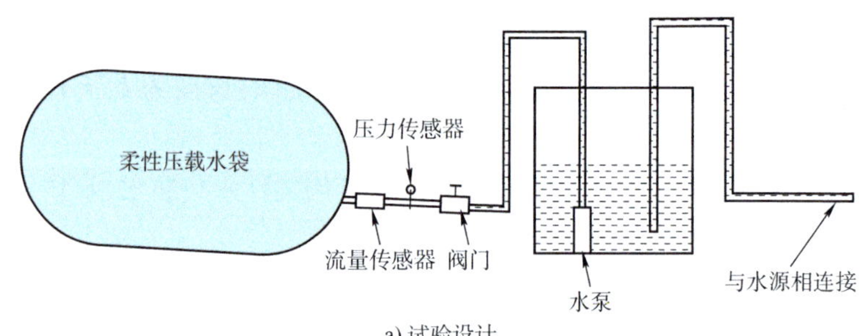

a) 试验设计

b) 压载水袋装水220m³

图 5-47

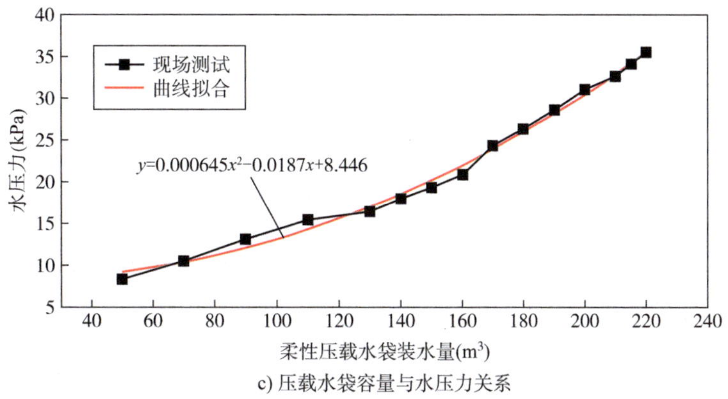

c) 压载水袋容量与水压力关系

图5-47　柔性压载水袋装水性能现场试验

柔性压载水袋装水量和内部水压力关系如图5-47c)所示，试验可得到如下结论：①柔性压载水袋在4.8%纵坡上，最大装水量为220m³，最大内部水压力为0.0356MPa，并且在此装水量下，柔性压载水袋未发生破损，其装水性能满足现场沉管沉放的实际水量要求。②在4.8%的纵坡上，整个注水过程中压载水袋都未出现滑移和滚动，压载水袋的抗滑性能较好。③随着压载水袋装水量增加，其内部水压力也将不断增大，装水体积与内部水压力近似呈抛物线关系。

5.4.7　新型压载水系统设备选型与布置

管路选择需基于三点：①管道直径大小的选择要考虑管道进排水时水流速度；②管道耐压力的选择要考虑管节沉放深度；③管道每节长度要充分考虑水管的运输、安装、使用、拆卸等方面因素，选择合理分节长度，保证压载水系统使用方便、安全、可靠。为保证管道安装方便，基于柔性水袋的压载水系统采用钢管和钢丝橡胶管的组合连接方式，在直接与外部河水接触处、各电动阀门安装处、各传感器安装处全部采用钢管，其他地方则采用钢丝橡胶管。如图5-48所示，除应急排水管路以及透气管路采用DN80型管道外，其他所有管道均为DN150型管道，管道最大长度为10m，钢丝橡胶管耐压要求为0.6MPa，钢管耐压要求为1MPa。为较好地抵抗阀门关闭瞬时的“水锤效应”，避免管节内部在沉放阶段出现接头部位漏水，各管路节段全部采用法兰连接。

水泵包括排水泵和潜水泵，选择排水泵的型号时，需要考虑管节沉放的深度、排水的效率；选择潜水泵时，要考虑水袋装水后的压力以及排水效率。鱼梁洲隧道最大沉放水深为25m，所选择的排水泵型号为：立式电动自吸离心泵、流量150m³/h、扬程40m、功率30kW、电压380V，可在约7.2h内将管内装完水后的所有水袋排空；所选择的潜水泵型号为：立式电动潜水泵、排量25m³/h、扬程25m，功率4kW，电压380V。

如图5-49所示，压力传感器的选择主要考虑压力检测范围和检测精度。压力传感器用于检测水泵出口和水袋组的压力，排水泵扬程40m，水袋最大高度3.5m，所选用的压力传感器量程为0~0.41MPa。由于水袋不是规则形状，采用双向流量传感器检测水袋组内的水量，双向流量传感器的选择要考虑水流的流速，采用电磁式双向流量传感器，检测范围为32~636m³/h。阀门包括电液开度蝶阀、电动开关蝶阀、手动蝶阀及截止阀，主要依据管道的大小和工作压力选择，远程控制的阀门全部采用蝶阀；接合腔进气阀采用单向进气截止阀；其他人工控制的阀门全部采用手动蝶阀。

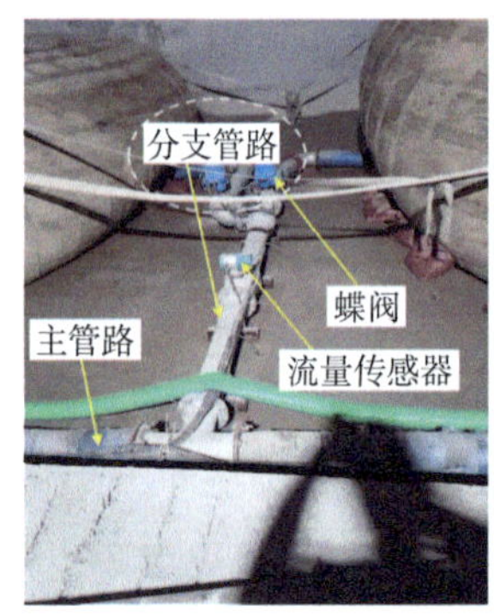

图5-48　压载水系统管路安装

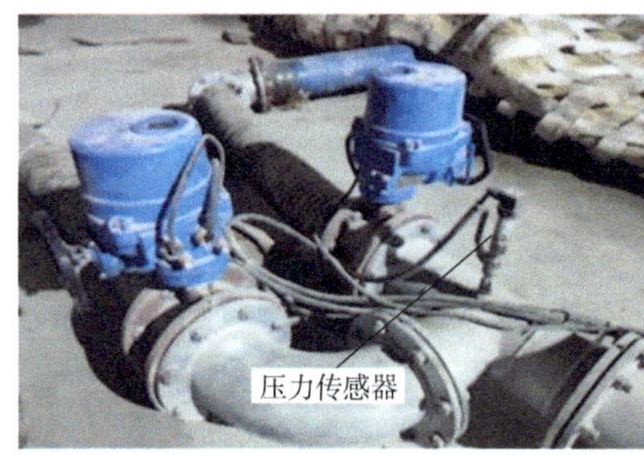

a)压力传感器安装

b)流量传感器安装

c)管道安装

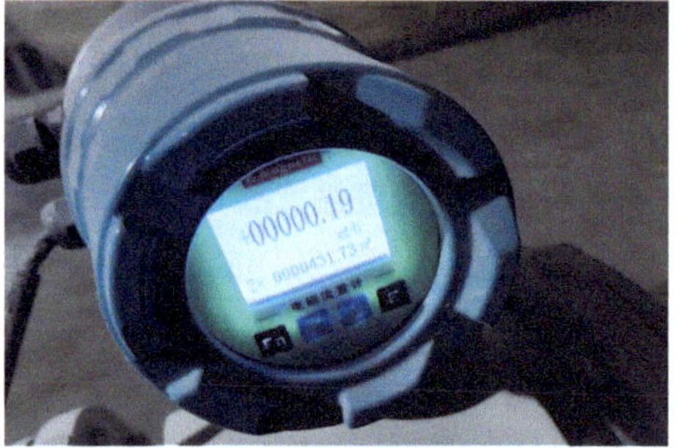

d)双向流量传感器

图5-49　管道、压力传感器及流量传感器安装

压载水系统的布局主要受沉管长度和沉管断面限制，原则上，储水装置应沿管节纵、横向均对称布置，以使管节在浮运和沉放作业期间受力均衡。如图5-50所示，鱼梁洲隧道的压载水系统均采用柔性水袋进行储水，120.5m与125.5m长度的管节内安置6个水袋组，86.5m和91.5m长度的管节内安置4个水袋组，每个水袋组由2个大小相同的水袋组成，压载

水袋对称布置于沉管两侧行车道内。因此，鱼梁洲隧道包括两型水袋组管节，分别为“四水袋组管节”及“六水袋组管节”，相应进、排水系统也分为“四水袋组进、排水系统”及“六水袋组进、排水系统”。基于管节行车道位置，压载水系统分别设置两套独立进排水管路系统，进排水管路系统包括主水管路、支水管路和透气管路（接合腔排水），而支水管路包括排水泵支水管路、水袋组进排水支管路和应急排水支管路。在行车道外侧设置透气管路，其他管路沿管节中轴线对称布置。四水袋组进、排水系统和六水袋进、排水系统均需安装设备为：电动离心、立式、自吸排水泵2台，电动、立式潜水泵2台，进、排水总管及支管，接合腔排水管（DN150型），接合腔透气管（DN80型），潜水泵排水管（DN80型），双向流量传感器，压力传感器，倾角传感器，浮球开关，各类阀门等。

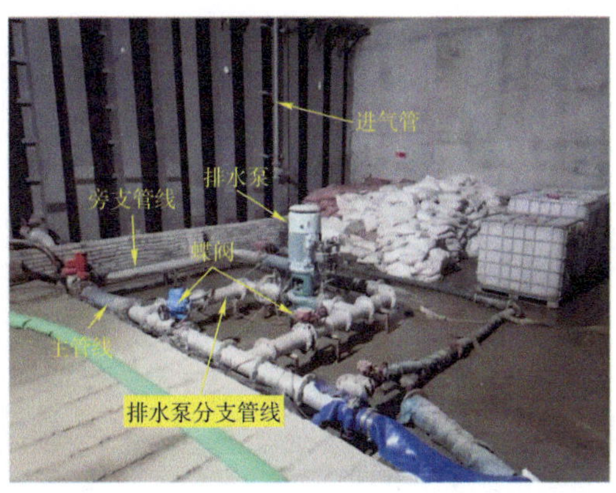

图5-50 新型柔性水袋压载水系统设备布置

如图5-51所示，以“六水袋组进、排水系统”为例，每节管节内安置6个压载水袋组，每个压载水袋组由2个相同大小的小水袋构成，压载水袋组对称布置于沉管两侧行车道内，每侧3组，每组内2个小水袋尺寸为15m× 6.5m× 3m。在2台排水泵同时使用情况下，可在约6h内排空所有水袋。在两条主水管路上各设置1个DN150手动蝶阀和1个电液开度蝶阀，主水管路上的手动蝶阀和电液开度蝶阀为冗余设计，手动蝶阀用于在紧急情况下关闭管路；在每条主水管路上、水袋组进排水支管路上均安装1个DN150电动开关蝶阀，共14个DN150电动开关蝶阀；在与排水泵连接的排水管路上、接合腔抽水管路上各安装1个DN150手动蝶阀；在管节沉放后由于纵坡导致的较低一端的两侧分别对称设置1个浮球开关（检测漏水情况）和1条应急潜水泵排水支管路，在每条应急潜水泵排水支管路上各安装1个潜水泵和1个DN80手动蝶阀，共2个浮球开关、2个DN80手动蝶阀和2台潜水泵，用于管节紧急漏水情况下，通过潜水泵将漏水排至压载水袋内，再通过进、排水管路排出。在透气管路上安装1个DN80手动截止阀。在每个水袋组的进排水支管路上安装一个双向流量传感器，共有6个双向流量传感器，用于检测水袋组水量。在每个水袋组的两个小水袋进排水支管路上安装一个压力传感器，共有6个压力传感器，用于检测水袋组的压力。在每台排水泵的出口管道处安装1个压力传感器，共2个压力传感器，用于检测水泵出口的压力。因此，沉管节内共有排水泵2台、潜水泵2台、DN150手动蝶阀6个、DN80手动蝶阀2个、DN80手动截止阀1个、电液开度式蝶阀2个、DN150电动开关蝶阀14个、浮球开关2个。四水袋组压载水系统和六水袋组压载水系统的管道安装类似。

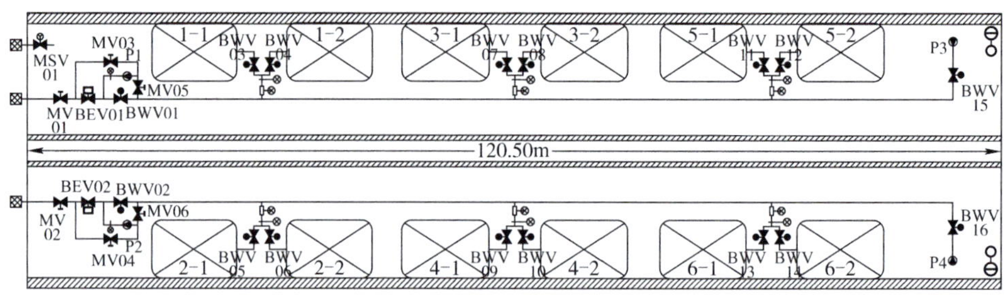

a)“六水袋组进、排水系统”

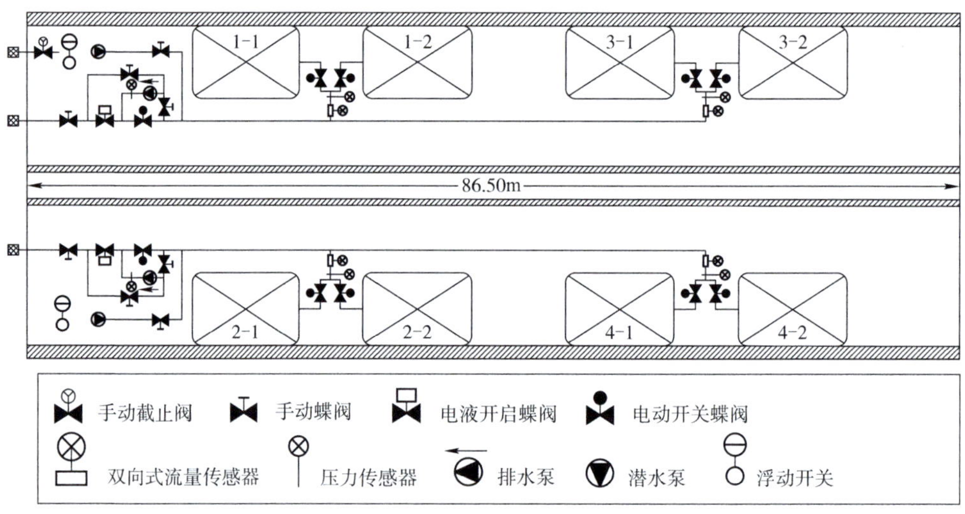

b)“四水袋组进、排水系统”

图5-51 新型柔性压载水系统设备布置

5.4.8 新型压载水系统进排水工艺

管节沉放的工况有沉放前准备、干舷消除、加载下沉、管节拉合、对接腔排水(自流)、对接腔排水(抽水)、最终加载、应急上浮、漏水后排水、沉放后水袋组排水。因此,对于每一工况,压载水系统的工作状态都会不同。管节总体上可分为“四水袋组管节”及“六水袋组管节”两种类型,管节沉放压载水系统工艺也可分为四水袋组和六水袋组两种。压载水系统进排水包括水袋进水、水袋排水和接合腔排水。水袋进水是靠河水水位的水头差使水自流进入水袋;水袋排水是靠排水泵将水袋的水抽到管节外;接合腔排水也是靠排水泵将管节对接接合腔的水抽到接合腔之外。消除干舷时,向管节内所有水袋组同时注水。消除干舷后,管节下沉时水袋组加水也是向所有水袋组加水,沉放到位后加水是向所有水袋组加水。管节上浮或沉放到位后排水是六个水袋组同时排水。

如图5-52a)所示,当水袋组需要加水时,首先打开两条主水管路上的电液开度式蝶阀和与排水管连接段的主水管路上电动开关蝶阀,由于水头差,河水会自动流入主水管路,然后打开需要进水水袋组旁的进排水管路电动开关蝶阀，就使得河水流入相应的水袋组，这样可在加大管节自身重量的同时，调节管节的姿态。水流入的速度由电液开度式蝶阀进行控制，流入每一个水袋组的水量由水袋组进排水管路上的双向流量传感器进行测量，同时，压力传感器检测水袋组内水压，进一步防止水袋因储水过多而爆破。当水袋组进水达到要求后，关闭相应水袋组旁的进排水管路上电动开关蝶阀。当所有水袋组进水结束后，关闭两条主水管路上电液开度式蝶阀和与排水管连接段的主水管路上电动开关蝶阀。当加入的水量达到沉放要求时，由起重机放出吊绳，使管节下沉。

如图5-52b)所示，当水袋组需要排水时，首先启动排水泵，打开主水管路上电液开度式蝶阀和与排水管连接段排水管路上电动开关蝶阀，然后打开需要排水水袋组旁进排水管路上电动开关蝶阀，就可使得河水排出相应水袋组。排水量由双向流量传感器测量。管节完成对接后，相邻管节对接端会形成接合腔，接合腔里装满了水。当需要排除对接端接合腔内部的积水时，如图5-52c)所示，进入已沉放管节，打开已沉放管节透气管路上截止阀，使对接端接合腔通大气，再打开已沉放管节的主水管路上电液开度式蝶阀和与排水管连接段的排水管路上的电动开关蝶阀。由于水头差作用，对接端接合腔内积水将自动流入水袋；接着关闭电液开度蝶阀，打开接合腔抽水管路手动蝶阀，关闭排水管路上手动蝶阀，启动排水泵继续对接合腔进行抽水，直至排水完成。

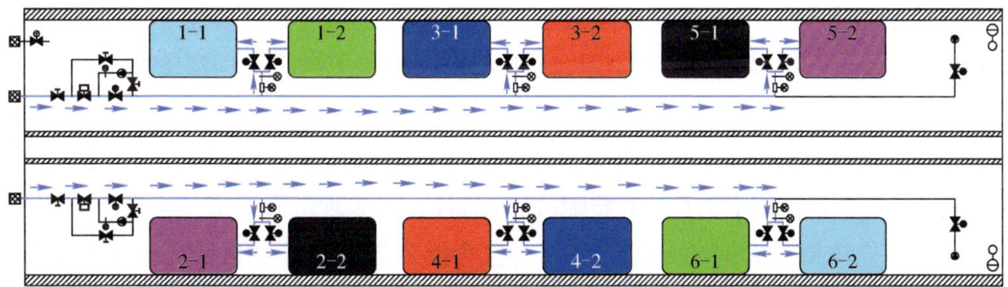

a) 水流入路径

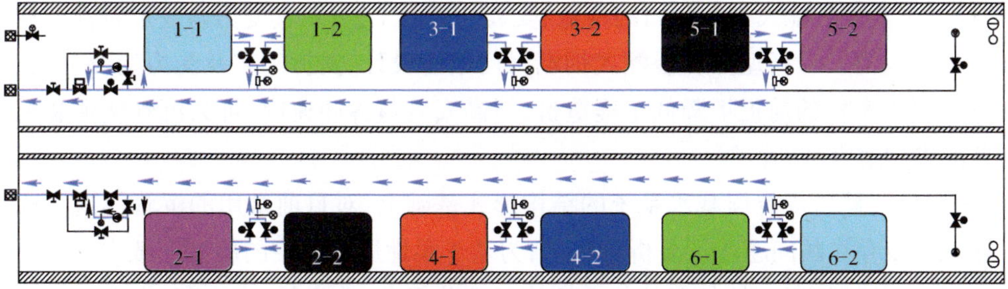

b) 水流出路径

图 5-52

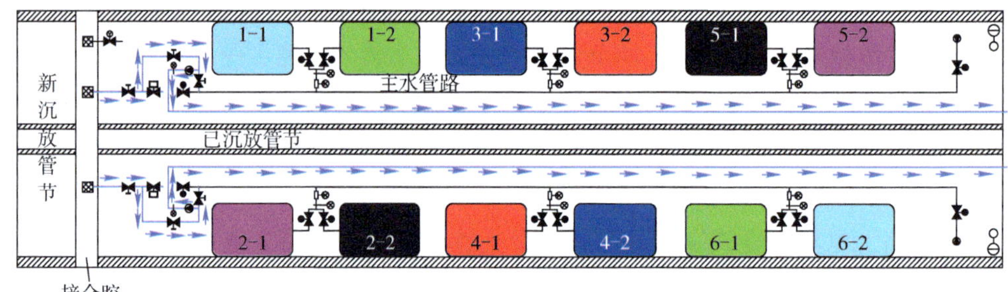

c) 接合腔排水路径

图 5-52 新型柔性压载水系统的进排水工艺

5.5 本章小结

本章主要研究内容及结论如下：

(1)针对GINA止水带制造工艺被国外少数厂家所垄断问题，研发了可满足100年设计使用寿命的沉管隧道GINA止水带材料及制造工艺，系统开展了国产GINA止水带应力松弛试验，压缩力学特性试验及接头常规正压、接头竖向错动、接头水平错动、接头偏转4种工况下国产止水带水密性能试验；开展了国产化GINA止水带设计与选型及安装工艺与现场监测研究；国产GINA止水百年应力松弛衰减率仅25.5%，预测使用寿命超过100年，国产GINA止水带力学特性与国外进口产品接近，某些指标甚至优于国外产品的对应指标，实现了沉管隧道橡胶止水带国产化批量应用，填补了国内空白，打破了中国沉管接头GINA止水带被国外“卡脖子”垄断状况。

(2)针对安装与拆除传统现浇混凝土结构端封门与焊接式钢端封门时，作业效率低下并产生污染废气的问题，研发了新型装配式钢端封门，以实现沉管隧道端封门的循环利用；所研发的新型分块装配式钢端封门结构主要包含钢封门子面板、钢封边、止水橡胶条和钢支座。在所研发的新型装配式钢端封门接缝内安装三元乙丙橡胶条，通过柔性橡胶条的受压变形，实现接缝的止水功能；通过室内试验对止水橡胶条的水密性及压缩变形特性开展研究，设计了新型装配式钢端封门的构造、安装与拆除工艺，对其受力与变形特性开展数值仿真与现场监测。对新型分块装配式钢端封门结构设计、安拆工艺及受力变形开展研究，在做到确保水密性的前提下降低工程造价、提高安装与拆卸速度，可为沉管隧道装配式建造工艺的发展奠定基础。

(3)在广泛调研现有压载水系统的结构形式基础上，对目前常用的沉管隧道压载水系统工作原理及存在的问题进行分析与总结，为基于柔性压载水袋的新型压载水系统设计奠定基础；针对传统压载水箱的安装与拆卸施工工艺复杂、效率低、成本高、焊接作业污染环境等问题，创新性设计了一种与传统水箱压载水不同的柔性水袋压载水系统，通过柔性压载水袋与刚性压载水箱体积等效的方法，确定压载水袋的几何尺寸及空间布置；根据管节长度，对压载水袋进行空间分组，即120.5m和125.5m的管节内置六个水袋组，86.5m和

91.5m 的管节内置四个水袋组，每个水袋组由两个大小相同的水袋组成，压载水袋对称布置于沉管两侧的行车道内；根据沉管沉放的纵坡情况，开展现场 4.8% 坡度的斜坡压载试验，得出水袋的装水量与水袋水压力近似呈抛物线关系；开展了新型柔性水袋压载水系统的设备选型与布置研究，设计了不同沉放施工工况下基于柔性压载水袋的压载水系统的进排水工艺。

第6章 内河沉管隧道先铺法卵石基床设计与整平关键技术

6.1 概述

鱼梁洲隧道隧址地层中卵石资源丰富，水下基槽、两大干坞和陆上基坑开挖过程将得到大量的卵石资源。施工所产生的大量卵石材料是一种良好的天然建筑石料，若以其代替碎石用于沉管先铺基床垫层材料，将大幅节约成本，经济效益突出，但国内外沉管隧道尚无采用卵石基床垫层的工程先例。本章通过分析含垄沟卵石垫层作为沉管隧道先铺基床垫层的可行性，借助物理模型试验方法，确定了先铺法卵石垫层基础压缩及管节摩阻系数等关键施工参数，此外，还根据鱼梁洲隧道场地的水文地质条件，研发了先铺法卵石基床施工装备，形成了先铺卵石基床的成套施工技术。

6.2 先铺法卵石基床垫层力学性能试验

卵石的表面光滑度、排列接触方式、天然空隙率等物理特性与碎石存在差异，针对其变形特性的研究较少，现有规范缺乏技术指导，因此若将其用于沉管隧道先铺基床垫层材料，需开展卵石垫层物理模型试验，得到有依据、有价值的研究结论，为卵石垫层结构设计提供指导，确保安全性与经济性。针对鱼梁洲隧道基础垫层的合理设计与施工工艺问题，采用室内试验、现场调研等手段，开展沉管卵石基床力学特性研究试验，为基础垫层设计提供准确的计算参数，为结构纵向分析提供准确的地基刚度，通过典型施工工艺的研究为合理确定垫层厚度提供支撑和依据，发挥潜在经济效益。此外，鱼梁洲隧道作为国内首条拟采用不设独立止推构造陆域最终接头的沉管隧道，国内外在该方向的研究较少。开展隧道结构与卵石垫层的界面摩阻力试验，测试管节与基础垫层、回填材料之间的摩擦系数，对于准确预测和分析已沉放管节的水平摩阻力、保证工程的安全开展具有举足轻重的作用，从而为无止推构造对接提供科学的参考依据。

6.2.1 先铺卵石基床垫层结构

鱼梁洲隧道沉管段所处地层主要为细砂、卵石、圆砾，地层密实性好、压缩性低、承载力高，沉管基床垫层采用先铺法施工工艺。如图6-1所示，沉管先铺卵石基床垫层采用设置V形槽的垄沟条带形式，平面S形铺设，纵断面呈锯齿形，厚度为0.8m。单垄顶纵向宽度为

1.2m，V形槽顶纵向宽度为0.6m。垫层铺设采用溜管工艺，同时通过管内石柱进行垫层预压。先铺卵石基础垫层所用卵石材料如图6-2所示。

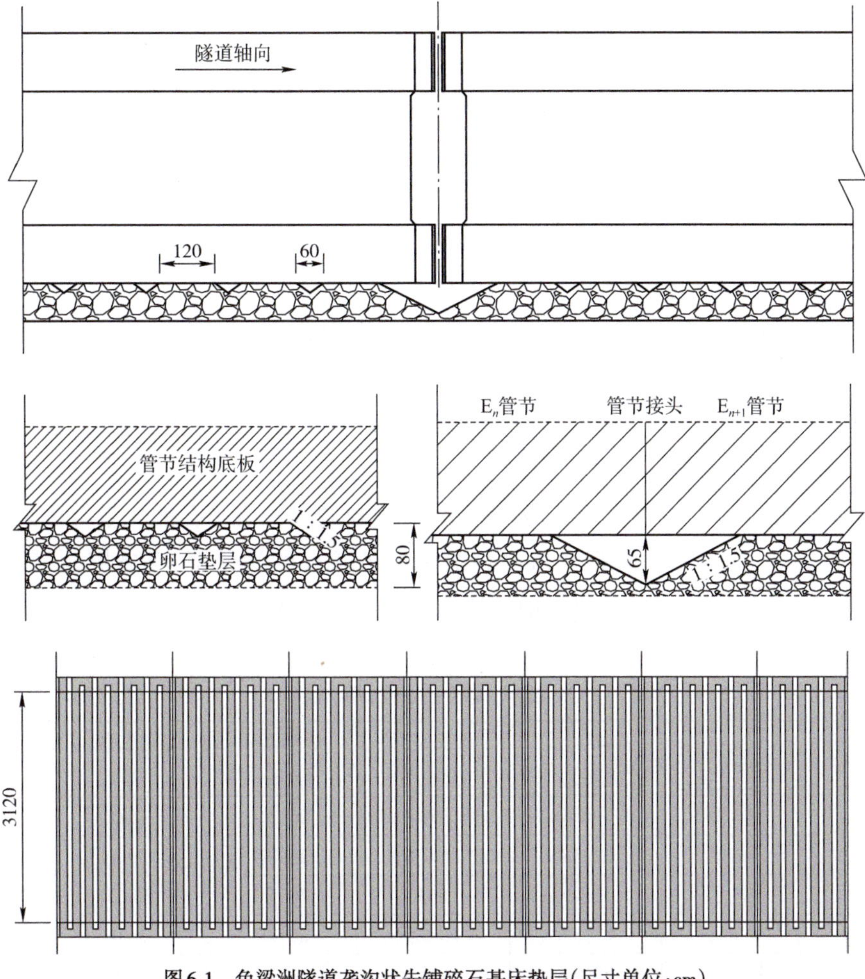

图6-1 鱼梁洲隧道垄沟状先铺碎石基床垫层(尺寸单位:cm)

图6-2 先铺卵石基床垫层所用材料

6.2.2 先铺卵石基床垫层竖向压缩试验

根据现场的施工工艺及基底材质，参考设计与施工的需求，共考虑4种因素对卵石基床垫层压缩模量的影响：垫层厚度、石垄尺寸、预压荷载、粒径级配。在试验中需综合考虑各因素的影响程度，确定各因素的水平等级。先铺卵石垫层竖向压缩试验内容主要包括：

(1)开展不同厚度卵石垫层压缩试验，得到不同厚度卵石垫层的力学参数，为合理确定基础垫层厚度及计算参数提供依据。

(2)开展不同垫层石垄尺寸的试验，得到不同石垄尺寸对卵石垫层及复合垫层变形模量的影响，为设计选取垫层垄沟尺寸提供依据。

(3)开展不同预压荷载对垫层影响的研究，研究溜管与刮铺两种施工工艺对垫层承载性能的影响，为施工工艺的选择提供依据。

(4)开展不同颗粒级配对垫层影响的研究，研究不同的级配对垫层承载性能的影响，为卵石级配的选择提供依据。

卵石垫层级配主要受最大粒径、公称粒径及集料通过特定筛孔的含量等因素影响。同种级配的垫层应一次拌和，每批垫层材料需测定各粒径的筛分率、自然堆积密度、表观密度、孔隙率、压碎值、含泥量、饱和单轴抗压强度等指标。测得试验所用卵石力学参数指标如表6-1所示。

试验所用卵石力学参数指标 表6-1

卵石级配	测试组号	取样质量(g)	堆积密度(g/cm^3)	表观密度(g/cm^3)	空隙率(%)	压碎值(%)
2.36~40mm	第1组	2143.0	1668.0	2603.2	35.0	15.1
	第2组	2225.7	1661.0	2607.4	36.3	15.3
	平均值	2184.35	1664.5	2605.3	35.65	15.2
2.36~63mm	第1组	2373.6	1675.0	2618.7	36.0	15.6
	第2组	2349.6	1684.0	2623.4	35.8	15.2
	平均值	2361.6	1679.5	2621.05	35.9	15.4

由沉管隧道卵石垫层垄沟横断面设计图可知，卵石垫层顶面宽度为1.2m，相邻垄顶间设置0.6m宽V形垄沟，坡度按自然休止成形，坡角为1:1.5。室内试验采取1:1的几何相似比，基于平面应变假设，选取单根垄顶及两侧半垄沟，模型外侧完全侧限状态，开展足尺物理模型试验。卵石垫层断面顶宽1.5m，两侧V形半垄沟宽度0.3m，高度为0.35m。对于4种因素对卵石基础垫层压缩模量的影响考虑如下：

(1)垫层厚度影响研究主要考虑0.80m和1.00m两种情况。

(2)石垄尺寸影响主要考虑垄顶和垄沟宽度，坡角为1:1.5。

(3)预压荷载影响分别考虑施加0 kPa(刮铺)、52.5 kPa(溜管高度5m)、84 kPa(溜管高度8m)。

(4)粒径级配对基床压缩模量的影响，主要考虑2.36~63mm和2.3~40mm两种粒径级配。

共开展了7种工况共14组试验。除研究垫层厚度、材料的级配及最大粒径对卵石垫层竖向位移及割线模量的影响外，考虑到现场施工落管预压力的影响，开展了在不同预压荷载对碎石垫层影响。具体的试验工况如表6-2所示，所设置的各对照组如下：

(1)通过第1-1、1-2、2-1、2-2工况的对比，研究垫层填筑厚度对卵石垫层竖向位移及弹性模量的影响。

(2)基于第1-1、1-2、3-1、3-2、4-1、4-2工况的对比，研究垄沟尺寸对卵石垫层竖向位移及弹性模量的影响，确定合适的垄沟尺寸。

(3)基于第1-1、1-2、5-1、5-2、6-1、6-2工况的对比，研究预压荷载对碎石垫层竖向位移及弹性模量的影响，指导施工过程中控制预压力的影响。

(4)基于第1-1、1-2、7-1、7-2工况的对比，研究级配及最大粒径对碎石垫层竖向位移及弹性模量的影响，确定合适的卵石粒径及级配。

卵石垫层压缩试验工况　　表6-2

影响因素	工况	垫层厚度(m)	粒径级配(mm)	石垄尺寸(m)		预压荷载(kPa)
				垅顶	垅沟	
标准工况	1-1	0.8	2.36~63	1.2	0.6	52.5
	1-2	0.8	2.36~63	1.2	0.6	52.5
垫层厚度	2-1	1.0	2.36~63	1.2	0.6	52.5
	2-2	1.0	2.36~63	1.2	0.6	52.5
石垄尺寸	3-1	0.8	2.36~63	1.2	0.8	52.5
	3-2	0.8	2.36~63	1.2	0.8	52.5
	4-1	0.8	2.36~63	1.2	0.5	52.5
	4-2	0.8	2.36~63	1.0	0.5	52.5
预压荷载	5-1	0.8	2.36~63	1.0	0.6	0
	5-2	0.8	2.36~63	1.2	0.6	0
	6-1	0.8	2.36~63	1.2	0.6	84
	6-2	0.8	2.36~63	1.2	0.6	84
级配及最大粒径	7-1	0.8	2.36~40	1.2	0.8	52.5
	7-2	0.8	2.36~40	1.2	0.8	52.5

综合考虑基础压缩试验及摩擦系数试验要求，根据垫层铺设尺寸，设计加工一个共用的试验盒子，同时设置加水及排水装置，试验盒子内部净尺寸为3.6m×2.0m×1.2m。主梁及加劲肋均采用双拼槽钢，钢板厚度为10mm，具体尺寸及构造如图6-3所示。依据石垄的单垄宽度，确定碎石垫层上部加载板平面尺寸为1.8m×1.8m；为合理模拟隧道沉管结构，加载板采用厚度不小于0.3m的钢筋混凝土材料，混凝土强度等级为C50，底板和侧壁采用钢板加栓钉作为模板浇筑；反力架由反力梁及与其连接的传力型钢组成。试验加载时，千斤顶直接作用在反力梁上，而后将载荷传递给传力型钢。竖向加载能力500t，水平向加载能力

100t，同时千斤顶设有滑动装置可实现双向跟动，试验仪器主要包括位移传感器（行程100mm）、激光水准仪等。

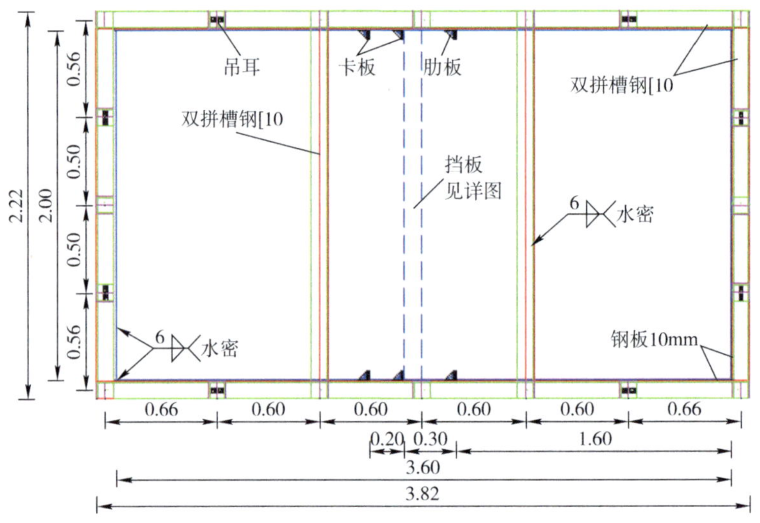

a) 试验箱俯视图

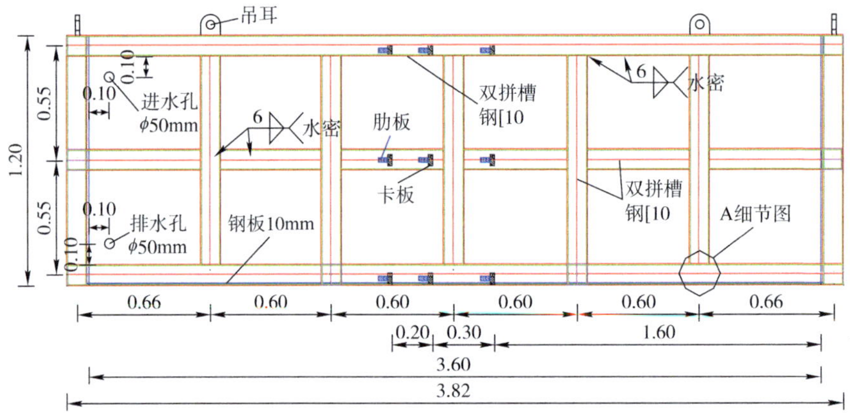

b) 试验箱立面图

c) 试验箱实物

图6-3　鱼梁洲隧道先铺卵石基床垫层模型试验箱设计（尺寸单位：m）

试验过程如图6-4所示。

图6-4　先铺卵石基础垫层压缩试验过程(尺寸单位:m)

主要的试验步骤为:

(1)垫层铺设:铺设单层石垄垫层,顶面铺设长宽与单层石垄尺寸一致,两侧均铺设半个垄沟宽度,垫层填料边装料边润湿,使用挖机装料,人工辅助整平。

(2)加载板及反力架安装:在垫层上安装加载板和反力架;试验加载时,千斤顶直接作用在反力梁上,而后将载荷传递给传力型钢。

(3)位移传感器架设:注水结束后固定位移传感器反力架,将加载板4个角点向内2cm处及靠近板中心位置作为位移传感器测试点,并采用采集仪进行位移数值采集。

(4)分级加载:在加载板顶分至少8级逐级均匀竖向加载;每级加载后,量测5个监测点的相对竖向位移,并描述试验过程和现象。

(5)位移观测采用相对稳定法,每级加载后按6×10min时间间隔观测,以后每隔30min

观测一次，每小时沉降值小于0.1mm时可进行下一级加载，取平均值为加载板沉降量。

(6)当出现下列情况之一时，终止加载：①加载板周围垫层石明显侧向挤出；② Q-S 曲线基本稳定；③沉降量急剧增大；④某级加载下，24h内沉降速率不能达到平稳。当满足以上情况之一时，其对应的前一级荷载可定为极限承载力。

6.2.3 先铺卵石基床垫层竖向压缩试验结果

1)试验数据稳定性验证

试验的结果可靠性与稳定性是试验结果是否能够指导实际工程的重要依据，本次试验通过1-1与1-2工况测试基本工况的性能指标，并对试验的可靠性、稳定性进行验证。两种工况的压缩荷载 Q-沉降 S 曲线对比如图6-5所示。由图6-5可知，1-1工况割线模量为16.08MPa，1-2工况割线模量为15.79MPa，相差不大。1-1工况最大压缩量为10.22mm，1-2工况最大压缩量为10.61mm，相差不大。1-1工况卸载变形回弹量为6.77mm，1-2工况卸载变形回弹量为5.04mm，相差不大。由此可知，试验稳定性满足要求，试验结果可靠。

从两组工况预压加载曲线和正式加载曲线结果可看出，溜管卵石产生的预压荷载52.5 kPa对卵石垫层的受力性能影响较大，铺设过程中由于受到溜管内材料的预压力作用，卵石基床垫层受到预压密(对应预加载曲线)。当沉放沉管后受到沉管底压力作用时，卵石基床垫层在受力达到上一次预压荷载之前，压缩荷载 Q-沉降 S 曲线较预加载阶段曲线明显平缓，相同应力作用下的沉降明显减小，对应的平均割线模量约为11.03MPa；当受力超过预压荷载之后，卵石基床垫层被进一步压密，压缩荷载 Q-沉降 S 曲线更加平缓，对应的平均割线模量约为15.94MPa。

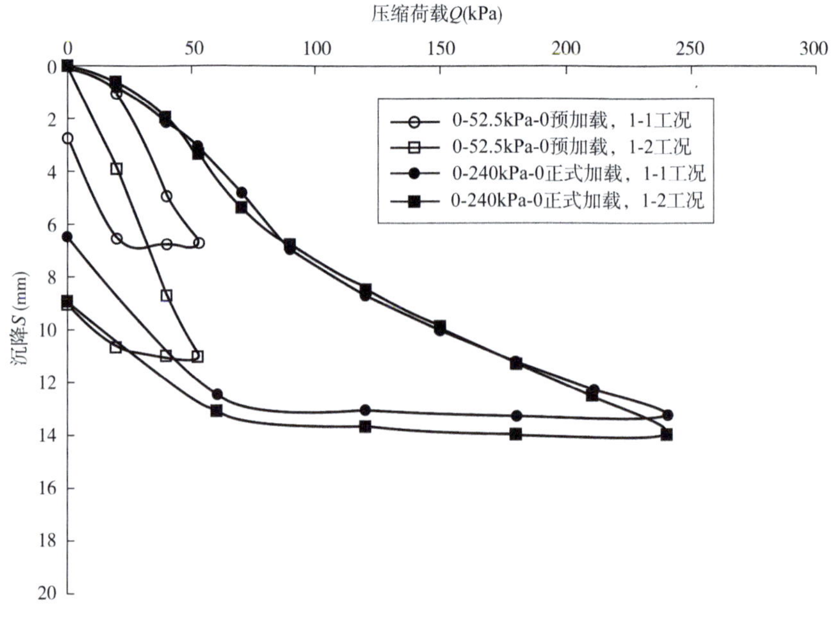

图6-5　1-1与1-2工况下压缩荷载 Q-沉降 S 曲线对比

2)卵石垫层厚度的影响

工况1-1、1-2、2-1、2-2的垫层厚度分别为0.8m、0.8m、1m、1m，除此之外，对比试验的其他试验条件均一致，通过分析这两个厚度的试验结果，可得垫层厚度对卵石垫层物理性质的影响，具体的压缩荷载Q-沉降S曲线对比如图6-6所示。由图6-6可看出，1m厚垫层压缩荷载Q-沉降S曲线与0.8m厚垫层对应曲线变化规律一致，当加载量超过70kPa后，压缩荷载Q-沉降S曲线基本呈线性变化。垫层厚度对回弹再压缩试验的拐点影响不明显，无论垫层厚度为0.8m还是1m，回弹再压缩试验的压缩荷载Q-沉降S曲线拐点均在70kPa左右。根据拐点后压缩荷载Q-沉降S曲线，可计算得出工况2-1的割线模量为17.19MPa，工况2-2的割线模量为16.25MPa，平均割线模量为16.72MPa，比基本工况1的割线模量值15.94MPa略有所增加，增加幅度约5%。由分析结果可知，垫层厚度由0.8m增加至1.0m，即厚度增加25%，卵石垫层的割线模量仅增加5%，垫层厚度对模量的影响不大。

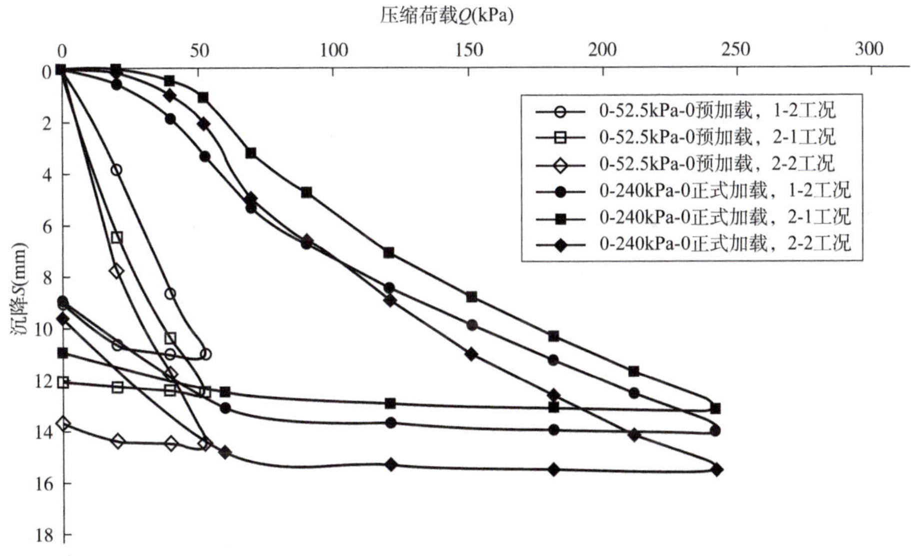

图6-6　考虑垫层厚度影响的压缩荷载Q-沉降S曲线对比

3)碎石垄尺寸的影响

通过工况1-1、1-2、3-1、3-2、4-1、4-2的对比，研究垄沟尺寸对卵石垫层物理性质的影响。在其他条件保持一致的条件下，工况1-2垄顶宽度为1.2m、V形槽顶宽为0.6m，工况3-1、3-2的垄顶宽度为1.2m、V形槽顶宽为0.8m，工况4-1、4-2的垄顶宽度为1.0m、V形槽顶宽为0.5m，具体的压缩荷载Q-沉降S曲线对比如图6-7所示。由图6-7可知，工况1平均割线模量为15.94MPa；工况3-1割线模量为11.27MPa，工况3-2割线模量为11.48MPa，工况3的平均割线模量为12.19MPa。由此可知，V形槽顶宽越大，垫层的割线模量越小。工况4-1割线模量为15.81MPa，工况4-2割线模量为17.19MPa，工况4的平均割线模量为16.50MPa。结合1)中所得到的结论可知，V形槽顶宽越大，垫层的割线模量越小，而垄顶宽度越大，垫层的割线模量越大，即垫层的割线模量随垄沟间距增大而减小。工况1平均压缩量为13.63mm，工况3-1压缩量为15.51mm,工况3-2压缩量为15.36mm,工况3平均压缩量为15.44mm,即V形槽顶宽越大,垫层的沉降量越大。工况4-1最大压缩量为10.34mm,工况4-2最大压缩量为11.17mm,工况4平均压缩量为10.76mm。结合本段得到的结论可知,V形槽顶宽越大,垫层的沉降量越大,而垄顶宽度越大,垫层的沉降量越小,即垫层的沉降量随垄沟间距增大而减大。由以上分析结果可知:垄沟间距越大,卵石垫层的割线模量越小,沉降量越大;垄顶宽度越大,垫层的割线模量越大,沉降量越小。 在满足构造和施工容差要求的前提下,增大垄顶宽度、减小V形槽顶宽有利于提高卵石垫层的承载性能。

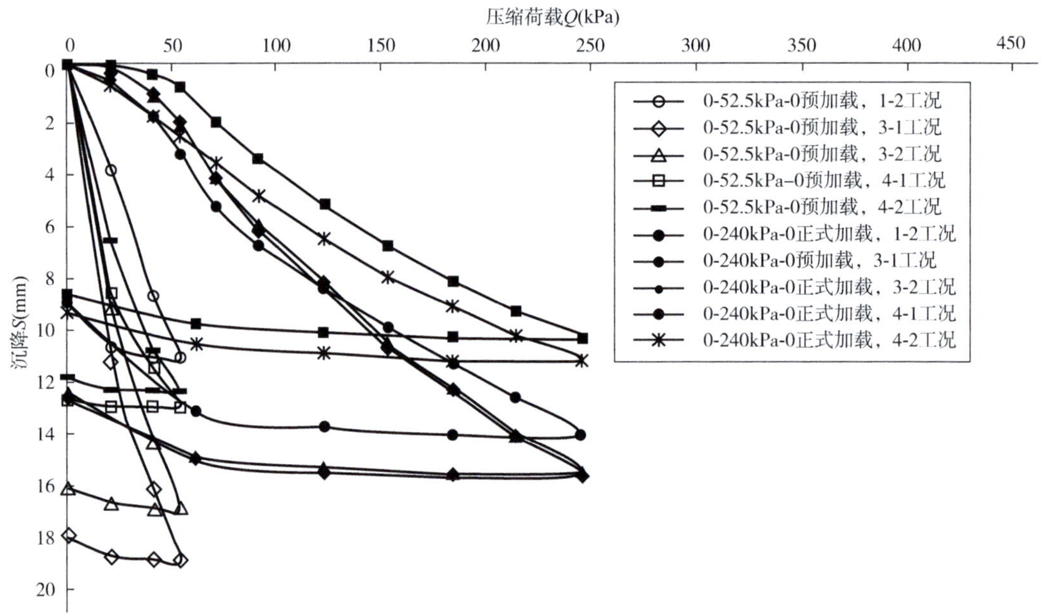

图6-7 考虑碎石垄尺寸影响的压缩荷载Q-沉降S曲线对比

4)落管预压力的影响

通过工况1-1、1-2、5-1、5-2、6-1、6-2的对比,研究垄沟尺寸对卵石垫层物理性质的影响。如图6-8所示,在其他条件保持一致的条件下,工况1-2的预压力为52.5kPa,工况5-1、5-2的预压力为0kPa,工况6-1、6-2的预压力为84kPa。工况1平均割线模量为15.94MPa;工况5-1割线模量为6.79MPa,工况5-2割线模量为7.06MPa,工况5平均割线模量为6.93MPa;工况6-1割线模量为17.78MPa,工况6-2割线模量为17.10MPa,工况6平均割线模量为17.44MPa。由此可看出,如无溜管预压荷载作用,卵石垫层的割线模量仅为6.93MPa,考虑预压荷载作用,卵石垫层的割线模量能得到明显的提升,预压荷载越大,垫层的割线模量越大。工况1-2平均压缩量为13.63mm,工况5-1压缩量为28.28mm,工况5-2压缩量为27.17mm,工况5平均压缩量为27.73mm,工况6-1压缩量为10.68mm,工况6-2压缩量为11.33mm,工况6平均压缩量为11.01mm。可以看出,预压荷载越大,回弹再压缩时,垫层的沉降量越小。由此可知,预压荷载值对卵石承载性能影响很大,且预压荷载值越大,压缩曲线出现拐点的位置越早。

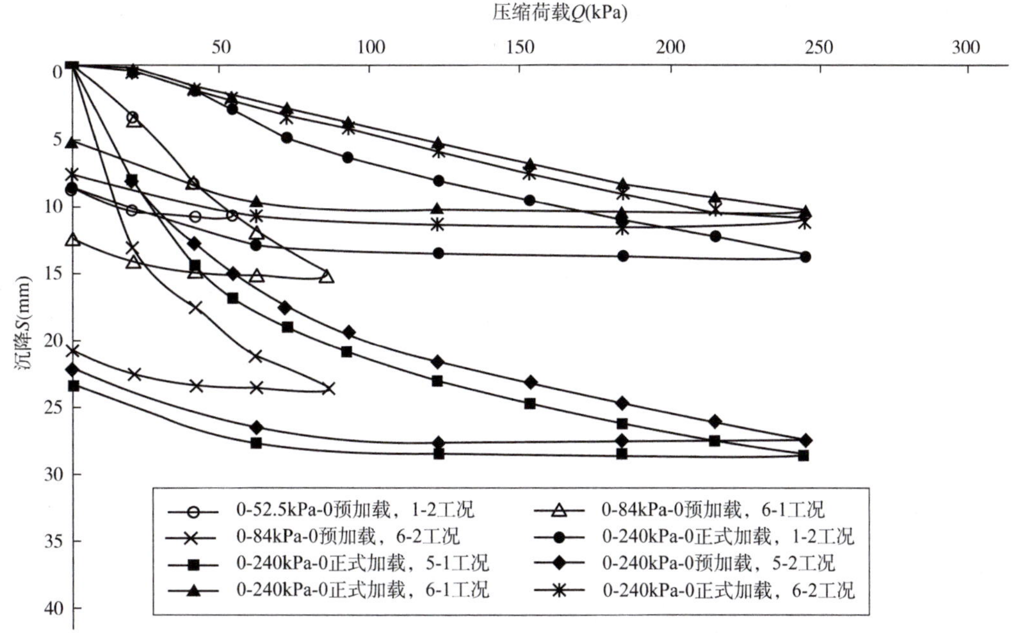

图6-8　考虑落管预压力影响的压缩荷载Q-沉降S曲线对比

5)卵石级配及最大粒径的影响

通过工况1-1、1-2、7-1、7-2的对比,研究卵石级配及最大粒径对卵石垫层物理性质的影响。如图6-9所示,在其他条件保持一致的条件下,工况1-2卵石级配为2.36~63mm,工况7-1、7-2卵石级配为2.36~40mm。工况1平均割线模量为15.94MPa;工况7-1割线模量为15.00MPa,工况7-2割线模量为16.48MPa,工况7平均割线模量为15.28MPa,2.36~63mm级配的垫层割线模量略大2.36~40mm级配的垫层割线模量。工况1平均压缩量为13.63mm,工况7-1压缩量为17.65mm,工况7-2压缩量为17.91mm,工况7平均压缩量为17.78mm,最大粒径越小,垫层的压缩量越大。工况1-2卸载回弹量为5.04mm,工况7-1卸载回弹量为4.75mm,工况7-2卸载回弹量为4.46mm。随着大粒径的减小,回弹量略有减小。工况1曲线的拐点位置在70 kPa处,工况7曲线的拐点位置在90kPa处。由以上分析结果可知:2.36~63mm级配垫层承载性能略优于2.36~40mm级配垫层。

6.2.4　沉管底板与卵石基床垫层界面摩擦系数试验

鱼梁洲隧道是国内首条拟采用不设独立止推构造陆域最终接头的沉管隧道,且拟首次采用含垄沟卵石垫层作为沉管隧道的先铺基床。为研究不同竖向荷载下沉管管节与含垄沟卵石基床垫层间摩擦阻力的大小,开展多种工况下沉管管节与卵石基床垫层间的摩擦系数测试研究,从而为无止推构造对接提供科学的参考依据。主要试验内容包括:

(1)根据沉管纵向不同竖向荷载的情况,测试竖向荷载条件下的管节底钢板与基床垫层间的摩擦系数,试验工况见表6-3。

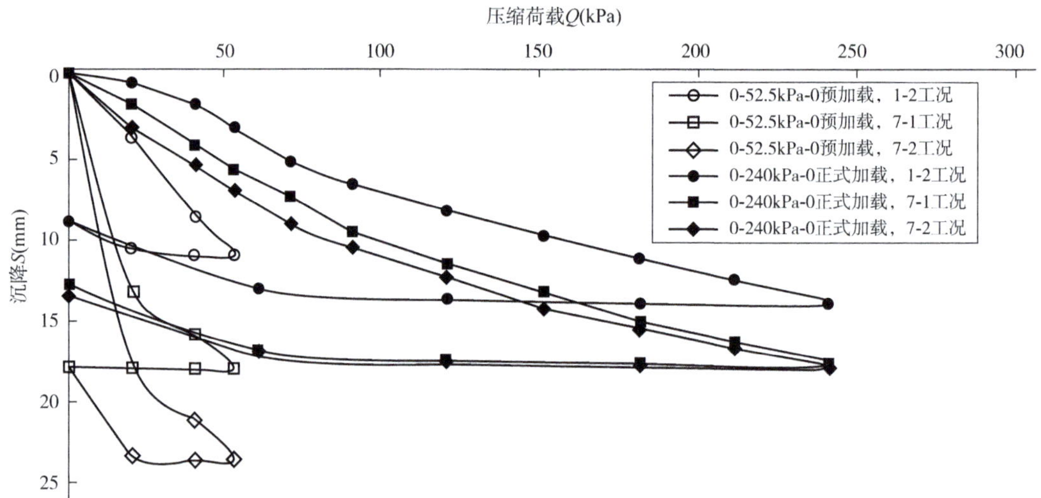

图6-9　考虑卵石级配及最大粒径影响的压缩荷载Q-沉降S曲线对比

(2)管顶2m厚回填材料(砂卵石)与管节混凝土界面间的摩擦系数,试验工况见表6-4。

管节底钢板与基础摩擦试验工况　　表6-3

试验工况	实际管节对卵石基床压力(t/m)	基床每平方米受的压力(kPa)	摩擦板对垫层压力(kN)
1-1	10	3.21	19.0
1-2	20	6.41	38.1
1-3	30	9.62	57.1
1-4	40	12.82	76.2
1-5	50	16.03	95.2

管节顶板与回填材料摩擦试验工况　　表6-4

试验工况	回填材料厚度(m)	基床垫层厚度(m)	摩擦板对垫层压力(kN)
1-1	1.0	1	65.3
1-2	2.0	2	130.7
1-3	2.5	2.5	160
1-4	3.0	3.0	190.6

摩擦系数试验在钢制模型箱中进行,卵石基床垫层厚度为0.8m,模型纵向覆盖2个垄顶宽度,管底钢板平面尺寸为3.6m(纵向)×2m(横向)。在竖向施加均布荷载,作用在基床垫层上的竖向压力与实际工况一致。采用双向千斤顶装置,竖向千斤顶模拟竖向压力,水平向千斤顶施工水平推力。对于加载设备的能力要求为:竖向加载能力不小于200t,需实现伺服液压加载,能够模拟饱水环境,水平向加载能力不小于100t,同时千斤顶设有滑动装置可实现双向跟动。在水槽内铺设卵石基床垫层,装填完成后,通过在卵石顶面周边铺设导轨辅助成型,成型后采用人工刮道方式进行整平。卵石垫层铺设完成后,安装管底钢板或

混凝土板、竖向和水平向千斤顶以及压力传感器，然后打开注水管道向水槽内加水至相应水位。实际沉管为水下对接安装，为了模拟水下环境，试验准备期，在模型槽内加水直至淹没整个卵石垫层顶面至少5cm。界面摩擦系数模型试验如图6-10所示。

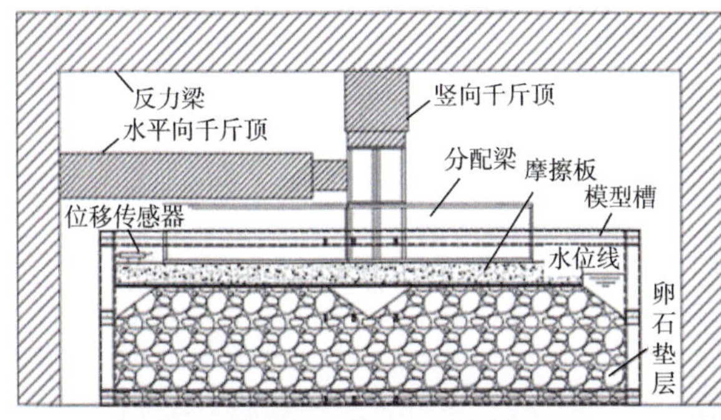

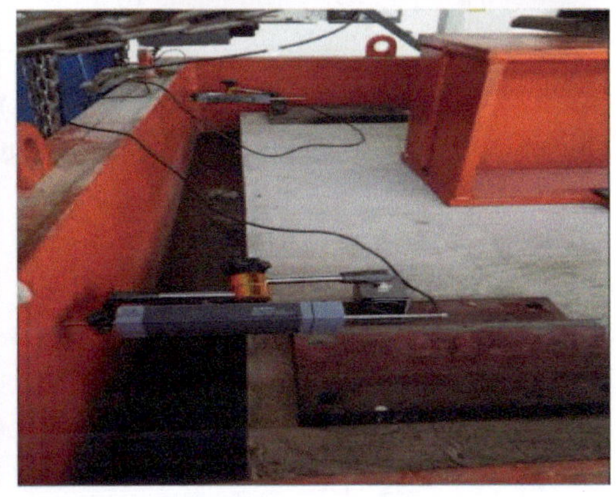

图6-10　沉管底板与卵石基床垫层界面摩擦系数试验

本次试验通过钢板与卵石基床垫层5种工况(1-1、1-2、1-3、1-4、1-5)摩擦试验的对比，研究不同竖向荷载条件下，管底钢板与基床垫层之间的摩擦系数。管底钢板与卵石基床垫层水平抗滑移特性曲线如图6-11所示。由图6-11可知，管底钢板与卵石基床垫层水平抗滑移特性试验曲线表现出应变硬化特性，且在初始段内接触面表现较大的剪切刚度，所发生的水平位移有限，接着呈现出线性弯曲屈服段，之后表现为非线性强化段，直至最终达到破坏。试验中摩擦系数达到一定极值后趋于稳定，并有缓慢增长的趋势，产生该现象的原因为：试验中板底卵石运动情况复杂，存在滚动摩擦情况，摩擦系数达到极值后，基床卵石密实度增大，滚动卵石减少，摩擦系数缓慢增长。管底钢板与卵石基床垫层接触面的摩擦系数与竖向压力呈现出正相关关系，竖向压力越大，接触面的摩擦系数越大。摩擦系数可偏安全取为0.42。

再通过2-1、2-2、2-3、2-4四种工况的对比，研究不同竖向荷载条件下，管节混凝土顶板与卵石基床垫层之间的摩擦系数。管节混凝土顶板与卵石基床垫层材料水平抗滑移特性曲线如图6-12所示。由图6-12可知，混凝土板界面水平抗滑移特性曲线与钢板界面呈现出相同性质。管顶卵石回填材料与管节混凝土接触面的摩擦系数与竖向压力呈现出正相关关系，竖向压力越大，接触面的摩擦系数越大。摩擦系数可偏安全取为0.43。

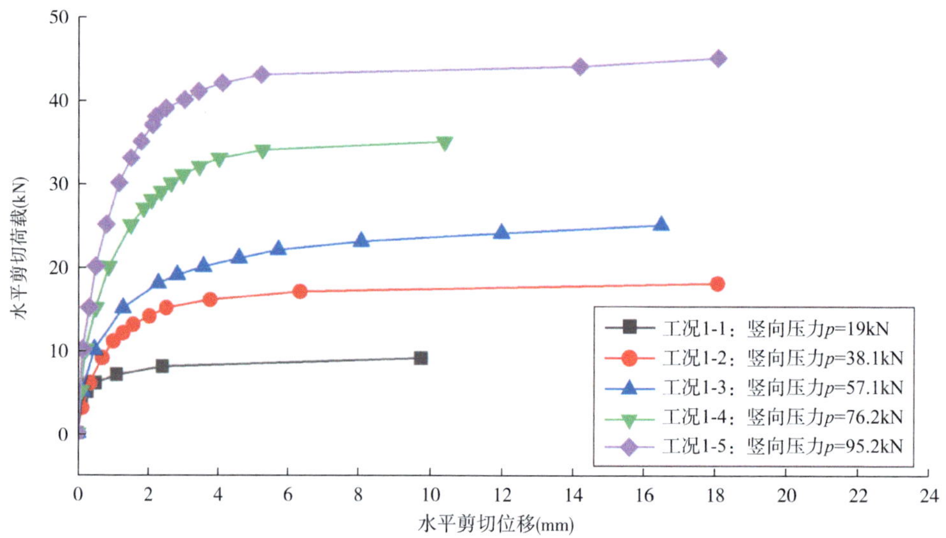

图6-11　管底钢板与卵石基床垫层水平抗滑移特性曲线

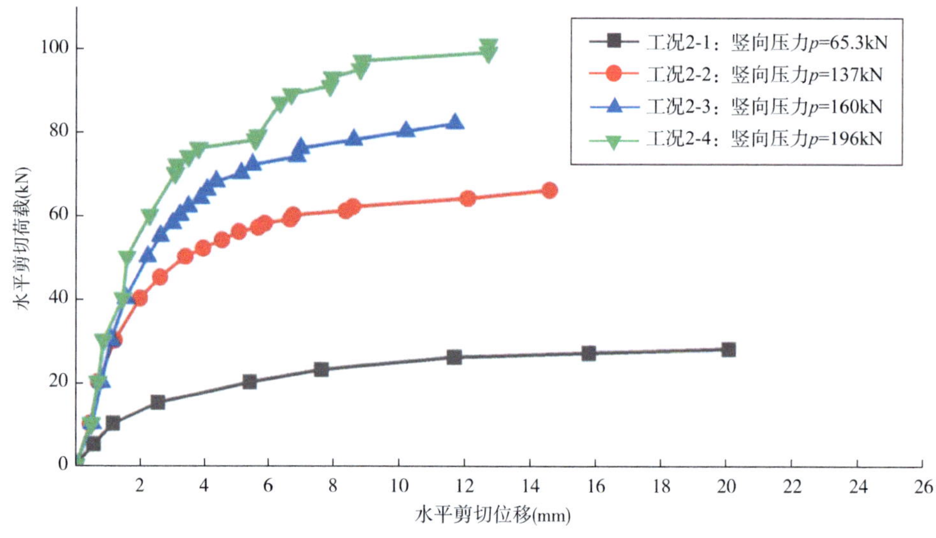

图6-12　管节混凝土顶板与卵石基床垫层水平抗滑移特性曲线

6.3　沉管隧道基槽开挖

6.3.1　基槽开挖边坡设计

沉管隧道基槽开挖质量对先铺卵石基床铺设与整平精度有着重要影响。在基槽开挖前，应根据河床泥沙以及水流速度等情况确定基槽的形状、浚挖方法及基槽边坡稳定性。沉管隧道基槽的开挖属于水下施工，采用合理坡率和坡面形状才能保证基槽开挖边坡的稳定性。若采用较缓坡率，基槽开挖和回填的土方量大，工程造价高；若采用较陡坡率，可能造成基槽边坡坍塌，如果发生在沉放过程中，会给整个工程造成巨大的经济损失。

如图6-13所示，鱼梁洲隧道东、西汊基槽地层以砂卵石为主，根据《海港总体设计规范》(JTJ 165—2013)，砂土类边坡坡率为1:2~1:5。结合国内外沉管隧道相关设计施工及襄阳汉江地区航道开挖及疏浚的施工经验，确定鱼梁洲隧道沉管基槽开挖的边坡坡率如下：细砂、粉砂、粉质黏土、填筑土等地层采用1:3边坡坡率，卵石、圆砾等地层采用1:2边坡坡率。

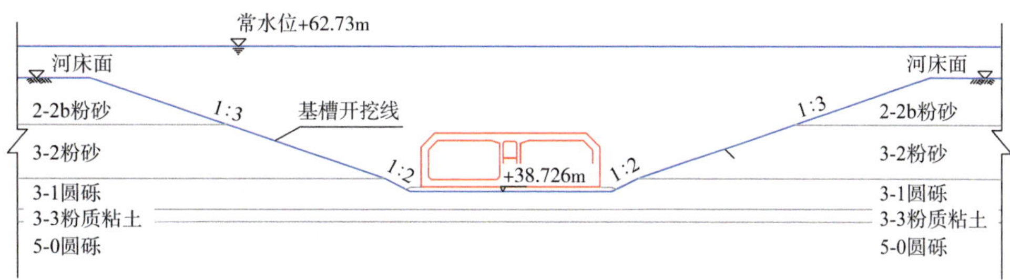

a) 东汊沉管基槽设计断面

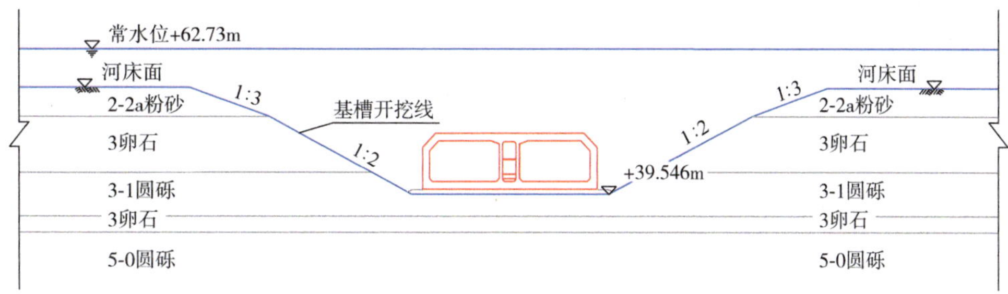

b) 西汊沉管基槽设计断面

图6-13 鱼梁洲隧道沉管基槽开挖横断面

6.3.2 基槽开挖设备选型及工效分析

基槽开挖船机及配套设备选型应综合考虑下列因素：

(1)岩土的性质、类别和有关技术指标。基槽开挖主要有挖泥、水下爆破、凿岩等方法，挖泥适用于开挖土层或强风化岩层；水下爆破适用于清除水下硬质岩层；凿岩适用于强风化至中风化页岩或砂岩的地质情况。鱼梁洲隧道基槽以粉细砂及卵石混圆砾为主，采用常规挖泥工艺即可。

(2)施工区航道水深等自然条件。拟建西汊、东汊隧道处设计最低通航水位高程分别为62.42m、62.38m。根据国家标准《内河通航标准》(GB 50139—2014)，过江隧道顶部加上保护层厚度的设置深度应符合“Ⅰ~Ⅴ级航道不应小于远期规划航道底标高以下2m”的要求，鱼梁洲隧道隧顶高程为48~52m，隧道埋深不受通航控制。西汊江面宽度只有300m，不宜大型开挖设备进场。

(3)开挖范围及设备技术参数分析。沉管段基槽开挖工程全长1011m，包括西汊沉管基槽351m和东汊沉管基槽660m两个施工区。东汊沉管基槽最大挖深25.4m,槽底宽为35.2m,管节两侧各留2m宽度,基槽开挖总量约94.4万m^3。西汊沉管基槽最大挖深23.7m,槽底宽为35.2m,管节两侧各留2m宽度,基槽开挖总量约45.7万m^3。根据基槽开挖范围及开挖深度分析,基槽精挖设备必须具备水面以下26m的有效开挖深度。

(4)工期及工程量分析。东汊基槽开挖总量为94.4万m^3,西汊基槽开挖总方量为45.7万m^3,合计140.1万m^3。计划工期15个月,平均每月完成9.4万m^3。鱼梁洲隧道基槽开挖平面布置如图6-14所示。

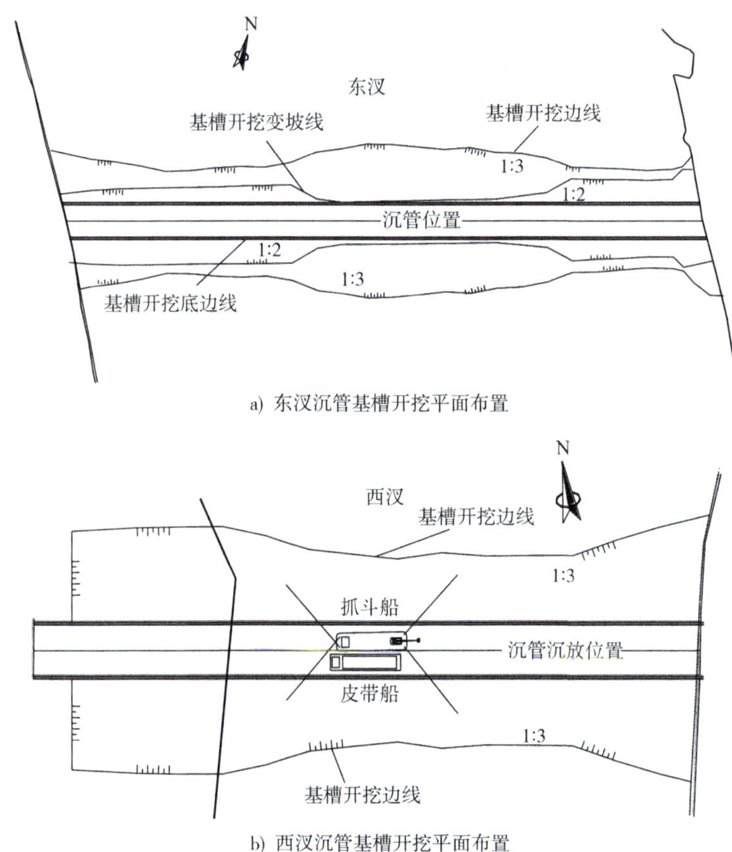

a) 东汊沉管基槽开挖平面布置

b) 西汊沉管基槽开挖平面布置

图6-14 鱼梁洲隧道基槽开挖平面布置

如图6-15所示,结合工程特点、工程地质及设备调研,选取机械式挖泥船3艘;水力耙吸式挖泥船1艘;运砂设备8艘,其中自卸砂船4艘,开底驳4艘,自卸砂船可将水力耙吸式挖泥船分离出来的砂石运至砂石堆场,开底驳配合抓斗船,将开挖砂石抛至卸泥区。根据设备工效分析,4艘开挖设备满足项目工期进度要求,除1艘机械式挖泥船负责基槽底2m以上粗挖外,主要负责槽底2m范围内精挖,其余3艘开挖设备主要负责粗挖。

根据前期设备选型及项目设备供应情况,对各开挖设备进行工艺试验,试验期间统计各开挖船只工效并分析其适用性及优缺点,详细统计分析如表6-5所示。

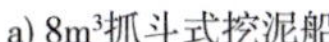

a) 8m³抓斗式挖泥船

b) 4m³抓斗式挖泥船

c) 链斗式挖泥船

d) 耙吸式挖泥船

图6-15 鱼梁洲隧道基槽开挖设备

基槽开挖设备工效分析 表6-5

序号	船型	岩土可挖性	工效分析（m^3/月）	优点分析	缺点分析
1	8m³抓斗式挖泥船	全段面岩土均可开挖	41000	开挖工效较快；可满足全断面地层开挖；定位、定深系统完善，可进行精挖	无自航能力；调遣运距远，费用高；设备租赁费用高
2	抓斗式挖泥船	底部密实泥岩较为困难，其余均可	19500	设备资源较为充足，租赁费用较低；具备自航能力；可满足大部分开挖工况	工效较低；底部密实砂土较难挖；定位、定深设施需完善
3	链斗式挖泥船	底部密实砂石较为困难，其余均可	16500	设备资源充足，租赁费用低	工效较低；底部密实砂土较难挖；定位、定深设施配置较差，无法进行精挖作业
4	耙吸式挖泥船	上部黏土较易，中下部坚硬黏土或砂石耙吸困难	72000	开挖工效高；能将砂石进行分离，二次利用	仅满足上部中密实土层开挖；开挖精度差，无法进行精挖

6.3.3 基槽开挖精度控制

基槽开挖的主要控制项目有基槽轴线、基槽底高程、基槽边坡槽底单边坡线及基槽边坡坡率或坡面超欠挖，沉管基槽开挖相关控制项目及标准详见表6-6。

沉管基槽开挖相关控制项目及标准　　表6-6

序号	检测项目	允许偏差	备注	频次	检测方法	检测设备
1	槽底轴线	±500mm，偏差介于-1000~-500mm和+500~+1000mm之间的断面数量比例不超过10%	分段开挖、分段量测	多波束声呐系统探测每5~10m一个测试断面，每2~5m一个测点	高精度水深测量	GPS-RTK系统、全站仪、潮位观测仪、多波束水下测量系统
2	基槽底高程	槽底高程正常允许偏差-400~0mm	不允许有浅点			
3	基槽边坡槽底单边坡线	-200~+2500mm	分段开挖、分段量测			
4	基槽边坡坡率或坡面超欠挖	不陡于设计坡率	阶梯式开挖			

综合考虑崔家营航电枢纽及附近桥梁通航尺度、限高要求、施工工效等因素，东汉、西汉水下基槽开挖底面高程以上2m至河床顶面范围内为粗挖部分，使用8m³抓斗船进行开挖；剩余2m厚度为精挖部分，使用4m³抓斗船进行开挖。抓斗船平行于基槽轴线布置，渣土皮带船紧贴抓斗船布置，渣土使用皮带船和自卸汽车倒运至陆上指定位置。沉管基槽开挖具体工艺如表6-7所示。

沉管基槽开挖具体工艺　　表6-7

项目	施工示意图	施工工艺简要说明
施工定位	N 基槽开挖边线 1:3 抓斗船 沉管位置 皮带船 1:3	(1)抓斗船利用RTK-GPS系统定位； (2)船头抛八字锚； (3)皮带船就位

续上表

项目	施工示意图	施工工艺简要说明
基槽粗挖	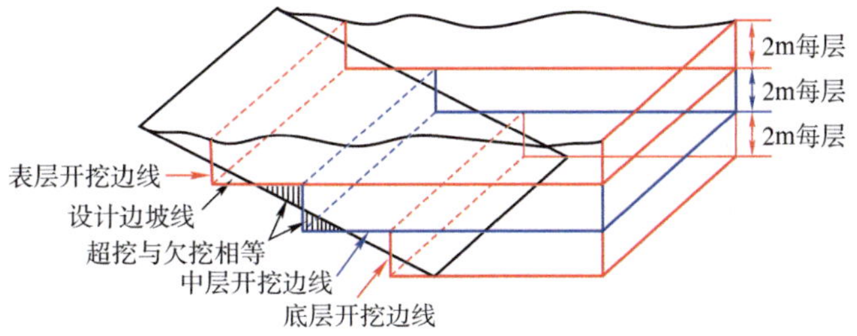	(1)采用8m³抓斗分段、分层、分条开挖，每层开挖厚度控制在2~3m之间，宽度控制在15m左右； (2)边坡分层阶梯开挖； (3)皮带船装料，转运，卸料
基槽精挖	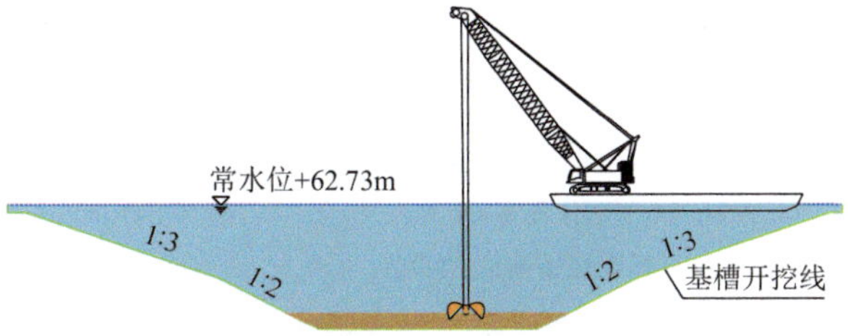	(1)采用4m³抓斗分两层开挖，下层厚度控制在0.6~0.8m之间； (2)分条开挖，每条宽度控制在15m左右； (3)边坡分层阶梯开挖； (4)皮带船装料，转运，卸料
基槽调平	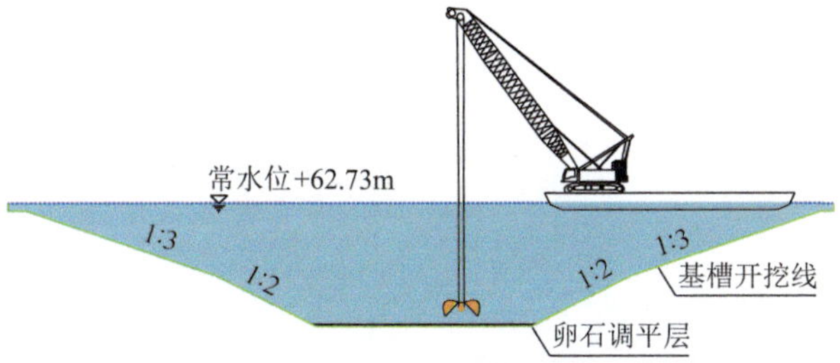	(1)4m³抓斗船及卵石运料船就位； (2)抛填卵石作为基槽调平层，调平层厚度为0~40cm，根据超挖情况调整

抓泥船平面位置控制如图6-16所示。抓泥船采用差分全球定位系统(DGPS)进行导航定位。8m³抓斗式挖泥船顶部装有2台DGPS定位仪，并与装有“疏浚工程电子图控制系统”软件的计算机联合使用。抓泥船上的DGPS在接收卫星信号的同时也接收安装在陆地平面控制点上的DGPS基准台的差分信号，从而测得准确的挖泥位置坐标，并通过计算机以图形的形式显示抓泥船载设计开挖区的相对位置。

8m³抓斗式挖泥船操作室内配有深度指示器，可知实时的相对挖泥深度，抓斗深度指示器通过脉冲计数器记录轴承旋转方格数，可自动换算为抓斗下沉深度，通过显示屏反馈抓斗深度、抓斗开合量、抓斗下落速度及累计开挖斗数；现场通过打水砣复测校核测深仪数据。

为及时掌握基槽开挖进度及开挖质量，需对施工区域基槽定期检测。待沉管基槽精挖完成后，将测量船开至测量区域，每条测线走向为南北向，测量先后顺序根据施测任务与现场环境决定。进行浅水多波束校准时，分别选择水域下平坦、礁石或陡坎地形反向测量若干测线，获取校准多波束Roll、Pitch和Yaw的测量数据。测量时由一名测量员操作多波束系统，船长根据多波束系统显示船只的定位导航进行操作船只，另一名测量员负责进行声速和动态吃水采集，另外观察测区周围是否有障碍物，保证船只正常通行。多波速探测的基槽开挖实测效果如图6-17所示。

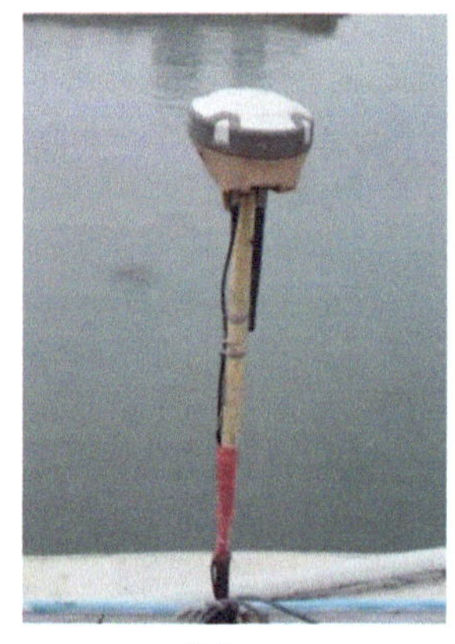

a) 船载 GPS

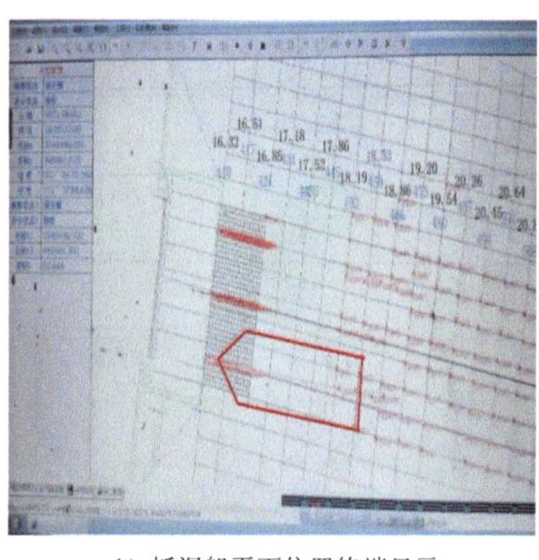
b) 抓泥船平面位置终端显示

c) 陆上 GPS 基站

图6-16　抓泥船平面位置控制

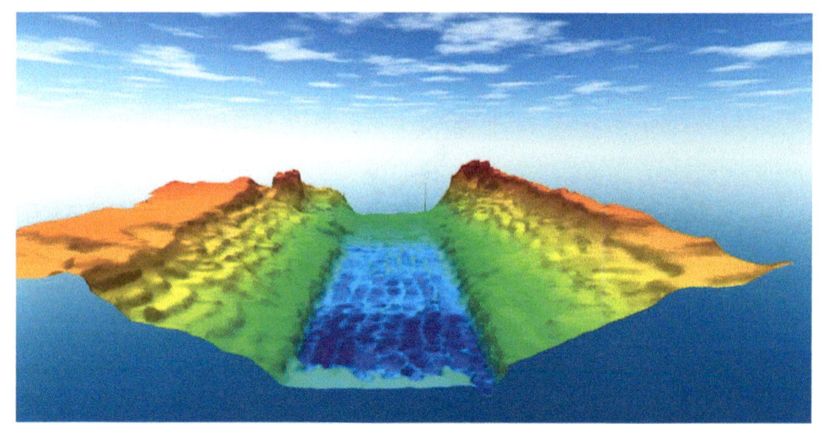

图6-17　多波速探测的基槽开挖实测效果

6.4　先铺卵石基床抛石整平施工装备

6.4.1　先铺法施工装备概述

沉管安装前需对基础进行处理，其中碎石基床垫层铺设是一道关键性工序，其铺设控制精度直接影响沉管的水下安装精度，也是沉管能否安装成功的保障性工序。为避免沉管基础出现局部高点，确保隧道底板受力均匀，常在隧道底板与地基之间铺设高精度整平的基床垫层，故需整平精度较高的专用船舶进行施工。

目前国内外的整平设备从结构形式上可分为框架式整平机、坐底式整平船、平台船式整平机、步履式整平机和平台式深水抛石整平船等，这些设备基本上都适用于先铺法基床整平技术。如图6-18~图6-20所示，从施工原理而言，先铺法沉管基床施工技术装备主要集中于3类：①采用自升式平台作为载体，在平台甲板上安装或者水下吊挂铺设整平设备；②采用抛石整平架技术，将一个带有铺设整平设备的大型钢制框架坐落在海床上作为载体；③采用带有固定定位桩的浮式整平船，船舶与定位桩之间采用固定连接，整平船每施工完一垄碎石后需重新拔桩和定位。

图6-18　旧金山海底隧道碎石基床整平架

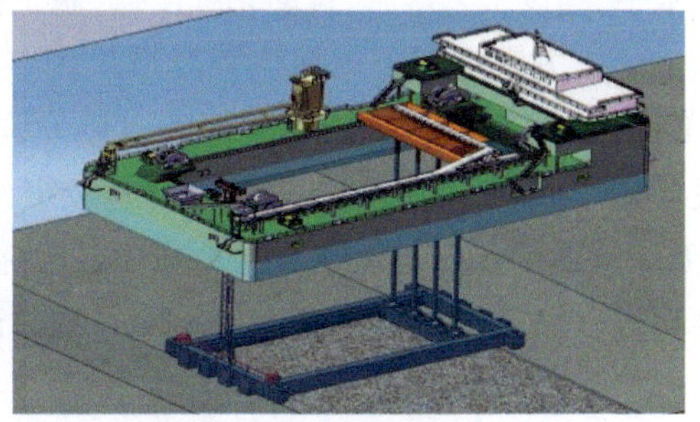

图6-19　荷兰Boscalis公司的“Scradcway”带定位桩的浮式整平船

目前，先铺法碎石基床施工技术仍面临如下问题：

(1)设备体型巨大，无法兼顾内河航道运输与使用。国内外已有整平装备多通过海上运输，航道通畅，内河水域航道吃水浅，船闸存在限高、限宽等通航限制，不利于大型整平设备的转运。我国中西部绝大部分地区大型船厂较少，对于专用船舶的制造和总装困难较大。

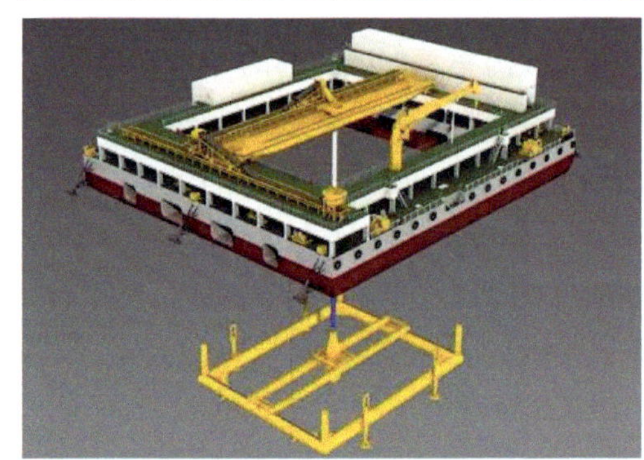

图6-20　港珠澳大桥岛隧工程自升式碎石铺设整平船

(2)施工装备成本投入巨大,维修维护代价高。以港珠澳大桥岛隧工程为例,其自升式隧道基床碎石铺设平台总投入2.5亿元,需庞大的机电维修团队进行日常维护检修。即便是较为简易的水下整平架系统,其投入成本也超过3000万元,且由于其液压系统、驱动机构均位于深水中工作,受水压及水中腐蚀的影响,设备故障率较高,故障维修造成的停工较为频繁。

(3)自动化程度不高,自动化应用不足。目前已有的技术中,碎石桩基床整平施工过程高度依赖人工操作,平台或者驳船的定位全部依赖人工操作,精度控制高度依赖水下潜水员技术水平,铺设工艺落后,自动化程度低,施工控制自动化不够,移船效率低。

以上施工方法应用于内河沉管隧道工程存在着应用范围受限、施工效率低质量难控制、施工投入成本高等问题。鱼梁洲隧道最大整平水深达25m,入水深度较大,仍需要大型专用设备施工。由于内河船闸限宽或河道较窄,外海常用的大型船机设备在内河几无用武之地,无法兼顾设备内河远距离运输与项目实际施工的要求。因此,需针对鱼梁洲隧道建设条件和特点,开展内河沉管隧道高精度自动铺设浮式整平船研发与应用研究。

6.4.2　全漂浮式自动移位抛石整平船体研制

如图6-21所示,鱼梁洲隧道先铺卵石基床采用浮式整平船铺设工艺,以规避大型整平装备难以适应内河通航限制条件的缺点,充分利用内河水域水文条件相对良好的优势,借助船舶自动锚泊系统实现船体智能追踪目标位置的自动化移船技术,综合抛石管端部声呐测量及高程补偿技术,实现内河沉管基床快速高精度铺设。同时,通过抛石管旋转回收功能实现抛石管端部的检修。浮式水下基床抛石整平船主要由浮式驳船、抛石整平设备、石料输送设备、电控系统、施工管理系统和自动锚泊系统组成，其设计用途为国内区域内河流域的碎石基床垫层铺设作业，负责铺设水深15~26m范围内沉管管节的先铺碎石垫层。

图6-21　浮式水下基床抛石整平船

1)浮式驳船

鱼梁洲隧道先铺卵石基床铺设宽度为35.2m，隧道下游为崔家营船闸枢纽，汉江河道要求通过船只船宽不能超过21m，船高不能超过10m。因此，如图6-22所示，浮式驳船无自航功能，船长55m、宽15.3m、吃水深度2.2m。船体甲板上配备有4台10t液压绞车、2台GPS、抛石整平装备及整平行走轨道。

浮式驳船采用平板驳，通过自动锚泊系统移动船身，以调整碎石铺设整平作业范围，抛石整平设备和石料输送设备均安装在浮式驳船上。石料的具体铺设过程为：首先，抛石整平设备的抛石管升降至石料铺设高度；然后，石料经皮带输送设备经过输送至抛石管进料口；最后，抛石管随舷侧小车移动完成规定行程，石料也随抛石管运动铺设至水底槽床上。

2)抛石整平设备

如图6-23所示，抛石整平设备主要由抛石管、抛石管升降绞车、抛石管支撑及夹持系统、行走小车等组成，主要是实现基床的高精度抛石整平功能，其具体结构如下：

(1)抛石管。抛石管的主要结构为一根直径约为1200mm的圆管，管外为方形加强结构。抛石管从上至下共有若干段开口作为石料的进料口。抛石管头部由固定的主管和可以伸缩的平衡管组成，通过4根平衡油缸共同作用调节平衡管的伸出长度，以满足抛石整平的精度要求。

(2)抛石管升降绞车。抛石管起升绞车安装在移动小车上，采用双卷筒、单驱动的形式。滑轮组负责抛石管的起升和锁止。滑轮组末端设置夹绳板装置，防止钢丝绳意外断绳时抛石管坠落。其工作载荷为50 kN,公称速度为12m/min。

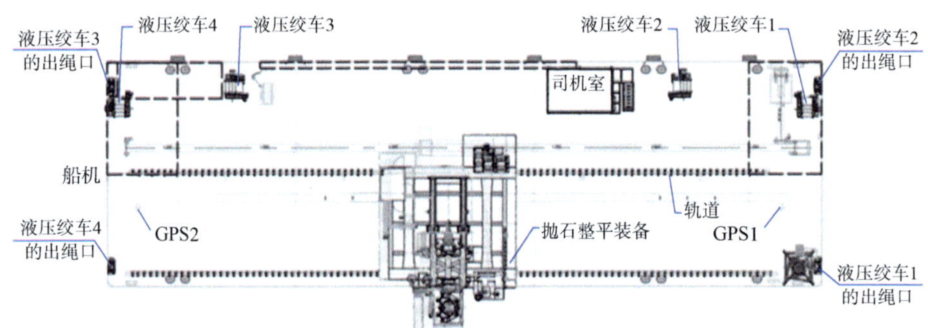

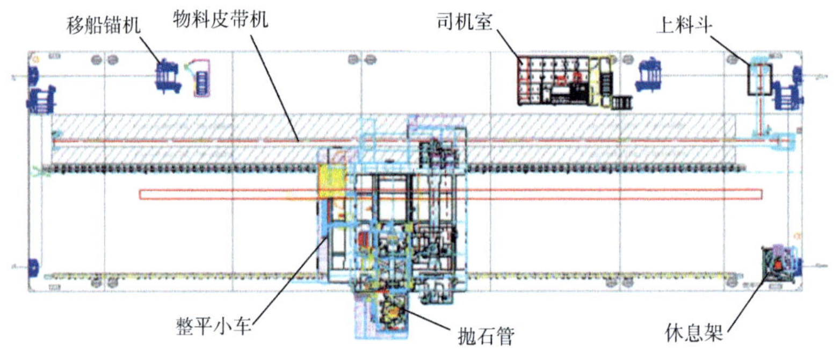

a) 整平船甲板设备分布

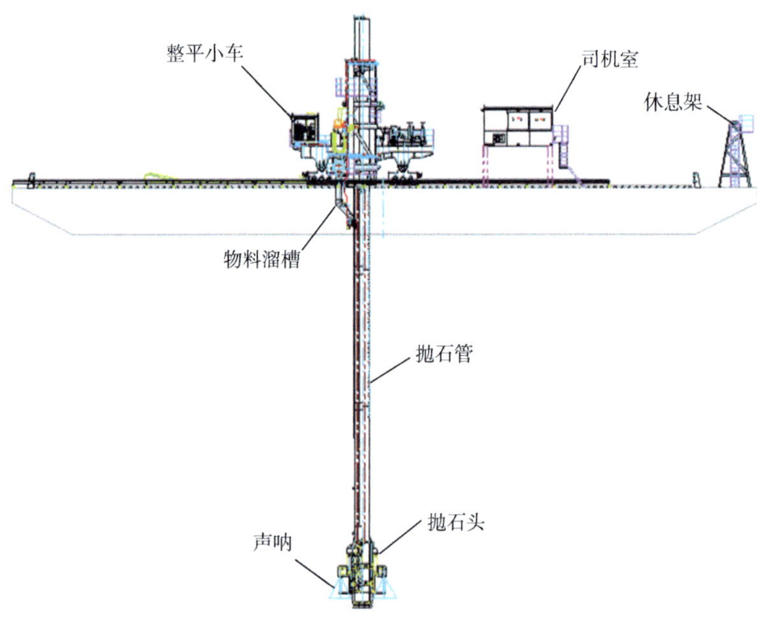

b) 船体立面

图 6-22

c) 船体照片

图6-22 全漂浮式自动移位抛石整平船体

(3)抛石管支撑及夹持系统。抛石管夹持机构共2副，分别安装在抛石管固定架的上下位置，它们通过中间油缸的行程变化压紧或者松开抛石管。抛石管夹持机构的主要作用是确保抛石管在到位锁止之后，不会再发生偏转晃动。

(4)行走小车。行走小车在船舷侧移动，采用齿轮齿条驱动，带动抛石管纵向移动，完成抛石整平作业过程中的抛石管位移。行走小车上面设置有抛石管起升绞车、抛石管固定架和抛石管软管卷盘，抛石管夹持机构和导向轮等设备也都安装在抛石管固定架上。小车工作行程为50m，移动速度为0.1~2.5m/min。

a) 整体构造

b) 抛石管高程调节油缸

图6-23 抛石整平设备

3)石料输送设备

如图6-24所示，石料输送设备采用皮带输送机的形式，将料斗内的石料送入抛石管。

皮带输送机为带移动尾车的移动式，采用钢丝绳胶带，输送带应符合国家有关的标准和规范要求。输送带接头采用硫化接头，尾部设固定挡板，尾部设固定导料槽，皮带机需具备带载启动能力和防逆转功能。料斗接受石料舱转运过来的石料，然后将石料布撒到皮带机上。安装在移动式皮带输送机小车上的料斗具有可旋转功能，可精准地将石料投入不同高度位置的抛石管进料口。石料以300t/h的速度经皮带输送设备运送至抛石管进料口。

图6-24　石料输送设备构成

4)整平装备控制系统

如图6-25所示，整平装备控制系统主要包括石料输送电控系统、抛石管及行走电控系统、驾驶室控制、配电柜、抛石管理系统等，各控制部分主要描述如下：

(1)石料输送电控系统。皮带输送机电动机采用直接驱动的方式，具有过载、过热、断相等保护功能。皮带输送机电动机可在本地操作(提供本地操作开关)，也可在抛石整平作业管理系统控制台上的触摸屏上进行远程遥控。皮带输送机应设置安全保护和检测装置，包括跑偏检测开关、紧急停机拉绳开关。

(2)抛石管及行走电控系统。行走小车电动机采用变频驱动的方式，具有过载、过热、断相等保护功能。行走小车电动机可以在驾驶室进行远程遥控。抛石管升降绞车电动机采用变频驱动的方式，可以在驾驶室进行远程遥控。

(3)驾驶室控制。所有的操作都可以在驾驶室操作屏上完成。驾驶室操作屏可以对行走小车、皮带机和抛石管进行控制，包括电动机的启动、停止。驾驶室配备显示屏，可以显示抛石管升降绞车电动机的电压、电流、运行时间等参数和信息；同时配有皮带输送机的重量显示。驾驶室提供各种故障和报警信息，包括电动机的过载、过热、断相等故障显示。

(4)配电柜。变频器控制柜安装在船体的变频间内，其可用于安装抛石管和小车的变频器单元及皮带输送机的控制器件。

(5)抛石管理系统。除实现对行走小车的行进控制，以及对抛石(下料)管升降及锁固控制的基本操作功能外，抛石管理系统还具备对整平前后的高程测控功能。

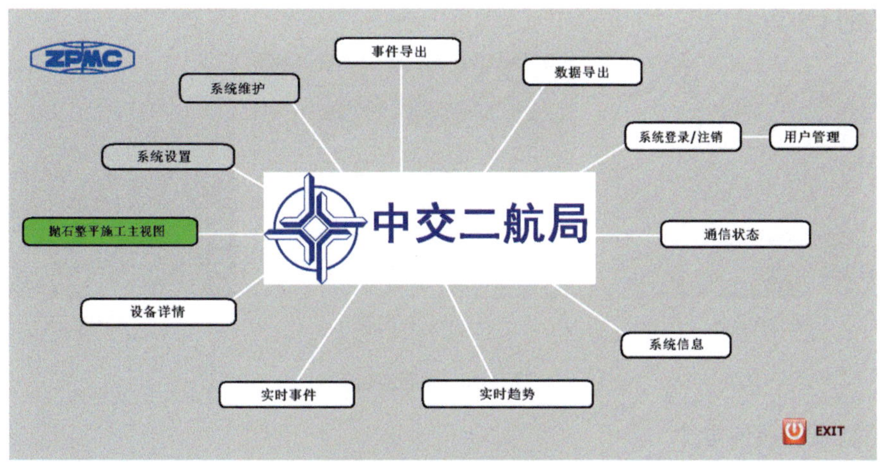

图6-25　整平装备控制系统

6.4.3　自动移船控制系统设计与应用

依托鱼梁洲隧道，针对传统施工中所面临的驳船移位及定位高度依赖人工操作、定位精度低、效率低等问题，研发一种浮式驳船绞车自动移位、定位系统，以弥补人工操作定位精度差、效率低等问题。通过基于北斗定位的船位实时监测与目标船位比对分析，采用控制算法策略，实现驳船移位过程的高效、安全、可视化的特点。

基床抛石整平船自动移船控制系统是一套基于GPS定位的计算机控制系统，由测量系统、控制系统和执行系统组成。

1）移船控制系统硬件组成

（1）测量系统。测量系统包括4个编码器、4个轴销传感器和2个GPS。在抛石整平船4台液压绞车上分别安装一个编码器和轴销传感器，在船首和船尾分别安装1个GPS。编码器用于检测液压绞车缆绳收放的速度，编码器供电电压为24V，最大测量转速为5000r/min，输出类型为NPN；轴销传感器用于检测液压绞车缆绳的拉力，轴销传感器供电电压为5~12V，额定载荷为10t，输出信号为4~20mA，测量精度为0.5%。GPS用于检测船舶的位置数据，型号为Trimble R9s。

（2）控制系统。如图6-26a）、b）所示，控制系统包括1台主控计算机、下层控制器和上层控制器。主控计算机用于人机交互，方便操作者对自动移船系统进行控制；下层控制器用于接收编码器和轴销传感器采集的液压绞车数据，并将数据传送给上层控制器，同时下层控制器还可以接收上层控制器发送的绞车运动指令，直接控制液压绞车运动；上层控制器用于接收GPS数据、下层控制器发送的绞车运动速度和缆绳拉力数据、计算机发送的绞车控制指令，同时还可以向下层控制器发送绞车运动控制指令。主控计算机采用PPC-190C工业平板电脑；下层控制器为西门子S7-200，上层控制器为西门子S7-1200。

（3）执行系统。执行系统包括4台液压绞车（图6-26c），液压绞车的规格为：卷筒负载100kN、绳索直径32mm、最大绳长400m。4台液压绞车位于抛石整平船上，缆绳出口分别位于整平船的4个角上。

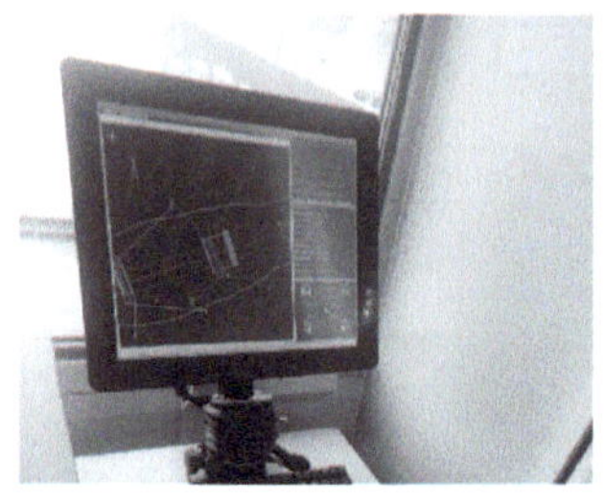

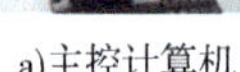

a)主控计算机

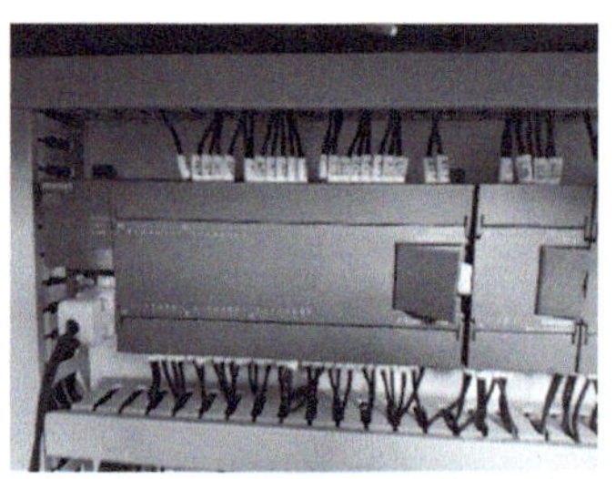

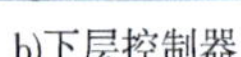

b)下层控制器

c)液压绞车

图6-26　主要控制部件

2)控制系统通信方式

如图6-27所示，控制系统的通信主要包括两部分：下层控制器与上层控制器的通信、上层控制器与计算机的通信。下层控制器与上层控制器采用串口RS485进行通信；上层控制器与计算机采用以太网进行通信。首先，下层控制器采集各个液压绞车的运行参数，并将运行参数传送给上层控制器；接着，上层控制器根据计算机预先设定的控制参数以及GPS所采集的船舶位置信息，由上层控制器运用相应的控制算法，将各个绞车缆绳的缩放指令以及缩放速度传送给下层控制器；最后，下层控制器控制各个液压绞车运动，以实现船舶的自动化移位。在移船过程中，上层控制器与主控计算机实时通信，将液压绞车的运行参数传送给主控计算机进行实时显示。

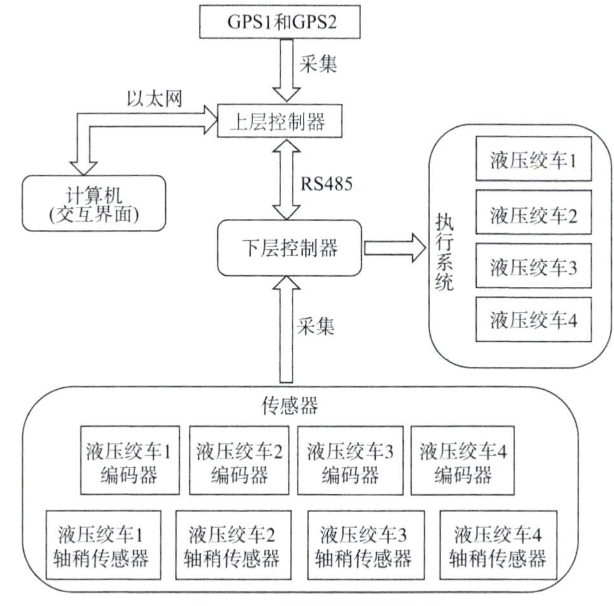

图6-27　控制系统通信方式

3)自动移船控制系统主要功能

基床抛石整平船自动移船控制系统可以实现一键自动化移船，系统采用分步阶段性控制策略，具有施工工艺参数设置、施工坐标文件导入、施工参数实时显示、船位动态化显示等功能，可以实现对整个施工过程的监测与控制。自动移船控制系统的主要功能如下：

(1)施工工艺参数设置功能。该系统采用分步阶段性控制策略，将整个移船过程分为粗定位、中间定位和精定位，因此绞车控制过程也相应分为粗控制、中间控制和细控制。系统可以在定位计算机操作软件的控制参数页面修改控制参数，以使船舶在移位时的平稳性和精度达到最优状态。

(2)施工坐标文件导入功能。在移船之前，可以将所有船位坐标以 dat 文件格式保存在系统操作文件夹下，自动移船时系统可以直接导入读取船位坐标的 dat 文件，此功能省去了将所有船位坐标逐个输入的烦琐。

(3)施工参数实时显示功能。系统可以根据 4 台液压绞车上安装的编码器和轴销传感器，实时显示绞车实际移动速度、绞车实际控制距离、绞车实际拉力、绞车控制速度和绞车收放缆状态。

(4)船位动态化显示功能。导入施工区域的工程地图和原始测深文件，并结合 GPS 船位测量系统，可利用计算机人机界面显示船舶的轮廓和船舶在施工区域的位置。

(5)一键自动移船功能。自动移船功能通过可编程逻辑控制器(PLC)和定位计算机实现。当船舶需要移位时，通过点击移船键将整平船以一键移船的方式移动到指定的位置，在移船过程中不断修正船艏向。当船舶到达指定施工位置并已经完成定位时，自动控制系统将发出船舶位置锁定指令到绞车液压控制系统。

4)自动移船控制原理及方法

本抛石基床整平船要实现自动移船功能，需由控制系统实时根据当前位置坐标信息及目标位置坐标信息，输出绞车动作信号，实现四台绞车的收放缆动作，驱动船舶沿给定轨迹移船，从而实现驳船的自动移船。整个控制系统为一个典型的闭环控制系统。自动移船控制系统控制流程如图 6-28 所示。

鱼梁州隧道水下卵石基床垫层整平要求基床抛石整平船每次沿船体横向移动 2m(即沿沉管纵向)。设船体当前位置为 L_p，需要移动到的目标位置为 L_o，船体每次需要平移的距离为 Δd，控制误差为 σ，其控制的最终目标为：

$$||L_p-L_o|-\Delta d|\leqslant\sigma \tag{6-1}$$

为实现船体的移船定位，控制系统在控制策略上采用分布阶段控制方法，将整个移船过程分为粗定位、中间定位和精定位。如图 6-29 所示，设出绳点 $F1$ 处开始制动前的坐标为 (X_{F1},Y_{F1})，与其对应的锚点坐标为 (X_B,Y_B)，制动后的坐标为 (X'_{F1},Y'_{F1})；出绳点 $F2$ 处的制动前的坐标为 (X_{F2},Y_{F2})，锚点的坐标为 (X_A,Y_A)，制动后的坐标为 (X'_{F2},Y'_{F2})；出绳点 $F3$ 处的制动前的坐标为 (X_{F3},Y_{F3})，锚点的坐标为 (X_D,Y_D)，制动后的坐标为 (X'_{F3},Y'_{F3})；出绳点 $F4$ 处的制动前的坐标为 (X_{F4},Y_{F4})，锚点的坐标为 (X_C,Y_C)，制动后的坐标为 (X'_{F4},Y'_{F4})，那么，移动需要控制的绳缆长度分别为：

$$
\begin{cases}
L_{F1}=\sqrt{(X'_{F1}-X_B)^2+(Y'_{F1}-Y_B)^2}-\sqrt{(X_{F1}-X_B)^2+(Y_{F1}-Y_B)^2}\\
L_{F1}=\sqrt{(X'_{F2}-X_A)^2+(Y'_{F2}-Y_A)^2}-\sqrt{(X_{F2}-X_A)^2+(Y_{F2}-Y_A)^2}\\
L_{F1}=\sqrt{(X'_{F3}-X_D)^2+(Y'_{F3}-Y_D)^2}-\sqrt{(X_{F3}-X_D)^2+(Y_{F3}-Y_D)^2}\\
L_{F1}=\sqrt{(X'_{F4}-X_C)^2+(Y'_{F4}-Y_C)^2}-\sqrt{(X_{F4}-X_C)^2+(Y_{F4}-Y_C)^2}
\end{cases}
\tag{6-2}
$$

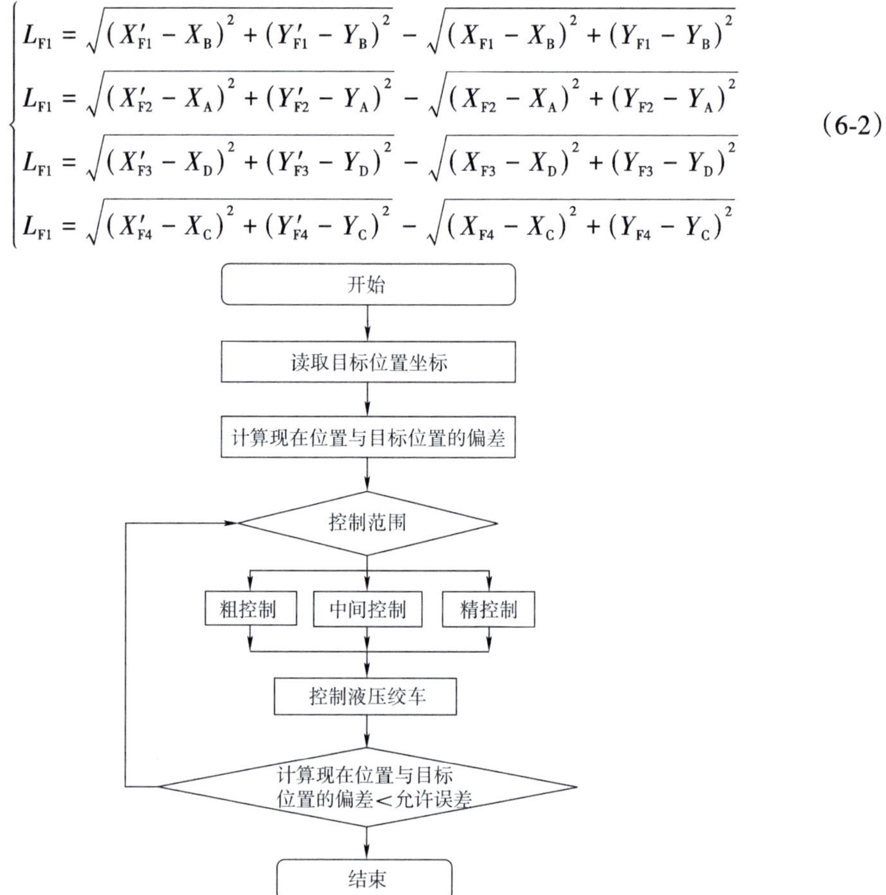

图6-28　自动移船控制系统控制流程

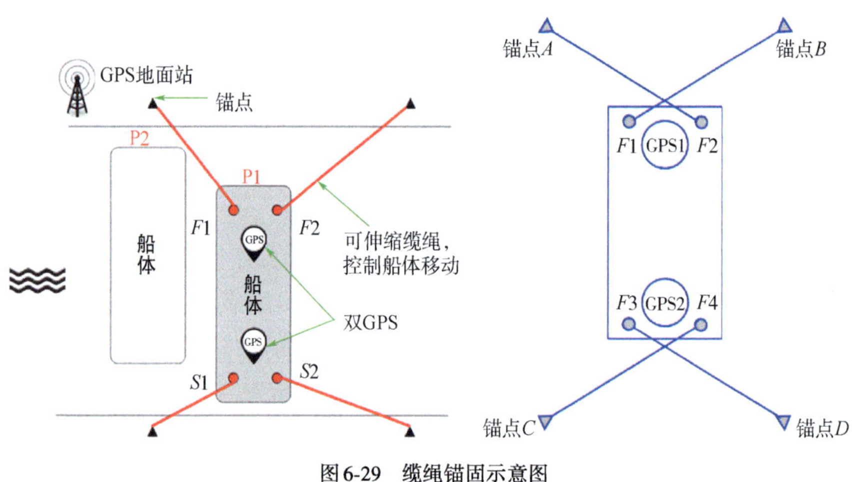

图6-29　缆绳锚固示意图

船体上 $F1$、$F2$、$F3$ 和 $F4$ 的坐标可由船上安装 GPS1、GPS2 的测量坐标和各 GPS 与出绳点的相对安装距离间接得到。粗定位时的控制绳长为大于 1m，粗定位时采用 1.5m/min 的高速控制绞车转动；精定位时的控制绳长为小于0.4m，精定位时采用0.5m/min的低速控制绞车转动；中间定位的控制绳长为0.4~1m，中间定位时采用绞车转速为高速和低速的平均值。

基床抛石整平船在移船定位时，船位偏差分3种情况：

(1)船体横向偏差。横向位置未达到目标位置，如图6-30a)所示，此时同步控制4台锚机，其中*F*1、*F*3收缆，*F*2、*F*4放缆。

(2)船体纵向偏差。纵向位置未达到目标位置，如图6-30b)所示，此时同步控制4台锚机，*F*3、*F*4收缆，*F*1、*F*2放缆。

(3)船体角度偏差。出现第三种偏差情况，如图6-30c)所示，同时启动*F*1、*F*2、*F*3和*F*4锚机，*F*2、*F*3收缆，*F*1、*F*4放缆。船体横向偏差、船体纵向偏差和船体角度偏差。3种情况或单独出现，或3种情况组合出现，即便出现组合偏差，也可分解成3种情况并采取相应的措施。每次进行一次精定位操作或者一次纠偏操作后，等待数秒，由系统来判断船舶的位置，并决定下一次操作是精定位还是纠偏操作。直到系统判断船位的定位误差在精度许可范围内。

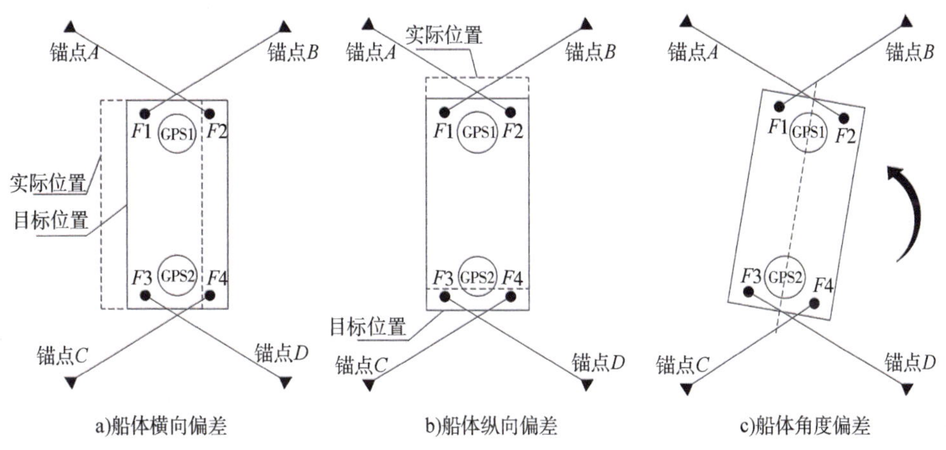

图6-30 船体偏差分布

5)移船实施工艺

本系统采用液压绞车锚泊，通过自动移船控制实现一键自动化移船功能，控制系统移船实施工艺如下：

(1)在施工区域打入锚桩，测量各锚点的点位坐标。

(2)以文件形式向控制系统中输入要移动的所有目标坐标。将所有船舶要移动的坐标以dat文本文件格式保存在该控制系统的根目录下，系统会自动进行读取，并在主界面上进行显示。

(3)将上述锚桩点坐标输入控制系统，并下锚。在控制系统主界面上，通过插入锚桩功能将所有锚桩点位坐标输入，并通过下锚功能确定当前使用的锚桩。

(4)选择要移动的船位。在控制系统主界面上的目标船位上的下拉菜单中选择目标位选择，目标船位被选择后目标船位会以颜色填充。

(5)按下控制激活，船位移动。在目标船位的下拉菜单中选择控制激活，则船舶会按照本控制系统的控制策略和方法自动进行移动；当移到目标位置后，船停下。

(6)重复步骤(3)~(5)，选择下一个目标点位进行移船。

如图6-31所示，在鱼梁洲隧道的汉江东汉水域进行自动移船控制系统的实船测试，选择现场D26、D27和D28三个船位进行测试，共进行10次移船，测试结果如表6-8所示。从表6-8可得到以下结论：

(1)船体GPS1和GPS2的偏差均在15cm内，表明自动移船控制系统的绝对移船精度在15cm内，平均移船精度为9.3cm，比传统的人工移船精度15cm提高了约38%。

(2)自动移船控制系统的绝对移船时间均在155s内，而平均移船时间为143s，比传统的时间节省了约88%。

(3)从移船精度和移船时间上，该自动移船控制系统都体现出比传统施工方法的优越性，满足了移船设计要求，大大提高了移船精度和移船效率。

移船测试数据 表6-8

序号	船位控制	GPS1偏差(m)	GPS2偏差(m)	时间(s)
1	D26-D27移船	0.08	0.15	150
2	D27-D28移船	0.012	0.07	130
3	D28-D27移船	0.015	0.06	145
4	D27-D26移船	0.08	0.13	152
5	D26-D28移船	0.09	0.05	137
6	D28-D27移船	0.07	0.12	155
7	D27-D26移船	0.15	0.08	134
8	D26-D27移船	0.09	0.14	137
9	D27-D28移船	0.12	0.06	150
10	D28-D27移船	0.06	0.07	140
平均值		0.077	0.093	143

图6-31 浮式基床整平船现场应用

6.5 高效高精度沉管基床整平关键技术

6.5.1 基床抛石整平施工工艺

基床抛石整平施工工艺流程主要包括整平船移船定位、补料船靠泊补料、抛石管高程测量及校核、卵石垫层铺设、声呐检测整平质量、船体绞移下一垄整平。作业时，整平船利用一键式自动锚泊移船定位系统，使船体自动化移船到达目标船位；补料船在码头装料后通过整平船物料输送系统三个转向皮带机将卵石料输送到抛石管内；抛石管自动控制系统通过管顶GPS实测高程，利用抛石头上高精度实时补偿油缸实现对刮板底部高程的控制，行走小车前进结合抛石头高程自动补偿技术完成卵石垄铺设；单条卵石垄铺设完成后，将抛石管内剩余卵石清空，移动整平小车使抛石管按照整平轨迹行走，利用前后声呐对垄顶高程进行检测，确保卵石垄顶部高程控制在±4cm范围内；检测合格后，整平船移船至下一垄循环作业。基床抛石整平施工工艺流程如图6-32所示。

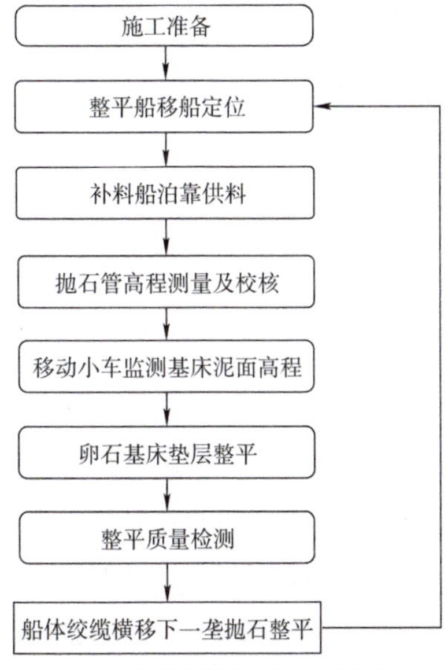

图6-32 基床抛石整平施工工艺流程

1)整平船定位与移位

如图6-33a)所示，整平船移至施工水域实现其初步定位，之后利用船头与船尾的两个RTK-GPS进行精确定位与定向，即将整平船上整平小车行程中心重合于沉管轴线，并确保整平小车轨道与沉管轴线垂直。定位过程中，将所有的偏差分解为横向偏差、纵向偏差、扭转偏差，或者三者组合。利用锚机控制系统，针对不同偏差分别给出相应的移动策略，调整船体到达理想位置。如图6-33b)所示，待单垄卵石垫层整平铺设完毕后，需沿沉管轴线方向把整平船由上一垄终点移动至下一垄起点，即将整平船横向移动1.8m。

为减小整平船受岸堤的影响，整平起始时采用倒退式施工方法，即抛石管船舷侧为已整平区域，非抛石管船舷侧为待整平区域，依次倒退铺设垫层；当基床整平至另一侧对接端区域时，船体旋转180°，整平船采用前进式施工。在靠近岸边移位时，近岸侧锚机系泊于岸堤对接端处的锚桩之上，移位方式不变。

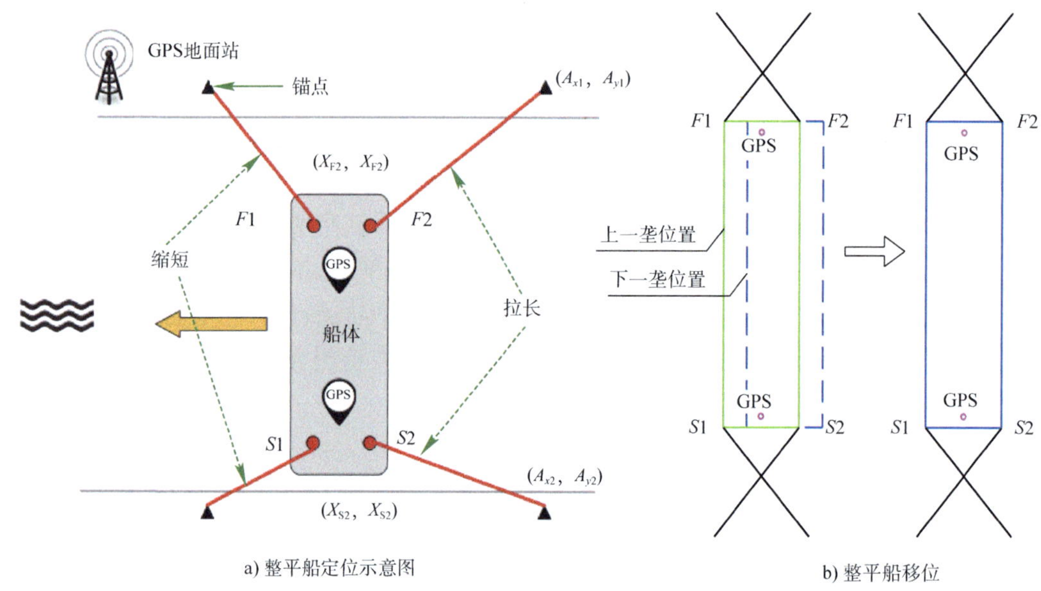

a) 整平船定位示意图　　b) 整平船移位

图6-33　整平船定位与移位示意图

2)卵石基床整平施工

卵石基床整平施工包括补料船靠驳补料、抛石管下放及高程校核、基槽泥面高程监测、卵石垫层铺设等。

(1)补料船靠驳补料(图6-34a)。补料船在临时码头补料，同时对船首物料输送系统加装直角转向皮带机。之后，补料船旁靠整平船非整平侧，右舷艏、艉利用缆绳系泊于整平船非整平侧系缆柱上。整平船通过自身三条皮带机将垫层卵石输送至抛石管中。在整平船移至下一垄整平时，补料船通过整平船绞移提供动力，移动方向和距离与整平船保持高度一致。运料船在上料平台装料后，通过自带皮带将卵石料源源不断地提供到补料船进行补料。

(2)抛石管下放及高程校核图6-34b)。打开滑移小车轨道插销，通过滑移小车步进油缸将保持架与抛石管水平推至船舷外侧，锁定滑移小车；之后利用旋转电动机把保持架缓慢旋转90°，同时将其所夹持的抛石管由水平状态旋转直立起来，锁定保持架下部防倾转插销，使抛石管作业时始终处于竖直状态；打开保持架四处旋转插销并释放抛石管夹持油缸，通过起升绞车将抛石管下放至指定高程，之后夹持油缸锁紧抛石管。抛石管姿态调整示意图见图6-35。

(3)基槽泥面高程监测。如图6-36所示，卵石抛填之前，通过抛石管头部前后声呐探测待整平区域基槽泥面高程，确定整平厚度，并反馈至司机室，以此控制抛石管溜槽抛石量。单垄卵石抛填完成后，行走小车带动抛石管原路返回，前后声呐转换，针对该卵石垄依次进行顶高程监测、超高刮平、顶高程复测。

a)补料船靠驳补料

b)抛石管下放及高程校核

图6-34　卵石基床整平施工部分过程

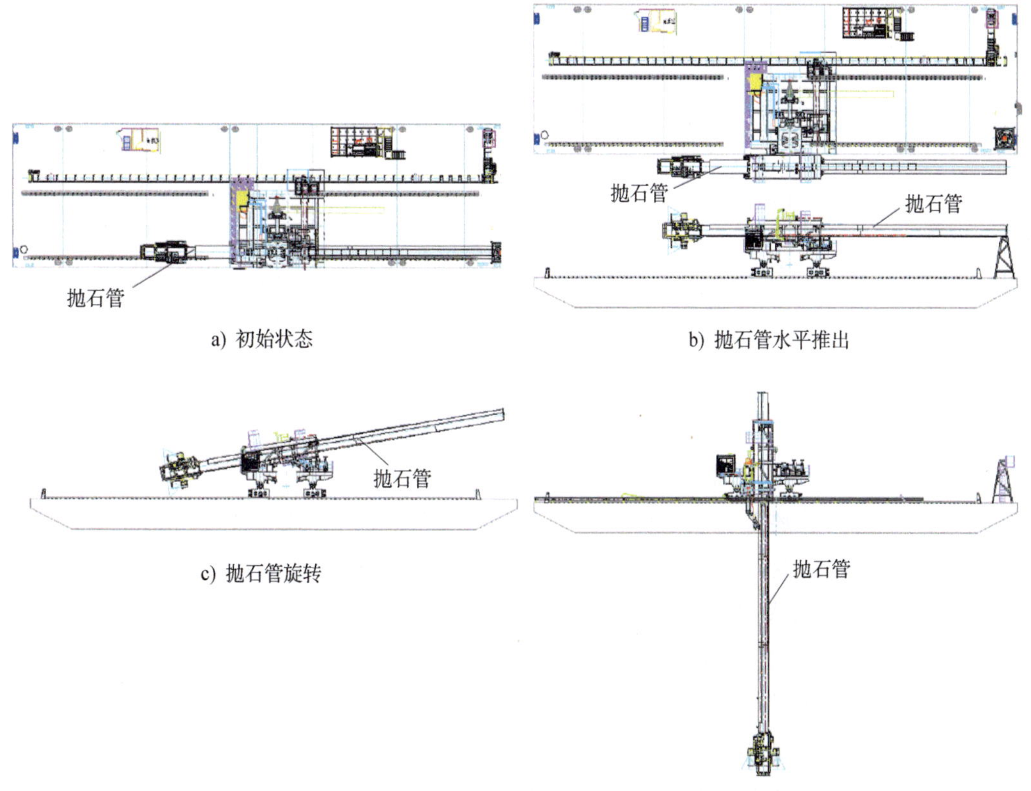

a) 初始状态

b) 抛石管水平推出

c) 抛石管旋转

d) 抛石管旋转至竖直状态

图6-35　抛石管姿态调整示意图

(4)卵石垫层铺设。整平船定位、补料船靠驳补料后，将行走小车移动至轨道起点，复核抛石管定位与整平刮板底高程。如图6-37所示，启动物料输送系统并驱动行走小车行走，使抛石管按照设计从一端开始向另一端水平横向摊铺沉管粗平垫层。待上一垄垫层铺设完毕，抛石管回程进行整平质量检测，之后抛石管沿隧道轴向移位至下一垄，进行下一垄垫层铺设，如此往复，直至整个区段铺设完成。粗平垫层铺设完成后，调整刮板底高程，重复上述工序，进行细平层施工。

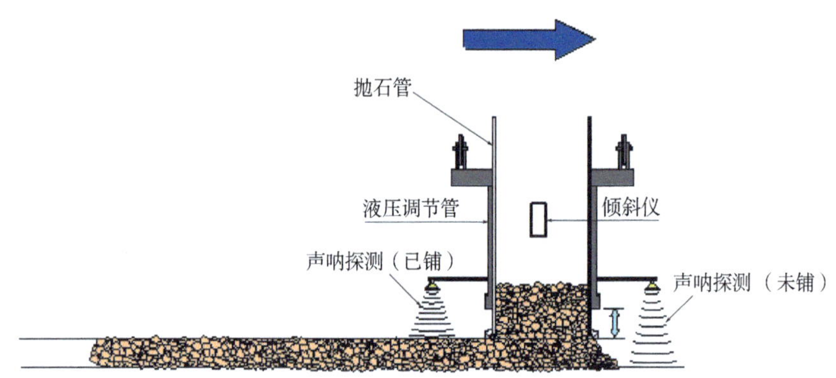

图6-36　基床顶面高程声呐探测示意图

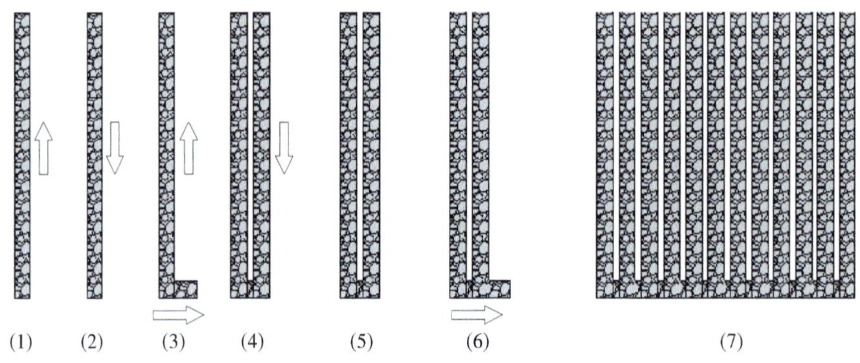

图6-37　抛石管行走轨迹示意图

(5)整平质量检测。单条卵石垄抛填完成后，将抛石管内剩余卵石清空进行整平质量检测。再次复核整平刮板的底高程，确保其与卵石垄顶高程一致。移动行走小车，使抛石管按照整平轨迹原路返回，刮板对已铺设垫层再次刮平，利用前后声呐对垄顶高程进行检测，确保卵石垄顶部高程控制在±4cm范围内。

(6)抛石管回收。整平船施工完单区域后需退出沉管基槽，此时需将抛石管起升回收至整平船上。抛石管起升回收操作流程与下放时相反，先提升抛石管，使之可以锁定保持架旋转插销，打开防倾转插销，开启旋转电机将抛石管由竖直状态旋转至水平状态。然后打开滑移小车锁定插销并水平拉回滑移小车，把保持架与抛石管回收到船舷内侧，最终将抛石管上端搁置于管端休息架上并锁定滑移轨道上插销。

6.5.2　卵石基床垫层整平效果

为减小水下测量数据误差，基床整平垄顶高程采用全站仪+测绳测量、整平船声呐测量、多波束测量三种测量方法测量，三种测量方法的结果均作为垄顶高程数据参考。下面以浮式整平船开展E2、E5管节卵石基床的整平作业为例进行介绍。E2管节需整平的卵石基床共65垄，E5管节需整平的卵石基床共47垄，单垄长35.2m(偏距−17.6m~+17.6m)，设计垄面宽1.2m,垄中心线间距1.8m。

1)全站仪+测绳测量

通过在测绳刻度线处粘贴反光标,利用全站仪测量反光标高程,计算得出卵石垄顶高程。在卵石垄铺设完成之后,测绳测量与声呐测量同步进行,测量时全站仪架设在岸堤测量控制点附近,测绳选用2mm钢丝测绳,反光标设在测绳26m刻度处,测点间距为3m。使用测绳前,在岸上选择高点,对测绳使用长度进行校准,对测量结果进行修正。如图6-38所示,E2管节测量结果为:单垄高程均值偏差范围为-3.6~+2.9cm,在设计允许偏差(±4cm)范围内,测绳测点原始数据合格率97.09%。

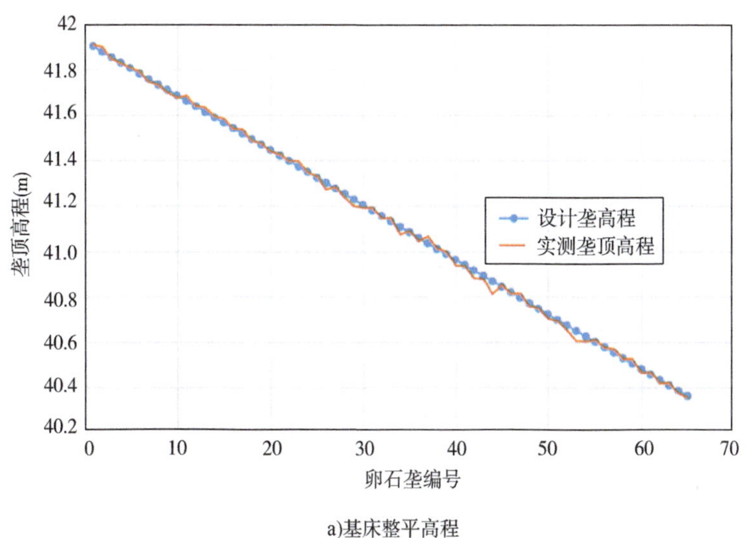

a)基床整平高程

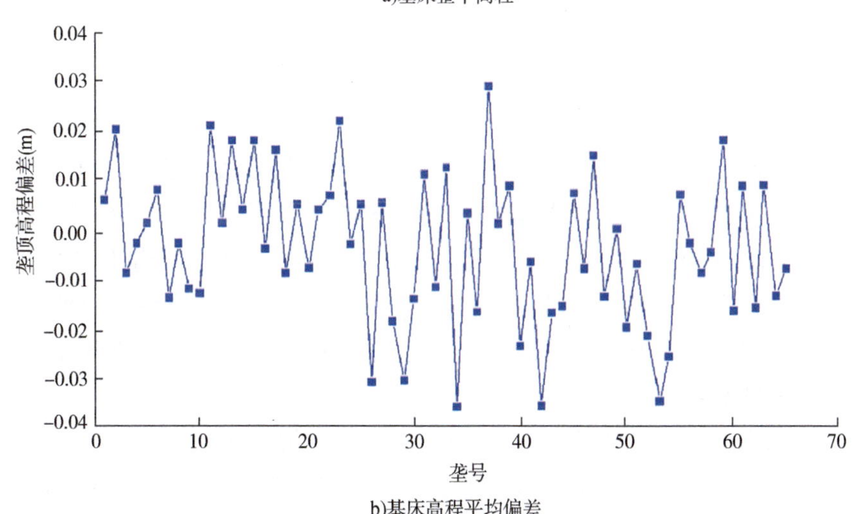

b)基床高程平均偏差

图6-38 E2管节卵石垄顶高程全站仪+测绳测量结果

2)整平船声呐测量

整平船抛石管共4个声呐,安装在抛石头上,分为校准声呐1、校准声呐2和测量声呐1、测量声呐2;校准声呐1、校准声呐2与校准挡板间的标准距离已知,利用校准声呐水下与校准挡板间实测距离,对测量参数进行修正,校准声呐1修正测量声呐1,校准声呐2修正测量声呐2;4个声呐在卵石垄铺设过程中处于工作状态。

如图6-39所示,共测量E2管节65垄,声呐1单垄高程均值偏差范围-5.1~+2.8cm,声呐测点原始数据合格率95.38%;声呐2单垄高程均值偏差范围-6.1~+0.4cm,声呐测点原始数据合格率95.38%。如图6-40所示,共测量E5管节47垄,声呐1实测卵石垄垄顶高程均值偏差范围-3.8cm~+3.5cm,所测数据全部在允许偏差(±4cm)范围内,合格率为100%;声呐2实测卵石垄垄顶高程均值偏差范围-4.5cm~+3.3cm,其中有6垄偏差超过-4cm,数据合格率为87.23%。

a)多波束测量工作原理

b)多波束系统水下设备安装

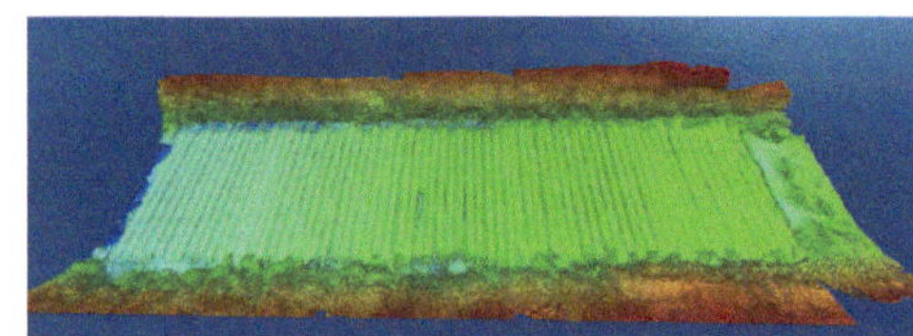

c)卵石基床整平效果

图6-39 E2管节卵石基床垫层多波束测量结果

3)多波束测量

多波束测深系统相对于传统的测绳测量和单波束测量方法来说,具有明显的优势。首先,它是全覆盖、无遗漏的测量方式,能够进行全覆盖的水深测量,测量精度和效率明显优于其他的测量方法;其次,它采集的测量数据使用起来更加灵活和准确,因为它可以根据现场的实际需要设置采集密度,并且显示的是设定的最小范围内所有测点的平均值,所以测量数据更加准确;最后,多波束测量的数据有配套的成图软件,可以生成各种三维效果图,使用起来更加直观和方便。

E2管节卵石垄多波速扫测共采集575683个数据,扫测效果如图6-41所示。结果显示,89%的数据均满足设计要求,且垫层两侧顶边线与设计位置平面允许偏差在0~20cm之间,卵石垄纵向偏位为0~+5cm,卵石垄纵向宽度偏差为0~10cm,满足设计要求。

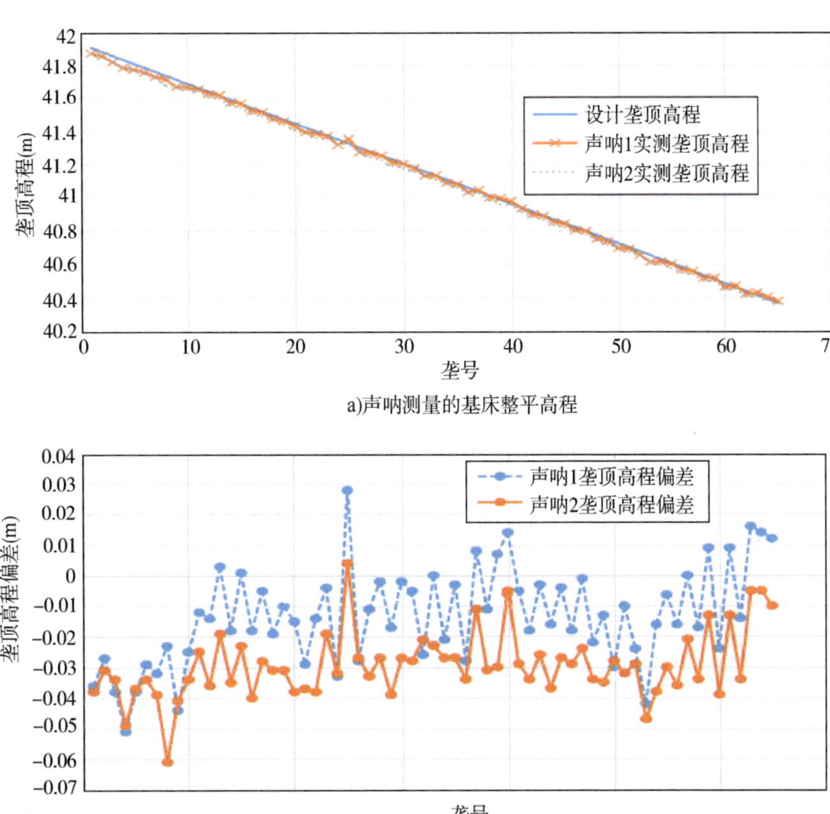

a)声呐测量的基床整平高程

b)声呐测量的基床整平偏差

图 6-40　E2 管节卵石基床垫层整平船声呐测量结果

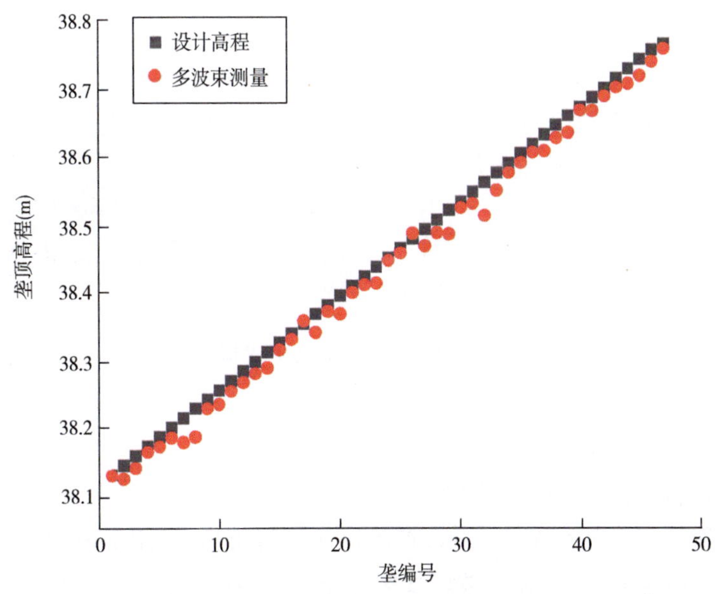

图 6-41　E5 管节卵石基床垫层整平船声呐测量结果

6.6 先铺卵石基床高效清淤关键技术

6.6.1 沉管基床回淤

由于沉管水下基槽开挖周期较长，导致部分基槽暴露时间较久，施工期间基槽易产生淤积甚至骤淤等异常现象。若水下基床回淤物超标，将严重影响基础处理的质量，可能导致管节产生不均匀沉降、管节受力不均衡等质量风险。2021年7月进入主汛期以后，汉江流域降水异常，汉江上游河南、山西等地发生多场特大暴雨，降雨极端性突出，短时强降雨比例大，降水较过去三年平均增多71.4%，汉江及其支流上游汛情十分严峻，隧址区上游丹江口水库5次大流量泄洪，导致多达100cm厚的泥沙淤积于E2管节基槽内，迫使处于汉江中游的鱼梁洲隧道沉管施工超长时间停滞。图6-42所示为鱼梁洲隧道汉江东汊沉管段基槽回淤监测。

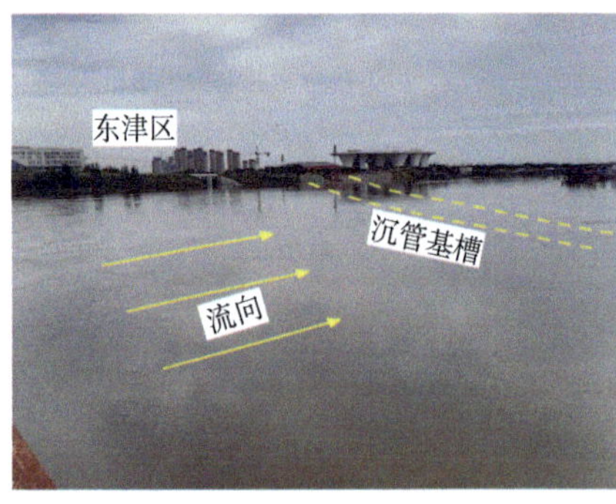

图6-42 鱼梁洲隧道汉江东汊沉管段基槽回淤监测

6.6.2 清淤设备技术现状

目前常见的清淤设备及方法概括如下：

(1)疏浚船舶清淤。如图6-43所示，耙吸挖泥船造价昂贵，主要适用于大范围清淤，清淤功率大、高程精度控制较差，存在破坏基床可能。若用在沉管基床项目上，适合基槽槽中和边坡的大面积回淤清理，以及后期施工期维护清淤。耙吸清淤船对突淤、时间紧、狭窄作业区域清淤十分有效，一般配备有动力定位与动态航迹系统、疏浚轨迹系统、自动测深，以提高清淤的效率，但成本较为昂贵，船体外形较大，不适合投资成本相对较低、航道受限的内河沉管项目。

(2)改造清淤船定点清淤。定点清淤船适合于受限作业空间以及已安装沉管末端钢封门前30~40m的局部清淤。如图6-44所示，港珠澳大桥沉管隧道所采用的"捷龙"定点清淤船由深水吸砂船改造而来，在原船现有条件下增加清淤深度，并且采用新型的浮力桥架结构。该结构在保证桥架长度和强度的前提下，有效地减轻了桥架的重量，保证了桥架重量限制在已有设备的起吊能力范围。"捷龙"定点清淤船采用六锚定位，垂直于基槽布设，进行"盖章式"定点清淤。清淤时不破坏已抛填的块石。由于工艺特殊，定点清淤船的清淤施工效率相对较低。

图6-43　耙吸挖泥船清淤示意图

图6-44　"捷龙"定点清淤船

(3)整平船加装清淤装置清淤。如图6-45所示，自升式整平船或浮式抛石整平船加装清淤装置，配合整平船的行车使用，适用于碎石整平后的基床、垄沟清淤，以及碎石整平前的垫层清淤。清淤时需整平船站位/定位配合，清淤精度高，不破坏基床，但清淤效率有限。加装时需考虑清淤装置的布置，硬管、软管、电缆、排泥管的走线，改造工程量大。

(4)简易清淤船清淤。简易清淤船由浮体组成简易船体，配合清淤泵，采用机械或人工的方式清淤，适用于水深在10m以内、回淤淤泥厚度不大、水上交通条件良好的内河或遮蔽水域清淤。

(5)水下整平清淤架。如图6-46所示，水下整平清淤架集成清淤功能，适用于水深较大、海况条件较恶劣情况下的清淤工作，用于碎石整平前清淤，在深中通道沉管隧道工程中得到应用。

总体而言，传统清淤方式大致分为两类：一类是适合大面积的清淤或者大体量的清淤，设备较为大型，前期设备成本投入高，设备制作周期长；另一类是小面积的小体量的清淤，采用简易设备或人工的方式，施工效率较低，清淤精度差。而鱼梁洲隧道基槽回淤面积大，且需进行快速高精度清淤。因此，需另辟蹊径研发一套能够快速投入使用又适合大面积清淤的设备。

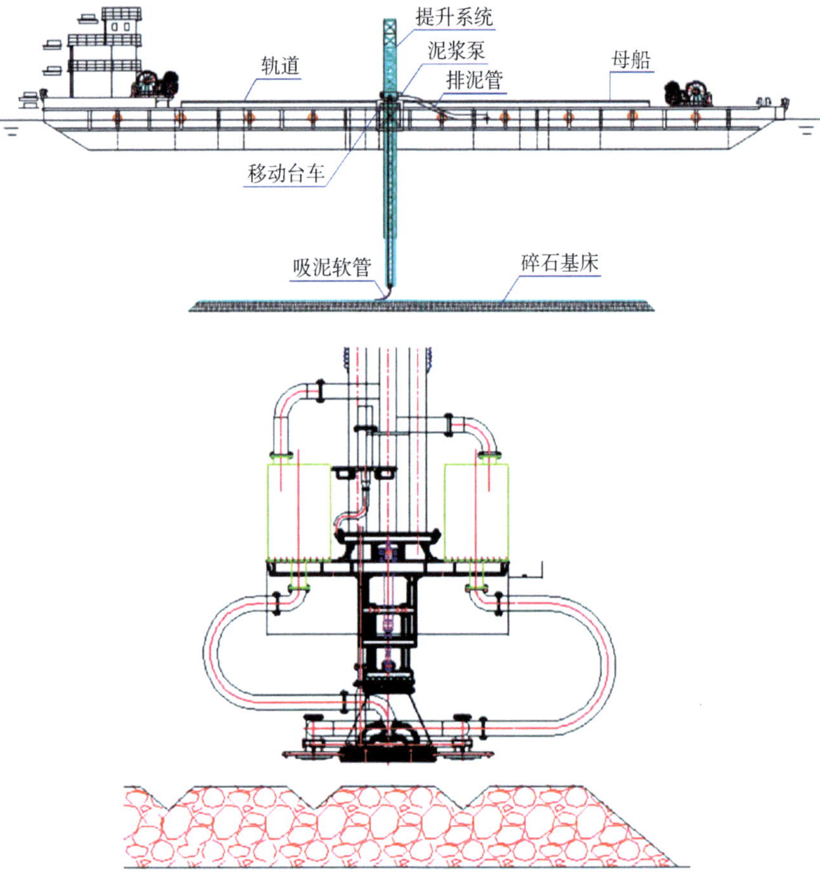

图6-45　整平船加装清淤装置

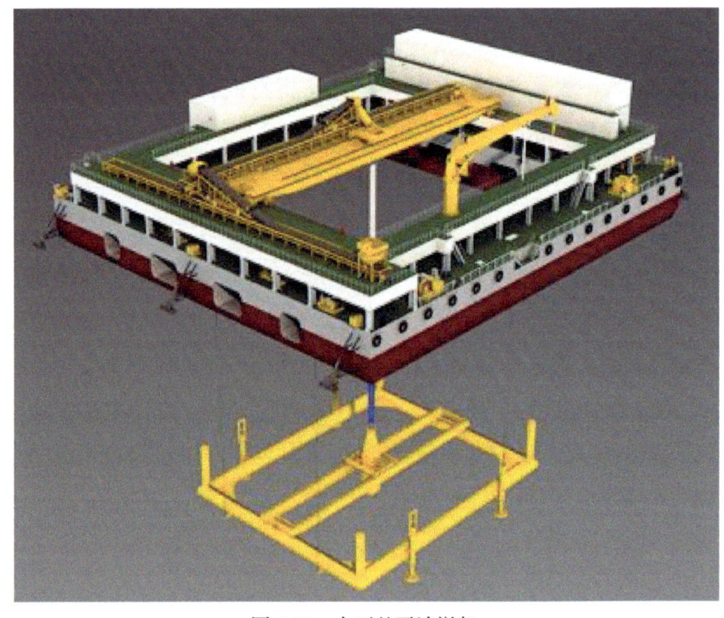

图6-46　水下整平清淤架

6.6.3 基槽高效清淤设备研发

在沉管基槽开挖后，由于汉江存在回淤现象，导致基槽内会累积一定的淤泥，会对后续的基床整平和基床稳定性造成不利影响。为排除淤泥的影响以及避免清淤导致的工期滞后，需进行水下清淤作业。对于基槽内回淤沉积物，由于淤积物量大，人工水下清淤效率太低，无法满足节点工期要求，故需采用机械自动清淤法。同时，需采用专用清淤设备必须具备三个条件：船舶稳定性高；吸淤头定位精确且可控；具备一定强度的深槽吸淤能力。现有的各类型疏浚船舶（自航耙吸船、抓斗船、绞吸船等）显然均不适用。

传统的清淤方式采用驳船作为载体平台。鱼梁洲隧道施工现场有2艘驳船可满足条件，但其承担着其他重要任务，不能用来作为清淤专用船，故需要另外租赁或建造一艘具备起重能力的驳船来进行清淤设备的吊装清淤。由于现场回淤情况较为严重，下一节沉管等待安装，施工工期极为紧张，租赁新船需要数月的时间才能到位，建造驳船更需要半年以上时间。因此，借助于浮式栈桥的设计理念，在原有整平船的基础上，采用工程现场闲置的大直径钢管作为浮体，在浮体上方设置导轨和行走小车，在行走小车上方设置电动葫芦起吊吸泥设备，沿着轨道进行移动，轨道长度与基槽宽度相匹配，一次行走即可将整个基槽宽度淤泥吸走。所研发的清淤平台施工现场如图6-47所示。

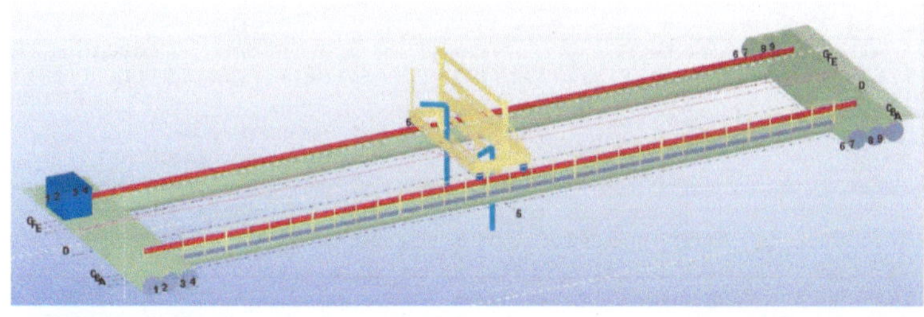

图6-47 所研发的清淤平台施工现场

如图6-48所示，清淤平台主要由底部钢管作业平台、可移动小车、气举泵三个部分组成，利用整平船作为施工母船，为其提供供电、供气及定位等支持，基槽清淤主要采用行走小车上固定气举泵进行清淤处理。整个钢管作业平台长约43m，宽12m，高约1.3m。钢管作业平台采用ϕ1020mm、管壁厚度10mm的钢管，平台两端各采用三根钢管并排连接成一个整体，单根长12m，对称分布，每根钢管两端用8mm厚钢板进行开口封闭，钢管与钢管间采用连接板进行连接，中间设置两排共6根钢管，每排36m，钢管与钢管间封闭焊接，端头采用"U"形连接方式进行焊接。平台中间设置两排共6根钢管，每排36m，呈2排布置，与端头钢管垂直焊接，在中间纵向钢管上方焊接钢轨，钢轨间距7m。可移动小车主要由工字钢和槽钢焊接组成，与钢管轨道同宽，后期在钢管上由卷扬机辅助移动。气举泵是被限位在小车上的清淤设备，由空气压缩机、吸泥头、钢管组成，后期通过空气压缩机进行清淤工作。在各部分加工完成后，一次吊装进入东汉汉江，开始沉管基槽清淤。为确保钢管入水后不漏水，需对钢管密闭焊接情况进行检查。

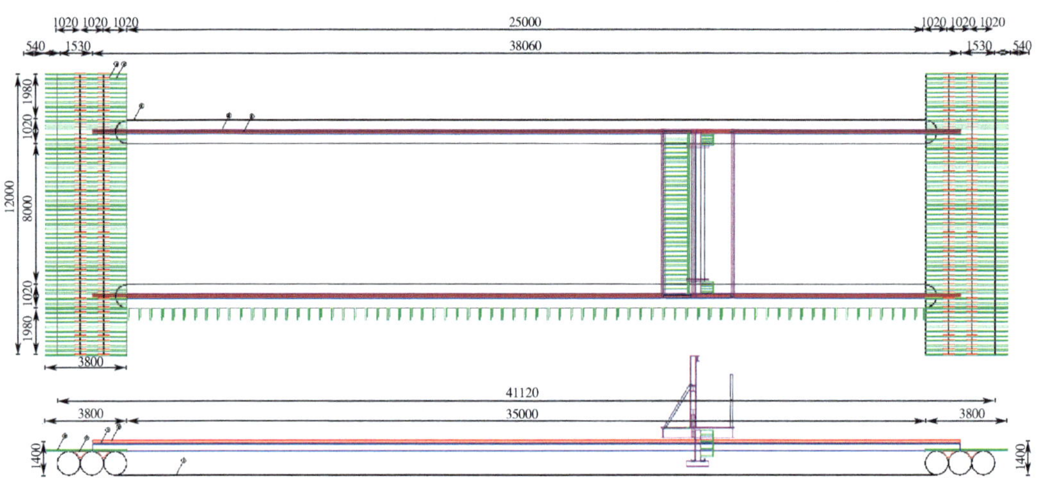

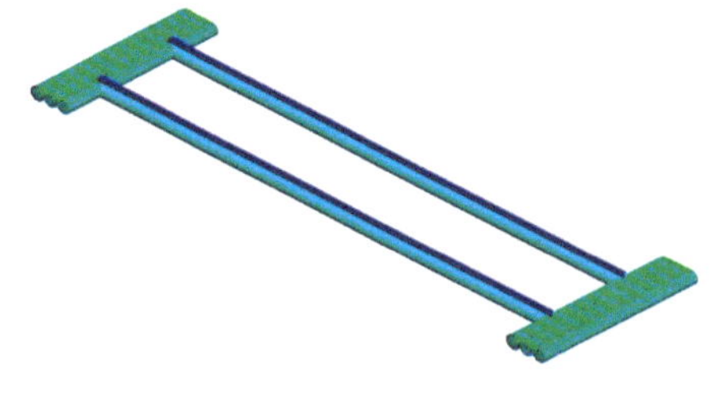

图 6-48

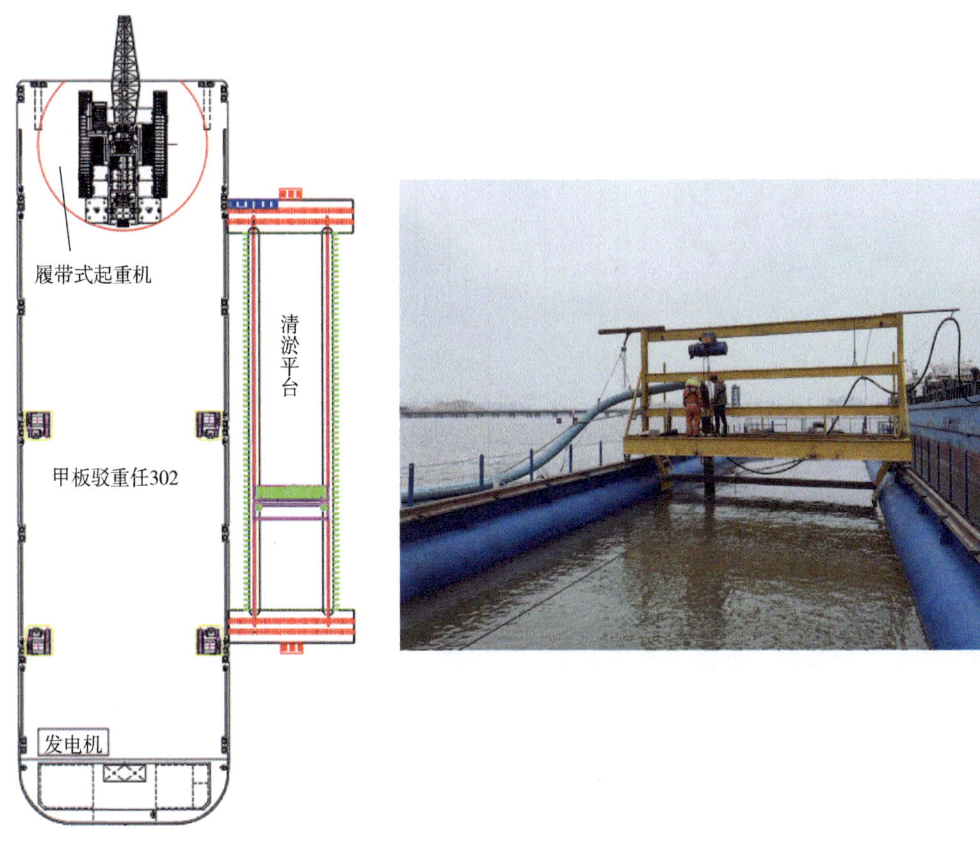

图6-48　清淤平台结构设计(尺寸单位:mm)

为减少设备数量,直接在气举泵上口连接排泥管,沿隧道下游方向进行布置。每根排泥管由直径为0.33m的软管组成,单节管道长度为10m,中间采用直形连接头+钢箍进行连接,两侧间隔4m采用浮筒进行连接。如图6-49所示,空气吸泥头由4个直径160mm的钢管及一个直径273mm的钢管通过箱形结构连接合成,在4个小钢管上设置有高压空气喷口。当空气吸泥装置工作时,高压空气沿进气管进入空气管,通过内壁管上的小孔眼进入直径160mm的钢管内,在管内与水混合形成相对密度小于1的泥水气混合物。当送入的压缩空气足够充足,吸泥头在水面以下又有相当的深度时,混合管中的泥水气混合物就会在管外水头压力作用下,顺着排泥管上升而被排出。同时由于泥水气混合物顺着混合管向上流动被吸入管内,吸泥管管口处被冲形成的泥浆在混合管与压缩空气混合后被排到井外,完成空气吸泥作业。当不断地将压缩空气送进空气管和直径160mm的钢管中,混合后的泥水气混合物将被不断地排出。供气量越大,气、水、土混合物的相对密度越小;水深越大,压差越大,所设计的清淤头吸泥效果越好。

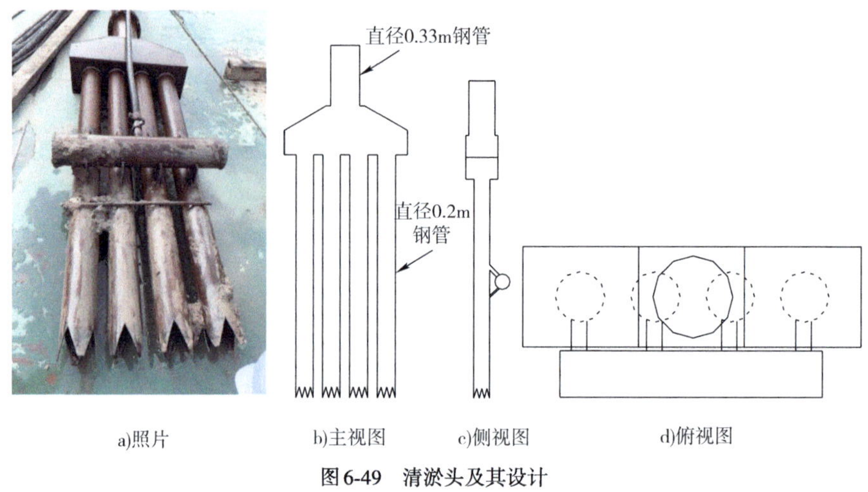

图6-49 清淤头及其设计

6.6.4 基床清淤施工工艺

现场清淤施工过程如图6-50所示，主要清淤施工工艺流程如下：

(1)测量定位。在清淤平台开始工作之前，测量人员用GPS定位沉管基槽边线位置和所需清淤管节里程范围，并用浮漂标明清淤范围。

(2)清淤路线规划。清淤平台长度约43m，小车行走范围为36m，可以基本满足对沉管基槽的覆盖。根据清淤平台结构设计形式，清淤平台长度方向沿沉管基槽南北方向布置，从清淤里程范围一端向另外一端移动，在单个里程范围施工完成后再整体沿里程方向移动。沉管清淤利用水流方向，沿下游布设排泥管，为避免排泥管出淤口的淤泥在江底扩散，再次对沉管基槽造成影响，固定气举泵的小车需从上游往下游移动进行清淤工作，即由北向南移动施工。在小车移动施工的过程中，注意观察排泥管的脱落情况，以及有无弯折的地方。

(3)清淤平台就位固定。根据测量里程及偏距范围，通过动力母船将清淤平台拖移到达指定位置。动力母船通过卷扬机带缆与原有的锚桩进行固定，也可利用缆绳进行位置移动。清淤平台则通过两端制作焊接的系缆柱用绳具与母船一边进行临时连接固定。

(4)基槽清淤。为了加快清淤施工进度，在行走小车上固定2套气举泵。清淤平台落位后检查所有设备及电源，确定无误后进行清淤工作。基槽清淤时，行走小车由北向南进行清淤施工，在单点里程方向可移动范围内完成清淤后，通过卷扬机将小车向南拉动，在拉动的同时观察上弯口位置阀门出水状况，发现水中淤泥较多则停止前进，就点清淤，反复进行，直至当前清淤平台里程范围完成施工，行走小车进行里程方向移动。

(5)清淤施工过程控制。在清淤施工过程中，通过不定时打开气举泵上口水阀，观察管道排出的水质情况，如果含泥量较大则继续进行该位置清淤工作，若持续出水水质正常则停止该位置清淤，向下一位置转移。

图6-50　现场清淤施工过程

在对E3管节基槽进行清淤前，基槽内淤泥的厚度普遍在70~100cm之间。采用清淤平台进行清淤后，基槽内淤泥厚度降至2~5cm。这表明，自主设计研发的清淤平台完全能够满足对沉管基槽的清淤要求。清淤平台的主要部件均采用现有材料进行制作，极大程度降低了制作成本。且清淤平台在一次驻位后的清淤面积较广、清淤效率较高，通过带有刻度的轨道和气举泵能够实现对清淤作业的平面位置和高程的精确控制，清淤精度大幅提高。此外，清淤平台操作简单，所需操作人员数量较少，人工成本也随之降低。

6.7　本章小结

本章的主要研究内容与结论如下：

(1)基于隧址区卵石资源丰富的特点，创造性提出了沉管隧道先铺法卵石基床垫层处理方法，减少了基床开挖卵石外弃，提高了资源利用率和工程环保特性；通过国内外先铺法基础调研，拟定了卵石垫层初步方案；通过先铺法卵石基床垫层压缩试验及隧道结构与卵石垫层摩擦阻力试验研究，得出卵石垫层较碎石垫层力学性能无明显差别，可以作为先铺法沉管基础垫层材料的结论。同时，给出了不同工况下卵石基床垫层的压缩荷载Q-沉降S曲线、垫层压缩模量推荐值；通过卵石垫层摩擦阻力试验，推荐管底钢板与卵石之间的摩擦系数为0.42，管节混凝土顶板与卵石之间的摩擦系数为0.43。

(2)确定了鱼梁洲沉管基槽边坡坡率。细砂、粉砂、粉质黏土、填筑土等地层采用1:3边坡坡率，卵石、圆砾等地层采用1:2边坡坡率。通过设备调研及工效分析，确定了基槽开挖设备，明确了基槽开挖精度要求。根据前期设备选型及项目设备供应情况，对各开挖设备进行工效并分析，选取机械式抓泥船3艘、运砂设备8艘，通过DGPS导航定位和多波速水下探测控制基槽开挖精度。

(3)基于鱼梁洲隧道上下游船闸通航限制的特点，针对传统沉管隧道基床碎石整平技术自动化程度不高、智能化应用不足，施工装备成本投入巨大、运维费用高等问题，研发了浮式船舶+可旋转抛石管结构的高精度浮式整平装备，解决了内河船闸限宽、大型整平装备无法通行的问题；采用GPS定位技术和分步阶段性控制策略，设计了一种沉管隧道基床抛石整平船自动移船控制系统，实现了船舶一键自动化移位，基床整平精度及工效均能满足施工现场要求；通过现场试验，确定了卵石垫层铺设关键参数，针对先铺法卵石基础关键施工工艺展开研究，形成了成套施工工艺；内河沉管隧道基床采用浮式整平船铺设工艺，规避了大型整平装备难以适应内河通航限制条件的缺点。

(4)研究表明，水流经过基槽断面时，流速下降导致水流挟砂能力下降，引发基槽回淤现象，河流上游泥沙浓度对基槽回淤有着重要影响，在施工过程中需加强对上游的回淤监测；针对施工期基槽易产生泥沙回淤问题，研制了“浮筒型自浮平台+纵移台车+气举联排式清淤头”的环保型基槽清淤专用设备，提出了通过纵移台车、横移小车、起升葫芦实现清淤头三坐标高精度移动的清淤方法，实现了沉管基槽的高精度清淤。所研发的清淤平台主要由底部钢管作业平台、可移动小车、气举泵三个部分组成，利用整平船作为施工母船，基槽清淤主要采用在行走小车上固定气举泵进行清淤处理。自主设计研发的清淤平台操作简单，清淤精度高，能够满足沉管基槽的清淤需求。

第 7 章　沉管隧道摩擦止推型陆域最终接头关键建造技术

7.1　概述

沉管隧道是在水下将管节依次沉放、对接的一种工法，在最终沉放管节的端部必然会产生施工间隙，对此间隙进行连接的结构就是最终接头。最终接头为沉管隧道的最后施工部分，其位置可选择在水中或两岸与陆上隧道连接处，其结构形式可采用刚性或柔性两种，最终接头的位置和接头形式选择直接关系到沉管段的长度和结构的纵向受力，对已沉放管节的纵向稳定性与变形控制至关重要，也会直接影响整个沉管隧道的造价和施工工期。因此，最终接头工程是沉管法隧道施工工艺中的关键节点工程，关乎工程的成败，是整个沉管隧道施工工艺技术中的难点。最终接头施工的关键在于止推和防水。应根据最终接头设计、接头位置、相关规范等选择最终接头施工工艺及流程。

为避免河道通航受阻，降低最终接头施工难度，干地施工方法已被广泛应用于内河沉管隧道的最终接头构造，特别是涉及使用轴向干坞的沉管隧道工程。然而传统的干地施工方法有许多缺陷，例如，大型钢筋混凝土止推结构的施工涉及大量水下作业、复杂的施工工艺、较长的施工周期和较高的造价。为克服现有最终接头干地施工法的缺陷，本章以鱼梁洲隧道为依托，研发了摩擦止推型陆域最终接头干地施工新方法。同时，考虑回淤泥沙对隧道-基床界面摩擦系数的不利影响，通过大型现场剪切试验，获得隧道结构底板和先铺卵石基床之间界面摩擦系数。针对临江轴线干坞沉管隧道岸上最终接头处高水头作用下坞门二次围堰结构复杂、止水难度大等技术难题，提出了新型钢壳夹壁混凝土围堰挡水结构、管节底部“橡胶止水带+模袋混凝土+水下注浆”三重止水结构，以实现干地条件下的轴线干坞坞口止水。为确定由轴线干坞降水所引起并作用于最终沉放管节 ES 上的水压推力，研究了基于数值模拟的简化计算方法；通过开展轴线干坞抽水阶段沉管隧道单元纵向抗滑稳定性分析，研究了摩擦止推型最终接头关键设计参数的计算方法，并开展了管节接头处所安装的临时限位结构的拉力计算，系统地设计了摩擦止推型陆域最终接头关键施工技术，通过现场监测验证了其可行性。

7.2　沉管隧道最终接头技术现状

目前沉管隧道最终接头施工方法可概括为水下施工法和陆域干地施工法两大类。水下施工法又可划分为现场止水板施工法和近年来迅速发展的预制单元装配法两个子类。如图7-1所示，现场止水板施工法为最传统的施工方法，其施工工艺为在最终接头间隙的四周水下安装止水钢封板，形成一个临时封闭空间，止水钢封板上装有止水橡胶圈，然后抽干最终接头间隙内滞水，通过水力压接法使止水钢封板与两侧已沉放管节的管壁紧密贴合，实现接缝的止水，最后进行最终接头单元区域混凝土结构的浇筑，完成水下最终接头单元施工。但是，止水钢封板上回淤淤泥、止水钢封板的尺寸及形状误差，易引起止水板水下安装时产生相对滑动外移，使得止水板上所安装的橡胶止水带本体大量外露，导致搭接接缝处止水功能失效，需多次返工，仅适于在回淤不大、水流流速较小的浅水环境中，而对于高回淤的复杂水沙沉积环境，现场止水板施工法安全风险大，最终接头单元与两侧已沉放管节的接缝漏水概率加大。

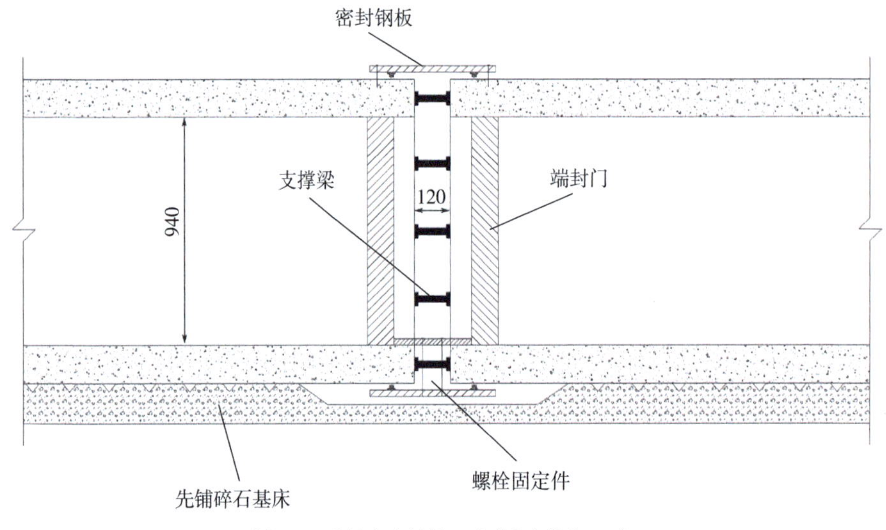

图7-1　现场止水板施工法(尺寸单位:cm)

预制单元装配法包括端部块体工法、V形块体工法、Key管节工法、整体式可逆主动止水法、顶进节段法。其中，如图7-2所示，端部块体工法、V形块体工法、Key管节工法属于日本工法。整体式可逆主动止水法为港珠澳大桥沉管隧道所设计的最终接头施工工法，如图7-3所示，所设计的最终接头单元为预制的钢壳混凝土三明治结构，需在所预制的最终接头单元的两侧端面上安装可伸缩的小梁，小梁端部装配橡胶止水带，最终接头单元水下沉放后，用千斤顶将两侧小梁向外机械伸出，小梁端部止水带接触相邻管节并被压缩，形成水下密闭间，然后将接合腔内的水抽掉，工人在接合腔内施工最终接头与相邻管节的永久连接结构。

如图7-4所示，顶进节段法为大连湾海底沉管隧道、深中通道沉管隧道所采用的水下最终接头施工工法，该最终接头结构主要由套管、止水带、液压千斤顶等组成，利用预设于已沉放管节或暗埋隧道结构内的千斤顶将滑动节段从套管推出，使其接触另一侧已沉管节端面，实现最终接头管节与已沉放管节的两侧闭合，完成活动端GINA止水带的初始压接，然后排出最终接头管节与已沉放管节间临时封门之间的水，同时千斤顶继续推进，使管节两端的GINA止水带充分压缩。施工过程中，需根据千斤顶的行程判断GINA止水带是否达到了设计要求。最后拆除两侧临时封门，在沉管内部完成滑动节段与相邻管节的纵向锁定，并进行最终接头顶进节段与外部套筒间的后浇带施工，完成最终接头的施工。顶进节段法的最终接头单元结构需在干地环境下完成预制，顶推、对接的控制和操作均在灌水后的隧道内完成，顶进节段待最后一节沉管管节沉放完成后，通过预留顶推装置将顶进节段推出，完成最终接头的水下对接。

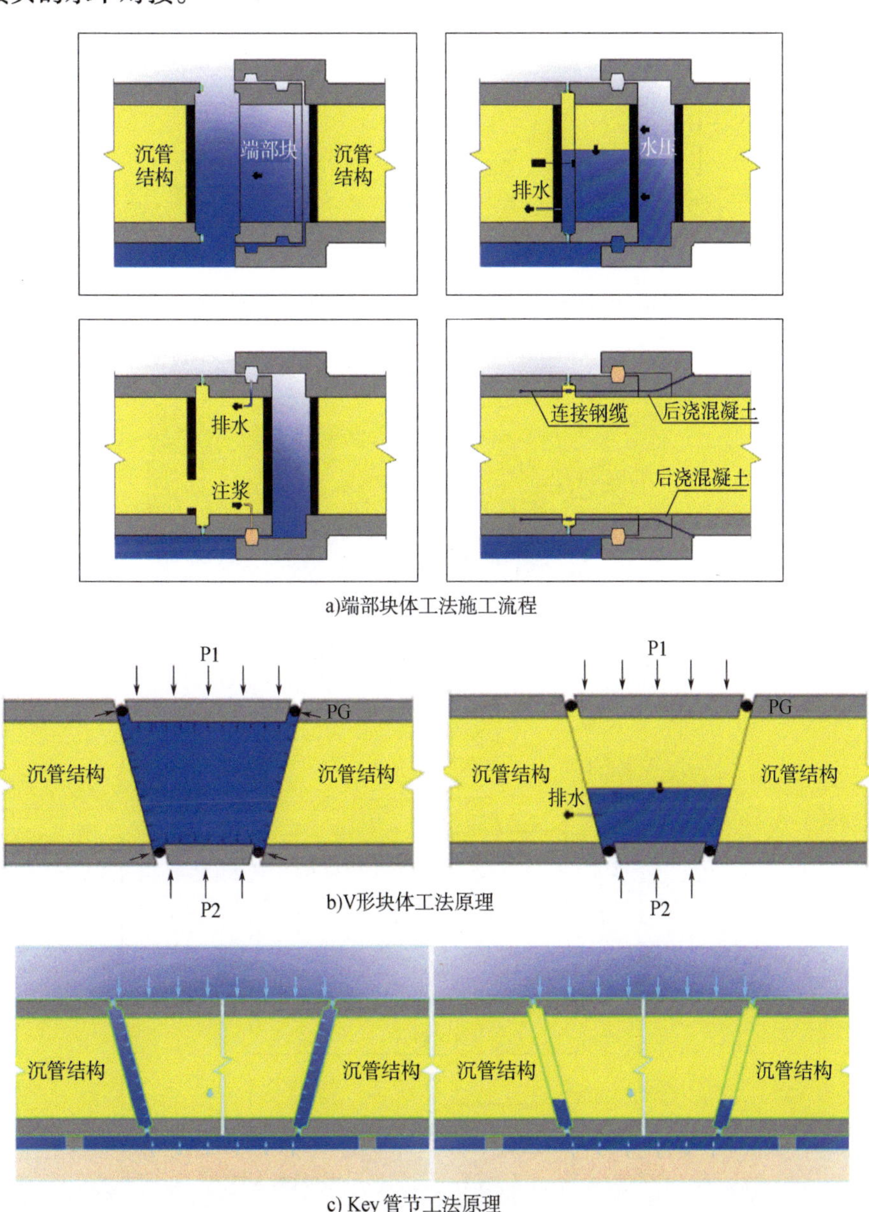

a)端部块体工法施工流程

b)V形块体工法原理

c) Key管节工法原理

图7-2　日本最终接头预制单元法

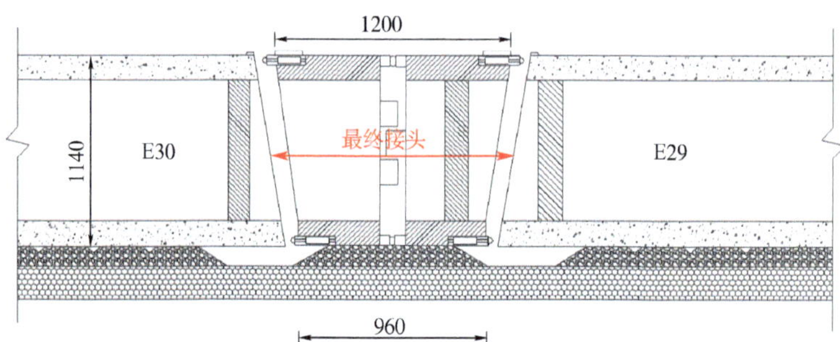

图7-3　中国港珠澳大桥整体式可逆主动止水法最终接头(尺寸单位:cm)

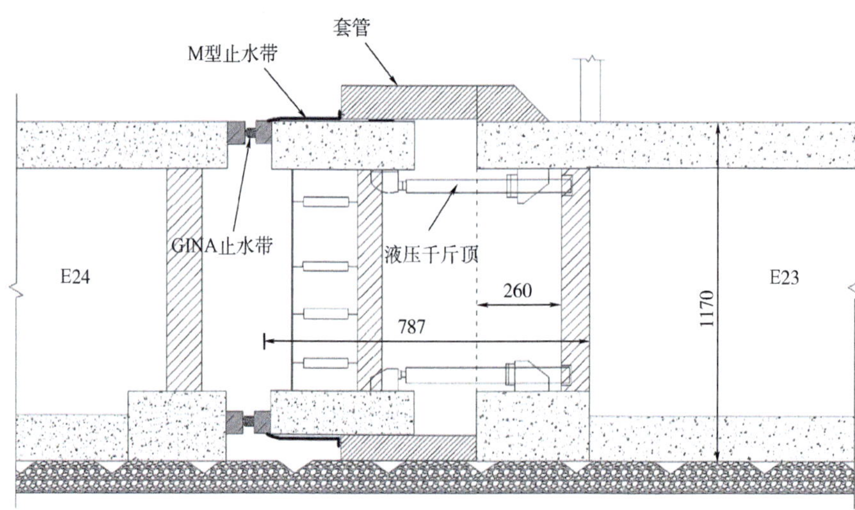

图7-4　中国深中通道顶进节段法施工最终接头(尺寸单位:cm)

陆域干地施工法需在最终管节沉放完毕后，采用挡水围堰结构、止水排桩或岸堤接头井等结构形式构建一个临时的封闭空间，将最终接头的间隙空间位置与外界河水隔开，做好挡水措施后，抽干围堰内的水，在干作业环境下浇筑最终接头区域钢筋混凝土结构，完成最终接头单元的施工。陆域干地施工法的最大特点是接头单元质量有保证且施工方便，但必须解决好坞口的封堵问题和管段的止退问题，以防止管节体系因自由端水压力的消失而使GINA止水带回弹。对于内河沉管隧道施工而言，由于水深较浅，航道较狭窄，管节单元数量常不超过10节，管节单元沉放常采用单向沉放流程方法。为了避免阻碍河流通航及减轻泥沙回淤的不利影响，最终接头单元常设置于岸边，因此，陆域干地施工法更具优势，尤其是对采用轴线干坞管节预制方案的内河沉管隧道而言，陆域干地施工法可充分利用现有的轴线干坞基坑进行最终接头单元的浇筑，降低最终接头的施工难度。

为防止围堰或干坞抽水导致已压缩GINA止水带回弹，沉管隧道端部需设置水下止推(退)构造。如图7-5所示，现有的沉管隧道陆域干地法施工时，常需在干坞抽水前水下施工钢筋模板、浇筑水下混凝土支撑墩或止推墙来形成独立止推结构，水下作业多、工序复杂、时间长、造价昂贵，所施工的水下支撑墩或止推墙的施工质量控制难度大，导致在最终接头施工期已水力压接的GINA止水带存在回弹的高风险，易引起管节体系纵向松弛失稳。如何减小临时围堰规模或者充分利用轴线干坞工程，优化沉管段止推构造，减少水下混凝土浇筑施工是该工法在设计实践中需不断探索优化的主题。

图　7-5

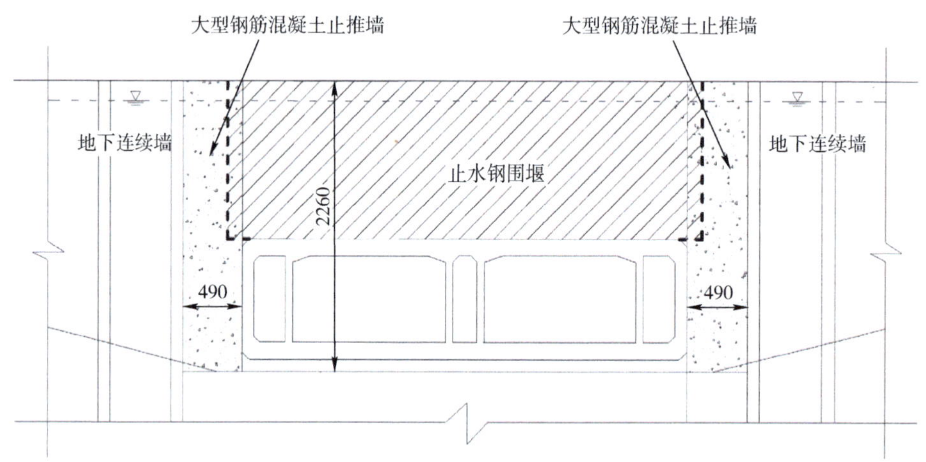

图7-5 海河沉管隧道最终接头大型钢筋混凝土止退结构(尺寸单位:cm)

为克服上述内河沉管隧道陆域最终接头干地施工法所面临的问题,鱼梁洲隧道项目创新性地提出摩擦止推型陆域干地施工法,以节省工程造价、简化施工工序。即不设水下独立止推构造,利用已沉放管节与周围岩土体的摩擦力来补偿干坞抽水过程中最后沉放管节尾部所消散的水压力,并采用预拉力临时精轧螺纹钢筋限位结构将坞口附近管节单元相互连接成整体,以防止围堰内或干坞抽水导致已压缩GINA止水带回弹。本章基于鱼梁洲隧道工程,系统探索与实践了摩擦止推型陆域干地施工法的设计理论与施工工艺。鱼梁洲隧道工程案例的成功实施有效推动了干地施工法最终接头技术的进步,对今后类似工程的设计与施工具有重要参考意义。

7.3 最终接头处二次止水钢围堰结构设计

7.3.1 二次止水钢围堰构造

沉管隧道管节在干坞内进行预制,预制完成后向干坞内注入水,破除坞口的坞门结构,进行沉管结构的浮运与安装,一旦所有沉管单元水下沉放与安装完成后,需在坞口处安装二次挡水结构,将干坞基坑内的水与江水隔开,然后抽干干坞内的江水,在无水环境下实现干坞内最终接头施工。沉管陆域干地施工法可充分利用现有的轴线干坞,以降低最终接头的施工难度与管节体系的失稳风险。鱼梁洲隧道采用双壁钢围堰作为二次挡水结构,将干坞基坑内水与江水隔开,为最终接头浇筑创造无水施工条件。二次钢围堰下放安装到位后,于水下浇筑混凝土,与两侧地下连续墙及沉管外壳形成共同挡水屏障。

如图7-6所示,干坞坞口处二次挡水结构采用双壁钢围堰结构形式,围堰结构采用钢壳夹壁混凝土,钢壳结构平面呈"一"字形,长37.2m,宽1.0m。钢壳共分为3块,两侧各一块与管节及格型地下连续墙连接,其立面呈倒"L"形;中间一块位于管节上方,形状为矩形。双壁钢围堰结构体系包括前、后两块薄壁钢面板,每块薄壁面板上沿着竖向焊接有竖向次梁,沿着水平方向焊接有水平环板，前、后两块薄壁面板通过水平横撑进行刚性连接。前后钢围堰面板分别由3块围堰子板拼装，当所有围堰子块沉放定位完成后，在前后围堰面板之间空间内浇筑混凝土，以增加围岩的刚度。钢围堰与ES管节两侧通过嵌入沉管环梁预留槽口，并现浇混凝土实现止水；钢围堰底部嵌入管节和基坑底部混凝土板上预留槽口并设置橡胶垫止水；钢围堰两侧与地连墙通过格型地下连续墙预埋止水带并后期现浇混凝土来实现防水。钢围堰沉放完毕，浇筑混凝土，并对各接缝处密闭性进行检查后，可开始干坞抽水作业，随着干坞基坑内水位的逐渐下降，在临坞侧干坞面板上分别在设计位置架设三层直径800mm、壁厚20mm的钢斜撑进行支护，以形成整体受力体系。

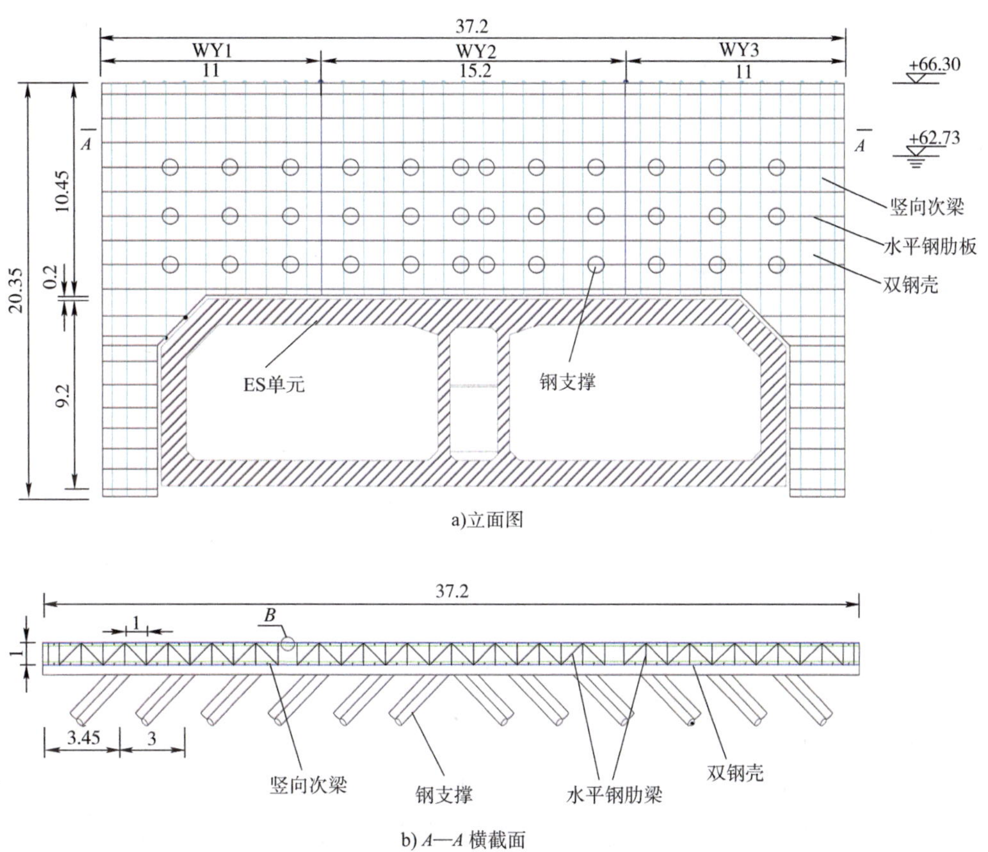

图7-6 二次止水钢围堰结构(尺寸单位:m;高程单位:m)

钢围堰钢壳采用双壁结构，宽1.0m，壁板厚8mm，竖向次梁采用∟90mm×56mm×8mm角钢，间距1.0m；水平环板厚10mm，宽150mm，间距1.2m；水平横撑采用∟75mm×8mm角钢，间距1.0m。不同块体之间通过"C-T"锁扣连接，锁扣阴头为[ ]20a型钢，锁扣阳头为I25a型钢。钢壳之间填充混凝土，混凝土强度等级为C35。根据坞门处不同水深，东汊设置3层主动钢支撑，采用ϕ800mm、壁厚20mm的钢管支撑，每层10根，层间距为2.4m。二次止水钢围堰的钢壳结构如图7-7所示。

图7-7　二次止水钢围堰相邻子块连接及现场照片

7.3.2　二次止水钢围堰接缝止水体系

如图7-8所示，钢围堰体系施工的关键在于围堰结构与周围结构之间接触区域的止水及其内部混凝土浇筑，钢围堰止水体系共包含：

(1)围堰两侧竖边与格型地下连续墙间隙止水；

(2)围堰与沉管顶面及左右侧止水；

(3)围堰底部与干坞传力板凹槽处止水；

(4)沉管底部与干坞传力板间隙止水(见6.2节)；

(5)围堰自防水结构。

1)围堰两侧竖边与格型地下连续墙间隙止水

围堰与格型地下连续墙间隙主要通过地下连续墙预埋钢边止水带止水。在两侧地下连续墙与围堰对应区域，在坞门拆除前人工凿出地下连续墙主筋，在主筋上焊接L形钢筋，竖向设置3排，钢筋竖向间距50cm，钢筋长度20cm，钢围堰端部设置注浆管进行止水加强，注浆管在混凝土达到强度后进行注浆。围堰与两侧地下连续墙底部52m高程以下范围设置支撑墩，支撑墩净间距1.4m，支撑墩连接植筋。支撑墩、钢围堰通过钢筋与地下连续墙的连接如图7-9所示。

2)围堰与沉管顶面及左右侧止水

围堰与沉管顶面及左右两侧主要通过环梁止水，沉管环梁宽度为105cm，环梁结构如图7-10所示，围堰与沉管环梁处主要通过预埋钢边止水带及后期浇筑混凝土止水。

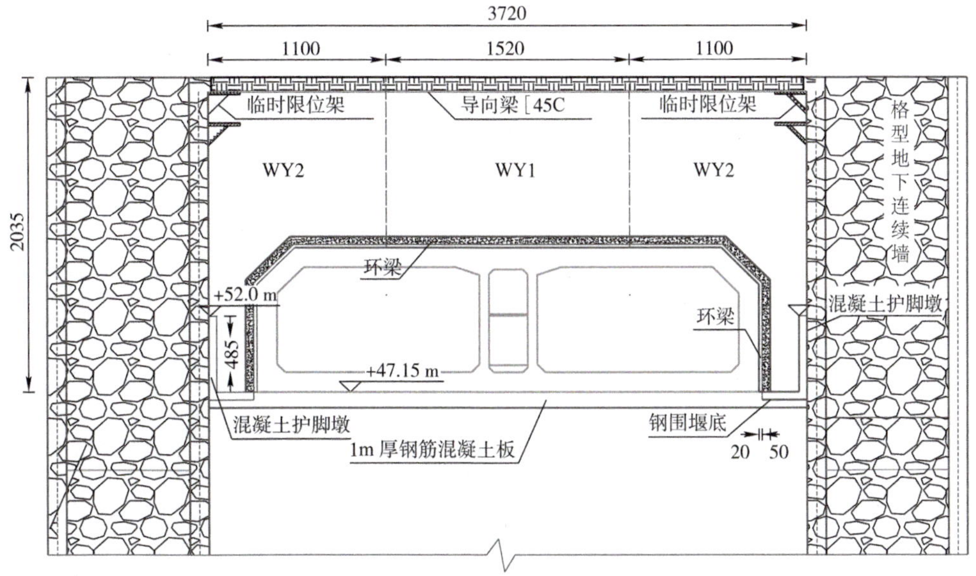

图7-8 二次止水钢围堰正视图(尺寸单位:cm)

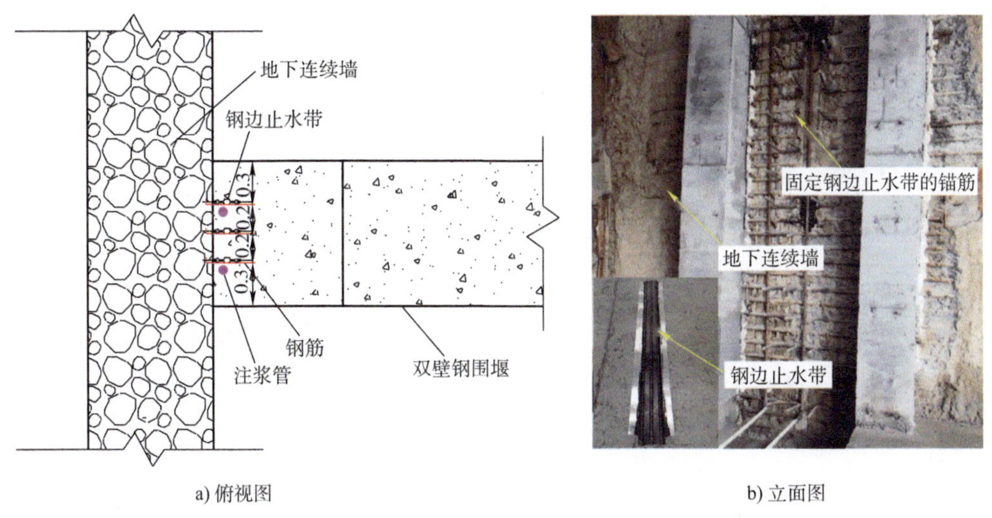

图7-9 围堰两侧竖向与格型地下连续墙间隙止水(尺寸单位:m)

3)围堰底部与传力板凹槽处止水

围堰底部与传力板凹槽处止水主要通过预埋钢边止水带及后期浇筑混凝土防水,防水结构如图7-11所示。

4)围堰自防水结构

围堰自防水结构为围堰全断面钢结构与混凝土形成密封围堰体系。围堰自防水主要通过后期浇筑混凝土,围堰面板之间焊缝及围堰接头位置是止水薄弱环节,围堰加工时面板之间必须采用连续焊缝,不得漏焊。在围堰全部安装完成后,在接头之间边抽水边焊接钢板。钢围堰接头防水钢板结构如图7-12所示。

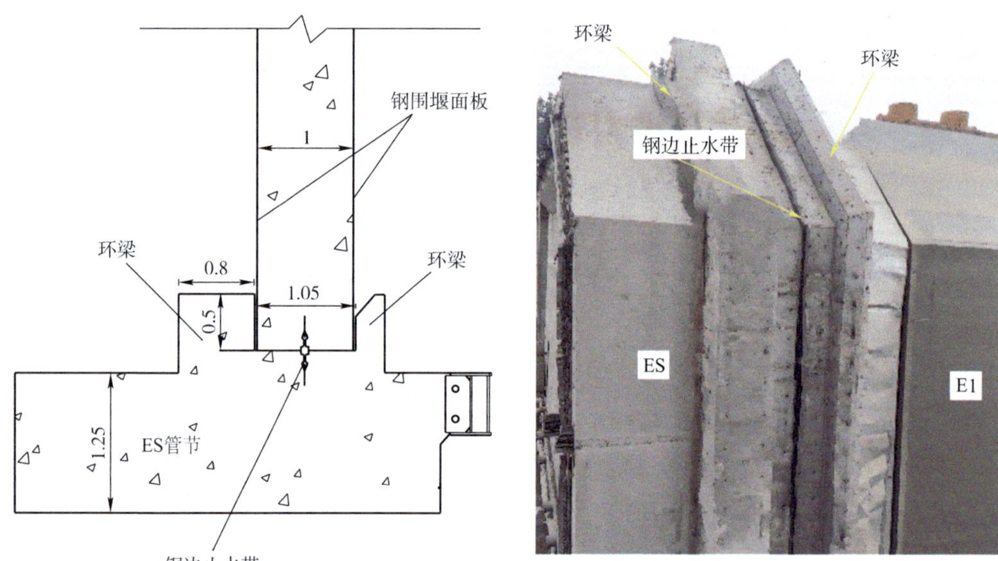

图7-10　围堰与沉管顶面及左右侧止水(尺寸单位:m)

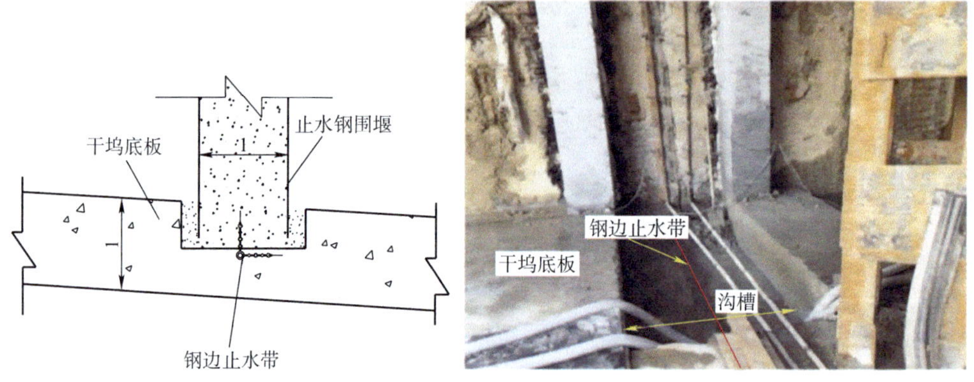

图7-11　围堰底部与传力板凹槽处止水(尺寸单位:m)

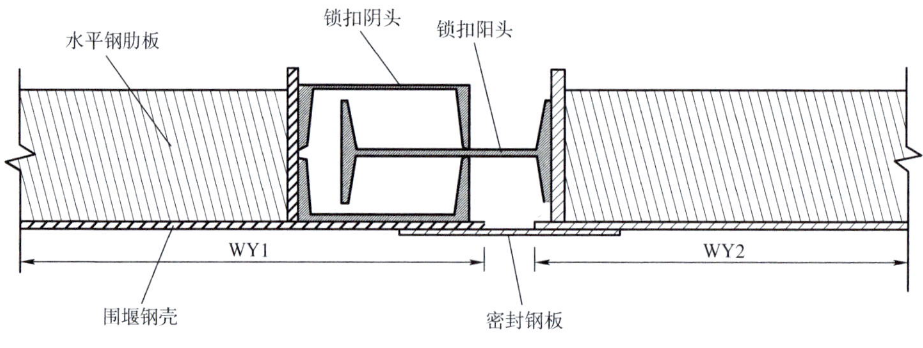

a)钢围堰相邻子块间接头锁扣连接

图　7-12

b)相邻钢围堰面板之间接头钢板

图7-12 钢围堰接头防水钢板结构

7.4 隧-基界面摩擦系数及ES单元等效水平推力确定

鱼梁洲隧道作为国内首条拟采用不设独立止推构造的陆域最终接头沉管隧道，国内外在该方向的研究较少。开展隧道结构与卵石基床垫层的侧摩阻力试验，对于准确预测和分析已沉放管节的水平侧阻力、保证工程的安全开展具有举足轻重的作用。此外，通过管节结构与卵石基床垫层间的摩擦试验，测试管节与卵石基床垫层、回填材料之间的摩擦系数，准确预测和分析已沉放管节的阻力，可为无止推构造对接提供科学的参考依据。

7.4.1 隧-基界面大型现场剪切试验

沉管底板与先铺卵石基床垫层的大型现场剪切试验场地布置如图7-13所示。为模拟管节与基床卵石垫层的相互作用，首先需在一个水槽内按照实际的卵石垄垄顶和垄沟尺寸制作4垄卵石基础垫层，并注水超过垫层顶部10.6cm，卵石垄垫层高度为0.3m，垄沟边坡率为1∶1.5，实际按自然形成。水槽可由钢板制作或直接在泥地挖坑制作，其最小尺寸为7.2m×3m×0.5m，4垄卵石垄所占面积为6.6m×3m，即卵石垄的宽度为3m。因为沉管底部为钢板，为模拟沉管坐落在卵石垄的情况，在试验的卵石垄上放置一块钢板，钢板覆盖两个卵石垄顶面，为保证钢板的刚度，实际试验时采用钢模板，钢模板的外观尺寸为3.6m×2m×0.246m。

如图7-14所示，模拟管节在5%负浮力压强以及5%负浮力+管顶1m回填时的压强，试验时需在钢板上放置混凝土压重块，并采用H200型钢板对混凝土块进行限位，同时H200型钢上焊接一支撑架作为推力施加处。模拟5%负浮力时，需要的加重块质量为2.304t，可采用混凝土块的尺寸为2m×3m×0.16m；模拟5%负浮力+管顶1m回填时，需要的加重块质量为9.388t，可采用混凝土块的尺寸为2m×3m×0.65m。试验时采用一个千斤顶以及相应配套的液压站，千斤顶速度宜为0.5m/min左右，千斤顶的顶推力不小于10t，其行程在0.5~1m内，油缸在缩回状态时长度宜为1~1.5m，千斤顶带检测力装置，可以实时测量推力，同时带有位移检测装置，检测的数据能自动保存导出。

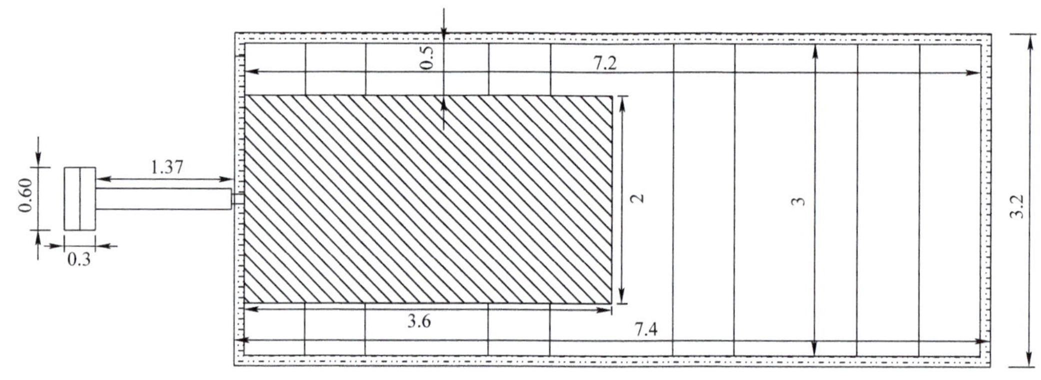

a)试验场地平面

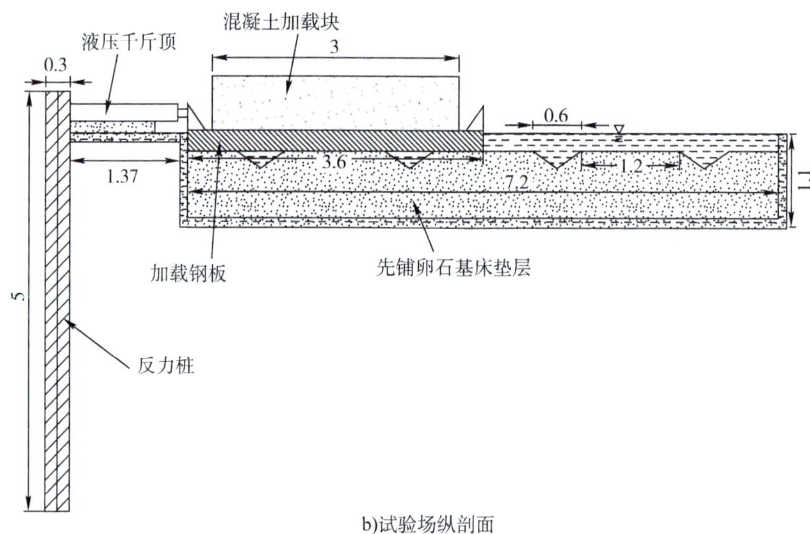

b)试验场纵剖面

图7-13　隧-基界面大型现场剪切试验场地设置（尺寸单位：m）

隧-基界面无淤泥时剪切位移与剪切应力的曲线关系如图7-15a）所示。可以看出，在各级法向压力（σ_n）作用下，剪切应力随着水平位移的增大而逐渐增大，直至达到初始屈服强度，而后随着剪切位移的继续增大，剪切应力基本以初始屈服强度而保持不变，剪切位移-剪切应力曲线呈现明显塑性流动特征；在1.63kPa、2.57kPa、5.76kPa、9.97kPa、16kPa、22.25kPa法向压力作用下，剪切应力峰值分别为0.79kPa、1.22kPa、2.79kPa、4.95kPa、7.69kPa、10.25kPa。如图7-15b）所示，采用Mohr-Coulomb本构模型对法向压力与剪切应力峰值之间的关系进行线性拟合,可得摩擦系数为0.47。

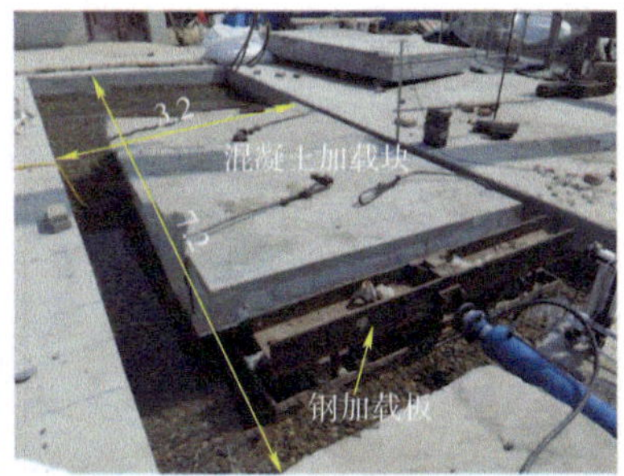

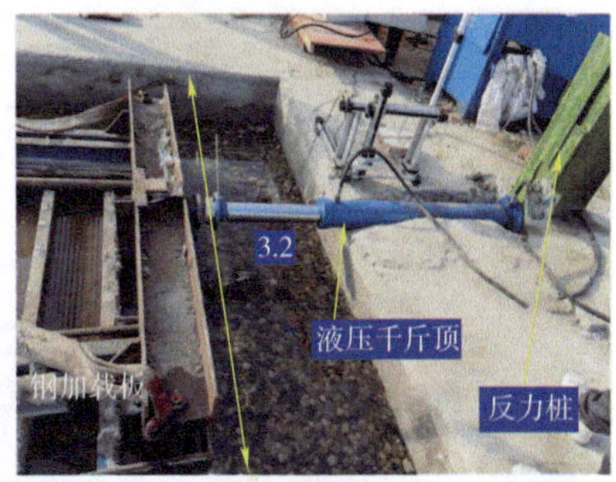

图7-14　隧-土界面大型现场剪切试验过程(尺寸单位:m)

有淤泥时剪切位移与剪切应力的曲线关系如图7-15c)所示,在1.63kPa、2.57kPa、5.76kPa、9.97kPa较小法向压力作用下,剪切应力随着水平位移的增大而逐渐增大,直至达到初始屈服强度,而后随着剪切位移的继续增大,剪切应力基本以初始屈服强度而保持不变,剪切位移-剪切应力关系曲线呈现明显塑性流动特征;而在16kPa、22.25kPa较大法向压力作用下,剪切应力随着水平位移的增大而逐渐增大,超过初始屈服点后,剪切应力随着水平位移的增大仍然缓慢增加,剪切位移-剪切应力曲线呈现明显应变强化特征。在1.63kPa、2.57kPa、5.76kPa、9.97kPa、16kPa、22.25kPa法向压力作用下,剪切应力峰值分别为0.41kPa、0.58kPa、1.26kPa、2.08kPa、3.61kPa、4.86kPa。如图7-15b)所示,采用Mohr-Coulomb本构模型对法向压力与剪切应力峰值之间的关系进行线性拟合,可得摩擦系数为0.22。

因此,在卵石基床垫层与沉管结构底板间所形成的回淤夹层,可改变碎石垫层与底板间相互作用模式，劣化碎石垫层-底板界面的接触力学特性，导致沉管结构底板与卵石垫层的界面摩擦系数下降53%。由于鱼梁洲隧道是国内首条采用不设独立止推构造陆域最终接头的内河沉管隧道，最终接头施工时需利用已沉放管节与周边地层间的摩擦力，以补偿干坞抽水过程中最终管节尾部所消散的水压力，卵石垫层与沉管结构底板间的回淤泥沙可导致接触面摩擦系数明显降低，进而在最终接头施工期间对已沉放管节的稳定性产生影响。

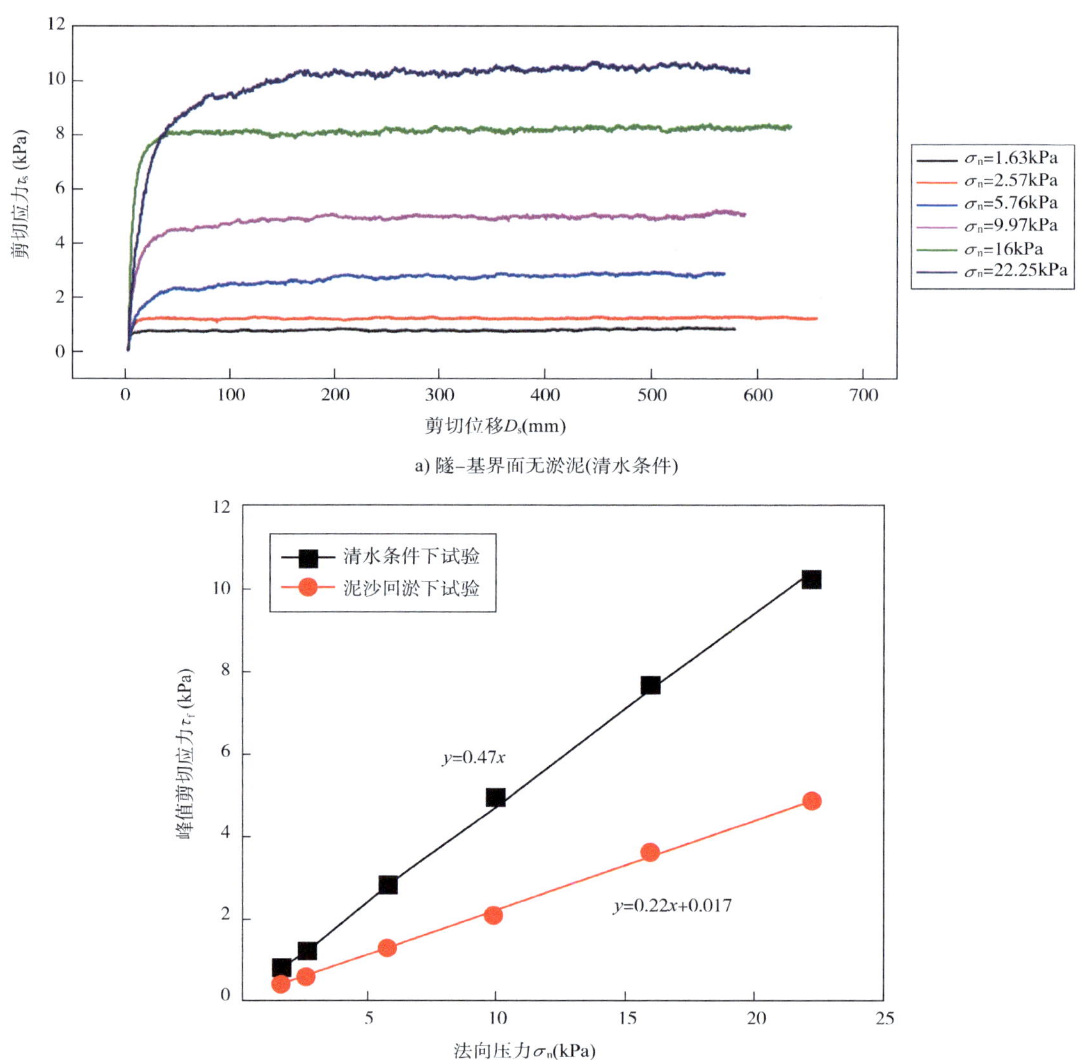

a) 隧-基界面无淤泥(清水条件)

b) 基于Mohr-Coulomb本构模型的界面抗剪强度曲线拟合

图 7-15

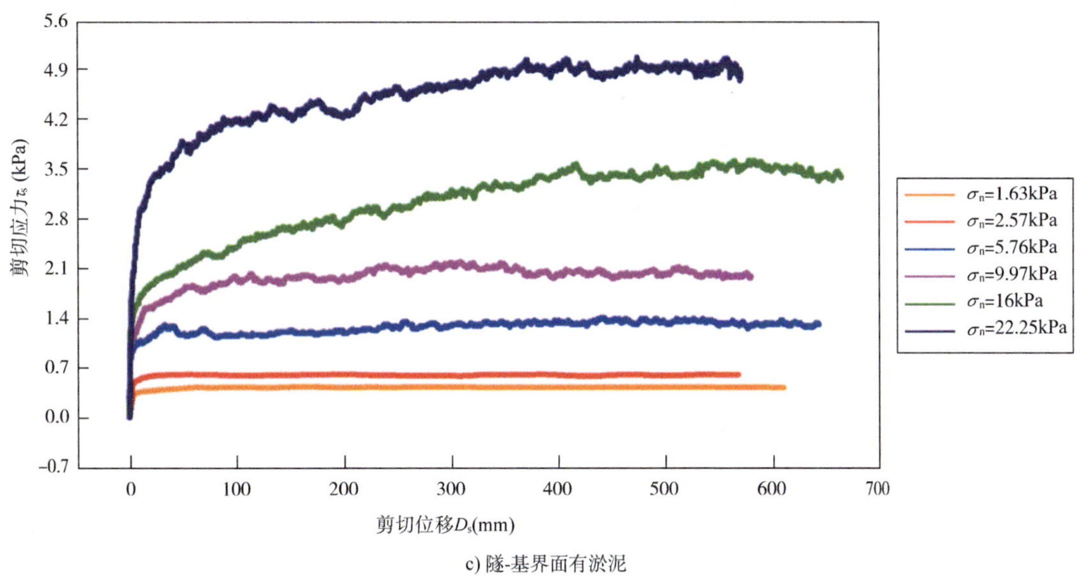

c) 隧-基界面有淤泥

图 7-15　隧-基界面大型现场剪切试验结果

7.4.2　ES 单元等效水平推力数值计算

1)止水钢围堰数值模型建立

如图 7-16 所示，在干坞内水体逐渐抽排过程中，止水钢围堰所承受指向干坞基坑方向的静水压力将逐渐增加，由于钢围堰底部嵌入 ES 管节顶部环梁内，钢围堰所承受的静水压力荷载将部分传递给 ES 管节，设其为 P_1，方向指向干坞基坑侧；由于钢围堰两侧直接与地下连续墙相连接，则钢围堰所承受的静水压力荷载将部分传递给地下连续墙。三层直径 800mm 的钢斜撑一端与挡水钢围堰钢面板相连接，另外一端与地下连续墙相连接，钢围堰所承受的静水压力荷载将部分通过钢支撑传递给地下连续墙。另外，干坞基坑抽水将导致作用于最后沉放管节 ES 临岸侧端封门上的静水压力荷载消失，设所损失的静水压力荷载为 P_4。P_4 荷载的损失及 P_1 荷载的推力作用，会导致临坞侧管节接头处已受压的 GINA 止水带产生卸荷回弹趋势。隧道管节与周边地层间的摩擦力及管节接头处临时限位结构的拉力可用于补偿最终管节 ES 尾部所消散的水压力 P_4，并抵消二次止水钢围堰对 ES 管节所施加的水平推力 P_1。因而，可过数值模拟法首先计算出钢围堰对 ES 管节所施加的水平推力 P，为各管节接头处临时连接柔性限位结构所需施加的预拉力 $S_{i/(i+1)}$ 的计算奠定基础。

如图 7-17 所示，采用 FLAC3D7.0 软件，建立止水钢围堰体系的三维数值分析模型。其中，止水钢围堰前板与后板采用 Shell 结构单元模拟；水平横撑、竖向次梁、钢管支撑、钢围檩采用 Beam 结构单元模拟；水平环板采用 Shell 结构单元模拟；描述水平横撑、竖向次梁、钢围檩的 Beam 结构单元与模拟止水钢围堰前板与后板的 Shell 结构单元之间建立 Node-Node 连接，以传递内力与位移；止水钢围堰前板与后板之间的混凝土采用实体单元模拟。所有模型单元都赋予弹性本构模型，混凝土实体单元与止水钢围堰 Shell 结构单元之间建立 Node-

Zone连接。

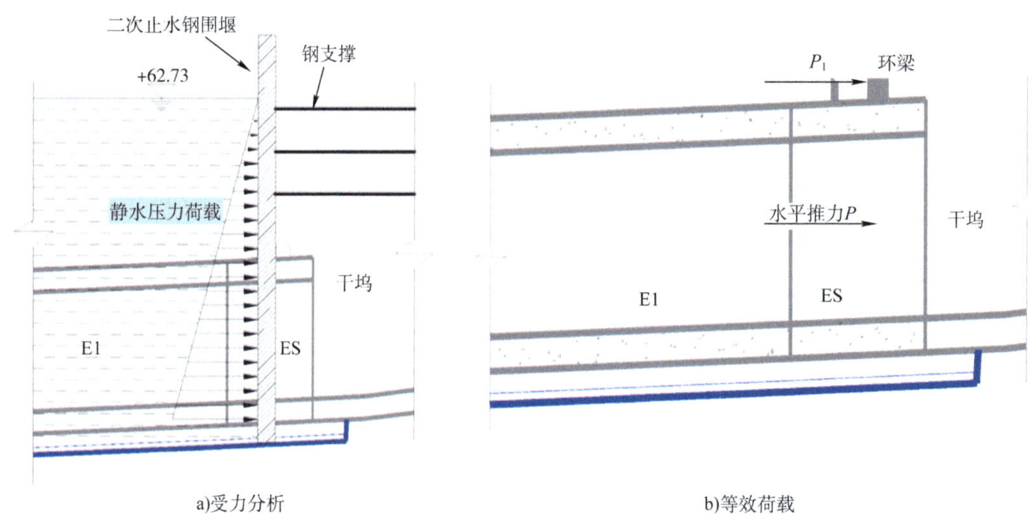

a)受力分析　　b)等效荷载

图7-16　ES单元所受到的等效水平推力(高程单位:m)

由图7-17可知,止水钢围堰的边界条件设置对推力P的计算影响较大。对于止水钢围堰的左右两侧边界而言,原始设计中通过采用钢边止水带及浇筑混凝土实现接缝止水,后期由于钢边止水带已经破坏,采用在接触区域沿着竖向布置三排L形钢筋并浇筑混凝土实现接缝止水。若采用原始的设计方案,则地下连续墙对止水钢围堰左右两侧边界的变形约束明显较弱;若采用第二种方案,则由于L形钢筋的存在,地下连续墙对止水钢围堰左右两侧边界的变形约束明显增强。但是,由于止水钢围堰高度较大,在止水钢围堰与两侧地下连续墙接触区域进行混凝土浇筑无法完全密实,可能存在孔洞等薄弱部位,将削弱地下连续墙对钢围堰边界的约束作用。因此,为简单起见,在数值模拟中分别考虑两种极限约束边界条件:①钢围堰左右两侧边界都采用固定约束,边界节点沿着隧道纵向的位移为0;②钢围堰左右两侧边界为Y向自由边界,边界节点可沿着隧道纵向自由变形。

对于止水钢围堰与沉管隧道管节单元的接触边界而言,由于钢围堰底部嵌入两个外凸环形梁之间的凹槽内,凹槽的几何尺寸设置可有效限制水钢围堰沿隧道纵向的位移。假定干坞抽水下沉管隧道管节接头处已受压缩GINA止水带不发生回弹,为了获得该假定情况下干坞深基坑抽水所致止水钢围堰对ES管节的推力P,可假定数值计算模型中止水钢围堰与沉管隧道管节单元的接触边界沿隧道纵向位移为0,对该边界施加Z向和Y向固定约束,求得计算平衡条件下该边界的节点Y向约束反力合力,即为干坞深基坑抽水所致止水钢围堰对ES管节的推力P。

对于止水钢围堰与干坞基坑底板接触的接触边界而言,尽管围堰底部与传力板凹槽处止水主要通过预埋钢边止水带及后期钢围堰内浇筑混凝土防水,但是由于基底凹槽宽度为1.4m,明显大于止水钢围堰的宽度(1.0m),基底凹槽对止水钢围堰底边界沿隧道纵向位移的约束介于自由边界与固定边界条件之间。因此,为简单起见,在数值模拟中分别考虑两种极限约束边界条件:①止水钢围堰与干坞基坑底板接触的接触边界在Z向和Y向采用固定约束,边界接点沿着隧道纵向和竖向的位移为0;②止水钢围堰与干坞基坑底板接触的接触边界在Y向自由边界,在Z向为固定边界,边界接点可沿着隧道纵向自由变形。总体而言,如图7-18所示,对于整个数值计算模型可分别考虑如下两种极限边界条件:

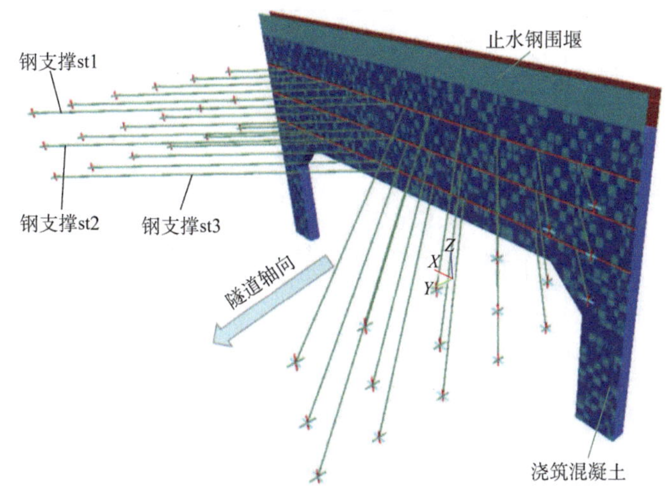

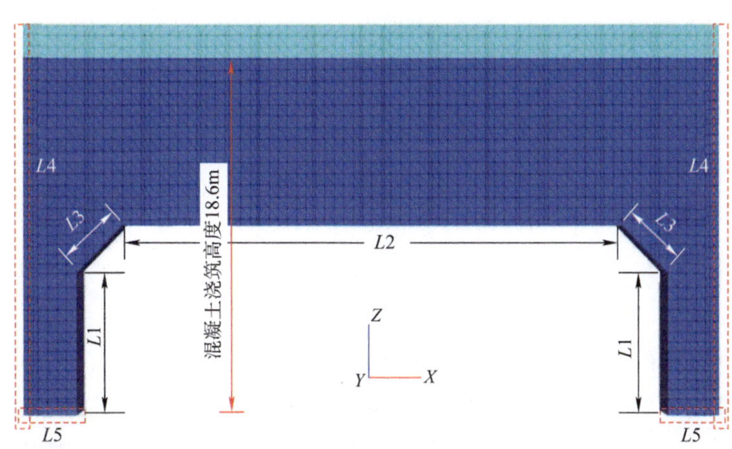

图7-17 止水钢围堰体系三维数值分析模型

(1)FA边界条件:钢围堰体系左右两侧边界节点X向和Y向位移为0,Z向位移自由;止水钢围堰体系与沉管隧道管节单元的顶部接触边界节点Y向和Z向位移为0,Y向自由变形;止水钢围堰体系与沉管隧道管节单元的左右两侧接触边界节点Y向和X向位移为0,Z向自由变形;止水钢围堰体系与干坞基坑底板接触边界节点在Z向和Y向位移为0,X向位移自由。此时,由于钢围堰左右两侧边界及底部边界在Y向约束效应最强,干坞深基坑抽水所致止水钢围堰对ES管节的推力P最小。

(2)FB边界条件:钢围堰左右两侧边界节点X向位移为0,Y向和Z向位移自由;止水钢围堰与沉管隧道管节单元的顶部接触边界节点Y向和Z向位移为0,X向自由变形;止水钢围堰与沉管隧道管节单元的左右两侧接触边界节点Y向和X向位移为0，Z向自由变形；止水钢围堰与干坞基坑底板接触边界节点在Z向位移为0，Y向和X向位移自由。此时，由于钢围堰左右两侧边界及底部边界在Y向可自由变形，约束效应最弱，干坞深基坑抽水所致止水钢围堰对ES管节推力P最大。

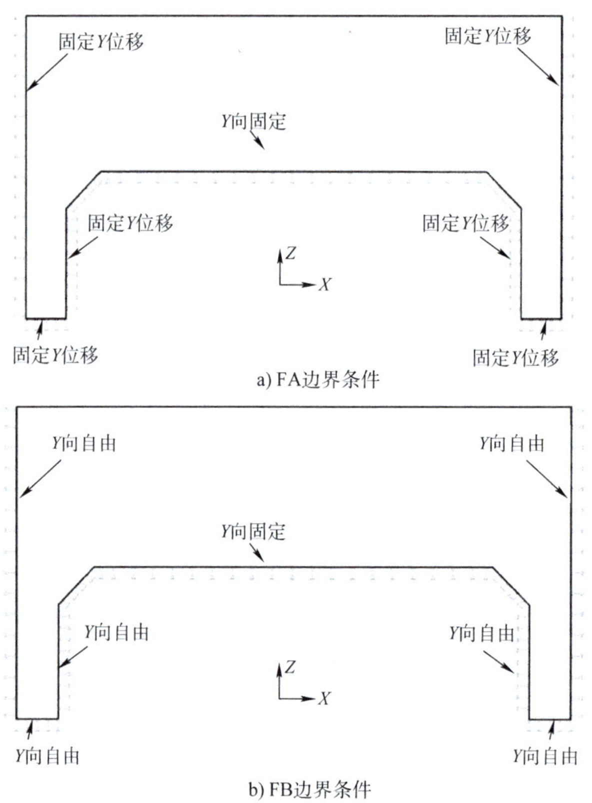

图7-18　二次止水钢围堰三维数值模型边界条件设置

对模拟钢支撑的Beam单元节点（远离钢围堰面板一侧）施加X、Y与Z三向位移约束。数值模拟计算结束后，提取止水钢围堰体系与沉管接触边界上所有节点的Y向约束反力，进行累加求和，作为钢围堰对ES管节所施加的推力P。数值模拟钢支撑安装与降水作业工序如下：

（1）在东汉干坞坞口处安装二次挡水钢围堰结构体系，并向前、后钢围堰板之间浇筑混凝土，此时基坑内水体液面与河流水面高程相等。

（2）干坞内抽水至第1层内支撑中心下1.0m高程处（+61.15m高程），焊接第一层钢围檩，架设第一层钢管支撑。此时，基坑内水体液面比河流水面低1.58m。

（3）干坞内抽水至第2层内支撑中心下1.0m高程处（+58.75m高程），焊接第二层钢围檩，架设第二层钢管支撑。此时，基坑内水体液面比河流水面低3.98m。

（4）干坞内抽水至第3层内支撑中心下1.0m高程处（+56.35m高程），焊接第三层钢围檩，架设第三层钢管支撑。此时，基坑内水体液面比河流水面低6.38m。

(5)干坞内抽水到底,直至所有水体抽干。

2)ES管节等效水平推力P计算结果

短管节ES的等效水平推力计算结果如图7-19所示,其中FA1表示在整个干坞抽水过程中,二次止水钢围堰上只安装第1层钢支撑st1(图7-17),数值模型采用FA型边界条件(图7-18),其他含义依此类推。提取双壁挡水钢围堰与ES管节之间接触边上的节点Y向(隧道轴向)约束反力,并对其求和,可得钢围堰对ES管节所施加的总推力P。经计算得出,外侧江水对整个钢围堰面板所施加总推力为15891.8kN。在FA边界条件下,干坞深基坑抽水所致止水钢围堰对ES管节的推力P_{min}为9571.6kN,薄壁钢围堰会把60.2%的总江水推力(15891.8kN)传递给ES管节;在FB边界条件下,干坞深基坑抽水所致止水钢围堰对ES管节的推力P_{max}为14247.2 kN,薄壁钢围堰会把89.6%的总江水推力(15891.8kN)传递给ES管节。因此,当进行东汉干坞深基坑降水时,为防止管节接头处已受压GINA止水带回弹,需采取措施。

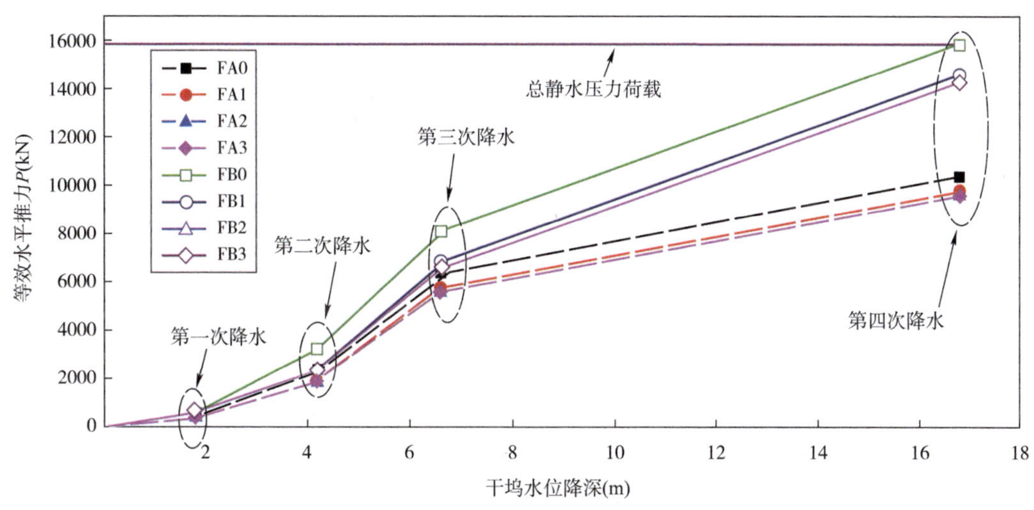

图7-19　ES单元等效水平推力计算结果

7.5　摩擦止推型陆域最终接头设计理论与计算

7.5.1　设计理念

如图7-20a)所示,东汉ES短管节和E1标准管节在干坞内预制完成后,通过均匀布设在沉管端面上的20束钢绞线将ES与E1管节连接成一个整体,一同进行浮运安装。如图7-20b)所示,当所有沉管节段水下安装完成后,在ES节段上部坞口处安装止水钢围堰,以封闭东汉轴线干坞。为了实现最终接头干地施工环境,需排干东汉轴线干坞内江水,然后在东汉干坞内进行陆域明挖暗埋隧道浇筑。在东汉干坞的坞口处,将最后沉放管节(E1+ES)与陆域明挖暗埋隧道进行现浇刚性连接,实现沉管隧道段与陆域隧道段的最终接头构建。

在轴线干坞基坑内水体逐渐抽排过程中，最后沉放管节ES的临岸侧的端封门将逐渐暴露于空气中，该端面将逐渐失去外部水体的推压作用，导致E1/E2、E2/E3等管节接头处已压缩的GINA止水带产生卸荷回弹趋势。为了防止已安放沉管节段之间的压缩GINA止水带产生卸荷反弹，利用已沉放的管节与周边岩土体间的摩擦力及在相邻管节接头内侧安装临时纵向柔性限位结构，以抵抗干坞深基坑抽水过程中管节接头处已受压GINA止水带的回弹力，实现管节摩擦止退，无须在沉管隧道端部再设置独立的止推构造，从而缩短工期，节约造价。

如图7-20b)所示，根据摩擦止推需要，对最终接头区域的多个管节两侧及顶部回填一定厚度的卵石。如图7-20c)所示，以管节单元(ES+E1)为例，对其进行干坞降水阶段的纵向抗滑稳定性分析。在东汉干坞降水阶段，管节单元(ES+E1)的综合抗滑安全系数F_{ac1}可计算为，

$$F_{ac1} = (F_{1h} + N_{12}\sin\alpha_1)/(Q_{1/2} + P) \tag{7-1}$$

式中，F_{1h}为(ES+E1)管节所受到的隧–基界面总摩擦力水平分量；N_{12}为(ES+E1)管节底面支撑力水平分量；$Q_{1/2}$为E1与E2单元的管节接头E1/E2处受压GINA止水带的压缩力；P为ES节段上部止水钢围堰对ES管节所施加的水平总推力；α_1为(ES+E1)管节单元底板与水平面的夹角。

式(7-1)中，$(F_{1h}+N_{12}\sin\alpha_1)$是(ES+E1)单元所受到的总抗滑力，$(Q_{1/2}+P)$是使得(ES+E1)单元产生向干坞方向运动趋势的总推力。考虑地质条件及施工过程的不确定性，引入设计安全系数n，以控制施工安全风险。如果通过式(7-1)所计算的(ES+E1)单元综合抗滑安全系数F_{ac1}大于或等于设计安全系数n，则表明利用(ES+E1)单元与周围土体间的界面摩擦力，就可阻止在干坞降水阶段(ES+E1)单元向东汉干坞的滑动，无须在E1/E2管节接头处安装纵向临时限位结构。反之，当综合抗滑安全系数F_{ac1}小于设计安全系数n时，则需对靠近东汉干坞坞门口的(E1+ES)、E2、E3等管节接头两侧隧道单元采用临时纵向限位结构将相邻管节连接成整体，并对施加一定的预紧力，以增加(ES+E1)单元的抗滑力。此时，E1/E2管节接头处临时纵向限位结构所需提供的潜在预拉力$S_{1/2}$可计算为，

$$S_{1/2} \geqslant n(Q_{1/2} + P) - F_{1h} - N_{12}\sin\alpha_1 \tag{7-2}$$

类似而言，如图7-20c)所示，假设新沉放的管节单元编号为Ei，与Ei单元相邻的已沉放管节单元编号为E$(i+1)$，以(ES+E1)，E2，E3，…，Ei单元为整体，对其开展干坞降水阶段的抗滑稳定性分析，则Ei单元的综合抗滑安全系数F_{aci}可计算为，

$$F_{aci} = \frac{\sum_{j=1}^{i} F_{jh} + \sum_{j=1}^{i} N_{j2}\sin\alpha_j}{Q_{i/(i+1)} + P} \tag{7-3}$$

式中，F_{jh}为周围土体施加给第j管节的摩擦力合力；N_{j2}为地基施加给管节的法向支撑力；α_j为第j管节底板与水平面的夹角；$Q_{i/(i+1)}$为Ei与E$(i+1)$单元的管节接头[即Ei/E$(i+1)$]处受压GINA止水带的压缩力。

此时，Ei/E$(i+1)$管节接头处临时纵向限位结构所需提供的潜在预拉力$S_{i/(i+1)}$可计算为：

$$S_{i/(i+1)} \geqslant n(Q_{i/(i+1)} + P) - \sum_{j=1}^{i} F_{jh} - \sum_{j=1}^{i} N_{j2} \sin\alpha_j \tag{7-4}$$

a) ES与E1单元被连接成整体

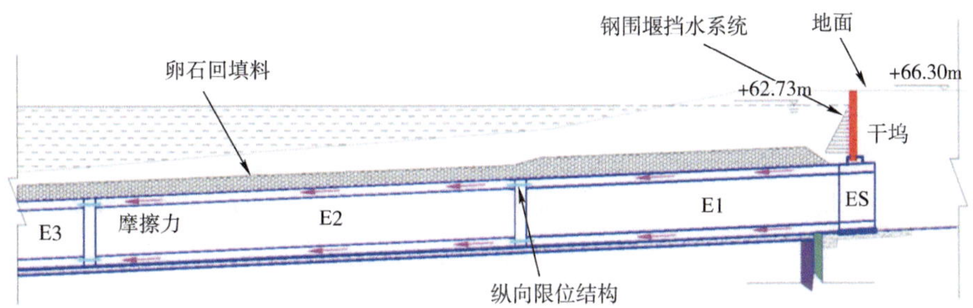

b) 安装止水钢围堰及临时纵向限位结构

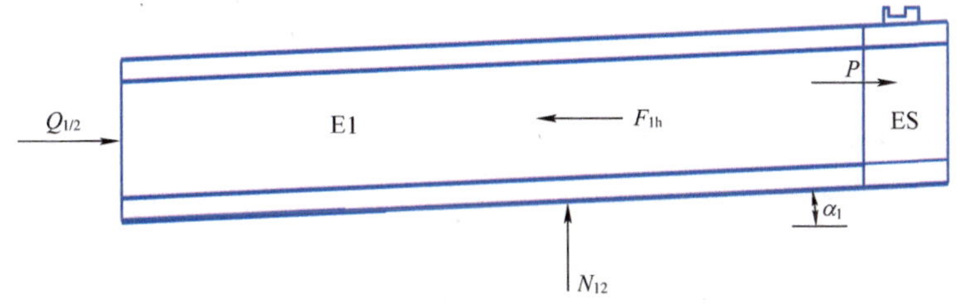

c) (ES+E1)单元纵向受力分析

图7-20 摩擦止推型陆域最终接头设计理念

7.5.2 GINA止水带压缩力 $Q_{i/(i+1)}$ 的计算

如图7-21a)、c)所示，管节单元刚沉放完成时的受力状态，可用于计算各管节接头处GINA止水带的推力。假设Ei管节水下精准安装已完成，其顶部及两侧未回填，干坞内江水未抽排，管节接头处临时纵向限位结构未安装，管节内压载水袋重量仅满足管节沉放要求。此时，对Ei管节采用隔离体法，通过静力平衡分析，可求解Ei/E(i+1)管节接头处GINA止水带的推力$Q_{(i+1)}$。Ei管节自由端端封门所受到静水压力荷载H_{wi}可计算为：

$$H_{wi} = \gamma_w h_i A_s \tag{7-5}$$

式中，γ_w为江水重度；h_i为江水面至Ei管节自由端端封门中心的垂直距离；A_s为隧道横截面的外包面积。

ES管节底面所受摩擦力水平分量F_{bi1h}可计算为：

$$F_{bi1h} = G_{i1}\lambda\cos\alpha_1^2 = (\eta_1 - 1)\gamma_w A_s L_i \lambda\cos^2\alpha_i \tag{7-6}$$

式中，G_{i1}是Ei管节的负浮力；η_1是隧道管节水下沉放与精准连接完成后的抗浮系数；L_i是Ei管节的纵向长度；λ是隧道管节底板与下卧卵石基床之间的摩擦系数；α_i是Ei管节与水平面的夹角。

Ei管节底面支撑力水平分量N_{i1h}可计算为：

$$N_{i1h} = G_{i1}\cos\alpha_i\sin\alpha_i = (\eta_1 - 1)\gamma_w A_s L_i\cos\alpha_i\sin\alpha_i \tag{7-7}$$

Ei管节在水下精准连接阶段的受力平衡条件可表达为：

$$Q_{i/(i+1)} + F_{bi1h} = H_{wi} + N_{i1h} \tag{7-8}$$

基于式(7-5)~式(7-8)，则Ei/E(i+1)管节接头处的GINA止水带压缩力$Q_{i/(i+1)}$可计算为：

$$Q_{i/(i+1)} = H_{wi} + N_{i1h} - F_{bi1h} = \gamma_w h_i A_s + (\eta_1 - 1)\gamma_w A_s L_i\cos\alpha_i(\sin\alpha_i - \lambda\cos\alpha_i) \tag{7-9}$$

7.5.3 隧-基界面总摩擦力与界面法向力计算

如图7-21b)、d)所示，Ei管节侧墙所受到的隧-基界面摩擦力F_{si2}的水平分量F_{si2h}可计算为：

$$F_{si2h} = [\gamma_s t_i + \gamma_s(h + t_i)]hL_{if}k_0\lambda\cos\alpha_i \tag{7-10}$$

式中，γ_s是回填料的有效重度；t_i是Ei管节顶板上回填料的厚度；h是隧道横截面的高度；L_{if}是Ei管节顶板上回填料的纵向长度；k_0是Ei管节两侧墙回填料的静止土压力系数。

Ei管节底板所受到的隧-基界面摩擦力F_{bi2}的水平分量F_{bi2h}可计算为：

$$F_{bi2h} = \lambda[(\eta_2 - 1)\gamma_w A_s L_i + \gamma_s t_i d L_{if}]\cos^2\alpha \tag{7-11}$$

式中，η_2是隧道管节稳定压载阶段的抗浮系数；d是隧道横截面宽度。

因此，Ei管节所受到的隧-基界面总摩擦力的水平分量F_{ih}可计算为：

$$F_{ih} = F_{si2h} + F_{bi2h} \tag{7-12}$$

Ei管节底板所受到的隧-基界面支撑力N_{i2}的水平分量N_{i2h}可计算为：

$$N_{i2h} = [(\eta_2 - 1)\gamma_w A_s L_i + \gamma_s t_i d L_{if}]\cos\alpha_i\sin\alpha_i \tag{7-13}$$

7.5.4 潜在预拉力$S_{i/(i+1)}$与综合抗滑安全系数F_{aci}的计算

将式(7-9)~式(7-13)代入式(7-3)、式(7-4)，则Ei管节的综合抗滑安全系数F_{aci}及Ei/E(i+1)管节接头处的临时纵向限位结构所需提供潜在预拉力$S_{i/(i+1)}$为：

$$F_{aci} = \frac{\sum_{j=1}^{i} F_{si2h} + \sum_{j=1}^{i} F_{bi2h} + \sum_{j=1}^{i} N_{i2h}\sin\alpha_i}{Q_{i/(i+1)} + P} \tag{7-14}$$

$$S_{i/(i+1)} = n(Q_{i/(i+1)} + P) - \sum_{j=1}^{i}(F_{sj2h} + F_{bj2h}) - \sum_{j=1}^{h} N_{i2} \sin \alpha_i \tag{7-15}$$

$$\begin{cases} Q_{i/(i+1)} = \gamma_w \times h_i \times A_s + (\eta_1 - 1) \times \gamma_w \times A_s \times L_i \times \cos\alpha_i \times (\sin\alpha_i - \lambda\cos\alpha_i) \\ F_{si2h} = [\gamma_s \times t_i + \gamma_s \times (h + t_i)] \times 0.5 \times h \times L_{if} \times k_0 \times \lambda \times \cos\alpha_i \times 2 \\ F_{bi2h} = [(\eta_2 - 1) \times \gamma_w \times A_s \times L_i + \gamma_s \times t_i \times d \times L_{if}] \times \lambda \times \cos^2\alpha_i \\ N_{i2h} = [(\eta_2 - 1) \times \gamma_w \times A_s \times L_i + \gamma_s \times t_i \times d \times L_{if}] \times \cos\alpha_i \times \sin\alpha_i \end{cases} \tag{7-16}$$

7.5.5　综合抗滑安全系数F_{aci}影响因素分析

由式(7-14)~式(7-16)可看出，隧-基界面摩擦系数λ及管顶回填料厚度t_i对Ei管节的综合抗滑安全系数F_{aci}有明显影响。如图7-21b)、d)所示，(ES+E1)管节顶部回填料的纵向长度L_1为75m，E2及E3管节顶部回填料的纵向长度L_2、L_3分别为120.5m。将相关参数代入式(7-14)~式(7-16)，可得到隧-基界面摩擦系数λ及管顶回填料的厚度t_i对Ei管节的综合抗滑安全系数F_{aci}的影响规律，如图7-22所示。

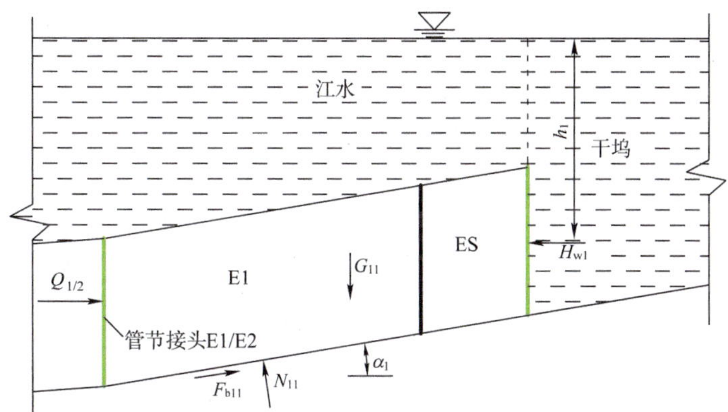

a) (ES+E1)管节水下沉放刚完成时纵向受力

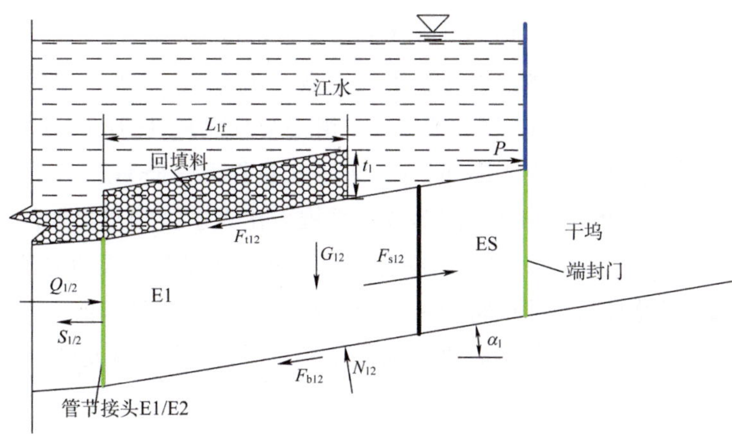

b) 干坞抽干后(ES+E1)管节纵向受力

图　7-21

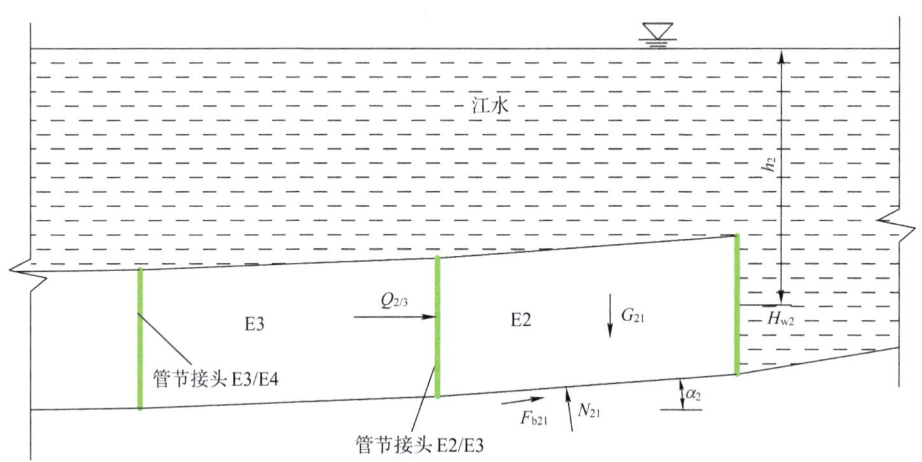

c) E2管节水下刚沉放完成时纵向受力

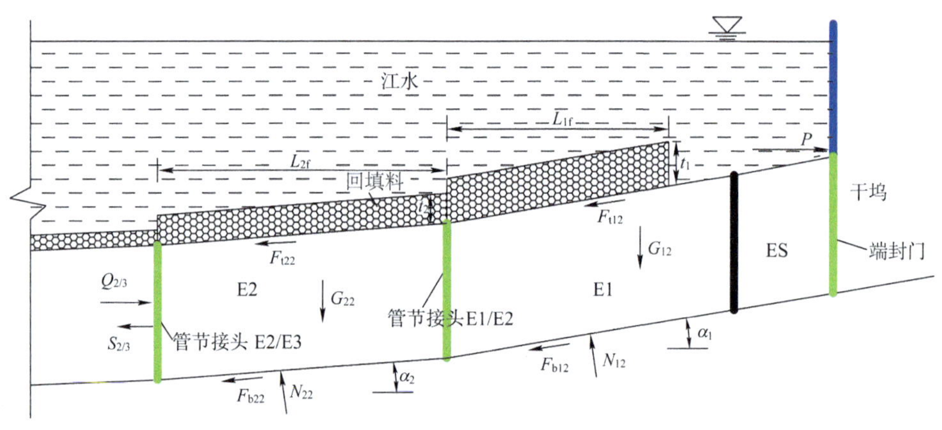

d) 干坞抽完水后，E2单元纵向受力

图7-21　隧道管节单元纵向受力平衡分析

由图7-22可知，E*i*管节的综合抗滑安全系数F_{aci}随着隧-基界面摩擦系数λ及管顶回填厚度t_i的增加而增大，(ES+E1) 管节的综合抗滑安全系数F_{ac1}比管节E2单元与E3单元的综合抗滑安全系数F_{ac2}、F_{ac3}要小。因而，在干坞降水条件下，(ES+E1)管节比E2或E3管节更易滑动。由于极端边界条件FB下的等效水平推力比大于极端边界条件FA下的等效水平推力，E*i*管节在极端边界条件FB下的综合抗滑安全系数比在极端边界条件FA下的综合抗滑安全系数要小，说明泥沙回淤将使E*i*管节的抗滑稳定性明显降低。因此，需在管节接头E1/12、E2/E3、E3/E4之间安装临时纵向限位结构，以增加管节单元(ES+E1)的综合抗滑稳定性。

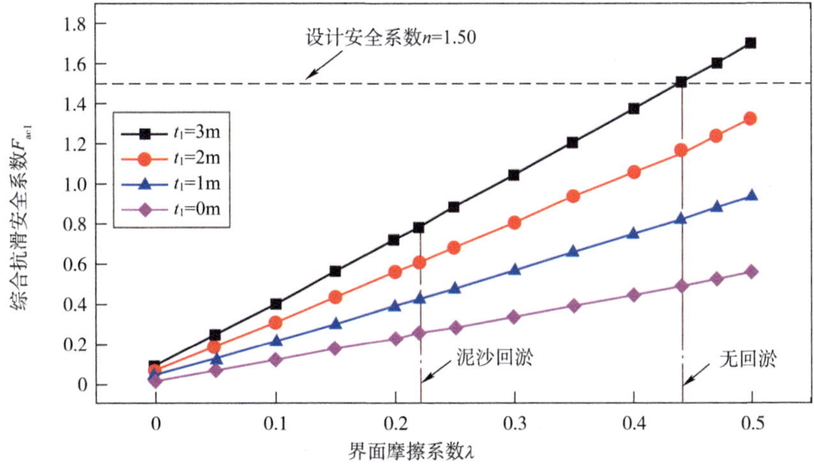

a) FA边界条件下(ES+E1)单元的综合抗滑安全系数

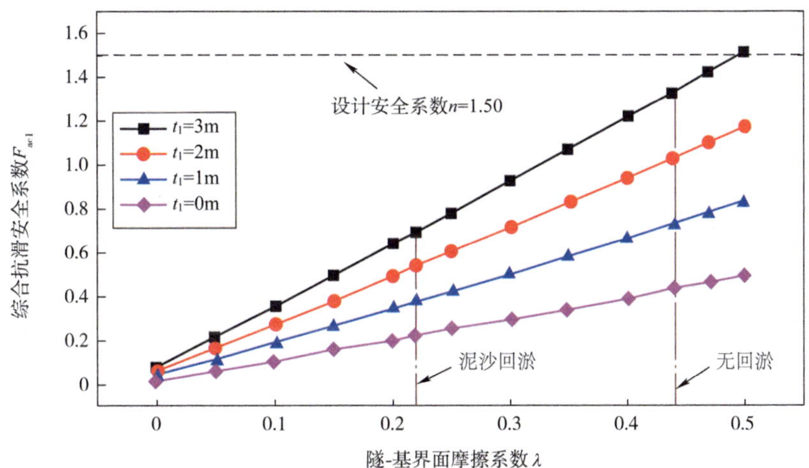

b) FB边界条件下(ES+E1)单元的综合抗滑安全系数

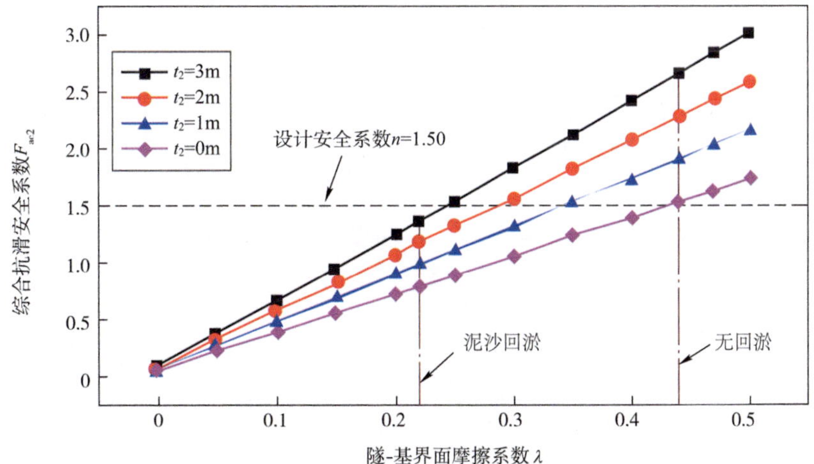

c) FA边界条件下E2单元的综合抗滑安全系数

图 7-22

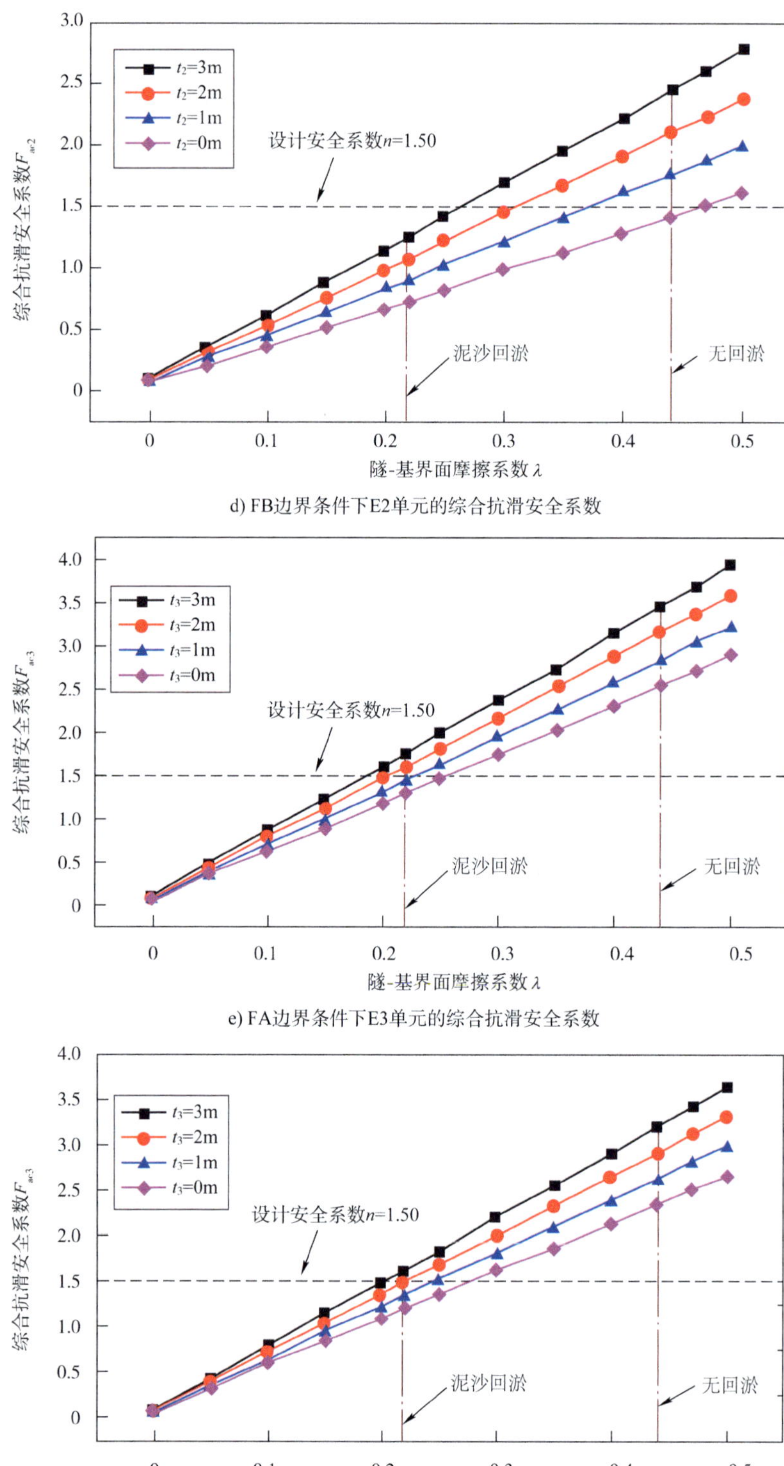

d) FB边界条件下E2单元的综合抗滑安全系数

e) FA边界条件下E3单元的综合抗滑安全系数

f) FB边界条件下E3单元的综合抗滑安全系数

图7-22 管节单元综合抗滑稳定性影响

7.5.6　临时纵向限位结构潜在拉力 $S_{i/(i+1)}$ 计算

当隧道结构底板与下卧先铺卵石基床间存在回淤泥沙时，基于式(7-9)，E1/E2 管节接头处 GINA 止水带压缩力 $Q_{1/2}$ 可计算为：

$$
\begin{aligned}
Q_{1/2} &= \gamma_w h_1 A_s + (\eta_1 - 1)\gamma_w A_s L_1 \cos\alpha_1(\sin\alpha_1 - \lambda\cos\alpha_1) = 10 \times 10.885 \times 282.31 + \\
&\quad (1.01 - 1) \times 10 \times 282.31 \times 125.5 \times \cos(2.443^\circ) \times [\sin(2.443^\circ) - 0.22 \times \cos(2.443^\circ)] \\
&= 30102.29\text{kN}
\end{aligned}
$$

基于式(7-10)，(ES+E1)管节侧墙所受到的隧-土界面摩擦力 F_{s12} 的水平分量 F_{s12h} 可计算为：

$$
\begin{aligned}
F_{s12h} &= [\gamma_s \times t_1 + \gamma_s \times (h + t_1)] \times 0.5 \times h \times L_{1f} \times k_0 \times \lambda \times \cos\alpha_1 \times 2 \\
&= [9.7 \times 3 + 9.7 \times (9.2 + 3)] \times 0.5 \times 9.2 \times 75 \times 0.38 \times 0.22 \times \\
&\quad \cos(2.443^\circ) \times 2 = 8497.19\text{kN}
\end{aligned}
$$

基于式(7-11)，(ES+E1)管节结构底板所受到的隧-基界面摩擦力 F_{b12} 的水平分量 F_{b12h} 可计算为：

$$
\begin{aligned}
F_{b12h} &= [(\eta_2 - 1) \times \gamma_w \times A_s \times L_1 + \gamma_s \times t_1 \times d \times L_{1f}] \times \lambda \times \cos^2\alpha_1 \\
&= [(1.05 - 1) \times 10 \times 282.31 \times 125.5 + 9.7 \times 3 \times 31.2 \times 75] \times 0.22 \times \cos^2(2.443^\circ) \\
&= 18843.67\text{kN}
\end{aligned}
$$

基于式(7-13)，管节单元(ES+E1)结构底板所受到的隧-土界面支撑力 N_{12} 的水平分量 N_{12h} 可计算为：

$$
\begin{aligned}
N_{12h} &= [(\eta_2 - 1) \times \gamma_w \times A_s \times L_1 + \gamma_s \times t_1 \times d \times L_{1f}] \times \cos\alpha_1 \times \sin\alpha_1 \\
&= [(1.05 - 1) \times 10 \times 282.31 \times 125.5 + 9.7 \times 3 \times 31.2 \times 75] \times \\
&\quad \cos(2.443^\circ) \times \sin(2.443^\circ) = 3654.32\text{kN}
\end{aligned}
$$

从工程安全角度考虑，取 FB 极端边界条件下的等效水平推力 P_{max}= 14247.2 kN，以控制施工风险，在此基础上开展管节接头临时纵向柔性限位结构的潜在拉力计算。基于式(7-15)，管节接头 E1/E2 处临时纵向限位结构的潜在拉力 $S_{1/2}$ 可计算为：

$$
\begin{aligned}
S_{1/2} &= n(Q_{1/2} + P_{max}) - F_{s12h} - F_{b12h} - N_{12h} = 1.5 \times (30102.29 + 14247.2) - \\
&\quad 8497.19 - 18843.67 - 3654.32 \\
&= 35529.06\text{kN}
\end{aligned}
$$

因此，当隧道结构底板与下卧先铺卵石基床间存在回淤泥沙时，管节接头 E1/E2 管节接头处所安装的临时纵向限位结构需提供 35529.06kN 的潜在总拉力，以保证(ES+E1)管节的综合抗滑安全系数为 1.5。考虑到经济效益及制作与安装方便，选取直径为 32mm 的 PSB930 型精轧螺纹钢筋，单根钢筋的横截面面积为 804mm^2，弹性模量为 200GPa，屈服强度为

930MPa，承载力为747.95kN，则所需的精轧螺纹钢筋数目可计算为35529.06kN/747.95kN=4根。安装时，将设计抗滑安全系数n取1.0，建立受力平衡方程，则可计算出所(ES+E1)/E2管节接头处单根精轧螺纹钢的预紧力$PS_{1/2}$为：

$$\begin{aligned}PS_{1/2} &= \frac{(Q_{1/2}+P_{\max})-F_{s12h}-F_{b12h}-N_{12h}}{48}\\ &= \frac{(30102.2+14247.2)-8497.19-18843.67-3654.32}{48}\\ &= 278.21\text{kN}\end{aligned}$$

如图7-23所示，单根ϕ32mmPSB930型精轧螺纹钢筋所需施加的预拉力为278kN，取单根ϕ32mmPSB930型精轧螺纹钢筋的长度为4.5m，取其中的4.0m为预应力张拉段，则单根ϕ32mmPSB930型精轧螺纹钢筋的伸长量为6.9mm。

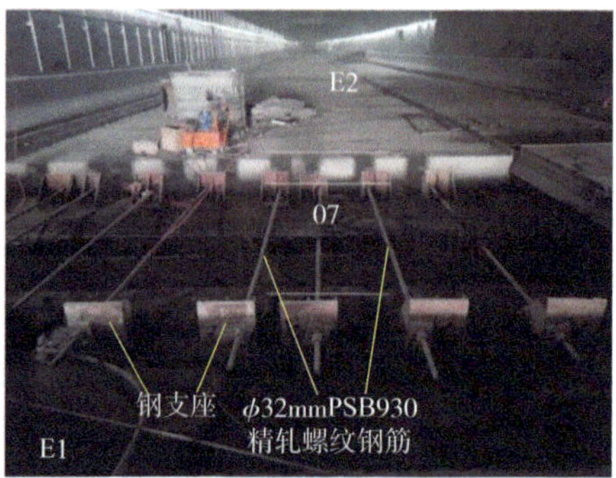

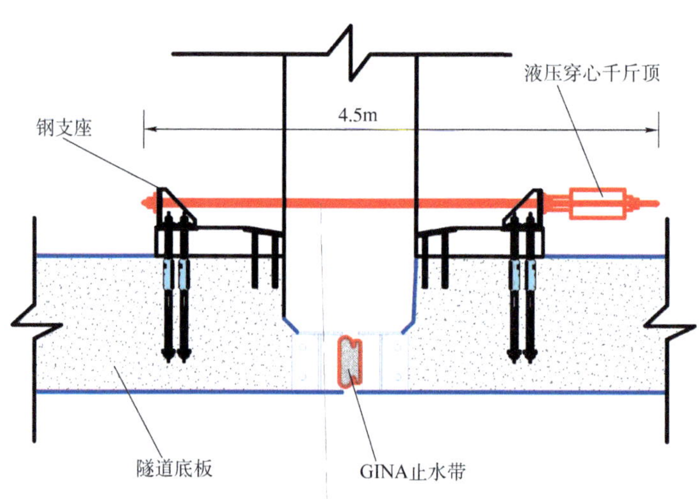

图7-23　E1/E2管节接头处临时纵向限位结构(精轧螺纹钢筋)安装

同样地，基于式(7-15)、式(7-16)，管节接头E2/E3处临时纵向限位结构所需潜在总拉力为25061.32 kN。ϕ32mmPSB930型精轧螺纹钢筋的数量为25061.32kN/747.95 kN=34根，安装时，将式(7-15)中设计抗滑安全系数n取1.0，建立受力平衡方程，则可计算出所E2/E3管节接头处单根精轧螺纹钢的预紧力为$PS_{2/3}$=-135.09kN。由于该值小于0,说明E2/E3管节接头处精轧螺纹钢筋安装时,无须施加预拉力。然而,为了保证E2/E3管节接头处精轧螺纹钢筋处于预拉状态,仍然施加50kN的预拉力。各管节接头处精轧螺纹钢筋设计参数如表7-1所示。

各管节接头处精轧螺纹钢筋设计参数　　表7-1

管节接头	GINA止水带压力 $Q_{i/(i+1)}$(kN)	精轧螺纹钢潜在拉力 $S_{i/(i+1)}$(kN)	精轧螺纹钢预紧力 $PS_{i/(i+1)}$(kN)	精轧螺纹钢数目
E1/E2	30102.29	35529.06	278.21	48
E2/E3	45061.75	25061.32	50	34
E3/E4	49795.96	9849.75	50	14

7.6　摩擦止推型陆域最终接头关键施工技术

7.6.1　坞门二次止水钢围堰结构安装

二次止水钢围堰施工主要包括施工准备、钢围堰加工、钢围堰转移、钢围堰下放安装、混凝土浇筑、沉管底部注浆、钢支撑安装、检查验收等工序。双壁钢围堰制作采用后场加工、现场组装的方案。如图7-24所示,首先在钢构厂将钢围堰的料块焊接为小块单件,单件焊接完成后使用25t汽车起重机与平板车将单件转运至坞门加工场地,现场将各个单件焊接为整体,最后焊接锁扣。钢围堰由地下连续墙一侧往另一侧顺序安装,使用两台汽车起重机将钢围堰运至岸堤后,协助船载履带式起重机将钢围堰吊起,船载履带式起重机绞移至坞门进行钢围堰安装。安装第一片WY1后,立刻布置围堰临时固定,测量围堰偏位合格后安装下一片。钢围堰安装就位后,首先水下检查双壁钢围堰与地下连续墙、沉管、传力板的间隙,并填塞缝隙,之后分3次浇筑混凝土,然后进行沉管底部压浆,且待混凝土达到强度之后再浇筑下次混凝土。二次止水钢围堰内3次浇筑混凝土高度分别为9m、4m、3.78m。在混凝土浇筑过程中,应保持两侧对称浇筑,高差不超过1m。

a)钢围堰子块焊接与吊装

图　7-24

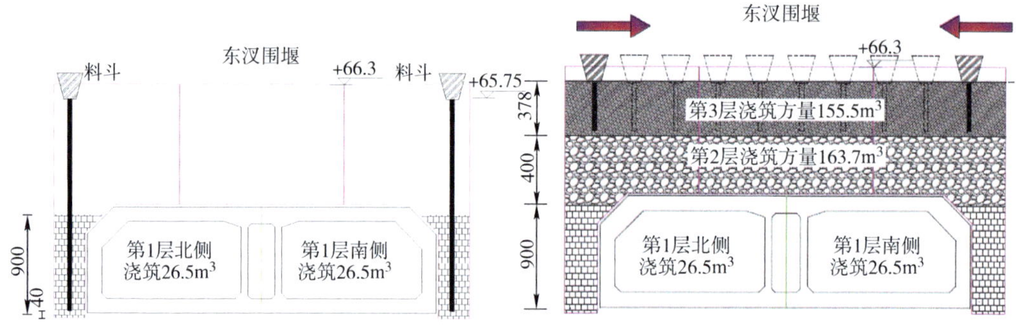

b) 混凝土浇筑

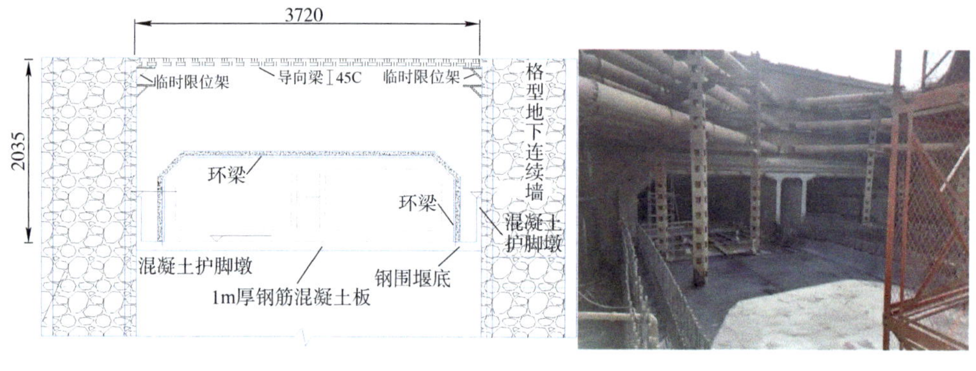

c) 钢围堰成型

图7-24　东汉干坞二次止水钢围堰安装与浇筑（尺寸单位：cm；高程单位：m）

7.6.2　ES管节底板与干坞基坑接缝止水

如图7-25所示，对于沉管ES管节底板与干坞基坑混凝土板之间接缝的止水，最初设计为仅在接缝处安装两条32m长的类GINA橡胶止水带进行止水，类GINA止水带高105mm，通过前期荷载计算及橡胶止水带水密试验和压缩应力试验，最终选择孔径45mm、材料M033型的橡胶止水带。根据试验结果，在类GINA止水带压缩20mm的情况下即可满足静水深度30m水压下不发生渗漏。当压缩力为3.3t/m时，类GINA止水带可被压缩50mm。将类GINA止水带固定于干坞混凝土底板上的凹槽内，凹槽深度为5.5cm，类GINA止水带高出凹槽5cm。当类GINA止水带被压缩2cm时，其剩余高度为3cm。

若仅采用类GINA止水带，可能导致ES管节底板与干坞基坑混凝土板间接缝止水失败。干坞基坑的混凝土底板高程基本不变，而E1管节的下部卵石基床垫层在管节自重及回填荷载作用下将产生压缩变形。为补偿基床垫层压缩变形、地基沉降变形、整平施工所引起的基床顶面尺寸误差，卵石基床垫层顶面的实际施工控制高程需比其理论设计高程多出60mm，从而导致ES管节底板与干坞基坑的钢筋混凝土底板之间存在初始空隙。若此初始空隙高度大于3cm，则类GINA止水带的压缩量不够或处于未压缩状态，会导致类GINA止水带失去止水的功能。

针对E1管节下部的卵石基床顶面高于理论设计值而导致类GINA止水带止水失效的工况，提出采用“橡胶止水带+模袋混凝土+水下注浆”三重止水结构，即在(E1+ES)管节水下沉放安装前，在ES管节下部干坞底板的凹槽两侧分别安装模袋。当(E1+ES)管节沉放安装及二次止水钢围堰施工完成后，通过注浆管，向模袋内充填素混凝土。为加强模袋混凝土的止水性能，需向两条模袋混凝土柱之间的空间内注入水泥浆液，以填充模袋混凝土柱与沉管底板之间的缝隙及类GINA止水带与沉管底板之间的缝隙。通过大量现场试验得出，所使用模袋的长度为33m，在充填状混凝土的状态下，其水平宽度为0.4m，初始高度小于3cm。采用内部直径为2.8cm的钢管，向两条模袋混凝土柱之间的空间内注入水泥浆液，可封堵相关接缝。

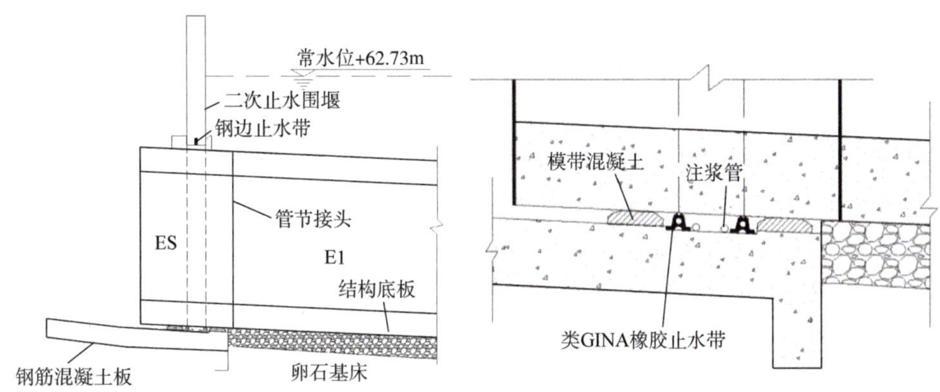

a) ES管节与干坞基坑底板接触

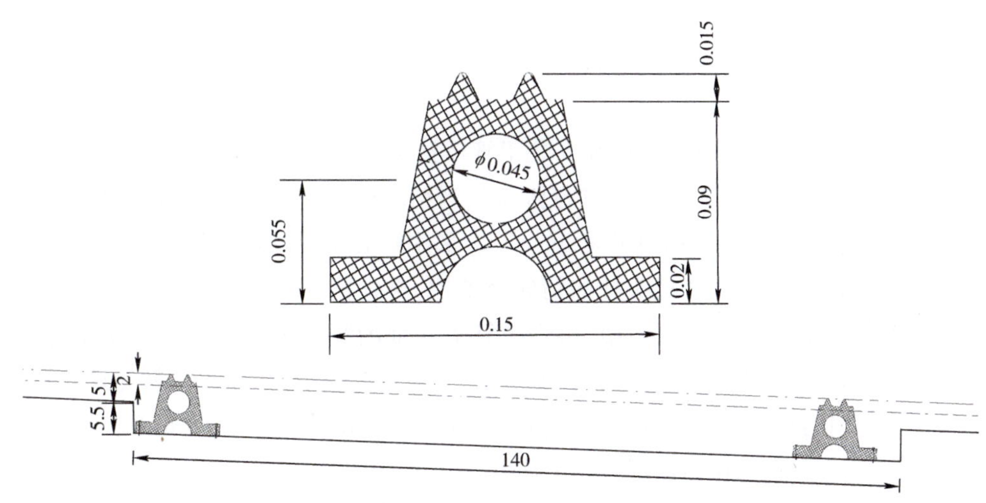

b) 类GINA止水带

图　7-25

c)现场照片

图7-25 "橡胶止水带+模袋混凝土+水下注浆"三重止水结构(尺寸单位:m)

7.6.3 管节接头处精轧螺纹钢安装

如图7-26所示,精轧螺纹钢为ϕ32mmPSB930钢筋,张拉长度为4.5m。如图7-26b)所示,在精轧螺纹钢筋安装前,E3管节顶部回填料厚度不小于1m、E2管节顶部回填料厚度不小于2m、E1管节顶部在大里程75m范围内回填至少3m。先安装E1/E2管节接头处的预应力精轧螺纹钢,再安装E2/E3管节接头处的精轧螺纹钢。对于E1/E2管节接头,总共安装48根精轧螺纹钢,在管底安装20根,在管顶安装26根,每个钢支座安装1根精轧螺纹钢;对于E2/E3管节接头,总共安装34根精轧螺纹钢,在管底安装12根,在管顶安装10根,每个钢支座安装1根精轧螺纹钢;对于E3/E4管节接头,总共安装14根精轧螺纹钢,在管底安装7根,在管顶安装7根,每个钢支座安装1根精轧螺纹钢。E3/E4管节接头处间精轧螺纹钢仅需拉紧即可,无须施加预应力。为保证管节在螺纹钢张拉后受力均匀,精轧螺纹钢的布置沿着管节对称安装;为了便于脚手架搭设,先安装管节顶部的精轧螺纹钢,再安装管节底部的精轧螺纹钢。

将预应力精轧螺纹钢筋的两端安装于管节接头处原有的钢端封门钢支座上,然后利用100t穿心千斤顶对精轧螺纹钢筋进行张拉。当精轧螺纹钢的张拉力达到设计预紧力的要求后,对其进行锁定,最后拆除穿心千斤顶。采用穿心千斤顶对精轧螺纹钢筋进行张拉的顺序为:先张拉E1/E2管节接头处的精轧螺纹钢,再张拉E2/E3管节接头处的精轧螺纹钢;先张拉管节顶部的精轧螺纹钢筋,再张拉管节底部的精轧螺纹钢筋。为保证管节受力对称,左右两侧对称位置上的精轧螺纹钢筋同时被张拉;先张拉靠中墙的精轧螺纹钢筋,再张拉靠管节边墙的精轧螺纹钢筋。在对精轧螺纹钢筋张拉的过程中,要定时测量管节的位移情况,以防止管节在张拉力作用下产生移位。

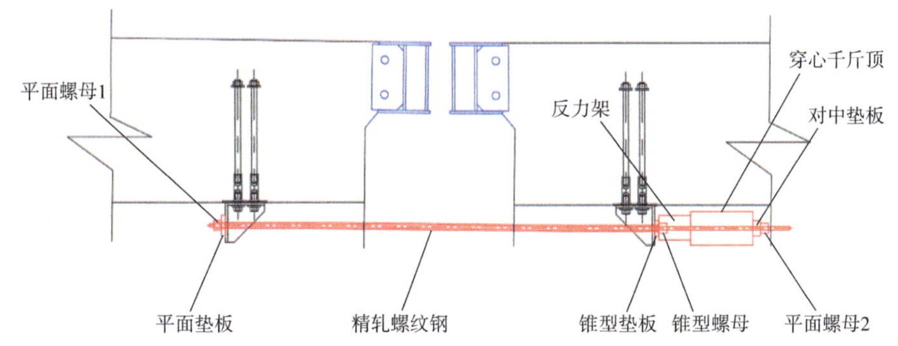

a) 管节接头处安装精轧螺纹钢筋

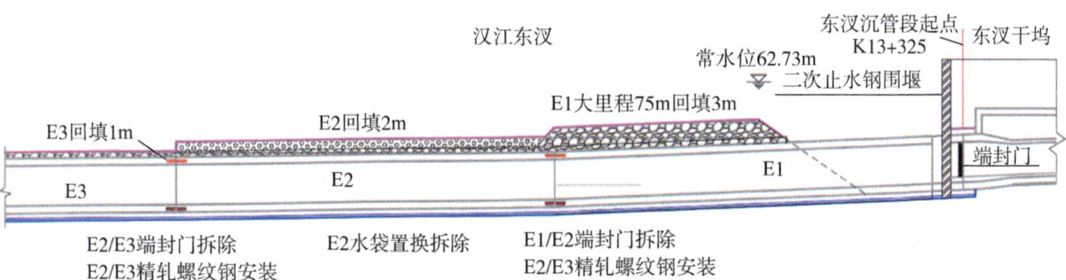

b) 东汉管节回填

c) 精轧螺纹钢筋安装照片

图7-26 管节接头处精轧螺纹钢筋安装

7.6.4 沉管段与陆域段刚性连接

如图7-27所示，在东汉沉管ES管节预制阶段，于其指向樊城的管端截面上埋设直螺纹套筒。当ES短管节和E1标准管节在干坞内预制完成后，通过钢绞线将其连接成整体进行浮运安装。为确保ES与E1管节在共同浮运沉放过程中连接牢固，采用24根槽形钢梁对二者进行刚性限位绑定。当东汉干坞内陆域隧道段完成2个施工节段后，解除E2/E3、E1/E2、E1/ES管节接头处的临时连接构造。当东汉干坞抽水完成后，对坞口处进行二次开挖，施工垫层，然后凿出ES管节端部的直螺纹套筒。通过直螺纹套筒，将陆域隧道的结构主筋锚固于ES管节内，并进行混凝土浇筑，以形成沉管段与陆域段的刚性连接，再施工干坞段陆域隧道的剩余部分。

图7-27 ES管节与陆域隧道间的刚性连接

7.6.5　沉管接头受力与变形监测

如图7-28a)所示，现场观测表明，E1/E2管节接头处GINA止水带的实际压缩量为97mm，其初始高度为275mm，GINA止水带的实际压缩量与其设计值(97.6mm)较接近，E1/E2管节接头处未发生受压GINA止水带的卸荷回弹。图7-28b)为管节接头处精轧螺纹钢轴力的现场监测曲线。由图7-28b)可看出，所有精轧螺纹钢筋的轴力均低于其抗拉承载力(747.95 kN)。干坞基坑抽水导致E1/E2管节接头处的精轧螺纹钢筋的轴力产生明显增大，E1/E2管节接头处的精轧螺纹钢筋的轴力大于E2/E3管节接头处精轧螺纹钢筋的轴力。因而，(ES+E1)管节的综合抗滑安全性最小，E1/E2管节接头处的受压GINA止水带较易发生卸荷回弹。干坞基坑抽水所引起的ES管节自由端上的静水压力损失主要由(ES+E1)管节与卵石基床垫层间的界面摩擦力及E1/E2管节接头处所安装临时纵向限位结构的拉力来补偿。另外，由图7-29可看出，尽管E1单元的埋深最浅，但是由于E1单元与下卧卵石基床间存在回淤泥沙，导致E1/E2管节处E1单元的沉降差最大。因而，在摩擦止推型陆域最终接头设计时，需考虑回淤泥沙的不利影响。

a) E1/E2管节接头处OMEGA止水带

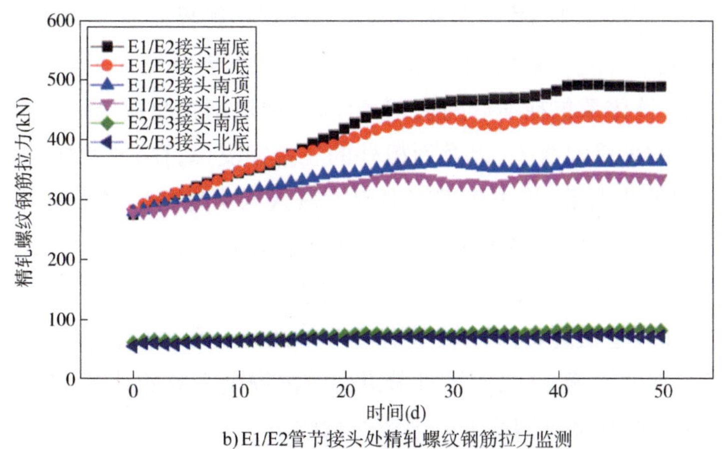

b) E1/E2管节接头处精轧螺纹钢筋拉力监测

图7-28　管节接头处GINA止水带变形及精轧螺纹钢筋拉力监测

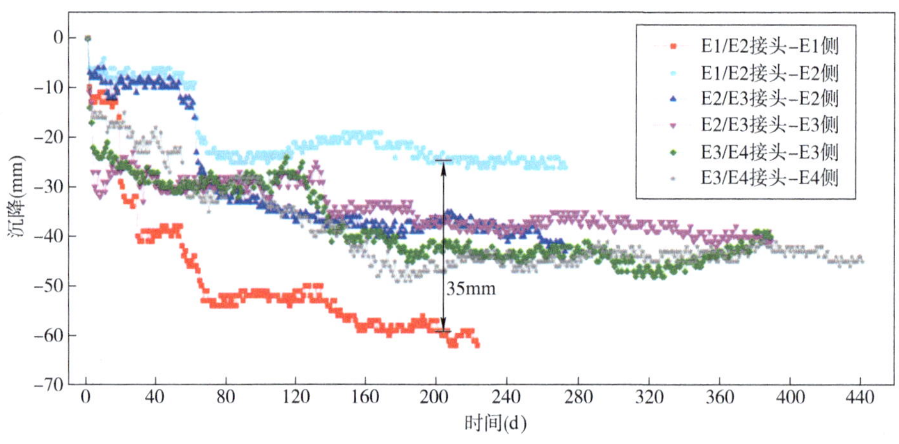

图7-29　管节接头及单元沉降监测

7.7　本章小结

本章的主要研究内容与结论如下：

(1)对现有沉管隧道最终接头的施工方法特点进行分析与总结，现有最终接头干地施工法存在水下作业工序多、时间长、水下施工的混凝土结构质量检测难度大及泥沙回淤影响等问题，GINA止水带存在回弹风险。为解决以上问题，创新提出并应用基于摩擦力止推型陆域最终接头设计方法与施工技术，以解决常规陆域接头需设置大型圬工结构的问题。

(2)为防止干坞抽水引起隧道单元接头压缩GINA止水带的卸荷回弹，通过利用隧道管节与底部先铺卵石基床垫层、两侧回填砂卵石的摩擦力，补偿干坞抽水过程中ES尾部消散的水压力；采用管节接头处安装的临时精轧螺纹钢纵向限位结构将坞口附近管节单元相互连接成整体，并对螺纹钢施加一定的预紧力，以增大管节单元的抗滑稳定性。

(3)开展了考虑泥沙回淤影响的沉管隧道结构板与垄沟状卵石基床垫层接触界面的大型原位剪切试验，确定了无回淤条件下隧道结构板与垄沟状卵石垫层接触界面的摩擦系数为0.47，有回淤条件下隧道结构板与垄沟状卵石垫层接触界面的摩擦系数为0.22。

(4)为实现无水环境下最终接头的干地施工环境，创新设计了新型钢壳夹壁混凝土围堰挡水结构体系，该体系包括前后两块钢壳面板、两块钢壳面板之间的连接构件、两块钢壳面板之间所浇筑的夹壁混凝土，以及面板外的三排钢支撑；在ES管节顶部及左右两侧设置两圈相互平行的外凸圈梁，将止水钢围堰底部嵌入两个外凸环形圈梁的凹槽内，以约束管节沿隧道纵向移动；新型钢壳夹壁混凝土围堰挡水结构可用作坞门处二次围堰挡水结构，为实现基于摩擦力止推的最终接头干地施工法创造条件。

(5)对鱼梁洲隧道最终接头区域隧道管节单元开展受力分析，建立了沉管隧道管节单元纵向抗滑稳定性的计算方法，通过管节纵向抗滑安全系数的计算，确定了有、无回淤工况下相邻管节接头处精轧螺纹钢筋纵向限位结构的潜在预拉力。

(6)设计了基于隧-基界面摩擦力止推的陆域最终接头干地施工方法，其包含3项关键施工技术：坞口处二次止水钢围堰体系的安装与止水措施设计、相邻管节间接头处精轧螺纹钢的安装与预应力张拉、沉管段与干坞内陆域隧道结构的刚性连接。

(7)现场监测数据表明，预应力粗钢筋的连接起到了很好的止退作用，没有因干坞抽水后水压变化引起管节接头张开过大，并可利用管节与周围地层之间的摩擦力补偿干坞抽水所至ES管节端封门面板上的水压力。

第8章　大型内河沉管隧道浮运与安装关键技术

8.1　概述

目前我国沉管隧道建设主要集中于跨越更宽阔的入海口、近海海湾，并逐渐突破了深水、复杂水流的浚挖和沉放技术。借助港珠澳大桥沉管隧道、深中通道沉管隧道等工程建设经验，我国在海域沉管隧道的设计、施工等方面取得了长足进步，积累了诸多宝贵的工程建设经验，海域沉管隧道建设关键技术更趋成熟。但是，我国在内河沉管建设领域的先进技术相对较少，系统化的建设技术体系有待形成。内河沉管在水文、地质、通航、环保、船机设备条件等的特点，使其在功能需求、技术方案、装备要求、施工组织等方面与海域沉管存在较大差别，在设计、施工等方面均面临诸多技术挑战。

鱼梁洲隧道位于汉江中下游冲刷堆积河段，施工区域存在航道等级低、水深浅、水流季节性变化大、大型船机设备进场条件差及作业空间受限等难题，在复杂的内河水域环境下开展管节水上作业存在较大困难和风险，沉管管节沉放的专用设备系统对内河狭窄水域环境的适用性有待检验，因此，有必要针对内河条件开展适用于内河水域复杂条件的隧道管节出坞、浮运、对接等施工工艺的研究。此外，为提高管节沉放施工的效率和精度，确保施工安全，如何将信息化和可视化技术融入沉管管节沉放施工，实现管节沉放技术的创新，也是需要解决的技术难题。

8.2　总体施工工艺

沉管段隧道管节在东汊、西汊轴线干坞内分节预制，破除坞门后逐节浮运安装，沉管管节浮运安装与管节回填分东、西两次进行，东汊沉管6个管节、西汊沉管4个管节，逐节沉放，最后东、西汊干坞二次封水，形成干施工环境，浇筑沉管最终接头。一节管节浮运安装完成后，再进行下一节管节的浮运安装，同期的剩余管节在干坞内临时系泊，每节沉放结束后立即进行管节锁定回填。具体管节浮运沉放顺序如下：①东汊E6管节→E5管节→E4管节→E3管节→E2管节→(E1+ES)管节；②西汊W1管节→W2管节→W3管节→(W4+WS)管节。

管节的浮运采用管面绞车绞移拖运和绞车锚缆定位的方式，施工前需要在沉管水下基槽外边线以外20~30m范围内施作水下锚桩或锚块。按照时间顺序，沉管浮运安装施工主要包括一次舾装、出坞准备、沉管出坞、沉管浮运、二次舾装、沉管沉放、锁定回填、管内作业等。沉管浮运安装总体施工工序及施工内容如表8-1所示。

沉管浮运安装总体施工工序及施工内容　　表8-1

<table>
<tr><th>总体施工阶段</th><th>主要施工工序</th><th>主要施工内容</th></tr>
<tr><td rowspan="2">舾装及出坞准备</td><td>一次舾装</td><td>在干坞内安装GINA橡胶止水带及保护装置、端封门、主系缆柱、副系缆柱/钢端壳面板、短人孔、拉合台座、拉合千斤顶、大吊点、导向杆及托架、双轮滑车、固定五轮滑车、活动五轮滑车、固定导向滑车和导向钳等</td></tr>
<tr><td>出坞准备</td><td>①干坞灌水试浮检漏。
②干坞内灌水至与江水水位一致，破除坞门。
③压载水系统排水，沉管上浮至干舷设计位置。
④E6管节、W1管节：坞顶锚墩平台布置卷扬机，坞口布置履带式起重机。
⑤E1~E5管节、W2~W4管节：带履带式起重机的甲板驳入坞，安装管面卷扬机</td></tr>
<tr><td rowspan="5">沉管浮运安装</td><td>沉管出坞</td><td>①E6管节、W1管节出坞采用工程驳船牵引、干坞两岸锚机辅助出坞。
②E6管节、W1管节坞口处通过履带式起重机安装管面卷扬机。
③E1~E5管节、W2~W4管节通过管面8台卷扬机绞移出坞</td></tr>
<tr><td>沉管浮运</td><td>东、西汊管节通过管面8台卷扬机、水中锚桩绞移至沉放区域</td></tr>
<tr><td>二次舾装</td><td>①沉放驳就位，安装沉管沉放系统。
②安装测量控制塔及人孔。
③安装纵、横调缆</td></tr>
<tr><td>沉管沉放</td><td>①完成沉放驳、锚缆调位系统。
②拆除管面卷扬机。
③通过压载水系统进行沉管沉放作业。
④通过导向装置、锚缆系统完成精确定位。
⑤采用拉合千斤顶完成沉管初步对接。
⑥排水作业完成水力压接</td></tr>
<tr><td>锁定回填</td><td>①导管法进行关键锁定回填。
②拆除舾装件</td></tr>
<tr><td colspan="2">管内作业</td><td>①封闭人孔口。
②拆除端封门。
③拆除压载水系统。
④浇筑压舱混凝土</td></tr>
</table>

8.3　浮运准备及一次舾装

8.3.1　水中锚桩安装

轴线干坞法管节的浮运沉放采用管面绞车绞移拖运和绞车锚缆定位的方式，施工前需在沉管水下基槽外边线以外20~30m范围内施作水下锚桩或锚块。东汊锚桩布置10处，采用“钓鱼法”法进行锚桩施打，其平面布置见图8-1a)。西汊沉管浮运安装原设计采用锚桩形式，现场锚桩打设过程中，因河床卵石层过厚、大块石较多，锚桩无法打入，更改为锚块方案，其平面布置见图8-1b)。

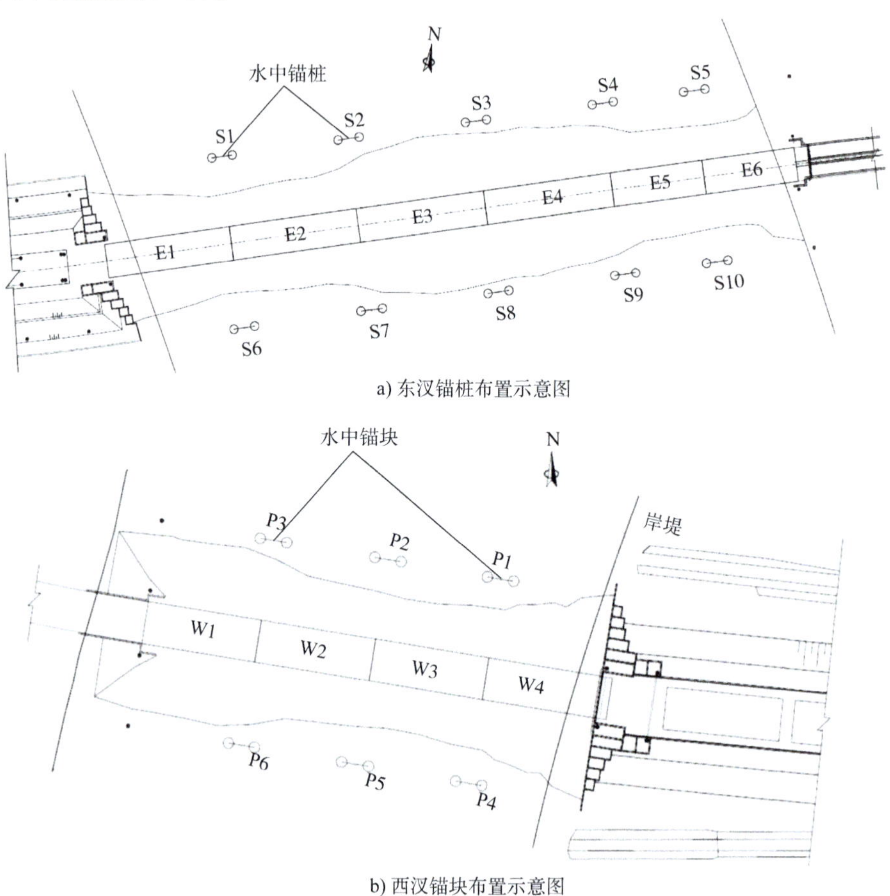

a) 东汉锚桩布置示意图

b) 西汉锚块布置示意图

图8-1 锚桩及锚块布置

8.3.2 管节一次舾装

管节浇筑完成后，需对沉管进行一次舾装，以便于沉管能够顺利浮运出坞并沉放到位。一次舾装内容主要包括GINA橡胶止水带及保护装置、沉管顶板舾装件、端封门、钢端壳面板、压载水系统的安装与调试等。单系缆柱、双系缆柱、短人孔也需要在一次舾装时安装到位，干坞内注水起浮，沉管稳定需要通过系缆柱控制，管内检测需要人孔。鱼梁洲隧道沉管一次舾装部件及布置如图8-2所示。

8.3.3 管节试浮测试

干坞注水前清理坞内机械设备、材料及杂物，检查端封门、人孔封门、管顶人孔井的密封情况，检查进气管和进、排水管的口部有无堵塞，检查临时大堤是否闭合、清理导向装置表面的杂物等。管节起浮前对管节内部的压载管路系统、管节调整系统及油压系统、发电机、通信联络系统、测量定位系统等进行检查，及时排除故障，确保管节安装工作的顺利进行。如图8-3所示，在坞内注水工作之前，将管段临时系泊缆带上坞顶地锚，收紧系泊缆，防止坞内注水管段起浮后发生移位损伤管段。

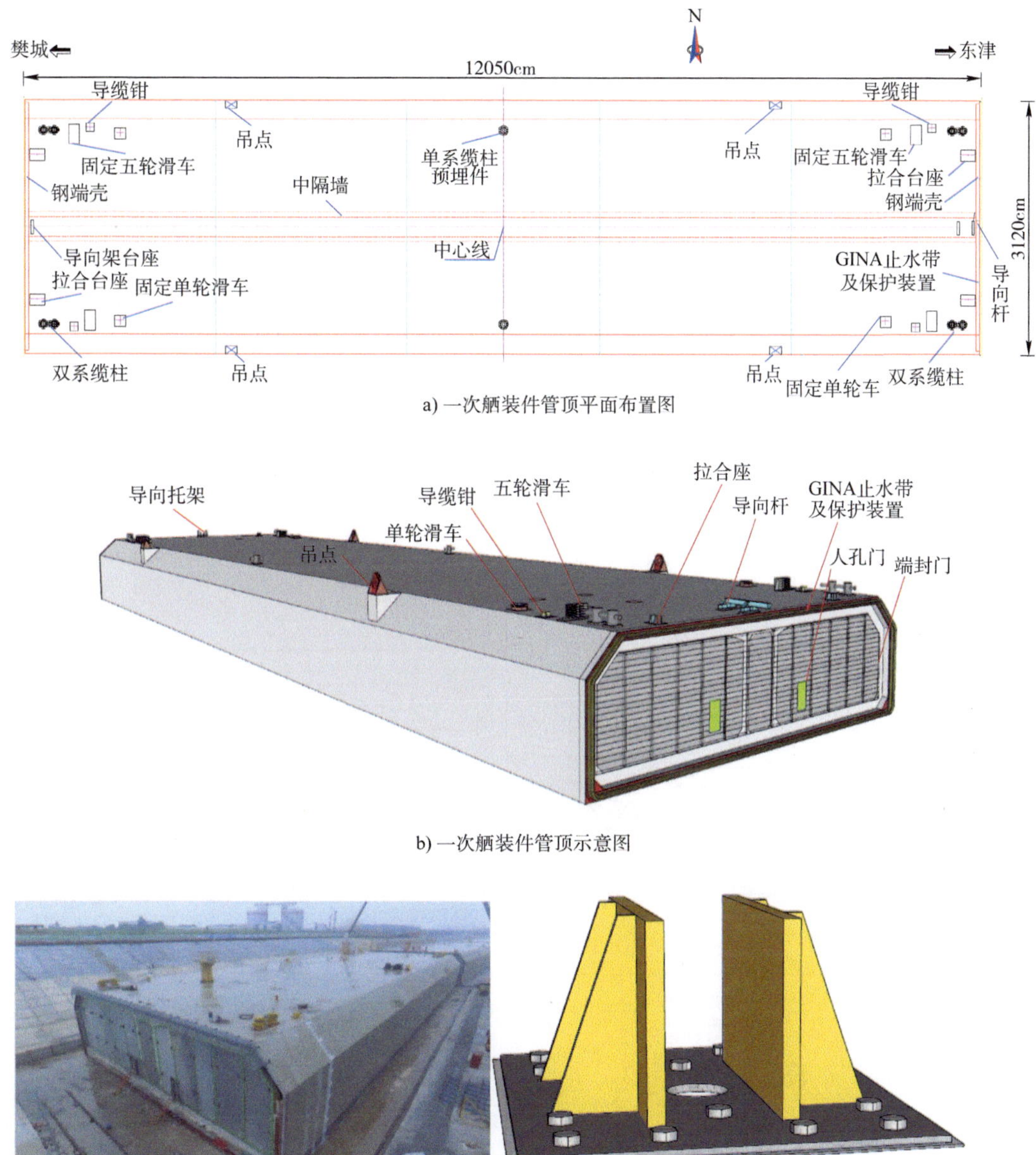

a) 一次舾装件管顶平面布置图

b) 一次舾装件管顶示意图

c) 一次舾装件管顶照片

d) 拉合台座示意图

图8-2　鱼梁洲隧道沉管一次舾装部件及布置

如图8-4所示，沉管管节出坞前需进行坞内试浮测试，测试内容主要包括ES管节拉合试验、坞内封门水密性试验、拉合系统、压载水系统、锚泊定位系统、沉放系统、水力压接、测量塔、卷扬机、舾装件潜水拆除等。

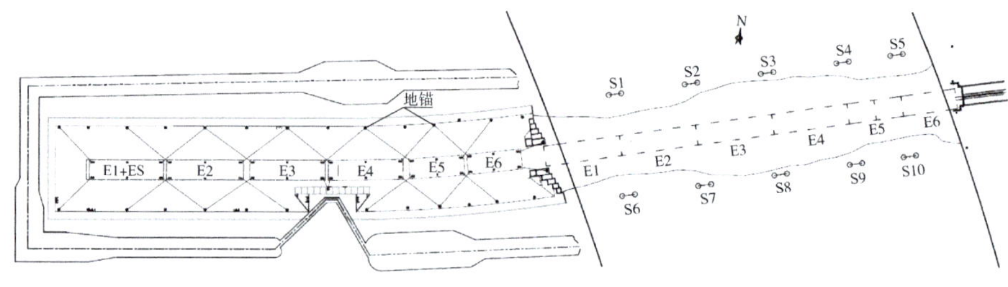

a) 东汉管节坞内临时系泊

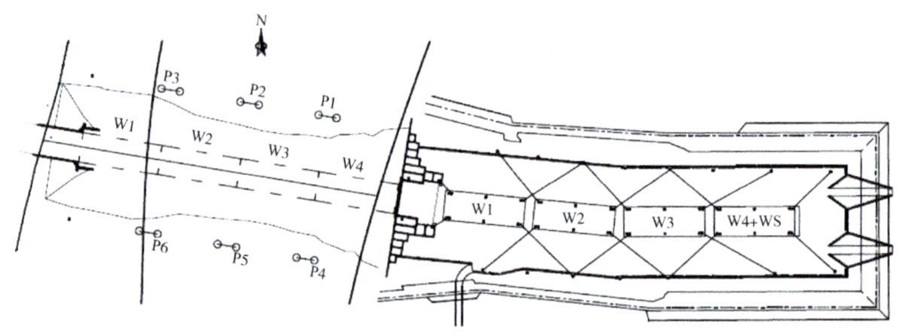

b) 西汉管节坞内临时系泊

图8-3　沉管管节干坞内临时系泊

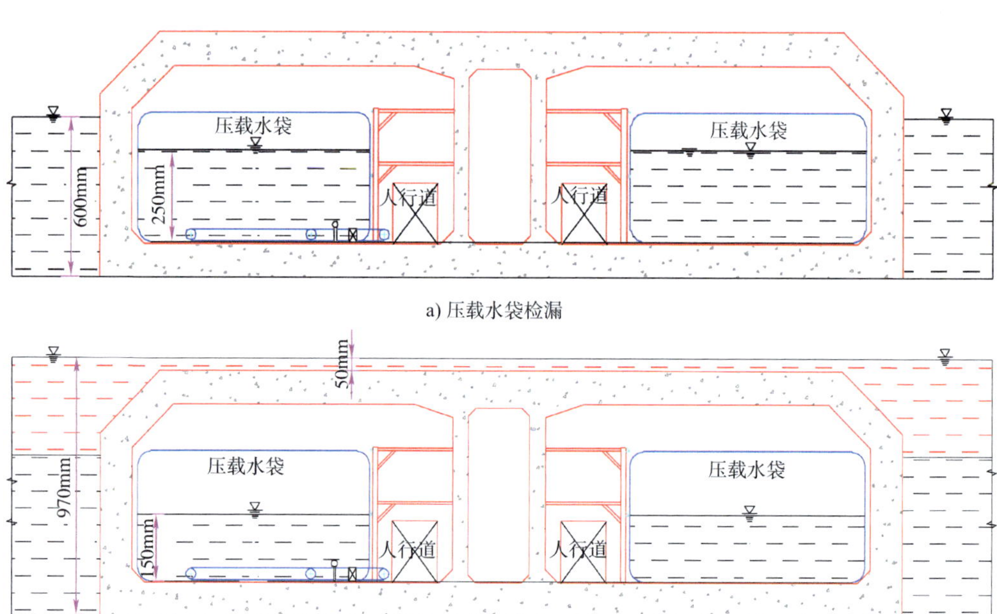

图　8-4

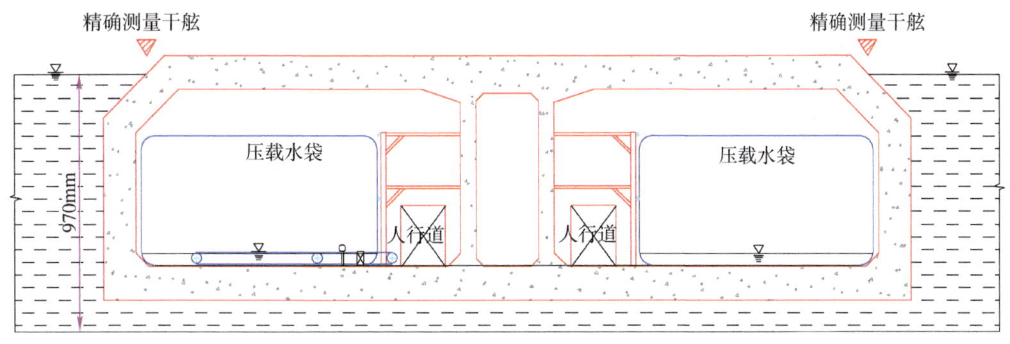

c) 精测最大干舷值

图 8-4　沉管管节出坞前试浮

8.4　管节浮运及二次舾装

8.4.1　管节出坞

沉管浮运采用绞移出坞的方式浮运。管节起浮准备工作完成后，需在管面布置 8 台卷扬机，通过管面卷扬机绞移出坞、浮运至沉放水域。由于东、西汊干坞格型地下连续墙距离东汊 E6 管节、西汊 W1 管节最小距离仅 7m，无法通过甲板驳直接安装卷扬机，故坞口处的管节（东汊 E6 管节、西汊 W1 管节）通过坞顶地锚卷扬机配合工程驳船，将管段绞移至坞口，通过履带式起重机进行管面卷扬机的安装，管面卷扬机连接坞顶地锚，水中锚桩，绞移出坞。东汊 E6 管节出坞施工方法及过程如图 8-5 所示。

东汊 E6 管节、西汊 W1 管节安装完成后，甲板驳进入干坞，东汊干坞 E1~E5 管节、西汊干坞 W2~W4 管节通过甲板驳上的履带式起重机在管面布置 8 台绞车及 1 台 300kW 柜式发电机。管面卷扬机连接坞顶地锚，水中锚桩，绞移出坞。东汊干坞 E1~E5 管节、西汊干坞 W2~W4 管节出坞工艺流程见图 8-6。

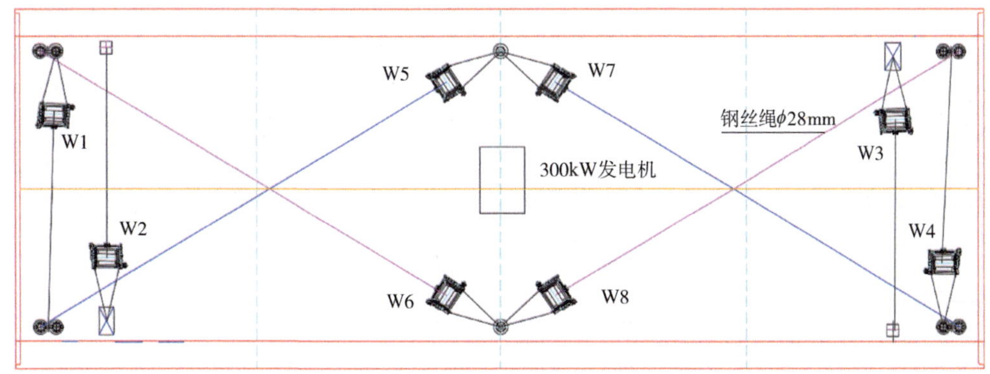

a) 沉管锚机布置

图　8-5

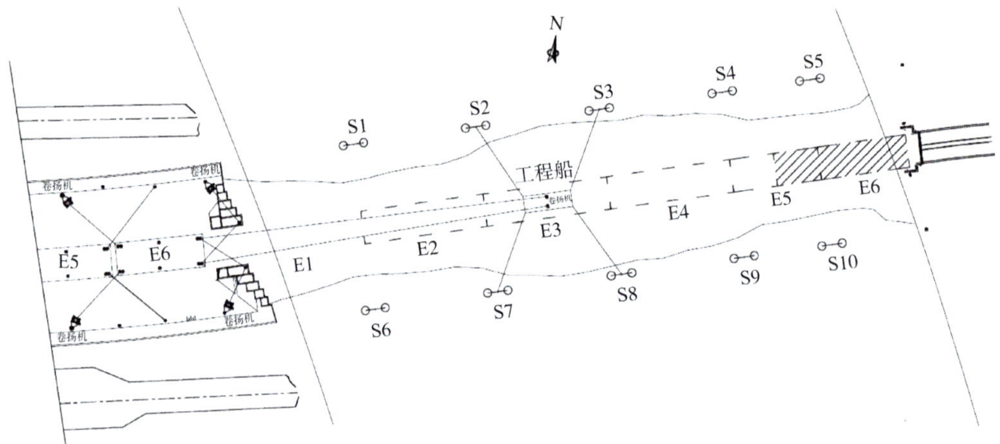

b) 工程船布置绞车，坞内安装绞车，安装缆系

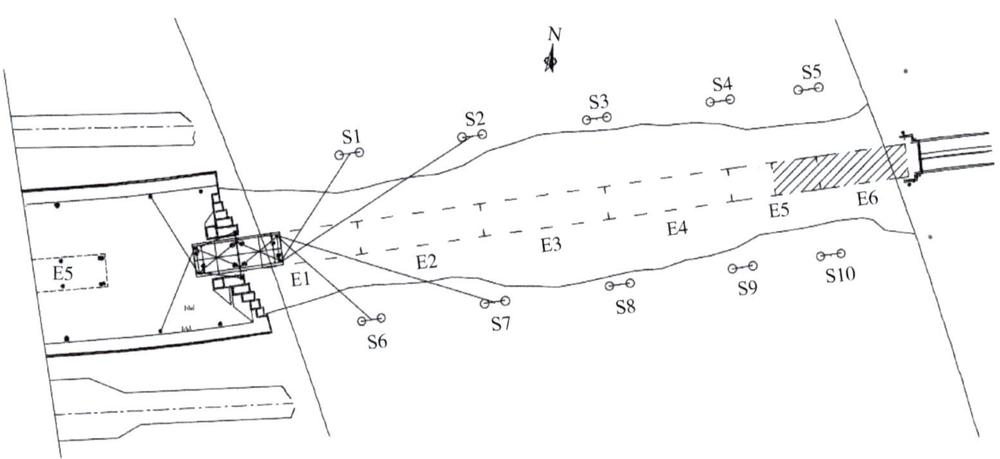

c) 缆系转换，管面绞车与锚桩相连，绞移出坞

图 8-5　东汉 E6 管节出坞施工方法及过程

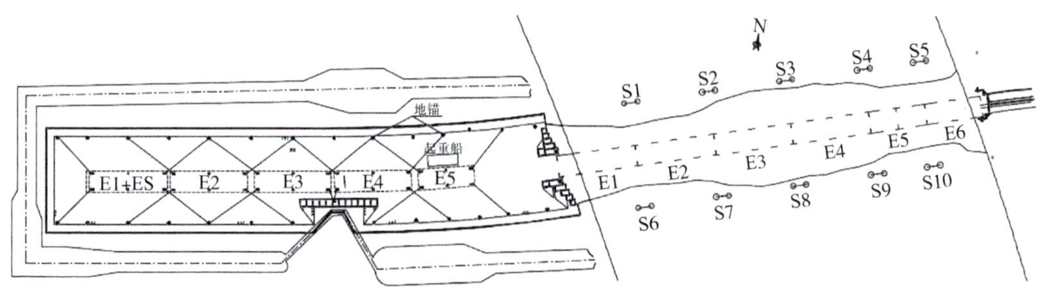

a) 起重船（带履带式起重机的甲板驳）进入干坞

图　8-6

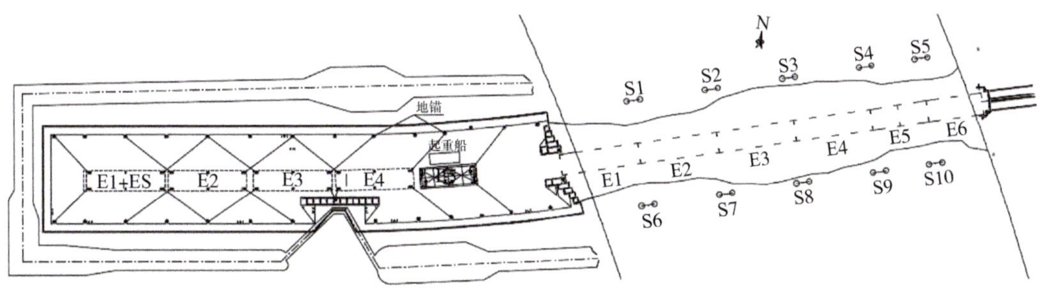

b) 管面安装绞车

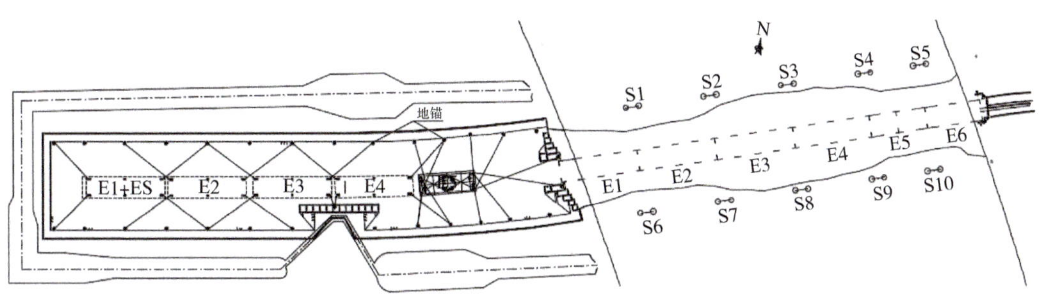

c) 甲板驳移位，安装系泊缆

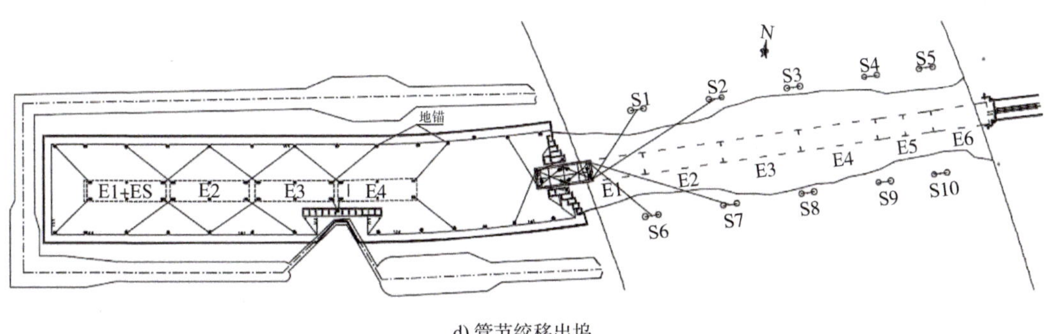

d) 管节绞移出坞

图8-6 东汊干坞E1~E5管节出坞流程

8.4.2 管节浮运

管节的浮运采用管面绞车绞移拖运的方式。施工水域水文气象条件相对较好，采用沉放驳吊沉法进行管节沉放安装；管节采用绞车锚缆定位方式定位；管节安装过程中采用测量控制塔测量管节沉放姿态、平面位置及高程。鱼梁洲隧道沉管管节浮运安装按照先东汊、后西汊的顺序施工，东汊沉管浮运自东津侧向鱼梁洲侧逐节浮运，西汊沉管浮运按樊城侧至鱼梁洲侧依次浮运。东、西汊不同沉管管节浮运步骤基本相同，以东汊E6管节为例，其管节浮运施工过程如图8-7所示。

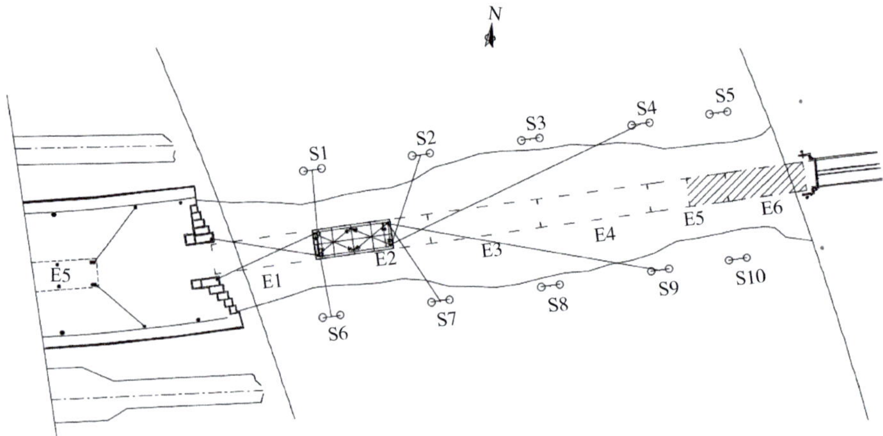

a)管节绞移出坞至汉江东汊

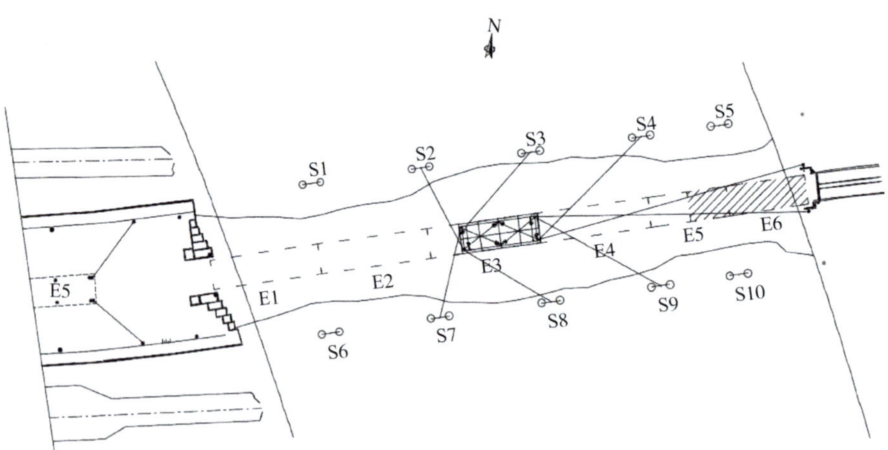

b)管节缆系转换

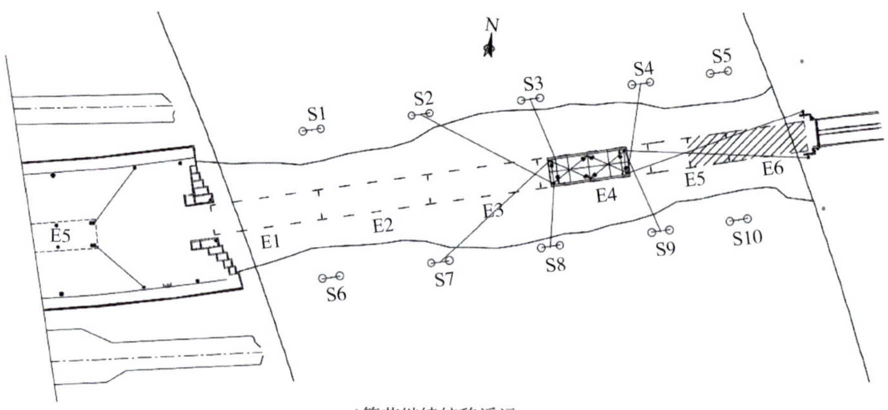

c)管节继续绞移浮运

图 8-7

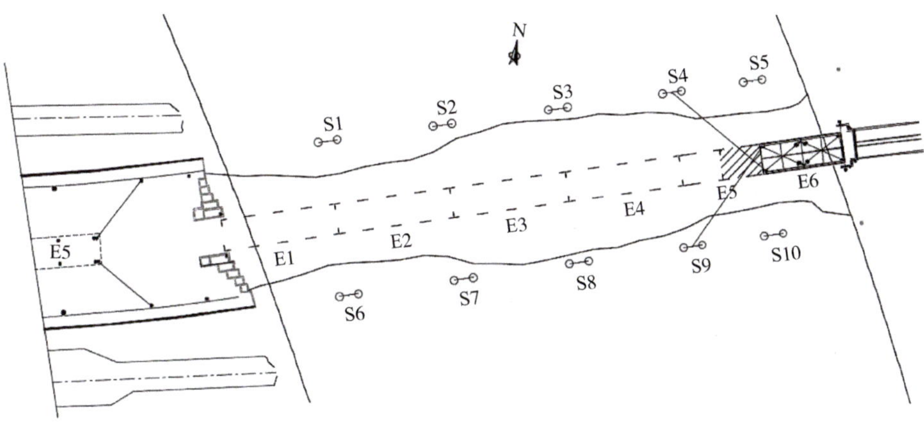

d) E6管节浮运到沉放位置

图8-7　东汉E6管节浮运总体施工布置图

8.4.3　管节二次舾装

管节绞移浮运出坞后，在江面进行二次舾装。管节二次舾装作业包括安装测量控制塔、管顶人孔、专用沉放驳、纵横调节系统布置。管节二次舾装施工按照时间顺序主要包括：安装测量A塔，A塔安装后随即进行沉管临时系泊，然后起重船就位，进行管面卷扬机等管面设备拆除，再进行沉放驳、测量B塔等舾装；当沉管基础整平验收合格后，沉管继续绞移至沉放区，安装管节纵横调节系统，等待正式沉放对接。管节二次舾装工艺流程见图8-8，其效果见图8-9。

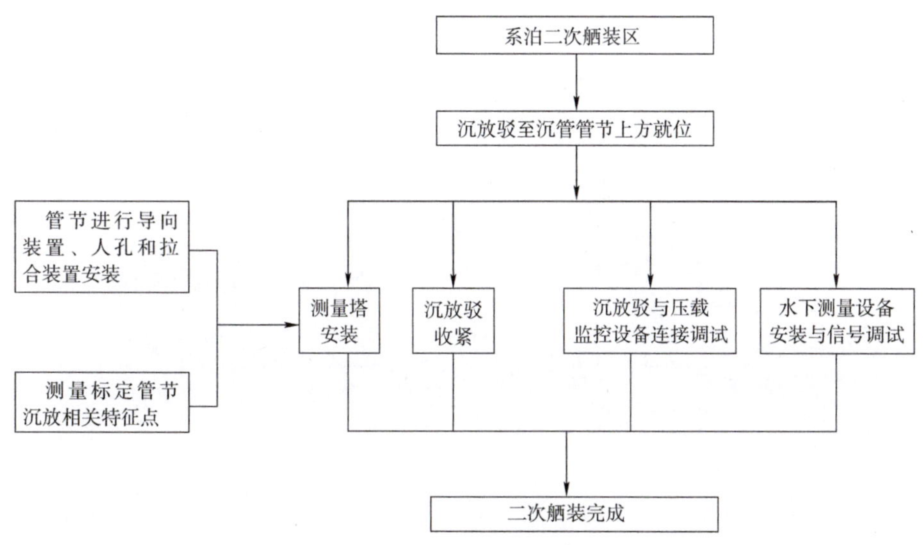

图8-8　管节二次舾装工艺流程

1)沉放驳船设计及安装

如图8-10所示，单艘沉放驳船设计起升载荷为3000kN，沉放驳船外形尺寸为41m×

14m×5m,数量为2艘,每艘沉放驳船包括2套1500kN主起重滑轮组、2台150kN主起重液压绞车、4台30kN浮驳定位电动绞车及2台300kV·A柜式发电机等设备。沉放驳船安装到每节管管头吊点位置,提供管段压载沉放时所需的吊力。沉放驳船自重约120t,驳船上布置4个吊点,通过抛锚艇和拖轮将沉放驳拖至预定位置,将沉放驳船的下部吊码装置与沉管管节顶部的吊点连接起来。

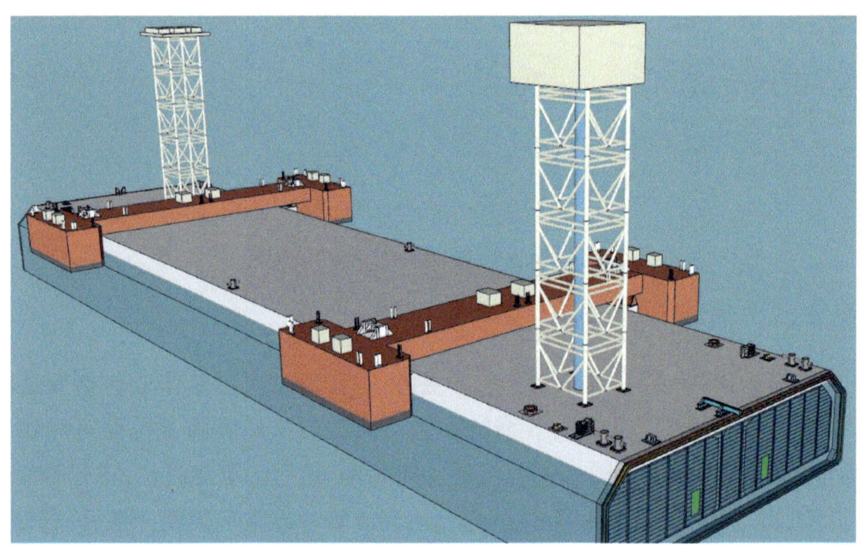

图8-9　管节二次舾装完成效果图

a)实物照片

图　8-10

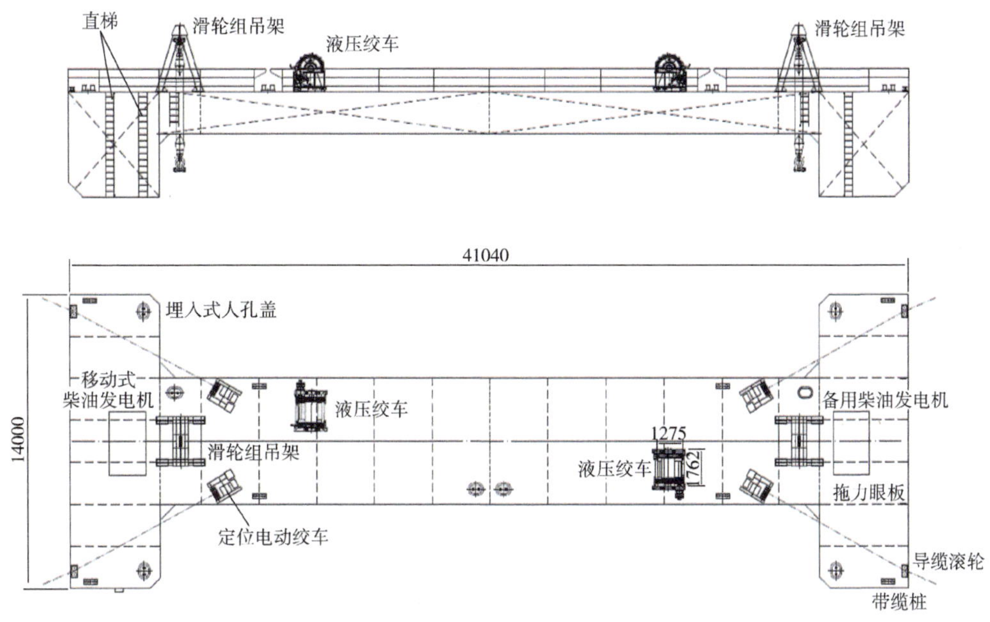

b) 设计图

图8-10　沉放驳船实物图及设计图(尺寸单位:mm)

2)测量控制塔及人孔

如图8-11所示,测量控制塔是管节浮运、沉放对接时专用设备,分为A塔和B塔,其采用钢桁架结构形式。测量控制塔的设计制作高度尺度根据沉管管节在水下的安装深度由设计确定,控制塔A和控制塔B上安装测量仪器,满足管节浮运、沉放对接安装时的控制测量要求。控制塔A顶部平台上安装沉管沉放对接时,管节A端纵横调节卷扬机及控制系统;控制塔B顶部平台上安装沉管沉放对接时,管节B端纵横调节卷扬机及控制系统。需在控制塔A上安装人孔井,使得人和设备在沉管管节浮运、沉放对接过程中可以通过人孔进入沉管管节内部。控制塔A顶部设置平台上安装沉管沉放对接时的水平拉合千斤顶控制系统及管节浮运、沉放对接控制指挥室。

如图8-12所示,每节管节A端布置测量A塔,高25.65m,含人孔和指挥室,管节B端布置测量B塔,高23.15m。每个测量塔塔顶绞车平台布置3台100kN液压绞车用于管节纵横向调节,其中2台用于管节横向系泊、调位,1台用于管节纵向系泊、调位。测量A塔布置1套为300t拉合千斤顶提供液压力的液压站和控制平台。

3)管节纵横调节系统

管节系泊、纵横调节系统主要包括4组500kN五轮滑车组、2个200kN双轮连体滑车,以及配套的导向滑轮、导缆钳等,用于管节沉放区系泊和平面位置的调整。利用甲板驳上履带式起重机将以上舾装件安装到位,将迎流侧的横调缆带上管面与五轮滑车组连接,并利用在测量控制塔上设置的绞车将横调缆收紧,再将背流侧的横调缆带上管面与五轮滑车组连接并收紧,最后将纵调缆与管面上纵向调节系统连接并收紧,完成管节系泊系统的连接工作。管节纵横调节系统连接示意图及连接完成后的效果如图8-13所示。

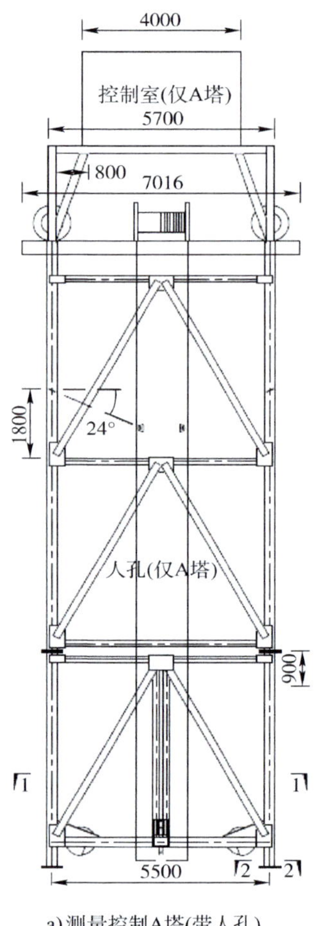

a)测量控制A塔(带人孔)

b)测量控制B塔

图8-11　测量控制塔及人孔(尺寸单位:mm)

图8-12　测量控制塔照片

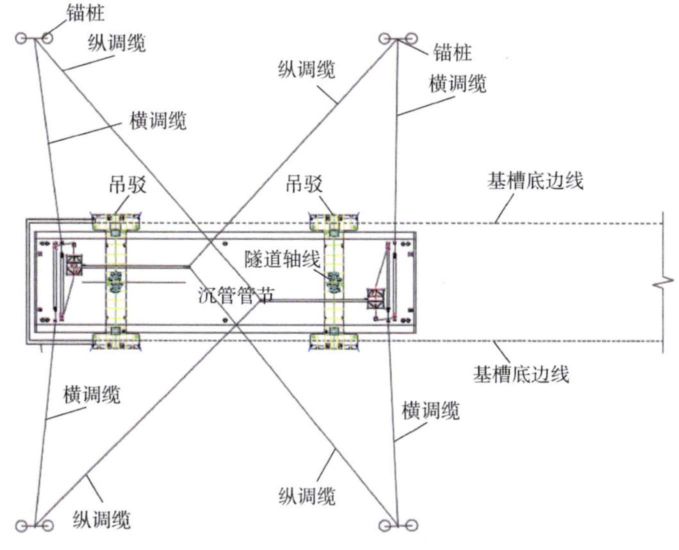

a)管节纵横调节系统连接

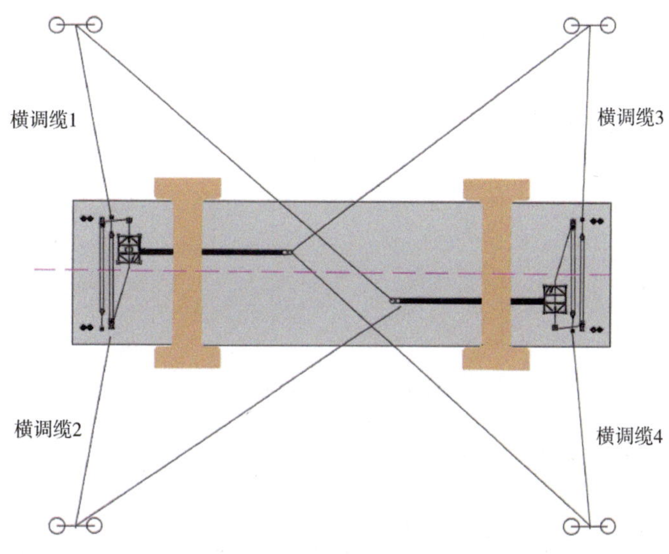

b)纵横调节系统连接完成后的效果图

图8-13 管节纵横调节系统连接及其效果图

4)导向装置

导向装置由导向杆及导向托架组成(图8-14)。除最后沉放管节只设置导向杆外,其余管节上各设置1个导向杆和1个导向托架,单套自重3t。导向杆上布置水下摄像头,辅助沉管对接安装。

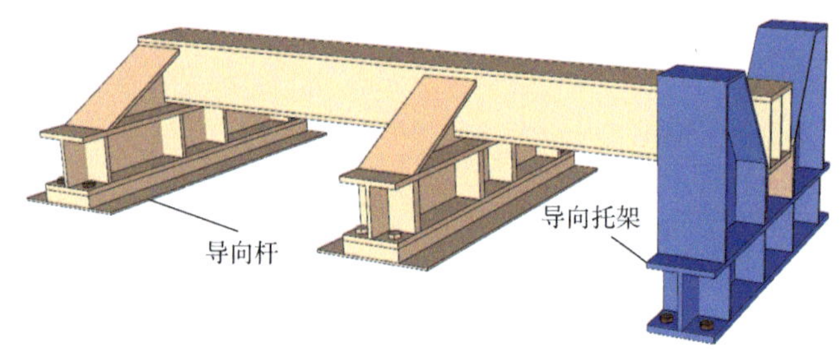

图8-14 导向杆及导向托架示意图

8.5 沉管管节沉放安装

8.5.1 管节沉放系统构成

沉放系统包括沉放驳吊放系统、绞车调位系统和锚碇系统，能够实现管节精确沉放至指定深度，控制沉放管节的位移，抵抗管节沉放过程中的外部荷载。管节绞移至沉放水域、系泊工作完成后，即选择恰当时机进行管节的沉放与对接，管节沉放与对接安装主要包括管节初步对接、安装拉合装置、管节拉合及检测、水压接、管节检测验收、管节稳定压载等内容。如图8-15所示，鱼梁洲隧道沉管管节的沉放使用双浮驳吊放方式，由浮驳甲板面的卷扬机控制管节的沉放速度。钢沉放驳吊放系统在管节沉放过程中通过沉放缆索来控制管节竖向位移，系泊缆索控制沉放驳的平面位移。

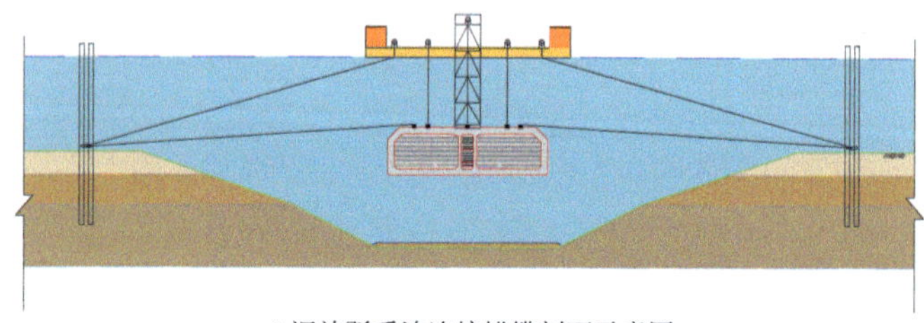

a) 沉放驳系泊连接锚缆剖面示意图

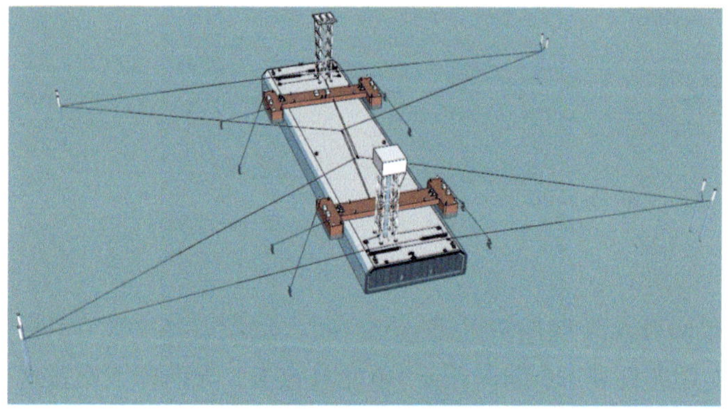

b) 沉放驳系泊连接锚缆

图8-15 管节沉放工艺

8.5.2　管节下沉关键技术

管节浮运就位后，向压载水袋内加水，控制管节缓慢下沉，沉管管节保持在水平状态。当管节下沉至距已安装管节尾端纵向距离 2m、竖向高差 2m 时，通过管节的边缆调整管节的轴线位置、控制沉放驳上绞车使管节逐步下沉，调节管节的吊缆，将沉管的姿态调节成与基床坡度一致，调节测量控制塔上绞车使待装管节缓慢靠近已安装管节，直到测量数据反映前端导向杆已安全搭接。管节沉放过程如图 8-16 所示。管节沉放就位后，利用沉管浮运安装全过程信息化监控系统对沉放精度进行确认，以确保沉放过程的安全性。

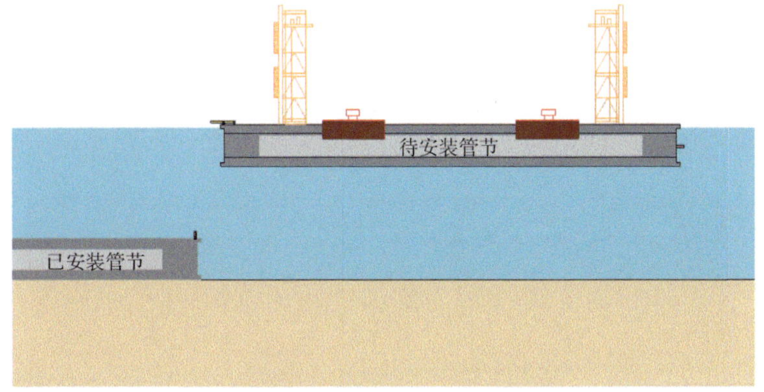

a) 步骤1：所有钢缆连接至锚桩

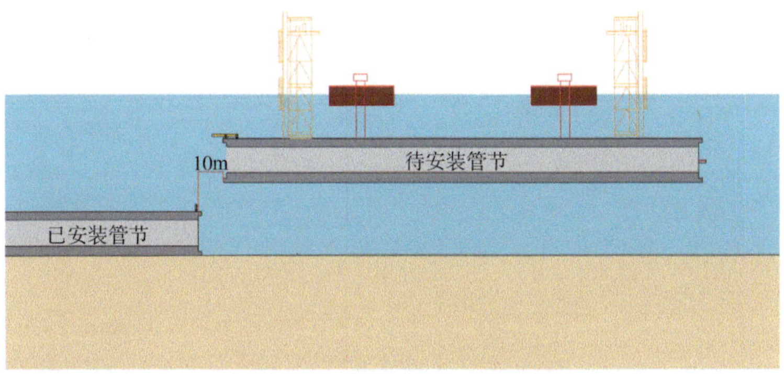

b) 步骤2：压载水袋均匀压水，缓慢下沉

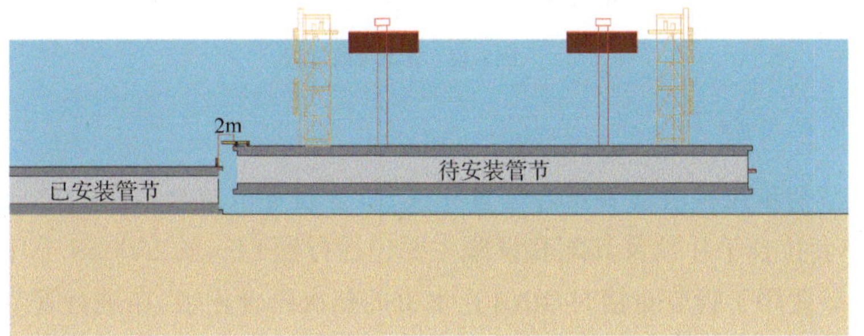

c) 步骤3：管节逐渐前移至距离安装管节2m处，并逐渐下沉管节距离最后水平面2m

图　8-16

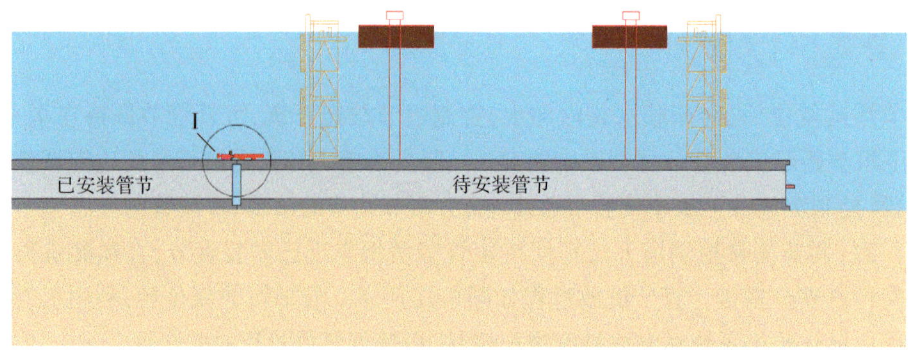

d) 步骤4：在监控下继续下移和前移管节至可安装拉合千斤顶位置

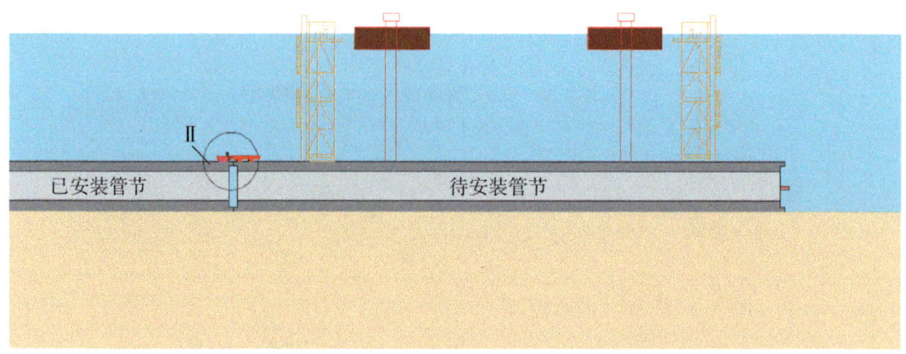

e) 步骤5：潜水员安装拉合千斤顶，并利用拉合千斤顶初步压接

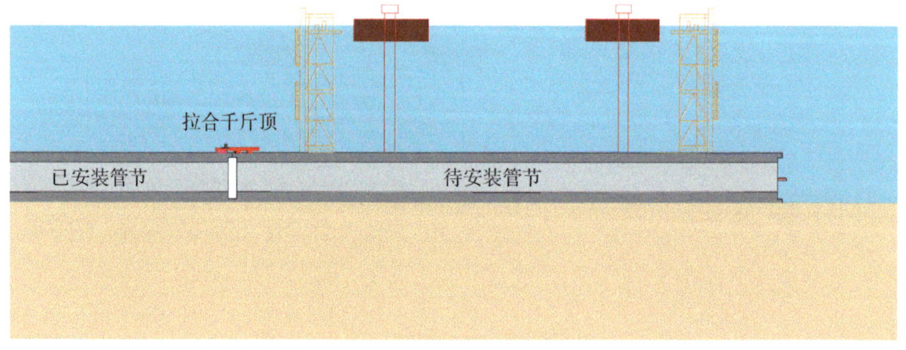

f) 步骤6：潜水员检查GINA止水带，情况良好则进行水力压接

图8-16　管节沉放过程

8.5.3　沉管管节初步拉接

沉管管节初步拉接由管节拉合装置完成，拉合装置由拉合台座的拉合千斤顶构成，共布置2套，单套拉合千斤顶及其配套设施主要包括行程1.0m的2500kN千斤顶、拉杆及液压泵站。拉合装置用于管节对接时GINA止水带的初次压合止水，在进行管节对接施工时，当管节横向定位完成后，可连接两个管节间的拉合装置，以实现GINA压合止水。首先在待安装的管节顶面拉合座处布置拉合千斤顶，并连接好拉合千斤顶和设置在测量控制塔绞车

平台上的液压泵站之间的液压油管，试运行，确保可靠。如图8-17所示，管节初步拉接流程如下：

(1)当管节底部距设计高程0.5m时，进行管节的初步对接。

(2)在管节绞前距对接面0.6m位置时，在测量系统的严格监控下，调整管节的轴线偏差；潜水员检查GINA橡胶止水带及对接端面是否有附着物或损坏，清除杂物，并详细检查测量两条管节的相对位置，报告给控制室。

(3)沉放管节至设计高程，使其导向杆与已装管节导向架相连。

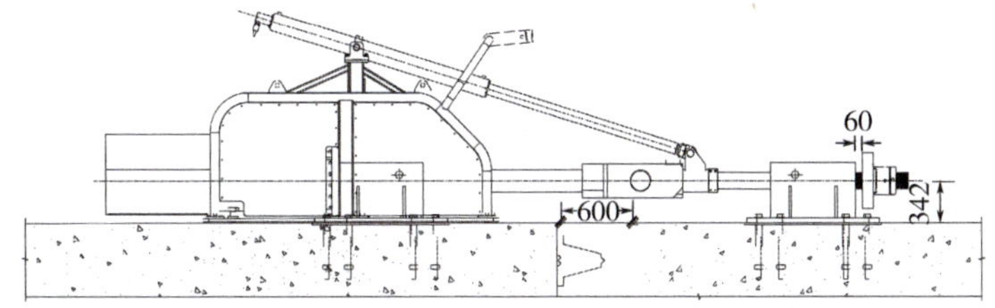

a)步骤1：距已沉管节0.6m 左右处安装拉合千斤顶

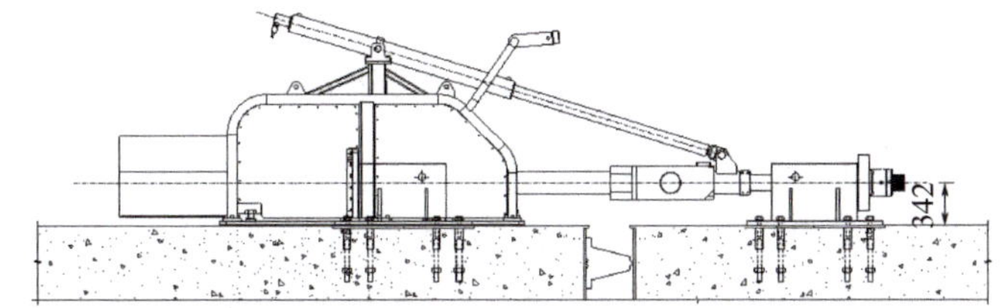

b)步骤2：拉合千斤顶行程0.25m,GINA 鼻尖压缩，初步止水

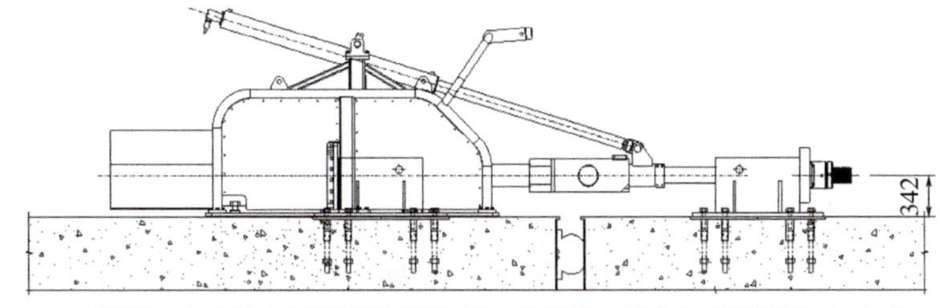

c)步骤3：自由端水压作用下GINA 进一步压缩，拉合千斤顶行程0.4m左右

图8-17　管节初步拉接过程(尺寸单位：mm)

8.5.4　管节水力压接关键技术

如图8-18所示，水力压接是两条管节端封门之间通过GINA止水带形成一个相对水密空间(即接合腔)之后，将水密空间内的水排出去，利用待安装管节尾部的水压力，将其向已装管节方向压接的过程。沉管管节水力压接过程从拉合千斤顶将GINA止水带拉至受压密封状态开始，至接合腔内水体排尽为止，其具体过程包括：

(1)在拉合千斤顶拉合管节接头初步止水完成后，潜水员全面检查GINA带的压接情况，并测量两条管节之间的距离、管顶面高差、接头左右偏差，所有的实际情况与设计要求相符合时，进行放水压接作业。

(2)在待装管节内，打开压载管路进水阀门及上部空气阀，将封门之间的水排到小水箱内。

(3)继续排水，将接合腔内的剩余水体排出，进一步实现水力压接。

(4)在整个过程中，潜水员在水下不断测量两条管节之间的距离，随着放水的进行，距离越来越小，当所测距离与设计符合时，水压接完成。

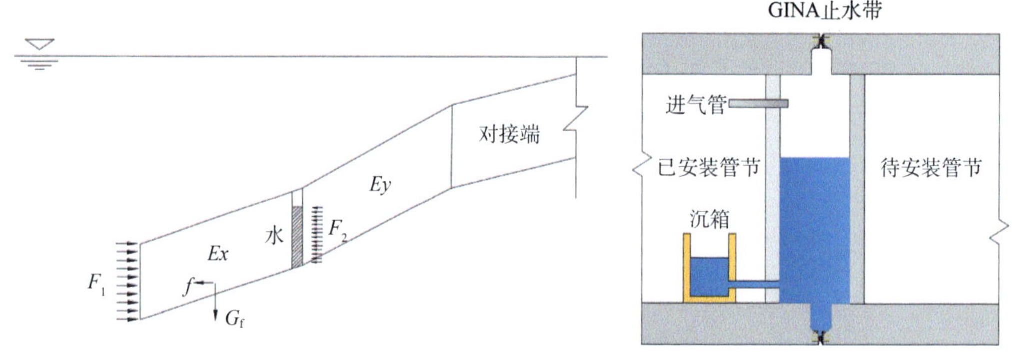

图8-18　管节水力压接受力分析简图

由图8-18可知，*Ex*管节在水力压接过程中受到左侧水压力F_1、右侧水压力F_2、摩擦力f，由于管节最大纵坡为4.8%，相对较小，将摩擦力f考虑为水平方向。右侧水压力F_2=0时，管节水力压接完成，管节沉放过程中，负浮力为1%。GINA止水带承受平均压力按平均水位高程+62.73m计算，选取两种不同的型号GINA止水带，各管节接头处参数如表8-2所示。

各管节接头处GINA止水带参数　　表8-2

管节接头	ES-E1	E1-E2	E2-E3	E3-E4	E4-E5	E5-E6	E6-东津端
接头底面高程(m)	—	46.852	41.918	40.237	39.152	38.068	38.73
GINA硬度(ShaA)	43	43	48	48	48	48	48
GINA轴线长度(m)	75.52						

管节接头	樊城端-W1	W1-W2	W2-W3	W3-W4	W4-WS
接头底面高程(m)	43.94	40.388	39.823	42.524	
GINA硬度(ShaA)	48	48	48	48	48
轴线长度(m)	75.52				

根据管节沉放过程中的水压力，计算出GINA止水带单位长度所受压力，通过GINA止水带压缩力-压缩量关系曲线，可算出水力压接过程中GINA止水带的压缩数值，并指导现

场施工。根据以往工程案例，沉管管节下沉时负浮力多选择在1%~2%之间，如日本多摩川隧道、宁波常洪隧道负浮力为1%，韩国釜山沉管隧道负浮力为1.5%等，鱼梁洲隧道管节下沉负浮力取1%。沉管管节初步压接完成后，在已安装管节内，打开端封门上部空气阀及压载管路进水阀门，以排除接合腔内水体。当接合腔内剩余水体排尽时，完成水力压接作业。东、西汉沉管管节水力压接完成后，各管节受力情况如表8-3所示。

沉管管节水力压接荷载分析　　表8-3

部位	管段	管底高程(m)	水压力F_1(kN)	摩擦力f(kN)	总压力(kN)	压缩力(kN/m)
东汉	E6~东津	38.734	53493.20	966.49	52526.71	695.53
	E5~E6	38.068	55330.00	966.49	54363.51	719.86
	E4~E5	39.152	52340.38	1346.39	50993.99	675.24
	E3~E4	40.237	49348.00	1346.39	48001.62	635.61
	E2~E3	41.918	44711.89	1346.39	43365.50	574.23
	E1~E2	47.052	30552.57	1402.25	29150.32	385.99
	ES+E1	47.288	30118.6	55.87	30062.73	398.08
西汉	W1~樊城	43.94	39135.31	966.49	38168.82	505.41
	W2~W1	40.388	48931.55	966.49	47965.06	635.13
	W3~W2	39.823	50489.80	966.49	49523.30	655.76
	W4~W3	42.524	43040.57	1022.36	42018.21	556.39
	WS+W4	42.765	42596.98	55.87	42541.11	563.31

根据第5.2.2节的GINA止水带水密性试验报告，沉管管节要实现最小水密封，止水带压缩量需达到40~60mm(考虑100年老化松弛条件)，考虑隧道的静力和抗震工况，管节接头最大张开量为22mm。由于首次采用国产化GINA止水带，建议考虑10%的误差，因此GINA止水带最小压缩量约90mm。由表8-2可知，ES+E1、E1~E2间GINA止水带选用硬度为43 ShaA型，其余管节间选用硬度为48 ShaA型能满足止水带压缩量要求。计算所得不同管节接头处GINA止水带压缩量，结果见表8-4。由表8-4可知，东汉GINA止水带压缩量最大为105.5mm，最小为97.0mm，总计压缩量710.5mm；西汉GINA止水带压缩量最大为103.0mm，最小为98.5mm，总计压缩量498.0mm。

各管节接头处GINA止水带压缩量　　表8-4

部位	管段	压力(kN/m)	GINA止水带硬度(ShaA)	GINA止水带压缩量(mm)
东汉	E6~东津	695.53	48	104.6
	E5~E6	719.86	48	105.5
	E4~E5	675.24	48	103.7

续上表

部位	管段	压力(kN/m)	GINA止水带硬度(ShaA)	GINA止水带压缩量(mm)
东汉	E3~E4	635.61	48	102.2
	E2~E3	574.23	48	99.6
	E1~E2	385.99	43	97.0
	ES+E1	349.55	43	97.9
东汉合计				710.5
西汉	W1~樊城	505.41	48	95.5
	W2~W1	635.13	48	102.1
	W3~W2	655.76	48	103.0
	W4~W3	556.39	48	98.5
	WS+W4	514.73	48	98.9
西汉合计				498.0

分析整个水力压接过程中GINA止水带压缩量的变化情况，能够很好地指导现场施工。以水头最大的东汉E5管节为例，分析水力压接过程中GINA止水带的变化情况。E5管节水力压接过程根据E5/E4管节接头处接合腔的排水水头分析，排水水头分别取0m、2m 、4m、6m、8m。E5管节水力压接过程GINA压缩量见表8-5。

E5管节水力压接过程GINA止水带压缩量　　表8-5

水压力F_1(kN)	摩擦力f(kN)	接合腔排水(m)	水压力F_2(kN)	总压力(kN)	压缩力(kN/m)	GINA止水带压缩量(mm)
53493.20	966.49	0	12939.8	41423.7	548.5	96.6
		2	7925.3	46438.2	614.9	101.3
		4	4133.9	50229.6	665.1	103.3
		6	1565.5	52798.0	699.1	104.7
		8	220.1	54143.4	716.9	105.4
		9.2	0.0	54363.5	719.9	105.5

东、西汉不同管节水力压接过程GINA止水带压缩量如图8-19所示(ES+E1、WS+W4为坞内拉合)。由图8-19可知，随着接合腔内水位降低，GINA止水带压缩量逐渐增大，直至水力压接完成；43 ShaA型GINA止水带刚度较小，水力压接过程中，压缩量变化最明显；采用48 ShaA型GINA止水带的管节中，W1管节压缩变化最明显，GINA止水带压缩量增加11.7mm；E5管节压缩变化最小，GINA止水带压缩量仅增加7.5mm。水深越大，水力压接过程中GINA止水带压缩量增加值越小。

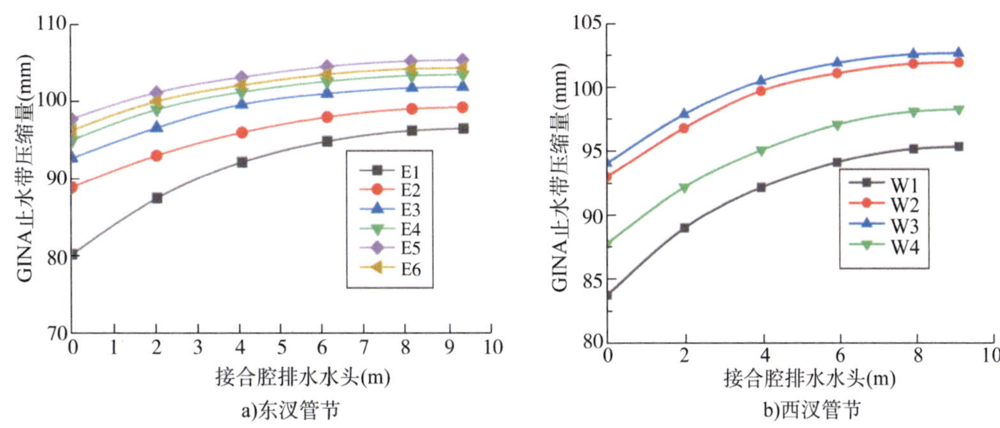

图8-19 东、西汉管节水力压接过程GINA压缩量

8.5.5 管节轴线调整关键技术

节段预制的误差和GINA止水带各段弹性变形量的不均匀可引起沉管管节产生轴线偏差。管节预制过程中的误差需在预制阶段严格控制，精调系统主要解决GINA止水带不均匀压缩导致的偏差。沉管沉放安装平面精度要求为±20mm（管节轴线与隧道轴线的偏差），当新安装沉管自由端的轴线偏差超过设计要求时，需借助精调系统调节待安装沉管轴线。

国内外常用的沉管精调系统调节方法主要有内调法和外调法两大类。内调法通过管内顶推新安装沉管对接端边墙，使得新安装沉管尾端实现纠偏，厄勒海峡沉管隧道、多摩川沉管隧道等均采用该方法。内调法需要大量的千斤顶进行顶推作业，对同步性要求很高，需在沉管尾端外墙内部设置凹槽和预留孔，设备需提前安放，同时对沉管刚度要求很高，精调效果也较差。外调法一般采用沉管尾端横调缆进行纠偏，操作简单，纠偏能力强，对沉管刚度要求低，天津海河隧道、南昌红谷隧道等均采用该方法。虽然外调法在内河沉管隧道中应用相对较多，但是对其精调能力计算的研究相当有限，更多依靠现场工人的实操经验，因此研究沉管管节水力压接过程，分析沉管外调法精调过程很有必要。

如图8-20所示，当新安装管节管尾轴线出现偏差，且管节尾部轴线偏离隧道轴线大于20mm时，采用横调系统调整法，即给管尾轴线一个相反的预偏量，然后管尾的横调系缆收紧，给管尾一定的预张力，控制管尾的偏移，从而达到纠偏的效果。

如图8-21所示，当新沉放管节尾部轴线偏离隧道轴线小于20mm时，可采用错位对接调整法，对下一沉放管节的导向座位置进行适当调整，把下一沉放管节轴线调整到设计隧道轴线上。当新沉放管节的对接完成后，通过贯通测量得出其尾部轴线的偏离量，并计算出下一节管节导向座的偏移位置。得到新沉放管节尾部轴线偏离值后，可通过计算得出下一沉放管节导向座的偏移位置，在管节预制时对导向座的位置进行调整，如果管节已预制完成，则必须对导向座进行修改，使导向座有足够的偏离值。

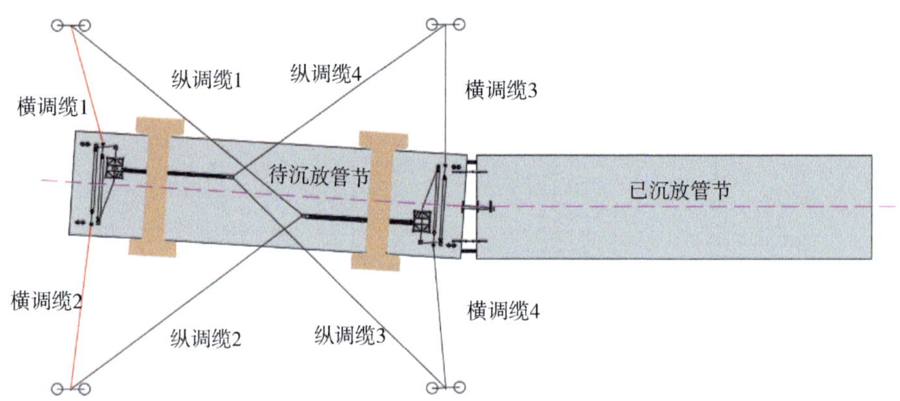

a)初步拉合完成，通过横调缆1、2，控制管尾偏移

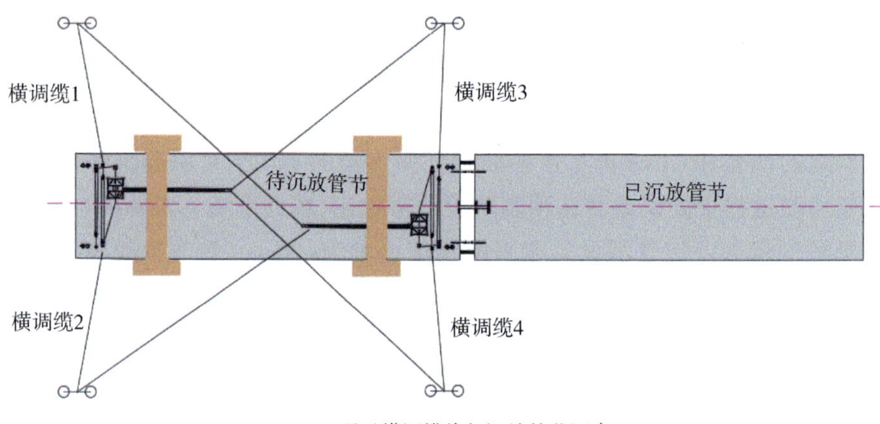

b)通过横调缆将新沉放管节调直

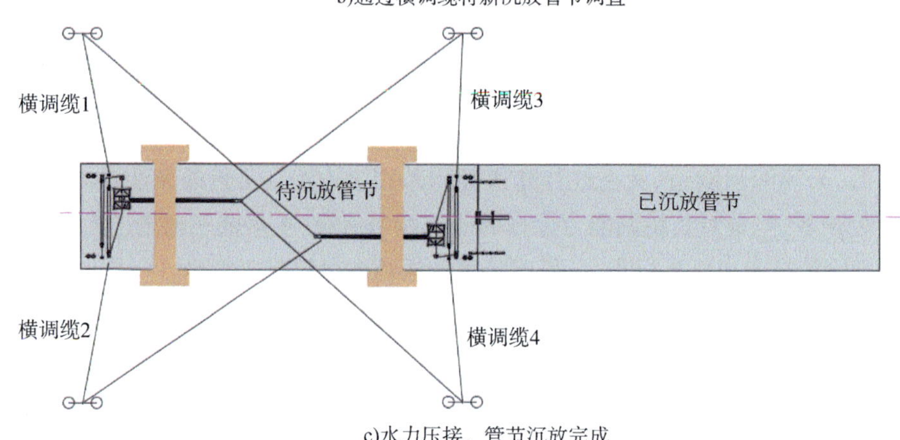

c)水力压接，管节沉放完成

图8-20　沉管管节精调系统精调过程

8.5.6　沉管管节回填关键技术

为防止管节发生侧移，在管节沉放就位后，应尽快在管节两侧进行锁定回填、一般回填及顶部回填覆盖处理，以便及时对管节加以保护，使其具有较好的防冲刷与防锚的能力。为了消除隧道管节两侧的易地震液化区，隧道管节两侧的回填层应具有良好的排水性能。

如图8-22所示，鱼梁洲隧道沉管管节回填的典型断面抛填分四个层次，从下向上依次为：①第一层，管节两侧砾石锁定回填；②第二层，管两侧及管顶以上50cm一般回填料回填；③第三层，一般回填以上50cm块石层回填；④第四层，卵石回填；⑤第五层，10cm厚软体排护面；⑥第六层：100cm厚块石压重，端部采用格宾石笼压重。

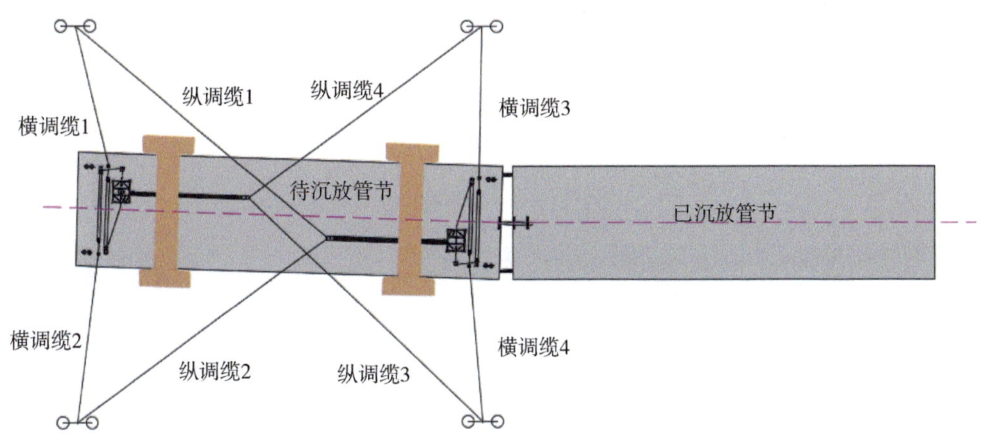

a)导向杆安装完成，新沉放管节尾部偏移较小

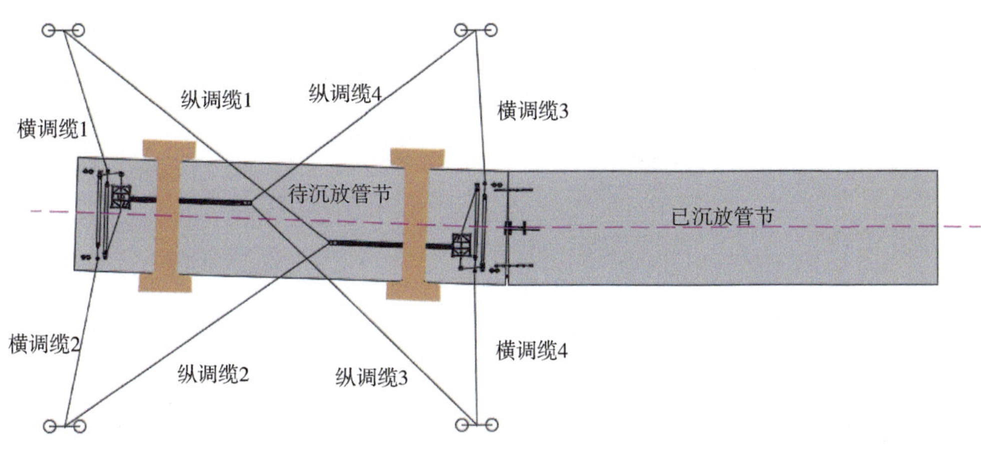

b)新沉放管节拉合、水力压接

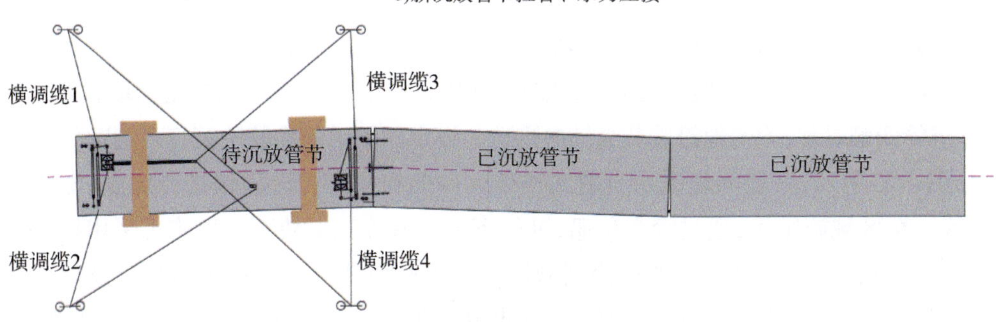

c)下一沉放管节调整轴线

图8-21 横向错位对接调整法精调过程

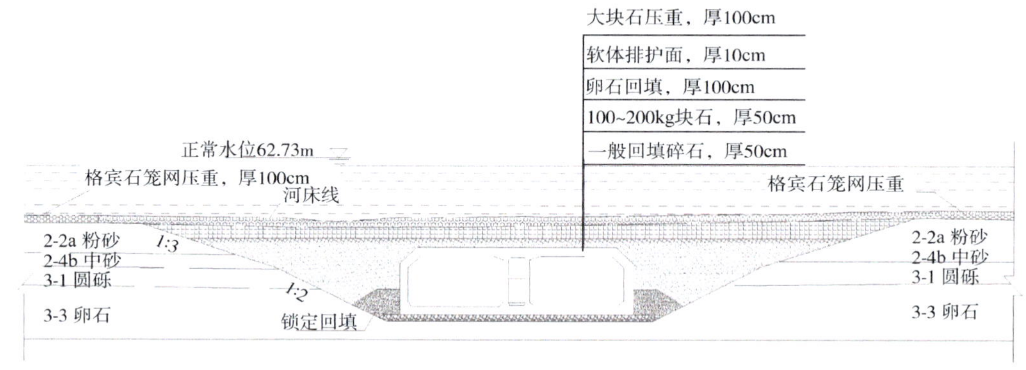

a) 回填防护横断面

b) 锁定回填

c) 一般回填

d) 软体排铺设

e) 防冲石笼安装

图8-22　鱼梁洲隧道沉管回填防护

锁定回填是沉管隧道管节沉放后的首道回填工序，目的是尽快固定住管节，防止管节在横向水流力作用下发生偏转。因为锁定回填速度要快，故回填方量不能太多，几何尺寸不能设计太大。同时，由于锁定回填时，安装船已经按安装工序要求撤离，管节是靠管节的负浮力对基础面的静摩擦力来维持横向稳定的，此时静摩擦力较小，故沉管管节锁定回填必须按设计要求在沉管两侧对称、均匀地沿管节纵轴向进行。锁定回填采用溜管法沉管两侧对称回填。

如图8-23所示，一般回填采用自航式皮带运砂船在指定位置抛锚进行定点、定区域抛填，完成一个区域施工后，通过绞车移船，进行下个区域施工。块石回填施工采用抓斗船船施工。施工过程中，勤探水深，严格控制抛填量即可避免超抛。如有超抛超过设计及规范要求并且可能影响航道正常使用的情况，应使用抓斗抓除超抛部分。软体排在陆地预制、编网，采用起重船安装。软体排编网长度不大于起重船吊高，测量人员标示出软体排铺设位置，绞移起重船至铺设位置，将软件体缓缓放入水下。软体排一边放低，一边绞移起重船，直至软体排最后平铺放至沉管基床顶部。格宾石笼在陆地码装，船运现场后起重船吊装沉放；压重块石采用抓斗船施工。

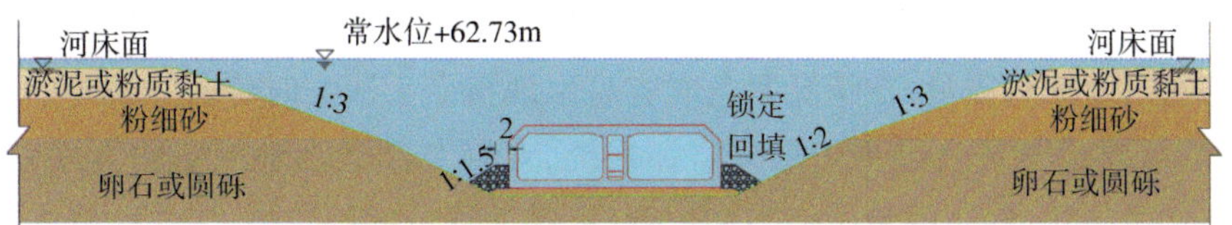

a)锁定回填示意图

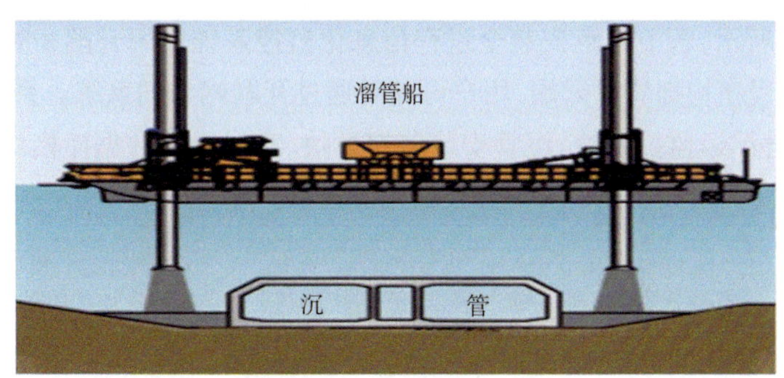

b)溜管船对称锁定回填

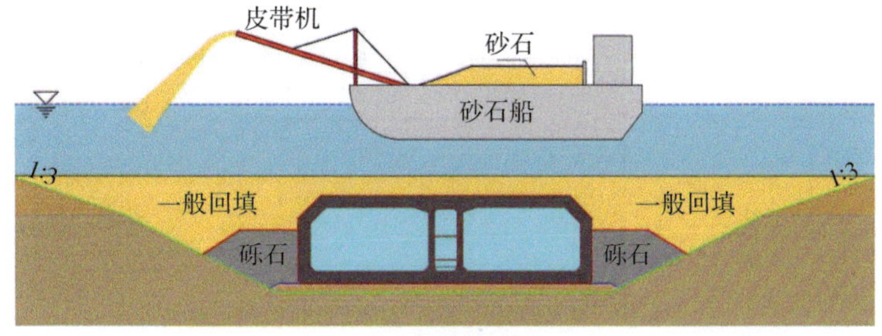

c) 一般向填施工

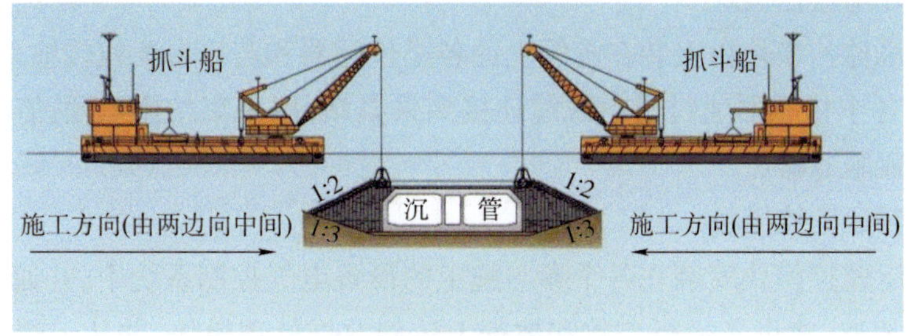

d)抓斗船回填块石

图8-23　沉管隧道回填施工

8.6　管节浮运安装全过程信息化监控系统

8.6.1　系统结构与功能设计

在传统的沉管安装施工监控中，从管节出坞至其最后对接安装，各个施工环节以人工监测为主,无法对管节沉放与水下安装进行可视化、信息化、数字化监控。这种传统监控方法无法掌握管节的连续受力和空间姿态,其施工决策需通过人工手动完成,由管理者下达施工指令,存在时间断点,操作人员在收到指令后手动进行控制,响应时间较长,操作精度不高,影响施工效率和质量,在情况紧急时容易出现指令无法实时传递的缺陷。因此,研发沉管隧道管节浮运安装全过程信息化监控系统,对管节浮运与水下安装全过程进行可视化、数字化监控,实时控制沉管的姿态和位置,以保证管节的稳定性、安装位置的准确性、信息传递的连续性。

如图8-24所示,管节浮运安装全过程信息化监控系统采用云端B/S网页架构,服务器、数据库等应用程序均部署在云端,用户可随时通过互联网访问系统。系统结构由施工环境监控模块、沉管浮运监控模块、沉管安装监控模块、实时云端数据库模块、综合预警决策模块和用户界面模块组成。下面对部分模块功能进行介绍。

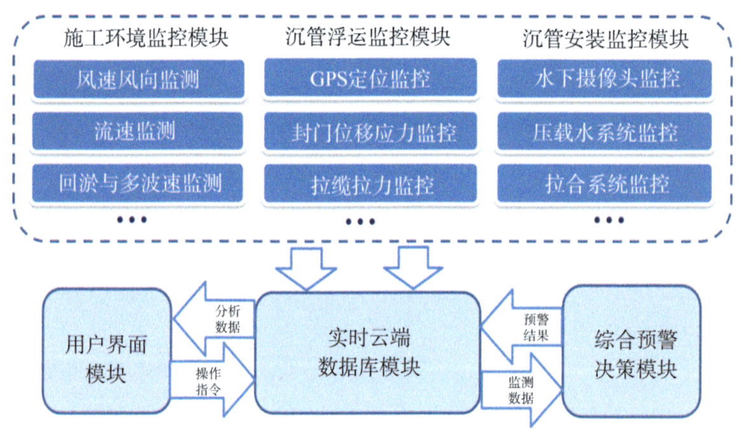

图8-24　管节浮运安装全过程信息化监控系统结构

1)施工环境监控模块

施工环境监控模块由安装在沉管上的各类传感器和若干台无线传输采集站组成,安装在沉管上的各个传感器通过通信线缆连接到采集站,由采集站用4G通信的方式将实时数据发送到集成服务器。

2)沉管浮运监控模块

沉管浮运监控模块安装在各个参与施工的设备电气控制系统中,并通过PLC电路与设备控制模块相连;将设备运行参数和数据上传到数据处理模块,并从云端数据库获得实时操作指令并执行;沉放和浮运过程中接收系缆力、吊缆力等控制指令并发送给液压卷扬机,实时控制缆力大小,自动调整沉管姿态和位置。

在水下沉放和对接阶段中,沉管浮运监控模块通过向水下摄像头和压载水系统传达命令指令,调整沉管下沉速度,精确控制对接位置,保证下沉稳定性和对接准确性。施工期间一旦有预警发出,施工控制模块将根据预警内容及时停止相关施工设备,并结合数据库中历史数据,生成下一步调整方案。

3)实时云端数据库模块

实时云端数据库模块安装在与互联网相连接的云端服务器上,对实时采集的沉管构件、环境因素、施工设备等监测数据进行存储与处理。系统根据沉管安装实时施工进度和施工方案和实时监测数据,通过服务器或工作站自动计算后将沉管结构各类参数分类整理并下达指令,从而控制施工相关设备(包括拉合千斤顶、液压卷扬机、压载水系统等)运行。

4)综合预警决策模块

通过互联网或移动通信网络向远程终端(计算机端为网页信息、手机端为App信息)发送实时监控情报。当有数据超限情况发生时,根据预警机制和指标生成实时超限警报文本,及时发送实时预警信息,信息包括数据超限发生的时间、类型、超限值等,并根据预警人级别不同显示相应的预警信息内容。

5)用户界面模块

用户界面模块作为软件程序安装在与互联网相连接的计算机或者移动设备上,终端采用B/S架构设计,不同施工阶段将相应的传感器数据用图表、曲线以及三维仿真界面展示在主页上。通过实时数据,自动切换不同工况界面,以三维视角展示沉管空间姿态和受力状态及当前施工内容,用户(施工管理者)可以通过4G/5G/Wi-Fi方式查看数据处理模块中的各类实时与历史数据,接收实时预警警报推送。通过手机端监控系统将施工综合信息推送到相关管理人员,确保每一阶段沉管施工顺利进行。

8.6.2 监测项目及测点布置

鱼梁洲隧道沉管结构监测项目及测点布置见表8-6。测点合计210个。

鱼梁洲隧道沉管结构监测项目 表8-6

序号	监测种类	监测项目	数量(个)	监测仪器	安装阶段
1	施工环境	风速	1	风速风向仪	—
2		流速	1	流速仪	
3		回淤监测	13	回淤盒	
4		边坡监测	1	多波束	
5	位移监测	安全距离	4	位移雷达	管节出坞
6		干舷	2	全球定位系统(GPS)	
7	缆力监测	系缆力	6	拉力传感器	管节安装
8		吊缆力	4	拉力传感器	
9	管节结构监测	位移	44	位移监测传感器	
10		应力	44	应变监测传感器	
11	压载水控制系统	水袋流量	32	流量传感器	
12		纵横摇	6	倾角传感器	
13	定位控制系统	位移监测	4	水下摄像头	
14	管节与建筑物干扰监测	位移	4	测距雷达	
		干舷值	2	GPS定位系统	

续上表

序号	监测种类	监测项目	数量(个)	监测仪器	安装阶段
15	拉合控制系统	拉力	2	千斤顶	管节安装
16	沉管安装后监测	平面监测	40	全站仪	

1)水文气象监测

浮运期间加强水位、流速、风速观测统计分析。流速仪实时监测管节沉放流速;风速仪实时监测管节沉放风速;通过天气预报监测气象条件。

2)管节与建筑物干扰监测

管节出坞空间狭小,为提高出坞过程的安全性,在管节四个角部安装雷达。当管节结构距坞门地下连续墙等结构物小于安全距离(1.5m)时,信息监测系统能自动报警。如图8-25所示,管节出坞、浮运安装过程中配置2套GPS定位系统,监测管节四个角的干舷值。沉管安装时GPS移位至测量塔。

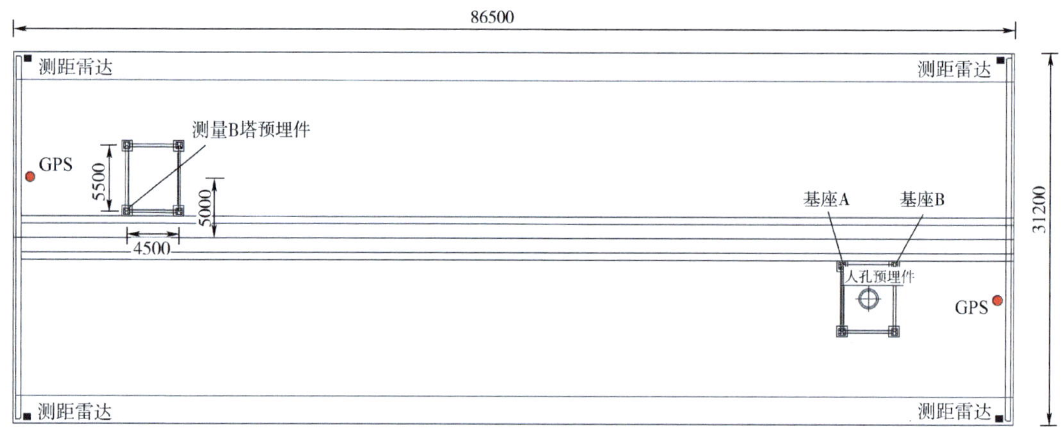

图8-25 沉管出坞、浮运测点布置平面图(尺寸单位:mm)

3)系缆力、吊缆力监测

在精调和对接过程中,通过自动采集手段实时监测沉放缆力、吊缆力等数据。通过锚索拉力传感器进行沉放过程中系缆力、吊缆力监测,并通过自动采集手段实时显示系缆力、吊缆力。如图8-26所示,系缆力监测布置6个点,分别位于塔顶卷扬机处(6台);吊缆力监测布置4个点,分别位于吊驳上。共布置10套锚索拉力传感器。

4)端封门结构监测

沉管浮运安装过程中需对端封门进行位移及应变监测,位移观测点为每扇封门的上下位置,应变监测点为每扇封门的竖向中间位置,针对E5及E6管节端封门进行结构应力、位移监测。如图8-27所示,采用位移监测传感器监测端封门位移,采用应变监测传感器监测端封门应力,位移监测传感器布置在端封门上下位置,应变监测传感器布置在端封门中间位置,位移监测传感器及应变监测传感器均布置在封门内侧。位移监测采用可重复利用的伸缩式位移监测传感器,每侧封门布置22个,两侧封门共布置44个(可重复)。应变监测传感器每侧封门布置11个，考虑E5、E6两个管节，共布置44个。

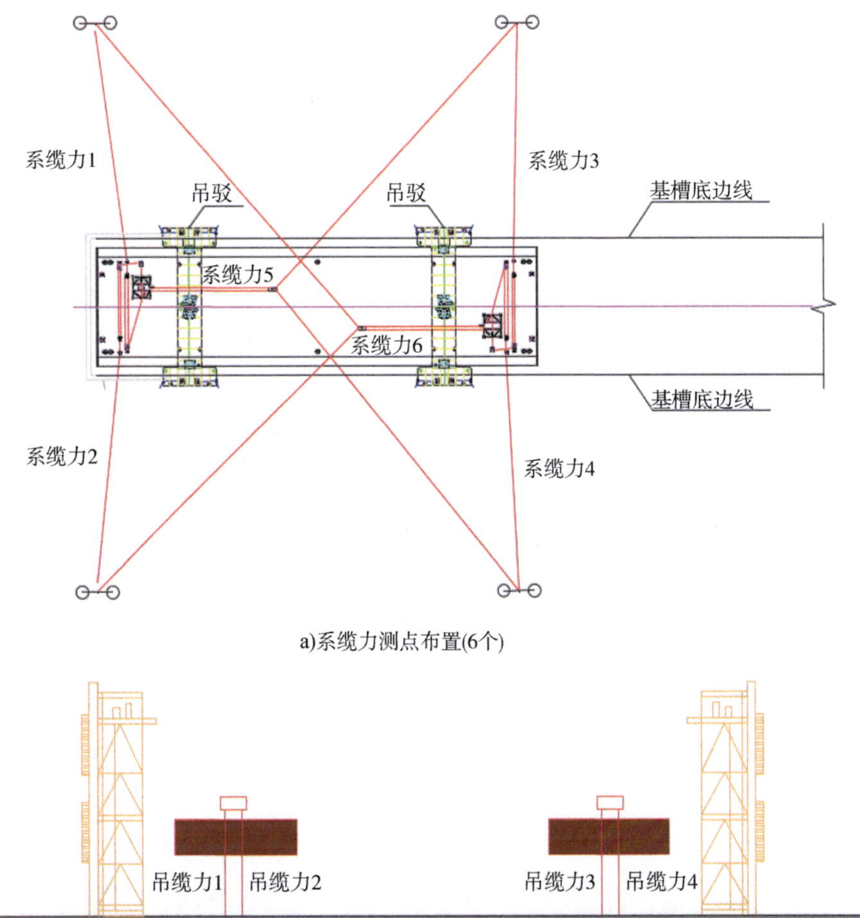

a)系缆力测点布置(6个)

b)吊缆力测点布置(4个)

图8-26 系缆力、吊缆力监测

5)压载水控制系统监测

压载水控制系统包括液位测量系统、阀门遥控系统、泵控及动力供电系统、闭路电视(CCTV)系统、远程监控终端。管节CCTV系统主要用于监测管节内部各个重要区域的工况，以保证沉放过程的安全可控。如图8-28所示，压载水控制系统对沉管沉放对接精度影响较大，需监测进水量、瞬时流量、水袋压力值等数据，沉管沉放状态可通过进水量及吊缆力值反映；需分析压载水流量与干舷高度的关系，确定沉管4个角点干舷消除的临界流量值及干舷消除的时间。为保证管节沉放安全性，需同时对比分析吊缆力实时监测系统与压载水实时监测系统反馈的负浮力。

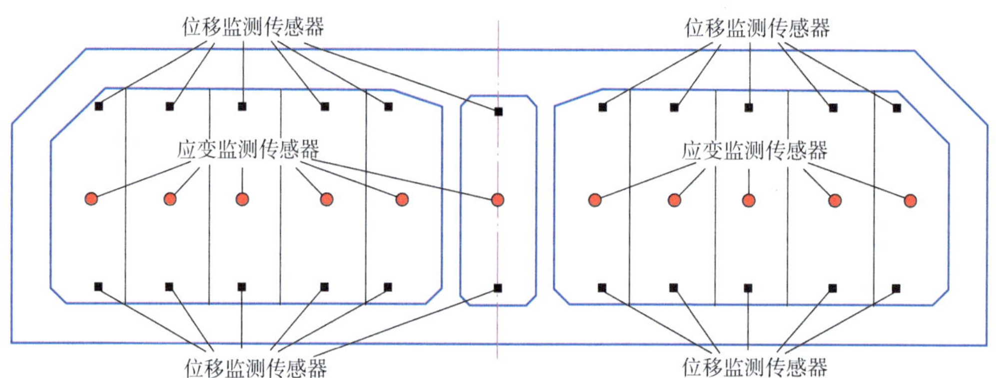

图 8-27　端封门结构监测点布置

图 8-28　压载水系统监测

6)水下可调精确导向定位控制系统监测

水下可调精确导向定位控制系统采用水下摄像头进行观测,目的是确定管节对接精度及管节对接时 GINA 的压缩量。通过水下摄像头观测管节接头处位移情况。如图 8-29 所示,在管节对接端布置4个摄像头,其中顶板2个,两边侧墙各1个。

a)水下摄像头

b)水下测量

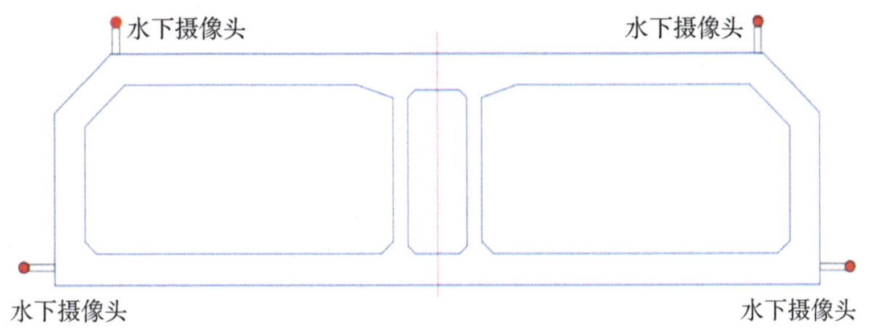

c)摄像头位置

图8-29　水下摄像头布置

7)水下自动拉合控制系统

在沉管管面布置2台拉合千斤顶,通过拉合千斤顶监控沉管管节初步压接的拉力和拉合位移,需将拉力数据及拉合位移值导入沉管隧道施工全过程信息监控系统。

8)管节安装后监测

测量室在出坞前需制定管节沉放观测方案,通过全站仪测量管节张合量及平面轴线、竖向沉降,在出坞前确定观测初始值,沉放后将观测数据手动输入沉管隧道施工全过程信息监控系统,完成数据闭合。如图8-30所示,每个沉管管节布置4个测点,即L1、L3、R1、R3,共40个测点。

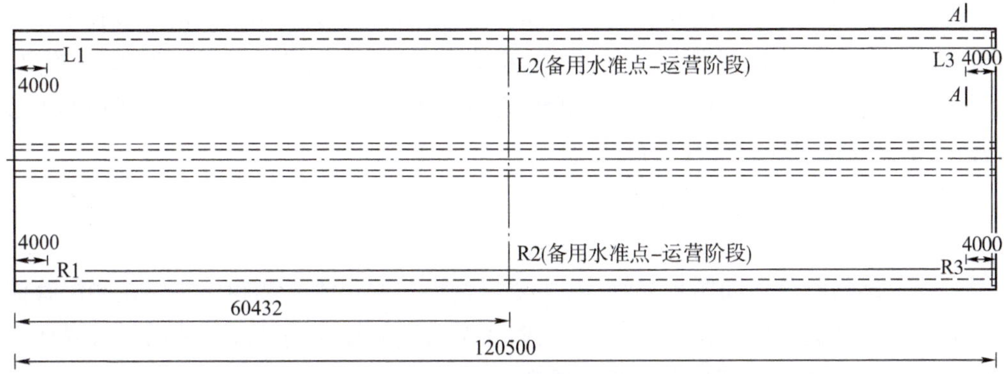

图8-30　沉管管节测点布置平面图(尺寸单位:mm)

8.6.3 系统研发与应用

如图8-31所示，管节浮运安装全过程信息化监控系统研发工作的实施分感知层、网络层、应用层三个层级进行。感知层由现场安装在工作平台上的各类传感器组成，该层级的作用是实时采集数据并传输到云端服务器；网络层由各类传输和云端服务器组成，该层级的作用是传输、接收和存储现场所采集的实时数据；应用层由Web端网页及其后台管理程序组成，该层级直接面向用户而研发，是系统功能和数据交互的唯一平台。

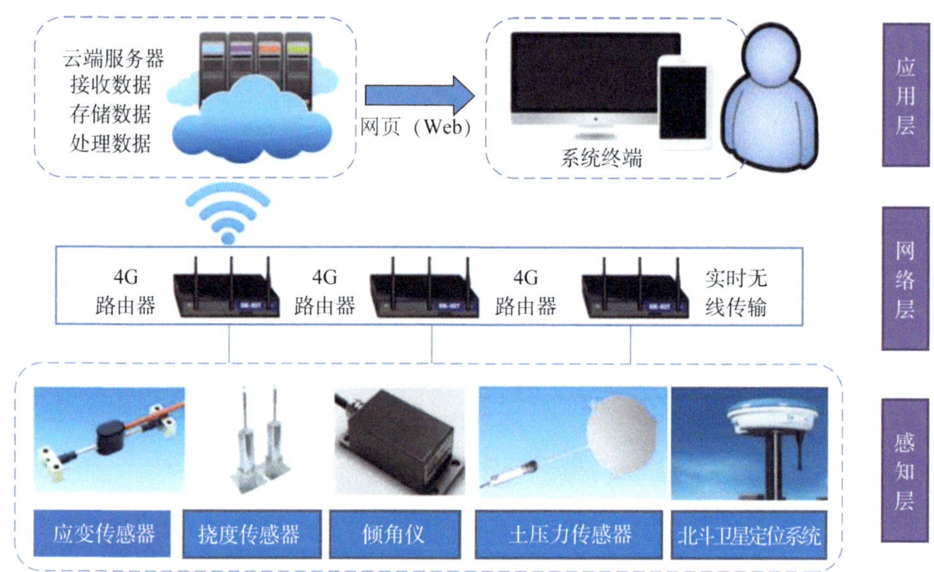

图8-31　管节浮运安装全过程信息化监控系统原理

基于鱼梁洲隧道管节浮运与沉放安装施工过程，建立了无线自动化数据采集网络，与智能传感器、压载水控制系统等设备进行数据互联，实现了管节浮运安装全过程信息化监控系统的应用，在施工全过程中对沉管各个施工阶段的重要参数进行监测与分析处理，以及时掌握沉管结构内部应力及整体姿态稳定性，从而为安全施工提供预警信息，确保沉管基础施工顺利进行，达到指导施工和反馈设计的目的，实现"可测、可视、可控"对接。

如图8-32所示，管节浮运安装全过程信息化监控系统主页展示了当前管节施工过程中监测的各项实时数据，包括管节应力、位移、系缆力、吊缆力、水袋容量、倾角、安全距离、沉管目标里程、目标高差、大小里程偏位、高程、偏距等数据值，在三维界面可随意切换管节出坞、浮运、下沉对接、封门等数据的监测。

管节浮运安装全过程信息化监控系统在管节出坞、浮运、下沉、对接四个阶段的具体应用如下：

(1)管节出坞阶段。如图8-33所示，主要通过坞门两端激光测距仪实时监测沉管侧面到坞门的距离，依据测距调整沉管的位置，防止沉管出现擦碰的情况。同时通过界面三维可视化模型更加直观地展现沉管距坞门距离。

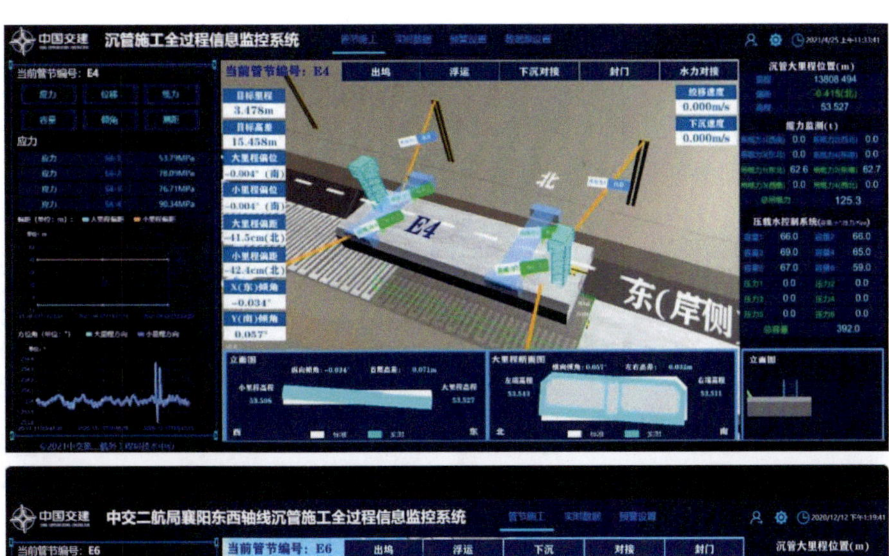

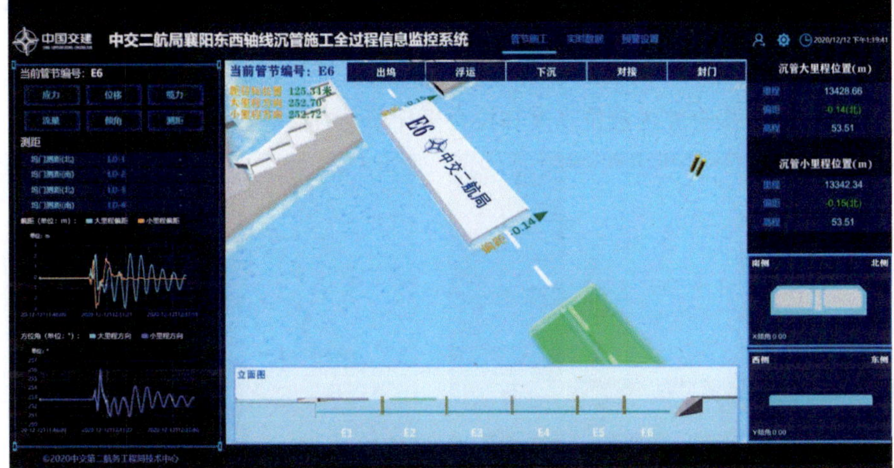

图8-32 管节浮运安装全过程信息化监控系统主页

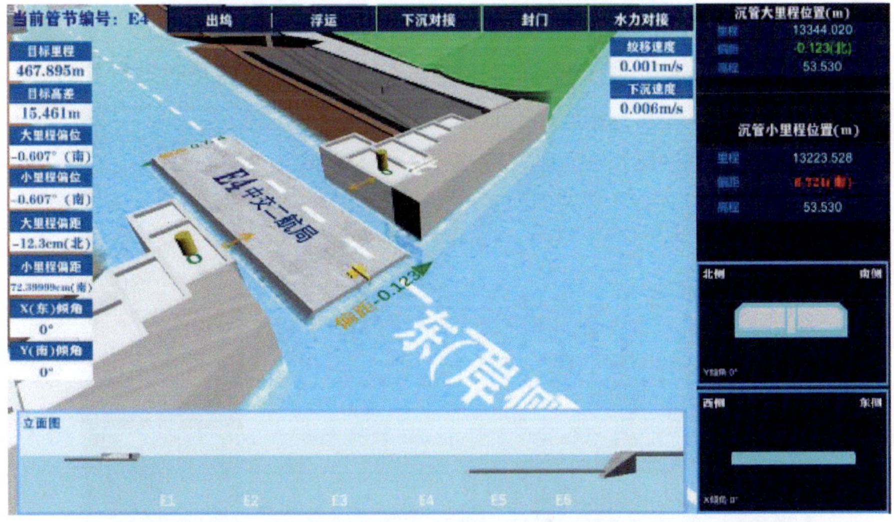

图8-33 管节出坞施工系统界面

（2）管节浮运与下沉节段。在管节浮运过程中，主要观察沉管的姿态数据、速度以及里程等，以控制沉管浮运平稳、可控。如图8-34所示，管节浮运到达指定位置后，系统界面反馈沉管装置系缆和吊缆力、压载水系统的数值，操作人员可根据反馈的相关数据，控制沉管的下沉位置和姿态，确保沉管顺利下沉。

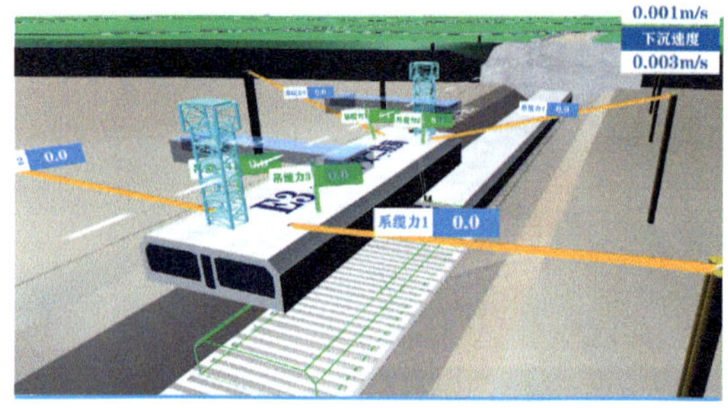

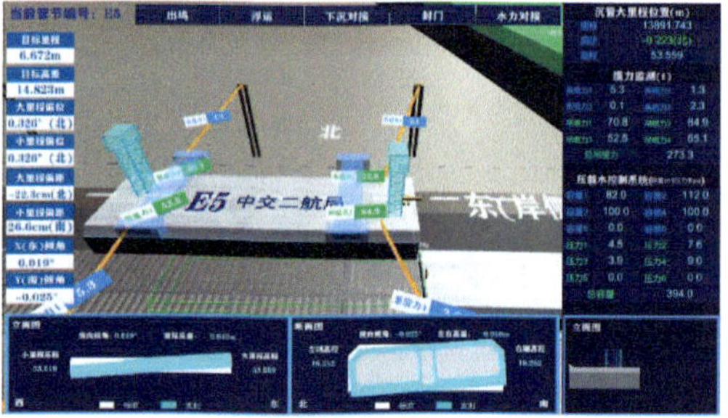

图8-34　管节浮运与下沉阶段系统界面

（3）对接节段。如图8-35所示，管节下沉到位后，沉管开始对接，通过水力压接实时监测GINA止水带压缩量、接合腔内液位高度和拉合千斤顶受力值等数据，控制沉管精准对接。

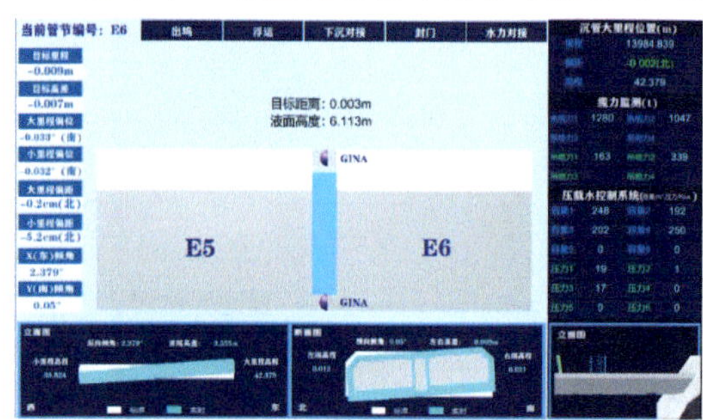

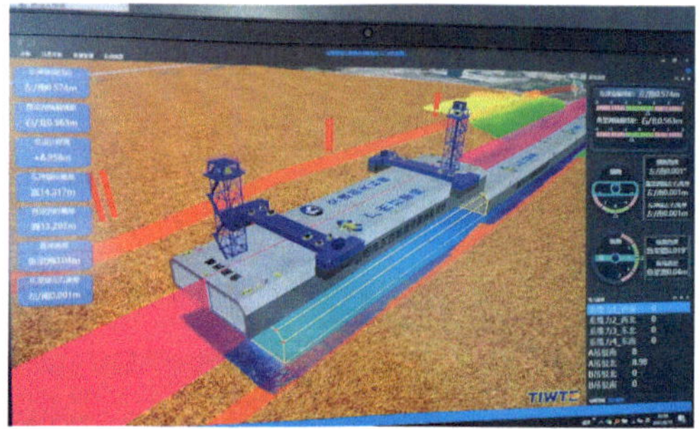

图8-35　节段对接阶段系统界面

（4）沉管端封门监测。如图8-36所示，在沉管浮运安装过程中，管节浮运安装全过程信息化监控系统对端封门进行实时位移及应变监测，通过三维模型直观展示每个测点的具体位置和当前数值，若出现异常，测点会通过高亮显示提醒操作人员及时进行处理。

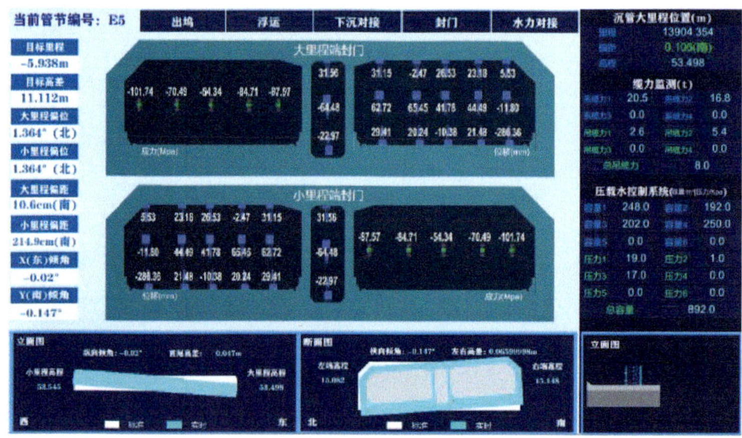

图8-36　沉管端封门监测界面

8.7　本章小结

本章的主要研究内容与结论如下：

(1)鱼梁洲隧道沉管管节浮运安装按照先东汊、后西汊的顺序施工，东汊沉管浮运自东津侧向鱼梁洲侧逐节浮运，西汊沉管浮运按樊城侧至鱼梁洲侧依次浮运；沉管浮运安装施工按照时间顺序主要包括坞内准备、一次舾装、管节出坞、管面设备拆除及二次舾装、管节沉放对接、舾装件拆除、锁定回填等；鱼梁洲隧道采用管面绞车绞移拖运的方式进行沉管浮运施工，采用沉放驳吊沉法进行管节沉放安装，管节定位采用绞车锚缆定位方式。

(2)一次舾装主要包括GINA橡胶止水带及保护装置、沉管顶板舾装件、端封门、钢端壳面板、压载水系统的安装与调试等；沉管管节出坞前需进行坞内试浮测试；管节二次舾装主要包括安装测量控制塔、管顶人孔、专用沉放驳、纵横调节系统布置。

(3)ES+E1、E1~E2 管节间选用硬度 43 ShaA 型 GINA 止水带，其余管节选用硬度 48 ShaA 型 GINA 止水带；不同管节 GINA 止水带压缩量均在(100±10) mm，最大压缩量105.5mm，最小压缩量95.5mm；东汊管节GINA止水带总计压缩量710.5mm，西汊管节GINA止水带总计压缩量498.0mm。

(4)节段预制误差和GINA止水带各段弹性变形量的不均匀可引起沉管管节产生轴线偏差；当新安装管节管尾轴线出现偏差，且管节尾部轴线偏离隧道轴线大于20mm时，采用横调系统调整法达到纠偏的效果；当新沉放管节尾部轴线偏离隧道轴线小于20mm时，可采用错位对接调整法，对下一沉放管节的导向座位置进行适当调整，把下一沉放管节轴线调整到设计隧道轴线上。

(5)鱼梁洲隧道沉管管节回填从下向上依次为锁定回填、一般回填、块石层回填、卵石回填、软体排护面、块石及格宾石笼压重。沉管管节锁定回填须按设计要求在沉管两侧对称、均匀地沿管节纵轴向进行，采用溜管法进行锁定回填。

(6)通过国内外调研，结合工程现场实际情况，研发了沉管管节浮运安装全过程信息化监控系统，其主要包括施工环境监控模块、沉管浮运监控模块等六大模块，实现了管节浮运安装过程可测、可视、可控，克服了沉管管节水下安装的作业难题，降低了管节安装的施工风险。

<<< 第3篇 >>>

工程成果篇

第9章 科技创新成果

9.1 科学技术奖

鱼梁洲隧道是汉江上的首条沉管隧道，隧道建设面临水域狭窄、地质水文条件复杂、沉管调位精度要求高、管节浮运安装及沉降预测难度大、关键线路较长、施工工期短、工效要求高等难题。项目团队通过理论研究、数值模拟、模型试验、设备研发、软件开发等手段，系统开展了内河大型沉管隧道关键技术及装备研发，取得了系列创新成果。截至2025年6月30日，项目已获得中国水运建设行业协会、中国公路建设行业协会、中国交通运输协会、中国航海学会、中国爆破行业协会、中国交通建设集团有限公司等科技进步奖11项，如表9-1所列。

所获科学技术奖清单 表9-1

编号	科技进步奖项目名称	授奖单位	获奖时间	级别
1	临江砂卵石地层大型干坞建设关键技术	中国公路建设行业协会	2020年	二等
2	移动工厂法整体式钢筋混凝土沉管全断面预制技术研究	中国水运建设行业协会	2021年	二等
3	干坞顺浇法沉管预制智慧移动工厂关键技术	中国航海学会	2021年	二等
4	内河大型沉管隧道管节浮运安装关键技术及装备研发	中国交通建设集团有限公司	2021年	一等
5	干坞顺浇法沉管预制智慧移动工厂	中国公路建设行业协会	2022年	一等
6	内河大型沉管隧道管节浮运安装关键技术及装备研发	中国水运建设行业协会	2022年	一等
7	大型内河沉管隧道全过程国产化建造关键技术研究与示范	中国交通运输协会	2022年	二等
8	整体式沉管全断面顺序浇筑工艺关键技术研究	中国交通建设集团有限公司	2022年	二等
9	水下高耸薄壁混凝土止水墙拆除爆破关键技术	中国爆破行业协会	2023年	二等
10	内河沉管隧道卵石基床整平成套关键技术及装备研发	中国航海学会	2023年	三等
11	内河大型沉管隧道管节浮运安装技术创新研究与应用	中国公路建设行业协会	2024年	三等

9.2 工程建设质量成果

鱼梁洲隧道建设项目符合法定基本建设程序，在工程建设中，质量目标明确，并实行了创优目标管理，主要质量指标符合相关标准要求，成本管理严格，经济效益明显，取得了良好的社会效益。同时，项目团队积极推广使用新技术、新工艺、新材料、新设备。在隧道建设过程中未发生一般及以上质量事故、安全生产事故和环境污染与破坏事故，未发生社会上造成恶劣影响的其他事件。项目团队已获得29项QC成果、56次奖项。项目工程部分质量成果如表9-2所列。

项目工程部分质量成果　　表9-2

序号	奖项类别	成果名称	获奖时间	所获奖项级别
1	QC成果	提高超深止水地连墙成槽工效	2019年	中建协全国Ⅱ类成果、湖北质安协会一等奖
2		沉管大体积混凝土预制工艺创新	2020年	中施企协全国三等奖、湖北质安协会二等奖
3		提高超重异型地连墙钢筋笼安装工效		湖北质安协会二等奖
4		提高大直径超长超厚锁扣钢管桩安装精度		湖北质安协会三等奖
5		提高基坑排桩测斜管可使用率		湖北质安协会三等奖
6		沉管隧道体系转换装置的研制	2021年	湖北质安协会一等奖、湖北市政协会二等奖
7		降低沉管隧道装配式端封门安装错位量		中国市政协会全国二等奖、湖北质安协会二等奖、湖北市政协会一等奖
8		新型沉管压载水系统研制		中国市政协会全国一等奖、湖北质安协会一等奖、湖北市政协会一等奖
9		提高砂卵石层三轴水泥搅拌桩施工工效		湖北质安协会二等奖、湖北市政协会二等奖
10		提高沉管隧道钢端壳面板一次安装合格率		中施企协会全国二等奖、湖北质安协会二等奖、湖北市政协会二等奖
11		提高隧道预留洞室施工质量一次验收合格率		湖北质安协会二等奖、湖北市政协会二等奖
12		提高台车法现浇隧道施工工效		湖北质安协会二等奖、湖北市政协会二等奖
13		提高砂卵石地层沉管基槽开挖工效		湖北质安协会优秀奖

续上表

序号	奖项类别	成果名称	获奖时间	所获奖项级别
14	QC成果	内河沉管隧道基槽新型浮式清淤平台研制	2022年	湖北质安协会三等奖、湖北市政协会一等奖、中国市政协会一等奖
15		内河沉管隧道基床新型浮式整平船研制		湖北质安协会三等奖、湖北市政协会一等奖、中交集团一等奖、中国市政协会一等奖
16		隧道悬挂式射流风机新型安装装置研制		湖北质安协会三等奖、湖北市政协会二等奖
17		提高大断面隧道钢筋保护层合格率		湖北质安协会二等奖、湖北市政协会二等奖
18		提高大直径压力管道接头焊接一次验收合格率		湖北质安协会二等奖、湖北市政协会一等奖、中国市政协会三等奖
19		提高防撞侧石一次验收合格率		湖北质安协会二等奖、湖北市政协会二等奖
20		提高隧道顶板防水卷材铺贴一次安装合格率		湖北质安协会三等奖、湖北市政协会二等奖
21		提高隧道狭长空间消防管道安装工效		湖北质安协会二等奖、湖北市政协会二等奖
22		提高台车法现浇隧道结构尺寸合格率		湖北质安协会二等奖、湖北市政协会二等奖
23		提高先铺法沉管卵石垫层整平一次验收合格率		湖北质安协会二等奖、湖北市政协会二等奖
24		提高长大隧道喷淋管道焊接合格率		湖北质安协会三等奖、湖北市政协会二等奖
25		提高内河水域多波束测量精度		湖北市政协会二等奖
26		沉管隧道最终接头摩擦止退构造研制	2023年	湖北质安协会二等奖
27		降低沉管综合管线返工率		湖北质安协会二等奖
28		提高沉管隧道接头OMEGA止水带一次安装合格率		湖北质安协会一等奖、中交集团一等奖
29		提高过江隧道沥青路面压实度		湖北质安协会三等奖
30	微创新成果	一种沉管隧道水袋压载水系统施工技术	2022年	中国施工企业管理协会
31		移动工厂法整体式钢筋混凝土沉管全断面预制技术		中国施工企业管理协会
32		沉管隧道无焊接装配式端封门	2023年	中国施工企业管理协会

9.3 工法与专利

鱼梁洲隧道作为国内整体建设规模最大的内河沉管隧道，项目参建各方克服新冠疫情、汉江流域异常回淤等不利因素，以“建造高品质沉管隧道”为己任，从关键技术、核心装备、特殊材料、智能建造等多个领域入手，实现国内首条沉管隧道建设全产业链国产化。项目团队已获得省部级工法21项（表9-3）；授权国家专利35项（表9-4），其中发明专利16项，实用新型专利19项。

工法清单　　表9-3

序号	工法名称	批准文号	完成单位	完成人	批准时间
1	临江砂卵石地层超深防渗墙施工工法	中路建协发〔2020〕41号	中交第二航务工程局有限公司	孙晓伟；曾波存；冯先导；王聪；孙晓强	2020/12/03
2	基于移动工厂的干坞顺浇法沉管预制施工工法	中路建协发〔2021〕33号	中交武汉港湾工程设计研究院有限公司；中交第二航务工程局有限公司	梁丰；孙晓伟；刘斌；苏艳；曲远辉	2021/08/25
3	移动工厂法整体式沉管全断面预制施工工法	中交股科函〔2021〕137号	中交第二航务工程局有限公司	冯先导；孙晓伟；王聪；余登文；仇正中	2021/12/15
4	沉管预制步履支撑自行走全断面液压模板台车施工工法	中交股科函〔2021〕137号	中交第二航务工程局有限公司	孙晓伟；冯先导；钱海亮；曾波存；陈金元	2021/12/15
5	基于自行走钢筋台车的沉管顶板钢筋施工工法	中交股科函〔2021〕137号	中交第二航务工程局有限公司	孙晓伟；王聪；陈金元；冯先导	2021/12/15
6	沉管隧道干坞法预制综合养护施工工法	中交股科函〔2021〕137号	中交第二航务工程局有限公司	钱海亮；曾波存；孙晓伟；陈金元；汪梓岚	2021/12/15
7	砂卵石地层基于栽桩法锁扣钢管桩施工工法	中交股科函〔2021〕137号	中交第二航务工程局有限公司	孙晓伟；段昶；李杰；徐彬彬；简乐新	2021/12/15
8	水下高耸薄壁素混凝土止水墙爆破拆除施工工法	湖北省住房和城乡建设厅公告第1号	中交第二航务工程局有限公司	孙琦；封江东；孙晓伟；田晓川；王金绪	2023/01/09
9	临江超深基坑支撑体系“回砂+回水”反压拆除施工工法	湖北省住房和城乡建设厅公告第1号	中交第二航务工程局有限公司	余等文；岳新兴；段昶；简乐新；王康	2023/01/09

续上表

序号	工法名称	批准文号	完成单位	完成人	批准时间
10	临江砂卵石地层超深组合式地连墙施工工法	湖北省住房和城乡建设厅公告第1号	中交第二航务工程局有限公司	冯先导;王野;孙晓伟;冯向前;朱金波	2023/01/09
11	沉管隧道装配式端封门施工工法	湖北省住房和城乡建设厅公告第1号	中交第二航务工程局有限公司	曾波存;王聪;孙晓伟;陈金元;张谦	2023/01/09
12	浮式整平船自动锚泊系统定位施工工法	湖北省住房和城乡建设厅公告第1号	中交第二航务工程局有限公司	冯先导;程茂林;王聪;王金绪;李涛	2023/01/09
13	基于柔性水袋的沉管隧道压载水系统施工工法	湖北省住房和城乡建设厅公告第1号	中交第二航务工程局有限公司	曾波存;仇正中;李涛;孙晓伟;王金绪	2023/01/09
14	沉管隧道摩擦止退陆域终接头施工工法	湖北省住房和城乡建设厅公告第1号	中交第二航务工程局有限公司	曾波存;王聪;张洪;陈金元;高聪	2023/01/09
15	沉管隧道轴线干坞二次止水施工工法	湖北省住房和城乡建设厅公告第1号	中交第二航务工程局有限公司	王聪;曾波存;孙晓伟;徐彬彬;张谦	2023/01/09
16	基于栽培技术的砂卵石地层锁口钢管桩施工工法	湖北省住房和城乡建设厅公告第1号	中交第二航务工程局有限公司	封江东;孙晓强;陈金元;关叶沇;孙根	2023/01/09
17	临江砂卵石地层超深防渗墙施工工法	湖北省住房和城乡建设厅公告第1号	中交第二航务工程局有限公司	曹林祥;王聪;孙琦;徐彬彬;宋新辉	2023/01/09
18	移动工厂法整体式沉管全断面预制施工工法	湖北省住房和城乡建设厅公告第1号	中交第二航务工程局有限公司	曾波存;曹林祥;陈金元;徐彬彬;彭浩	2023/01/09
19	沉管预制步履支撑自行走全断面液压模板台车施工工法	湖北省住房和城乡建设厅公告第1号	中交第二航务工程局有限公司	岳新兴;曾波存;王野;田晓川;朱金波	2023/01/09
20	沉管隧道自浮式水下基床清淤平台施工工法	湖北省住房和建设厅公告第9号	中交第二航务工程局有限公司	向梨梨;李东辉;王聪;李涛;夏婵婷	2025/01/23
21	基于跳孔钻进技术的砂卵石地层锚索施工工法	中交总工办函〔2023〕374号	中交第二航务工程局有限公司	向梨梨;陈金元;裴川;胡涛;关叶沇	2023/12/18

国家专利清单 表9-4

序号	专利名称	专利号	专利类型	授权时间	发明人	专利权人
1	沉管隧道用管节钢板混凝土组合结构及其制造方法	ZL 2022 1 1105392.9	发明	2023/07/11	徐国平；刘明虎；王勇；许昱；任耀谱；张海佳	中交公路规划设计院有限公司
2	基于二三维交互的明挖隧道基坑BIM参数化设计方法	ZL 2023 1 1705723.7	发明	2024/02/27	王勇；刘洪洲；曹影峰；刘曦等	中交公路规划设计院有限公司
3	用于沉管隧道施工的水袋压载方法	ZL 2018 1 0785044.8	发明	2021/01/26	翟世鸿；冯先导；李志成；孙晓伟；沈立龙；王聪；仇正中；林红星；黄睿奕	中交第二航务工程局有限公司
4	用于干坞沉管管节节段连续预制的施工方法	ZL 2019 1 0032975.5	发明	2021/02/26	翟世鸿；冯先导；李志成；孙晓伟；余登文；王聪；沈立龙；仇正中；黄睿奕；林红星	中交第二航务工程局有限公司
5	一种沉管水袋压载水自动控制系统及方法	ZL 2019 1 0339866.8	发明	2021/01/26	翟世鸿；华晓涛；冯先导；孙晓伟；刘修成；李涛；徐杰；程茂林；王聪；夏昊；孟奎；吴中正	中交第二航务工程局有限公司
6	超缓凝自凝灰浆增强外加剂及制备方法	ZL 2019 1 0075142.7	发明	2021/03/16	朱志刚；孙晓伟；刘可心；屠柳青；吴克雄；孙武	中交武汉港湾新材料有限公司
7	用于沉管预制顶板钢筋体系转换的施工方法及系统	ZL 2020 1 0437259.8	发明	2021/10/08	孙晓伟；冯先导；曾波存；陈金元；余登文；王聪；穆清君；徐彬彬；朱金波；张海川；刘陪阳；彭浩	中交第二航务工程局有限公司；中交公路长大桥建设国家工程研究中心有限公司
8	沉管预制装配式端封门安装施工方法	ZL 2020 1 0559646.9	发明	2021/09/10	孙晓伟；李志成；冯先导；余登文；曾波存；陈金元；穆清君；王聪；徐彬彬；张谦；吴卓；宋新辉	中交第二航务工程局有限公司
9	高效高精度水下基床清淤方法	ZL 2021 1 1155376.6	发明	2023/08/22	曾波存；孙晓伟；冯先导；杨秀礼；华晓涛；王聪；姚军；王金绪；李涛；吴雪峰；张磊；李冠宇	中交第二航务工程局有限公司
10	一种锁扣钢管桩施工方法及施工结构	ZL 2021 1 1224433.1	发明	2023/02/28	孙晓伟；冯先导；曾波存；陈金元；王聪；朱金波；徐彬彬；李冠中	中交第二航务工程局有限公司

续上表

序号	专利名称	专利号	专利类型	授权时间	发明人	专利权人
11	一种沉管管顶水下减载施工方法及施工结构	ZL 2021 1 1246745.2	发明	2023/02/28	孙晓伟;曾波存;陈金元;朱志刚;王聪;姚军;王金绪;彭浩;万杰	中交第二航务工程局有限公司
12	水下基床整平方法	ZL 2022 1 0792983.1	发明	2023/06/27	曾波存;岳新兴;王聪;孙晓伟;陈金元;姚军;仇正中;王金绪;胡涛;张谦;彭浩;李涛;高聪;李冠宇;侯启玉	中交第二航务工程局有限公司
13	一种抛石船自动移位控制系统和控制方法	ZL 2019 1 0372253.4	发明	2023/09/08	杨秀礼;华晓涛;冯先导;孙晓伟;刘修成;李涛;徐杰;程茂林;王聪;夏昊;孟奎;吴中正	中交第二航务工程局有限公司
14	一种干坞顺序法全断面整体预制沉管模板系统	ZL 2019 1 0472331.8	发明	2024/03/22	张鸿;梁丰;汪文霞;翟世鸿;田唯;孙晓伟;郭强;谢道平;冯先导;李拔周;张梦元;薛志武;翟保进;阮明华;罗平	中交武汉港湾工程设计研究院有限公司 中交第二航务工程局有限公司
15	一种新型沉管隧道管段预制行车道内模台车行走装置	ZL 2019 1 0473290.4	发明	2024/03/22	梁丰;阮明华;陈超华;钱海亮;曲远辉;罗平;穆清君;段昶;薛帆;李杰;王严	中交武汉港湾工程设计研究院有限公司 中交第二航务工程局有限公司
16	适用于沉管隧道接头剪力键的恒阻大变形传力垫层及设计方法	ZL 2023 10461212.9	发明	2025/06/27	孙晓伟;周兴涛;曾波存;冯先导;陈金元;王金绪;李涛;胡涛;李冠宇;高聪;彭浩;万杰;胡鹏	中交第二航务工程局有限公司
17	用于沉管沉放的水袋压载水系统	ZL 2019 2 0577209.2	实用新型	2020/04/27	翟世鸿;华晓涛;冯先导;孙晓伟;刘修成;李涛;徐杰;程茂林;王聪;朱明清;管政霖;涂同珩	中交第二航务工程局有限公司
18	浮式水下碎石基床整平船	ZL 2019 2 0070856.4	实用新型	2019/10/29	王建平;杨秀礼;翟世鸿;华晓涛;徐杰;程茂林;刘修成;吴中正;夏昊;孟奎;朱明清;冯先导;王聪	中交第二航务工程局有限公司
19	可调节的碎石基床整平溜管系统	ZL 2019 2 0070874.2	实用新型	2019/10/29	华晓涛;徐杰;程茂林;刘修成;吴中正;夏昊;孟奎;朱明清	中交第二航务工程局有限公司

续上表

序号	专利名称	专利号	专利类型	授权时间	发明人	专利权人
20	水下碎石基床整平机	ZL 2019 2 0070829.7	实用新型	2019/12/03	吴立柱;华晓涛;徐杰;程茂林;冯先导;王聪;刘修成;吴中正;夏昊;孟奎;朱明清	中交第二航务工程局有限公司
21	水下碎石基床铺设装置	ZL 2019 2 0095453.5	实用新型	2019/11/12	张鸿;杨秀礼;翟世鸿;华晓涛;冯先导;徐杰;程茂林;王聪;刘修成;吴中正;夏昊;孟奎;朱明清	中交第二航务工程局有限公司
22	浮式水下碎石基床连续整平船	ZL 2019 2 0095454.X	实用新型	2019/11/08	王建平;杨秀礼;翟世鸿;华晓涛;徐杰;程茂林;冯先导;王聪;刘修成;吴中正;夏昊;孟奎;朱明清	中交第二航务工程局有限公司
23	一种快速准确测量混凝土硬化后干容重的简易设备	ZL 2019 2 0519230.7	实用新型	2020/03/03	朱志刚;孙晓伟;屠柳青;叶仙松;施力	中交武汉港湾工程设计研究院有限公司;中交第二航务工程局有限公司
24	一种沉管预制模板节段端模	ZL 2019 2 0815579.5	实用新型	2020/04/07	梁丰;孙晓伟;罗平;冯先导;薛帆;翟保进;阮明华;曲运辉	中交武汉港湾工程设计研究院有限公司;中交第二航务工程局有限公司
25	一种干坞顺序法全断面整体预制沉管模板系统	ZL 2019 2 0815599.2	实用新型	2020/04/07	张鸿;梁丰;汪文霞;翟世鸿;田唯;孙晓伟;郭强;谢道平;冯先导;李拔周;张梦元;薛志武;翟保进;阮明华;罗平	中交武汉港湾工程设计研究院有限公司;中交第二航务工程局有限公司
26	一种用于调位的横移小车系统	ZL 2019 2 0815581.2	实用新型	2020/04/07	翟保进;冯先导;苏艳;陈超华;阮明华;王聪;杨宝林;穆清君;孙晓强	中交武汉港湾工程设计研究院有限公司;中交第二航务工程局有限公司
27	一种用于混凝土预制的自适应外模系统	ZL 2019 2 0814680.9	实用新型	2020/04/07	翟保进;梁丰;翟世鸿;孙晓伟;李志成;苏艳;阮明华;罗平;曲远辉;王野;施亮亮	中交武汉港湾工程设计研究院有限公司;中交第二航务工程局有限公司

续上表

序号	专利名称	专利号	专利类型	授权时间	发明人	专利权人
28	一种基于沉管预制中窄小空间廊道施工模板结构	ZL 2019 2 0814678.1	实用新型	2020/04/07	曲远辉;王磊;梁丰;阮明华;杨宝林;翟保进;苏艳;罗平;薛帆	中交武汉港湾工程设计研究院有限公司;中交第二航务工程局有限公司
29	一种新型沉管隧道管段预制行车道内模台车行走装置	ZL 2019 2 0814693.6	实用新型	2020/06/02	梁丰;阮明华;陈超华;钱海亮;曲远辉;罗平;穆清君;段昶;薛帆;李杰;王严	中交武汉港湾工程设计研究院有限公司;中交第二航务工程局有限公司
30	沉管隧道无焊接装配式钢端封门	ZL 2021 2 1677216.3	实用新型	2022/01/25	翟世鸿;冯先导;孙晓伟;黄睿奕;王聪;沈立龙;仇正中	中交第二航务工程局有限公司
31	水下沉管安装施工实时监控系统	ZL 2021 2 1381227.7	实用新型	2022/01/11	李浩;黄灿;冯先导;吕昕睿;仇正中;朱浩;郑建新;王聪;孙南昌;朱金柱;吕丹枫;杨切;李涛;白佳	中交第二航务工程局有限公司
32	一种联排式沉管基床水下清淤头	ZL 2021 2 2381109.2	实用新型	2022/01/28	孙晓伟;冯先导;曾波存;华晓涛;王聪;吴雪峰;姚军;王金绪;李涛;李冠宇;胡涛;彭浩;张磊;张谦;胡鹏;万杰	中交第二航务工程局有限公司
33	一种超大内腔混凝土养护系统	ZL 2021 2 2513410.4	实用新型	2022/04/29	曾波存;钱海亮;孙晓伟;陈金元;王聪;徐彬彬;吴卓;田晓川;朱金波;孙根	中交第二航务工程局有限公司
34	一种用于深基坑结构物的可移动式测量操作平台	ZL 2022 2 2377643.0	实用新型	2022/12/30	孙琦;王聪;孙晓伟;曾波存;陈金元;肖自涵;王丹璞;张超;关叶沆;李艳波;王华;肖百坤;叶路阳;邵程鹏	中交第二航务工程局有限公司
35	一种隧道顶板悬挂式射流风机的安装装置	ZL 2022 2 1355158.7	实用新型	2022/10/18	王聪;孙晓伟;陈金元;曾波存;朱金波;王金磊;王鹏飞;王丹璞;黄波;杜帅	中交第二航务工程局有限公司

9.4 核心期刊论文与软件著作权

鱼梁洲隧道施工难度大，技术创新强，在先铺卵石基础垫层、千米级大型双轴线干坞、国产GINA止水带、陆域摩擦止推型沉管隧道最终接头、移动工厂法整体式管节全断面顺序浇筑工艺研发、内河沉管隧道新型柔性压载水系统与装配式钢端封门、内河狭窄水域浮运与安装工艺七大方面进行了系统而深入的研究。截至2024年10月，共计40余篇论文已发表，其中SCI录用3篇，EI论文4篇，部分已发表论文见表9-5；申请与授权软件著作权5项，见表9-6。

部分已发表论文　表9-5

序号	论文名称	论文作者	期刊名称	期刊类型	发表时间
1	Innovative design and construction of a closure joint for inland river immersed tunnels via dry land construction methods: A case study of the Yuliangzhou tunnel in China	周兴涛；曾波存；孙晓伟	Tunnelling and Underground Space Technology	SCI	2024/10
2	A novel steel bulkhead based on the method of prefabrication and assembly and its first application to the Yuliangzhou immersed tunnel	周兴涛；曾波存；孙晓伟；焦玉勇；胡嘉懿	Tunnelling and Underground Space Technology	SCI	2023/02
3	Development and application of a new ballast water system for immersed tunnel installation: A case study of the Yuliangzhou tunnel in Xiangyang, China	周兴涛；孙晓伟；焦玉勇；曾波存；谭飞；李涛	Tunnelling and Underground Space Technology	SCI	2022/03
4	沉管隧道卵石与碎石垫层力学变形特性对比研究	王勇；穆清君；过超；付佰勇；何潇	岩土力学	EI	2020/10
5	沉管隧道含垄沟卵石垫层变形特性试验研究	李志成；冯先导；沈立龙	岩土力学	EI	2019/01
6	Research on Informationmonitoring System for the Whole Process of Pipe Joint Installation in Immersed Tunnel	李涛；王金绪	第八届水利；土木工程国际学术会议暨智慧水利与安全工程论坛(ICHCE&SWCSE 2022)	EI会议	2023/03
7	Design and application of floating underwater foundation bed riprap leveling ship for inland river immersed tunnel	李涛；范晨阳；王金绪	第四届建筑学研究前沿与生态环境国际研讨会(ARFEE 2022)	EI会议	2023/06

续上表

序号	论文名称	论文作者	期刊名称	期刊类型	发表时间
8	内河中游区大型沉管隧道建造关键新技术——以襄阳鱼梁洲隧道为例	王勇;徐国平;李勇;刘明虎;孙晓伟;冯先导;任耀谱;许昱	隧道建设(中英文)	中文核心	2024/04
9	沉管隧道国产化GINA止水带试验研究及选型设计	胡健中;王勇;徐国平;许昱;庾光忠;龚毅	现代隧道技术	中文核心	2020/04
10	襄阳汉江沉管隧道设计关键技术	王勇;徐国平;李勇;刘明虎;任耀谱;许昱;范哲	现代隧道技术	中文核心	2022/04
11	富水砂加卵石双地层锚索现场试验及数值模拟	魏支援;王勇;龚晓南;郭盼盼	地下空间与工程学报	核心期刊	2021/10
12	襄阳鱼梁洲汉江沉管隧道陆域最终接头止退关键技术	许昱;刘明虎;徐国平;王勇	隧道建设(中英文)	中文核心	2023/07
13	襄阳汉江沉管隧道干坞选址比选研究	任耀谱;赵志武	市政·交通·水利工程设计	一般论文	2019/04
14	沉管与含垄沟卵石垫层摩擦试验研究	沈立龙;杨帅;黄树留	中国港湾建设	中文核心	2019/06
15	临江砂卵石地层井群降水试验及数值反演研究	冯先导;王金绪;王野	中国港湾建设	中文核心	2020/01
16	平接法连接技术在超深强透水地层防渗墙中的应用	孙晓强;余登文	中国港湾建设	中文核心	2020/06
17	超缓凝自凝灰浆制备研究	刘可心;朱志刚;孙晓伟	中国新型建筑材料	中文核心	2019/08
18	泡沫填充法防混凝土绕流措施在地连墙施工中的应用	刘陪阳	中国港湾建设	中文核心	2020/10
19	襄阳东西轴线项目沉管预制局部块体试验研究	王聪;彭浩	隧道建设(中英文)	中文核心	2020/10
20	沉管预制全断面大型液压模板台车设计与应用技术	朱金波;王聪	隧道建设(中英文)	中文核心	2020/12
21	沉管钢筋加工及绑扎施工关键技术	吴卓;王聪	中国港湾建设	中文核心	2020/12
22	超深防渗墙塑性混凝土制备及应用技术研究	穆清君;程书凯;刘书程;孙晓伟;田晓川	中国港湾建设	中文核心	2020/11
23	沉管隧道基床抛石整平船自动移船控制系统设计与应用	华晓涛;李涛;王金绪	中国港湾建设	中文核心	2021/01

续上表

序号	论文名称	论文作者	期刊名称	期刊类型	发表时间
24	砂卵石地层超深防渗墙工艺试验研究	仇正中;孙晓伟;徐彬彬	中国港湾建设	中文核心	2021/08
25	襄阳市鱼梁洲东线沉管对接端止水墙爆破拆除	杜少卿;赵根;黎卫超;王金绪	爆破	中文核心	2021/09
26	沉管隧道对接端深基坑止水墙水下爆破对周围环境的影响研究	钱海亮;曾波存;周兴涛;孙晓伟	安全与环境工程	中文核心	2022/01
27	沉管对接端深基坑支撑拆除受力分析	仇正中;韩鹏鹏;刘陪阳	港工技术	中文核心	2022/02
28	襄阳内河沉管隧道管节水力压接及精调系统计算分析	仇正中;孙晓伟;刘陪阳	施工技术	中文核心	2022/03
29	富水砂卵石地层大型沉管隧道轴线干坞坞口施工	仇正中;冯先导;王金绪	施工技术	中文核心	2022/04
30	基于轴线干坞的沉管浮运关键技术	仇正中;蒋贤德;王金绪;胡嘉懿	中国港湾建设	中文核心	2022/04
31	基于柔性水袋的沉管隧道压载水系统设计与应用	孙晓伟;李涛;华晓涛;王金绪	中国港湾建设	中文核心	2022/06
32	临江深厚砂卵石地层沉管隧道干坞深基坑地下水控制方法研究	曾波存;岳新兴;周兴涛;孙晓伟;桂大洪	工程勘察	中文核心	2022/09
33	襄阳汉江沉管隧道新型装配式钢端封门研究与应用	曾波存;曹林祥;周兴涛;孙晓伟;王聪;胡嘉懿	隧道建设(中英文)	中文核心	2022/09
34	水下高耸薄墙爆破对紧邻钢管桩的动力影响	封江东;王金绪;孙晓伟;黎卫超;曹昂	水利水运工程学报	中文核心	2023/06
35	基于摩擦力止推的沉管隧道最终接头关键技术创新与实践	曾波存;封江东;周兴涛;王聪;孙晓伟;任耀谱	隧道建设(中英文)	中文核心	2023/05
36	沉管隧道岸上最终接头处二次围堰结构设计与应用	冯先导;王聪;孙晓伟;曾波存	隧道建设(中英文)	中文核心	2023/04
37	干坞移动工厂法整体式沉管全断面预制关键技术	王聪;孙琦;冯先导;孙晓伟	中国港湾建设	中文核心	2023/03
38	强冲刷河段大型沉管法隧道接头关键技术研究	罗勇欢;庚光忠;孙晓伟;钱海亮	中国土木工程学会隧道及地下工程分会防水排水科技论坛第二十届学术交流会论文集	会议论文	2021

软件著作权清单

表9-6

序号	软件名称	著作权人	完成时间	登记号
1	沉管预制模板台车智能监控系统软件V1.0	中交武汉港湾工程设计研究院有限公司	2019/04/15	2020SR0654002
2	浮式抛石整平船自动锚泊定位控制系统	中交第二航务工程局有限公司	2020/10/12	2021SR0014777
3	沉管施工全过程信息监控系统V1.0	中交第二航务工程局有限公司	2021/06/01	2021SR1168425
4	基础沉降综合分析系统1.0	中交第二航务工程局有限公司	2021/08/04	2022SR0024922
5	数字化隧道设计软件	中交公路规划设计院有限公司	2023/03/01	2023SR1272073

第10章　项目所获荣誉

10.1　技术质量类荣誉

鱼梁洲隧道建设过程中积极推行“四新”技术应用，并积极践行“建筑业10项新技术”应用，在2023年度湖北省推广“建筑业10项新技术”应用成果技术评价中获评国内先进，其中创新技术达到国内领先水平。项目团队所获得技术质量类荣誉见表10-1。

项目技术质量类奖项清单　　表10-1

序号	奖项类别	成果名称	授奖单位
1	优质混凝土	襄阳市东西轴线道路工程鱼梁洲段沉管预制场	中交第二航务工程局有限公司
2		襄阳市东西轴线道路工程鱼梁洲段沉管预制场	中国交通建设集团有限公司
3	结构优质工程	襄阳市结构优质工程奖	襄阳市建筑业协会
4		湖北省结构优质工程奖	湖北省建设工程质量安全协会
5	优质工程	二航局优质工程	中交第二航务工程局有限公司
6		中交集团暨中国交建优质工程	中国交通建设集团有限公司
7		襄阳市优质工程(隆中杯)	襄阳市建筑业协会
8		湖北省建设优质工程(楚天杯)	湖北省建设工程质量安全协会
9	“十新”技术	湖北省推广“建筑业10项新技术”应用示范工程	湖北省住房和城乡建设厅
10	工程项目管理成果	2024年湖北省建设工程项目管理成果Ⅰ类	湖北省建设工程质量安全协会
11	勘察设计	中交集团暨中国交建2023年优秀设计	中国交通建设集团有限公司
12		2025年北京市优秀工程勘察设计一等成果	北京工程勘察设计协会

10.2　安全环保类荣誉

项目在建设过程中高度重视环保、文明施工管理，生活及生产污水排放和垃圾分类处理、污染气体排放及扬尘污染、噪声排放、危险废弃物处理等均符合相关规定要求，未出现重大环境污染与破坏事故。该项目已完成湖北省建筑业绿色建造暨绿色施工技术应用工程，获得中交第二航务工程局有限公司循环经济示范项目，获得襄阳市“隆中杯”安全文明施工现场称号1项，获得湖北省安全文明施工现场称号1项，获得《工程质量安全手册》鄂西北片区示范项目称号1项，获得2021年全国建设工程项目施工工地安全生产标准化学习交流项目称号1项，获得襄阳市建筑工程安全文明施工现场、湖北省建筑工程安全文明施工现场等荣誉称号。项目团队所获得的安全环保类奖项见表10-2。

项目安全环保类奖项清单 表10-2

序号	奖项类别	成果名称	授奖单位
1	安全类	襄阳市“隆中杯”安全文明施工现场	襄阳市建筑业协会
2		鄂西北片区《工程质量安全手册》示范项目	襄阳市、十堰市、随州市、孝感市住房和城乡建设局
3		湖北省安全文明施工现场	湖北省建设工程质量安全协会
4		湖北省建筑施工现场党建、质量、安全、绿色、智慧、文明“六个工地”示范项目	湖北省建设工程质量安全协会
5		建设工程项目施工工地安全生产标准化学习交流项目(全国AAA工地)	中国建筑业协会建筑安全与机械分会
6	环保类	湖北省绿色建造暨绿色施工技术应用工程	湖北省建筑业协会
7		工程建设项目绿色建造施工水平二星级	中国施工企业管理协会
8	党建类	湖北省“工人先锋号”	湖北省总工会

附录　建造过程照片选录

附图1　移动工厂法整体式钢筋混凝土沉管全断面预制

附图2 ES与E1管节拉合

附图3 国产GINA止水带安装

附图4　新型装配式钢封门安装

附图5　基于柔性水袋的新型压载水系统

附图6　东汉轴线干坞

附图7　西汉轴线干坞

附图8　鱼梁洲隧道明挖段施工

附图9　沉管深埋段预制轻质混凝土减载块安装

附图10　东津端

附图11　东汉沉管浮运安装

附图12　西汉沉管浮运安装

附图13　全漂浮式基床整平船

附图14　摩擦止推型陆域最终接头技术

致　谢

在书稿付梓的此刻，回望襄阳鱼梁洲隧道建设的日日夜夜，胸中激荡的情感如潮涌而至。那些与风雪泥沙搏击的晨昏，与时间赛跑的昼夜，与工程难题较量的场景，此刻都化作笔端的温度，凝结成最诚挚的谢意。

犹记2022年元旦的曙光中，当第十节沉管在江底完美“牵手”，“十全十美”的捷报响彻云霄。这背后是无数个与风雪鏖战的凌晨：-10℃的江面上，工友们用冻僵的手指校准定位仪；暴雨倾盆的深夜里，技术团队仍在推演施工参数……往事回首，历历在目。

特别感谢在E3管节攻坚战中冲锋陷阵的勇士们——五次清淤战役，七次专家会诊，面对短时回淤量超常规十倍的险情，你们用创新务实的精神，使用“动态补偿”技术创造了毫米级对接精度的奇迹。这不仅是技术上的突破，更是建设者攻坚克难和精益求精的精神见证！

感谢并肩作战的“沉管铁军”。从首节沉管毫米级对接的惊艳亮相，到央视镜头里37min的震撼呈现，每个高光时刻都凝结着所有建设者的血汗。记得在管节值守的年轻技术员的专注认真，忘不了潜水班七次潜入浑浊江水的战斗精神，更铭记着项目总工带着高烧仍在指挥室坚守的身影。这些平凡而伟大的瞬间，构成了襄阳鱼梁洲隧道“智造”最生动的注脚。

衷心感恩各级领导、专家的关心、指导和帮助，才坚定了项目团队在工程一开始就决心打造“精品工程＋智能建造”的目标。感谢中国工程院院士张立群的支持和指导，感谢中国工程院院士林鸣及其港珠澳大桥建设团队的悉心指导，感谢中交第二航务工程局有限公司首席专家张鸿在项目建设全过程中的付出和创新引领，感谢交通运输部及相关行业专家的现场指导，感谢襄阳市政府及各级领导的关心与强力支撑，感谢中交第二航务工程局有限公司及中交公路规划设计院有限公司领导的战略支持和技术专家组的技术护航。这些帮助与支持犹如黑夜中的灯塔，指引我们奋进、前行。特别是在遇到质疑和争论之时，是你们给予的坚定信任，让团队在内河沉管创新之路上走得更稳更远。

深深致敬各协作单位的鼎力支持。设计院的工程师们为结构优化通宵达旦，监理团队用“火眼金睛”守护质量安全红线，材料供应商在疫情封控中开辟“绿色通道”，还有数万建设者用青春浇筑“水下长城”。这份成绩单上，镌刻着每位参与者的姓名。

特别向中央电视台拍摄组的老师们鞠躬致意。你们用镜头捕捉的不只是技术突破，更是建设者眼中跳动的理想之光。那些被汗水浸透的工装、积满风雪的安全帽、激烈研讨的会议室、热泪盈眶的庆功会，正是通过你们的艺术升华，千万观众被项目建设者的精神力量所打动，这些场景被永久铭刻下来。

最后，向所有默默付出的无名英雄深鞠一躬。是工友们的艰辛付出，是后勤人员风雨无阻的保障运输，是全体建设者家属们的理解支持，托举起这座穿越汉江的“钢铁巨龙”。正如沉管隧道连接两地，每一位建设者也在此刻连接汇聚成共创未来的心灵通道。

当书页间的铅字沉淀为时代的记忆，愿这段与江潮共舞的岁月，永远闪耀着奋斗者的光芒。谨以此书，致敬所有为襄阳鱼梁洲隧道建设事业奋斗的追梦人！

书中疏漏在所难免，敬请读者不吝指正。

作者

2025年5月

参考文献

[1] 陈韶章,陈越,张弥.沉管隧道设计与施工[M].北京:科学出版社,2002.

[2] 李亚东.沉管隧道地基处理砂流法的试验与数值分析及其施工优化[D].广州:华南理工大学,2014.

[3] 胡指南.沉管隧道节段接头剪力键作用机理与构造性能研究[D].西安:长安大学,2015.

[4] 林鸣,林巍.沉管隧道结构选型的原理和方法[J].中国港湾建设,2016,36(1):1-36.

[5] 吕卫清,徐国平,陈越,等.沉管隧道施工关键技术与创新[M].北京:人民交通出版社股份有限公司,2016.

[6] 李志军,王秋林,陈旺,等.中国沉管法隧道典型工程实例及技术创新与展望[J].隧道建设(中英文),2018,38(6):879-894.

[7] 中国交通建设股份有限公司.沉管隧道设计施工手册·综合篇·I[M].北京:科学出版社,2019.

[8] 魏纲,陆世杰.沉管隧道管节柔性接头模型研究现状及展望[J].现代隧道技术,2019,56(1):6-13.

[9] 宋悦.波浪作用下沉管沉放系统的耦合动力响应研究[D].大连:大连理工大学,2019.

[10] 郭建民,单联君,马铭骏.国内沉管隧道数据统计与发展分析[J].隧道建设(中英文),2023,43(1):173-184.

[11] 贺维国,范国刚,周华贵,等.内河沉管法隧道设计关键技术研究与应用[M].北京:人民交通出版社股份有限公司,2023.

[12] 宋神友,樊健生,徐国平,等.钢壳混凝土沉管隧道设计方法和合理关键构造[M].北京:人民交通出版社股份有限公司,2023.